南京市鼓楼年鉴

NANJING GULOU YEARBOOK

2021

南京市鼓楼区地方志编纂委员会办公室 编

方志出版社

图书在版编目（CIP）数据

南京市鼓楼年鉴. 2021 / 南京市鼓楼区地方志编纂委员会办公室编. —北京：方志出版社，2021. 11

ISBN 978-7-5144-4928-0

Ⅰ. ①南… Ⅱ. ①南… Ⅲ. ①区（城市）—南京—2021—年鉴 Ⅳ. ①Z525. 31

中国版本图书馆CIP数据核字（2021）第252860号

南京市鼓楼年鉴（2021）

编　　者：南京市鼓楼区地方志编纂委员会办公室

责任编辑：张　健

出 版 者：方 志 出 版 社

地址　北京市朝阳区潘家园东里9号（国家方志馆4层）

邮编　100021

网址　http://www.fzph.org

发　　行：方志出版社发行中心

电话（010）67110500

经　　销：各地新华书店

印　　刷：南京顺和印刷有限责任公司

开　　本：889 × 1194　　1/16

印　　张：27.5

字　　数：643千字

版　　次：2021年11月第1版　2021年11月第1次印刷

印　　数：001 ~ 650册

ISBN 978-7-5144-4928-0　　**定价**：180.00元

《南京市鼓楼年鉴（2021）》编纂委员会

《南京市鼓楼年鉴（2021）》编辑部

《南京市鼓楼年鉴（2021）》撰稿员

（以姓氏笔画为序）

丁友存　卜　立　马侨户　王占法　王甲旗　王　乐　王　欣　王砚辉
王海昀　王　越　王斐斐　王　景　王道龙　王　强　王　楠　牛　勇
凤　倩　方　洁　方　捷　叶庆桃　付梦昕　丛志阳　冯广友　师　琪
朱映艳　朱艳艳　朱莉莉　乔红军　任庆书　任　俊　刘永斌　刘希富
刘尚业　刘明清　刘　珲　刘哲远　刘　绯　江　琦　孙　丽　花　勇
严　政　李广敏　李元枚　李平凡　李发红　李寿年　李泽俊　李　婷
杨君羽　杨砚茹　杨桂勤　杨　健　杨　雪　杨婉儿　杨蕴琇　步腊春
吴　宁　吴祥宝　吴葆青　何海平　佘芮彦　冷家宏　沈卫国　张天霖
张　丹　张世文　张世伟　张丝怡　张亚伟　张青湖　张金生　张莉莉
张晓明　张甜甜　张　敏　张慧民　陆　玲　陆莹楹　陆海宁　陆婷婷
陈发根　陈　明　陈俊英　陈　超　陈　森　范丽丽　范　忞　罗海水
季万昕　季　玮　周长春　周　宏　周相阳　周　恬　周　原　周　燕
周　骥　郑晓刚　孟　元　赵　凌　赵海青　赵　景　郝卫东　柳　杨
郦　琳　施　畅　姜国富　贺振海　秦礼伟　袁　森　莫向中　顾　琴
钱小庆　钱海波　倪　菁　倪朝晖　徐冬梅　徐　军　徐惠子　殷　荣
席　雷　涂　澄　陶　靖　陶　新　黄　伟　黄　欢　黄燕平　曹秀梅
曹茂昌　曹奔奔　曹　琳　章桥龙　韩志娟　程　远　童　萍　滑　松
路俊平　鲍非非　窦本志　蔡　姝　阚亚钟　潘　力　潘　君　潘楚良
薛梦星　薛锦瑶　戴明珠

编 辑 说 明

一、《南京市鼓楼年鉴》是汇集区情资料的综合性地方年鉴，以马克思列宁主义、毛泽东思想、邓小平理论、“三个代表”重要思想、科学发展观、习近平新时代中国特色社会主义思想为指导，坚持辩证唯物主义和历史唯物主义的立场、观点和方法，系统记述鼓楼行政区域内自然、政治、经济、文化、社会等方面发展的主要情况，特别是记录鼓楼人民在区委、区政府正确领导下，争创首善之区、建设幸福鼓楼的重要足迹。为各级部门决策提供参考和依据，为社会各界人士了解、研究、建设鼓楼，提供资讯信息，也为地方志续修积累资料。

二、为充分体现鼓楼特色，《南京市鼓楼年鉴（2021）》框架设计作了调整，全刊设15个类目：专记、大事记、印象鼓楼、服务经济、科技、都市建设、经济管理、公共服务、社会治理、地方组织机构、国资集团、街道、人物、附录、索引。

三、《南京市鼓楼年鉴（2021）》采用分类编辑法，设类目、分目、条目等层次，部分分目下设副分目，分别以不同字体字号标识。2021卷有彩图22版、随文图片120张、表格55张。

四、本卷年鉴主题彩页共分为：抗疫时刻、鼓楼要闻、宜居鼓楼和幸福鼓楼四个部分。

五、《南京市鼓楼年鉴（2021）》所刊载的文字内容和数据，由全区各部门、各街道、各单位提供，并经主要领导审定。

统计资料数据使用法定计量单位，其中主要数据由鼓楼区统计局提供，其他数据由各部门提供，数据时间截至2020年12月31日。所用统计数据，由于统计来源、口径、方式、方法和时间不同而有一定差异，引用时以区统计局数据为准。

六、《南京市鼓楼年鉴（2021）》配有双重检索系统，书前刊有目录，书后附有索引。索引采用内容分析法，兼选关键词，按首字汉语拼音顺序排列。

全文中，凡直书月、日而未写年份的均为2020年。一些首次出现的内容，时间表述上作适当上溯，个别材料时间作下延。

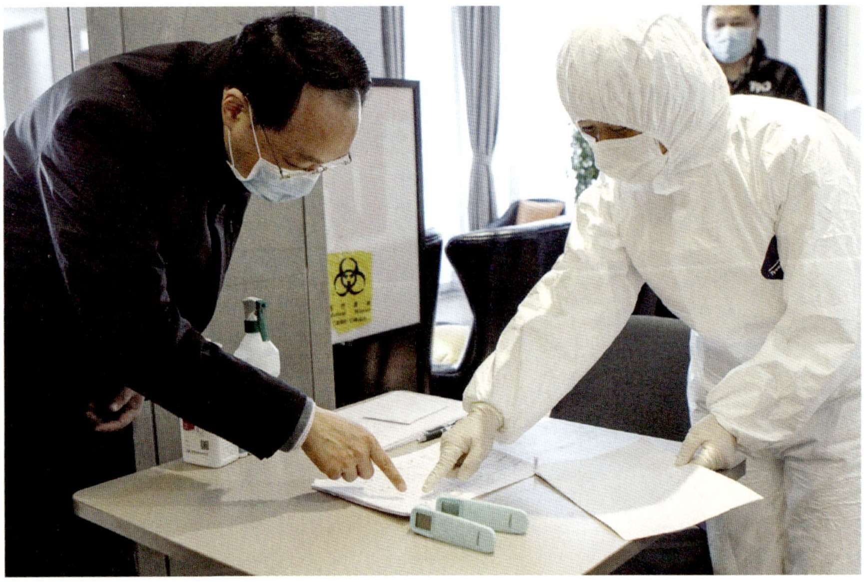

1月30日，区领导检查酒店疫情防控工作

3月3日，区领导检查扬子江大道快速化改造工程复工情况

3月9日，区领导调度商业综合体复工情况

（本版图片由区委宣传部提供）

疫情期间，鼓楼区冷链食品检查　　（区融媒体中心供图）

疫情期间，鼓楼法院采用互联网方式开庭　　（区法院供图）

2月4日，安乐村131号2单元因疫情管控封楼　　（区委宣传部供图）

2月3日，环卫工人对医疗废弃物消毒、运输
（区管养集团供图）

2月15日，医护人员在风雪中等待接收
标本去市疾控中心送检　　（区卫健委供图）

湖南路街道裴家桥社区党员志愿岗

华侨路街道慈悲社社区志愿岗坚守夜岗

白云亭二期施工现场疫情防控岗

（本版图片由区融媒体中心提供）

全国抗击新冠肺炎疫情先进个人

江苏省人民医院副院长、主任医师　刘　云

江苏省人民医院呼吸与危重症医学科主任、主任医师　黄　茂

江苏省疾病预防控制中心主任、主任医师　武　鸣

南京医科大学第二附属医院重症医学科副主任、主任医师　孙立群

东南大学附属中大医院党委副书记、纪委书记，主任医师　邱海波

东南大学附属中大医院重症医学科主任，主任医师　杨　毅

抗击新冠肺炎疫情青年志愿服务先进个人

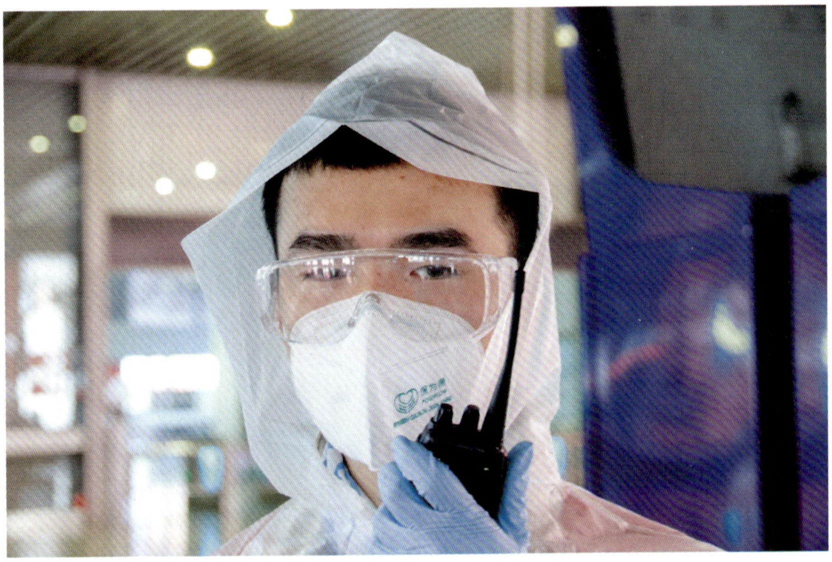

鼓楼区志愿者　殷学强

（本版图片由区融媒体中心提供）

2月11日，江苏省人民医院援助湖北黄石医疗队集结完毕、整装待发

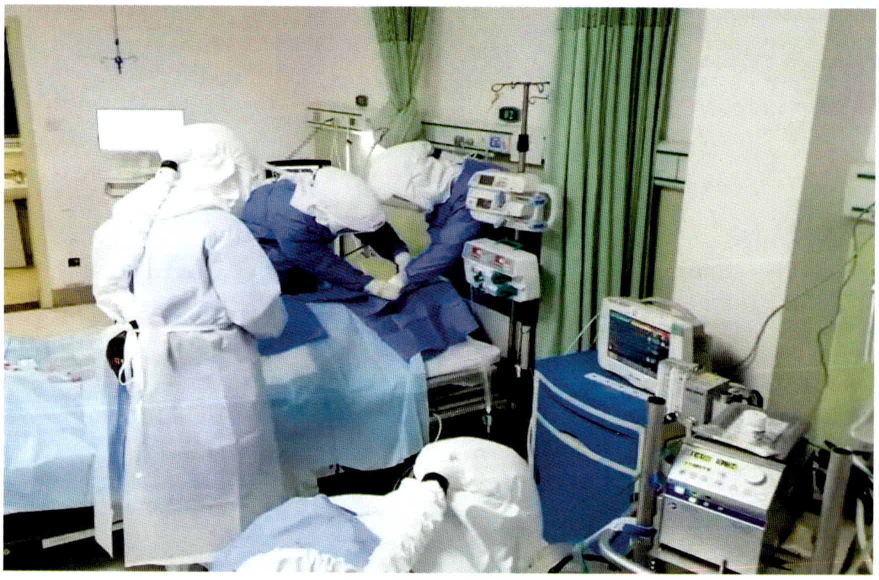

2月14日，江苏省人民医院援武汉重症医疗队整建制接管武汉市第一医院重症监护病区

2月19日，江苏省人民医院援武汉重症医疗队与本院“最强大脑”专家组会诊

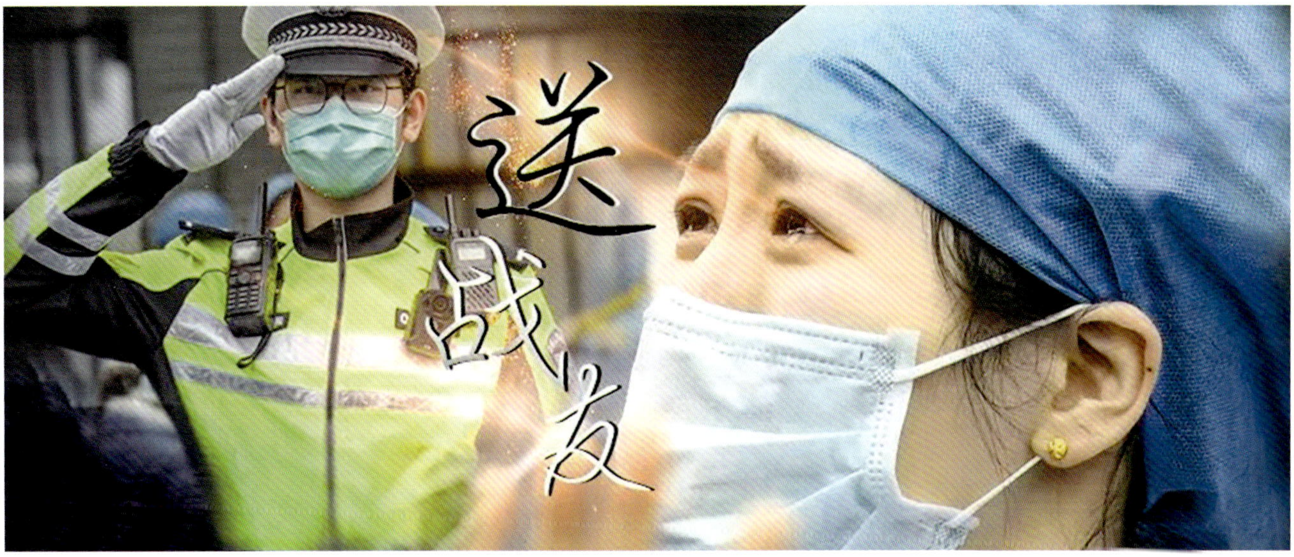

2月13日，南京鼓楼医院162人在内的第七批江苏援湖北医疗队集结完毕，启程奔赴湖北省武汉市，全力支援当地开展新冠肺炎医疗救治工作

（本版图片由区融媒体中心提供）

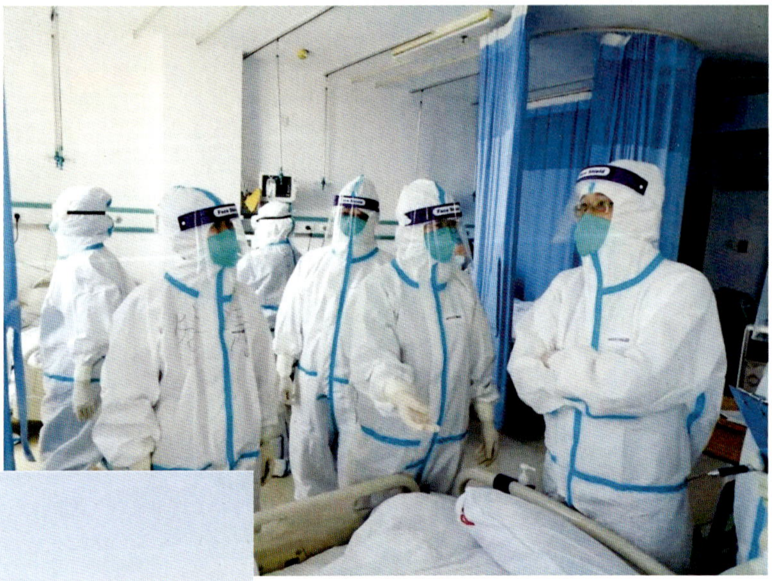

东南大学附属中大医院重症医学科带头人、主任医师邱海波（右一）在武汉重症病区与同事一起研究治疗方案

2月2日，东南大学附属中大医院第七批6名勇士驰援湖北

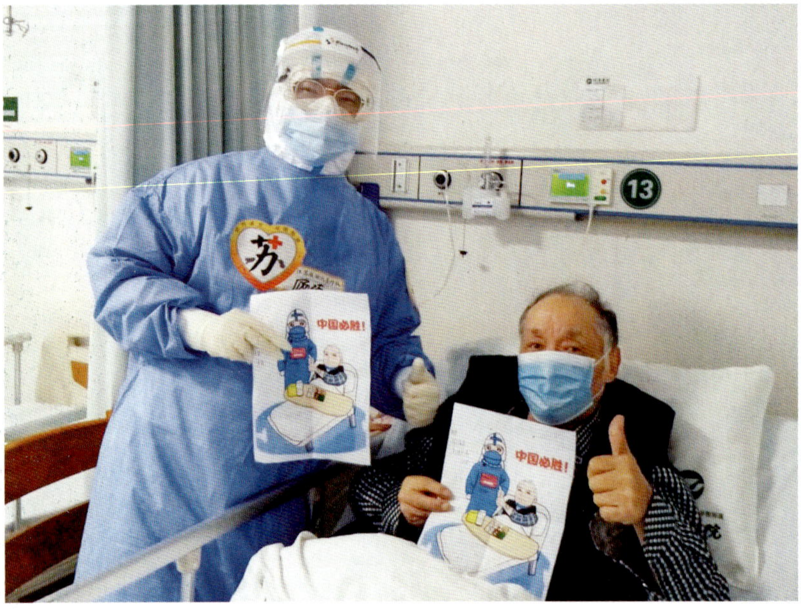

3月10日，在武汉同济医院中法新城院区，江苏省第三批援湖北医疗队、东南大学附属中大医院重症医学科男护顾德玉和老爷爷共同加油、点赞

（本版图片由中大医院提供）

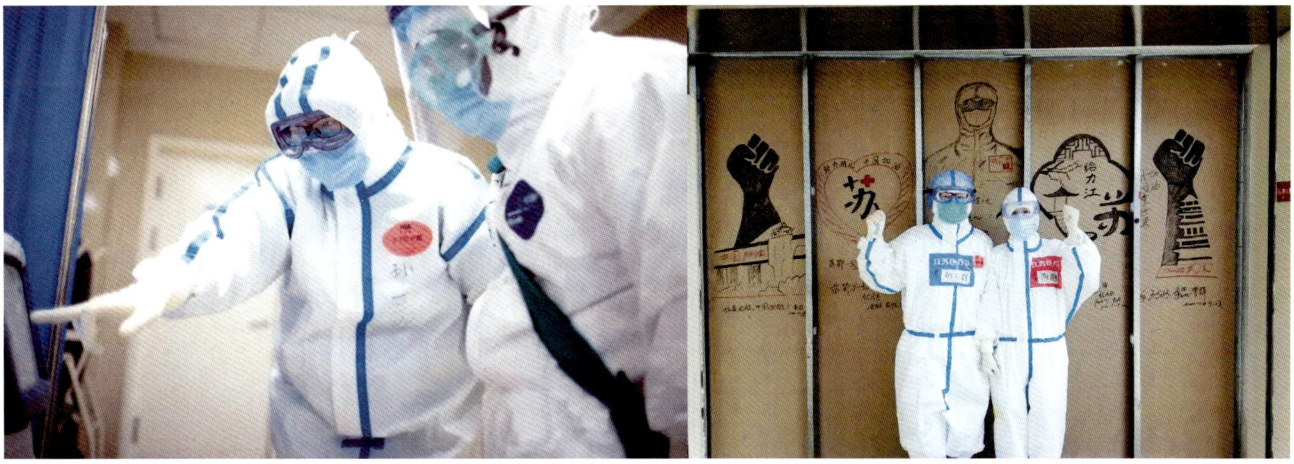

2月，南医大二附院重症医学科副主任黄立群在武汉一线

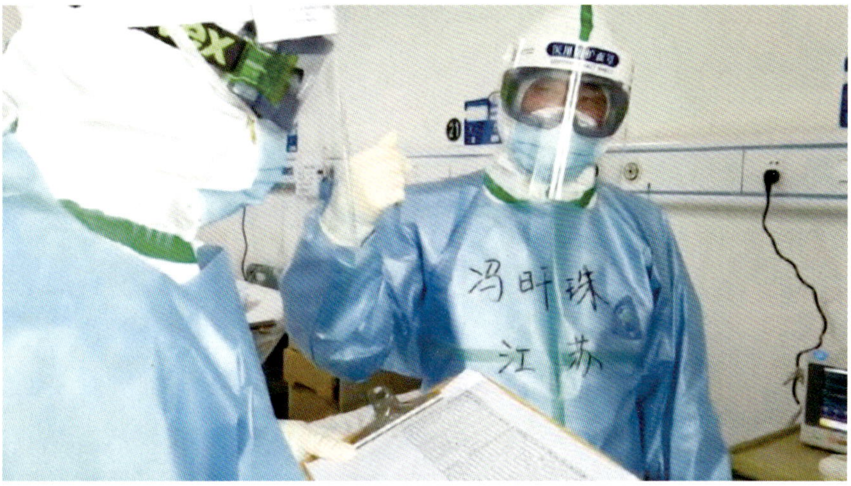

2月，南医大二附院呼吸与危重症医学科主任冯旰珠在黄石市中医院一线

2月11日，南医大二附院第二支医疗队出发前往黄石

（本版图片源自南医大二附院官网）

2月，紫金信托有限责任公司第一时间募集资金并捐赠防护服、防寒衣等物品慰问湖南路街道防疫一线工作人员

2月，南京金陵饭店集团有限公司36小时超常规运作，生产金陵大肉包和盐水鸭小包装，组成“爱心车队”驰援湖北黄石疫情防控一线

（本版图片由区融媒体中心供图）

1月2日，中国人民政治协商会议南京市鼓楼区第二届委员会第四次会议开幕
（区政协办供图）

1月3日，南京市鼓楼区第二届人民代表大会第四次会议在江苏省委党校会议中心开幕　（区人大办供图）

12月28日，中国共产党南京市鼓楼区第二届委员会第十次全体会议举行
（区委办供图）

3月30日，鼓楼区2020重大项目集中开（竣）工暨苏宁睿城（二期）开工现场会举行 （区政府办供图）

5月1日“放心出门 品味春天”——中国南京（春季）美食节鼓楼专场活动在水木秦淮望鲸广场举办 （区商务局供图）

5月13日，南工大·万谷硅巷启动仪式在南京工业大学虹桥校区举行　　（区融媒体中心供图）

6月6日，鼓楼区举办“书香新消费创新在鼓楼”“桨声灯影阅读之夜”主题客厅专场活动　　（区委宣传部供图）

6月20日，“2020南京创新周”鼓楼主题客厅启动仪式　　（区科技局供图）

9月6日，“携手2020-创聚鼓楼 筑梦南大”上海招商推介会举行　　（区科技局供图）

9月17日，鼓楼区新零售产业创新峰会在南京香格里拉大酒店举行。峰会为 2020 南京金秋金贸洽谈会鼓楼专场活动，主题“数字新动能 消费新体验”（区商务局供图）

10月30日，世茂服务控股有限公司在香港联合交易所主板挂牌上市（区金融监管局供图）

11月19日，2020中国（南京）未来城市创新峰会暨幕府创新区产业发布会在南京香格里拉大酒店举行

（区铁北管委会供图）

11月20日，中国上市公司并购年会暨南京市鼓楼区高质量发展投资推介会举行 （区金融监管局供图）

4月，鼓楼广场以“天使的春天”为主题布置花坛，向广大医务工作者致以崇高的敬意

（区融媒体中心供图）

夜幕下的石头城

（王昆远摄）

夜色中的南京长江大桥

阅江楼全景

红色风帆

（本版图片由王昆远摄）

阅江楼之夏

（区融媒体中心供图　谢俊摄）

秋日鼓楼

鼓楼区下关街道工委班子成员与社区居民家庭成员在新民门下集中，以城墙为背景合影留念，拍下新春全家福，为南京城墙的新春氛围增添色彩

（本版图片由区融媒体中心提供）

阅江楼下彩龙飞　（区融媒体中心供图　王松南摄）

2020鼓楼区星厨争霸赛　（区商务局供图）

5月，环境综合整治后的大桥公园

（区滨江管委会供图）

12月8日，江滨新寓社区“夕阳红 最美笑脸”志愿活动中，志愿者在为老人化妆 （江东街道供图）

12月25日，科睿幼儿园小朋友到“朗诗常青藤颐和苑”服务中心给老人们过生日照片 （江东街道供图）

鼓楼公园晒秋阳

鼓楼公安分局巡特警大队机动中队摩巡小组街面巡逻

（本版图片由区融媒体中心提供）

放飞的梦想

（区融媒体中心供图　林琨摄）

12月19日，2020全国名校水上马拉松精英赛　（区环南艺管委会供图）

6月17日，江东街道“粽叶飘香 警民情深”活动　（江东街道供图）

目　录

专　记

大事记

印象鼓楼

服务经济

科 技

都市建设

经济管理

公共服务

目录

社会治理

地方组织机构

国资集团

街　道

人　物

目录

附　录

索　引

目录

专 记

ZHUAN JI

聚焦“十三五”

拼搏奋进，破难前行 书写新时代“首善之区、幸福鼓楼”新篇章

顺利实现“十三五”规划确定的主要目标任务；提前完成2020年全面建成小康社会各项目标……回眸“十三五”，鼓楼负重攀登，成绩突出。

“省会功能核心区、城市服务最优区、创新名城引领区、美丽古都典范区、城市治理标杆区”……谋划“十四五”，《南京市鼓楼区国民经济和社会发展第十四个五年规划纲要和二〇三五年远景目标（草案）》不久前出炉，对该区未来给出如上功能定位。由此，继往开来，率先开启社会主义现代化建设新征程的嘹亮号角在鼓楼响起。

鼓楼区主要负责人表示，成绩属于过去，未来更需努力！实现“十四五”规划和二〇三五年远景目标，任务艰巨，使命光荣。全区上下将紧密团结在以习近平同志为核心的党中央周围，按照江苏省委、省政府及南京市委、市政府对鼓楼的新要求，同心同德，顽强奋斗，为率先实现社会主义现代化城区建设的伟大目标拼搏奋进，破难前行。

辉煌“十三五”“强富美高”新鼓楼的现实模样日趋清晰

“十三五”时期，面对错综复杂的环境形势、艰巨繁重的改革发展任务，特别是新冠肺炎疫情严重冲击，鼓楼全区上下始终牢记总书记谆谆嘱托，深入践行新发展理念，对标找差、创新实干，负重攀登、敢为人先，按照“全域首善、全域创新、全域美丽、全域幸福”的发展思路，奋力打造“首善之区、幸福鼓楼”，顺利实现“十三五”规划确定的主要目标任务，提前完成了2020年全面建成小康社会各项目标，“强富美高”新鼓楼发展蓝图展现出日趋清晰的现实模样。

综合实力连跨新台阶

2018、2019连续两年获评全省“江苏省高质量发展二十强”，是对拼搏奋进的鼓楼最好的褒奖。荣誉背后，鼓楼用数据说话，用成绩证明。

2017年一般公共预算收入突破百亿、2018年社会消费品零售总额突破千亿，2020年地区生产总值突破1700亿……五年迈出三大步，为全市“十三五”时期经济平稳快速增长做出了重大贡献。

产业发展激活“一池春水”。过去五年，鼓楼产业定位准、发展稳、见效快。以高端商务商贸、软件信息、文化旅游为主导，以航运服务、科技服务、金融服务、智力服务为特色产业的“三主四特”产业体系初具规模，对全区GDP贡献率超70%。

其中高端商务商贸业的空间分布形成新格局。新街口—湖南路商务商贸区、环南艺艺术文化街区、下关滨江商务区等重大产业平台初步建成，蕴藏巨大发展商机。

借商务楼宇之力，鼓楼直接带动总部楼宇经济扩容提质。“十三五”期间落户市级认定总部企业28家，对全区经济贡献达15%。目前，全区共形成亿元楼宇20幢、5亿元楼宇4幢、10亿元楼宇3幢。

创新发展形成新优势

首善的鼓楼也是创新的鼓楼。“十三五”期间，鼓楼在全市创新名城建设中发挥了示范和引领作用，先后获得“国家科技进步示范区”“全国科技进步先进区”“国家可持续发展实验区”等荣誉。

硅巷建设开启“鼓楼速度”，形成以高校为核心、周边空间一体融合的硅巷建设格局，充分释放

老写字楼、老厂房、闲置教舍等资源，形成校地融合的创新空间统筹更新模式。万谷、金川等30万平方米硅巷载体的相继建成，吸引了字节跳动等龙头企业强势入驻。

高新区等创新平台功能不断完善，创新资源引力进一步加强。“十三五”期间，全区新增高新技术企业314家，截至2020年累计达390家，较“十二五”末增长超5倍。创成培育独角兽企业、瞪羚企业19家，签约落地新型研发机构14家，通过市级备案11家。

科技人才吸纳能力不断增强。“十三五”期间，全区累计培养顶尖专家6人、创新型企业家17名、引进高层次创业人才286名、集聚“诺贝尔奖”获得者3人。

改革开放取得新突破

“十三五”期间，鼓楼各项改革工作成功推进，探索性、引领性、创新性更加彰显。

鼓楼全面深化改革成效显著。推动政企分离的国企改革，打造“1+8”国资平台集群。南京高新区(鼓楼园)去行政化改革，实行市场化运作、企业化管理。落实放管服改革，拟定全省第一份“社区代办服务事项清单”，升级打造“家门口的政务服务”2.0版。营商环境位居全省前列，率先推进“一业一证”，核发了全市首家通过手机App登记的个体工商户营业执照。

环南艺艺术文化街区

城市国际化功能日益增强。环南京大学鼓楼校区、环南京艺术学院等区域形成独具特色的国际化片区，建成江苏非遗创新基地、鲁迅园、慈悲社国际社区等国际化项目。与欧洲国家城区建立“生根国”友好城区，加大与德国丁斯拉肯市、意大利索伦托市、澳大利亚联邦大杰拉尔顿市等友好城市合作交往。2020年，实现外贸进出口总额512亿元、实际利用外资2.98亿美元。

环境品质实现新提升

“保护老城、提升河西、振兴滨江、改造铁北”，五年来，鼓楼分类统筹四大片区建设，不仅生态文明交出绿色答卷，人居环境也得到大幅改善。

防污攻坚，鼓楼决心定、成效显。12.2公里的长江岸线上，鼓楼根据长江大保护要求，完成了干流岸线利用项目清理任务，推动滨江岸线基本贯通，“十年禁渔”同步开启。

大桥公园段环境综合整治一期等系列工程，推进滨江风光带及周边腹地整治再进一步，大江风貌得以凸显。金川河、外秦淮河历史性全域消劣，实现全区劣V类水体基本消除，水体治理成效显著。2019年，两个断面和金川河全流域实现双达标，以“四级河长制+专家河长制”促“河长治”的创新改革工作更是获得省政府好评。

下关火车主题公园

发力推进基础设施建设，在“十三五”期间，鼓楼完成红山南路西延、中央北路（上元门段）、方家营路等35条道路建设，新增泊位超万个，在大大缓解老城停车难的同时，整体跃升地区面貌。

全力办好市委市政府重点支持的“一件大事”，即统筹推进中心片区7平方公里创新发展和环境品质提升。环南艺艺术文化街区正式运营；颐和路历史街区11、13片区保护利用有序推进；北京西路道路整治提升；鼓楼公园修缮开放得到群众点赞。

幸福鼓楼达到新水平

“十三五”期间，鼓楼加快推动民生服务从“有”向“优”的转变，成为省、市公共服务和社会治理标杆。

2020年，全区城镇居民人均可支配收入达7.4万元，超前完成居民收入在2010年基础上翻一番的全面小康目标。

“江苏最好、全国首善”，以教育见长的鼓楼正朝着高水平教育现代化强区的目标更进一步。“鼓楼e学校”全省首创、全国闻名，获评全国“基于教育改革、融合信息技术的新型教与学模式”实验区。鼓楼率先在全市推进幼教发展共同体、小学集团化和初中发展联盟建设，教育教学改革成果斐然，获得基础教育国家级教学成果奖一等奖3个，二等奖3个。

医疗卫生方面，各基层卫生服务机构与辖区10家三级甲等医院建立医联体，建宁路、中央门两家社区卫生服务中心获“全国优质服务示范社区卫生服务中心”称号，幕府山、建宁路两家社区卫生服务中心达全国“优质服务基层行”推荐标准，受国家卫健委表彰。

养老服务方面。建成居家综合护理中心17个，实现养老机构、居家服务中心医疗卫生服务全覆盖，实现社区养老服务中心、中心厨房、日间照料中心全覆盖。建成全市首家区级“时间银行”，推进互助式养老。建成区级智慧养老大数据运营调度中心及“虚拟养老院”，推动“互联网+”养老服务。近年来，鼓楼基本养老保险覆盖率、基本医疗保险覆盖率始终保持在98%以上。

谋划“十四五” 调高目标：开启社会主义现代化建设新征程

鼓楼区相关负责人介绍，“十四五”时期，是鼓楼在“争当表率、争做示范、走在前列”中展现更大作为，在南京“高质量发展的创新名城、高品质生活的美丽古都”建设中做出更大贡献的关键阶段。

据不久前出炉的《南京市鼓楼区国民经济和社会发展第十四个五年规划纲要和二〇三五年远景目标（草案）》，鼓楼全区上下将深入贯彻党的十九大和十九届二中、三中、四中、五中全会精神，坚持以习近平新时代中国特色社会主义思想为指导，全面贯彻党的基本理论、基本路线、基本方略，牢记总书记对江苏“争当表率、争做示范、走在前列”的殷殷嘱托，坚定不移贯彻新发展理念，坚持稳中求进工作总基调，以推动高质量发展为主题，以深化供给侧结构性改革为主线，以改革创新为根本动力，以满足人民日益增长的美好生活需要为根本目的，以创新驱动引领、打造现代经济强区为突破口提升综合实力，以建设美丽城区、彰显文化特色为抓手提升吸引力，以提供优质公共服务、建设法治平安鼓楼为关键提升幸福感，让“高质量发展的创新名城，高品质生活的美丽古都”率先在鼓楼展现现实模样，书写好新时代“首善之区、幸福鼓楼”新篇章，确保为第二个百年奋斗目标开好局、起好步。

“十四五”发展目标：

着力擘画“强富美高”发展新境界

“十四五”时期，鼓楼经济社会发展的总体目标是：经济发展更加强劲、百姓生活更加富裕、环境品质更加美丽、社会文明程度持续提高。

经济发展更加强劲。经济持续稳定增长，GDP、一般公共预算收入、社会消费品零售总额、固定资产投资等主要预期性指标占全市比重提高。产业结构持续优化，总部企业、亿元楼宇持续增加，文化产业增加值占地区生产总值比重达10%。科技创新能力和活力进一步提高，高新技术企业数量突破1200家。鼓楼高新区进入省级高新区第一方阵。

百姓生活更加富裕。百姓获得感、幸福感和安全感大幅提升，城镇调查失业率控制在2.7%以下。教育、卫生、养老、文体等社会事业优质均衡发展，形成更加公平更可持续的社会保障体系，民生幸福指数保持省市领先。

环境品质更加美丽。完成中心片区品质提升工作，城市更新取得新成效，城建城管水平明显提升，空气质量良好以上天数比例达80%，饮用水源地水质达标率100%。长江大保护成效不断巩固，城市公园绿地500米服务半径覆盖率达92%，推动形成人与自然和谐发展新格局。

社会文明程度持续提高。社会治理能力显著提高，持续强化全民国防教育，巩固和发展军政军民团结，新时代双拥工作水平全国领先。社会主义核心价值观深入人心，文明城市创建工作走在前列。公众安全感保持在96%以上，美丽社区建设达标率达99%以上。

芳草园小学国庆70周年“向祖国献礼”

2035年远景发展目标：率先建成社会主义现代化强区。

到2035年，鼓楼经济强、百姓富、环境美、社会文明程度高的发展内涵全面提升，高质量发展走在全市全省前列，率先建成社会主义现代化强区。

首先，人均地区生产总值力争在2020年基础上实现翻一番，居民收入在2020年基础上实现翻一番以上。

对于城区综合竞争力和经济创新力，鼓楼力争有大幅跃升，产业科技创新能力、全要素生产率和产品质量全面提高，主要创新指标达到创新型国家和地区水平，让居民过上现代化的高品质生活。

通过显著改善自然环境和城市面貌，使生产、生活、生态有机融合，绿色低碳发展卓有成效。老城、河西、滨江和幕府四大片区各具特色、分工协同，形成高水平均衡发展的现代化城市形象。

同时，让基层治理更加成熟、更加定型，法治政府和法治社会基本建成，社会文明程度达到新高度，文化软实力显著增强。城区治理能力走在全国前列，基本实现现代化、率先形成一批可复制可推广的鼓楼品牌。

（区委宣传部）

鼓楼区新冠肺炎疫情防控实录

一、疫情回顾

2019年12月，湖北省武汉市出现新型冠状病毒肺炎疫情，是全球百年来最严重的大流行传染病，传播速度快、传染范围广、防控难度大，是对所有人的一次生死考验。党中央高度重视，举全国之力驰援湖北省武汉市防疫救治工作，全国各级党委和政府积极响应党中央和习近平总书记的号召，众志成城，上下一心，筑牢疫情"防火墙"。

南京主城鼓楼区面积54平方公里，常住人口110万，辖13个街道120个社区，具有商务楼宇多、经济主体多、外来人口多、老旧小区多、人口密度高等特点，疫情防控压力巨大。鼓楼区贯彻习近平总书记"推动防控资源和力量下沉，把社区这道防线守严守牢"等重要指示精神，突出党的领导，扎实有效指挥、应急和组织动员，开展新冠肺炎疫情防控，筑牢基层防疫"堡垒"，取得阶段性成效。

鼓楼区开展新冠肺炎疫情防控主要分为三阶段：一是迅疾应对突发疫情阶段。迅速采取行动，开展病因学、流行病学调查和医疗救治。2020年1月底至2月中旬，鼓楼区新增本土病例21例，其中确诊病例16例，无症状感染者5例；最后1例确诊病例确诊时间为2月13日，最后1例无症状感染者报病时间为2月16日。二是初步遏制疫情蔓延势头。2月中旬至4月底，鼓楼区无新增确诊病例，统筹疫情防控和经济社会发展、有序开展复工复产。三是常态化疫情防控阶段。5月初至12月底，辖区疫情总体呈零星散发状态，局部地区出现散发病例引起的聚集性疫情、境外输入病例基本得到控制。

（区卫健委）

二、应急响应

1月20日，鼓楼区成立新冠肺炎疫情防控领导小组，构建"1+8+N"指挥体系：一个区级疫情防控指挥部，"一办七组"（办公室、综合信息组、疫情控制组、医疗救治组、物资保障与市场秩序组、社会和社区防控组、新闻宣传组、监督检查组），针对学校、建筑工地、企业等重点防区成立N个专项小组。通过领导小组抓总、指挥部统筹、常委挂钩包块街道，确保疫情防控无盲区，责任分工无疏漏。

2月14日（农历正月初三）起，鼓楼区下沉机关党员干部835名，动员、组织、凝聚各级党组织、志愿者和社区居民，成立无物管小区临时党支部566个、"密接"管控临时党支部40个、商圈楼宇临时党支部40个，形成以党建联盟为基础的防控机制。以驻区党组织为抓手，开展"三好两无"（党员干部带头作用发挥好、居民群众参与防控发动好、驻地单位联防联控效果好，外无输入、内无扩散）示范单位争创活动。

（区委研究室）

1月22日，鼓楼区召开新冠肺炎疫情防控工作会议　　区委宣传部　供图

2020年南京市鼓楼区新冠肺炎疫情防控会议一览表(部分)

表1

序号	日　期	会议类别	主要议题
1	1月22日	区政府会议	传达习近平总书记对新冠肺炎疫情作出重要指示及国家省市有关会议精神,部署近期防控工作
2	1月23日	区委常委会	听取区疫情防控工作相关方案汇报;研究部署全区疫情防控工作
3	1月26日	区委常委会	传达学习中央政治局常务委员会会议以及省委、市委常委会会议精神,听取全区新冠肺炎疫情防控工作情况汇报,再研究、再部署、再动员下一步防控工作,并就全区疫情防控工作提出要求
4	2月7日	区领导专题会议	听取宁海路街道无物管小区新冠肺炎疫情防控举措落实情况汇报;研究部署:把握返工返程关键节点,无物管小区实施封闭管理;发挥党员干部先锋模范作用,整合志愿者队伍等,合力打赢疫情阻击战
5	2月9日	区委常委会暨区委应对新冠肺炎疫情工作领导小组会议、区新冠肺炎疫情联防联控工作指挥部会议	部署全区疫情防控工作,提出工作要求
6	2月19日	区委应对新冠肺炎疫情工作领导小组会议暨区委中心组学习会会议	部署全区疫情防控工作
7	3月14日	区委常委会暨区委应对新冠肺炎疫情工作领导小组会议、区新冠肺炎疫情联防联控工作指挥部会议	传达学习习近平在湖北省考察新冠肺炎疫情防控工作重要讲话精神,听取落实"防疫+"工作情况汇报,研究部署统筹推进疫情防控和经济社会发展工作。会议对统筹做好当前疫情防控和经济社会发展工作提出4点要求
8	3月28日	区委常委会暨区委应对新冠肺炎疫情工作领导小组会议、区新冠肺炎疫情联防联控工作指挥部会议	贯彻中共中央政治局会议精神,落实省委、市委应对新冠肺炎疫情工作领导小组最新要求,听取全区疫情防控和一季度经济攻坚等工作情况汇报,研究部署下一阶段工作
9	4月3日	区委常委会暨区委应对新冠肺炎疫情工作领导小组会议、区新冠肺炎疫情联防联控工作指挥部会议	传达学习习近平总书记在二十国集团领导人应对新冠肺炎特别峰会重要讲话精神,听取全区落实"防疫+"要求及一季度经济攻坚工作情况汇报
10	4月12日	区委常委会暨区委应对新冠肺炎疫情工作领导小组会议、区新冠肺炎疫情联防联控工作指挥部会议	传达学习习近平4月8日在中共中央政治局常务委员会会议上重要讲话精神,贯彻落实省委、市委应对新冠肺炎疫情工作领导小组部署要求;听取全区落实"防疫+"工作机制、统筹推进疫情防控和经济社会发展相关情况汇报;研究部署下一阶段工作
11	4月14日	区领导专题会议	学习全市战疫情、扩内需、稳增长"四新"行动部署要求,研究全区贯彻落实工作,就推进"四新"行动提出4点要求
12	4月18日	区委常委会暨区委应对新冠肺炎疫情工作领导小组会议、区新冠肺炎疫情联防联控工作指挥部会议、区"四新"行动指挥部会议	传达学习中共中央政治局会议精神,听取全区落实"防疫+"工作机制、推动二季度经济攻坚相关情况汇报,研究部署下一阶段工作
13	4月29日	区委常委会暨区委应对新冠肺炎疫情工作领导小组会议、区"四新"行动指挥部会议	传达学习习近平在陕西考察时重要讲话精神,听取全区落实"防疫+"工作机制、推进"四新"行动和经济社会发展相关情况汇报,研究"招商突破年、项目推进年、企业服务年"行动计划,部署下一阶段工作
14	5月8日	区委专题会议	调度全区常态化疫情防控工作,听取相关部门、街道常态化疫情防控工作情况汇报及有关意见建议,就做好常态化疫情防控工作提出要求

续表1

序号	日 期	会议类别	主要议题
15	5月9日	区委常委会暨区委应对新冠肺炎疫情工作领导小组会议、区"四新"行动指挥部会议	听取全区落实"防疫+"工作机制、推进"四新"行动和经济社会发展相关情况汇报;研究部署下一阶段工作
16	5月16日	区委常委会暨区委应对新冠肺炎疫情工作领导小组会议、区"四新"行动指挥部召开会议	听取全区落实"防疫+"要求、推进"四新"行动和经济社会发展相关情况汇报;研究部署下一阶段工作
17	5月23日	区委常委会暨区委应对新冠肺炎疫情工作领导小组会议、区"四新"行动指挥部会议	学习习近平在中央政治局会议上重要讲话精神,传达省委省政府关于安全生产工作最新要求,听取一周以来全区落实"防疫+"要求、推进"四新"行动和经济社会发展相关情况汇报,研究部署全国"两会"期间疫情防控和发展稳定各项工作
18	5月30日	区委常委会暨区委应对新冠肺炎疫情工作领导小组会议、区"四新"行动指挥部会议	传达学习习近平在全国"两会"期间重要讲话精神;听取全区落实"防疫+"要求,推进安全稳定、"四新"行动和经济社会发展相关情况汇报;研究部署下一阶段工作
19	6月6日	区委常委会暨区委应对疫情工作领导小组、区"四新"行动指挥部召开会议	传达学习习近平在宁夏考察时重要讲话精神,听取全区落实"防疫+"要求、推进"四新"行动和经济社会发展相关情况汇报,研究部署下一阶段工作
20	6月13日	区委常委会暨区委应对新冠肺炎疫情工作领导小组会议、区新冠肺炎疫情联防联控工作指挥部会议	学习习近平关于疫情防控工作系列重要讲话指示精神,落实市委市政府最新部署要求,研究进一步做好常态化疫情防控和当前有关重点工作
21	6月17日	区委常委会暨区委应对新冠肺炎疫情工作领导小组会议、区新冠肺炎疫情联防联控工作指挥部会议、区"四新"行动指挥部会议	学习习近平主席在中非团结抗疫特别峰会上主旨讲话精神和6月29日中央政治局会议精神;听取近期全区疫情防控、"四新"行动、"三个年"工作及各项指标任务推进情况汇报,研究部署下一阶段工作

2020年鼓楼区新冠肺炎疫情防控指挥部发文

表2

编号	时 间	文 件 名
1号	1月28日	关于建立新型冠状病毒感染的肺炎疫情防控工作政务信息日报送制度的通知
2号	1月28日	鼓新冠防指办公室通知
3号	1月29日	关于临时关闭部分医疗机构的紧急通知
4号	1月30日	鼓楼区新型冠状病毒感染的肺炎疫情强制处置工作方案(第一版)
5号	1月30日	关于印发鼓楼区新型冠状病毒感染的肺炎诊疗工作流程(试行第二版)的通知
6号	1月31日	关于进一步加强住宅小区新型冠状病毒感染的肺炎疫情防控工作的方案
7号	1月31日	鼓楼区防控物资保障暂行办法
8号	1月31日	专项资金使用管理方案(试行)
9号	1月28日	关于落实《鼓楼区新冠肺炎防治隔离封闭应急预案》工作方案的通知
10号	1月31日	鼓楼区新型冠状病毒感染的肺炎疫情社区防控工作方案(试行)
11号	2月1日	关于印发《鼓楼区机关事业单位应对新型冠状病毒感染的肺炎防控指南》的通知
12号	2月7日	鼓楼区新型冠状病毒感染的肺炎企业防控工作方案(20200207定稿)

续表2

编号	时 间	文 件 名
13号	2月6日	关于进一步加强住宅小区新型冠状病毒感染的肺炎疫情防控工作的通知
14号	2月7日	关于切实做好全区社会培训和托育机构疫情防控工作的紧急通知
15号	2月8日	鼓楼区新冠肺炎防控工作群租房及住人地下室管理方案
16号	2月9日	鼓楼区新型冠状病毒感染的肺炎疫情社会和社区防控组工作方案
17号	2月11日	关于印发鼓楼区新型冠状病毒感染的肺炎疫情联防联控工作指挥部学校专项组工作方案的通知
18号	2月12日	关于印发《鼓楼区复工复业企业新冠肺炎突发疫情应急处置预案》的通知
19号	2月13日	鼓楼区新冠肺炎疫情强制隔离医学观察应急预案
20号	2月13日	关于印发鼓楼区防控新型冠状病毒感染的肺炎疫情机关专项组工作方案的通知
21号	2月17日	关于印发《鼓楼区新型冠状病毒感染的肺炎防控工作指挥部经济运行保障组工作方案》的通知
22号	2月17日	关于进一步明确企业复工工作标准和审批流程的通知
23号	2月17日	鼓楼区复工复产企业员工与重点关注地区来宁人员核酸筛查检测实施方案
24号	2月18日	关于落实南京市第13号通告的公告的通知
25号	2月19日	鼓楼区新冠肺炎防疫物资供应保障工作方案
26号	2月20日	关于印发鼓楼区新型冠状病毒肺炎疫情联防联控工作指挥部涉外专项组工作方案的通知
27号	2月28日	区领导督导企业复工复业的方案
28号	3月25日	关于成立鼓楼区涉外疫情联防联控指挥部的通知
29号	4月2日	关于调整加强区联防联控工作指挥部学校专项组的通知
30号	4月14日	关于做好离鄂离汉来宁人员健康管理和关爱服务的通知
31号	5月25日	关于开展新冠肺炎疫情防控重点措施落实情况自查工作的通知
32号	5月26日	关于加强商场、酒店、餐馆等重点场所常态化疫情防控工作的通知
33号	5月27日	鼓楼区严防水路疫情输入专项整治行动实施方案
34号	5月28日	疫情常态化防控阶段核酸检测方案
35号	6月3日	鼓新冠防指〔2020〕35号关于出具公务包机入境接收函的请示
36号	6月15日	鼓新冠防指〔2020〕36号关于出具公务包机入境接收函的请示
37号	6月16日	鼓新冠防指〔2020〕37号鼓楼区新型冠状病毒肺炎疫情联防联控指挥部“市场及物流专项组”方案（定稿）
38号	7月13日	鼓新冠防指〔2020〕38号关于出具公务包机入境接收函的请示
39号	9月22日	鼓新冠防指〔2020〕39号关于新加坡金鹰集团Sin siew tag等2人入住我区酒店的处理情况报告
40号	11月17日	鼓新冠防指〔2020〕40号关于进一步健全新型肺炎疫情防控联控机制及工作制度的通知

（区新冠肺炎疫情防控指挥部）

新冠肺炎疫情发生以来，一批批鼓楼白衣天使前赴后继、奋勇逆行。江苏省人民医院先后派出8批共计274名医护人员驰援湖北武汉、黄石；南京鼓楼医院先后派出3批222名医护人员驰援湖北武汉；东南大学附属中大医院先后派出5批11名医护人员驰援湖北武汉；南京医科大学第二附属医院派出3批26名医护工作者奔赴湖北抗疫一线。在湖北一线奋战的这些天里，还有更多医护人员在“兜底”担责，全力保障南京大后方，彰显了综合性公立医院的担当和作为。

（区地方志办）

2月13日，南京鼓楼医院162人在内的第七批江苏援湖北医疗队集结完毕，启程奔赴湖北省武汉市，全力支援当地开展新冠肺炎医疗救治工作

区融媒体中心　供图

三、防控与监测

鼓楼区完善疫情防控应急预案和配套工作方案，动态调整风险等次和应急响应级别，以预防为主，突出重点环节、重点场所、重点人群、医疗机构、社区以及校园防控，确保一旦发生疫情及时采取措施。

实现兜底摸排“全覆盖”。防控力量向社区下沉，以社区为前沿阵地，依靠省市区机关下派干部、街道干部、社区工作者及志愿者队伍，通过“四定”（定人、定岗、定小区、定户数）分工体系，“申报+排查+大数据”联动，摸清小区住户及返宁人员基本情况，重点排查疫区回宁人员情况。借助“宁归来”信息系统，深入摸排辖区居民行程轨迹及健康信息，确保“兜底翻”、底数清。

分级分类施策、差异化管理、精准有力防控。以“天”为单位，及时根据疫情形势和防控要求，关口前移、源头把控，采取“全面封锁、聚焦重点、温暖隔离”举措，24小时封闭管理小区、楼宇、园区、单位，严格人员出入登记和体温检测，严控外来人员和车辆进入，有物管小区压实物业主体责任和街道监管责任，无物管小区由机关干部、街道社区干部和党员志愿者组成临时党支部全天候管控。2月14日以后，鼓楼区无新增确诊病例，形势出现积极转变，及时优化策略，采取分类精准管控，分别以累计确诊病例数、重点地区和关注地区返宁新增人员数、有无物管为指标，把辖区分为高风险社区（红色）、中风险社区（橙色）和低风险社区（绿色）。

（区委研究室）

制发《关于做好新型冠状病毒感染的肺炎疫情防控工作

的通知》，建立信息报告制度。开展新冠肺炎病例、疑似病例、无症状感染者和密切接触人员流行病学调查、核酸检测采样和各类型消杀。现场流行病学调查135例可疑新冠肺炎病例，消毒作业3223次，消毒面积434.9万平方米；完成核酸采样4.9万人次；及时处置菲律宾入境密接人员排查、溧阳及盐城等地入境人员管理失控、青岛局部疫情来宁人员排查等突发事件13起。外防疫情输入，严格落实所有境外来宁人员集中隔离医学观察、核酸检测等健康管理。区卫健委、区民政局、各街道密切协作，强化入境人员解除隔离后健康监测和网格化管理措施；组织消杀组重点消杀辖区8个集中医学观察点；做好入境人员电话咨询及协调工作。累计管理入境人员4063人（其中中国籍3786人、外籍277人）；累计接收入境人员追踪管理通报函35份68人次，追踪疫情严重国家（地区）入境人员642人；4月1日以后入境人员解除隔离后健康管理2730人。内防疫情反弹，畅通卫健、民政、公安、街道信息，与街道紧密联系，加强外地来宁返宁人员摸排登记，确保及时准确将重点人员纳入管理。与社区密切配合落实人员“五包一”（区、街道、社区、管段民警、责任单位包案领导共同负责一个重点事项）管控措施。根据疫情风险等级及时调整对策，动态分级分类管理重点地区、热点地区来宁人员，全区入境回宁人员采样1.03万人次。（区卫健委）

2月，鼓楼区机关干部与社区志愿者在下关街道疫情防控点值守
区融媒体中心　供图

坚持“大数据+网格化+铁脚板”工作机制，按照“不漏一户、不落一人”工作要求，动态排查境外返宁、重点地区返宁人员7轮。滚动排查重点区域小区空关房，厂区企业内部宿舍、酒店式公寓、出租房等易产生盲区领域，确保全覆盖、无死角。完成市每日交办的大数据核查，确保全部见底。经7轮排查，全区共有空关户2.08万户，其中已来宁9817户，空关户1.1万户。全年累计大数据核查境外及国内中高风险地区重点人员8.7万人。守住小区防线。疫情暴发严峻时期，分类施策优化全区无物管小区卡口设置，坚持24小时值守，做实体温测量、扫码登记、轨迹查询、苏康码核验“四规范”，确保重点地区人员早发现、早报告、早隔离、早治疗。优化社区日间和夜间卡口，强化值守和规范管理，排查、登记、核实外来人员和车辆。全区设置无物业小区卡口177个，卡口累计登记来宁返宁人员11.22万人。（区民政局）

落实保障措施，保障物资供应。建立防疫、抗疫物资采购、使用、领取登记等规章制度，发放工作规程和台账，联系全区311家医药公司、212家零售药店和省内外国内外各类渠道，协调采购一次性手套10万副、84消毒液300桶（25公斤/桶）、防护服1000件、水银温度计700支、测温仪1000台。规范市场秩序，促进平稳运行。1月27日至3月20日，区市场监管部门累计出动1815人，检查农贸市场1072家次，督促农贸市场落实疫情防控主体责任，严打违规交易、严控个人防护、严治工作疏忽，开展活禽专项检查行动、防疫措施落实情况专项检查等多项检查行动，自查发现问题137个，全部完成整改。

（区市场监管局）

编制《鼓楼区建筑工地新冠肺炎疫情防控工作方案》，建立防控责任机制；成立8个工作组，负责建设工地巡查、支援街道社区防控工作。发放《鼓楼区关于做好新型冠状病毒感染的肺炎防治工作给全区居民的一封信》，在全区所有建筑工地醒目位置张贴，利用户外LED电子屏、标语、横幅、短信等全覆盖无缝隙宣传新冠肺炎预防知识，劝导疫区计划返宁人员推迟行程，督促全区参建单位按要求做好人员信息登记上报，严格落实人员分餐制度。联合街道和承担建设任务部门，摸排全区在建工地，分类建立工地清单，确保不留死角、排查全覆盖；摸底排查所有从重点地区返宁人员、与重点疫情人员有过接触返宁务工人员，详细了解返宁务工人员具体情况和行动轨迹，定点医学观察排查出重点人员；督促全区参建单位专人轮流值守工地出入口，严格限制外来车辆、严格人员进场审核，切实降低传染概率。

（区建设局）

四、物资保障

（一）财政投入

2020年，鼓楼区全力做好新冠肺炎疫情财政保障工作，拟定《鼓楼区新型冠状病毒感染肺炎防控工作专项资金使用管理方案》，确保预算安排到位、资金拨付到位、政策落实到位。全年累计拨付防疫资金1.4亿元，其中区级资金投入1.18亿元。

（区财政局）

对接省市相关部门，将疫情下各类政策送至企业，在税费减免、专项资金上提供支持，全力帮助企业解难纾困。在“鼓楼微讯”推出3期《鼓楼美食指南》，宣传推介鼓楼区重点餐饮企业，助力餐饮市场复苏。共为商业场所印制张贴防控导则2000余张，为97家商超、市场发放疫情防控专项资金232万元。

（区商务局）

（二）社会捐赠

2020年新冠病毒肺炎疫情发生后，鼓楼区接收捐款545笔419.48万元，接收口罩、防护服、护目镜等防护用品和酒精、84消毒液等消毒物资价值231.88万元。捐赠款物除定向捐赠外，其余全部由区疫情联防联控工作指挥部统筹使用。依法依规公布捐赠接收和使用情况，接受社会监督。发布捐赠公告动员社会力量，在“慈善中国”网站设立“抗击新型冠状病毒感染的肺炎募捐项目”并进行备案，同时通过部门网站、微信公众号、微博向社会公开发布《南京市鼓楼区红十字会接受社会捐赠公告》。明确专人负责捐赠款物接收，实时保持区指挥部物资保障与市场秩序组以及区其他相关部门对接沟通，所有捐赠均开具专用收据，及时通过部门网站、微信公众号、微博、慈善中国网站等进行公示，做到公开透明，全年公示40期。

（区红十字会）

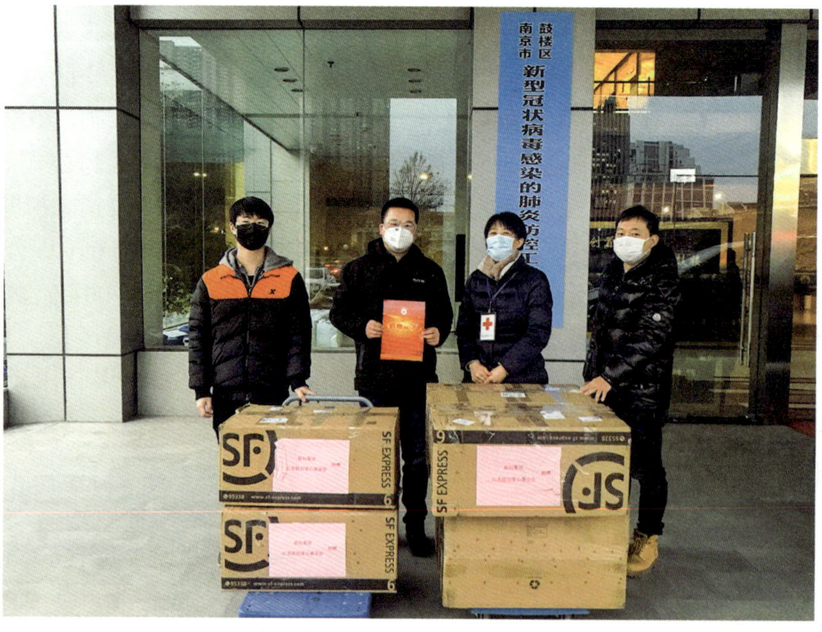

2月22日，江苏联创爱心基金会向鼓楼区捐赠防疫物资　区红十字会　供图

五、复工复产复学

（一）惠企举措

2020年2月，鼓楼区制发《鼓楼区复工复产企业新冠肺炎突发疫情应急处置预案》，组建13个复工企业疫情防控卫生学技术指导团队，为复工企业疫情防控提供技术保障，现场指导复工企业、公共场所等1000余次；制发《鼓楼区复工复产企业员工与重点关注地区来宁人员核酸筛查检测实施方案》，落实长三角地区健康观察解除告知单互认工作，复工筛

查2493人次；制定《鼓楼区学校新冠肺炎防控技术方案》，保障学校有序复课，稳步推进社会机构线下复课。（区卫健委）

稳妥推进企业复工，拟订外资企业、外贸企业、商贸流通类企业复工工作方案。梳理全区核心指标支撑作用20家重点外资企业、20家重点外贸企业以及40家排名靠前限额以上社会消费品零售企业，作为重点指导帮扶对象，主动对接沟通；联系街道落实符合条件企业优先复工，确保申请复工企业人员健康、防控措施、防控物资、安全生产“四到位”。通过微信QQ工作群、商协会等平台，推送复工指南、复工流程、复工须知，便于企业精准操作、提高复工效率。

（区商务局）

加强疫情防控复工期间用工指导，梳理排查户籍信息3000多户4000余人。在微信公众号、街道社区群发布《致鼓楼区返宁务工劳动者倡议书》，开展“防疫+”复工复业劳动保障法制宣传、咨询、服务活动，举办线上公益直播活动4场，解读人力资源社会保障抗疫政策、劳动用工合规管理风险防范、个税汇算清缴政策实务、人力资源服务业创建和谐劳动关系企业政策等，每场近千人参加。加强疫情防控期间经办工作，为服务对象开辟绿色通道，实行社保清欠、退费、停保一条龙服务。畅通“不见面”办理渠道，开通邮箱1个、应急电话9部，日均收件60余件，高峰期120余件，邮箱办理企业用工备案、解除登记2190件。开展农民工工资支付条例宣传周活动，与专业律师合作录制条例解析，明确适用对象、工资支付规范、各方法律责任、工程建设领域特别规定等要求，在线上广泛宣传。（区人社局）

（二）精准服务

鼓楼区针对企业“防疫物资缺少、交通运输受阻、货品供应不上”等难题，协调每日优鲜、龙江金润发、麦德龙（下关店）等企业办理物资运输优先通行证，联系市、区两级进出口商会以及区内宏坤供应链等跨境电商企业，为外资企业、商务商贸类企业以及农贸市场提供货源供应渠道，解决口罩10万只、红外体温计200支、消毒液700公斤、75度酒精8000毫升。（区商务局）

助复工稳就业，促进食品经销业经济复苏，鼓楼区有食品销售经营单位7843家（其中，食品批发配送商109家、食品批发销售商2006家、商场超市458家、食杂店5270家）；餐饮服务经营单位5688家（其中，特大型餐饮单位30家、大型餐饮237家、中型餐饮742家、小微型餐饮4319家、学校食堂175家、机关企事业单位食堂185家）。加强风险预防，首创复工保险。3月，联合中国人民财产保险股份有限公司南京市分公司首创“餐饮复业保障险—康保保”项目，为餐饮单位和消费者提供权益保障，解除后顾之忧，加快餐饮业复工复业，提振消费信心，促进城市消费服务业逐步恢复正常。指派关键人员，强化联系帮扶。根据复工餐饮单位普遍反馈口罩、测温枪等防疫物资缺失情况，区市场监管局帮助协调口罩1万余只，根据企业需求进行下拨。开展食堂检查，推进复工复学。检查辖区校园食堂食品，完成全区175所大、中、小学、幼托机构食堂检查，为学校复学做好准备；开展复工复产餐饮单位、网络餐饮骑手、隔离酒店盒饭、中央厨房等10余次专项检查，累计出动检查人员4958人次，检查餐饮服务单位5990余家次、星级饭店672家次、商场超市2382家次。

（区市场监管局）

助力复工复产，制发《鼓楼区关于加强全区工程建设领域未报监项目管理的紧急通知》《鼓楼区关于加强疫情防控期间全区建筑工地管理的紧急通知》，从项目复工管控、进场人员管控、现场疫情防控等3个方面对全区参建单位提出明确要求。对接企业和宾馆，帮助解决部分工地防疫物资不足及隔离观察点设置困难；联系客运集团，协助解决返宁员工交通问题；出具复工证明，助力企业组织员工返宁。（区建设局）

（三）有序复工复学

鼓楼区为保障民生，逐步推进农贸市场开业工作。1月29日，第一家市场凤凰花园城市场正式开业，该市场共登记从业人员31人，当天8个摊位投入运营，涉及从业人员13人；1月31日，工人新村和龙江社区两家市场重新开业，累计审核192人；2月7日有2家市场开业，30家市场重新开业，累计审核2000余人，食用农产品供应不足问题得到全面解决；3月20日，鼓楼区农贸市场全部开业。（区市场监管局）

组织辖区946名医护人员、4536名教职工参加疫情防控知识培训,区疾控中心与卫生监督所联合现场复查指导辖区107所学校。3月30日,区属17所初中、6所高中的三年级学生复学;4月7日,区属17所初中、6所高中的二年级学生复学;4月13日,区属6所高中一年级学生复学;4月27日,区属17所初中一年级学生复学;5月6日,48所小学五、六年级学生复学;5月11日,48所小学三、四年级学生复学;5月18日,48所小学一、二年级学生复学;5月25日,90所幼儿园分批次返园复学。

(区卫健委)

六、常态化管理

鼓楼区常态化疫情防控六项举措:一是坚持党建引领。充分发挥基层党组织战斗堡垒和党员先锋模范作用,落实街道"大工委"、社区"大党委"机制,做优做强区域化大党建。通过党组织和党员的示范引领,凝聚各方力量,发动在职党员、居民积极分子、志愿者社会组织积极参与,巩固群防群治、联防联控格局。二是树立常态思维。统筹推进疫情防控和经济社会发展,确保"两手抓",实现"双胜利"。强化卫健、民政、房产、公安部门主管责任;强化街道社区属地责任和企事业单位主体责任,管行业、管场所、管生产经营等必须管防疫。三是落实精准防控。物管小区,压实物业防控主体责任,强化检查通报,加强行政监管;无物管小区,优化卡口设置,推进居民自管,连片引入物管,确保"有人管""管得住"。外来人员扫码登记、轨迹查询、体温测量、健康码核验"四规范";重点地区、重点人员落实"四早"(早发现、早报告、早隔离、早治疗)措施。提倡在公共场所,特别是学校、医疗、养老、培训机构,科学佩戴口罩、减少人员聚集、加强通风消毒、提高健康素养。餐饮场所提倡使用公筷。四是强化科技赋能。升级技防设施,加装小区门禁、车辆识别以及人脸识别、红外测温等智能系统,探索建立智慧社区管理平台,提升防控效率。利用社区微信群、QQ群等平台,开展"线上互动""线上协商""线上服务"。统筹用好社区核查、企业复工、卫生疾控等大数据,建立区域长效管理数据库,做好综合管理和应用,提升基层治理水平。五是完善网格治理。建强基层网格员队伍,落细落实网格化治理机制,迈开铁脚板,强化网格员常态化排查走访,动员党员、楼栋长、志愿者下沉网格,定点值守、动态巡查,准确掌握空关户、出租户、群租户情况,动态更新社区、楼宇企业等网格数据信息,实现人在"网"中走,疫在"格"中防。六是持续关心关爱。健全基层公共卫生应急管理和救治体系,加强医务人员和社区工作者两支队伍建设。落实疫情防控一线医务人员、社区工作者关心关爱政策待遇。组织区疾病预防控制中心和社区卫生服务中心开展应急防控工作;组织各级各类医疗机构相关专业人员9600余人次,参与新冠肺炎防控知识、新冠肺炎病人诊断、救治和转运工作培训350余课时。

(区委研究室)

持续从严抓好商业场所常态化精准化防控,检查督导全区82家大中型商业场所、40家农贸市场8600余人次。落实"四新"行动要求,牵头组织推进新消费行动,在确保疫情防控安全的前提下,开展"放心出门,安心消费""放心出门,点亮石头城""鼓足干劲、更上层楼"销售竞赛月等主题消费促进活动86场;组织鼓楼区直播电商产业(杭州)推介会、"数字新动能消费新体验"2020"金洽会"鼓楼专场等重点招商活动,签约新消费重点项目31个,投资总额154亿元。2020年社会零售总额创总量和增速历史新高,全年完成1025.9亿元,增幅2%,全市排名第一。完成外贸进出口总额512亿元,增幅19.6%,总量进位,增幅保持;自贸区联动创新工作,位列全市第一等次;实际使用外资2.98亿美元,达目标进度114.6%,增幅12.2%,外资占全省比重及增速综合评定主城第一,实现争先进位;国际化工作连续三年位列全市第一。

注重统筹兼顾,充分保障供给。开展"全球采、采全球",广开渠道保证防疫类物资供应到位。围绕生活类物资与金润发龙江超市、悦家超市、麦德龙下关商场等重点保供单位对接,及时有效组织货源,确保应急类物资、生活必需品供应充足和市场稳定。分类施策抓好超市、商场、商业综合体、专业市场等大中型商业场所疫情防控工作,制订《致全区专业市场告知书》《致全区商场、商业综合体告知书》及工作方案，明确超市因保供需要正常营业，要求商场、商业综合体、专业市场2月29日24时前一律不得复工，提前开业的立即关停，3月1日之后未经审批不得复工。与各大中型商业场所管理方反复沟通，深入细致摸排大中型商业场所运营状态。关停全区一直处在营业状态的10家商场、12家商业综合体。新冠肺炎疫情期间，驻区餐饮行业积极作为主动应对，满足民生需求。金陵饭店一天售出19万只金陵大肉包，古南都饭店推广团购模式入驻全市236个社区，吸引2万多消费者线上团购。恢复堂食以后，金茂汇等商业综合体落实商场、商家两次体温检测；玄武饭店、红杏酒家、南京狮王府等企业规范餐桌布局，减少桌椅摆放；南京大排档（金茂汇店）堂食区域将358个餐位减少到56个，以严格管理、宽松环境，创造安全放心用餐环境。 （区商务局）

常态化疫情防控，落实分级管控。按照全国最新风险等级提醒和省市区关于做好重点地区人员信息核查和健康管理要求，做好人员分级分类和动态管理。建立街道包干领导、科室长、社区干部、医护人员、民警、志愿者等“六包一”小组。落实居家管理人员“一人一档”工作台账。每日落实健康监测及随访，上下午测量体温，询问人员健康状况。社区出具核酸检测单，指导做好三次核酸检测。加大科技支撑。巩固疫情防控工作小区管理成果，强化“技防+管理+自治”模式，对有物业小区，制定工作规范，明确设施配备、日常管理要求、扶持政策、奖罚措施等；有条件封闭无物业小区，通过安装道闸和门禁在实现物理封闭基础上，发挥社区党组织领导核心作用，成立小区自治管理委员会，搭建协商议事平台；针对既无物业又无条件封闭敞开式小区，探索以市场运营为主、政府投入为辅片区大物业管理模式。全区累计加装、改造小区门禁、电子道闸635个，安装车辆识别、红外测温等智能设备149个。持续宣传动员。动员驻区省市机关、企事业单位和居民群众继续参与群防群控。通过印发常态化防控工作倡议书、居民告知书等，将全民思想认识统一到“常态长效”上来。建立社区党员守望岗、宣讲小分队、服务小分队，用好社区小喇叭、微信群等开展防疫宣传和管理服务工作。每天2644名干部、社工和志愿者参与到常态化疫情防控工作中。在老旧小区管理和常态化防控工作中召开居民议事会452场，1.09万人次参与。检查措施落实。按照省市关于把好“社区关”检查的相关要求，落实社区“五有一网格”措施。严格落实疫情防控指南，制定下发加强社区疫情防控关工作指引、关于进一步做好社区疫情防控工作的指引和关于加强居家健康监测的工作指引，制定落实闭环转运工作流程要求。落实梳网清格工作。用好重点人员数据核查平台和转运工作群，街道、社区主动梳理排查来宁返宁人员的登记台账，引导来宁返宁人员主动向社区登记信息并核查14日内行程史。离宁人员主动到小区物业或所在社区报备登记信息。落实督查整改提醒。对市、区防疫督查组检查反馈的问题，制定《防疫工作提示单》，在督促整改的同时做到举一反三、拾遗补缺。 （区民政局）

首推农贸市场全员核检，降低感染风险。6月22—23日，开展农贸市场全覆盖核酸检测工作，完成核酸检测采样4729个，其中采集人员3829人，采集重点食品450份、重点环境450份，检测结果均为阴性，此后，农贸市场疫情防控工作进入常态化。严厉查处，促进防疫标准化。聘请第三方机构南京市质检院对冷链食品生产经营单位开展风险点排查，及时发现问题，及时处置，并委托质检院起草制定进口冷链食品风险防范处置技术规范，作为今后鼓楼区进口冷链食品风险防范处置指南。同时，要求进口冷链食品专区存放、专区销售，严格查阅相关食品的“四证明一报告”、“江苏冷链”溯源码、日常消杀记录等台账，一旦发现缺失情况，立即封存相关产品和冷库。全年发现23起违规销售进口冷链食品的情况，累计封存进口冷链食品420余箱（包），总重4500余公斤，涉及企业15家，涉及食品20种。其中5家企业的违规产品，由区疾控中心上门采样检测和消杀，检测结果均为阴性，剩余10家企业则采用预约集中监管仓或消杀后退货的方式处理相关违规产品。狠抓源头管控。辖区涉及进口冷链食品经营的企业中，有过半数是连锁企业，在监管力量、范围有限的情况下，采用约谈区

区市场监管局工作人员检查进口冷链食品　　区融媒体中心　供图

域负责人，向区内各门店垂直传导压力的方式督促其落实主体责任。通过约谈苏果超市、肯德基、麦当劳、汉堡王、海底捞等企业的区域负责人，企业防疫工作水平均获提升。完善应急处置。为全面控制疫情，确保任意时间点出现阳性核查处置，都有工作人员第一时间前往，鼓楼区制定冷链食品疫情防控应急值班表，确保属地分局、食安、稽查各有一名干部前往现场，参照《秋冬季新冠肺炎疫情防控应急预案》和《新冠病毒核酸阳性食品处置指南》，配合区冷链专班强化27家有冷链食品经营业务商超重点防控，确保475名冷链食品从业人员每周1次核酸检测全覆盖；严格按照进口冷链食品防控要求，抓好人员、货品物品、经营环境防控措施落实。防输入防反弹，确保冷链食品及其制品食用安全。随着疫情不断升级，疫情感染方式逐渐从“人传人”变为“物传人”甚至是“环境传人”，而冷链食品作为病毒扩散的最佳载体，相应的疫情防控工作也逐渐展开。鼓楼区有冷链食品生产经营企业177家（食品生产企业1家，食品经营企业176家），其中涉及进口冷链食品经营的有72家，以上进口冷链食品经营企业中除企业注册地址在外区的，其余均已接入江苏冷链系统（商场超市7家，星级饭店5家，农贸市场1家，餐饮单位56家，其他食品经营企业3家）；统计有进口冷链食品从业人员345人，国产冷链食品从业人员536人。鼓楼区疫情防控指挥部经多次会议讨论，结合本区实际，建立冷链食品监管专班，制定由专班负责综合协调、市场监管局负责农贸市场、商务局负责商场超市、文旅局负责星级饭店、街道负责兜底的监管模式。对人员、食品、环境的不同工作要求，做到人员“应检尽检”，并在规定时间内完成疫苗接种、进口冷链食品及环境“应检尽检”、国产冷链食品及环境“定期抽检”。共实现接触冷链食品从业人员的18轮全覆盖核酸检测，食品、环境的6轮全覆盖核酸检测，累计检测人员18220人次、环境4085个次、食品4041个次，检测结果均为阴性，累计完成疫苗接种903人，针对接触冷链食品从业人员的疫苗接种率已达94.55%。全年妥善处置阳性核查函相关处置工作3起（8月12日的“正大食品公司鸡琵琶腿”事件、12月4日的“马开兵”事件、12月5日“无锡本坤冷冻去骨牛腩”事件）。定期开展“江苏冷链”系统培训，强化监管人员对我区进口冷链经营企业分布情况的了解，同时完成相关企业的信息录入工作。累计组织培训14次，400余人参会。实现已统计的进口冷链食品经营单位全部接入系统，且以上企业均通过该系统执行入库、出库等手续，纳入江苏省进口冷链食品交易量数据中。　（区市场监管局）

鼓楼区出台下发《关于做好全区建筑工地常态化疫情防控工作的通知》，督促参建单位切实履行疫情防控主体责任，确保压力传导到位、措施落实到位、责任压实到位。全年检查人员3750人次，检查工地1.32万家，检查从业人员1.46万人，其中返宁人员1.39万人（湖北省返宁168人）。所有准入人员均查询行动轨迹，核对宁归来（苏康码）信息，湖北返宁人员均按要求进行核酸检测，4月8日以后武汉返宁人员均按要求进行核酸和血清检测，北京返宁人员均按要求进行核酸检测，符合管控要求。　（区建设局）

鼓楼区防汛抗旱工作

2020年，鼓楼区统一部署以防汛安全为目标，坚持“安全第一、常备不懈、以防为主、防抗结合”的原则和“建重于防、防重于抢、抢重于救”的指导思想，认真做好防汛工作，从建立健全防汛组织机构、编制修订防汛预案、开展防汛抢险队伍应急演练、储备防汛物资入手，做好汛前准备、强化汛期值班，及时处置各类险情，精心组织、周密部署，圆满地完成了2020年的防汛抢险工作目标任务。

一、防汛工作整体概况

鼓楼区地形走势东高西低，辖区内有五台山、清凉山、古平岗、八字山、幕府山等多处山地，“沙洲圩”等多处低洼片区。全区长江江堤12公里、秦淮河堤11公里、金川河堤26公里，其他各种河、沟35条，总长40.146公里；检查井14532座、雨水井21729座，排水管道约376.9公里；雨水泵站25座（其中区管21座，市管4座），排水流量159.637立方米每秒；闸坝24座，拦污栅9座；已建成截流设施61座，正在建设8座。

外秦淮河防洪墙(堤)总长11公里，从汉中门桥至三汊河口，西岸长5.3公里，东岸长5.7公里，堤岸顶标高11米，与建邺区以汉中门桥为界，从2000年开始陆续修建，于2004年竣工。长江江堤12公里，南与建邺区北河口水厂、东与栖霞区五马渡为界，1996年开始修建，于2000年竣工。洪墙(堤)顶标高12.6米，将原有的土坝建设成钢筋混凝土结构，理论上，其高度和强度已具备百年一遇的抗洪能力，但长江主汛期行洪安全仍不可忽视，当长江水位达到10.5米以上时，高水位、大流量、长时间的洪水浸泡有可能发生渗漏、管涌、崩塌等险情。

二、2020年防汛工作

（一）职能变更，落实防汛责任

2020年，鼓楼区立足“防大汛、抗大灾”，以确保“水安全”为中心，今年3月区政府明确区防汛抗旱指挥办公室（简称区防办）职能由区水务局承担后，根据机构设置、人事变动和工作需要，专题发文《区政府关于调整鼓楼区防汛防旱指挥部成员的通知》，及时调整和充实防汛指挥机构，以适应区域防汛工作现状，进一步落实防汛行政首长责任制。

（二）扎实做好防汛各项准备工作

1.修订、制定完善各类预案。在确定防汛职能由区水务局承担后，鼓楼区第一时间对全区防汛应急预案进行修订完善，综合考虑机构改革、水情变化、职能调整和工作实际，对全区防汛应急预案进行了细化、调整和补充，增强防汛预案的可操作性。同时制定区水务系统防汛预案，预案从完善水务系统组织指挥、职责分工、应急响应、值班值守、应急抢险等方面入手，进一步明确系统内部各层级职责，进一步优化应急处置流程，形成分工协作、上下联动、左右协同、高效处置各类汛情的

5月22日，下关街道民兵抢险队、通达公司应急抢险分队在惠民桥下岸坡渗漏演练　区融媒体中心　供图

滨江汛情　　林　琨　摄/区融媒体中心　供图

整个汛期鼓楼区对街道、相关单位自查的79处险树、144处险房、20处险墙、20处地质灾害点、1处广告牌以交办单(6个批次共计32张)的形式，按照防汛职责分别落实区城管局、房产局、建设局、相关街道限期消险到位。对街道自查的76个积淹水小区，落实专业养护单位利用10天时间查找问题根源，提出解决意见，对能通过管网清疏解决的问题，立即整改到位，对需要工程性措施解决的，拟交给区水务集团落实设计单位进行方案研究，列入明年城建计划，分批解决。

工作格局。在此基础上对全区易积淹水点“一点一案”进行再修订，认真梳理近年来辖区存在的易积水路段，筛选24个点位作为一级防控目标重点防范，制定相应的应急预案，做到定人、定点、定位、定装，严格按照“一点一案”的预案部署，提高应急处置的效率和质量。

2.开展汛前大检查。按照分级和属地管理的原则，采取自查与检查、抽查与督查相结合的方式对长江堤防隐患点、行洪排涝薄弱环节、易积淹水点等进行了检查督查。4月9日，发文通知区防指成员单位、管委会、街道全面开展汛前检查工作，主要包括八查：一是检查防汛预案修编情况；二是检查长江、外秦淮河、金川河堤防及穿堤建筑物、涵闸、涵洞、泵站、排水管渠、出水口、拍门、防洪排涝工程、历史险工隐患和薄弱环节情况；三是检查辖区易积淹水点情况；四是检查险坡、危房、危墙、险树、户外广告、通信设施、电力设施、高架设施、施工基坑、市政公用设施、地下工程(隧道、地铁、地下管线、地下商业街、地下人行通道、地下车库、人防设施)等隐患情况；五是检查各类在建工程安全度汛情况；六是检查河道及排水沟、管涵等淤积、遗留坝埂等情况；七是检查防汛物资的数量、质量情况；八是检查防汛指挥系统、通讯网络、人员配备、抢险装备和队伍情况。

3.排涝设施维修。全区有管养排涝设施泵站21座，总流量73.5立方米每秒。排涝装备31台套，总排涝能力12450立方米每小时，其中，便携式液压动力站+渣浆泵18台套，每台套流量400立方米每小时，总排涝能力6400立方米每小时。移动泵车13台，总排涝能力6050立方米每小时，在汛前已全部完成维修保养，确保设备汛期正常运行。

4.雨水管网清疏。完成雨水管网清疏拉干管509.6公里，射水244公里；清捞雨水检查井46842座次、收水井69444座次。汛前，除按正常进行管网清疏外，还针对重点易积涝点位、在建工地周边管网，强化清疏频次，保障汛期排水通畅。

5.改造积淹水点。2019年积淹水点整治项目5个，由区城管局负责实施。其中，幕府西路与幕府南路积淹水点、沅江路与闽江路、热河南路片区、行健路、大桥新村积淹水点整治已完成。2020年实施2个积淹水项目，由区水务局负责，具体由区房产集团实施，其中杏林新村主体工程已结束，裕顺雅苑预计12月底完成整治工作。

6.储备防汛物资。按照“分级储备、分级管理、分级负责”的原则，储备和管理全区防汛物资。区防汛仓库储备麻袋6.28万只、编织袋6.75万只、木材大小长度350根、救生衣84件、土工布1.95万平方米，同时委托代储块石、沙石料若干。险情发生后，区防办第一时间调拨库存物资运抵现场，同时根据汛情发展，紧急购置编织袋、土工布等物资投入现场，满足后续险情处置的物资需求。

2020年，鼓楼区投入46.22万元，购买2套动力站、4套渣浆泵、龙园中路备用泵、反光雨衣、高帮雨鞋等防汛抢险专用物资，配发给各市政、河道抢险队等部门。

7.在建工地管理。建设工地周边的防汛问题是历年汛期积淹水易发问题，针对这一情况，区防办认真梳理全区在建工地个数，纳入监管60个，建立责任体系，明确防汛要求，编制安全度汛预案。

8.完善指挥网络。完善了由区防指成员单位、管委会、街道、专业队伍等组成的通讯网络，建立了防汛工作QQ群、短信提醒群发系统，并购置40台手持对讲机，确保汛期信息传递及时顺畅。同时，根据市防办要求建立与省、市对接的视频会商系统，并按时调试，确保汛期系统正常使用。

9.组建防汛应急抢险队伍。成立了53支以鼓楼区、街道、社区、民兵、市政、河道、职工、公司等相关人员组成的突击抢险队伍，共计1921人。其中，街道、职工、公司等业抢险队伍26支，计1285人；民兵抢险队13支，计390人，市政、河道、绿化等专业抢险队伍14支，计246人。

10.组织开展防汛应急演练。汛前，全区组织2次防汛应急演练。其中2020年5月20日下午，举行了全区防汛应急抢险演练。演练设置泵站机房电路故障、岸坡渗漏、积淹水点应急抢险处置等科目，演示预报、决策、调度、抢险、善后等防汛处置工作各环节，通过演练、演习和培训，提高了防汛抢险能力，为汛期防汛抢险救灾打下了坚实的基础。

11.防汛抗旱知识培训。2020年4月28日，全区组织各街道、相关成员单位的防汛骨干参加防汛抗旱知识培训，并邀请专业养护单位技术员现场教学指导，结合区实际情况进行讲解教学，通过培训，提高了防汛工作人员对防汛工作重要性的认识，对汛前防汛工作准备和汛期突发情况应急应对具有较强的指导意义。

（三）做好防汛救灾工作

南京自6月10日入梅以来，历经了41天的梅雨期，创下20年来最长梅雨期纪录，期间，共出现8次强降水过程，雨量是常年的2.47倍，仅次于1991年。长江南京站水位受上游来水、本地强降雨及天文潮叠加影响，7月6日超警戒水位，7月12日超过10米，7月21日创造了10.39米的历史极值，鼓楼区长江下关段、秦淮河、外金川河水位自7月6日至8月中旬近40天超警戒水位，形势较为严峻。灾情、险情发生后，区委、区政府主要领导现场指挥抢险，区防办紧急调运抢险物资，协调、联系相关部门、属地街道突击人员赶赴现场处置。

1.积极落实传达省、市防汛应急响应。根据市防指工作指令，区防指于7月6日8时同步启动防汛IV级应急响应，7月7日10时启动防汛III级应急响应，7月10日15启动防汛II级应急响应，7月18日10时启动防汛I级应急响应，8月16日11时解除所有防汛应急响应。汛期期间，全区下发通知、请示43件，转发天气预报、水情专报等120件，根据各级防汛应急响应和汛情要求，明确各责任单位阶段性主要任务。同时，市区启动防汛Ⅰ级应急响应后，鼓楼区立即下发了《关于取消全区机关干部双休日休息的通知》，将防汛工作凸显为压倒一切的重要工作，为全区防汛工作有力有序创造了良好条件。为更好充分发挥各条口的优势，形成合力，7月18日组织相关职能单位进驻区

江东街道防汛24小时值守点　　区融媒体中心　供图

防办进行联合办公，随时处置紧急突发情况，共同做好防汛工作。区防办与各成员单位严格按照区委区政府部署和防汛Ⅰ级应急响应工作要求，38个成员单位和各街道主要领导坚持AB角24小时带班值守，坚守岗位、靠前指挥、严阵以待

2.积淹水点处置情况。汛期，区防办密切关注雨情，及时启动防汛应急预案、易积淹水点"一点一案"组织属地街道、市政管理部门、养护公司进入各自责任路段设立防汛警示标志，实施人工、机械助排，严格落实24小时应急值守，加强日夜巡守、加大人员力量，有力有序做好各项应对工作。8场强降雨期间，全区100平方米以上的积淹水点位有宴公庙小区8号、石头城15号、石头城路、幕府西路、嘉盛花园等13处，累计出动排涝抢险人员近3500人，车辆220多台(次)，液压动力站385台次、防汛泵车362辆次，清除断树断枝36处，有效处置因地势低洼导致排水不及的重点路段和小区短时积淹水险情，确保雨后2小时全区主要积淹水点基本消除。

3."一江两河"堤防险情点渗水处置情况。高水位期间，辖区长江堤防宁华物流、秦淮河堤防定淮门桥下左岸、金川河堤防青年队东侧等16处出现渗水，长江堤防中长燃段、秦淮河堤防石头城公园段面临漫坡。7月8日15时，属地街道在巡查中发现长江堤防宁华物流段出现多处渗漏。接报后，区防办立即报告区政府和市防办，申请市水利专家现场指导，组织抢险队伍赶往现场，紧急调运编织袋、麻包、应急照明设施、黄土等防汛物资。区委副书记、代区长洪礼来，区政府副区长熊俊、区水务局、宝塔桥街道等部门主要负责人第一时间赶赴现场，并会同市防办技术指导组、市长江河道管理处、宁华物流公司紧急会商应急处置措施。在市水利专家指导，区防办组织抢险工人采取"搭建养水盆"措施紧急抢险。与此同时，区防办安排属地街道、企业专人24小时现场值守。汛后，根据市防办消险的通知要求，区防办已督促该企业对此处险情点进行整改，确保2021年汛前完成主体消险工程。

截至8月16日，全区共出动抢险人员1921名，街道、社区、公司等业抢险队伍1285人；民兵390人；市政抢险队伍246人；投入黄土160吨，编织袋0.45万条、麻袋2.25万条、碎石50吨、细砂60吨、土工布0.05万平方米等防汛物资。总体上，对16处险情点的发现及时，处置快速有效，期间未发生人员伤亡和重大财产损失，防汛工作基本平稳，险情总体可控。

(四)启动长江、秦淮河堤坝巡查工作。

区防办按省、市防汛指挥部要求，及时启动堤防安全巡查机制，确保堤防安全度汛。要求长江及各支流堤防沿线街道和相关成员单位：一是落实区管干部分段包干，24小时不间断巡查制度，加密人员、队伍、加大巡查频次，相邻巡查区域各延伸30米，确保巡查区域范围全覆盖、无死角；二是重点地段物资前移，所有抢险队伍全部集中待命，抢险车辆要装石备料停车待命，黄土装袋集中堆放于闸口和隐患点位，备足各类抢险物资，架设照明设施，一旦堤防发生重大险情时，可立即投入抢险；三是对涉水步道、平台，设置警戒线、警示牌，提醒居民群众不临水、不涉水，注意人身安全；对险工险段，进行24小时值班值守，提前预置好抢险人员、物资、设备，随时做好处置突发险情准备；四是严格落实情况收集上报制度，各街道、相关单位每小时上报责任段堤防安全状况、每天3次上报巡查情况及隐患问题，确保全区堤防安全随时掌握、隐患险情第一时间发现。

(五)区领导高位调度防汛工作。

入汛以来，鼓楼区多次召开防汛专题会议，对全区防汛工作进行宣传发动、研究部署。汛期，区委、区政府主要领导直接对口区防办，坐镇防汛现场，检查一线防汛情况，指挥调度防汛工作，分管区长负责各自条口(街道)汛情应急响应，确保全区防汛工作组织有力、工作有序、攻坚强劲。辖区"一江两河"高水位期间，区委书记刘军多次到堤防一线、巡查值守点、地质灾害点、险工险段检查指导防汛工作，提出具体要求；区委副书记、代区长洪礼来每天调度防汛工作、研究汛情形势、分析隐患措施、指导险情处置；区人大常委会主任陆敏、区政协主席周文中亲赴防汛一线慰问巡查人员、查看堤防安全和隐患风险点，督促指导落实防汛各项措施；其他区领导分别到防汛一线督促落实防汛责任，为全区防汛工作扎实开展提供坚强保证。 (区防汛抗旱指挥部办公室)

南京市鼓楼区
以居民满意度为导向推动街道服务管理再创新

南京市鼓楼区是中心城区，拥有丰富的政治、经济、文化、科教资源，下辖13个街道120个社区，辖区面积54平方公里，常住人口110万，人口密度较大。2019年以来，为进一步提升居民获得感、幸福感、安全感，鼓楼区以获批开展民政部"以居民满意度为导向的街道考评机制"主题实验为契机，结合街道体制改革工作进行有效探索，力求以考评促满意，以改革提效能，实现街道服务管理能力和居民满意度双提升。

一、坚持"三个纳入"高位推进

纳入全区重点攻坚十大项目。将街道服务管理创新工作纳入年度区领导挂帅攻坚十大项目之一，成立实验工作领导小组和工作专班，形成区委区政府领导、民政部门牵头、各部门和街道协同配合的工作机制。纳入街道体制改革布局。出台《鼓楼区关于加强街道工作提升基层治理能力的实施意见》，明确建立以居民满意度为导向、让"服务对象说了算"的街道工作评价机制和多层次激励机制。纳入全区"十四五"规划重点。将"街道服务管理创新研究"纳入全区11个"十四五"规划前期重点课题之一，与经济社会发展、提升省会功能核心区首位度、主导产业体系发展、总部经济发展、智力服务业发展等课题同步研究谋划。

二、聚焦"三个难题"重点突破

明确"考评什么"。把握"居民满意度"和"街道考评机制"两个关键词，组织开展各层级、各类群体参加的座谈会和现场调研20余次，以"居民关心，街道应做，可感知量化"为标准，广泛搜集民意，制定形成"党建引领、城市治理、民生保障、社会建设"4个维度10个重点17项具体指标。探索"如何考评"。确定考评主体，广泛动员社区居民、社区党员、驻区党代表、人大代表、政协委员，驻区单位、社会组织、新闻媒体等各方面力量参与考评；设计考评问卷，根据不同服务对象实际特点和服务需求，开展"老年居民群体"、"中青年居民群体"和"驻区单位"三类调查；灵活考评方式，采取"网上评价+实地调研"方式，利用手机APP、发放问卷、入户走访等渠道相结合；系统综合考评，建立"正向评价+反向评价+专项特色指标评价"相结合的考评指标体系，每半年进行一次。破解"考评怎么用"。将考评实施过程、分析报告、得分排名等情况主动公开，接受社会监督。街道、部门根据考评结果，筛选确定居民反映最突出、最强烈、最关心的问题，加强和改进相关工作，提升治理服务水平。

鼓楼区"全国街道服务管理创新实验"工作汇报研讨会

小市街道牵头组织区政协、建设局、交警大队及社区居民开展座谈会

区融媒体中心 供图

鼓楼区委托专家团队上门问卷调查、录入数据形成考评结果　　区融媒体中心　供图

三、建立“三项机制”系统创新

创新“考评闭环”工作机制。坚持以人民为中心的发展思想，构建“征求意见建议—科学考评—精准反馈—整改落实—群众感知—满意度提升”闭环工作机制，确保“有始有终”“有问题有回应”。创新“以评促改”工作机制。在考评中搜集各类意见建议3600余条，梳理负面评价清单766条，下发街道改进并追踪落实，让街道工作有依据、回应更及时、服务更精准，解决了“老旧小区安装电动车充电桩”“物业管理”“交通标志设置”“占道停车”“小区出新”“违建拆除”等热点难点问题。创新“居民满意导向”工作机制。建立起“以居民满意度为导向”的“街道—社区—社工”三级评价机，街道服务管理、社区治理服务、社工走访服务等情况都由居民群众来评价，形成聚焦居民需求、改进工作作风、街道部门联动的良性循环机制，实验工作开展以来，全区有26.6万人次的居民参与满意度测评，2020年度居民满意度达到90.13分，同比增长2.5个百分点。

四、瞄准“三个提升”确保成效

街道部门之间协同联动效能得以提升。通过以居民满意度为导向的街道考评机制创新实验，全区13个街道共梳理出776条负面评价清单事项，其中，明确职能部门配合的有606条，占78.09%，通过协同联动整改效果较好的有468条，占比达77.23%，让街道和职能部门权责边界更清晰、协同联动更高效，街道在基层社会治理中承上启下的枢纽地位进一步凸显。街道统筹服务管理能力得以提升。根据考评结果，进一步梳理并编制《鼓楼区街道职责清单指导目录（试行）》，制定街道职责清单75项，有效解决区街事权不清、内部责任不清、街社职能不清等问题，取消部门对街道的条线考核，全面清理规范“一票否决”和签订责任状事项，让街道有更多时间、更明确重点来为群众服务。基层社会治理现代化水平得以提升。通过以居民满意度为导向的街道考评机制创新实验，社区居民、社区党员、驻区党代表、人大代表、政协委员，驻区单位、社会组织、新闻媒体等多方力量广泛参与街道管理服务，先后有737个驻区单位与街道社区党组织签订双向服务协议，完成为民办实事项目3371个，推动构建了共建共治共享的城市基层社会治理格局。

（潘　君）

大事记

DA SHI JI

1月

2—5日 中国人民政治协商会议鼓楼区第二届委员会第四次会议举行。

3—6日 鼓楼区第二届人民代表大会第四次会议举行。

6日 南京鼓楼高地“文都慧石”艺术展在鼓楼公园正式开幕。

9日 鼓楼高新区2020协同创新发展(北京)合作洽谈会在北京举办。

△ 南京鼓楼滨江建设发展集团和中交投资南京有限公司签订战略合作框架协议。

10日 湖南路管委会、湖南路街道联合召开“湖南路地区高质量发展企业座谈会”。

13日 国务院江苏安全生产专项整治督导组第一工作组到区调研安全生产工作。

14日 鼓楼区开启“互联网+养老”智慧养老新模式，在全市率先推出区级养老服务“电子地图”，建成“养老掌上云政务”，开通居家服务在线申请服务，启动“鼓楼时间银行”线上小程序，对接1800名志愿者为6千余名老人提供服务。“互联网+养老”相关经验被国家发改委《改革内参》刊载。

16日 鼓楼区与人民网携手推出人民网江苏频道“鼓楼视窗”，打造权威新型传播平台，共建网络主流舆论阵地。

22日 区新型冠状病毒肺炎疫情防控工作会议召开。

28日 市委副书记沈文祖到区检查指导疫情防控工作。

2月

9日 区委常委会会议、区委应对新型冠状病毒感染的肺炎疫情工作领导小组会议、区新型冠状病毒感染的肺炎疫情联防联控工作指挥部会议召开，部署全区疫情防控工作。

10日 鼓楼区面向全国开放网络教学平台，在防疫期间实现网络“云端”如期开学。

11日 国家卫生健康委药政司原司长郑宏率国务院应对新冠肺炎疫情联防联控机制指导组到区督查疫情防控工作，实地检查宁海路街道山西路社区党群服务中心、四卫头社区无物管小区疫情防控监测岗、虎啸花园物管小区疫情防控监测岗等处情况，听取区、街道和社区三级疫情联防联控工作开展情况汇报，与社区居民交流疫情防控工作。

△ 国家药监局有关负责人到区督导疫情防控期间药械安全保障工作。

17日 市委主要领导以“四不两直”方式，到区南秀村小区检查无物管小区疫情防控工作，察看小区进出人员登记材料，询问各项管控措施落实情况，关心慰问值守人员并提出要求。

25日 市委常委、统战部部长华静到区检查指导民营企业疫情防控和复工复产工作。

3月

3日 省退役军人事务厅副厅长陈旭到区看望慰问援鄂战“疫”一线军人家庭。

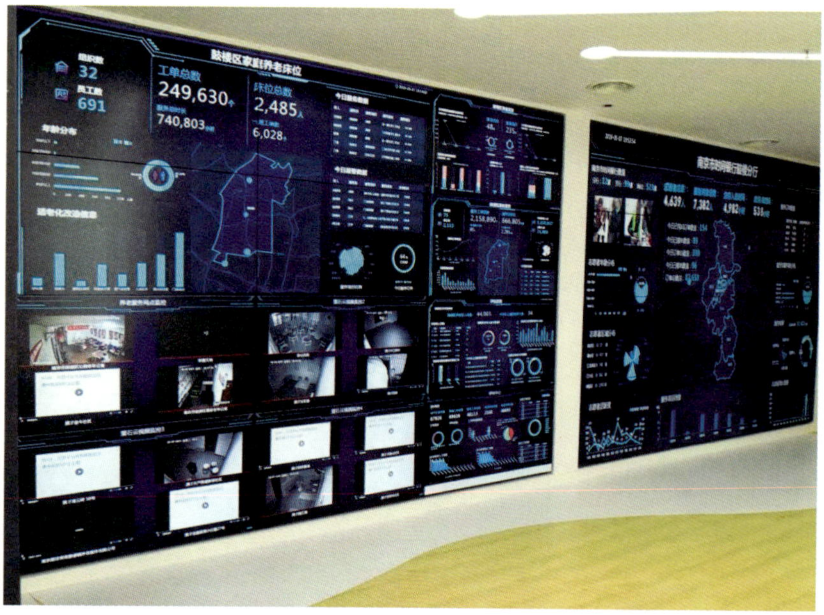

鼓楼区智慧养老大数据运营调度中心　　区融媒体中心　供图

5日　市退役军人事务局局长、市双拥办主任郭明雁到区看望慰问驰援武汉战“疫”一线军人家庭。

9日　鼓楼区与淮安市盱眙县签订生猪(猪产品)供应系列合作协议。

11日　市长韩立明到区检查疫情防控并调研服务业复业情况,实地走访大众书局新城市广场店。

12日　区第二届“创赢鼓楼”创新创业大赛启动。

13日　鼓楼区在全国首创组合保险“餐饮复业保障险—康保保”上线,可同时为就餐消费者、从业员工、餐饮业主三种客户群提供疫情保险保障。

15日　鼓楼区在吾悦广场(湖北路店)举办“放心出门、安心消费”促进系列活动启动仪式,驻区20余家商业综合体、商场运营单位,部分餐饮及老字号企业参加启动仪式。

25日　市长韩立明检查调度全市危房综合治理工作,实地检查区舸舫园22栋危房治理进展情况。

26日　南京高新区(鼓楼园)成立暨奋进2020创新发展大会召开。

27日　市委主要领导赴区专题调度金川河整治工作,实地察看金川河宝塔桥段、外秦淮河石头城段等处,详细了解水体净化、环境提升等情况,研究部署水环境治理重点工作任务。

△　滨江集团2020年首批招商载体集中签约仪式举行,7家单位集中签约。

28日　区“放心出门,点亮石头城”国际消费暨美食节启动仪式在“水木秦淮”街区举行。

30日　2020年重大项目集中开(竣)工暨苏宁睿城(二期)开工现场会召开。

31日　区2020年招商引资再突破动员大会暨春季招商云洽会召开。

△　华侨路街道《南京市生活垃圾管理条例》立法调研座谈会召开。

4月

1日　区干部心理健康服务中心正式启用。

3日　区城市国际化工作专题推进会召开,总结2019年城市国际化工作,部署2020年城市国际化重点任务,研究讨论“水木秦淮国际消费街区”“白云亭国际文化交流基地项目”“鲁迅园国际社区项目”3个重点项目。

8日　区爱国卫生月环境大扫除和义务植树活动举行。

15日　市机关作风建设“标兵街道”授牌仪式在标兵代表宁海路街道举行。

△　区进社区、进机关、进军营、进校园等国家安全教育宣传系列活动举行,营造全社会共同参与的良好氛围。

20日　“我们的担当——南京市鼓楼区抗疫线上文艺专场演出”在江苏公共文化云等线上平台首播。

23日　省委书记娄勤俭到区专题调研长江大保护工作,实地考察南京滨江发展展示中心、鱼嘴湿地公园、外秦淮河三汊河入江口等处,察看滨江风光带鼓楼片区建设情况。

△　庆祝渡江战役胜利暨南京解放71周年升国旗仪式在渡江胜利纪念馆胜利广场举行。

26日　2020年度知识产权宣传周主题活动在万谷京东云智慧产业园举办。

27日　2020年“绿水青山—南京垃圾分类大家谈”暨鼓楼区生活垃圾分类先行先试工作新闻发布会在宁海路街道举办。

5月

5日　区科技创新工作专题会召开,会议听取全区科技创新工作及鼓楼高新区重点工作情况汇报。

12日　鼓楼区与驻区省市机关干部“双向培养计划”启动仪式举行。省民政厅等6家省市机关单位与宁海路街道等8家区级单位签订干部双向培养协议书,互派16名干部代表交叉任职、结对培养。

13日　“南京工业大学—万谷硅巷”建设启动仪式在南京工业大学虹桥校区举行。

16日　副省长赵世勇调研鼓楼区残疾人服务机构恢复运行及残疾人托养服务情况,实地察看鼓馨阳光家园残疾人托养机构。

17日　“2020南京网友节开幕式——南京银行·行走最美江岸线”网络公益健步走活动在区五

马渡广场举行。

20日　2020年区防汛应急抢险演练举行。

△　区第二届“创赢鼓楼”创新创业大赛杭州分赛举行。

22日　鼓楼区与江苏高科技投资集团签署全面战略合作协议。

△　宁海路街道在万谷硅巷举办招商推介会，聘任首批招商大使，签约成立街道商务楼宇合作招商联盟，并对万谷硅巷、水木秦淮、南艺文化创意产业园等3个招商载体进行推介。

28日　全省首家卫健系统无党派人士工作室——“蒋沁工作室”成立揭牌仪式在南京医科大学附属眼科医院举行。

△　“新铁北·新产业·新突破——2020鼓楼铁北LIVE云招商”活动在幕府创新小镇举行。

29日　省文旅厅到区考察环南艺艺术文化街区建设情况，双方就文化产业园区建设、产业孵化、产学研一体化等方面开展座谈交流。

30日　鼓楼区第八届科普周暨全国科技工作者日线上活动启动。

6月

1日　省委书记娄勤俭等省、市领导到区看望慰问少年儿童，祝贺“六一”国际儿童节。

6月23日，“2020南京创新周”T20科技战“疫”高峰论坛举行

高新区　供图

2日　国务院办公厅督查室到区调研政府系统廉政建设有关情况，实地参观宁海路街道颐和路社区将军馆、宁海路街道海洋国防教育馆，听取宁海路街道依托两馆打造廉政教育基地情况汇报。

5日　省政协主席黄莉新、市政协主席刘以安到区调研指导基层协商议事室建设工作，实地察看宁海路街道北京西路社区“有事好商量”协商议事室建设情况，了解辖区基层协商议事室“三协商三报告”工作规程。

△　2020年六五环境日江苏省《我爱古诗词—我和长江有个约定》暨诗e中国行（江苏首站）生态文化公益活动启动仪式在阅江楼景区举行。

△　区举办“鼓楼长江生态环境资源保护联盟”成立三周年座谈会。

△　区总工会举行省工人先锋号授牌和省五一劳动奖章颁奖仪式。南京朗讯科技通信有限公司ASiR开发组获“江苏省工人先锋号”称号，南京鼓楼房产集团有限公司项目负责人钟武被授予江苏省“五一劳动奖章”荣誉。

6日　“书香新消费·创新在鼓楼”——“桨声灯影阅读之夜”主题客厅专场活动在“水木秦淮”街区举行。

8日　鼓楼区与南京大学举行交流座谈会，校地双方围绕南京大学鼓楼校区硅巷建设、南大科技园产业法案、科技成果转化、校友经济发展和周边街巷整治、城市管理等事项深入交换意见。

10日　“2020南京创新周”系列活动——第二届“创赢鼓楼”创新创业大赛南京总决赛举办。

12日　区总部经济发展恳谈会举办，会议以“总部赋能、向新而生”为主题，落实“四新”行动计划要求，邀请国内外500强、央企、总部、行业龙头企业，对接互联网新经济资源。

16日　区“安全生产月”宣

传咨询日活动在清江苏宁广场举行。

19日　幕府山街道新时代文明实践所揭牌。

20日　“创新潮起·鼓楼水岸”鼓楼主题客厅启动仪式暨“T20南京—爱丁堡城市连线”活动在区举行。

21日　2020年中国区块链技术产业发展峰会暨南京创新周鼓楼分会场开幕式举行。

23日　区“2020南京创新周”T20科技战“疫”高峰论坛举行。

鼓楼城管“红驿”　　区融媒体中心　供图

△　区防范非法集资志愿服务“啄木鸟工作站”成立。

24日　“创聚鼓楼、筑梦南大”南京大学校友创新创业大赛启动仪式暨2020全球校友峰会在区举行。

28日　2020年全市职工文化系列活动开幕式在静海寺广场举行。

30日　区教育系统举行纪念建党99周年表彰大会暨2020年鼓楼师德讲坛活动。

△　全市首个城管“红驿”——鼓楼区城市管理服务党建综合体北京西路站正式投入使用。

7月

1日　庆祝建党99周年表彰座谈会在区举行。

6日　区委书记刘军调度全区防汛工作，实地察看外秦淮河三汊河口、外金川河宝塔桥入江口、下关水文观测站长江水位及大兴码头闸口封堵情况，对下一步全区防汛备汛工作提出要求。

7日　省红十字会党组书记、常务副会长齐敦品，市红十字会党组书记、常务副会长张敏到区凤凰熙岸党群服务中心调研公共场所自动体外除颤器(AED)投放工作。

10日　区政协“书润政协·香溢鼓楼”——鼓楼区“书香政协”建设启动仪式举行。

12日　区委书记刘军专题调度全区防汛工作，实地察看上元门华能地块、大兴码头1号码头堤防渗水处置情况，以及树人学校、银城街地下通道堤防值守巡查和宁海路街道晏公庙小区应急排涝情况。

16日　区少年法学院成立大会召开。

18日　区健康家电节启动仪式暨销售竞赛月表彰大会在苏宁清江广场举行。

19日　市委组织部党建办主任杨花伟到区调研中山码头、大兴码头等处防汛工作情况。

△　区委书记刘军、代区长洪礼来分别赴石头城公园倒灌点、定淮门桥下渗水点、青年路东侧外金川河背水坡积淹水点、上元门宁华置业段江堤、中长燃段江堤，以及佳盛花园1栋、杏林新村小区、唐山路段积淹水点等处现场调度防汛抢险工作。

20日　省政协主席黄莉新到区检查指导防汛工作，实地察看鼓楼滨江段潮水位情况。

△　四川省政协副秘书长朱向阳到区考察“有事好商量”协商议事工作，实地察看凤凰党群服务中心和“有事好商量”协商议事室。

31日　全市“四新”行动项目观摩会在区举行。

8月

1日　区退役军人事务局庆“八一”书画作品展举行。

5—6日　财政部监督评价局局长部进兴带队到区调研中央财政直达资金使用情况，调研组一行到南京巨鲨显示科技有限公司、南京众泰软件有限公司、幕府山社区卫生服务中心、长江滨江岸线进行实地考察，现场听取、查看直达资金管理和使用情况。

12日　全国街道服务管理创新实验工作调研指导组赴区调研相关工作，实地察看小市街道党群服务中心建设情况。

13日　中国残联康复部有关负责人到我区视察全国UFE精神障碍社区康复服务项目试点工作，实地察看“希望之家精神障碍康复站”建设情况。

△　区智梦园硅巷建设启动暨中奥科技合作项目签约仪式举行。

19日　鼓楼区到杭州开展招商工作，实地考察纳斯机构、遥望直播电商产业园、宸帆电子商务有限责任公司等企业，拜访浙江省电子商务协会。

20日　省退役军人事务厅党组书记、厅长谢晓军到区调研退役军人服务工作，实地察看宁海路街道“两馆”及退役军人服务站设施情况。

22日　省老年健康宣传周暨老年健康科普促进行动启动仪式在区举行。

24日　市委主要领导专题调研金川河等重点河流环境治理、大气污染防治以及长江大保护有关工作。

27日　全国人大常委会委员、全国人大宪法和法律委员会副主任委员、解放军军事法院原院长刘季幸中将，全国人大宪法和法律委员会委员、原沈阳军区副司令员钟志明中将，全国人大宪法和法律委员会委员、解放军32069部队原政委柴绍良中将等全国人大考察组成员到区考察，实地参观颐和路社区将军馆和宁海路街道退役军人服务站。

△　市委常委、政法委书记徐锦辉到区检查督导依托网格化社会治理机制开展文明城市创建工作，实地察看宁海路街道山西路社区6号网格四卫头路、山西路农贸市场及四卫头小区环境。

△　市台办主任张屹到区调研对台交流工作，实地察看阅江楼、天妃宫、静海寺等处。

28日　大理市政协考察调研组组长贾勋率队到区调研“基层医疗卫生体系社区卫生服务中心运作经验与做法”。

30日　国家安全发展示范城市专家组到宁海路街道检查应急管理工作。

31日　鼓楼区“深耕高质量、发力新消费”直播电商产业(杭州)推介会举行。

9月

1日　鼓楼区与省委驻涟水县帮扶工作队就涟水县“五方挂钩”帮扶工作开展情况和“万企联万村、共走振兴路”行动安排开展座谈交流。

2日　鼓楼区协助省军区帮扶贵州省赫章县脱贫攻坚工作专题会议召开。

6日　“携手2020——创聚鼓楼　筑梦南大”上海招商推介会举行。

△　第十六届中国(南京)国际软件产品和信息服务交易博览会鼓楼专场活动——2020“区块链与数字经济”高层论坛在南京国际博览中心举办。

11日　由市交通局、鼓楼区政府主办的2020年中国·南京长三角航运创新发展联盟年度大会在区举办。

△　鼓楼区在广州珠江新城举办文化创意产业(广州)招商推介会。

17日　2020南京金洽会鼓楼专场活动暨鼓楼区新零售产业创新峰会举行。

19日　省青少年“诗词里的科学”网络挑战赛颁奖仪式在阅江楼举办。

20日　鼓楼区2020年全国科普日活动启动。

22日　唐山市丰南区人大常委会主任李志龙一行来我区学习考察社会养老工作，实地察看鼓楼区智慧养老大数据中心、银城红日养老公寓，了解我区专业照护、生活照料、医养健康服务以及“智能服务”“时间银行”等特色项目开展情况。

23日　扬州市邗江区政协副主席高长明带队到区考察调研法院"一站式"诉讼服务建设情况。

△　由区政协、区委统战部和省中国画学会主办的"金秋雅集——江苏中国画八人作品展"开幕。

24日　鼓楼区在深圳举办科技金融创新峰会。

△　杭州市余杭区政协副主席黄德伟带领政协社法委主任朱根祥,民政局党委书记、局长尤金福等来我区考察调研养老服务体系建设情况。

25日　全市人口普查工作推进暨宣传现场会在我区召开。在全市经验交流会上,我区以《击"鼓"其镗、登"楼"点将——鼓楼区第七次全国人口普查吹响集结号》为题作经验介绍。

△　"幸福鼓楼"2020社区文化艺术节文艺汇演在南艺后街举办。

28日　"美丽江苏、共读经典"活动在我区举行。

29日　"开放融世界·创新赢未来"——2020南京城市国际化发展研讨会在区举办。

30日　市公安局史伟年烈士遗属颁授《烈士光荣证》仪式举行。

10月

8日　区垃圾分类工作动员部署会召开。会议贯彻落实习近平总书记关于垃圾分类的重要指示批示精神,按照市委、市政府部署,动员全区上下凝聚共识、汇聚力量,全面推进全区垃圾分类工作。

13日　全省"决战决胜污染防治攻坚战"新闻采访座谈会首站在区举办。

△　上海市黄浦区人大常委会副主任吴力坚来我区考察民国建筑保护利用工作,实地察看颐和路公馆区第十二片区民国建筑群。

△　市委组织部副部长、编办主任许宏来我区调研,实地考察第二十九中、宁海中学,并召开区属公办普通高中机构编制管理工作座谈会。

△　市机关作风建设"网络面对面"系列访谈鼓楼专场活动举行。

16日　鼓楼区与涟水县联合举行"万企联万村共走振兴路"企村签约暨"消费扶贫"产销对接会。

△　区级机关工委举办"红领论坛"机关党组织书记专场活动,机关党组织书记围绕"党建引领勇作为、奋力夺取'双胜利'"活动主题分享心得、交流经验。

20日　省台办一级巡视员王鲁宁、市台办副主任季斌来我区调研台资企业——南京康轩文教图书有限公司。

21日　省长吴政隆到我区走访慰问志愿军老战士,为他们佩戴"中国人民志愿军抗美援朝出国作战70周年纪念章",并代表省委、省政府向他们致以亲切问候和崇高敬意。

△　市委老干部局与区委老干部局联合举办"初心不改,紫金银辉强党建"——南京市"紫金银辉""重阳登高"主题活动。

22日　深圳市福田区区长黄伟率团到区学习考察艺术中心建设情况。

23日　"长江大保护、巾帼在行动"主题活动在区举行。

26日　湖北省工商联党组成员、副主席罗绍友率全国工商联工作组来我区开展"四好"商会互学互促工作,实地调研考察南京航运商会。

27日　中宣部反非法反违禁局副局长高青云率督查组到区热河南路街道,检查"扫黄打非"基层站点建设情况。

30日　"南京长江江豚保护主题月"活动启动仪式在滨江商务区欢乐舞台广场举行。

31日　区第三届中外友邻节在南艺后街·鼓楼水岸生活艺术街开幕。

11月

1日　区学前教育"十四五"内涵发展规划汇报会暨市实验幼儿园"十四五"发展规划研讨会举行。

△　第七次全国人口普查进入正式登记阶段。

△　鼓楼区在南京大学鼓楼校区举办"英才

汇聚、乐业鼓楼”南京大学招聘活动。

3日　鼓楼区受邀参加在杭州召开的全国街道体制改革和服务管理创新经验现场专题交流会，并作大会交流发言。

△　广东省广州市南沙区政协副主席、民建南沙区基层委员会主委李刚率队来我区考察调研“基层医疗卫生服务运作经验与做法”。

5日　2020江苏互联网大会5G行业应用高峰论坛在南京高新区（鼓楼园）举办。

△　重庆市北碚区人大常委会主任彭烨到区考察人大监督和代表工作，考察组一行实地参观颐和路公馆区第十二片区民国建筑群，了解片区规划设计和保护修缮情况。

5日—10日　鼓楼区组织约350家企业、社会组织、事业单位参加在国家会展中心（上海）举办的第三届中国国际进口博览会。

7日　国家统计局副局长盛来运率队来我区调研督导人口普查登记工作，实地走访天津新村社区，现场调研入户登记，询问工作进展，看望慰问一线普查人员，并对相关工作提出具体要求。

12日　全国首家中职学校现代服务业职业标准化研究院落户南京商业学校。

19日　“2020中国（南京）未来城市创新峰会暨幕府创新区产业发布会”在区举行。

20日　“中国上市公司并购年会暨高质量发展投资推介会”在区举行。

24日　区学习贯彻党的十九届五中全会精神宣讲动员会召开。

12月

1日　四川省泸州市政协党组成员、副主席刘杰率政协考察团到区考察依托“有事好商量”协商议事室开展协商议事工作情况。

3日　中国残联副主席、党组成员、副理事长程凯到区调研残联工作，实地察看江东街道睿城社区原生艺术中心。

4日　由省、市、区委统战部联合主办的2020年“名家宁聚”大讲坛暨区第七期“静海论坛”活动在区举行。

7日　南京市垃圾分类工作综合排名出炉，鼓楼区以86.51分名列城区组第一名。

8日　由南京市体育局举办的“南京最美健身步道”评选活动揭晓，鼓楼区秦淮河观光健身步道在27条入选的健身步道中，以100654票获南京市首届最美健身步道评选第一名。

8日—9日　国家督学、省教育厅原一级巡视员、江苏教育学会会长朱卫国率省核查组，现场核查我区“申报2020年国家学前教育普及普惠区”。

16日　区海外联谊会成立大会举办。会议通报鼓楼海外联谊会筹备工作报告，审议通过《鼓楼海外联谊会章程》、鼓楼海外联谊会第一届理事会领导班子名单等事项，聘请了名誉会长和海外顾问。会议对鼓楼区投资环境、投资项目作推介。

18日　市水升办专职副主任、市水务局副局长徐小春带队考核验收消除劣V类水体工作情况，经考核组验收核定，鼓楼区已实现全域基本消除劣V类水体。

19日　2020全国名校水上马拉松精英赛在南艺后街鼓楼水岸举行。

21日　教育部教师工作司司长任友群到区专题调研新时代教师队伍建设情况。

28日　中国共产党南京市鼓楼区第二届委员会第十次全体（扩大）会议举行。全会审议通过《中共南京市鼓楼区委关于深入学习贯彻习近平总书记视察江苏重要讲话指示精神在“争当表率、争做示范、走在前列”中扛起省会功能核心区担当的决定》《中共南京市鼓楼区委关于制定南京市鼓楼区国民经济和社会发展第十四个五年规划和二〇三五年远景目标的建议》。

△　2020南京融合传播峰会举行，“鼓楼微讯”分获2020年度南京优秀政务微博第一名、2020年度南京优秀政务抖音、2020战疫传播贡献奖和2020年度优秀政务新媒体传播范例奖；鼓楼区城市管理局账号“鼓楼城城”荣获2020年度优秀政务新媒体账号（抖音号）。南京头条荣获2020战疫传播贡献奖、2020年度社会自媒体网络公益活动类和“十三五”成果宣传类优秀作品奖。

（鼓　鉴）

南京市鼓楼年鉴2021

印象鼓楼

YIN XIANG GU LOU

基本情况

【地理位置】 鼓楼区位于长江下游南岸、南京城西北部，是南京市中心城区之一，也是江苏省委、省人大常委会、省政府、省政协机关所在地，拥有南京主城11公里黄金长江岸线。东以中央路、中山路、窑上村十字街为界，分别与玄武区、栖霞区为邻；南以汉中路、汉中门大街、集庆门大街西段（西至清河路，东至燕山路北段）为界，分别与秦淮区、建邺区接壤；西、北以长江为界与浦口区相望。区域面积54.18平方公里。

【自然环境】 鼓楼区是山峦环绕，湖川相依，山、水、城、林浑然一体的中心城区，有龙盘虎踞之雄，依山带水之胜。秦淮河、金川河穿境而流，清凉山、狮子山、幕府山雄踞其中，明城墙傍山环绕，11公里黄金长江岸线新姿绵延，鼓楼岗、五台山将秦淮河冲积平原和金川河冲积平原南北分开。

鼓楼区地处中纬度大陆东岸，因受地理环境影响，形成春温、夏热、秋暖、冬寒四季变化明显，及冬夏时日长、春秋时日短的气候特征。

春季　大致始于3月下旬或4月上旬，到5月下旬或6月上旬结束，平均历时60～70天。

特点：气温逐渐升高，降水比冬季增加；春季除有霜外，连阴雨天气较多，有“清明时节雨纷纷”之说，有时会出现“倒春寒”（2月份的气温偏高，3—4月间气温反而偏低）的反常天气。

夏季　大致从6月上中旬到9月中旬，历时100天左右，明显分为初夏的梅雨天气和盛夏的伏旱天气。“梅雨季节”因湿度大、温度高，衣服、家具等易受潮发霉。

特点：降水丰富，相对湿度大；气压偏低，云量多，日照少；地区风力较弱，时有暴雨发生。7—8月间，梅雨结束后便进入盛夏天气。若此时受太平洋副热带高压的直接控制，便出现晴热高湿少雨的时期，即伏旱天气。

秋季　夏冬的过度季节，大致从9月中旬到11月中旬，历时60天左右。

特点：秋高气爽、天高云淡、风和日丽、温湿宜人。“秋老虎”是南京城区气候的一大特点。“秋老虎”天气是指9月份进入秋季后气温有时一反常态，出现持续的高温天气，最高气温可达34～35℃以上，民间把这种天气现象俗称“秋老虎”。另一类常见的“秋老虎”天气是指夏季高温后，秋季又接着高温天气，往往是伏旱连秋旱。秋季也常有连阴雨天气。深秋季节，由于受强冷空气影响，会出现寒潮及早霜。秋季的降水量较夏季明显减少，占年降水量的20%左右。

冬季　从11月中旬到翌年的3月下旬或4月上旬为冬季，历时4个多月。

特点：受冷空气控制，寒冷而干燥。寒潮侵袭下的冬季，平均每隔7～10天就有一次寒潮或冷空气影响过程。特冷天气都出现在寒潮影响之后。受寒潮或冷空气的侵袭，也有冷冬月与暖冬月之分（按市区月平均温度距平值划分小于-1.5℃为冷冬月，大于1.5℃为暖冬月）。冬季降水占年降水量的11.7%。

鼓楼公园　　任　俊　摄

【建置沿革】 鼓楼区历史源远流长，是南京城区开发较早地区之一，五六千年前就有多处原始村落存在。周显王三十六年(前333),楚威王熊商在石头山置金陵邑,此为鼓楼区境第一个行政建置,也是南京城区建置之始。秦始皇嬴政三十七年(前210),金陵邑改为秣陵县,增设江乘县,现区境北部属江乘县、南部属秣陵县。西汉至唐代,区境隶属名称、地界划分多有变更。五代杨吴天祐十四年(917)至清末,区境均为江宁、上元两县管辖。明初,筑南京城墙,区境主体部分圈入内城,其余部分也在外廓之内。

民国元年(1912)1月,中华民国临时政府废上元、江宁两县,建南京府为国都。区境属南京府[民国2年(1913),改称江宁县,为江苏省省会]。

民国16年(1927)4月,国民政府定都南京,改江宁城区为南京市,区境属南京市。

民国22年(1933)3月,南京市分划自治区,城区设8个行政区。今区境时为第六区、第七区,是建区之始。

民国26年(1937)12月,侵华日军占领南京后,区境受日伪管辖,分属第四区、第五区。民国31年(1942)4月,汪伪南京特别直辖市重新划分城区为6个区,以北极阁、华侨路、清凉山一线,沿定淮门、挹江门、金川门至玄武门城墙,划为"城区自治实验区"(为今区境部分)。

民国34年(1945),抗日战争胜利后,恢复原第六区、第七区建制,为今区境主体。

1949年4月,南京解放。1950年6月15日,第六、第七区调整为新五区、新六区(后习惯称为第五区、第六区)。新五区范围:自中央门、玄武门至新街口,自新街口至汉中门,沿城墙至挹江门,自挹江门沿城墙、护城河至中央门。新六区范围:南沿定淮门外明城墙,经挹江门、兴中门、钟阜门、新民门、金川门至黑龙江路西,折北宝塔桥西至长江中心线;南至新河二村至长江中心线。

1955年8月3日,第五区、第六区分别更名为鼓楼区和下关区。第五区设挹江门、三牌楼、中央门、水佐岗、丁家桥、鼓楼、阴阳营、上海路、沈举人巷9个街道办事处,第六区设三汊河、宝善街、二板桥、商埠街、热河路、车站、四所村、宝塔桥、三汊河水上9个街道办事处,作为区人民委员会派出机构。

1967年3月,鼓楼区改称延安区,下关区改称东方红区。

1973年11月12日,延安区革命委员会、东方红区革命委员会分别更名为鼓楼区革命委员会和下关区革命委员会。

1980年9月、10月,下关区革命委员会、鼓楼区革命委员会先后撤销,相应成立下关区人民政府、鼓楼区人民政府。

1995年4月,南京市区划调整,鼓楼区区域四至:东起中央门沿中央路、中山路至新街口,与玄武区为邻;南自新街口沿汉中路、凤凰西街、江东北路到螺丝桥大街,与建邺区相连;西自螺丝桥大街沿长江堤岸到划子村渡口,与雨花台区江心洲隔江(夹江)相望;北自划子村渡口沿定淮门大街过秦淮河沿城墙至挹江门,再沿中山北路,过大桥南路沿金川河、护城河到中央门,与下关区接壤。下关区区域四至:东以窑上村十字街为界与栖霞区相连,东南与玄武区接壤,南以定淮门大街为界与鼓楼区毗邻,西、北以长江为界,与浦口区相望。

2002年10月22日,宁委发〔2002〕45号文,将建邺区莫愁湖街道办事处汉中门大街以北地区及其建制划归鼓楼区管辖;汉中门大街以南部分划归建邺区南湖街道办事处管辖。

2007年3月1日,经省、市政府批准,将建邺区兴隆街道江东村委会划归鼓楼区管理。两区此段行政区域界线走向为:自汉中门大街中心线与清河路交汇处起,折向西南沿清河大街中心线至规划的集庆门大街中心线,折向东沿规划的集庆门大街西段中心线至规划的燕山路北段中心线,折向北沿规划的燕山路北段中心线至汉中门大街中心线。

2013年2月19日,根据《国务院关于同意江苏省调整南京市部分行政区划的批复》(国函〔2013〕24号),鼓楼区、下关区合并设立新的鼓楼区。

(区地方志办)

【行政区划】 2020年,鼓楼区人民政府辖13个街道办事处,辖区内有120个社区居民委员会。

(区民政局)

【人口】 2020年,鼓楼区在册户籍326273户921095人。其中,男性455515人、女性465580人,性别比97.8。全年出生人口5912人,出生率

6.4‰；死亡人口6714人，死亡率7.3‰；人口自然增长率-0.9‰。省外迁入4267人，省内迁入6023人；迁往省外3810人，迁往省内2670人。

（公安鼓楼分局）

2020年鼓楼区社区居委会一览表

表3

街道	社区	地址	街道	社区	地址
华侨路	慈悲社	明华新村14号	中央门	工人新村	工人新村82号
	广州路	广州路41号		劝业路	新模范马路7号
	石头城	石头城新村40号		颂德里	三牌楼大街111号
	五台山	五台花园1幢1单元101室		观音里	观音里8号
	龙蟠里	虎踞路38号3单元101室		汇林绿洲	黑龙江路17号
	清凉山	虎踞路49号		天正和鸣	中央路389号2栋101室
	虎踞关	虎踞关36号		紫竹林	长江新村7-1号 临时办公地址：芦席营97号B座1楼
宁海路	古林	定淮门6号		新门口	东瓜圃桥9号102室
	天津新村	天津新村7幢	挹江门	察哈尔路	回龙桥8号
	三步两桥	水佐岗32巷28幢		戴家巷	戴家巷16号
	北京西路	虎踞北路4号		丁山	察哈尔路108号
	山西路	四卫头45号		福建路	洪庙巷21号
	颐和路	琅琊路11号		妙峰庵	铁路北街284号
	苏州路	天目路21号		钟阜路	钟阜路29号
	仙霞路	虎丘路14号101室		回龙桥	校门口1号20幢
	康藏路	水佐岗60-3号		鲁迅园	中山北路283号
湖南路	丁家桥	湖南路8号		模范西路	察哈尔路79号
	裴家桥	裴西村6号	江东	宝船	沅江路62号
	傅厚岗	高云岭34号		江滨新寓	江滨新寓31号
	马台街	天福园28号		银城花园	银城花园86号
	青岛路	汉口路52-1号		清河新寓	清江路39号
	大方巷	五条巷14号		腾飞园	腾飞园17幢
	云南路	渊声巷41号		宝地园	龙园西路
	南秀村	金银街17-2号		聚福园	漓江路6号聚福园东园04幢
中央门	三牌楼	三牌楼大街110-1号		长阳花园	清凉门大街298号长阳会所1楼
	模范马路	狗耳巷22-1号		睿城	润江路1号
	青石村	青石村89号	凤凰	莫愁新寓	胜棋里17号
	将军庙	新模范马路17号		凤凰二村	凤凰二村8-1幢

续表3

街道	社区	地址	街道	社区	地址
凤凰	凤凰西街	凤凰西街275-1号	建宁路	安乐村	安乐村117-5号
	西城岚湾	清凉门大街8号3幢		工农新村	建宁路84号
	凤凰街	凤凰庄9-103号		城河村	建宁路23号巷内
	凤凰花园	福安园28号	宝塔桥	方家营	方家营800号
	教工新村	教工新村34-2号		桥东街	金陵新九村27幢101室
	华阳佳园	清凉门大街113号-1-112		金陵新四村	金陵新四村10号楼旁
	苏城苑	湛江路98号苏城北苑11-2		金陵新六村	金陵新七村33幢-1
	白云园	白云园50号		燕江路	金陵新八村2幢-1
	蓝天园	蓝天园19号		燕江园	燕归园18号
	凤凰熙岸	凤凰东街6号		水关桥	金陵新二村62幢
热河南路	白云亭	郑和中路8号		金陵二村	宝燕南路10号
	晏公庙	热河南路221号		象山	幕府西路103号
	小桃园	姜家园46号二楼		恒盛嘉园	幕府西路55号恒盛嘉园29幢
	二板桥	二板桥369号		幕府西路	幕府西路33号金域中央21幢101室
	姜圩路	热河南路37号		依山郡	宝燕南路94号
	清江花苑	郑淮路9号	小市	东井新村	小市村32号
	新和园	新河一村11号2幢		东井亭	东井亭100号
	三汊河	迎江园7幢旁		线路新村	和燕路63号
	新河村	新河二村126号3幢102室		黄家圩	小市街88号大院
下关	多伦路	盐仓桥26号		安怀村	安怀村44幢前
	新民门	建宁新村31号		东门街	东门街24号-70
	盐大街	盐西街22号		小市新村	小市新村451号
	东炮台	阅江广场四楼		河路道	河路道1号
	商埠街	阅江广场四楼		张王庙	张王庙200号
	唐山路	中山北路607号1幢3单元101室	幕府山	五塘新村二段	五塘新村25幢旁
	世茂滨江	南通路89号		五塘新村一段	五塘新村40幢旁
	热河路	阅江广场四楼		盛世花园	安怀村468号绿苑小区1幢门面房
建宁路	滨江花园	滨江花园西园25号旁		云谷山庄	幕府东路57号云谷山庄小区40幢3楼
	四平路	大桥南路48号		北崮山	安怀村460-1号
	新民路	江沿村76-1号		五佰村	五塘新村1号
	金川花苑	新民村29号		五塘村	五塘村89号云燕园12幢
	五所村	五所村20号		白云	幕府东路55号旭日景城17幢

国民经济与社会发展

【经济建设】 2020年，鼓楼区完成地区生产总值1772.6亿元，比上年增长6.2%；一般公共预算收入166.41亿元，比上年增长2.4%；全社会固定资产投资325亿元，比上年增长9%；社会消费品零售总额1029.41亿元、增长2%；城镇居民人均可支配收入7.4万元、位居全市前列，比上年增长5.1%，为南京经济总量跻身全国十强做出了鼓楼贡献。

增强创新动能持续。完成鼓楼高新园管理体制改革，新建10.7万平方米优质硅巷载体，新增省长质量奖企业2家、培育独角兽、瞪羚企业8家、高新技术企业96家，引进高层次创业人才69人，荣获南京创新周先进集体优胜奖。

产业升级提质增效。主导产业支撑有力，商务商贸业收入超4900亿元、增长10%，软件业务收入达305亿元、增长34%，文化产业收入达310亿元、增长11%。总部楼宇经济持续壮大，新增市级总部企业3家、亿元楼宇3幢、十亿元楼宇1幢。

"四新"行动支撑明显。新基建建成市定5G基站690座，完成固投325亿元、增长7.5%；新消费引领需求释放，实现社零1010亿元、增长1%，其中限上社零增长8%；新产业总体规模达520亿元，净增规上工业企业22家，新型都市工业实现新突破；新都市14个新建项目全部开工，完成投资26亿元，超额完成年度目标任务。

主题年活动取得实效。统筹组织招商突破、项目推进、企业服务"三个年"活动，完成签约项目投资总额730亿元，引进亿元以上项目113个，实际使用外资2.98亿美元，两夺招商擂台赛流动红旗；南京华贸商务中心入选省级重大项目，6个储备项目提前开工，各级各类项目建设扎实推进；出台"鼓楼惠企9条"，四轮走访2000余家企业，全力帮助解决困难，共克时艰。

【政治建设】 2020年，鼓楼区始终把政治建设摆在首位，增强"四个意识"、坚定"四个自信"、坚决做到"两个维护"，认真贯彻落实中央和省、市委各项决策部署，坚持"两手抓"，始终"两手硬"，取得"两手赢"。支持人大机关、行政机关、政协机关、监察机关、审判机关、检察机关依法履职尽责。巩固发展大统战格局，做好民营经济统战工作，扎实推进党派之家建设，全面落实党管武装制度，不断增强工会、共青团、妇联、残联、红十字会等群团组织的桥梁纽带作用，凝聚起战胜困难、推动发展的强大合力。

理论学习引领有力。深入学习《习近平谈治国理政》第三卷，常态化跟进学习总书记最新重要讲话指示精神，大力宣传党的十九届五中全会和总书记视察江苏重要讲话指示精神，创新开展基层党员冬训，累计举办区委理论学习中心组学习17场、区委常委会专题学习43场、公务员高质量发展大讲堂15场，以科学理论引领战疫情、稳增长。

组织建设支撑有力。在疫情防控、防汛防涝、文明创建中加强和检验基层党建，成立1002个抗疫临时党组织、143个党员防汛突击队，发动数万名党员积极参与，战胜了百年不遇的疫情和洪水，区卫健委及杨斌等6人分别被表彰为全省抗击新冠肺炎疫情先进集体、先进个人。坚持典型引领、示范带动，开展基层党建巩固提升"六个一"行动，建成13家党建示范社区，健全红色物业服务体系，成立全国首家快递小哥党支部，王卫平、潘虎被评为全省优秀共产党员。

中央门街道新门口社区党委书记王卫平

区融媒体中心　供图

干部队伍担当有力。面对大战大考，广大干部咬定目标、迎难而上、苦干实干，经受住了考验，也得到了锻炼。落实"三项机制"，坚持"三个挂钩"，统筹选用不同年龄段、不同岗位、不同职务职级的干部，开展科级岗位集中选配，干部队伍结构进一步优化，形成了靠干部成就事业、用事业成就队伍的良好局面。纪律作风保障有力。高标准完成172项省委巡视整改任务，开展四轮区委巡察，巡察利剑持续释放震慑效应。大力支持纪委监委实施专项监督，驰而不息纠治"四风"，查处形式主义、官僚主义问题37件，贯通运用"四种形态"处理464人。准确把握"三个区分开来"，为3个单位、1名个人澄清正名，对4人容错纠错，有力保障了高质量发展。

【文化建设】 2020年，鼓楼区高标准建成区街社三级新时代文明实践中心(所、站)，打造区融媒体中心，开展意识形态专项巡察，党管宣传主体责任有效落实，主题宣传成果丰硕，抗疫精神催人奋进。

文体事业繁荣发展。线上大力推广使用鼓楼公共文化云，线下组织文化活动2100余场，深入推进龙江宝船厂遗址保护工程，深化"书香六进"，推进全民健身，"百姓原创朗读者"入选全国终身学习品牌项目。

文化产业加快推进。创意类硅巷建设成效明显，环南艺管委会揭牌成立，南艺双创基地优化升级，鼓楼水岸艺术街区成为网红打卡地。

文明创建扎实有力。坚持"全域首善"标准，聚焦文明城市测评体系，区级领导常态化下沉一线，压实区街社创建责任，推进六个专项整治行动，为全市文明创建走在全国前列作出了积极贡献。

【社会建设】 2020年，鼓楼区就业增收保持稳定。深入实施"宁聚计划"，吸纳大学生就业7.37万人，新增城镇就业3.5万人，城镇登记失业率控制在1.78%以内，居民人均可支配收入增长4.2%，顶住疫情冲击。

兜牢民生底线。103幢在册危房改造清零，76万平方米"三供一业"小区完成维修改造，生猪域外保供任务全面落实，食药品安全有效维护，餐饮浪费得到遏制，困难群体基本生活保障有力。各项对口帮扶工作扎实推进。

改善民生服务。力人学校、银城小学浦江路校区、市实验幼儿园(改扩建工程)交付使用，鼓楼

鼓楼水岸艺术街区　　区融媒体中心　供图

e学校“停课不停学”受教育部肯定，获评国家级教育信息化实验区。医联体建设进一步推进，基层公共卫生体系不断健全，家庭医生工作受到省政府通报表彰。养老服务体系逐步完善，时间银行实现全覆盖。

推进专项工作。安全生产专项整治扎实开展，挂牌隐患全部整改到位，防灾减灾体系坚强有力，安全发展示范城市创建工作成效良好。扫黑除恶专项斗争取得压倒性胜利。

提升社会治理。“锻造职业化社区工作者队伍”荣获省基层社会治理创新成果奖，“以居民满意度为导向的街道考评机制”在全国会议上作典型发言。依法治区深入推进，网格化治理体系不断健全，街道综合行政执法机制持续完善，双拥和退役军人工作成效显著，信访积案化解取得实效，各项安保维稳任务圆满完成，社会大局和谐稳定，群众安全感创历史新高。

热河南路街道举办《幸福敲敲门》系列活动推进垃圾分类

热河南路街道　供图

【生态建设】 2020年，鼓楼区扎实推进长江大保护，把修复长江生态摆在压倒性位置，禁捕退捕任务落实到位，夹江饮用水源地保护有力有效，长江干流岸线利用项目整改工作通过省级验收。宝船、下关、上元门3个城市客厅规划方案通过审查，金陵船厂搬迁有序推进，“百项工程”鼓楼项目均达超序时进度。

生态环境持续向好。强化点位长制打好蓝天保卫战，今年以来空气质量优良率达83.1%、同比上升13.7%，PM2.5浓度31.8微克/立方米、同比下降23.9%。强化河长制打好碧水保卫战，两大省考断面经受住了汛期考验，稳定保持Ⅲ类水，总体实现全域消劣目标。强化项目负责制抓净土保卫战，中央路331号地块土壤污染修复治理工作全面完成。

功能品质不断完善。中心片区创新发展和环境品质提升二期工程主体完成，16个老旧小区环境整治工作全面完工，老城区展现新面貌。滨江片区动迁扫尾取得决定性进展，长航中心二期竣工交付，滨江风光带显露高颜值。幕府创新区概念规划与产业规划初步完成，金燕路西侧、金陵村象山地块清零攻坚成效显著，宝龙天地、华能滨江总部建设推进顺利，转型发展成果丰硕。晨光行动常态开展，智慧城管发挥实效，垃圾分类进展有序，市容环境明显改善，全域美丽逐步成为现实图景。

（区委办）

服务经济

FU WU JING JI

商务商贸

概　述

【概况】 2020年，鼓楼区以打造国际消费中心城市核心区为目标，加强招商引资，以重点项目支撑产业发展。聚焦“消费提振、数字赋能、优化服务”，持续释放消费潜力，扩大消费市场，推动消费升级。全年实现社会消费品零售总额1029.41亿元，位列全市第一，同比增长2%；贸易销售总额5012.9亿元，占全市三分之一，同比增长0.7%；外贸进出口总额512亿元，同比增长19.6%；实际使用外资2.98亿美元，同比增长12.2%。

消费提振　围绕新产业、新平台、新引擎、新氛围、新时段、新场景、新模式、新文旅、新服务，统筹推进新消费。以“政府补贴、商家让利、平台支持”形式筹措资金，发放2.6亿元消费券，开展“dou爱夜南京”夜经济抖音话题、“国潮直播周”、“最粽意”住餐企业促销大评比、天猫618理想生活列车、鼓楼新消费网红打卡点评选赛、“安心消费　鼓楼有礼”“放心出门　点亮石头城”主题消费季等活动，带动线下实体消费14.3亿元。“shopping在鼓楼”抖音挑战赛，引导100余家重点贸易企业开展团购业务，实现全网关注8374万人次，播放量超1亿次；“约惠鼓楼·沉浸体验直播嘉年华”系列活动，为40家企业线上引流超1亿人次、门店引流超1万人次，总销售额突破5亿元。为批发、零售、住宿、餐饮行业65家企业发放销售奖300余万元；22家餐饮企业专项提升行动奖66万元，提振社会消费。打造南艺后街消费新地标，增设游船码头、青年足球运动场；做强“百工造物”非物质文化遗产创意基地，引入喜马拉雅线下有声阅读空间、沉浸式VR体验店等新业态，释放区域经济发展活力。“桨声灯影阅读之夜”、足球嘉年华等新消费活动，获央视新闻“夜游美丽中国”现场直播报道。

数字赋能　联合阿里巴巴打造铁北直播电商产业园，引进主流电商平台龙头MCN机构纳斯江苏总部；以知名商标和地理标志产品为主要保护对象，研发“产权保”监控平台，入驻企业300余家、知名品牌157个；运用5G、区块链等新技术，联合冯氏供应链、中储智运供应链和苏宁快消流通供应链构建“三链一体”服务平台，推进商贸流通与设计、生产、消费、物流全链融通升级，累计为企业降低物流成本30多亿元。举办春季招商云洽会、总部经济发展恳谈会、区块链技术产业发展峰会、知名高校校友科技创投峰会、“软博会”鼓楼专场等活动，助力鼓楼产业转型升级，促进数字经济高质量发展。

3月28日，“放心出门　点亮石头城”国际消费暨美食节在水木秦淮街区启动

区商务局　供图

优化服务　出台“鼓楼惠企9条”，首创“新消费内循环联盟”、金牌“小二”服务联盟，在街道、板块成立18个“鼓楼区企业家服务站”，走访企业2000多户，为企业申报获得省市服务业发展专项资金、“百千万”工程重点项目等各级扶持资金989万元，推动解决和落实问题378项，力促企业安心发展。推进线上线下招商主题年活动，先后在杭州、上海、广州、深圳举办“携手2020”系列招商活动，签约亿元以上项目40个，投资总额218亿元。对接国内外500强、央企、行

业龙头企业资源，推广鼓楼区优势产业与项目，加速国内外资本集聚，成功引进格拉丹东、格一智能、金世铂瑞等33个外资项目落户鼓楼。强势推进总部楼宇经济，南京华贸商务中心入选省级重大项目，兑现2019年度楼宇政策奖励60万元，总部企业奖励资金600万元。新增市级总部企业3家，省级地区总部1家，亿元楼宇3幢、十亿元楼宇1幢，实现税收215.3亿元。

【市场营商环境优化】 2020年，鼓楼区成立“新消费内循环联盟”，涉及批发、零售、住宿、餐饮等多个行业，以及京东五星、苏宁易购、金陵饭店等36家重点企业。联盟旨在通过建立信息互联、资源共享工作机制，加速整合各类企业战略资源、经营模式、流通渠道，为企业抱团取暖，助力打通辖区企业内循环最后一公里，夯实销售企稳回暖基础。36家重点企业实现销售额3792.16亿元，占全区75.65%。年内，全区发放2.6亿元消费券，激发民众消费热情。发挥线上线下资源共振作用，联合字节跳动、喜马拉雅等头部企业，创新客户引流、精准推送、商业赋能等运营模式，引导企业深度触网、开展自救式多渠道营销。多场景融合，促优势集聚。重点打造水木秦淮国际消费艺术街区、花生唐商业街区、狮子桥美食步行街区等一批孕育未来经济形态和模式旅艺文体深度融合产业载体。全方位服务，促环境优化，定制惠企政策强刺激。6月“销售竞赛月”专项列支400万元，奖励业绩提升企业，补贴模式创新以及渠道拓展企业，43家企业获得奖励和补贴。9月再次以餐饮业专项提升行动实施奖励，新入统企业实施3万元奖励。同时对直播电商、新零售等业态，研究出台专项政策措施。筑构助企体系，实行“包片包干”联络制度，强化走访，区主要领导、分管区领导分别带队，先后走访中电熊猫、五星电器等企业647户，成立专题小组协调解决企业困难助回补，指导企业数据应统尽统。

【重大项目统筹推进机制建立】 2020年，鼓楼区实行重大项目层级推进机制，总投资10亿元以上项目，区主要领导亲自抓；总投资5亿元以上项目，分管区领导抓；总投资1亿元以上项目，板块、街道和部门主要领导抓，并逐个建立工作专班，形成一级抓一级、层层抓落实招商工作格局。建立重大项目论证评估机制，围绕主导产业成立专家智库，由59名专家学者、行业龙头企业、驻区重点企业、第三方机构高管组成专家库，区投资促进办公室牵头，定期邀请专家、相关部门负责人召开重大项目评估论证会，从是否符合区域产业发展方向、规划布局、投资强度、税收贡献等要素，综合评估全区拟招商引资投资规模大、税收贡献大、成长性好项目可行性，并提出评估和工作推进意见，确定扶持政策，推动重大项目落地。年内召开重大项目论证会3场。2019年97个亿元以上签约项目注册81个，注册率83.5%，开工运营69个，开工运营率71.1%；2020年114个亿元以上签约项目，注册项目103个，注册率90.4%，开工运营项目63个，运营率55.3%。

【商务商贸产业转型升级】 2020年，鼓楼区聚焦促进消费升级、彰显区域特色、增强发展活力，按照“市场主导、政府引导、分类培育、逐步推进”原则，立足鼓楼区情实际，积极探索夜间经济、首店经济、网红经济等新兴经济形态，鼓励连锁经营，注重老字号提升，推动鼓楼商务商贸产业特色化发展。目前已形成南艺后街鼓楼水岸艺术街区、花生唐商业街区、湖南路夜集市三大夜间经济消费聚集地，聚拢了人气。推动金桥、玉桥等传统商贸企业转型升级，参与网络销售模式，由传统大市场向社交体验、家庭消费、时尚消费、文化消费中心转变。 （陈　明　周　恬）

投资促进

【概况】 2020年，鼓楼区面对严峻复杂外部环境，特别是新冠肺炎疫情冲击，实施招商突破、企业服务、项目推进3个主题年活动，围绕直播电商、文化旅游、总部产业，推进线上线下招商主题年活动，各级一把手赴上海、杭州、深圳、重庆等地招商12次，签约项目投资总额730亿元，其中亿元以上项目113个，实际利用内资160亿元，实际利用外资2.98亿美元。招商项目信息1443个。制定出台《2020年南京市鼓楼区招商引资项目引荐人奖励实施办法及细则》《鼓楼区应对疫情支持企业稳定发展的若干措施》等招商引资专项政策。围绕新消费、文化旅游、科技创新、科技金融等主题，先后在杭州、上海、广州、深圳举办“携手2020”系列招商活动，推介区域投资环境，扩大鼓楼区知名度和影响力，提升鼓楼经济实力“含金量”，为区域高质量发展升级赋能。年内出台《2020年鼓楼区国际化工作方案》，有序推进南大全球校友创新创业校地合作项目落地、南艺后街国际消费艺术街区培育和鲁迅园国际社区创建工作，举办鼓楼—奥地利创新对话国际创新交流会、城市国际化发展研讨会、境外驻宁商务机构合作联谊会和庆祝中欧建交45周年江苏—欧洲企业家交流会等投资促进活动。支持举办南京大学“励行杯”全球校友创新创业大赛国际赛区决赛，对接境内外100家招商机构，多渠道促进海内外贸易交流与投资合作。

【招商引资】 2020年，鼓楼区举办春季招商云洽会、总部经济发展恳谈会、2020中国（南京）未来城市创新峰会暨幕府创新区产业发布会等重点综合性产业招商活动13场，“商汇鼓楼　共谋发展”鼓楼招商合作洽谈会、铁北LIVE云招商、T20科技战“疫”高峰论坛、中国上市公司并购年会暨南京市鼓楼区高质量发展投资推介会等重点专题性招商活动14场，小分队招商80次。围绕直播电商、文化旅游等产业分别赴杭州、上海、广州、深圳举办“携手2020”系列主题招商活动，签约亿元以上项目40个，投资总额218亿元。与各类商协会、校友会、投资促进机构建立长期深度合作机制，打造招商“百渠”工程，挖掘驻区高校校友资源，与南京大学校友会、南京南开大学校友会、中国矿业大学深圳校友会建立长期合作关系，进一步做大招商“朋友圈”。坚持特色产业引领，板块发展提质增效，下关滨江商务区等五大功能板块结合各自产业定位，整合资源，举办下关滨江商务区航运产业专题招商推进会、下关滨江商务区土地资源招商推介会、长三角航运创新发展联盟年度大会。全年，举办政银企对接会2场，并推动银行与参会投资方合作2次。组织各类招商培训27场，加强招商队伍建设，专职化招商人员比例提升5%。

【招商引资“一把手”工程】 2020年，鼓楼区明确党政“一把手”招商工作职责，开展多层次、多形式、多渠道招商引资活动。同时，强化招商引资工作组织领导，区主要领导全年召开招商工作统筹会议29场（次），出席招商活动36次，接待重要客商51次，协调推进各类项目35次；建立工作专班，落实责任单位和专人推进，挂钩项目实行“一个项目、一套班子、一抓到底”。全年区主要领导亲自率队赴北京、上海、深圳、杭州、重庆等地12次，拜访中国华能集团有限公司、华贸集团、北京字节跳动科技有限公司、北京国信会视科技有限公司、重庆康刻尔制药股份有限公司、北京自由蜂电子商务有限公司等知名企业，锁定软件与人工智能、医药与生命健康产业链龙头企业和目标企业，亲自洽谈，加快推进中石化天然气江苏销售总部、国信会视城轨智慧运维平台、江苏铌奥光电科技有限公司等项目。至年末，区领导挂钩华电江苏能源开发总部、中石化天然气江苏销售、中储智链平台、厚华科技总部、网络信息科技总部、省国金集团信息网络投资有限公司、华能江苏能源投资开发有限公司、上海电气输配电集团

10月19日，2020中国（南京）未来城市创新峰会暨鼓楼铁北产业发布会在幕府创新小镇举行
区融媒体中心　供图

服务经济

有限公司、中信泰富江苏总部、国信会视城轨智慧运维平台、智慧城市交通、华潍租赁12个项目均完成注册或开工运营。

【"携手2020"系列招商活动】 2020年，鼓楼区聚焦全市八大产业链和区主导产业，围绕新消费、文创旅游、科技创新、科技金融等主题，8—9月先后在杭州、上海、广州、深圳举办"携手2020"系列招商活动，签约亿元以上项目40个，投资总额218亿元。

【春季招商云洽会】 3月31日，鼓楼区举行"云聚鼓楼　共襄发展"春季招商云洽会，区委、区人大、区政协主要领导及相关领导出席会议。会议以线上线下同步直播方式开启。中关村车库咖啡创始合伙人、RADICAL孵化器创始人周立玮，北京大学燕园科技集团常务副总裁王宇，区友好城市意大利索伦托市市长朱塞佩·库莫，美国旧金山湾区委员会首席执行官兼总裁温德曼，国内外总部企业、央企重点客商，研发机构、高校院所、科技园区代表及创新创业人才等300余名嘉宾通过视频线上参会，线上浏览约7000人次。会议现场，鼓楼区以楼宇经济为重点，发布对外招商合作项目18个，聘请楼宇招商大使，举行华能江苏总部、南京毅达鼓楼科创天使投资基金、南京市司法律师双创基地等6个重大项目签约仪式。

【境外驻宁商务机构合作研讨联谊会举行】 9月22日，南京市贸促会、鼓楼区政府联合举办"2020年境外驻宁商务机构合作研讨联谊会"。来自美国、加拿大、欧盟、英国、德国、荷兰、匈牙利、澳大利亚、韩国等国家和香港地区近20家境外驻宁商务机构代表，市贸促会、鼓楼区政府主要领导出席活动。市贸促会会长梁洁向海内外代表介绍新冠肺炎疫情防控期间南京市外贸投资促进工作情况。其间，区领导陪同与会代表考察颐和路公馆片区、江苏省非遗创意基地等城市国际化重点项目。

【科技金融(深圳)创新峰会举行】 9月24日，鼓楼区科技金融创新峰会在深圳举行。南京市商务局、市投资促进中心领导，区委区政府有关领导，知名宏观经济学家魏加宁，外资企业、上市公司、金融机构及各类金融机构高管，境内外商协会、校友会，投资促进机构、科技园区、研发机构代表、创新创业人才等200余人应邀出席；6000余名客商参加线上项目推介会。峰会主题"新视野　新赋能　新产业"，旨在落实南京市"四新"行动部署，围绕数字经济、供应链金融、智慧城市、未来网络等新产业方向，聚焦科技引领和金融赋能对接世界500强、上市公司、总部企业、金融机构等，加大产业资源和创新要素集聚，加速推进区域金融科技深度融合发展。会上，启动"企业上市520计划"(5年培育上市企业20家)，举行鼓楼铁北片区智慧能源示范区项目、江苏鸿道信达产业结构调整基金重大项目签约仪式，投资总额逾100亿元。

【中国上市公司并购年会暨鼓楼区高质量发展投资推介会】 11月20日举行，邀请境内外200多家上市公司，创投企业、金融机构，经济学家、商协会、投资促进机构代表等近300人参加；线上嘉宾8000余人参会；市委市政府相关领导、市地方金融监管局、市投促局有关领导，区委区政府领导及相关部门、板块、街道负责人出席会议。会议由市投促局和市金融监管局作为指导单位，以"金聚鼓楼　创新财富"为主题，加大以上市公司为核心资本圈高端资源和创新要素集聚，研讨企业以金融促发展路径，宣传推介鼓楼区优势产业与投资环境，探讨影响中国境内外企业并购关键驱动因素、机遇与挑战、产业与资本深度结合，助力企业在产业经济新时代转型升级中实现经济高质量发展。会上，举行鼓楼区深圳招商中心挂牌、新财富学院南京分院揭牌仪式，南京益生股份生物科技股份有限公司、深圳三利谱光电科技股份有限公司、深圳超频三科技股份有限公司等8家上市企业与鼓楼区签订投资合作意向协议。　（陈　明）

【奥地利—鼓楼深耕合作恳谈会召开】 11月，鼓楼区与"生根出访国"奥地利驻华大使馆联合召开"生根深耕·携手共进"恳谈会，共同商讨建立长效化国际合作机制，推动双方智能制造、工业互联网、人工智能等领域广泛合作和创新资源项目落户鼓楼区。奥地利驻华大使馆技术参赞 Max Pfeiler(孙晓龙)、区政府有关领导出席活动。区科学技术局、南京高新区(鼓楼园)、区商务局等相关部门,南京邮电大学、南京工业大学,以及涉及智能制造、工业互联网、人工智能领域的朗坤智慧科技股份有限公司、南京康尼电子科技有限公司、深圳云问科技有限公司、江苏纽邦等科技有限公司科技企业,拟态智能技术、边缘智能研究、云境商务智能研究等新型研发机构代表参加恳谈会。

(周　恬)

总部(楼宇)经济

【概况】 2020年鼓楼区新增10亿元楼宇1幢、亿元楼宇3幢、特色楼宇2幢。新增市级总部企业3家,1家企业提升为跨国总部企业。至年末,全区建成使用规模楼宇(办公面积1万平方米以上、单体或联体商务写字楼)114幢,其中商务办公面积约340万平方米;在建楼宇项目20个,建筑面积约400万平方米。全区有10亿元楼宇3幢,亿元楼宇22幢,特色楼宇22幢;区总部企业名录入库企业54家,其中市级总部企业28家、区级总部企业14家。举办总部经济发展恳谈会,邀请70多位市外客商、异地商会代表考察鼓楼区投资环境。举办南京市“瞪羚”“独角兽”企业发布会分会场活动,统筹推进总部经济发展和“瞪羚”“独角兽”企业培育,全区有14家“瞪羚”企业,5家“独角兽”企业。出台《鼓楼区推动楼宇经济高质量发展若干政策》《2020年推动全区楼宇经济工作实施方案》《鼓楼区楼宇经济工作经费奖励办法(试行)》,启动新华大厦等楼宇更新改造。拨付资金2000万元,扶持老旧楼宇改造、产权集约经营及品牌打造。发放新冠肺炎疫情防控补贴资金356万元,惠及92家商务楼宇运营企业。依托全区楼宇经济智慧管理系统,建成全区楼宇经济数据库。至年末,规模楼宇总税收215.3亿元,同比增长5.9%,高于全区税收增幅6.8%。

【总部企业培育】 2020年,鼓楼区培育总部企业名录库入库企业54家。拨付扶持资金600万元,“一对一”服务入库培育企业,帮助企业解决疑难问题。组织企业申报市级、区级总部企业,推荐14家企业申报市级总部,其中华能江苏能源开发有限公司、南京我爱我家信息科技有限公司、中国能源建设集团江苏省电力设计院有限公司入选2020年南京市首批总部企业;南京康轩文教图书有限公司由市级外资总部企业升级为江苏省跨国公司地区总部。

2020年鼓楼区新增省市级总部企业一览表

表4

序号	企业名称	企业性质	总部类型	认定时间(年)
1	南京康轩文教图书有限公司	外资	省级	2020
2	华能江苏能源开发有限公司	国有	市级	2020
3	南京我爱我家信息科技有限公司	民营	市级	2020
4	中国能源建设集团江苏省电力设计院有限公司	国有	市级	2020

【新增“独角兽”“瞪羚”企业8家】 4月29日,南京市发布“独角兽”“瞪羚”企业白皮书,鼓楼区南京德轩堂医药有限公司入选南京市培育“独角兽”企业名单,南京汇法正信信息科技有限公司等7家企业入选南京市“瞪羚”企业名单。至年末,全区培育“独角兽”企业5家,“瞪羚”企业14家。

2020年鼓楼区“独角兽”企业一览表

表5

序号	企业名称	企业性质	认定时间(年)
1	中储南京智慧物流科技有限公司	物流业	2018
2	南京车易淘网络信息有限公司	互联网	2018
3	南京地平线网络科技有限公司	文体娱乐	2018
4	南京云问网络技术有限公司	IT	2019
5	江苏德轩堂医药集团有限公司	生物医药	2020

2020年鼓楼区“瞪羚”企业一览表

表6

序号	企业名称	企业性质	认定时间(年)
1	南京朗讯科技通信有限公司	电信业	2018
2	江苏康龙医药有限公司	生物医药	2018
3	南京铁马信息技术有限公司	IT	2018
4	南京全信光电系统有限公司	电子及光电器件	2018
5	南京纽邦生物科技有限公司	医疗健康	2019
6	南京商络电子股份有限公司	电子及光电器件	2019
7	南京华讯方舟通信有限公司	机械制造	2019
8	南京钛白国际贸易有限公司	连锁及零售	2020
9	南京协胜智能科技有限公司	电子及光电器件	2020
10	江苏移动信息系统有限公司	IT	2020
11	江苏博瑞思信息技术有限公司	IT	2020
12	南京汇法正信信息技术有限公司	IT	2020
13	江苏汇鑫融智软件技术有限公司	IT	2020
14	南京国电南自轨道技术有限公司	IT	2020

（滑 松）

【规模楼宇税收215.3亿元】 2020年，鼓楼区新增10亿元楼宇1幢，亿元楼宇3幢。至年末，全区规模以上楼宇(办公面积1万平方米以上单体或联体商务写字楼)114幢，其中10亿元楼宇3幢，亿元楼宇22幢，特色楼宇22幢，建筑面积约580万平方米，入驻企业7000多家。全年规模楼宇实现税收215.3亿元，同比增长5.9%，高于全区税收增幅6.8%。

【楼宇经济共享数据库升级】 2020年，鼓楼区完成楼宇经济共享数据库升级，在原有智慧管理系统基础上，开发数据监测、指标预警、统计分析、楼宇考核模块，建成楼宇指标分类管理、关键指标实时预警、综合数据统计分析、楼宇数据集成共享、任务指标实时跟踪楼宇大数据智慧管理系统。系统由区发改委、财政局、科技局、统计局、行政审批局、市场监督管理局以及楼宇属地街道共同维护，协同“投资鼓楼”微信公众号，拓展招商展示推送、政策宣传发布、互动交流合作等功能，定期发布招商运营、指标实时跟踪及动态管理信息，构建形成资源共享、动态更新“数字楼宇”管理新形态。至年末，大数据智慧管理系统全面覆盖规模以上商务楼宇，实现数据实时共享。

【苏宁银河国际广场晋升10亿元税收楼宇】 2020年，苏宁银河国际广场纳税金额11.15亿元，成为鼓楼区继亚太商务楼后第二个税收超10亿元楼宇。该广场地处湖南路商圈核心地段，由苏宁地产置业有限公司建设打造，2006年6月投入使用。建筑面积11万平方米，48层(地上45层、地下3层)，9层以下为裙楼、10～25层纯办公层为超AAAAA写字楼、26层以上为国际品牌五星级索菲特银河大酒店。至年末，苏宁银河国际广场入驻苏宁采购中心、苏宁建材有限公司、江苏国际建设集团等62家企业。

6月12日，鼓楼区总部经济发展恳谈会举行　　区投促局　供图

【老旧楼宇活化改造】 2020年，鼓楼区聚焦公共基础设施更新、公共服务功能优化、盘活闲置载体资源、打造新兴产业功能区和创新产业集聚区，采取吸引社会资本、业主自筹，政府、楼宇产权单位、运营商三方合作等形式，推进老旧楼宇活化改造，提升楼宇硬件设施和产业运营水平。全年完成老旧楼宇活化改造18幢93.4万平方米，总投资1.7亿元。年末，红五月产业园、新华大厦、倍格紫台硅巷、华扬大厦等重点园区和楼宇改造项目按时序推进。

【总部经济发展恳谈会】 6月12日在区举办。该会议是“2020南京创新周”分会场活动之一，会议主题“总部赋能、向新而生”，围绕“四新”行动要求，聚焦主导特色产业，对接国内500强、央企、总部、行业龙头企业以及互联网新经济资源，加大产业资源及创新要素集聚，搭建合作交流平台，促进总部经济高质量发展。会上，成立中国南京总部企业发展联盟；江苏省国信集团有限公司、融通集团江苏公司、市工商联分别与区政府签订战略合作协议。中石化天然气江苏销售总部、闽海能源区域总部、丁山高端综合体等18个重大项目签约，总投资130亿元。市委统战部等相关部门领导以及签约嘉宾、区四套班子主要领导，区相关部门、街道主要负责人，央企、总部和行业龙头企业代表，高校院所、科技园区代表，商协会、行业协会代表，媒体记者300余人参会。会议邀请70多位市外客商、异地商会代表考察鼓楼区投资环境，建立南京总部企业发展联盟。全国工商联女企业家崔荣华、浩旺集团董事长车晓玲、深圳奥特讯电力设备股份有限公司董事长萧霞通过网络直播参会。

链接：中国南京总部企业发展联盟

由南京市一批发展特色明显、成效显著的总部企业联合发起，致力于搭建集聚创新资源要素、促进总部经济高质量发展合作交流平台。联盟成员采取开放式发展模式，邀请吸纳京津冀、长三角、珠三角等地区总部企业参加。联盟成员之间通过共享总部经济最新成果、探讨解决发展中难题、实现产业间深度融合发展。

(陈　明　牛　勇　付梦昕)

【新华大厦活化改造项目启动】 12月30日，新华大厦升级改造项目正式启动。区委区政府相关领导，新华日报社副社长、新华报业传媒集团副总经理王洪俊，上海圣博华康城市规划咨询有限公司董事长励凌峰，中建安装集团有限公司领导共同按下启动键。新华大厦地处“中华第一商圈”南京新街口CBD核心区，始建于1995年，曾经是中国报业第一高楼。大厦占地7000多平方米，建筑面积8.5万平方米，高约179米，共52层，是一幢集购物、娱乐、金融、办公、餐饮、立体停车场为一体智能型超高层建筑。大厦升级改造工程由中建安装集团有限公司承建，为国内首个超过50层超高层楼宇系统性不停业改造项目。工程拟投入改造资金1.5亿元，硬件上瞄准“定位高端、管理规范、布局合理、智能先进”定位；软件上对标国内一流高端楼宇，立足“文化+”产业布局，目标打造高端商务楼宇，改造后成为鼓楼区新增长极。

（陈　明）

对外及港澳台贸易

【概况】 2020年，鼓楼区实现外贸进出口总额512亿元，同比增长19.6%。实际利用外资及港澳台资2.98亿美元，同比增长12.2%。拨付各类外贸专项资金8256.1万元，惠及外贸企业361家。通过“贸e鼓楼”微信公众号，为企业推送政策资讯、发布工作信息330条。至年末，全区对外贸易注册企业2289家，纳入统计数据外贸服务企业853家。

【服务贸易进出口总额7.38亿美元】 2020年，鼓楼区纳入统计数据外贸服务企业853家，完成服务贸易进出口总额7.38亿美元。区商务部门联合街道、机关部门定期走访辖区外经外贸企业，为企业解难助困，累计拨付各类资金110万元，重点扶持2家外贸服务企业。

2020年鼓楼区服务贸易进出口前10名企业一览表

表7　　单位　万美元

序号	单位名称	进出口总额
1	中集凯通物流发展有限公司	6185
2	招商局南京油运股份有限公司	6172.5
3	南京远洋运输股份有限公司	4501.9
4	南京远洋国际船舶代理有限公司	4245.8
5	中国江苏国际经济技术合作集团有限公司	3299.6
6	江苏远洋新世纪货运代理有限公司	3123.7
7	江苏都市驼铃信息系统工程有限公司	1912.7
8	南京朗讯科技通信有限公司	1846.6
9	江苏远洋运输有限公司	1800.0
10	博西家用电器（中国）有限公司	1728.0

【外资企业管理服务】 2020年，鼓楼区外资企业上报370家，上报及通过率均100%，限额以下外商投资企业设立变更解散终止备案在规定期限内办结率100%。区商务局通过QQ工作群，及时梳理和发布新设立及增资企业到资信息，协同街道、板块跟踪对接服务。新冠肺炎疫情防控期间，定向联系平安普惠融资担保有限公司南京分公司、亚信科技（南京）有限公司、博西家电（中国）有限公司、艾志集团有限公司南京分公司、南京港宁置业有限公司、南京立方置业有限公司、

金鹰国际集团、南京华洋电器有限公司等重点企业，解决防疫物资匮乏、境外员工来华签证等实际问题，助推企业复工复产和新冠肺炎疫情防控。

【外商企业备案制度改革】 2020年，鼓楼区深化外商投资企业设立变更制度改革，将原来备案制度改为信息报告制度，便捷企业。全年受理信息报告178项，其中新设外商企业信息报告33项、变更信息报告145项。

【外贸企业备案登记】 2020年，鼓楼区利用商务部对外贸易经营者备案登记系统，做好外贸企业备案登记工作，全年新注册外贸企业209家、变更登记117家、转出22家、转入11家、注销4家。至年末，全区在册外贸企业2289家，纳入统计数据外贸服务企业853家。

【参加第三届中国国际进口博览会】 11月14日，鼓楼区组织机关部门27家、社会组织7家、事业单位5家，邀请博西家用电器(中国)有限公司、金陵饭店股份有限公司、江苏金浦集团国际贸易有限公司、江苏宏坤供应链管理有限公司等318家企业赴上海参加第三届中国国际进口博览会。其间，博西家用电器(中国)有限公司、强生中国有限公司等代表鼓楼区设立展位，开展贸易活动，11家企业达成明确采购意向。全区参会企业成交额2303万美元，与第二届相比增加12.6%。

(周 恬)

商贸流通

【概况】 2020年，鼓楼区商务商贸产业收入5247亿元，增长10.49%；社会消费品零售总额完成1029.41亿元，同比增长2%，在全市总量排名第三，增幅排名第一。建成40家农贸市场追溯检测系统。销售卷烟2.92万箱，销售收入13.43亿元。为57家大中型商超、40家农贸市场，发放疫情防控专项补助资金232万元，推进企业复工复业。落实市委市政府关于开展"四新"行动总体部署，依托区域资源禀赋，围绕提高消费供给、提振消费信心、提升消费能级，统筹推进新消费+新产业、新平台、新引擎、新氛围、新时段、新场景、新模式、新文旅、新服务九大工程，实施鼓楼特色"新消费"行动。制订各类"新消费"行动方案，推进数字赋能、创新场景、"创造"需求"三轮驱动"，激活消费新动能。开展"安心消费，鼓楼有礼"主题消费季活动，围绕餐饮、零售、住宿联合苏宁易购、五星电器、金陵饭店等商家，通过阿里巴巴、美团点评、携程网等平台，以"政府补贴、商家让利、平台支持"形式筹措资金，发放2.6亿元消费券，激发民众消费热情，拉动线下实体消费14.3亿元。举办南京"美食节"鼓楼专场活动、"放心出门"三大消费系列活动。完成36家1万平方米以上大型商业场所安全隐患再排查，整改问题91个。金陵饭店获首批"江苏精品"认证授牌。

【新消费行动】 2020年，鼓楼区以"南京市国际消费中心城市核心区"为目标，成立新消费行动工作领导小组，推进新消费行动计划有效开展，围绕优化消费供给、增强消费信心、提升消费能级，实施"九大工程"，全领域、全方位、全视角优化营商环境，推进新消费。全区先后组织开展53场次新消费行动专题活动，联合零售、餐饮、住宿等重点企业发放2.6亿元消费(折扣)券(其中区政府专项经费260万元，五星电器、苏宁电器各1亿元)。开展"鼓足干劲，更上层楼"销售竞赛月活动，64家企业获奖励400万元。借助"鼓楼微讯"平台推出《鼓楼美食指南》，开展多类促销，营造消费氛围。组织开展"Shopping在鼓楼"挑战赛、"云享鼓楼 宁享购"新消费行动，围绕新消费模式提升与场景再造，鼓楼与苏宁易购、阿里巴巴、大众点评、携程以及江苏移动等，共同成立新消费云联盟。南艺后街鼓楼水岸街区出新改造后在新消费中唱起主角，举办"放心出门，点亮石头城""放心出门，品味春天"南京春季美食节鼓楼专场暨网红动车艺术展活动、"书香新消费·创新在鼓楼""桨声灯影阅读之夜"主题客厅、2020南京创新周"创新潮起·鼓楼水岸"鼓楼主题客厅等4场大型活动。活动期间日营业额近20万元，沿街45个文创市集每晚销售额近3万元，实现营收翻倍。12月30日，"鼓楼区新消费内循环联盟”成立，首批包含医药、家用电器、餐饮服务等领域36家重点企业加入，有望通过定期会商、微信平台、行业联络等机制，搭建“信息共通、资源共享、合作共赢”“大消费”经济格局，进一步推动鼓楼消费经济跃升。年内，组织“深耕高质量发力新消费”南京市鼓楼区直播电商产业（杭州）推介会、“数字新动能消费新体验”2020“金洽会”鼓楼专场活动。进行鼓楼区最IN直播电商场景发布，联合阿里巴巴本地生活发布最爱夜鼓楼甄选计划榜单，27家企业、场所分别获最爱夜鼓楼甄选酒店、甄选餐厅、甄选场所上榜称号。会议成功签约新消费重点项目31个，投资总额154亿元。

【夜间经济集聚区培育】 2020年，鼓楼区重点摸排湖南路片区、下关滨江区域、南艺后街水岸文化艺术街区、花生唐商业街区、湛江路美食一条街、大锏银巷和沈举人巷夜间经济发展资源，组织申报市级服务业夜间经济发展专项资金30万元，扶持和重点培育南艺后街水岸文化艺术街区、花生唐商业街区集聚发展夜间经济。集聚区以夜读、夜健、夜娱为主题，整合食、住、购资源，构建多元化夜间消费场景。其中，水木秦淮国际消费艺术街区，设有近3000平方米南艺双创空间，引入非遗集成、音乐汇演、艺品制作、名咖书院等文艺类业态，混搭沉浸式VR、体育类等体验店群及狸御屋、焱堡等国际美食。年内，鼓楼区推出“放心出门　点亮石头城”夜消费活动、“书香新消费　创新在鼓楼”——“桨声灯影阅读之夜”、“创新潮起　鼓楼水岸”——鼓楼主题客厅启动仪式、天猫618理想生活列车南京城市地标直播、全民健身日主题活动暨鼓楼区首届足球嘉年华、“HiGo十月寻味鼓楼”五连击活动等一批新消费活动，把产业功能区打造成消费实验区。年内，举办“放心出门、点亮石头城”国际消费暨美食节活动、“放心出门、品味春天”南京（春季）美食节老字号食品展销活动，激发市民夜间消费热情。

【农贸市场追溯检测系统建成】 2020年，鼓楼区40家农贸市场建立肉菜追溯系统，安装电子追溯秤1437台，实现六大类副食品追溯全覆盖。30家农贸市场“食品安全检测室”建成投入运营，实现快检工作信息化、数字化。至年末，培训专兼职快检人员50多人，检测食品、蔬菜及其他农副产品10.81万批次，保障市民“菜篮子”安全。（周　恬）

【烟草专卖】 2020年，南京市烟草专卖局（公司）二分局（分公司）履行卷烟市场经营和专卖管理职责，打击制售、假冒、走私卷烟违法行为，维护卷烟经营市场秩序。全年销售卷烟2.92万箱，实现销售收入13.43亿元。开展执法检查，查获各类违规违法卷烟案件807起475.01万支，其中5万～20万元案件41起、20万～50万元案件9起、50万元以上案件2起，案值累计939.65万元。上报符合国标网络案件2起，拘留4人，判刑5人。接处“12345”“12313”举报投诉、咨询347起，处理满意度100%。（钱小庆）

【成品油管理】 2020年，鼓楼区应急局、环境生态局、市场监管局、消防大队、公安鼓楼分局、交警大队联合开展成品油经营企业经营专项整治活动，

6月6日，鼓楼区举办“书香新消费 创新在鼓楼”——“桨声灯影阅读之夜”主题客厅专场活动　区委宣传部　供图

从企业经营许可、制度落实、购销台账、油品来源入手，落实成品油管理与销售制度，整治非法运营活动。至年末，完成18家加油站年审和安全平台信息报送、9家年销量5000吨以上加油站油气回收在线监测改造，查处6辆私自改装流动加油车，查获汽油6吨、柴油0.5吨。

【安全生产管理】 2020年，鼓楼区结合重大节日、新冠肺炎疫情防控及企业全面复工复产等重要节点出动3600余人次对全区18家加油站、82家大中型商业场所开展安全生产检查，排查隐患293个，现场整改262个，限期整改31个，整改率100%。督促10家商超企业、16家游乐场所（设施）整改安全隐患15个，配合省市安全生产督导组专项督查金盛百货（中央门店）、星光加油站、虹桥加油站、大观天地商贸融合体、金润发超市等，排查安全隐患10处，发出整改督办函1份。完成36家1万平方米以上大型商业场所再排查，整改91个安全隐患。年内，联动区建设局、街道巡查餐饮场所燃气报警器安装情况3批次，全区3179家餐饮商户全部完成安装。

【"约惠鼓楼"线上下融合带货活动】 2020年，鼓楼区联动大观天地、苏宁清江广场、中海环宇城、鼓楼吾悦广场览秀城和喜年花生唐等重点商业综合体，开展"乐GO鼓楼·1111宠粉节"系列活动。"双十一"期间，商业综合体线下总客流量超150万人次，销售额超5000万元，同比增幅约15%；开展"'双十二'约惠鼓楼沉浸体验直播嘉年华"带货活动，覆盖苏宁易购、博西家电、金陵饭店、三只松鼠总部、来伊份等知名重点零售大户，全平台赋能企业，提升企业线上销售额，打通线上线下，同步在线下进行实体带货活动，动员苏宁易购、京东、五星电器、蔚来汽车、三只松鼠、华承为数码等头部零售大户参与，赋能企业40余家，为企业线上引流1亿多人次，线下门店引流1万多人次。活动通过广播、抖音、朋友群广告投放等宣传，覆盖人群1000多万。活动期间，所有参与商户销售总额突破5亿元。

【"放心出门，安心消费"促进系列活动】 3月15日，鼓楼区在吾悦广场湖北路店举办"放心出门、安心消费"促进系列活动启动仪式，辖区20余家商业综合体、商场运营单位，部分餐饮及老字号企业参加。作为全市"放心出门，安心消费"系列活动一部分，区委区政府根据辖区消费特点，推出"三请"等一系列促销活动。一是请"宁"品尝，结合全市"2020南京美食节"（春季）活动，联合餐饮协会、老字号商会，组织区域红杏酒家、狮子楼等地区品牌和老字号餐饮企业进行线上预售、现场品鉴等活动；鼓励并支持餐饮企业发放优惠券开展营销，吸引"到店"消费。二是请"宁"购物，结合南京市第11届购物节，联合吾悦广场、山西路百货大楼等大中型商业体，以及数码、家电等行业品牌企业，定制购物优惠套餐红包，开展"请'宁'购物，包'宁'满意"促销活动。三是请"宁"健娱，突出夜间经济发展，重点依托"夜读鼓楼""夜健鼓楼""夜娱鼓楼"等IP实施与打造，进行定向销售，提升消费能级。3月28日，在"水木秦淮"街区启动"放心出门，点亮石头城"国际消费暨美食节，中海环宇城、颐和公馆、先锋书店等商家参与夜间经济联盟，美食节涵盖食、宿、读、购、游、健、娱等多个领域；5月1—10日，在水木秦淮望鲸广场举办"放心出门　品味春天"中国南京（春季）美食节鼓楼专场活动，开设36个美食墟市、5个游戏类摊点、25个文玩文化墟市以及45个文创墟市摊位，内容涉及动漫、汉服唐装、洛丽塔元素cosplay、南京夙儒字号美食、文创、手作、非遗以及书画等元素，通过现场互动演出、老字号餐饮推介、网红动车美食集市"开场秀"等多种形式，推动餐饮食品应季促销，吸引顾客近万余人。

【"安心消费，鼓楼有礼"主题消费季活动】 4月初，区商务部门联合辖区重点贸易企业，开展"安心消费，鼓楼有礼"主题消费季活动。其间，与大众点评、口碑、携程、抖音等人气平台开展合作，围绕餐饮、零售、住宿、旅游等方面，按照"政府补贴、商家让利、平台支持"原则筹措资金，联合商家发放2.6亿元消费（折扣）券，平台提供超1000万元推广营销支持，直接拉动线下14.3亿元实体消费，全面提振消费市场活力。开展"Shopping在鼓楼"抖音短视频挑战赛，参与作品1.02万个，播放量近

10亿次，近100家辖区企业通过活动开展抖音团购业务。

7月18日，"鼓足干劲 更上层楼"2020鼓楼区销售竞赛月颁奖仪式在苏宁清江广场举行
区商务局 供图

【健康家电节暨销售竞赛月表彰大会】 7月18日在苏宁清江广场举行。活动由区政府、苏宁易购集团股份有限公司和博西家用电器（中国）有限公司共同举办，为鼓楼区新消费系列活动之一，主题"引领新消费 乐享新生活"，旨在通过集聚资源优势，传递健康生活方式，提升消费者生活品质，激发消费活力，助力企业转型，拉动区域经济增长。活动现场，市商务局、区政府、苏宁易购和博西家电共同启动健康家电节，重点针对西门子健康家电系列，在苏宁易购部分线下实体店，联合实施优惠促销，消费者每人最多可领取100元面额消费券5张，并凭券购买店内博西家电旗下博世家电和西门子家电全品类任意产品；同时发布"鼓楼区新消费十大网红打卡点"为游客提供休闲目的地清单，活动中公布销售竞赛月活动结果，苏宁易购集团股份有限公司、江苏五星电器有限公司、江苏中博通信有限公司、博西家用电器（中国）有限公司等全区65家企业获竞赛奖励，其中，博西家用电器（中国）有限公司获竞赛月特别贡献奖。竞赛月期间，在省市政策基础上，鼓楼区专门设置400万元奖励资金用于补贴促销活动。针对贸易业批、零、住、餐4个行业，按企业销售业绩给予1万元到50万元奖励，用于补贴企业自主促销。按行业类别给予1万～10万元一次性奖励，激励企业拓展营销渠道。活动为65家企业发放竞赛资金300余万元。

链接：十大新消费网红打卡点

鼓楼区打造新消费"网红"热点，围绕南艺后街"文艺范"、颐和路"民国风"、紫峰大厦"高大上"、阅江楼"明文化"等实施"网红"热点定向打造，形成清凉山公园、幕燕风光、南艺后街、石头城、阅江楼、中山码头、颐和路、绣球公园、鼓楼公园和紫峰大厦"鼓楼十大新消费网红打卡点"。

【新零售产业创新峰会】 9月17日，鼓楼区新零售产业创新峰会在南京香格里拉大酒店举行。峰会为2020南京金秋金贸洽谈会（简称"金洽会"）鼓楼专场活动，主题"数字新动能 消费新体验"。市委市政府、市商务局有关领导出席。会上，鼓楼区22个重大项目签约，其中总部项目13个、新消费项目9个，签约投资额123亿元。同时，发布"最爱夜鼓楼甄选计划榜单"，27家企业、场所分别获最爱夜鼓楼甄选酒店、甄选餐厅、甄选场所上榜称号。

【金陵饭店入选"江苏精品"】 12月5日，江苏省高质量发展委员会召开首批"江苏精品"发布会，鼓楼区金陵饭店股份有限公司获首批"江苏精品"认证授牌，成为全省唯一获此殊荣旅游饭店类企业。金陵饭店股份有限公司是江苏省首家五星级酒店，在全国19个省78市管理170多家连锁酒店，经营业绩在江苏酒店业37年保持第一，位居全国五星酒店前三强。该公司曾获"首届中国质量奖提名奖""全国质量工作先进单位标兵"和"江苏省省长质量奖"等荣誉。

2020年鼓楼区老字号企业一览表

表8

序号	级别	单位名称	地址	品牌名称	规模(门店)	企业性质
1	中华老字号	南京四明眼镜店有限公司(百年老字号)	鼓楼区汉中路108号104室	四明眼镜	1家	民营企业
2		南京金都饮食服务有限公司清真马祥兴菜馆(百年老字号)	鼓楼区云南北路32路	马祥兴	1家	民营企业
3	江苏老字号	江苏锦江南京饭店有限公司	鼓楼区模范中路18号	南京饭店	1家	民营企业
4		南京金春锅贴店(百年老字号)	鼓楼区广州路144号	百年金春	3家	民营企业
5		江苏省盐业集团有限公司(淮盐)	鼓楼区江东北路386号	淮盐	31家直营店	国有企业
6		南京三六九饮食文化有限公司	鼓楼区中央路371号	百年三六九	1家	民营企业
7	南京老字号	南京福昌饭店	鼓楼区中山路75号	福昌饭店	1家	民营企业
8		南京金都饮食服务有限公司江苏酒家	鼓楼区建宁路255-1号	江苏酒家	1家	民营企业
9		南京驻客庭美餐管理有限公司(鸡鸣)	鼓楼区三条巷23号201	鸡鸣	直营店15家,加盟店33家	民营企业
10		南京山西路百货大楼有限责任公司(山百大楼)	鼓楼区中山北路107号	山百大楼	1家	有限责任公司
11		南京途龙文化有限公司	鼓楼区郑和中路118号401室	华凤翔	3家	民营企业
12		南京金都饮食服务有限公司(老广东菜馆)	鼓楼区阳光广场7-1号	老广东菜馆	1家	民营企业

(周　恬)

电子商务

【概况】 2020年,鼓楼区纳入江苏省电子商务统计平台企业34家,实现电子商务交易额近100亿元。为企业申请电子商务发展专项资金45万元。组织8家企业参加2020中国江苏电子商务大会。是年,苏宁易购获江苏省2020年度数字商务企业称号,南京长江船服电子商务科技有限公司通过省市数字商务企业申报。

【电子商务企业项目申报】 2020年,鼓楼区组织企业申报3项市级电子商务专项项目。南京长江船服电子商务科技有限公司通过2020年省级、市级数字商务企业申报,南京长江船服电子商务科技有限公司、京东五星电器集团有限公司、南京蓝鲸文化传播有限公司申报2021年度市级现代服务业发展专项资金入库项目;南京长江船服电子商务科技有限公司通过市级服务业发展和省级第三批商务发展(推动流通现代化和促进消费)专项资金申报,获批45万元;南京幕府创新小镇开发有限公司申报市级重点培育直播电商基地(园区)试点。

【电商平台直播带货活动】 2020年,鼓楼区鼓励商贸企业自建直播平台,开展全员直播带货活动,提振全民消费信心,激发市场活力。一季度,全区100多家企业开通抖音团购业务,网上点击1.4亿人次。五星电器直播带货季度销售额提升27个百分点;古南都集团线上餐饮收入同比上升440%;蔚来汽车销售逆势增长162.8%。开展"'双十二'约惠鼓楼直播嘉年华"活动。至年末,全区累计发放电子消费券2.6亿元,拉动线下实体消费14.3亿元。其中,"双十一"商业综合体线下客流量超150万人次,销售额超5000万元,同比增长15%。

【直播电商赋能企业】 2020年,鼓楼区针对直播电商、新零售等引领消费新兴业态,出台《鼓楼区关于促进新消费提升商务商贸产业发展政策措施》,

涵盖总部企业引进、特色街区打造、直播电商集聚和老字号品牌提升等10个领域专项扶持政策。年内，联合抖音巨量引擎等直播平台，举办"直播电商赋能商家行动"培训，400多家商贸企业参加，引导200多家商户上线开展直播业务。联合阿里巴巴重点打造幕府创新小镇直播电商生态产业园，引进主流电商平台TOP级MCN(多频道网络产品形态)机构纳斯江苏总部，定向邀请MCN机构、网络科技直播基地等直播新消费企业，签约项目10个、总投资额超30亿元。推出"Shopping在鼓楼"抖音短视频挑战赛，免费为商家开通蓝V和团购功能，参与作品1.02万户，播放量近10亿次。

【天猫理想生活列车南京城市地标直播开幕】 6月18日，鼓楼区举行"云创金陵　乐享鼓楼"天猫理想生活列车南京城市地标直播开幕式。省市商务部门、区委区政府有关领导，阿里巴巴战略发展部总监，重点贸易企业、商会、网红代表及媒体100余人参加活动。其间，江苏非遗创意基地负责人发表《非遗火起来—新消费时代的非遗创新与国际化》主旨演讲，举行《寻味鼓楼》首映式和新消费网红打卡点PK赛活动，线上观看、打卡超百万人次。

【鼓楼新消费"国潮直播周"活动首发】 7月30日，鼓楼区新消费系列活动之"国潮直播周"活动在南艺后街艺术街区首发。本次活动由区商务局、区文旅局共同主办，南京旅游集团秦淮河开发有限公司、际加国际南艺后街直播基地承办，巨量引擎南京直营中心提供平台支持，致力打造政府、平台、品牌、直播基地四驾马车，建立创新模式合作。"国潮直播周"活动重点以"传统老字号文化""新金陵传统文化"为主题，际加直播基地联合巨量引擎南京直营中心以及古南都、和善园、绿柳居、粉武将等南京知名老字号品牌，利用线上线下相结合直播加带货模式和网红流量属性标签，将传统经济与网红经济相结合，实现街区传统文化业态向新网红文化街区升级及南艺后街艺术街区商、旅、艺、文深度融合，探索新电商模式，开启新消费浪潮。　（周　恬）

【直播电商产业(杭州)推介会举办】 8月31日，鼓楼区举办"深耕高质量　发力新消费"直播电商产业(杭州)推介会，区政府主要领导，浙报传媒控股集团、《浙商》杂志总编辑、《浙商》全国理事会理事长周丹出席并发言，区政府其他分管领导、《浙商》全国理事会企业家、全国浙江商会企业家、在杭异地企业家、在杭创投机构、电商行业、MCN机构代表等出席。会上，鼓楼区从区域电商产业发展基础，优质教育、医疗资源以及完善的综合配套等方面介绍该区发展电商产业独特优势，并表示将以"国际消费中心城市"为目标，建设"以人民为中心的首善之区、幸福鼓楼"，深入实施"四新"行动，启动新消费"九大工程"，明确"发展直播电商产业"战略方向，将鼓楼打造成为长三角地区直播电商产业集聚区。同时，特别介绍鼓楼区6处(幕府创新小镇直播电商生态产业园、下关滨江供应链产业集聚区、鼓楼区块链先导区、环南艺文化艺术街区、中央门潮流直播商圈、颐和路历史文化街区)最IN(最时尚、最流行)直播电商场景，发布直播电商政策。推介会上，区签约直播产业招商合作项目2个、重大项目8个，签约项目金额合计32.1亿元。　（杨婉儿　周　恬）

8月31日，鼓楼区举办"深耕高质量　发力新消费"直播电商产业(杭州)推介会
区商务局　供图

10月18日，2020鼓楼区星厨争霸赛在南艺后街望鲸广场举行

区商务局 供图

【十月寻味鼓楼星厨争霸赛】 10月18日，由市商务局、区政府和南京餐饮商会共同举办“HiGo十月寻味鼓楼”暨2020鼓楼区星厨争霸赛在南艺后街望鲸广场举行。辖区金陵饭店、古南都饭店、马祥兴酒楼等8家知名饭店“金牌”星厨同场竞技。经过现场评委专业点评，红杏酒家、马祥兴酒楼、江南灶厨师获得“美味星厨”称号，颐和公馆、小厨娘菜馆和古南都饭店厨师获“创意星厨”奖，金陵饭店、真知味菜馆厨师获“人气星厨”奖。线上线下同时开展抖音优质视频创作大赛、抢万元尊享锦鲤、钜惠价位优选美味等活动，助力餐饮业提升以及新消费行动加温。活动当天，市商务局、区政府相关领导，市区相关部门、街道、板块负责人近100人参加现场活动。至11月5日，线上PK近万人次。 （周 恬）

商务商贸区

【南京下关滨江商务区】 2020年，南京下关滨江商务区（简称商务区）完成固定资产投资48.2亿元，全口径税收19.38亿元。实际使用外资1.38亿美元，实际使用内资18.61亿元。签约项目总投资77.1亿元，亿元以上签约项目9个。完成重大项目9个。申报高新技术企业4家（含外引1家），获批高新技术企业1家。高新技术企业培训入库2家。

枢纽型经济发展 2020年，商务区枢纽经济产业优化升级工作在全市排名第一。交通运输业主营收入增幅24.60%，完成当年投资额12.35亿元。新增2家航运服务管理机构，2家涉航、涉水单位签约入驻。枢纽经济片区GDP增幅15.8%，超过全市平均增幅9.6%。商务区获评南京海港枢纽经济区建设年度先进单位及南京区域性航运物流中心建设年度先进单位。

城市配套建设 2020年，商务区基础设施建设加速，大唐东路、哈尔滨路北段、洪池路、复兴北路等重要道路部分竣工；唐山路电力隧道、鲜鱼巷市政服务中心、滨江渠北渠一期等市政配套项目开工建设。推进土地整理，全年完成社会居民搬迁48户，土地空间资源进一步释放。南京长江国际航运物流服务中心二期完工，深业创新总部基地、中冶和悦港等社会载体建设按期推进。

【土地出让】 4月29日，“新基建，新消费，新产业，新都市”2020下关滨江商务区土地资源招商推介会举行。下关滨江预公告1幅地块，规划为纯住宅用地，用地面积4.27公顷，位于阅江楼—长江大桥视觉通廊区域，区域内风景优美、文旅资源丰富、周边配套成熟，市场认可度高，具有较强发展潜力，未来将成为商务区“新消费、新都市”计划支撑项目之一。5月，南京土地市场网挂出南京2020年第二批土地出让预公告，该地块作为重点予以推介，现场吸引中冶置业集团有限公司、深业集团有限公司、上海证大置业集团有限公司、香港置地控股有限公司等30余家知名地产企业关注。

2020年下关滨江商务区土地出让公告

表9

地块坐落	鼓楼区宝塔桥街道，东至城河北路，南至铁路小区，西至方家营小区，北至方家营路				
规划指标	地块分区	用地性质	用地面积（平方米）	容积率	限高（米）
	A	二类居住用地	30441.77	1<Far≤2.4	35≤H≤60
	B	二类居住用地	9760.32	1<Far≤1.4	24≤H≤25
	C	二类居住用地	2523.56	—	—

航运特色服务集聚区建设 “十三五”期间，鼓楼区推动南京长江国际航运物流服务中心建设，并作为首个产业载体项目顺利竣工，南京海事局等重要航运管理单位陆续进驻。依托长三角航运创新发展联盟平台，举办2020年长三角航运创新发展联盟年度大会，加强区域节点城市和重要成员单位之间联系互通。至2020年年末，累计引入江苏省港口集团、南京顺盈项目管理有限公司、格拉丹冬大宗（南京）科技发展有限公司等企业，签约千万元以上项目103个，其中亿元以上项目44个；新引进外商投资型企业20家；累计实际利用内资102亿元，实际利用外资6.8亿美元。

长江岸线生态环境治理 2020年，商务区提前完成长江岸线大桥公园段环境综合整治一期工程、荣华码头景观提升项目，长江岸线金川河口处绿道实现贯通，省内第一个江豚监测站建成运营。其中，长江岸线大桥公园段环境整治一期工程：起于金川河入江口，毗邻大桥公园，止于金陵船厂西侧围墙，全长约870米，总面积约10万平方米。该处原是一片滩涂，年内经过改造，成为一处湿地公园。园内以“日月、沙洲、浪石、城田、山丘”等景观节点为引领，串联公园步行线路；1100米长江滩景观栈道，让市民可以亲水近水；采用风能与太阳能结合路灯，为夜晚江滩增加亮点。荣华码头环境提升工程：荣华码头位于鼓楼区扬子江大道旁，宝船遗址公园江岸边，原来用于船只靠岸卸沙，影响江岸环境，码头关停。4月初，鼓楼区在平台搭建1组6只江豚雕塑，该段江域常有江豚出没嬉戏，雕塑艺术形式结合江豚自然景观，可让居民认识长江环境保护重要性，提升公众环保意识。规范整治重点区域、滨江风光带、未交付道路市容市貌，全面推广垃圾分类，滨江环境面貌有效提升。

长江禁捕退捕 2020年，商务区牵头推进鼓楼区长江流域禁捕退捕工作，长江岸线鼓楼段提前实现渔民建档立卡、渔船回收处置、捕捞证注销3个“100%”。管理体系逐步完善，出动执法人员、“护鱼志愿者”超万人次，开展常态化巡查，岸线两处综合执法点建成并投入使用。

长三角航运创新发展联盟年度大会举办 9月11日，中国·南京长三角航运创新发展联盟年度大会在区举办。会议由区政府和市交通运输局主办，南京市下关滨江商务区管委会承办。市政府，省市交通、海事等部门相关领导，交通部水运科学

9月11日，鼓楼区举办中国·南京长三角航运创新发展联盟年度大会
滨江管委会 供图

研究院，市发改委、商务局、市场监管局相关负责人，鼓楼区四套班子主要领导出席大会。长三角航运创新发展联盟14家成员单位代表、江浙沪皖“三省一市”重点航运企业、重庆航运企业代表和航运相关商协会代表230余人参加会议。大会围绕“凝聚港航合力，助推长三角一体化高质量发展”主题，举行投资环境推介、大会主旨演讲、重大项目签约及下关滨江航运发展俱乐部成立等一系列活动，促进长三角航运创新发展联盟成员之间区域合作。同时，依托前期入驻航运企业和服务机构，建成和加快推进高端商务载体建设，打造南京鼓楼航运服务全产业链生态圈。会上，鼓楼区出台航运产业“1+N”（1：航运专项政策，N：配套扶持政策）扶持政策体系，提出“全生命周期”服务理念，扶持引导航运产业发展、形成地区集聚效应。

会议期间，举行上海航交所与南京航运交易中心长三角一体化航运发展研究合作备忘录签订，省交通运输厅港航事业发展中心、省港口集团有限公司、市交通运输局共建航运交易中心协议签订，商务区引领宁波港、杭州港、太仓港等14家联盟成员单位签署深化合作备忘录签订仪式；下关滨江商务区管委会与上海市虹口区航运服务办公室签署战略合作协议，结对为航运产业发展友好单位，深化航运产业各项合作。

链接：

长三角航运创新发展联盟成立于2019年7月，南京下关滨江商务区管委会作为2020年轮值主席，引领14家联盟成员单位齐聚南京签署深化合作备忘录，建立长三角区域政府间、政府与企业间协调机制，打造长三角区域航运产业信息、政策、机制交流平台，共享最新航运重点及政策咨询。 （王 欣 陈 超）

【湖南路商贸区】 湖南路商贸区（简称商贸区）位于南京市城区西北部，东至中央路，中连云南北路、丁家桥、狮子桥、马台街、湖北路，西起中山北路，西连山西路，全长1100米，路幅30米，入驻店铺260余家、企业1100多家，全街区营业面积55万平方米，就业约1万人。2020年，商贸区完成一般公共收入11.1亿元，增幅10.26%；完成税收21.29亿元，增幅11.34%；完成固定资产投资23.9亿元。

招商引资 2020年，湖南路商贸区管委会（简称管委会）发布招商项目信息39条，组织重点招商活动1场，引进外贸企业4家。新增实际到账亿元以上大项目7个，实际利用内资6.68亿元，签约项目投资总额46.5亿元。新增高新技术企业2家，引进市级高层次人才1人，留学回国人员20人。

安全生产 2020年，管委会加强在建工地、餐饮企业、烧烤店等监管力度，确保安全生产措施落实到位。检查商贸区企业水电、燃气、消防设备安全使用情况，4家娱乐场所、8家宾馆、71家餐饮企业、6家工地接受检查，发现安全隐患61处，现场整改43处，限期整改18处。不间断检查用电、使用燃气、消防设备情况，查出安全隐患61处，现场整改43处，限期整改18处；与149家企事业单位签订安全生产责任书，督促59家使用燃气和液化气店铺完成燃气报警装置安装，区级以上督办安全隐患整改率100%，安全生产目标完成率100%。

城市管理 2020年，管委会按照“街面序化、路面净化、立面美化”精细化要求，推进街区长效管理。完成196家“门前三包”责任书签订，签订率100%；新办排水许可办证1户，清洗楼宇1幢；开展非机动车、共享单车停放秩序整顿，清拖共享单车5万余辆次；完成36家商户、1家菜场垃圾分类工作。针对薄弱环节和盲区，开展综合执法专项整治20多次，出动109人次，清理沿街垃圾3吨，清拖共享单车2万多辆，清理小广告200多起，整改回复问题菜单50多件，“三乱”（乱涂写、乱涂改、乱刻画）现象得到有效控制。

项目建设 2020年，管委会按市区两级服务保障体系跟踪保障湖南路商圈在建项目，实施联席会议、联络员、联合执法检查“三联动”现场管理机制和“日跟踪、周碰头、月调度、季评估”工作推进机制，优化计划、时间表、路线图，有序推进在建重点工程。至年末，在建项目均达年度计划进度要求。

附：3个在建项目

1.绿地南京湖南路商业综合体项目 位于中山北路和湖南路交叉口，基地西侧为西流湾公园，项目总投资160亿元，建设周期5年，2016年年末启动建设。地上开发用地分A、B、C、E、F、G等6部分。其中,A地块用地面积0.83万平方米,建筑限高120米;B地块用地面积1.53万平方米,建筑限高150米;C地块用地面积1.58万平方米,建筑限高100米;E、F、G地块为公园道路用地,全地下建筑,总建筑面积50.64万平方米,其中地上计容建筑面积29.32万平方米、地下21.32万平方米(含公园及道路地下)。至2020年年末,A地块3栋楼主体完成,进行室内地坪、批白、管道安装施工;C地块1~3号楼进行外立面幕墙施工;4号楼主体结构封顶;B、E、F、G地块土方开挖。

2.南京市青少年宫迁建项目 位于马台街与童家巷西延交叉西北角,总投资5.7亿元,由市发改委立项建设。占地面积1.31万平方米,其中新宫占地1.16万平方米,分地下4层,地上5层建设。总建筑面积6.51万平方米,其中地下面积4.08万平方米、地上面积2.43万平方米。至年末,进入设备调试及验收工作,预计2021年3月末开业。

3.地铁5号线山西路站项目 山西路站总长513米,其中车站主体长度273米、停车线长240米。项目总投资2亿元,分4期施工。至年末,山西路站站点及停车线工程基本完成,进入地下盾构工程。 (沈卫国)

【铁北片区】 2020年,铁北片区管委会完成税收17.4亿元,固定资产投资10.77亿元。实现信息化和软件业务收入11.4亿元、服务外包3.1亿美元。有效发明专利申请168件、PCT专利申报9件。引进、培育“双软”企业2家,新增都市工业企业2家,在库入统(纳入库存、统计)8家,年总产值40.79亿元。启动“十四五”交通发展规划方案编制,完成《幕府创新区概念规划》和《幕府创新区产业规划》(简称《概念规划》《产业规划》)设计。城中村改造项目进入实施阶段。片区城中村改造更新及产业发展PPP(政府与社会资本合作)项目被列入2020年江苏省PPP示范项目之一,获奖补资金500万元。重大项目建设完成投资额17.08亿元。幕府创新小镇创新创业服务中心被科技部火炬中心认定为科技企业孵化器。配合市委党校完成2次100余人“绿水青山就是金山银山”现场教学任务。

征地拆迁 2020年,铁北片区管委会成立“攻坚清零”指挥部,推进拆迁工作。至年末,27个征收项目中,金燕路西侧、金陵村象山、中央北路95号、安怀村250号等4个项目清零,完成居民征收913户、工企单位14家,拆除房屋建筑面积12.44万平方米。河路道菜场、云燕园南侧等6个地块开展扫尾清零;原长江机械厂、老虎山西侧、大桥二处地块全面进场征收;金陵船厂、人才公寓(272大队)等地块办理征收前期手续。

土地整理运作 2020年,铁北片区管委会推进幕府创新小镇生态红线调整。幕燕省级森林公园范围通过评审,上报市政府;自然保护地整合方案通过国家林草局审核并封库;新一轮国家生态红线评估成果数据调整完成。启动小镇地下文物勘探,01-02和01-04地块土壤修复;02-08、03-08地块设计要点和用地预审勘测定界征询意见获相关单位同意,跟踪挂牌出让。金陵船厂迁建完成资产预评估、规划意见函、勘测定界,启动征收商谈。

重大项目建设 2020年,铁北片区管委会推进宝龙天地商务楼、华能滨江总部、葛洲坝G49等重点项目建设,至年末,完成投资总额17.08亿元。

附:3个在建项目

1.宝龙天地项目 东至东门街,西至中央北路,南至东门前街,北至和燕路。总建筑面积约6万平方米,规划用地性质为商办混合用地,出让年限为40年,最大容积率3.3,建筑高度≤50米,主要功能为商业、办公及相关配套设施,总投资约8亿元。是年,该项目领取施工许可证并完成固定资产投资1.02亿元。

2.华能滨江总部基地项目 东至上元门水厂,西至金陵船厂,南至燕江路,北至长江。分主体及A、B、C、D、E等6个地块,其中主体建筑规划建3栋独立办公楼;A、E地块规划建酒店式公寓;B、D地块规划建商业办公楼;C地块规划建住宅及配套设施,总投资62.26亿元。至年末,A、E地块总包进场,B地块桩基施工,D地块开标,观江平台水域部分开标。年内完成固定资产投资3.77亿元。

3.葛洲坝G49项目 东至规划道路,西至南京华宏(集团)有限公司等,南至规划安怀东路,北至规划北崮山路。总建筑面积12.24万平方米,拟建高层住宅8栋，殴美式房屋2栋，配套社区中心和菜市场，总投资约50亿元。年内完成固定资产投资12.29亿元。

招商引资 5月28日，铁北片区管委会举行“新铁北·新产业·新突破”云招商活动，国内外50余家知名企业应邀参加。会上发布原红山机械厂、华洋电器等地块开发招商信息54条，举行铁北—中储协会战略合作协议签订仪式。全年，铁北片区管委会组织招商小分队赴北京、上海、杭州、武汉等地开展招商活动10场，其中重点招商活动2场，完成亿元以上签约项目7个，投资总额40亿元。直播电商纳斯机构入驻幕府创新小镇A28栋。

位于鼓楼区幕府山脚下的南京幕府创新小镇创业服务中心　　区融媒体中心　供图

幕府创新区《概念规划》与《产业规划》发布 11月19日，2020中国（南京）未来城市创新峰会暨幕府创新区产业发布会上，幕府创新区《概念规划》与《产业规划》发布，2个《规划》由深圳市城市规划设计院有限公司设计编制，年内完成相关主管部门意见征询等，取得阶段性成果。《规划》提出幕府创新区发展定位为长三角一体化发展门户区、南京城市更新最佳实践区、首善鼓楼幕府创新区；总体方针：以山水为本、产业为源、创新为要、更新为策，通过嵌入式改造和发展颠覆性改变实施策略，打造多元活力魅力幕府、人文关怀幸福幕府、新兴朝气科创幕府；围绕长江文化、工业文化、市井文化三大文化特征，幕府创新区将集中打造展现国际魅力长江文化客厅（创建全国首座“长江博物馆”）、贴近生活汽轮文艺街区、再现市井文化小市时尚门户。《规划》同时提出山水为介、干路为轴、簇群发展“丰字型”城市发展布局结构；构建以新型都市工业、高端商务商贸两大基础产业为支撑，以数字经济为战略引领“2+1”现代化产业体系。

创新创业服务中心孵化器获国家认定 12月30日，南京幕府创新小镇创新创业服务中心被科技部火炬中心认定为国家级科技企业孵化器。该中心集公共服务、政务、技术、市场、培训、融资、商务、咨询于一体，在孵科技创新类企业67家，38.81%企业拥有自主知识产权。在孵企业累计申报人才项目300余项，引进人才项目31个，其中市级23个。（赵　景）

文创旅游

文化创意产业

【概况】 2020年，鼓楼区做好文化产业重大项目招商引资、重点文化园区建设运营和提档升级、鼓楼中心片区创新发展和环境品质提升等工作，推进南艺后街·鼓楼水岸艺术街区D栋改造提升和招商工作，A、B、C栋建成运营。南艺“双创”基地引进优秀创业团队入驻。指导参与“创新抗疫”——云上舞蹈嘉年华活动，联合举办国际舞蹈名师直播课71节持续56天。至年末，全区文化企业5000多家，实现文化产业收入310亿元，增幅11%；文化产业增加值136.5亿元，占GDP比重7.7%。全年上报有效招商信息22条。受新冠肺炎疫情影响，围绕“夜娱鼓楼”“夜健鼓楼”“夜宿鼓楼”，构建文商旅特色消费平台1个，打造文旅体特色亮点项目6个，开展“时尚文旅，健康生活”文旅线上线下融合新消费活动。是年，驻区江苏百工造物文化科技有限公司“百工造物文化创意设计合作研发项目”入选国家文化和旅游部“一带一路”文化旅游产业国际合作重点项目，江苏福佑艺术设计有限公司被认定为首批江苏省非物质文化遗产创意基地。驻区江苏瀚港文化发展有限公司获第二批江苏省非物质文化遗产创意基地，该公司瀚峰堂·漫游南京文旅棋荣与瀚峰堂·烽火连城旅行便携加湿器分别获2020中国特色旅游商品大赛银奖和铜奖；南京秦淮河建设开发有限公司获南京特色文旅商品街区称号，鼎艺国际文化创意产业有限公司获南京特色文旅商品研发基地称号，万谷硅巷获南京市文化产业示范空间称号。

（王斐斐）

【江苏省非物质文化遗产创意基地】 2020年，鼓楼区非遗创意基地在意大利米兰、威尼斯，法国巴黎、英国伦敦等全球时尚平台传播南京、江苏和中国非遗文化，用国际化讲述“中国故事”，实现中国文创产业多个“零”突破。年内，非遗创意基地与英国文化学院、牛津大学企业家协会、英国艺术与商业学院等国际机构成功签约“中英(国际)非遗创新中心”“国际设计交流中心”等项目；与爱尔兰手工艺协会、科克郡政府达成“中爱非遗创新战略合作”机制，共同搭建“非遗创新”国际化平台；与意大利米兰国际艺术中心签约，在米兰落地“HUNDREDICRAFTS”自有品牌和产品销售，同时在米兰、南京两地双向落地“中意文化创新中心”。基地研发一批具有国际影响力中国文化创新产品，借助全球化国际赛事、国际高端展会等活动推广，提升中国文化在全球文化创新领域知名度，参加意大利“米兰三年展设计周”，入选米兰设计1400个展览TOP30，与德国宝马MINI、日本精工SEIKO一道，跻身前三，实现中国大陆文化创意力量在国际顶级盛会中新突破；参加巴黎世界时尚家居设计大展“MAISON & OBJET”，大展举办23年来首次以“中国馆”形式呈现中国非遗创新作品。基地为鼓楼区非物质文化遗产保护传承综合平台，位于南京虎踞北路古林公园内院落，占地1200平方米，是全国首家省级非遗创意基地。2018年9月，鼓楼区获批建设“江苏省非物质文化遗产创意基地”，2019年11月正式挂牌运营。

（涂 澄）

【文创专项扶持资金申报获批】 2020年，鼓楼区40家单位获省市文化专项扶持资金1089.19万元。其中，江苏金鼎文化传播有限公司、南京秦淮河建设开发有限公司分别获2019年度文化和旅游发展专项资金80万元、40万元。4月，江苏百工造物文化发展有限公司获50万元，江苏瀚港文化发展有限公司获30万元，南京市秦淮河建设开发有限公司再获10万元，南京康轩文教图书有限公司获20万元，江苏新华日报传媒有限公司获20万元；11月，南京图灵广告有限公司获2020年度江苏省级现代服务业(广播电视)项目资金扶持50万元。

【文化创意产业(广州)招商推介会】 9月11日，在广州珠江新城举办。活动由鼓楼区人民政府主办，区文化和旅游局、鼓楼产业服务集团承办。区人大常委会主任陆敏带队一行80人，市委宣传部，南京艺术学院、南京工业大学工业设计专业和广州美术学院等，区携手2020对标学习班成员，广州酷狗计算机科技有限公司和广东芒果文旅投资集团等广州重点企业代表150余人出席会议。推介会上，鼓楼区以“时尚引领，传承创新”为主题，推介文化创意产业投资环境；福佑设计机构创始人、设计总监马聪作《中华文化“迈出去”中国创意“卖出去”》主题演讲，广东高校教育联盟常务副主任、动画导演黄友镇作《中国未来动漫产业的知行合一》主题演讲；与会客商就非遗传承动漫设计等进行交流，并签订非遗新消费双线运营、艺术品大数据区块链服务平台、宁穗智慧文旅大数据平台等合作项目。

【参展文化科技融合成果交易会】 10月23—25日，鼓楼区文化部门携驻区15家文创企业参展2020中国·南京文化和科技融合成果展览交易会。鼓楼区以“GO！鼓楼”为主题，用直播形式，设传承鼓楼、悦动鼓楼、创意鼓楼、书香鼓楼四大板块，展现文化和科技融合发展成果。鼓楼区获市“优秀组织奖”。

2020年鼓楼区文化产业园区基本情况一览表

表10

序号	名称	主导产业	建筑面积（万平方米）	投资总额（万元）	建设周期（年）	入驻企业（家）			营业收入（万元）			从业人员（人）			园区公共服务平台总投资（万元）
						总数	其中：文化企业	其中：规模以上文化企业	总额	其中：文化企业收入	其中：规模以上文化企业收入	总人数	其中：文化企业从业人数	其中：规模以上文化企业从业人数	
1	石榴财智中心文化产业基地	设计、影视、文化艺术培训等文化产业	5	20000	2	50	34	1	120000	7000	3799	3000	1000	30	135
2	水木秦淮艺术公园	艺术品设计销售、艺术培训等	2.05	1.6	2	106	106		8000	8000		1000	1000		40
3	乐创81石城文化创业园	广播影视、动漫、音像、传媒、视觉艺术、表演艺术、工艺与设计、雕塑、环境艺术、广告装潢、服装设计、软件和计算机服务等方面的创意群体	0.18	1200	5	50	40	1	3000	2500	810	195	195	50	150
4	留学生文化创业孵化园	文创科创类	0.8	3000	1	39	25		15000	7500		450	300		1000
5	中山北路99号鼓楼文化产业发展中心	装饰设计、文化产业投资管理、传媒艺术、文旅产品设计开发、软件开发、艺术品投资、广告等相关文化产业	0.78	380	1	10	10	4	32941	32941	30500	234	234	131	135
6	老学堂创意园	广播影视、动漫、音像、传媒、视觉艺术等文化创意产业	5	1.3	8	85	46	1	200000	5000	2026	1800	450	60	600
7	艺术金陵文化产业园	文化产业投资、文化信息咨询、文化创意、互联网广告设计、影视传媒、创意设计、展示展览、广告发布等产业	1.1	5000	2.5	24	19	2	46000	46000	45000	415	390	308	800

【江苏百工造物入选国家"一带一路"文化和旅游产业国际合作重点项目】 年末，鼓楼区重点文创企业江苏百工造物文化科技有限公司"'百工造物'文化创意设计合作研发项目"成功入选国家2020年"一带一路"文化产业和旅游产业国际合作重点项目，为全省3个、南京2个入选项目之一。"'百工造物'文化创意设计合作研发项目"融合东西方文化，集结中国创意、非遗技艺与意大利佛罗伦萨传统工匠技艺，打造生活美学、文旅文创、时尚家具相关系列产品。 （阚亚钟　张青湖）

城市旅游

【概况】 2020年，鼓楼区推进"全域旅游示范区"创建工作，探索新特色、新亮点，创新旅游宣传推广活动，继续办好妈祖文化节、除夕祈福撞钟活动、国际登高节（与市旅委、栖霞区协办）等文化旅游品牌活动。推出"遇见鼓楼"文化名片10张及"中山游鼓楼"文旅专题线路6条。继续实施"旅游+"发展战略，以融合发展为基石创新旅游资源和产品，进一步培育新兴主体，并以研学旅游等为主要方向，将研学旅游培育作为全区旅游发展创新增长点。是年，辖区景区接待游客177.8万人次，收入2418.3万元。组织参加"打卡南京　直播美好"南京景区（点）直播达人训练营直播总决赛，获最佳组织奖；组织景区（点）、特色街区参加苏州国际旅游博览会；协助台湾中时传媒拍摄南京文旅专题宣传片。完成市对区考核旅游厕所新（改）任务7座，获市旅游发展"推进旅游厕所建设"专项资金46万元，阳光广场等4座公厕获评AAAA级旅游厕所。阅江楼景区获市平安景区创建示范单位称号；国防园、清凉山景区获市平安景区创建先进单位称号；乌龙潭公园、宝船厂遗址公园、石头城遗址公园获市平安景区创建达标单位称号。清凉山景区创建为国家AAA级景区。古南都饭店和华东饭店获评银树叶级绿色旅游饭店。华东饭店通过市安全生产标准化三级评定。金陵饭店获全国服务行业质量领先品牌和领先企业、全国质量信用优秀企业等荣誉称号。南京海外旅游有限公司、江苏德高国际旅游有限公司通过五星级旅行社终评；南京全美国际旅行社有限公司通过四星级旅行社终评；38家旅行社分别通过三星级、二星级、一星级旅行社评定及年度性复核。年末，15家旅行社通过省市星级复核和评定，其中五星级2家、四星级3家、三星级9家、二星级1家。 （王斐斐）

【"全域旅游示范区"创建】 2020年，《鼓楼区全域旅游发展规划方案》意见征求及评审工作完成；制定《2020年度鼓楼区创建省级全域旅游示范区工作计划及任务分解》，摸排必备硬件项目及设施，培训全域旅游创建部门（单位）47个，完成"鼓楼区全域旅游创建年度指导服务项目"招投标工作，做好区政府常务会、专题会、创建工作推进会等相关台账资料收集和整理，完成江边路、燕江路区域全域旅游户外导视标牌布点上报审批，并根据专家意见完成特色街区、社区微展馆提档升级。

【景区管理】 2020年，阅江楼和宝船厂遗址公园接受并通过省市新冠肺炎疫情防控措施落实专项督查。区文化和旅游局现场走访督促景区安全和日常管理30余次，督促阅江楼景区（地藏寺、天妃

清凉山公园　　任　俊　摄

宫区域)做好意识形态领域安全工作,消除39号区旅游咨询中心电路安全隐患。省市联合安全督查国防园、清凉山、阅江楼景区3次,督查清单整改清零。在景区开展现场培训,贯彻落实文明创建指标体系,确保不扣分多得分。指导、复核、暗访景区质量等级标准评定,对标提升改造停车场、旅游厕所。实施景区内公共服务设施以及经营管理、服务质量、安全管理、智慧旅游、景观资源保护等综合管理服务标准化。抓好国防园、清凉山景区景观浏览质量和品质提升,创建AAAA级景区。

【景区平安建设】 2020年,鼓楼区强化景区安全生产经营主体责任。督促各景区健全安全组织,完善安全制度,制定安全预案,开展安全培训、演练,健全景区防汛组织体系、指挥体系、责任体系。汛期来临前,人员、物资、措施到位,确保景区安全度汛。每月在国家等级旅游景区开展安全隐患排查整治和风险防控双重安全工作。辖区5个国家等级旅游景区全部进入"181"安全监督平台,日常巡查检查及时在平台上记录,落实安全工作闭环管理,全年安全无事故。 (严政殷荣)

环南艺艺术文化街区

【概况】 环南艺艺术文化街区以南京艺术学院为中心,以石头城路为串接,北起模范西路,南至清凉门大街,西起秦淮河,东至虎踞路,总面积1.9平方千米;外围至北京西路文化产业带。区域布局为"一核、两院、八区",成为全市最具"文艺范儿"的"八度空间"。入驻企业926家,其中规模以上文化企业108家,上市文化企业5家;从业人员2.47万人。2020年,实现营业收入(不含省移动)27.04亿元,同比增长28%;规模以上文化产业增加值2.65亿元,较上年同期净增近1亿元、增幅55%。完成固定资产投资2.5亿元、完成率167%。签约项目投资额24亿元,其中引进亿元以上项目3个。年内,举办"书香新消费·创新在鼓楼"——"桨声灯影阅读之夜"主题客厅专场活动、鼓楼创新周"T20"南京—爱丁堡城市连线、海棠艺术展、国际艺术节、第三届中外友邻节、龙舟精英赛、足球嘉年华等各类活动30多场次,其中足球嘉年华活动在央视一套宣传报道。是年,街区通过省级文化产业示范园区、市级文化产业A类园区复评,新晋国家级文化产业示范园区备选单位。

链接:

"一核":南京艺术学院;

"两院":江苏第二师范学院、江苏省国画院;

"八区":重点建设发展8个文化创意产业园区,包括水木秦淮文化产业园、石榴财智文化产业基地、南京留学生文化创业孵化园、南京艺术学院文化创意产业园、英发比高影视文化产业园、乐创81文化创意产业园、荔枝文创园、四方文创园8个文创园区。

【环南艺艺术文化街区管委会揭牌】 11月10日,鼓楼区环南艺艺术文化街区管理委员会(简称管委会)揭牌。管委会为正处级单位,承担环南艺艺术文化街区规划编制、建设提升、招商引资、经济发展、市场运营等职能。下设综合部、规划建设部、街区管理部、投资促进部、企业服务部5个部门。未来将探索"园区+学区"发展模式,建立文旅一体发展园区。区有关领导,南京艺术学院领导及有关部门负责人,区相关部门、街道主要负责人,环南艺街区企业代表参加揭牌仪式。区政府、南京艺术学院领导共同为环南艺艺术文化街区管委会揭牌。

【招商引资】 2020年,管委会签约亿元以上项目3个。其中,江苏省国际租赁有限公司投资额7.42亿元、北京美帧科技有限公司撕歌研发和产品运营中心投资额4.59亿元、江苏世纪飞歌文化科技有限公司投资额6亿元。实际利用内资3.06亿元,获取招商项目信息36条;签约项目总额24亿元;合同外资6500万美元项目1个;实际利用外资500万美元;环南艺板块固定资产投资1.91亿元。

【载体建设改造】 2020年,管委会建立项目挂钩推进制度,倒排工期计划,协调市区职能部门,为南艺后街、荔枝文创园、四方文创园办理开业许可证书和产权证书及规划审批手续。至年末,南艺文创园提前3个月封顶,南艺后街D栋完成提档升级。推动老校区、老厂区、老馆区存量空间转换使用功能,工程学院文创园、荔枝文创园等4个园区实施改造,新增载体约5万平方米。

链接:南艺文创园

2014年启动建设,位于北京西路72号,暂定名:南艺文化创意产业园,占地面积2.18万平方米,规划面积43448.4平方米,总投资近10亿元,项目具有承载文创企业总部基地核心功能,是鼓楼区重点项目之一,亦是南京市文化产业“七个一批”重点项目。

水木秦淮艺术街区流动市集　　环南艺管委会　供图

【夜市经济】 2020年,鼓楼区重新规划、打造特色流动市集,丰富艺术街区周边夜生活,以创新形式激活夜市经济,同时成为文创业者“新天地”。3月末,新冠肺炎疫情趋稳后,在水木秦淮艺术街区设置105个流动市集,每周举办一两次文化集市,吸引数万人次市民游玩。整合区内非物质文化遗产资源,推进91项非遗项目、31位非遗传承人与潮流时尚融合,“HI!GO!鼓楼”非遗市集定期为消费者带来白局、剪纸、绳结、绢人、面塑等国潮消费新体验。夜市摊位中,有创意陶瓷、原创首饰、网红小吃、文创产品等;各类书店摆出“书摊”;市民可以参与手工皮具、手绘、纸艺术、糖人等非遗手作体验活动,以及原本街区附近商户带来古玩、雕刻、紫砂、奇石、手串等,每场文化集市街区文创市集商户及自有商户平均营业额达到数万元。同时,举办和协办“桨声灯影阅读之夜”“夜周庄走进夜金陵”等活动,助力夜市经济、提振百姓消费热情。全年,街区夜经济消费总额近300万元,客流量近120万人次。

【“桨声灯影阅读之夜”主题客厅专场活动】 (参见“公共服务”类目,第155页)

【水上运动训练基地】 从水木秦淮码头至中华门城堡,河道宽敞,水流平缓,适合长距离水上运动。鼓楼区联合市水上运动学校,重点打造专业龙舟项目,同时可利用水上游轮,将观赛点从岸边转向场地之中,增加比赛互动乐趣。年内,该基地举办高校赛艇精英挑战赛,全国名校水上马拉松精英赛等多种水上拓展活动,将传统技类水上项目与拓展团建相融合,保留竞技体育运动的同时增加团建和趣味性。

8月8日，鼓楼区首届足球嘉年华开幕式在南艺后街举行。图为少儿足球操与花式足球开场表演

区融媒体中心 供图

【“创新潮起·鼓楼水岸”主题客厅启动】 6月20日晚，“创新潮起·鼓楼水岸”鼓楼主题客厅启动仪式在水木秦淮街区举办。作为“2020南京创新周”时光创梦展重要组成部分，鼓楼主题客厅以高端集聚为导向，依托南艺后街、借力文创资源、连线海外科技，通过创新沙龙、展览演示、互动实验等多元形式，将科技与艺术、生活有机融合，让更多人体验科技魅力、激发科技创意，是一场以“读懂城市创新”为主线、连接国际科技合作综合性创新活动。活动特设8个分会场，现场设置导引图，为市民串联起“主题客厅”游览线路，分别为中华门全民电竞互动赛、爱丁堡科技《触碰我们的地球》中国首展、中华门动漫达人秀、南艺520云上艺术展、科技创新设计成果展、科技影像长廊展示、C区喜马拉雅万物声声创空间、“ZUI爱·鼓楼”文创集市。其中，爱丁堡科技《触碰我们的地球》中国首展用故事启发观众审视人类活动对地球环境带来的各种影响；科技创新设计成果展展出近年包括鼓楼区部分大院大所及科技企业创新设计成果；科技影响长廊展示嫁接科技与艺术，呈现对话式展览，讨论“科技中的数字化记忆”“对生态系统的反思”等话题。启动仪式后，进行T20南京—爱丁堡连线活动。鼓楼区与爱丁堡科技节组委会及代理方签订科技合作协议：三方将在引进创新资源、举办科技活动、加强产业对接等方面开展全面战略合作，打通鼓楼区和爱丁堡城市之间创新合作渠道，吸引一批具有国际领先技术人才和项目落地。活动由鼓楼区政府、南京旅游集团共同主办。市委、南京艺术学院领导，市政府相关部门领导，鼓楼区领导及区相关部门、街道、板块领导，企业代表参加。

【足球“嘉年华”开幕】 8月8日，全民健身日主题活动暨鼓楼区首届足球“嘉年华”开幕式在南艺后街·鼓楼水岸艺术街区举行。开幕式后，举行全民健身系列活动。望鲸广场全民健身展示区、足球互动娱乐区，80多名业余爱好者参加灯光舞美足球秀、啦啦操、花样跳绳表演和“我爱足球”少儿主题画展。足球赛在新落成的南艺后街·鼓楼水岸足球场举行，分成人组与青少年组17支队伍参赛。赛前，100多名足球队员参加“谁是颠球王”“KT气场2V2街头足球”“趣味性绕桩”“九宫格射门”等足球表演。中央电视台1频道对此次“嘉年华”活动作专题报道。 (李广敏)

南京市鼓楼年鉴 2021

科技

KE JI

高新技术产业

概　　述

【概况】 2020年，鼓楼区出台《鼓楼区科创载体建设质效奖励实施细则》《鼓楼区关于支持“硅巷”发展的若干政策措施》，研究制订《鼓楼区科技园区考核激励办法》，完善区科创载体梯度绩效评价体系。新增市级以上科技创新载体7家，其中国家级科技企业孵化器1家，新增市级备案众创空间6家。至年末，全区有市级以上科技企业孵化器（含大学科技园）众创空间52家。科创载体总孵化面积51万平方米，公共服务面积5万平方米，在孵企业、项目近2100家。倍格、红五月、智梦园、南大苏富特4个城市硅巷项目通过南京市城市硅巷备案，城市硅巷载体面积31.1万平方米，区各城市硅巷产业集聚度、整体入住率均超70%；进驻创新型企业、商务服务等企业398家。举办创新创业活动、创业教育培训活动近1000场。全区认定高新技术企业140家、省民营科技企业72家、科技型中小企业601家。高新技术产业投资增速489.7%，连续两年列全市第一位次。全年发放科技贷款6.8亿元，为21家高新技术企业提供低利率信用贷款9015万元。全区入选南京市高层次人才引进计划11人，入选南京市创新型企业家4人，入选创业南京科技顶尖专家2人，获区级高层次创业人才引进计划资助58人。

【高新技术企业培育】 2020年，鼓楼区申报高新技术企业344家，通过认定140家。其中，新申报通过认定96家、有效期满重新认定30家、外地引入14家。省高新技术企业培育库认定159家。通过认定高新技术企业在八大领域位列前三位的是：电子信息类企业80家，占比57.14%；先进制造与自动化企业17家，占比12.14%；高新技术服务企业13家，占比9.29%。

【科技金融】 2020年，鼓楼区贯彻落实“宁创贷”为主的科技金融政策，205家科技企业申请银行科技贷款，160家科技企业获科技银行6.8亿元信贷支持。推荐10家孵化器、众创空间内30家科技型中小企业入“苏科投”天使（创业）投资机构库和科技型中小企业培育库；与科技银行开展系列银企对接活动，重点针对高新技术企业和各类培育库等企业融资需求推出“高企融资服务直通车”等定制产品。年内，开展银企对接、项目路演、融资交流等活动10场；与省生产力促进中心、市科技局联合开展高企融资服务直通车活动，为21家高新技术企业提供低利率信用贷款9015万元。

【科技人才引育】 2020年，鼓楼区入选南京市高层次人才引进计划11人，入选南京市创新型企业家4人（南京翰星信息科技有限公司刘权、南京冰鉴信息科技有限公司顾凌云、南京迈塔光电科技有限公司蒋尚池、南京沄海区块链科技有限公司张祺），入选南京市科技顶尖专家2人（南京长三角绿色发展研究院毕军、江苏禹治流域管理技术研究院许崇育），入选2020年南京海外人才工作室柔性引才计划1家（南京纽邦生物科技有限公司），获区级高层次创业人才引进计划资助58人。博西家电入围金陵友谊奖，信惠通成为“宁创家”服务联盟首批会员单位，3人入选科技副总，3家企业申报省“外专百人计划”。 （杨砚茹）

创新载体

【科创载体建设】 2020年，鼓楼区新增市级以上科创载体7家，幕府创新小镇创新创业服务中心被认定为国家级科技企业孵化器，边缘智能众创空间、博雅区块链众创空间、拟态智能众创空间等6家众创空间通过市级备案。至年末，鼓楼区有市级以上科技企业孵化器（含大学科技园）、众创空间52家。其中，国家级科技企业孵化器（含大学科技园）4家、省级科技企业孵化器5家、市级科技企业孵化器6家；国家级众创空间备案7家、省级众创空间备案9家、市级众创空间备案21家。全区科创载体总孵化面积51万平方米，公共服务面积5万平方米，在孵企业、项目近2100家。年内，举办创新创业活动、创业教育培训活动近1000场，依据《鼓楼区科创载体建设质效奖励实施细则》兑现2019年绩效奖励100万元。南京幕府创新小镇创新创业服务中心、南京邮电大学国家大学科技园等5家科创载体培育高新技术企业8家。科创载体运营单位获各级财政奖励592.4万元。南京大学—鼓楼高校国家大学科技园、南京工业大学国家大学科技园、财智128众创空间、青客众创空间等17家众创空间和科技企业孵化器获2019年省市绩效评价优良等次。

万谷硅巷　　区融媒体中心　供图

【硅巷建设】　2020年,鼓楼区城市硅巷载体总面积31.1万平方米。城市硅巷形成数字经济、信息技术、现代服务业、文化创意4条主导产业链,各城市硅巷产业集聚度72%,整体入住率超70%。在南京市2020年度城市硅巷绩效评价工作中,区科技局作为城市硅巷建设主管部门获奖励经费800万元。落实《鼓楼区关于支持"硅巷"发展的若干政策措施》,完成倍格硅巷、红五月硅巷、智梦园硅巷、南大苏富特硅巷载体提升改造10.7万平方米。万谷硅巷、南财大硅巷、金川硅巷20.4万平方米通过南京市城市硅巷备案,硅巷运营单位获城市硅巷建设补助资金290.75万元。进驻创新型企业、商务服务等企业398家。其中,高新技术企业52家、市级人才企业39家,新认定科技型中小企业84家。年内,知识产权申请和授权528件。鼓楼硅巷协议创新服务创新机构11家,开展各类创新活动26场次。发布环南大硅巷策划,中科紫台创新基地作为环南大硅巷建设重点项目,完成大楼整体翻新,以软件信息为主导产业,字节跳动教育板块、高新技术企业和人才企业等12家企业入驻。配合推进"环南大硅巷基础工程——南京大学苏浙运动场地下停车场"可行性研究且形成具体上报方案,市人防办、区政府和南京大学达成三方共建协议。

【南工大·万谷硅巷建设启动】　5月13日,省住房和城乡建设厅、市政府、南京工业大学等领导,区委区政府主要领导,省教育厅,市科技局、建设局、规划局,鼓楼区滨江商务区管委会、高新区管委会、区科技局等相关负责人出席启动仪式。南工大·万谷硅巷由南京工业大学、鼓楼区人民政府、万谷集团三方合作共建,以南工大虹桥校区为载体,通过硅巷化改造,打造大设计现代化产业园区。该园建筑面积7.4万平方米,发掘南工大校区历史文化底蕴,发挥建工学科优势,打造以建筑设计、工业设计、艺术设计、建筑产业现代化为主导城市硅巷载体。启动仪式上,建筑设计、工业设计、艺术设计3个项目签约入驻。

（杨砚茹）

产学研合作

【概况】　2020年,鼓楼区与德国江苏—南京总商会、南京飞元集团欧洲子公司HFI Europe GmbH签署合作协议,在德国西部中心杜塞尔多夫市挂牌建设南京市海外协同创新中心及中德海外离岸孵化器。新增市级工程技术研究中心认定3家,分别是南京市水泥工业绿色制造工程技术研究中心、南京市城市湿地建设及修复工程技术研究中心、南京市热力管道供热系统工程技术研究中心。大千生态环境集团股份有限公司江苏省企业院士工作站获批立项。新增市级新型研发机构4家，新型研发机构新增孵化引进企业340家。科技成果投入经费累计4311.21万元，技术交易合同成交额90亿元。省在研项目国产6F.03燃气轮机关键核心部件研发及产业化，新增固定资产投入3080万元。开展科技招商活动，举办第二届“创赢鼓楼”2020年创新创业大赛、第一届“创聚鼓楼　筑梦南大”全球校友创新创业大赛、2020南京创新周等活动。与南京大学签署《加强校地合作推动“校友经济”积聚发展战略合作协议》，依托南京大学、南京工业大学等科技园载体，建设城市硅巷；利用校园内或周边闲置土地、楼宇等资源，打造“环高校知识经济圈”。推进国际项目合作引进，孵化企业3家，引进维也纳科技大学DUSTAR（达斯塔）院士与南京边缘智能研究院合作成立南京芯谱视觉科技有限公司。是年，鼓楼区获评江苏省实验动物工作成效突出集体，是全省唯一一家获评省先进区县管理部门。

【科技成果转化落地】 2020年，鼓楼区基于大数据驱动设备故障预警与健康管理系统研发及产业化、高压注射器无磁超声电机控制技术研发和产业化、新型抗肿瘤药物注射用左亚叶酸钠研发及产业化、智能人机交互轨道交通闸机研发及产业化等项目，投入经费4311.21万元。盐碱地园林植物选育及产业化应用核心技术研究关键核心技术攻关项目，通过评审立项获经费支持100万元。是年，全区技术合同成交额90亿元，同比增长7.1%；录入合同5937份，技术合同成交额及合同数均列全市前列。字节跳动（南京）科技研发有限公司、江苏十方通信股份有限公司等新户成交超亿元，科技成果转化效果明显。

【海外协同创新中心建设】 2020年，鼓楼区引进“热电冷三联供能源利用项目”，计划投资2000万欧元。中澳海外协同创新中心推动弗劳恩霍夫研究院Wilfried Sihn（威尔弗里德·申）院士人才团队与鼓楼高新区合作，成立新型研发机构中奥智能工业研究院（南京）有限公司，孵化企业3家。引进维也纳科技大学DUSTAR（达斯塔）院士与南京边缘智能研究院合作成立南京芯谱视觉科技有限公司。

【国际合作项目获经费补贴70万元】 2020年，驻区南京纽邦生物科技有限公司、南京海纳医药科技股份有限公司、南京苏宁软件技术有限公司等引进美国、德国、巴基斯坦等国家高层次专家组建海外专家工作室，助推企业科研创新、技术攻关、成果转化和人才培养。南京纽邦生物科技有限公司与美国林登伍德大学运动表现和营养实验室合作申报南京市国际联合研发项目，获经费补贴40万元；南京云镜商务智能研究院南京有限公司与泰国农业大学计算机系合作申报南京市“一带一路”科技创新合作项目，获经费补贴30万元。

6月20日，2020南京创新周鼓楼主题客厅启动仪式　　区科技局　供图

【创新周系列活动】 6月20—26日，鼓楼区开展“2020南京创新周”系列活动期间，邀请11个国家和地区183位专家、学者及企业家参加，汇聚国内外“黑科技”产品91项；上报签约项目16项，总投资10.49亿元；举办“创新潮起　鼓楼水岸”主题客厅启动仪式暨“T20南京—爱丁堡城市连线”活动、2020中国区块链技术产业发展峰会、Dou出南京创新范儿——抖音互动挑战赛

等活动24场。刊发央媒、省媒、市媒及商业和自媒体报道438篇，活动线上播放量5100万，Dou出南京创新范儿——抖音互动挑战赛播放3.4亿次。区科技局获评2020南京创新周先进集体优胜奖。

【《加强校地合作推动“校友经济”积聚发展战略合作协议》签署】 6月24日，鼓楼区与南京大学签署《加强校地合作推动“校友经济”积聚发展战略合作协议》。双方依托院校科研、技术、人才优势，地方科技创新载体空间、产业等优势实施全面战略合作，整合各时期、各专业、各层次校友力量，联合推进校友经济集聚发展，共建政产学研长效合作机制，形成紧密校地、校企、校友合作关系。年内，该区与南京大学共同打造“创聚鼓楼　筑梦南大”品牌，联手举办第一届南京大学“励行杯”全球校友创新创业大赛。协助推动“环南大硅巷基础工程——南京大学苏浙运动场地下停车场项目”。南京大学商学院校友会成立科创投协会，对接鼓楼区人才企业融资。

【“创聚鼓楼　筑梦南大”第一届南京大学“励行杯”全球校友创新创业大赛】 6月24日启动。历时6个月，横跨全球10个国家及地区，收到来自海内外543个优质校友创业项目，项目涵盖信息技术、生物医药、能源环保、智能制造、新材料、文化创意等多个领域，实现跨学科、跨领域交互创新，充分展现创业者创业激情和创新活力。通过南京、苏州、上海、北京、福建、粤港澳、国际七大分赛区初赛，遴选出116个项目进入全球总决赛。12月18—20日在南京举行总决赛。总决赛由南京大学主办，鼓楼区政府支持。决赛评选出获奖项目70个，其中颠覆性人机交互方式——车载抬头显示器团队项目获总决赛冠军；入围总决赛项目估值累计486亿元，获投融资金27亿元，带动就业25万人。10名一等奖获得者直接入选区高层次创业人才引进计划，获得落户支持50万元，100平方米办公用房和人才公寓3年免租；30名二、三等奖获得者直接进入区高层次创业人才引进计划综合评审环节；一批项目意向落地鼓楼，其中基于人工智能技术“数字医疗”数据决策服务系统等6个优秀校友创业项目和鼓楼区签署落地协议，彩虹医生等4个优秀校友创业项目与江苏毅达鼓楼天使投资基金签订意向投资协议。大赛依托南京大学100余个海内外校友组织，联合30余万名校友，对接100余家知名创投机构和地方政府支持，聘请50余位上市公司创始人等知名企业家担任创业导师，同期开展人才及双创政策宣讲、创新创业成果展等活动10余场。

【“携手2020—创聚鼓楼　筑梦南大”上海招商推介会】 9月6日在上海举办，市区以及南京大学等相关领导参加。会上，南京大学、市科技局、鼓楼区相关领导分别介绍南京大学创新平台建设、南京创新名城建设、鼓楼创新发展等，区委书记以“四封家书”为喻，关心牵挂南京大学校友，发出热情邀请、服务承诺以及校友经济发展倡议。推介会期间，与全球高校上海校友联盟签署战略合作协议，与部分南京大学上海校友以及其他科技产业合作项目正式签约。南京大学校友代表及全球重点高校校友代表、上海金融和科技界企业代表150余人参会。　（杨砚茹）

9月6日，“携手2020—创聚鼓楼　筑梦南大”上海招商推介会上，鼓楼区与全球高校上海校友联盟签署战略合作协议　区融媒体中心　供图

知识产权

【概况】 2020年，鼓楼区成立知识产权强区建设工作领导小组；发布《2019年鼓楼区知识产权发展与保护状况》白皮书；专题分析研究产业专利，形成《鼓楼区产业专利分析报告》；制发《鼓楼区高价值专利培育中心建设实施方案》，推动辖区企业独立申报或联合高校、科研院所、知识产权服务机构组建高价值专利培育中心。全年，有效发明专利拥有量1.06万件，同比增长15.64%；发明专利授权量1619件，同比增长0.37%；PCT［通过专利合作途径申请的国（境）外专利］专利申请量206件，同比增长44.06%。全年知识产权质押融资1.31亿元，同比增长40.40%。协助“优注宝”知识产权公共服务平台落地“商标注册风险保障保险”，办理商标申请企业商标注册风险保障保险10家30件。组织全区5家“正版正货”示范街区、15家联盟商户开展“正版正货”培训研讨，南京国际广场购物中心有限公司（金茂汇）获省“正版正货”承诺推进计划项目。推出全国首家商标注册智能终端机，为南京企业知识产权发展提供有效支撑。在全市率先开展“知鑫服务直通车”知识产权质押融资银企对接服务。是年，区市场监管局获评江苏知识产权强省建设示范区创建单位，全区获评第三批省知识产权领军人才1人、省知识产权骨干人才13人。

【企业知识产权贯标备案】 2020年，驻区南京长三角绿色发展研究院有限公司、南京集艾思软件科技有限公司、南京大学环境规划设计研究院（江苏）有限公司等48家企业通过贯标备案。中储南京智慧物流科技有限公司、南京联创信息科技有限公司、南京海纳医药科技股份有限公司等17家企业通过贯标认证或绩效评价。至年末，全区有知识产权贯标备案企业147家，贯标合格企业59家。

【知识产权试点示范培育】 2020年，鼓楼区有中小学知识产权教育试点学校4所，南京市金陵汇文学校获批江苏省知识产权中小学试点教育学校（全市唯一），其余3所分别为力学小学（2016年国家级）、宝船小学（2017年省级）、凤凰花园城小学（2019年省级）。市级知识产权示范培育企业43家。年内，苏宁易购集团股份有限公司等10家企业申报市知识产权示范入库培育企业。区级知识产权示范培育企业35家，其中南京长三角绿色发展研究院有限公司等7家企业被确认为2020年区知识产权示范培育企业。市级知识产权示范企业27家，其中江苏道科环境科技有限公司等5家企业获市第四批知识产权示范企业。区级知识产权示范企业19家，其中中储南京智慧物流科技有限公司等4家企业获区第四批知识产权示范企业。

【知识产权项目申报】 2020年，驻区南京巨鲨显示科技有限公司获省知识产权战略推进计划项目；南京巨鲨显示科技有限公司和南京海纳医药科技股份有限公司获市新冠肺炎防控专利实施计划项目，南京河海科技有限公司和南京苏夏设计集团股份有限公司获市企业专利导航项目，南京大学和河海大学获市高价值专利组合项目；苏宁易购集团股份有限公司和南京康尼电子科技有限公司成为首批获区高价值专利培育中心项目企业，南京鼎尔特科技有限公司和中国药科大学制药有限公司获区企业知识产权战略推进计划项目。

【专利获奖】 2020年，驻区江苏瑞丰科技实业有限公司“多功能高效一体式空气污染处理材料”、中国船舶重工集团公司第七二四研究所“双极化多功能超宽带T/R组件”、南京巨鲨显示科技有限公司“针对乳腺钼靶图像的显示器灰度曲线校正系统及方法”3件发明专利获市优秀发明专利奖。推荐国家知识产权示范企业南京巨鲨显示科技有限公司申报第22届中国专利奖。

【知识产权行政执法】 2020年，鼓楼区开展知识产权行政执法27次，出动执法人员54人次，查处案件56件，其中商标案件26件、专利案件30件，案值1214.25万元，罚没款31.39万元。“专利标识标注不规范”案例入选南京市知识产权十大案例。

【知识产权服务机构获奖补资金147.22万元】2020年，鼓楼区组织南京天一商标事务所有限公司等4家知识产权服务机构申报南京市中小微企业复工复产降成本提供知识产权服务项目，获奖补资金16.50万元。组织南京天华专利代理有限责任公司申报中小微企业知识产权托管服务项目，获奖补资金38.73万元。绩效评价辖区知识产权服务机构14家，获奖补资金91.99万元。

【知识产权宣传培训】 2020年，鼓楼区制定《2020年鼓楼区"春知"知识产权系列活动方案》，采用"线上+线下"模式，依托"优注宝"知识产权公共服务平台，开展知识产权网络训练营培训，60家企业71人次参与；开展PCT专利布局及国际保护培训，55人参加。知识产权网络答题竞赛2459人次参与，38人获奖；70余人参加"知识产权与健康中国"主题活动。南京创新周期间，依托水木秦淮街区C区声创空间(喜马拉雅)，开展"2020南京创新周鼓楼主题客厅时光创梦展"。

【《鼓楼区产业专利分析报告》发布】 2020年，鼓楼区以驻区企业有效发明专利总量为样本，从产业专利维持年限、专利权人、技术分类等多个角度分析，形成《鼓楼区产业专利分析报告》(简称《分析报告》)。《分析报告》指出：鼓楼区产业专利分布90%以上专利权人为私营企业，产出半数以上有效发明专利，是区产业发展中坚力量；企业类型囊括南京市"4+4+1"主导产业全部类型，以及除高端纺织之外12个省级先进制造业集群产业类型，其中电学和物理领域是有效发明专利两大主要领域，电子通信类企业是专利产出核心，同时未来新型产业企业也崭露头角。据此，《分析报告》提出对策建议：抢占电子信息技术等产业制高点，强化服务业产业知识产权保护工作，加大对未来产业扶持力度，综合运用各类项目提升知识产权运用能力。

链接：南京市"4+4+1"主导产业

打造新型电子信息、绿色智能汽车、高端智能装备、生物医药与节能环保新材料等先进制造业四大主导产业，打造软件和信息服务、金融和科技服务、文旅健康、现代物流与高端商务商贸等现代服务业四大主导产业，加快培育一批未来产业。

【全国首家商标注册智能终端机推出】 2020年，鼓楼区知识产权局指导设立的南京市"优注宝"知识产权公共服务平台推出全国首家商标注册智能终端机，为商标注册保障保险。通过该终端机自助服务，企业可自主实现禁用词监测、商标类别规划和近似商标初步查重等功能，商标申请提交、费用支付等均可一站式完成，降低企业商标申请被驳回风险，提升商标申请便捷度和通过率。至年末，终端机投放南京市各区(园区)行政服务大厅11台，企业查询使用1.12万次，完成商标申请214件，方便新办企业、换证企业等市场经营主体商标申请，为南京企业知识产权发展提供有效支撑。

【《2019年鼓楼区知识产权发展与保护状况白皮书》发布】 4月26日发布。白皮书围绕知识产权管理与创造、知识产权保护、机制建设、宣传培训、人才培养五个方面全面介绍2019年鼓楼区知识产权发展与保护工作。白皮书显示：2019年区发明专利申请量5373件，同比增长16.35%；发明专利授权量1700件，同比增长38.55%；有效发明专利9310件，同比增长8.52%，每万人有效发明专利拥有量87.3件；PCT专利申请量154件，同比增长50.98%；商标申请量9213件，注册量8797件，有效注册量39582件；马德里商标国际注册新增申请17件，总量累计121件；全区受理著作权人网上登记2873件。

【"知鑫服务直通车"活动】 7月22日，鼓楼区在全市率先开展"知鑫服务直通车"活动，旨在缓解企业复工复产后融资困难，加大企业知识产权质押融资帮扶力度。市知识产权局相关领导，南京银行和"我的麦田"知识产权互联网公共服务平台相关业务负责人及22家鼓楼区科技企业代表参加。会上，市知识产权局宣讲南京市知识产权质押融资政策，区知识产权局解读鼓楼区知识产权战略专项资金管理办法，南京银行和"我的麦田"分别介绍银行科技金融产品及办理流程，并和与

7月22日，鼓楼区举办“知鑫服务直通车”活动　　区融媒体中心　供图

会企业交流对接。至年末，江苏十方通信股份有限公司、江苏允博信息科技有限公司、南京迪微科技有限公司等32家企业获知识产权质押融资42笔1.31亿元。

【“产权保”监控平台上线】　8月，鼓楼区创新推出电商产品维权利器——“产权保”(优注宝知识产权公共服务平台研发)。“产权保”监控平台专门针对电子商务侵权行为，紧抓电商侵权范围广、影响大、取证难特点，及时、准确监测各大电商平台，主要保护对象为江苏省知名商标和地理标志产品，在淘宝、天猫、京东、苏宁易购等主流电商平台发现侵权后，第一时间向执法机关和企业通报相关情况。年内，该平台抓取盱眙龙虾、阳澄湖大闸蟹、桂花鸭、孩子王等知名品牌侵权线索，分析汇总涉嫌侵权线索100余条，服务江苏知名企业300余家。

(王砚辉)

信息化和软件产业

【概况】　2020年，鼓楼区实现软件和信息业收入300亿元，同比增长30%，其中高端软件和信息服务业收入62亿元，同比增长38%；5G核心产业收入17亿元，同比增长26%；工业互联网核心收入9亿元，同比增长27%。全年新增备案新型研发机构4家，孵化引进企业161家，新增高新技术企业96家，集聚科技顶尖专家7人、创新型企业家17人、高层次创业人才286人。全区“双软”企业400余家，南京云问科技有限公司入围中国新基建创新力量前百强，南京联创科技集团股份有限公司入围全国软件业务收入前百强；江苏凤凰数据有限公司入围《国家绿色数据中心先进适用技术产品目录(2020)》；南京爱普雷德电子科技有限公司“互联网+智慧家庭照护养老床位服务项目”入围《全国智慧健康养老产品及推广目录(2020)》；31家企业入选省上云企业(通过互联网将企业基础设施、平台、业务等部署到云端)名单；南京华讯方舟通信设备有限公司、南京六九零二科技有限公司、南京海纳医药科技股份有限公司等7家企业通过南京市市级企业技术中心评价；朗坤智慧科技股份有限公司苏畅工业互联网平台获中国互联网投资基金近亿元投资。8月成立鼓楼区电子企业家联盟，集聚企业力量，实现更精准服务。

【31家企业入选省上云企业名单】　鼓楼区组织驻区企业申报江苏省2020年度首批星级上云企业，经南京市审核推荐，省专家评审、信用审查、专题会审、网上公示等程序，31家企业入选省星级上云企业名单。其中，江苏中博通信有限公司、南京欣网互联网络科技有限公司等26家入选三星级上云企业；东华汽车实业有限公司、南京爱普雷德电子科技有限公司等5家入选四星级上云企业。

2020年鼓楼区入选省上云企业一览表

表11

序号	企业名称	星 级
1	南京联创信息科技有限公司	三星级
2	江苏中博通信有限公司	三星级
3	江苏皓盘软件科技有限公司	三星级
4	南京爱普雷德电子科技有限公司	三星级
5	南京禄辉物联科技有限公司	三星级
6	南京摆渡人网络信息技术有限公司	三星级
7	南京夏恒网络系统有限公司	三星级
8	南京新骇信息科技有限公司	三星级
9	中国国旅(江苏)国际旅行社有限公司	三星级
10	南京沄海区块链科技有限公司	三星级
11	南京汇邑云软件有限公司	三星级
12	南京胜天易融信息技术有限公司	三星级
13	南京引光医药科技有限公司	三星级
14	南京雨桥科技有限公司	三星级
15	南京阅明文化传播有限公司	三星级
16	南京欣网互联网络科技有限公司	三星级
17	南京宝源财税咨询有限公司	三星级
18	南京绿钻信息科技有限公司	三星级
19	南京启宏再生资源有限公司	三星级
20	南京大衍数字科技有限公司	三星级
21	南京聚匠知识产权代理有限公司	三星级
22	南京猩猩软件科技有限公司	三星级
23	南京青春信息科技有限公司	三星级
24	南京商数信息技术有限公司	三星级
25	南京弟齐信息技术有限公司	三星级
26	南京昇豪服饰有限公司	三星级
27	东华汽车实业有限公司	四星级
28	南京微源互联网络科技有限公司	四星级
29	南京商维宝科技有限公司	四星级
30	南京爱普雷德电子科技有限公司	四星级
31	南京中交星路信息科技有限公司	四星级

【4家企业入选省级“腾云驾数”优秀企业】2020年，省大数据发展办公室、省工业和信息化厅面向全省发布“数智云网链”技术转型升级优秀企业、产品和融合创新发展案例，南京国图信息产业有限公司、南京欣网互联网络科技有限公司、南京联创信息科技有限公司、南京紫米网络科技业有限公司4家企业入选“腾云驾数”转型升级计划优秀企业名单。南京联创信息科技

有限公司"智慧教育综合业务平台"、南京华盾电力信息安全测评有限公司"发电企业数字中心产品"等7个项目入选优秀产品名单；南京金鼎嘉崎信息科技有限公司"大数据分析研判解决方案"、南京紫米网络科技业有限公司"食品溯源方案——基于神经网络的食品安全溯源系统"项目入选融合创新发展案例名单。评选由区组织企业申报，市工信局专家评审推荐，省工业和信息化厅最终确定。

【大数据产业示范项目申报】 2020年，鼓楼区组织企业申报大数据产业发展试点示范项目，经专家组评审、网上公示，驻区南京华盾电力信息安全测评有限公司"睿思工业互联网平台"、南京医科大学第一附属医院"慢病大数据创新应用与智慧服务平台建设示范"2个项目入选。"睿思工业互联网平台"由国电南自全资子公司南京华盾电力信息安全测评有限公司自主研发，支撑大量异构数据汇聚和应用开发，为数字孪生、数据挖掘、数据共生等业务应用提供数据基础，在新能源集控和诊断中心广泛应用，不断提高故障快速预警和诊断分析能力，提升设备管理水平。南京医科大学第一附属医院"慢病大数据创新应用与智慧服务平台在推进临床诊疗、科学研究、政府决策和服务社会等方面发挥重要作用。

【联创集团上榜第18届中国软件业务收入前百强】 1月，工信部发布《2019年中国软件业务收入前百家企业发展报告》，驻区南京联创科技集团股份有限公司(简称联创集团)入围，位列榜单第60位。该公司1997年成立，业务范围涵盖互联网与大数据、车联网、智慧城市投资运营、教育信息化、环保清洁、有机农业、科技产业园投资与运营等产业领域。连续多年入选中国软件百强，曾获中国电子信息百强、国家首批91家创新型企业之一、全国首批49家现代服务业创新发展示范企业之一等荣誉，是江苏省数字经济商会会长单位、江苏省云计算产业联盟牵头单位，集团下属高新技术企业6家。自主开发申请国家发明专利179件，美国发明专利20件，拥有国家计算机软件著作权218件。

【10个应用场景发布】 1月4日，鼓楼区在市创新名城建设大会上发布10个应用场景，涉及城市治理、产业发展、民生服务等领域。其中中国联合网络通信有限公司南京市分公司"5G+MEC智慧轨道交通项目"、南京三百云信息科技有限公司"汽车交易与金融风控全流程一站式服务平台"等2个重点应用场景项目，总投资5.4亿元。发布活动由南京市工业和信息化局牵头，全市12个功能板块参加。

2020年鼓楼区新应用场景项目一览表

表12

序号	企业名称	应用场景名称
1	江苏铌奥光电科技有限公司	铌酸锂薄膜芯片设计与应用
2	中国联合网络通信有限公司南京市分公司	5G+MEC智慧轨道交通项目
3	南京鼓楼医院	全流程全系统医学影像人工智能应用平台
4	南京三百云信息科技有限公司	汽车交易与金融风控全流程一站式服务平台
5	南京图慧信息技术有限公司	南京市用户身份认证及可信数据管理平台建设项目
6	南京红梦网络科技有限公司	政能量智慧应用一体化平台
7	中博信息技术研究院有限公司	智梦园5G场景化应用与智慧园区管理服务项目
8	国家能源集团江苏电力有限公司	国家能源集团江苏公司智慧企业建设
9	江苏省人民医院	基于人工智能的互联网医院慢病健康管理
10	联通(江苏)产业互联网有限公司	基于5G的一体化医疗云平台

【7家企业通过市级企业技术中心评价】 8月24日，鼓楼区7家企业通过2020年市级企业技术中心评价。分别是：南京华讯方舟通信设备有限公司、南京六九零二科技有限公司、南京海纳医药科技股份有限公司、江苏省东方世纪网络信息有限公司、南京联创科技集团股份有限公司、南京国睿安泰信科技股份有限公司、南京国电南自轨道交通工程有限公司。

【“软博会”鼓楼专场举行】 9月6日，第16届中国（南京）国际软件产品和信息服务交易博览会（简称“软博会”）鼓楼专场在南京国际博览中心中山厅举行。市领导，市发改委、科技局、工信局、金融监督管理局负责人，区四套班子领导，部门、街道负责人以及驻区企业、科技园区、金融机构近100家企业，新闻媒体代表等200余人参加。会上，举行“2020区块链与数字经济”高层论坛；推介鼓楼区区块链产业发展现状及招商政策，举行重大项目签约仪式。江苏铌奥光电科技项目、区块链产学研合作平台、人工智能税收分析平台等10个重点项目签约，计划投资6.8亿元；引进汽车区块链科技项目、新一代知识图谱问答平台、人工智能税收分析平台等20多个数字经济重点项目，总投资额超30亿元。

2020年鼓楼区在第16届“软博会”签约项目一览表

表13

序号	企业名称	项目名称
1	鼓楼高新区/南京车链科技有限公司	汽车区块链科技项目
2	鼓楼高新区/江苏立派新媒体科技有限公司	鼓楼新媒体科技创新中心项目
3	挹江门街道/江苏铌奥光电科技有限公司	江苏铌奥光电科技项目
4	鼓楼区政府/南京大学金融科技研究与发展中心	区块链产学研合作平台项目
5	南京云问网络技术有限公司/海乂知信息科技（南京）有限公司	深度融合型问答知识图谱构建及产业化推广项目
6	东南大学/江苏浪潮信息科技有限公司	生物医学大数据中心
7	发改委/江苏运时数据软件股份有限公司	人工智能税收分析平台
8	联通（江苏）产业互联网有限公司/浙江大华科技有限公司	公安智能化视频监控系统
9	中国银行江苏省江苏公司/南京三百云信息科技有限公司	数字化银行智能风控系统
10	南京禄辉物联科技有限公司/无锡卡尔曼导航技术有限公司	智慧渔业检测控制系统

【江苏凤凰数据有限公司入围《国家绿色数据中心先进适用技术产品目录（2020）》】 10月，工业和信息化部节能与综合利用司公布《国家绿色数据中心先进适用技术产品目录（2020）》，南京市2家企业入选，驻区江苏凤凰数据有限公司凭借燃气分布式供能技术及集成化成套装置入围该目录（下表序号53）。该公司2012年成立，是江苏凤凰出版传媒集团旗下控股公司，主营业务为数据托管、云应用增值业务，其核心项目是江苏凤凰云计算中心，公司与中国电信、中国联通、百度有战略合作。

2020年国家绿色数据中心先进适用技术产品目录（江苏凤凰数据有限公司入围部分）

表14

序号	名　称	适用范围	技术原理	主要节能减排指标	技术产品应用现状和推广前景	技术产品提供方	应用实例
二、可再生能源利用、分布式供能和微电网建设技术产品							

续表 14

序号	名　称	适用范围	技术原理	主要节能减排指标	技术产品应用现状和推广前景	技术产品提供方	应用实例
53	燃气分布式供能技术及集成化成套装置	新建数据中心/在用数据中心改造	以天然气为主要燃料带动燃气轮机、内燃机等燃气发电设备运行，产生的电力直接共用户使用，发电后排出的余热通过余热回收利用设备向用户供热、供冷，实现能源的梯级利用。	1.综合能源利用效率可达80%以上；2.碳排放可减少约50%。	预计未来随着分布式能源的不断推广，规模将进一步扩大。	江苏凤凰数据有限公司、远大空调有限公司	某数据中心：天然气分布式供能项目，可实现年节约标煤量6582.38吨，年碳排放消减量1.76万吨。

【云问科技入选2020年中国新基建创新力量百强】 10月17日，创业邦2020中国新基建创新力量100强榜单公布，驻区南京云问科技有限公司以人工智能领域创新实践及核心技术研发优势荣登百强榜单。2020中国新基建创新力量榜单评选活动，根据企业创新实践、成长速度、研发能力、融资情况和管理团队等综合分析评价最终确定。该公司2013年在鼓楼区大学生创业园成立。以自然语言处理AI技术为核心，面向政务、交通运输、公共事业、金融、教育等服务机构提供智能问答机器人、智能客服平台、文本数据分析、知识图谱构建及NLP（自然语言处理）能力平台等智能服务，曾获中国人工智能创新奖、南京市创新型企业奖。

【4家企业入选市创新产品应用示范推荐目录】 12月4日，驻区企业南京汽轮电机有限公司、南京国睿安泰信科技股份有限公司、云境商务智能研究院南京有限公司以及南京长三角绿色发展研究院入选2020年南京市首批创新产品应用示范推荐目录。评选根据《南京市创新产品评价管理办法（试行）》（宁创新产品推广办〔2020〕1号）（以下简称《办法》），由企业申报或市区推荐，市创新产品办公室综合审核评价后公布。南京汽轮电机（集团）有限责任公司，创建于1956年，注册资本4.28亿元，属中国机械工业大型企业、国家级高新技术企业，江苏省创新型领军企业，南京市智能电网产业链重点企业；主营燃气轮机、汽轮机、发电机。2020年投入358.23万元研发“N15-6.2/440型垃圾焚烧发电汽轮机”项目。设计的15兆瓦高转速、全反动式、垃圾焚烧发电汽轮机，额定转速6058圈/分钟；15兆瓦等级汽轮机压力级采用装配式结构设计属国内首创。南京国瑞安泰信科技股份有限公司，成立于2009年4月，专业从事智能制造、综合保障等产品研发、生产、销售与服务，为江苏省高校技术企业；2020年投入152.31万元研发“自动测试系统GA49815X1”项目。南京长三角绿色发展研究院有限公司，由国家重点实验室主任毕军团队与鼓楼高新区共建，南京市十佳新型研发机构；2020年投入300万元研发“基于全活性组分催化功能的室内高效耐湿臭氧分解材料”项目，并获2项发明专利。云境商务智能研究院南京有限公司，由南京财经大学国家级创新平台人才团队与南京鼓楼高新区、南京联迪信息系统股份有限公司共同创建，南京市重点新研机构，致力于互联网、粮食和电力行业应用软件开发与系统集成和运维服务；2020年，“基于大数据计算的舆情监控和预警系统”获授权发明专利3项，注册商标1个。 （滑　松）

南京鼓楼高新技术产业开发区

【概况】 2020年，鼓楼高新技术产业开发区（简称高新区）完成一般预算公共收入19.1亿元，税收40.1亿元，固定资产投资44.39亿元。实现服务外包执行额10.6亿美元；全年完成对外贸易进出口总额3亿元。新增亿元以上签约项目17个；新增高新技术企业58家、研发机构2家；引进总部企业1家［三只松鼠（南京）企业管理有限公司］、“瞪羚”企业3家(南京国电南自轨道交通工程有限公司、江苏汇鑫融智软件科技有限公司、江苏博瑞思信息技术有限公司)、上市企业1家(世贸服务控股有限公司);软件和信息服务业收入159亿元,引进或培育“双软”(软件企业认定和软件产品登记)企业15家。完成省级高新区创建、申报专利导航产业发展实验区等前期工作。

【载体与基础建设】 2020年,高新区续建区级重大项目5个。至年末,新开工市级项目1个,区级开工项目1个。中国(南京)电力自动化工业园项目北区5号、6号楼主体封顶,南区主体结构施工;金浦集团科研总部基地项目主体封顶;南邮科创中心项目裙楼结构完工;长江国府项目地库及主体施工;锦江路北延项目竣工;苏宁慧谷(二期)项目桩基工程施工;檀悦花园项目主体施工;启动智梦园硅巷建设;南京科技广场(二期)C楼项目桩基工程施工;鼓楼创新广场竣工并通过验收,投入使用。 (徐惠子)

【南京高新区(鼓楼园)成立暨奋进2020创新发展大会】 3月26日在区召开。大会以“新格局新活力新跨越”为主题,发布《南京高新区(鼓楼园)“十四五”产业发展规划和中长期目标愿景》,举行智梦园硅巷建设、亚信科技研发中心、中国欧盟商会国际化合作项目、鼓楼安永战略合作项目、浙大智诚鼓楼创新园5个重大项目签约(线上签约)仪式。市区领导以及驻区高校、科技园区、企业和相关部门代表参加会议。会上,区政府主要领导从打造首善高新园、活力高新园、服务高新园3个层面对园区发展提出希望,市区领导共同为南京高新区(鼓楼园)揭牌;鼓楼园聘请12名行业专家、机构研究者、著名企业家作为园区产业发展顾问,为园区发展规划、产业指导与咨询、国际合作、招商与服务等多方面献计献策,区人大、政协主要领导向特邀代表和专家颁发产业发展顾问聘书。 (杨婉儿)

【新增孵化企业310家】 2020年,高新区新增孵化企业310家,在岗科研及管理人员483人,其中硕士以上187人。在研在孵项目111个,研发投入1.1亿元。全年实现营业收入3.4亿元,申请发明专利327件。组织16家孵化企业申报省高新技术企业,入省库11家,云境商务智能研究院南京有限公司、南京长三角绿色发展研究院有限公司、南京环宝信息技术有限公司通过认定;云境商务智能研究院南京有限公司、南京长三角绿色发展研究院有限公司入选2020年南京市首批创新产品;南京天稻智慧教育研究院、南京长三角绿色发展研究院分别获2020年江苏省创新能力建设专项资金新型研发机构奖补160万元、20万元;南京长三角绿色发展研究院有限公司获2020年创新名城建设突出贡献奖集体奖。

【招商引资】 2020年,高新区组队赴北京、上海、苏州、杭州、深圳,开展招商活动20余次,接待客商考察100余次,储备重大招商项目30余个。在国内建立深圳招商中心基础上,与南京高校北京·天津校友会联盟合作,在北京建立新招商中心;国外,依托与欧盟中国商会合作,启动共建国际孵化器工作,寻求在欧盟建立新招商中心。全年签约项目17个,投资总额180亿元,其中5亿~10亿元签约项目2个、10亿元以上3个。实际利用内资15.25亿元。至年末,高新区完成服务贸易额3000万元,服务外包执行额10.6亿美元,同比增幅3%,其中离岸执行额6.45亿美元。

【人才引育】 2020年,高新区拓展5个高层次人才申报项目,指导4家人才企业申报高企并入库。组织148人申报区级人才,25人通过评审在区落户;推荐20人参加市级人才综合答辩,4人入选市级人才,其中1人直进,2人申报创新型企业家;协助3人申报市级“科技顶尖专家集聚计划”,2人入选;组织6人申报省“双创”人才,1人入选。

【安全生产专项整治】 2020年,高新区成立安全生产委员会,开展重点行业领域专项整治、燃气专项整治、危化品安全整治、隐患大排查大整治、高层楼宇消防整治、小化工百日整治等行动,发现一般隐患43项,发出责令整改通知单2份。制作悬挂安全生产横幅26条,安全挂图180张,安全标示牌36个,发放安全宣传册、页500余份,组织安全员宣誓签名,观看警示教育片786人次,安全生产专题教育5场。

【省级高新区创建申报】 2020年，鼓楼区发挥科技创新资源禀赋，抢抓全市高质量发展机遇，围绕“赋能型产业高地、全域化创新前沿、融合型活力空间”功能定位，高起点谋划，高标准定位，高目标追求。4月，启动省级高新区创建工作，区委区政府制定方案、成立专班、倒排时序，上下联动，强力推进，并将申报材料报市政府，6月按照要求整改，10月申报材料由市政府报送至省政府，完成筹建江苏省南京鼓楼高新技术产业开发区前期准备工作。12月26日接受并通过省考核组现场考察（考核组由省科技厅、发改委、自然资源厅、生态环境厅、商务厅及相关专家组成）。

【智梦园硅巷出新提升工程竣工】 （参见“国资集团”类目，第262页）

【协同创新发展（北京）合作洽谈会】 1月9日，“南京鼓楼高新区2020协同创新发展（北京）合作洽谈会”在北京举办。此次活动由南京鼓楼高新区主办，南京高校北京·天津校友会联盟承办，旨在增进北京企业对南京鼓楼高新区深入了解，促进两地资源共享，共同发展。区政府分管领导、鼓楼高新区负责人和南京高校北京·天津校友会联盟以及部分北京市本地区块链、5G和物联网等60余家校友企业负责人参加会议并进行深度对接。

【区块链技术产业发展峰会】 6月21日，2020中国区块链技术产业发展峰会暨南京创新周鼓楼分会场开幕式在华东饭店举行。市政协主要领导，区委区政府有关领导及相关部门负责人，中国计算机学会区块链专门委员会、省计算机学会，南京大学、南京邮电大学等专家学者出席开幕式。活动聚焦国际区块链前沿技术与产业，探索建立区块链人才培养体系，合力构建鼓楼区块链技术应用和产业发展新高地。2019年，鼓楼区与中国计算机学会共建南京“区块链技术与应用基地”，与北京协同创新研究院共建“区块链协同创新中心”，与挪威工程院、南京工业大学、南京博雅区块链研究院共建“区块链技术与产业发展国际合作”，与深圳市赛金投资管理公司、南京博雅区块链研究院共建“赛金博雅区块链投资基金”，推进“全国区块链融合应用新标杆”“长三角区块链开放创新策源地”建设。至2020年年末，鼓楼区块链先导区孵化引进关联企业100多家。

6月21日，2020中国区块链技术产业发展峰会暨南京创新周鼓楼分会场开幕式在华东饭店举行 高新区 供图

【产业与人才发展论坛】 11月15日，“2020第二届数字经济产业与人才发展论坛”在北京举行，论坛由高新区与中关村人才协会联合主办、鼓楼高科集团承办。高新区党工委书记、区政府党组成员陈海涛出席并致辞。国内数字经济、新基建、人才培养、创投等领域专家学者和创业者近200人应邀出席。论坛旨在共同探讨数字经济产业发展趋势、推进数字经济创新人才培养，搭建数字经济产业与人才发展桥梁，助推鼓楼区数字经济产业健康发展。会上，举行“鼓楼高新区招才引智工作站”揭牌仪式，举办“数字经济趋势研判与人才发展”圆桌论坛。鼓楼高新区招商发展和人才工作部以“打造区块链产业先导区，构建数字经济发展新高地”为主题，推介鼓楼区数字经济创新人才培养政策措施。是年，高新区与微链科技有限公司、南京湃泽信息技术有限公司等9家重点人才中介机构洽谈，与19家人才中介机构达成合作意向。

【区块链先导区入驻评审】 12月17日，高新区召开区块链先导区首批入驻企业评审会，聘请专家评审团，评审申请入驻企业产业定位、发展潜力等各种因素。至年末，江苏省广电网络科技发展有限公司、江苏知链科技有限公司、南京沄海区块链科技有限公司、江苏数予科技有限公司、南京数字星球科技有限公司、南京车链科技有限公司6家企业通过评审答辩，成为首批区块链产业先导区入驻企业。（徐惠子）

南京市鼓楼年鉴2021

都市建设

DU SHI JIAN SHE

综　述

【概况】 2020年，鼓楼区重点推进《鼓楼区国土空间总体规划修编》《鼓楼区滨江片区控制性详细规划修编》以及鼓楼区三大城市客厅（下关滨江商务区城市客厅、宝船遗址公园滨江城市客厅、上元门城市客厅）规划编制工作，启动南京市新一轮城市总体规划修编鼓楼区调研，推进区发展大纲编制工作。坚持审核事项"首问负责"制、审批手续"三级审核"制、重大问题"集体讨论"制，监管工程项目107个标段，累计交易额37.92亿元。探索宜居环境、历史文脉、产业发展、民生改善"四位一体"城市建设模式，贯彻落实"城市双修"（生态修复、城市修补）精神和宜居街区建设要求，塑造"鼓楼品质"。按照"保护老城，提升河西、开发滨江、改造铁北"思路，实施新兴路、浦江东路、淮滨路等道路及中心片区创新发展和环境品质提升项目，"科技创新、艺术创意、文化复兴"三核驱动，打造环南大科技创新区、环南艺艺术创意区、环颐和路历史风貌区三大品牌。牵头编制区"新都市"建设行动计划，涉及13个方面72项任务，总投资601亿元。瓶装液化气改换为管道天然气278户，完成率167%。完成世茂学校、建宁路8号、下关电厂、五马渡广场等8个停车场建设，新增公共停车泊位2129个。推进棚户区改造、地铁建设、道路建设、文物修缮、环境整治、土地储备、攻坚扫尾等31个项目征收工作，年内完成征收房屋面积约20万平方米，涉及居民1260户、工企单位12家。落实长江经济带建设任务，完成长江大桥南引桥一期环境整治收尾和二期绿地征收建设任务；围绕复兴湖南路商圈目标，完成湖南路片区环境综合整治。从"区街联动共治共管、集中整治持续攻坚、综合施策精细管理、严格考评有力监督"入手，抓环境卫生、市容秩序、园林绿化、拆违控违、垃圾分类等工作重点，深化"晨光行动"和生活垃圾分类等。开展河道环境、道路秩序、老旧小区、铁路沿线等为主要内容环境综合整治行动。采取联合执法、交叉执法，全方位、全区域、全时段常态化整治占道经营、倚门出摊、车辆违停、违规排污等影响城市环境重难点问题；紧扣时间节点，开展违建治理、背街小巷精细化整治等各类专项行动，并逐步实现长效化管理。全年办理行政案件5956件，罚款948.21万元；智慧城管综合管理平台查出城市治理问题30.12万件，处置29.55万件，处置率98.11%。推进标准化建设各项工作，全年新增10个示范单元和10个精品单元，均通过市城治办验收，完成率100%，实现单元长效化管理。30条街巷整治完成并通过市城管局考核验收。建宁路35号增容工程等30个项目列入年度市城市道路挖掘"沟槽革命"施工项目，并通过市道路管理中心验收。升级改造垃圾中转站3座，新建装配式公厕7座。完成街道综合行政执法体制改革，下沉13个街道中队开展具体行政执法工作。融合社会资源，推进环卫作业、园林绿化养护、户外广告等市场化，实施政府购买公共服务。全市首个城管"红驿"——鼓楼区城市管理服务党建综合体北京西路站投入使用。全年，平面媒体、电视媒体、新闻媒体发布城市管理类信息1125篇，召开新闻发布会23场，借助微博、微信、抖音等政务新媒体，通过海报、短视频、长图等创新形式开展城市管理全方位宣传，为城市管理工作传递正能量。

年内，区委区政府专题研究制定《2020年鼓楼区打好污染防治攻坚战目标任务》，明确蓝天保卫战、长江保护修复攻坚战、碧水保卫战、净土保卫战、环境风险防范、生态治理体系建设等七大类63项重点任务牵头部门、责任单位和落实主体。针对治水、治气、净土及臭氧污染防治工作，细化措施，将目标任务项目化，按照年度大气污染防治工作方案和臭氧污染防治30条措施要求，开展蓝天保卫战、净土保卫战、固体废物治理攻坚战等专项行动，推进污染防治与管控工作落实，全年区域空气质量优良率83.1%，同比上升13.8%，达标304天；PM2.5年均浓度32.1微克/立方米，同比下降24.6%；降尘均值3.27吨/月·平方公里。区域环境噪声54.6分贝，夹江北河口饮用水源地水质为II类，达标率100%。辖区餐饮油烟整治实现油烟净化设施安装、高效净化设备安装、500平方米以上大型餐饮企业油烟在线监控安装、驻区机关大学企事业单位食堂油烟在线监控安装4个100%。完成全国第二次污染源普查，并通过市、省和国家三级审核。在下关滨江岸边联合建成南京长江江豚监测站，成为江苏首个以长江江豚保护为主题科研保护监测站和长江生态保护教育场馆；创建鼓楼实验中学省级绿色学校，汉江路小学若水探索馆创成市首批生态文明教育基地。

【中心片区环境品质提升二期工程主体完成】 2020年，鼓楼区实施中心片区创新发展和环境品质提升项目二期工程。工程东起中央路、中山北路，南延广州路，西至外秦淮河，总面积7平方千米。实施“科技创新、艺术创意、文化复兴”三核驱动，打造环南大科技创新区、环南艺艺术创意区、环颐和路历史风貌区三大品牌。年内，科技创新驱动：完成新增10万平方米城市硅巷载体建设任务，中科紫台创新基地举办第一届南大全球校友创新创业大赛；艺术创意驱动：水木秦淮艺术公园、南艺双创基地改造完成投入运营，其中水木秦淮举办多场新消费推广专场活动，成为鼓楼城市新名片；文化复兴驱动：北京西路72号南艺文创园完成主体工程，颐和路历史街区保护和利用完成第十一、第十三片区征收目标任务。中心片区环境品质提升二期工程主要实施上海路等4条主干道、南秀村等20个片区、苏州路等20条街巷356栋房屋立面整治、仙霞路等17条市政道路基础设施优化和苏州路等5处广场绿地提升建设，总投资6.8亿元，项目2019年10月开工，2020年年末完成346栋立面出新、10条市政道路提升、苏州路和仙霞路2处广场绿地景观提升，完成总工程量90%，超额完成年度目标任务。

【湖南路片区综合整治完成】 2020年，鼓楼区完成湖南路、云南北路、狮子桥、湖北路4条街巷市政道路及沿街立面整治。湖南路东起中央路，西至中山北路，全长1000米，主要实施建筑立面、围墙、大门、店牌店招、屋面整治出新，道路弱电杆管线整理或下地、路面病害处理与出新改造，同步提档升级和补充完善照明、雨污水、绿化、交通工程及其他附属设施，总投资1.5亿元；云南北路南起中山北路，北至湖南路，全长610米，宽33～40米，市政道路部分投资2400万元；狮子桥北起湖南路，南至湖北路，全长330米，宽16～21米，市政道路部分投资1465万元；湖北路南起云南北路，北至湖南路，全长900米，宽22米，市政道路部分投资3600万元。3条道路（云南北路、狮子桥、湖北路）立面部分总投资1.95亿元，工程8月中旬进场施工。至年末，完成工程85%。

【颐和路历史文化街区建设】 2020年，鼓楼区实施并完成颐和路文化街区第十一、第十三片区征收工作，征收面积2万平方米，涉及居民72户、工

湖南路宽润体育外立面整治前（左图）后（右图）　　区融媒体中心　供图

企8户，征收费用6.2亿元。中科院院士、同济大学常青教授团队完成细化街区复兴计划，第十一、第十三片区城市设计和控详调整方案，第十一片区修缮方案设计、第十三片区既有建筑改造方案设计、第十一和十三片区灯光亮化方案设计工作。结合第十一和十三片区征收进度开展招商资源储备工作，同步完成76处院落文化研究工作，形成近30万字研究成果。至年末，按照“修旧如旧、与古为新”原则，完成颐和路35-1号院落、莫干路2号、赤壁路5号修缮，其中颐和路35-1号院落作为以色列亚洲商会南京办事处以色列文化与科技展览交流场所对外开放。

（莫向中）

【城市治理标准化建设示范和精品单元通过市验收】 2020年，鼓楼区根据《南京市2020年城市长效综合管理工作目标责任书》，推进标准化建设工作。全年，新增城市治理标准化建设示范单元10个、精品单元10个，一次性通过市城治办验收，完成率100%，实现单元长效化管理。

2020年鼓楼区城市治理标准化新增示范单元、精品单元一览表

表15

序号	单元类别	单元名称	单元地址
1	新增示范单元	华东饭店	北京西路67号
2		西康路35号小区	西康路35号
3		新门口10号小区	新门口10号
4		江苏省人民检察院	宁海路73号
5		人和街11号小区	人和街11号
6		宝善幼儿园	幕府东路15号
7		下关火车主题园	老江口
8		南京师范大学附属中学树人学校	渡江路18号
9		幕府南路广场	幕府南路与幕府西路交叉口
10		铁古庙游园	幕府南路
11	精品单元	北京西路	草场门—鼓楼公园
12		鼓楼街	中山北路—北京西路
13		仪凤广场	建宁路仪凤门旁
14		小桃园广场	挹江门旁
15		山西路农贸市场	江苏路138号
16		西北护城河	大观天地桥—七孔桥
17		省政协办公区	北京西路68号
18		省住建厅办公区	草场门大街88号
19		幕府南路广场	幕府南路与幕府西路交叉口
20		颐和路片区	颐和路片区东起江苏路，西至西康路，南自北京西路，北至宁夏路，由北京西路、江苏路、西康路等14条道路组成

（李元枚）

【建设工程质量安全监督管理】 2020年，鼓楼区检查在建工地1053家次，下发整改通知书349份，停工整改通知书35份，行政处罚45起，黄牌警示责任单位（或责任人）23个，红牌警示责任人11人。全年监督区属项目263项，面积526.39万平方米，其中房建工程232项，市政、园林工程31项，

总造价350.16亿元。质量安全监督抽查812次，开具抽查单432份，发出整改通知书363份、局部停工单22张，约谈25次；提请红牌申请10张、黄牌申请6张，上报终止安全监督申请手续57项。建筑起重机械备案登记76台。行政处罚立案67起，其中工程质量类立案24起、安全管理类立案29起、文明施工类立案14起。是年，通过市级标准化文明示范工地评审项目6个，申报优质结构工程12个，其中，土建项目通过上半年金陵杯评审1个。

【建设工程安全生产检查整改】 2020年，鼓楼区开展建设工程防风险、除隐患、遏事故专项治理，开展安全生产月、装饰装修工程隐患大排查、节后复工安全检查、反“三违”(违章指挥，违章操作，违反劳动纪律)专项检查、深基坑专项检查、“打非治违”和安全隐患排查治理等专项活动14次。建立项目清单，制发《关于严禁工程建设领域未报监建行为，加强建设工程质量和安全工作的通知》《鼓楼区关于加强全区工程建设领域未报监项目管理的紧急通知》等方案4个，开展安全生产“春风行动”“百团进百万企”宣讲活动6场次(集中宣讲、视频集中播放各3场次)；出动检查人员430人次，抽查工地676家次，发出整改单56份，停工通知单4份；开展VOCs(挥发性有机化合物)排放专项抽查、油品涂料专项抽查，抽查非道路移动机械2670台次，抽查发现违规车辆均要求施工单位停止使用、立即撤场。完成建设工程消防设计审查11件、消防验收4件、消防验收备案112件。开展建设工程防风险、除隐患、遏事故专项治理和安全隐患排查治理等专项活动14次。协助市建委完成北京西路重大燃气安全消险工程。

【招投标监管】 2020年，鼓楼区监管工程建设项目招投标107个标段，其中公开招标施工55个标段、监理29个标段、设计10个标段、工程总承包13个标段，累计交易额37.92亿元。审核招标文件、公告284份，处理异议及投诉案件3起。（莫向中）

【房地产开发】 2020年，鼓楼区房地产开发投资223.9亿元，同比增长7.8%，分别用于住宅、办公楼、商业用房和其他建设。房屋施工面积559.49万平方米、新开工面积186.2万平方米、竣工81.4万平方米。商品房销售196.3亿元49.17万平方米，待售面积9.23万平方米。（鼓　鉴）

【海绵城市建设】 2020年，《鼓楼区海绵城市建设管理实施细则》《鼓楼区海绵城市建设三年实施方案》《鼓楼区设计、审查、质监、验收、移交工作管理规定》等政策文件及技术导则制发，明确辖区新改扩建项目，实施海绵城市规划、设计、运行及管理等，为鼓楼区新改扩建绿地、道路与广场、水系等公共区域及宗地类项目设计、施工、管理、后续评估提供指导和技术支持。年内，完成鼓楼创新广场项目、果品市场代征绿地建设等宜居街区、口袋公园、河道湿地海绵体建设。至年末，海绵体建设达标面积9.80平方千米，达标面积比例20.29%，超过市20%达标要求。

链接：海绵城市

城市能够像海绵一样，在适应环境变化和应对自然灾害等方面具有良好的“弹性”，下雨时吸

海绵城市原理图　　区融媒体中心　供图

水、蓄水、渗水、净水，需要时将蓄存的水“释放”并加以利用。提升城市生态系统功能和减少城市洪涝灾害发生。 （莫向中）

【汉江路小学若水科学探索馆创成首批南京市生态文明教育基地】 6月，汉江路小学若水科学探索馆创成首批南京市生态文明教育基地。针对学生年龄特点，若水科学探索馆设置“序厅”“水之希望”“水之存在”“创意梦想+”和“水之妙用”功能区域。契合学校教育特色，紧扣汉江主题布展，以水为题材，由了解水、认识水到亲近水、感受水，引导师生对水认知度，吸引学生从中探索发现，激发爱水、护水、节水意识。学生通过生动有趣、富含知识性、科技性互动项目，近距离感受水文化、感悟学校生态课堂、灵动课堂魅力，体验水生态科技教育。经申报、现场评估审查及公示，6月5日获授牌，成为南京市首批生态文明教育基地。 （李 婷）

城市建设

城市规划

【概况】 2020年，鼓楼区重点推进滨江片区及三大城市客厅（下关滨江商务区城市客厅、宝船遗址公园滨江城市客厅、上元门城市客厅）控制性详细规划修编工作。至年末，《鼓楼区滨江片区控制性详细规划》经区政府常务会审议，按规定程序开展规划编制及后续报审报批工作。三大城市客厅规划方案纳入《南京魅力滨江2035〈南京滨江核心段详细规划和城市设计〉》，并经2020年第4次城乡规划委员会审议通过。启动国土空间总体规划编制工作。完成生态保护红线评估调整和生态功能影响报告编制。

【鼓楼区滨江片区控制性详细规划编制】 鼓楼滨江片区位于鼓楼区西北部，含滨江商务区核心区以及中山北路以南世茂滨江、热河南路街道等板块。规划范围东临大桥南路—护城河，南到秦淮河，西抵长江，北至南京长江大桥，规划范围面积5.25平方千米（为区总体规划确定四大功能板块之一）。包括4个方面任务：围绕片区发展定位，落实总体规划控制要求；解决前期城市建设遗留问题，保障板块健康可持续发展；补齐公共配套设施，优化局部路网线型，落实各项城市基础设施配套、市政设施配建新标准、新要求；空间挖潜，提高土地利用效率，鼓励空间复合利用，加强特色塑造。至年末，《鼓楼区滨江片区控制性详细规划》经区政府常务会议审议，按规定程序开展规划编制及后续报审报批工作。

【三大城市客厅规划方案编制】 2020年，鼓楼区落实市规划资源局《南京一江两岸地区规划编制工作的方案》，编制涉及下关滨江商务区城市客厅、宝船遗址公园滨江城市客厅、上元门城市客厅3个城市重要节点规划方案。以“一江两岸”规划为引领，彰显3个城市客厅特色，利用滨江资源，精心打造3个标志性城市客厅。宝船遗址公园客厅突出航海文化展示，下关滨江商务区城市客厅突出商埠航运文化，上元门城市客厅突出城市中轴线休闲景观。至年末，三大城市客厅规划方案纳入《南京魅力滨江2035〈南京滨江核心段详细规划和城市设计〉》，并经2020年第4次城乡规划委员会审议通过。

【鼓楼区国土空间总体规划编制】 2020年，鼓楼区按照《市政府关于印发南京市国土空间总体规划编制工作方案的通知》（宁政〔2019〕177号）文件要求，开展《鼓楼区国土空间总体规划（2019—2035年）编制工作。至年末，完成规划编制单位招采工作、前期调研（包括部门座谈、资料搜集、居民访谈、企业访谈等）、初步方案编制等。同步开展《鼓楼区城市更新规划研究》《科技创新与存量空间视角下的产业转型研究》《鼓楼区开敞公共空间规划研究》3个规划专题研究。 （莫向中）

【《幕府创新区概念规划》】 2020年，鼓楼区《幕府创新区概念规划》（简称《概念规划》）编制完成，并通过相关主管部门意见征询。幕府创新区，是传统概念上鼓楼铁北片区，北起幕府山鼓楼区界，南沿京沪铁路，西起大桥南路，东接栖霞、玄武两区，总规划面积13.8平方千米(不含长江),约占全区面积26%。涵盖小市、幕府山街道以及宝塔桥街道大部分,辖29个社区,常驻人口20.4万。《概念规划》明确“一轴一带多组团”空间总体布局:以中央北路为城市发展功能轴,承担交通、景观、服务业集聚等综合功能,结合幕府创新区功能调整和轨道3号线建设,重视地面地下综合开发和土地功能综合利用;幕府创新区3.26千米长江区段岸线重点彰显山水城林交融一体滨江城区特色,突出大江大山自然元素,成为鼓楼区文化旅游休闲产业重要载体;多组团发展策略突出滨江风貌功能、现代产业功能、宜居宜业功能。

【《幕府创新区产业规划》】 2020年,鼓楼区《幕府创新区产业规划》(简称《产业规划》)编制完成,《产业规划》明确以滨江沿线、幕府路、和燕路—北祥路为三大特色发展带,着力打造五塘、桥东、幕府、小市四大发展核心极,构建“一轴三带四核”“丰”字型创新产业布局骨架;构建以新型都市工业、高端商务商贸两大基础产业为支撑,以数字经济为战略引领“2+1”现代化产业体系;同时重点扶植培育发展战略性新兴产业,聚焦数字经济产业,重点发展智慧城市、数字化企业服务和数字内容等,着力推动差异化、特色化发展。 (赵　景)

市政建设

【概况】 2020年,鼓楼区实施新兴路、浦江东路、淮滨路等道路建设和整治。建成停车场8个,新增公共停车泊位2129个。完成全区招投领域营商环境专项整治,开通网上受理异议和投诉处理平台,规范招投标投诉处理路径。牵头编制区“新都市”建设行动计划,涉及13个方面72项任务,总投资601亿元,其中2020年投资计划153亿元。市“新都市”办考核中,区环境提升排名第一,总体成绩6城区排名第三、全市排名第五。

【浦江东路道路命名获批】 浦江东路为市政新建道路项目,位于鼓楼区西片区,道路形状为T型,其中南北段长约300米,规划红线宽16米;东西长175米,规划红线宽16米,道路等级为城市支路。2018年由区建设局立项,2019年5月20日开工建设,同年12月竣工。2020年暑期开学前正式通车。经报市政府重新命名获批复:浦江路至银城小学浦江分校段东西向道路命名为锦福路,东宝路至鼓楼区消防救援大队南北向段道路命名为聚锦路。 (莫向中　王　乐)

【水佐岗15巷地块配套设施项目】 (参见“国资集团”类目,第253页)

【国防园(清凉山体校)中心应急避难场所建设】 项目位于国防园北侧,体校占地面积3.5公顷。项目设计范围为学校操场及办公教学用房,立项投资210万元。实施内容包括道路、给排水、综合管网、绿化及应急避难场所相关附属配套设施等。国防园(清凉山体校)中心应急避难场所为国防园中心应急避难场所二期工程。于2019年11月开工,至2020年年末,主体工程建设完成。

【停车场建设】 2020年,鼓楼区选址公共停车场14处,规划建设车位约3000个,总投资6.2亿元。通过特许经营模式(停车场设计、投资、建设、运营一体化,特许经营期结束后所有车位无偿移交政府)公开招标,完成世茂学校、建宁路8号、下关电厂、五马渡广场等8个停车场建设,新增公共停车泊位2129个。

【淮滨路综合整治工程】 6月,淮滨路综合整治工程开工。淮滨路南至热河南路、北至模范西路。工程包括道路环境综合整治,杆管线整理下地或并杆,道路、排水、路灯、绿化、交通工程及其他附属设施出新改造和补充完善,解决道路病害、坑洼不平等问题,投资1968.09万元。11月,综合整治完成。 (莫向中)

【新兴路西延一期竣工及更名】 7月,新兴路西延一期竣工。项目位于世茂滨江片区,东起郑和中路,西至唐山路,长394米,规划路幅宽24米,道路等级为城市支路。工程包括新建道路、排水、路灯、绿化以及附属配套设施等,总投资1500万元。新兴路西延一期工程为市建委2013年立项实施的市政新建道路工程。2018年4月开工，2019年实质性建设，2020年7月建成后报市政府批复：新兴路更名为九家圩路。（莫向中　王　乐）

【古林公园地质灾害治理】　8月，鼓楼区投资约600万元实施古林公园地质灾害治理，12月竣工。古林公园四方八景阁西南侧滑坡Ⅰ区地质灾害点西部采用锚杆格构方式加固防护浅表土层滑动区域，Ⅱ区地质灾害点深层滑动区域采用上部锚杆格构结合下部抗滑桩工艺，确保区域边坡整体稳定性。同时，完善边坡周边截排水设施，构筑坡顶及滑坡后缘截水沟并绿化恢复。（莫向中）

房产管理

【概况】　2020年，鼓楼区根据市政府第55次常务会议精神和《南京市国有土地上房屋征收补偿补助奖励规定》（宁建征字〔2019〕490号），重新制定并公布施行《鼓楼区国有土地上房屋征收补偿补助奖励规定》（鼓政规〔2020〕2号）。全年下达征收决定7个。推进棚户区改造、地铁建设、道路建设、文物修缮、环境整治、土地储备、攻坚扫尾等31个项目征收工作，涉及居民1871户、工企单位50家，征收房屋面积32.73万平方米。其中，华严岗、伍佰村、金燕路西侧保障性住房、金陵村象山保障性住房、地铁7号线清凉山站和古平岗站6个项目实现征收“清零”，搬迁居民64户、工企单位8家。至年末，全区完成住宅征收1260户、工企单位12家，征收房屋面积约20万平方米。全年，投资2.15亿元整治老旧小区16个，涉及8个街道，整治房屋155幢，建筑面积52.44万平方米，受益居民6728户。

2020年鼓楼区征收项目一览表

表16

序号	征收文号	项目名称	征收范围四至	占地面积（万平方米）	房屋建筑面积（万平方米）	被征收单位		时序进度
						居民（户）	工企单位（家）	
1	宁鼓府征字〔2020〕第1号	建宁西路过江通道江南连接线—主线隧道东延工程	东至北祖师庵，南至仪凤门广场，西至大观天地。北至天妃宫等	1.9	1.05	121	9	24%
2	宁鼓府征字〔2020〕第2号	南京党史馆综合设施	鼓楼区渡江路2号	0	0	0	0	市里项目，代办手续
3	宁鼓府征字〔2020〕第3号	镇江路晚市一巷4号住宅楼	东至晚市小区1号巷6号3幢、4幢楼；南至十四所空地，西至十四所空地，北至晚市小区1号、3号、5号楼南侧	0.07	0.12	22	0	完成
4	宁鼓府征字〔2020〕第4号	长江机械厂地块（铁北）	位于铁北路以东，长江机械厂宿舍以西，郭家山路以南，铁古庙经济适用房以北	1.98	1.52	0	2	获批
5	宁鼓府征字〔2020〕第5号	老虎山西侧地块（铁北）	东至老虎山、南至规划路、西至金燕路、北至金陵船厂宿舍区	5.76	2.75	415	2	97%
6	宁鼓府征字〔2020〕第6号	安怀东路（玉苑路—和燕路段）拓宽改造工程	东至和燕路，南至南昌大厦、紫霞公寓等，西至燕亭路，北至金港大厦、金宁新村等	1.05	0.18	38	0	64%
7	宁鼓府征字〔2020〕第7号	大桥二处地块（铁北）	东至燕禾园，南至象山路，西至宝象花园，北至二仙沟	5.2	2.1	48	3	启动

2020年鼓楼区老旧小区整治一览表

表17

序号	小区名称	所属街道	建成时间	房屋数量(幢)	建筑面积(万平方米)	户数(户)
1	杏林新村	凤凰	1988年	8	2.97	354
2	花开园小区	凤凰	2001年	5	2.62	356
3	宁工二村	江东	1998年	18	10.25	1074
4	晏公庙片区	宁海路	70年代	5	0.82	176
5	钟阜路2号小区	挹江门	80年代	28	8.92	1155
6	萨家湾小区(萨家湾1-15号,17-27号,铁路北街28-30、42号)	挹江门	70、90年代	10	5.45	736
7	许府巷片区(许府巷3-7,17-19,37-41,4-8,10-14,16-20,22-24,28-36,42-46)	中央门	80年代	9	2.57	274
8	模范马路片区(129-199号)	中央门	80年代	15	3.68	462
9	西柏果园1-22号、58号	中央门	80、90年代	15	3.88	533
10	南东瓜市12-16号	华侨路	1974年	7	1.50	152
11	北京西路79号	华侨路	1983年	6	1.58	248
12	义民新村小区	建宁路	1996年	8	2.60	386
13	花家桥5号小区	下关	1986年	1	0.36	48
14	北祖师庵(49-67)	下关	80年代	4	1.25	180
15	驴子巷	下关	80年代	7	1.61	230
16	北祖师庵(24-66)	下关	1987年	9	2.38	364
	合计			155	52.44	6728

【棚户区改造】 2020年,鼓楼区棚户区改造征收项目9个,分别为:长江大桥南引桥整治二期(绿化)、颐和路历史保护街区第十一和第十三片区、云燕园南地块、造漆厂地块、五塘和园南侧地块、镇江路晚市一巷4号住宅楼、老虎山西侧地块、长江机械厂地块、大桥二处地块,涉及居民1160户、工企单位25家,被征收房屋总面积15.9万平方米。完成棚改面积10.11万平方米。

【地铁建设征收】 2020年,鼓楼区完成地铁5号线下关站、7号线福建路站和古平岗站征收,涉及居民242户、工企单位11家,房屋建筑面积2.51万平方米;推进草场门站南艺征收签约。启动地铁9号线中央门站、大桥南路站、城河村站、下关站和白云亭路站征收前期手续办理。

【危房治理】 2020年,鼓楼区有在册危房103幢,建筑面积13万平方米,涉及产权单位71家。按险情等级划分:D级4幢,建筑面积约1650平方米;C级和评估危房99幢,建筑面积12.8万平方米。年内,实施加固81幢、翻建16幢、征收6幢,惠及居民1750户,投入资金4.76亿元。至年末,完成全面治理84幢,后续治理按时序推进19幢。

【平改坡安全隐患治理】 2020年,鼓楼区平改坡房屋627幢,建筑面积292万平方米,平改坡面积29.5万平方米,发现存在安全隐患房屋498幢。全年,完成房屋修缮消险498幢,消险隐患5282处,钢构件更换6027平方米,钢构件刷漆5.42万平方米,屋面板更换、屋面补瓦各7540平方米,天沟防水2.08万平方米,天窗更换1686平方米,避雷带11.11万平方米,木结构刷桐油1.27万平方米。投资总额609万元。

【新建物业保修金收缴及维修款拨付】 2020年，鼓楼区完成住宅项目物业区域备案3件，收缴4个新建物业项目（檀悦花园南苑、鼓悦兰园、檀悦花园北苑、江望润府）保修金1968.71万元。年内，审批维修资金使用申请781个，拨付维修款4876.42万元。其中，应急维修申请282个，拨付应急维修款811.12万元；一般维修申请499个。全年维修资金使用工程第三方全过程监管试点项目11个。

【既有住宅增设电梯】 2020年，鼓楼区完成既有住宅增设电梯项目申报规划手续50台，领取规划许可证26台，办理施工许可24台，完工51台。

10月，佳盛花园11幢3单元加装电梯完工

区房产局 供图

【房改工作】 2020年，鼓楼区审批办理直管公有住房出售261套，房屋面积1.34万平方米，购房款（包括超面积按市场价收款）1073.22万元。初审15家单位16人购房补贴申请，补贴面积888.89平方米48.30万元。

【人才安居补贴】 2020年，鼓楼区符合人才申领租赁补贴条件7377户，发放租赁补贴1758.18万元，其中区财政承担人才租赁补贴50%资金879.09万元。发放购房补贴10户，区内承担资金233.59万元。

【房屋租赁管理】 2020年，鼓楼区个人不动产房屋租赁代征税收4164.18万元。新增房屋租赁登记备案2311家，同比增长30.86%；新增房地产经纪机构备案149家，同比增长292.11%。全年签订《南京市出租户综合管理责任书》并录入南京市房屋租赁管理系统9000余件，流动人口房屋租赁信息录入率95%。完成辖区存量房屋改租赁住房底数摸排，分拣、对比6个存量房改建租赁住房改建项目，建宁路街道玉宁路16号、南京城冠寓商业管理有限公司530套（间）市场化租赁住房改建项目通过南京市规划和自然资源局鼓楼分局审核并上报南京市住房保障和房产局。完成区本年度新增500间租赁住房筹集目标任务。集中排查和整治出租房屋安全隐患304处758项，发放限期整改通知书63份，并报市房产局房屋租赁指导中心行政处罚。

【虎踞北路4号05幢危房治理】 7月，虎踞北路4号05幢危房拆除完毕。该项目为全市首例业主自筹资金实施危房翻建项目。改造楼为二层砖木结构，有26户，其中房改21户、江苏纺织集团产权5户，建筑面积约1900平方米。住宅楼建于1950年，为C级危房。危房治理资金由居民自筹200余万元并申请翻建消险，委托南京下关房产经营有限公司代建。至年末，完成基坑垫层施工作业。（柳 杨）

生态绿化建设

【鼓楼创新广场海绵城市项目】 2020年，高科集团变更鼓楼创新广场设计方案，包括旱溪、雨水调蓄设施、斜坡屋顶绿地、透水铺装等海绵措施工程。项目投资215万元，在沿北侧水西门大街下沉广场以南设置斜坡屋顶绿地3302平方米，采用透水混凝土、陶瓷透水砖及植草砖透水铺装721.32平方米，增加雨水收集灌溉功能旱溪1149.6平方米；新建雨水回用系统可以收集雨水250吨进行循环利用。至年末，项目竣工并通过验收。

（方 捷）

创新广场打造旱溪、布置海绵设施

区融媒体中心　供图

【广场游园绿地建设】　2020年，鼓楼区实施重要道路节点、广场节日花卉布置。在北京西路全线、宁海路核心片区、小桃园、胜利广场、滨江沿线等主次干道和重点片区，打造花境，设置立体花钵、花箱等景观小品，烘托欢乐喜庆节日气氛。其中，鼓楼A2广场由2万盆花卉组成300余平方米“天使的春天”主题花坛，采用红黄蓝3种主色勾勒出“白衣天使”造型，向抗击新冠肺炎疫情一线医护人员致敬。国庆、中秋两节期间，在鼓楼A2广场打造“花好月圆祝福祖国”主题花坛灯光秀，花坛选用8000盆孔雀草、1300盆一品红、3500盆矮牵牛、180盆国庆菊，并配置蓝杆芒、细叶芒等观赏草，整体设计增加中秋元素立面景观，灯光采用全彩亮化模组，以圆形为主要元素，形成小圆大圆相互交错，凸显“花好月圆”“小家大国”情怀。

【义务植树】　4月8日，鼓楼区在江边路惠民桥以东开展“播种多彩希望　建设生态南京”主题义务植树活动。活动旨在贯彻总书记习近平生态文明建设思想，树立和践行“绿水青山就是金山银山”发展理念，提升城市绿化品质，推进“城市增绿、身边增绿”发展要求。区四套班子领导，区法院院长、区检察院检察长、部分机关干部、城市治理公众委员、街道、社区和志愿者代表等40人组成“护绿队伍”在江边路滨江风光带义务植树地点，去除杂草，种植桂花、红枫、樱花、鸡爪槭200余株，并灌溉新栽绿植。（李元枚）

【果品市场代征绿地建设】　5月，果品市场代征绿地建设竣工并通过验收。工程位于淮滨路与姜家圩路交界处（中海桃园小区东南角），东至姜家园路、南至淮滨路游园绿地、西和北至中海桃园小区围墙，占地面积2364平方米。工程包括新建绿地景观2161平方米、游园铺装203平方米、景观照明灯6盏、给排水及相关附属设施等。工程采用海绵城市建设理念，打造下凹式绿地，绿地建设高度低于周围地面一定高程，利于周边地面雨水汇入绿地中，避免内涝。项目于2019年11月开工，立项投资140万元。（王　乐）

【南京国际服务外包大厦庭院绿化修复改造项目】　6月，南京国际服务外包大厦庭院绿化修复改造项目开工，11月竣工并通过验收。项目位于汉中门大街301号，面积6000平方米，总投资400万元。实施包括改造树池48个，增加景观亮化，升级改造步行道及景观区域硬质景观2000平方米。屋顶花园新植粉黛、麦冬等，更换庭院香橼树40棵，新增佛甲草、萱草等绿化面积约4000平方米。该项目将共享、科技、生态理念融入创意产业园，提升园区办公和休闲环境。（方　捷）

【长江大桥南引桥环境综合整治二期工程（绿化部分）】　7月开工。总投资5.43亿元，其中征收费用5.24亿元，建设费用0.19亿元。工程实施范围为长江大桥南引桥沿线三大片5个地块，占地面积3.79万平方米。桥南一村绿地，北侧和东侧均至金川河，南至幕府西路，西至回龙桥；宁沪铁路两侧绿地（3个地块），滨江西苑以北、沪宁铁路以南地块，滨江东园以北、方家营小区以南（含铁路段）地块，交警六大队以北、铁路以南地块；安乐村泵站以东绿地，东至安乐村泵站、南至金川河、西至惠民大道高架、北至沪宁铁路。工程实施内容包

滨江风光带　　　　区融媒体中心　供图

施方案》《城市公园安全生产专项整治方案》，健全安全管理机制。落实精细化设施管养工作部署，打造城市道路优质养护片区，创建十佳示范路，完成全区设施养护提档升级。实施市政设施全方位基础养护，发现病害问题及时督促养护公司处置整改，提高养护水平和问题处置能力，确保市政设施完好无损。创新绿化管养思路，运用彩绘和新技术呈现城区绿化美化视觉盛宴。完成涉及游园广场、绿化养护及非管养设施维修等人大、政协主办件10件及协办件12件；

括地形整理、岸坡改造、铺装绿化、市政管线、城市家具及其他附属设施建设。至年末，整治工程按时序推进。（莫向中）

【滨江风光带景观提升工程】 10月，滨江风光带景观提升工程通过验收并完成移交。滨江风光带沿江岸线景观提升(原南京肉联厂至中山码头段、红云桥至有恒驿站段)全长4.6千米，面积19万平方米，投资2576万元。全线栏杆出新8750米，新建草坪护栏1640米，新修铺装路面5060平方米，透水混凝土面出新3106平方米；新建欢乐舞台雕塑1座，钢架楼梯2座，新增花镜938平方米，新建坐凳78座，布置垃圾桶103座，修复其他设施60件；清淤700立方米，清杂4.2万平方米，沿线灌木栽植1.7万平方米，完成世茂滨江段绿化、铺装零星维修等。（李元枚）

城市管理

市政管养

【概况】 2020年，鼓楼区修订完善《市政绿化管养体制改革方案》《鼓楼区市政设施园林绿化监管实

完成原银城菜场区域市容环境专项整治等14项保障工作。依托城管局宣传平台，发表《全力环境提升　保障全域美丽》《探寻“短板”变“跳板”稳抓投诉精细化》等宣传稿件11篇。接“12345”“12319”等投诉1885件，退签880件，办结1005件，每月满意率均97%以上。

【行政许可审批与监管】 2020年，鼓楼区完成道路挖掘占用项目初审210件、绿化砍伐移植修剪占用项目初审263件、监管道路抢修项目219件。协助市交通局、市园林局监管取得许可审批项目，督促施工单位整改违规问题，施工结束后责成养护单位修复设施，并组织验收，将“三严格”(严格审核材料，严格把关现场，严格批后监管)要求落到实处。北京西路燃气危旧管道改造工程、马鞍山路1号电力工程、汉口路道路优化调整工程及地铁9号线树木更新等重点项目推进期间，强化人员夜间值守监管，实时掌握施工进展情况；严格要求施工单位分段施工、全封闭围挡，夜间安排专人负责现场交通疏导，确保各项工作有序推进。施工完成后组织竣工验收，确保道路、绿化等市政设施恢复质量合格，落实长态长效精细管养。

【市政工程招投标项目】 2020年，鼓楼区申请项目资金1741万元，其中滨江风光带景观提升项目

申请资金1459万元，幕府西路等3座垃圾中转站设备采购项目申请资金282万元。非城市管养维修及标准化提升、桥梁检测服务、滨江风光带景观提升、幕府西路等3座垃圾中转站除臭及污水处理系统等24个项目完成招标工作。全年，工程审计75个2000余万元，出具审计报告63份，核减造价320万元。

【市政管养设施移交】 2020年，鼓楼区收到移交申请31个，其中市立项项目14个、区立项项目17个。区市政管养中心和养护公司察看现场50余次，出具整改清单40余次。至年末，完成18个，尚在办理13个（其中资料不齐全1个，整改12个）。

【市政基础设施管养】 **道路管养** 2020年，鼓楼区制订《城市道路创建优质养护示范片精细化专项维护项目实施方案》，实施江边路、模范西路精细化提升，并将精细化作业作为优质养护示范片项目在全区应用，项目累计维修车行道6048平方米、人行道5293平方米、路牙沿2160米。2020年度“双创道路”（争创十佳示范路，争当十佳养护人）活动期间，维修车行道1799平方米、人行道1436平方米、透水砼96平方米，更换面包砖356平方米。全年，维修车行道10.56万平方米、人行道3.12万平方米、路牙5049米、路沿5759米，树池5802个。

绿化管养 2020年，鼓楼区做好补栽补植、修剪抹芽、浇水施肥、病虫害防治、游园广场清扫保洁等基础养护。全年补植乔木（含行道树）745株、花灌木28.28万株、草坪地被4.86万平方米，行道树抹芽、修剪23.8万株次，花灌木、绿篱修剪202万平方米，去除枯枝、下垂枝等3.7万处，喷洒药水2.92万公斤，更换及布置草花456万盆。出动240人次、50车次、雾炮机50台次，治理30条道路约7000株法桐果毛。完成江东北路有恒路、金燕路燕江路、中山北路姜家园、虎踞北路龙蟠里、新模范马路南瑞路平交口大树栽植。开展树洞病害处理，采用无损探测技术探伤检测江边路、中山北路行道树树木断面，排查空腐、病虫害等安全隐患。使用新型聚酯材料填充修补树洞，更换空腐程度较重树木，消除树木倒伏和断枝隐患。开展行道树安全隐患排查修剪，处理险树2993株，其中结合冬季大修剪处理1149株、日常养护中更换补植219株、砍伐47株，清理断枝1578株。

（李元枚）

水务设施管养 年内，区水务养护设施划分为12个巡查片。完成道路雨水管网养护累计绞拉、射水1044千米，清掏检查井、收水井15万座（次）；清扫岸坡63.35万平方米、清捞漂浮物139.52万平方米；雨污分流片区管网养护疏通管道1283千米，清掏雨污水检查井25万座（次）。实施水务建设工程及管养作业安全生产检查，检查黑龙江路清疏养护作业、惠民河南闸泵站管理、杏林新村积淹水整治工程、龙江片区大循环引补水工程等，查出安全隐患4处，发出整改通知书2份，水务设施综合养护中心专项检查公共区域防火用电、排水许可批后监管作业现场、河道养护设施设备规范使用情况等，发现安全隐患18处，均督促责任部门完成整改。是年，燕江路排水片区获评市级“2020年优质养护片”。

（张亚伟）

【古树名木普查及保护】 2020年，鼓楼区配合市园林局开展南京市第六次古树名木普查工作，实地核查既往挂牌古树名木，逐树核实基本信息。该次普查，新增南京医科大学校园黄杨，省委省政府大院朴树、银杏，清凉山公园银杏，南京师范大学校园广玉兰古树名木5棵，并实施编号挂牌。全区有古树名木145株，根据相关规定，选定墨西哥落羽杉、广玉兰、银杏等9棵古树名木申报古树名木保护设施项目。分别为八字山公园挹江门南墨西哥落羽杉（编号024）增加避雷器、虫蚁防治；为湖北路43号广玉兰（编号032）增加围栏、复壮修剪、花坛开孔排水；为湖北路43号广玉兰（编号033）增加围栏、树洞修补、复壮修剪；为东瓜圃桥5-10号银杏（编号766）增加围栏、土壤改良麦冬栽植、复壮修剪；为盐仓桥南京军区第二干休所银杏（编号495）增加护栏、清除垃圾，破除原有水泥路面，增加透气孔、枝条修剪；为普陀路1号与轱岭路交叉二球悬铃木（编号761）适当降高缩冠修剪、清理枯死内堂、疏枝；

为轱岭路7-1号二球悬铃木(编号762)、为轱岭路18号二球悬铃木(编号763)、为轱岭路14-16号街对面二球悬铃木(编号764)降高缩冠修剪、清理枯死内堂、疏枝。

【管养道路及桥梁检测】 2020年,鼓楼区实施江边南路、郭家山路等22条管养道路平整度、破损、抗滑性能、弯沉、雷达等方面性能检测,并根据检测报告整改病害。检测黄家圩桥、宝燕中路桥等67座桥梁结构,并同步整改病害。安装桥梁名牌59块,完成区负责管养98座桥梁限高、限载标识安装。

【非管养设施维修】 2020年,鼓楼区实施非管养设施维修项目23件,投入资金132.1万元。维修沥青路面433.8平方米,水泥路面534.5平方米,修剪非管养树木185株,种植绿植4200平方米。

(李元枚)

市容管理

【市容执法】 2020年,鼓楼区街道综合行政执法体制改革,大队下沉13个街道中队开展具体行政执法工作,直属2个园区中队(湖南路山西路地区管委会中队、滨江风光带管委会中队)、3个专业中队(综合执法中队、渣土执法中队、水务执法中队)。全年,拆除违建4858处10.46万平方米,办理行政案件5956件,罚款948.21万元。其中,涉水案件410起,罚款115.07万元;渣土案件193起,罚款205万元;规划案件56起,罚款575.6万元。

【背街小巷精细化管理整治】 2020年,鼓楼区承担30条街巷整治任务,其中工程措施整治24条,非工程措施落实精细化管理6条,投入资金1500万元。整治包括:出新改造街巷沿街店招店牌、围墙修整美化、建筑二层以下橱窗立面张贴类广告清理;修复破损残缺路牙石、花坛等设施;补植绿化;施划停车泊位、规范停车秩序;建立"门前三包"、路长制长效管理体系和机制。至年末,完成整治并通过市城管局考核验收。挹江门街道淮滨路、湖南路街道云载巷作为精品街巷通过市城管局考核验收。

【停车管理】 2020年,鼓楼区复划非机动车泊位10.5万平方米,增划1.04万平方米。打造融合管理示范小区14个,整合利用周边停车资源,融合管理泊位3147个,其中小区内停车位1603个、小区周边停车位1544个。与万古科技园、家乐福超市等驻地企事业单位协调错时停车泊位49个。集中整治停车秩序185次,违停有效贴单23.21万张。清拖"僵尸车"306辆。落实非机动车主要淤积区域定岗管理,确定淤积点51个,定岗人员104人。推行共享单车融合管理,出动6.24万人次,规范共享单车停放秩序58.47万辆次,强制清拖共享单车22.51万辆次,规范整理市民自有非机动车停放秩序19.65万辆次。全年停车管理收费5277万元。

【户外广告市场化】 2020年,鼓楼区按照商业性户外广告市场工作要求,完成拍卖10件,发出行政许可10件,拍卖户外广告19块1606平方米,成交额160.2万元。

【户外广告安全管理】 2020年,鼓楼区开展户外广告"防失火、防坠落"重点隐患排查整治工作,履行安全监管责任。汛期、国庆节、春节前完成3轮户外广告设施安全隐患排查整治工作,清理拆除老旧破损广告设施28处,修复加固5处。

【清洗工作】 2020年,鼓楼区清理"三乱"(乱涂写、乱刻画、乱张贴)小广告33.13万张,处罚42起罚金6550元,停用号码10个。13个老旧小区"三乱"清理实施市场化服务,规范设置114个小区公共信息栏。全年出动2614人次,检查洗车场(站)826次,整改65起,取缔违规洗车点15处,完成年度35家洗车场星级评定。清洗龙吟广场、天正国际大厦、中国电信天翼广场、栖霞供电大楼、大观天地等楼宇19幢。

【"晨光行动"】 2020年,鼓楼区开展"晨光行动""整治清零"行动,专项治理区内交叉执法、联合执法，清理整顿垃圾乱扔、店招乱设、车辆乱停、摊点乱摆、设施破损等现象。取缔占道经营、夜排档1.98万处，查处倚门出摊3.07万次，查扣机动水果车184辆、电动车572辆，清理“三乱”4.67万处。

（李元枚）

环卫保洁

【概况】 2020年，鼓楼区推进生活垃圾强制分类、垃圾中转站改造、公厕复建等年度目标任务。全区547个小区实现定时定点分类投放、分类收运，365个小区启动收集点选址建设；1500余家单位启动生活垃圾强制分类工作。实施精细化保洁，生活垃圾前端（源头）分类、中端收运、末端处置体系初步建立，召开垃圾分类市、区级层面新闻发布会12场。投资1250万元，升级改造幕府西路等3座垃圾中转站；投资400万元，新建装配式公厕7座。智慧环卫和微信公众号参与平台建成并投入使用，做好大气污染防治，减少区域整体尘量，核心区域实施水洗水扫作业，机扫率100%，水洗率80%。

【垃圾分类】 4月，鼓楼区启动新门口10号等6个居民小区、南京脑科医院等15家单位垃圾分类先行先试，5月建成5个小区8个分类收集点设施和6条分类收运专线，完成撤桶并点、分类投放、源头减量及分类收运等试点任务。前端分类，547个小区777个收集点实现定时定点分类投放、分类收运，365个小区撤桶并点，并启动收集点选址建设；1500余家单位启动生活垃圾强制分类工作，覆盖率95%。中端收运，建立分类收运专线30条，其中餐厨废弃物14条、厨余垃圾13条、可回收物1条、有害垃圾2条。末端处置，发挥清凉山餐厨废弃物处置中转站作用，完善小型分散就地餐厨处理设施16处，日处理59.36吨。11月6日起，每日对全区各个点位厨余垃圾分类质量评估按A、B、C类打分，并在全区通报结果。其中，A类为放心点位，分类优秀；B类为容错点位，略有杂质；C类为未分类点位。至年末，A类点位约占10%、B类点位约60%、C类点位约30%。12月，鼓楼区以总分86.51的成绩获全市垃圾分类工作综合排名城区组第一名。

【环卫精细化管理】 2020年，鼓楼区智慧环卫和微信公众号参与平台建成并投入使用，发放3家保洁公司保洁人员智能手环1061只，25座垃圾中转站安装监控探头49个，安装公厕监控探头88个，151台机械化作业车辆、71辆密闭压缩车辆、339辆电动收集车纳入智慧环卫平台运营管理，智慧环卫平台日常作业有效上报事件3.26万条。核心区域实施水洗水扫作业，机扫率100%，水洗率80%。落实“四定”（定人、定车、定量、定时）机制，160条道路、199条街巷设立“4人专岗”（清扫员、保洁员、水洗员、收集员），其中清扫员557人、保洁员375人、水洗员59人、收集员130人。落实新冠肺炎疫情防控措施，一线人员佩戴口罩作业，公厕、中转站每日早中晚3次消杀。专项整治垃圾容器，张贴分类标识，增补公厕指示牌139块，更换果皮箱及标贴260处。做好大气污染防治，减少区域整体尘量，国控点300米核心区域内无尘作业、国控点1000米中心区域内除尘作业、3000米拓展区域内水洗水扫作业。新增14台小型冲洗车分23条作业线路，每日4:00—6:00、

垃圾分类收集点　　区融媒体中心　供图

9:00—11:00,13:00—16:00三个班次清洗。

（李元枚）

【环卫设施建设】 2020年，鼓楼区投资1250万元，升级改造幕府西路（厨余垃圾）、白云亭、凤凰新村垃圾中转站，工程包括建筑改造出新、给排水和电气安装、更换垃圾压缩设备，增加先进污水处理系统、除臭系统，室外环境整治和其他附属设施建设等。升级改造后经过处理的污水可达标排放至市政管网，臭气处理实现达标排放；服务半径内厨余垃圾和其他垃圾转运能力明显提升，中转站减量化、资源化、无害化和安全处理能力得到提高。投资400万元，于游园广场绿地和景区附近，新建7座装配式公厕。结合景区特点，按照旅游公厕标准配备感应龙头、除臭设备，并周全考虑空调、照明、采光、通风设备等，提供卫生纸、洗手液、安装手部烘干机等人性化配套服务设施。完成幕府东路分类转运站（含大件垃圾分类贮存中心）选址、五佰村中转站移址开工、10座公厕复建任务。

（李元枚　杨君羽）

生态环境

环境质量

【空气环境质量】 2020年，鼓楼区空气质量优良率83.1%，同比上升13.8%，达标304天，PM2.5年均浓度32.1微克/立方米，同比下降24.6%；PM10年均浓度54微克/立方米，同比下降21.7%；臭氧轻度污染45天，同比减少23天；降尘均值3.27吨/月·平方千米，低于市考核目标。国控山西路监测点空气质量优良率85.2%，PM2.5年均浓度34.0微克/立方米；国控草场门监测点空气质量优良率79.0%，PM2.5年均浓度30.0微克/立方米（改善幅度全省第一）；2个国控点均超额完成省市下达PM2.5年均浓度37.8微克/立方米、空气质量优良率76.8%（优良281天）目标，PM2.5浓度为“十三五”以来最低值。

2020年鼓楼区降尘监测一览表

表18

	降尘值（吨/月·平方千米）	备注
测点名称	全年平均值	
山西路	2.92	
晓庄师范附属实验中学	3.43	国控点
南大天文系	3.96	国控点
姜家园22号	3.27	
草场门	2.88	
新民路	3.23	
年度总均值	3.27	
考核目标	3.60	
评价	达到考核目标	

【水环境质量】 2020年，根据江苏省生态环境厅南京环境监测中心监测通报，夹江北河口饮用水源地水质为Ⅱ类，优于Ⅲ类考核目标，水质达标率100%；省考核长江大桥断面、城镇内河金贸桥断面水质均为Ⅱ类，市考核（省控）秦淮河三汊河、金川河宝塔桥入江断面水质为Ⅲ类，全部优于省市考核要求；市考核南十里长沟红山南路桥断面水质为Ⅴ类，达到市考核要求。

【声环境质量】 2020年，鼓楼区区域环境噪声54.6分贝，交通环境噪声均值68.7分贝，功能区噪声达标率87.5%，同比下降15.62%。

2020 年鼓楼区功能区噪声监测一览表

表 19

监测时间	达标率(%)	超标点位
一季度	100	
二季度	87.5	建宁路
三季度	75	西康路、建宁路
四季度	87.5	建宁路
全年平均值	87.5	

备注:1. 功能区噪声每季度监测一次;

2. 达标率统计以 LD(白天)和 LN(夜间)为准。

(李　婷)

环境保护

【蓝天保卫战】　2020 年,鼓楼区落实“点位长”负责制,在上年清凉山、山西路 2 个大气污染防治重点片区基础上,增加滨江片区,实现全区大气污染防治重点管控全覆盖;运用大数据、云计算、物联网等先进技术,加快建设全域覆盖、数据共享、“天地空”一体化环境监测监控网络,实现实时预警、精准监管。建立研判分析系统和专家团队会商机制,为大气污染精准治理和精细化管理提供技术支撑。实施机动车尾气收集治理。完成草场门隧道尾气收集治理试点工程,净化交通干道环境空气;开展夏季臭氧污染防治百日攻坚执法行动,清单制管控汽修等 VOCs(挥发性污染物)源头企业,开展持续巡查和随机抽查。增加主次干道保洁和降尘作业频次,按时完成工业源大气减排、燃气锅炉低氮改造、街道小型空气自动监测站建设等重点任务。全区 13 个街道均建有小型空气标准化自动监测站,同时优化各街道考核指标;推进废气污染重点治理,完成 30 台燃气锅炉低氮改造、9 座重点加油站油气三级回收升级、28 家汽修废气治理提档升级。严格渣土运输管控,推进智慧化工地审核,44 家在建工地完成差别化管理申请。在扬子江大道、幕府东路等重要道路节点设卡定点检查,全年查处各类渣土案件 123 起,查扣无资质运输渣土车辆 40 台。全年,该区空气质量优良率 83.1%,同比上升 13.8%,达标 304 天。

【饮用水源地保护】　2020 年,鼓楼区强化夹江北河口水源地日常监管,增加新冠肺炎疫情期间、夏季雨水集中时期检查检测,保障水质 100% 达标。开展水源地基础信息调查,编制饮用水源地环境状况评估,运用卫星遥测、无人机航拍等技术手段,完成夹江水源地保护区测绘工作。编制长江夹江北河口水源地(鼓楼段)《长效管理与保护评估报告》,修订《鼓楼区饮用水源地突发环境事件应急预案》,设置夹江北河口水源地宣传牌 6 块、界标 3 块、警示标志标牌 4 块,更换一级水源保护区隔离栏 2 处。完成 26 家企事业单位环境应急预案编制备案。出动执法人员 97 人次,检查北河口水源地 41 次,确保水源地环境安全。　(李　婷)

【生态保护红线评估调整完成】　2020 年,鼓楼区完成生态保护红线评估调整。主要内容包括:核实生态红线因调整规则发生变化而调整情况,核实生态红线因底图由二调变为三调所发生变化情况,衔接市绿化园林部门牵头开展自然保护地整合优化成果,用大比例尺地形图细化调整后生态保护红线边界,开展生态红线调出地块举证。

(莫向中)

【长江南京鼓楼段生态修复和环境治理】　2020 年,鼓楼区落实“共抓大保护,不搞大开发”总体要求,从 10 个方面推动长江南京鼓楼段生态修复和环境整治工作。落实长江保护生态红线划定要求,秉承严守生态底线原则,根据省市规划和自然资源部门部署，结合鼓楼滨江地区实际，科学划定幕府山省级森林公园、北河口水厂水源地、长江江豚保护区等生态红线，保障长江沿线生态保护红线落定和生态安全底线构建；推动长江沿线矿山生态修复，幕府山自1950年以来，大批白云石矿采石场开采，生态环境遭受严重破坏，后在社会各界呼吁和努力下，幕府山白云石矿得以关闭，通过植树造林、生态修复、植被覆盖、环境整治等工作，幕府山矿山生态修复工作取得很大进展，昔日裸露矿坑变成绿地和山林；推动长江入江支流水环境治理，金川河、三汊河是南京主城汇入长江重要支流，该支流入江口水质对长江水质有重要影响，鼓楼区采取生态修复、清淤疏浚、雨污分流、控源截污、引流补水等综合措施，水下治理与岸上整治相统筹，全面提升金川河、三汊河沿线水环境质量，从而保护长江水环境；推动长江沿线地质灾害治理，长江沿线老虎山、幕府山有多处地质灾害隐患点，其中老虎山为全省唯一特大型地质灾害隐患点群，鼓楼区协调各方力量，向上争取资金，推动地质灾害治理工作，至年末完成13个隐患点中6个点治理任务；推动长江滨江风光带鼓楼段全线贯通，鼓楼区协调相关用地单位，通过用地置换、优化方案设计、微改造等方式，解决滨江风光带鼓楼段全线贯通中涉铁路、涉部队用地堵点问题，实现长江鼓楼段滨江绿道全面贯通；打造长江滨江城市客厅，以宝船遗址公园、下关滨江商务区、上元门三大城市客厅为抓手，年内启动上元门城市客厅建设前期工作，以点带面拉动滨江空间品质提升；推动长江南京鼓楼段中山码头、大马路历史街区、下关火车站、火车轮渡所、和记洋行、金陵船厂等历史遗产和人文景观保护及更新，在保护珍贵历史遗产前提下，通过植入创意办公、艺术展示、商业等功能，将现代生活和历史记忆融为一体，形成长江特色风貌展示带；推动长江南京鼓楼段渡江胜利纪念馆、南京长江大桥、下关区煤炭港22号中共南京铁路地下党小组活动旧址等红色场所修缮、利用、开放和对外展示工作，年内重点做好渡江胜利纪念馆南侧建设南京党史综合馆规划服务工作；推动新河二村165号、老虎山西侧地块等片区危旧房治理工作，消除安全隐患，改善人居环境，全面提升长江南京鼓楼段生活环境品质；推动长江经济带重要节点幕府创新区建设，围绕生态、产业、生活三大要素，打造面向未来绿色、弹性、创新街区，构建生产生活生态空间相宜、自然经济社会人文相融复合系统。（鼓　鉴）

【生态环境宣传】 2020年，鼓楼区开展“六五”世界环境日“江苏省《我爱古诗词——我和长江有个约定》暨诗e中国行（江苏首站）”生态文化公益活动启动仪式，网络同步直播，观看参与37万人次，实现部、省、市、区四级联动。省市级以上媒体刊发工作动态70篇，微博发布973条，处理网络舆情57起。获省“讲好污染防治攻坚故事”活动一等奖，“金川河治理成效”代表南京市生态环境提升获《人民日报》、新华社、中央电视台等媒体现场报道。鼓楼实验中学创成省级绿色学校，汉江路小学若水科学探索馆创成首批南京市生态文明教育基地。开展《中华人民共和国固体废物污染环境防治法》《中华人民共和国土壤污染防治法》《中华人民共和国民法典》宣传和云课堂，派发宣传海报1600张。（李　婷）

南京长江江豚监测站　　区融媒体中心　供图

【南京长江江豚监测站揭牌】 10月30日，南京长江江豚监测站揭牌启用，成为江苏首个以长江江豚保护为主题科研保护监测站、全国首个建在城市中心江豚监测站、南京市区首个面向社会开放江豚科普宣教基地；成为南京市江豚文化交流、长江大保护工作一张新名片。南京长江江豚监测站由南京市绿化园林局与鼓楼滨江管委会合作建设，5月开工。位于下关滨江岸线江边路，面积205.2平方米，设有沉浸式江豚多媒体科普宣教展厅以及"江豚书屋""江豚邮局""江豚文创"等文化创意项目。其中，多媒体科普宣教展厅通过AR全息投影向市民展示长江生态以及长江江豚与南京渊源、鼓楼段长江江豚、长江江豚习性等内容；江豚书屋陈列江豚、水生生物、长江生态保护主题科普类读物，有儿童绘本、成年人史书等读物；江豚邮局将出版发行江豚主题邮票、邮戳、明信片，设立江豚主题邮筒，开展一列主题文化活动；江豚文创区，有萌萌哒江豚玩偶、帆布包、富有江豚元素及写有英文Smile纯手工陶瓷水杯……。监测站可供工作人员"水陆空"实时监控科学研判江豚情况，同时发挥文化创意在长江江豚保护、长江大保护、生态文明建设等工作中作用，开展相关文化交流活动，展现南京江豚保护风采。（王　欣　陈　超）

污染减排

【概况】　2020年，鼓楼区打好污染防治攻坚收官战，开展蓝天保卫战。实施"静音控尘"专项行动期间，全区夜间施工噪声投诉同比下降28.31%、PM2.5同比下降22.4%、PM10同比下降9.3%。开展餐饮问题整治"回头看"，推进480家餐饮单位安装油烟在线监测终端560套。开展水污染防治，溯源排查整治入江排污口；申报登记非道路移动机械；落实污染治理补助金1250余万元，完成30台锅炉低氮改造年度目标任务。

【非道路移动机械污染控制】　2020年，鼓楼区开展施工机械环保标识、油品检查，督促施工工地、驻区企业非道路移动机械尾气实现达标排放。申报登记882台非道路移动机械，通过审核705台，领取号牌575副；全年检查非道路移动机械2047台次，机动车路查1582台次、路检248台次，责令整改9台。

【"静音控尘"专项行动】　2020年，鼓楼区召开大气污染防治专题工作会议，部署蓝天保卫战目标任务，制定扬尘污染防治工作方案，落实街道（管委会）扬尘管控月讲评和考核制度，培训一线巡查执法人员百余人次，实现各街道夜间执法检查全覆盖。全区工地安装TSP（检测大气中总悬浮颗粒物设备）65台，实现工地扬尘精准管控。开展昼夜不间断巡查检查落实"静音控尘"，遏制夜间违法施工，填补夜间扬尘、非道路移动机械、柴油运输车辆等监管不足。专项行动期间，全区夜间施工噪声投诉同比下降28.31%、PM2.5同比下降22.4%、PM10同比下降9.3%。

【餐饮油烟整治实现4个100%】　2020年，鼓楼区按照"规范完善一批，整治提升一批、淘汰关闭一批"原则，规范整治全区所有餐饮业。区领导靠前指挥，通过现场调度、专题会议等方式重视餐饮整治长效管理工作，全区新装油烟净化器1065台、更新269台，提升重点区域300家餐饮单位标准，餐饮整治实现4个100%覆盖：油烟净化设施安装100%全覆盖；重点片区油烟高效净化设备100%全覆盖；199家500平方米以上大型餐饮企业油烟在线监控安装100%全覆盖；138家中小学、幼儿园，135家驻区机关、大学、企事业单位食堂油烟在线监控安装100%全覆盖。至年末，区实施在线监测预警系统安装餐饮单位480家，安装终端设备560套。（李　婷）

环境治理

【《鼓楼区"十四五"土壤污染防治规划》编制】　2020年，《鼓楼区"十四五"土壤污染防治规划》（简称《规划》）编制完成。《规划》包含总则、现状与形势、总体要求、主要任务、重点工程和保障措施6个章节。《规划》阐述规划背景、土壤类型分布及利用现状，回顾"十三五"土壤污染防治工作，分析主要问题，提出"十四五"期间土壤污染防治主要任务，明确建设用地土壤和地下水污染防治重点项

水美岸清的金川河畔　　区融媒体中心　供图

目、监测能力类项目等重点工程，制定组织领导、考核评估、资金投入、土壤宣教等保障措施。

【土壤污染防治】　2020年，鼓楼区制定《土壤污染防治2020年度行动方案》，开展建设用地土壤污染防治场地初步调查、监督和评审工作。3家重点企业用地（南京汽轮电机公司、南京金陵船厂有限公司、中国铁路上海局南京东机务段）实施年度土壤和地下水监测。经专家评审和现场核查，下关滨江02−29、02−32地块，幕府创新小镇01−05地块为非污染地块，可以正常开发利用；中央路331号地块污染治理修复通过专家评审和现场核查验收及销号，实施开发建设；幕府创新小镇通达合金厂地块污染治理修复工程修复方案通过专家评审，实施修复治理。

【挥发性有机污染物治理】　2020年，鼓楼区制定《挥发性有机污染物专项整治方案》，开展“五送五强化”（送标准，强化企业知法守法意识；送政策，强化企业规范长效管理；送专家，强化企业专业排查梳理；送点子，强化企业精准治理提效；送体检，强化企业全面整治达标）专项帮扶工作。完成金陵船厂VOCs（挥发性有机化合物）治理“一企一策”编制和13家企业VOCs排放总量核算填报工作。梳排检查28家喷涂作业汽修单位，推广安装在线监控系统。执法检查加油站油气回收设施使用，完成9座重点加油站油气3次回收改造及在线监控系统安装。　（李　婷）

【水环境治理】　2020年，鼓楼区完成河道水环境提升、分散型净水设施新建、长江岸线整治、防汛抢险、水务养护管理和河长制工作拓展深化等任务。完成外金川河宝塔桥段、惠民河、下圩河3项水环境提升工程，南京审计大学（莫愁校区）分散型净水站建成并投入运营。完成杏林新村和裕顺雅苑2个积淹水整治。完成内金川河流域雨污水管网清疏修缮一期主体工程，涉及18个片区；完成河西片区一期莫愁渠流域排水管网清疏修缮23个片区；河西片区二期清疏修缮工程进场49个小区，完成4.2万米；外金川河流域二期西部片区管网清疏修缮工程涉及104个片区，完成93%；外金川河流域污水管网清疏修缮一期工程，涉及16个片区，年末主体工程竣工。5项工程彻底解决区域雨污混流问题，压降溢流污染。长江岸线鼓楼段清理整治4处并通过水利部长江水利委员会及省水利厅、市水务局验收。区域内外秦淮河三汊河、外金川河宝塔桥2个省控入江支流断面水质Ⅲ类以上（第三方监测数据显示）。推进雨污分流工程建设，建成智慧水务大数据管控平台，开展河湖生态系统健康状况评价，实施水务设施精细化管养。新办排水许可证404户，应办尽办100%，巡查监管排水4501户。

【外金川河宝塔桥段环境综合提升工程】　2020年，鼓楼区从水景观提升、水文化展示和水生态修复3方面完成外金川河宝塔桥段环境综合提升工程，并作为精品样板工程在全区推广。该工程自回龙桥至外金川河入江口，全长700米、面积6.6万平方米，主要建设内容有景观节点及园林小品提升、绿化提升、铺装改造、照明设计、监控工程、城北污水处理厂中水消泡处理6个方面。水景观提升，重点打造杉林望江、叠翠倚涛、扬帆起航、宝塔清波、回龙探珠5处景观节点，形成“两岸多节点”格局。水文化展示，根据金川河横跨多座具有时代记忆桥梁实际，挖掘运粮河文化、宝塔桥文化、水治理文化、现代文化等元素，通过标识标牌、科普展示、特色廊架、LED电子大屏等方式展示，打造文化之河。水生态修复，根据河道特点，构建生态活力岸线节点，为水体生物提供多样栖息环境，提高动物种群种类；根据不同水位，栽种不同耐水湿植物，减少岸线冲刷，降低水土流失，提升景观效果及河道自净能力。全部工程实施原状道路破除、铺装和透水混凝土浇筑1400米，出新防洪墙饰面砂浆约7000平方米，更换破损栏杆约400米，安装入江口防洪墙装饰铝板73米，全线绿化种植3.77万平方米，水生植物3200平方米，安装城北污水处理厂中水出口消泡装置。工程3月进场施工，5月竣工，总投资1430.49万元。（张亚伟）

【市级突出环境问题整改】 鼓楼区依据2019年、2020年南京市水环境治理工作要点，结合区治水实际，制定《2019年鼓楼区全区河道消劣攻坚方案》《问题断面河道整改方案》。至2020年年末，完成金川河、南十里长沟主流（鼓楼段）、河西北部“五河四沟”、下圩河、惠民河南闸等水环境提升工程和河西北部龙江片区大循环引补水工程，完成外金川河宝塔桥段、外秦淮河三汊河口、南十里长沟主流红山南路桥水质为劣Ⅴ类等市级突出环境问题整改。通过3年持续治理，实施片区雨污水管网清疏修缮工程、优化河道及水务设施综合养护体系等精细化管理，金川河宝塔桥、外秦淮河三汊河口2条省控入江支流断面稳定达标，水质达到Ⅲ类；南十里长沟主流红山南路桥断面水质达到Ⅴ类，全区流域河道水质稳步提升，水环境治理取得阶段性成效。

金川河流域水环境综合提升工程 2018—2019年实施，2020年3月通过竣工验收。工程包括外金川河和内金川河主流、老主流、东西中支等河道。累计完成清淤6.4万立方米，整治排口24处，铺设5万吨/日补水管道1617米，新建截流设施23处、分流堰1座、大庙沟引水管1.54千米，改造入江口翻板闸1座、长流水泵站1座，修建气盾坝2座、跌水堰2座，增设曝气装置25套、生态修复1.3万平方米。通过控源截污、水位优化控制、生态补水、清淤疏浚、生态修复等工程，巩固提升金川河黑臭河道整治成效，确保河道水质达Ⅴ类、金川河宝塔桥断面水质达到省考核标准。

南十里长沟主流（鼓楼段）水环境提升工程 起于红山动物园桥，河道南下过安怀村桥、翠桥后汇合南十里长沟，1支流过小市街桥、沪宁铁路、和平桥，在龙蟠路以南汇入城北护城河，该段河道全长1182.5米。工程包括清淤疏浚、控源截污、生态修复。采用水力冲淤方式对全线河道清淤，并彻底清理河底建筑垃圾，累计1.2万立方米。新建截流设施4处，增设3台喷泉曝气装置，4台微孔曝气机及3台微纳米曝气机，不断向水体引入气泡，增加河道含氧量、改善水质，同时完成河道两岸生态浮床、和燕路桥下河床护底。

外秦淮河流域水环境提升工程 包括河西北部“五河四沟”水环境提升工程、河西北部龙江片区大循环引补水工程、下圩河水环境提升工程、惠民河南闸泵站前池水环境提升工程。2019年实施河西北部“五河四沟”水环境提升工程和河西北部龙江片区大循环引补水工程，至2020年年末，完成里圩河、清江东沟、清江南沟、清江北沟、龙江河、龙江东河、中保河、中保北河、清江沟等9条河道清淤，里圩河气盾坝及河道河底生态化改造，清江沟、清江北沟和中保河暗涵涵底修复、线性调蓄，同步进行排口截流井和防倒灌设施建设及常流水泵改造。新建下圩河江水预处理设施，预沉淀处理“五河四沟”引入长江水，降低泥沙含量，提高江水透明度，改善河西北部片区水环境，日处理能力5万吨/天。

分散式净水站建设 建成青年路、安乐村、汉北街及南京审计大学（莫愁校区）4座分散式净水站，破解片区污水高水位运行问题。（刘永斌）

【长江大桥南引桥环境综合整治一期工程】 2019年2月长江大桥南引桥环境综合整治一期工程开工。工程包括长江大桥南引桥（建宁路—大桥南堡公园）周边视线可及范围小区整治及部分零散建筑整治、3条道路整治、桥下空间环境综合整治、沿线3处棚户区及桥南一村征收后景观绿化建设。2020年，在拆违拆破基础上，整治出新三所村、滨江花园（东园）、方家营（70号～78号）、桥景苑(局部整治)4个小区建筑面积11.2万平方米,内容包括建筑外立面、楼道、围墙、屋面、店牌店招和小区内景观环境整治等;立面出新建筑面积2.57万平方米、屋顶面积0.75万平方米,包括滨江花园(西园)南侧沿郑和北路3栋、郑和北路隔音屏(外部顶面)、下关泵站、金陵船厂部分零星建筑;整治桥下回龙桥支路(22号~28号桥墩间)、晓燕路(56号~60号桥墩间东侧)、青年路(30号~49号桥墩间西侧)3条道路,病害处理和出新道路1.1千米,同步完善排水、绿化及其他附属设施;环境综合整治桥下空间,修补公路南引桥30号~63号桥墩下空间、绿化、建设停车场及完善配套设施等,面积5.1万平方米。完成3条道路周边和三所村、滨江花园(东园)、方家营(70~78号)10千伏及以下供电管线及弱电管线下地工程。至年末,工程完工,总投资2.91亿元。 (莫向中)

【长江岸线南京大桥公园段环境综合整治工程】 长江岸线南京大桥公园段环境综合整治工程分二期实施。3月,一期工程开工。一期项目由西向东为金川河入江口东北侧步道至金陵船厂西侧围墙,南北为防洪墙至长江,全长870米。工程包括综合整治面积10.01万平方米(其中新建绿地面积9.01万平方米、新建道路及广场面积1万平方米),新建栈道698米,防洪墙出新833米,新增风光互补太阳能路灯90个。6月,一期环境综合整治工程完成,总投资2340万元。12月,二期开工。项目沿滨江岸线自西向东,起于和记洋行旧址,跨越金川河,止于金陵船厂西侧围墙,全长920米,总投资8400万元。工程包括绿道、景观提升、亮化、水利闸、金川河口步行景观桥建设。至年末完成10%。 (季 玮)

【中央路331号地块土壤修复工程】 8月4日,中央路331号地块土壤修复工程通过省级评审并销号。工程总投资约8300万元。前身为南京汽车集团有限公司总部厂区(有1号、2号、3号地块),主要修复内容:基坑开挖处理基坑渗水、污染土壤预处理、水泥窑协同处置、土壤外运、NAPL(危险废物)抽取及处置、土方倒运等,3个地块总修复土方2.36万立方米。 (张 丹)

环境监管

【概况】 2020年,鼓楼区落实大气污染防治"点位长"制,明确各级防治要求,夯实大气污染防治监管责任。完成环境监测数据6058个,污染源监测数据790个,出具监测报告102份。在全市率先实现空气、噪声、降尘量监测要素街道全覆盖。审批办理辐射许可申请、延续和变更手续44家,涉源单位监督检查率100%。指导监督全区300余家医疗废物产生单位及200余家危险废物产生单位实施网上申报、转移处置,全年安全处置危险废物1600余吨、医疗废物5100余吨。整改中央、省环保督察问题360件并完成销号工作。完成第二次全国污染源普查工作,并通过市、省、国家三级审核。全年,生态环境违法立案242件,到账罚金585.06万元。处理环境信访8294件,办结率100%,"12345"群众满意率94.5%,"12369"群众满意率95%。完成年度环境质量报告,发布空气质量日报565期、周报81期、月报17期。

【第二次全国污染源普查完成】 2020年,鼓楼区完成第二次全国污染源普查。普查2018年开始,对象为区域内有污染源单位和个体经营户,包括工业污染源、生活污染源、集中式污染治理设施、移动污染源及其他排放污染物设施。通过普查准备、清查建库、入户普查、数据采集、数据审核、质量核查、软件输入、上级审核、汇总建档等阶段工作,确定符合第二次全国污染源普查条件工业源污染企业71家(入户普查工业企业95家),生活污染源1吨以上生活锅炉181台(71个单位),入江排污口4个,集中式污染治理设施企业1家,移动源油品运输企业2家和油品销售(加油站)20家,并完成普查对象污染物种类和来源、污染物产生和污染治理设施及运行情况基本信息调查。经过反复核查和不断完善,区第二次全国污染源普查工作通过市、省和国家三级审核。

【"点位长"制度实施】 2020年,鼓楼区继续实施"点位长"制度。制定印发《鼓楼区大气污染防治"点位长"负责制管理办法》《鼓楼区空气质量监测点“点位长”履职要求(试行)》。全区划分成清凉山、山西路、滨江3个重点管控片区,实行重点管控全覆盖。设立3个现场管控指挥部,构建四级“点位长”责任体系,区委书记、区长任“国控点”点位长;区人大常委会副主任、区政协副主席、区政府副区长任执行点“点位长”,统筹调度片区各板块污染治理与管控任务落实;区领导(区委常委)担任各街道小标站“点位长”,组织各板块守土有责,强化日常检查管理;属地街道主要领导任大气热点网格微站及工地颗粒物监测点“点位长”,实施清单化管理,制作各街道、片区污染点源分布图,制定责任清单,明确各类点源防治要求、管控措施、检查频次等,夯实大气污染防治监管责任。是年,国控草场门监测点PM2.5年均浓度30.0微克/立方米,改善幅度全省第一;山西路监测点PM2.5年均浓度34.0微克/立方米。(李　婷)

【河长制工作】　2020年,鼓楼区继续聘请24名河海大学专家教授担任“专家河长”,为金川河、龙江河、二仙沟、南十里长沟主流、西北护城河等河道把脉会诊。构建各级河长问题“发现、交办、处置、整改、回复”闭环机制,常态化巡河1.02万次、发现问题1006起,处置重点管理问题62起,形成问题交办单23件,全部完成整改。推进小微水体设置公示牌市级试点设置,明确乌龙潭、大洪池、方家营大塘等11处小微水体责任人,借助无人机航拍、便携式测水仪等科技设备助力河长治河管河。至年末,全区形成区、街道、社区、民间河长四级架构,有各级河长229人。以“江河卫士,河长在身边”为主题,评选区第三届“最美河长”。经街道推选、网络投票、评议讨论等环节,4.5万余人次参与,收到网络投票2.06万张,评选出“最美河长”10人。是年,区河长制工作获省政府办公厅“河长制湖长制推进力度大、河湖管理保护成效明显”通报表扬。

【智慧水务大数据管控平台建成】　2020年,鼓楼区智慧水务大数据管控平台建成。平台采用微服务架构模式,基于时空地理信息技术、物联网技术、大数据技术,构建智能感知、数据融合和智慧应用三大体系,实现排水智能感知、运营、监管及决策全过程智能管控。建成全区25条河道、3000千米管网、1057个排口、4座净水站、20座泵站等水务基础设施空间信息一张图。建成基于大数据和人工智能监管决策辅助体系,一键获取一体化信息服务,并提供可视化排水供水辅助决策、城市内涝预警等决策支持服务,实现排水工程远程监视和自动控制。全年,智慧平台发现涉及岸坡垃圾、河面漂浮物等问题180件,处置率100%。智慧水务系统建设成果获2019年中国智慧城市优秀应用成果(案例)奖。(张亚伟)

【水资源管理】　2020年,鼓楼区按照省市关于最严格水资源管理要求,围绕全区用水总量、万元GDP用水量、生态河湖评价、用水审计等水资源建设管理目标,推动水资源管理、节约、保护工作。完成金浦公司用水审计和《鼓楼区水资源公报》编制与评审,下达审计结论通知书。通过微信公众号、发放倡议书等形式开展“世界水日”“中国水周”主题宣传。委托第三方对西北护城河、金川河进行为期3年生态河湖评估工作,为金川河流域水环境提升项目建设提供技术支撑,为全区河道建设管理积累经验。全年万元GDP水耗5.9立方米,较2015年9.8立方米下降40%,超额完成市下降25%既定目标,完成市对区高质量考核任务。(张亚伟　李　婷)

10名河长入选鼓楼区第三届“最美河长”　区融媒体中心　供图

【建设项目环评审批】 2020年,鼓楼区落实生态红线、“三线一单”(生态保护红线,环境质量底线,资源利用上线和生态环境准入清单)、差别化环境准入要求,抓好源头防控。推行政务服务网上办理,公布窗口服务电话,从快做好建设项目备案和审批工作。全年告知承诺审批2件,“建设项目环境影响报告表”审批8件,“建设项目登记表”网上备案300余件。辖区所有固定污染源纳入重点、简化和登记管理,实现排污许可全覆盖。全年重点管理发证13家,简化管理发证27家,登记管理129家。

【监测网络建设】 2020年,鼓楼区完成三汊河、宝塔桥2个水质自动监测站点建设,并投入运营。新建国标方法空气环境质量自动监测站点11个(含设备更新站点1个),同原有2个国控站点实现13个街道大气国标监测站点考核全覆盖;同步新建降尘监测点位7个,与原有6个市级降尘监测点位实现13个街道降尘考核全覆盖。功能区噪声监测点9个,在全市率先实现空气、噪声、降尘量监测要素街道全覆盖。采取裸土卫星遥感、走航监测巡查、扬尘点位报警等措施,发现问题及时交办。建立热点网格数据库,积累数据资料,追本溯源,提高精准管控效率。

【水质监管】 2020年,鼓楼区完成全区229个长江入河排口排查建档、溯源监测和系统信息录入,并通过生态环境部平台审核。监测地表水158断面次。定期调度水污染防治工程项目进展情况,及时录入生态环境部内网平台。监督检查10家重点企业、医疗单位水污染物排放。

【核与辐射安全监管】 2020年,鼓楼区审批办理辐射许可申请、延续和变更手续44家;落实省市核与辐射安全隐患排查实施方案,梳理核对核辐射单位网上申报数据103家,指导并督促完善86家数据缺失单位。开展现场监督执法工作,涉源单位监督检查率100%,射线装置运用单位监督检查率超50%;督促辖区核与辐射利用单位100%完成年度评估报告工作。指导帮助南京市第五十中学安全收储1枚报废放射源,协助南京长江航道工程局开展移动放射源应急演练。

【危险废物安全监管】 2020年,鼓楼区出动执法人员2444人次,检查医疗机构、工业企业、汽修厂、实验室、工地、加油站1190家次,问题线索录入“181”监管平台31条,并全部完成闭环整改。制定《医院日常环境管理和执法手册》,指导监督全区300余家医疗废物产生单位和200余家危险废物产生单位实施网上申报、转移处置,帮助小微分散个体经营户解决危险废物处置和网上申报操作不及时问题。全年,安全处置危险废物1600余吨、医疗废物5100余吨。

【餐饮油烟污染巡查及执法检查】 2020年,鼓楼区结合环境信访投诉处理,严查油烟直排、设施不正常运行等严重违法行为,同时整治和监管工企机关事业单位食堂及群众反复投诉烧烤店、龙虾店等,全年执法检查餐饮企业1242家次,发现违法行为23个,立案处罚8起、罚款6.48万元。至年末,巡查各类餐饮单位1.1万家次,发现问题1167个,全部落实立查立改;全区餐饮业油烟监管步入线上线下同步管理阶段,线上监管、线下治理,油烟在线监测净化设施运行良好率93%以上。餐饮业污染投诉1252件,同比下降31.3%。

【环境执法监督检查】 2020年,鼓楼区开展环境处罚案件追缴工作,协助5家企业获省级绿色金融奖补金7.79万元。通过污染防治综合平台,采取自动监控、走航监测、网络办理等措施,推进非现场执法监管。出动执法人员2000余人次,检查各类企业1500余家次,责令整改94家次,立案242件,下达处罚决定书258件,罚金525.08万元,到账金额585.06(含跨年到账金额)万元。催告59起,收缴罚款35.1万元;申请法院强制执行56起,收缴罚款155万元。

【环境信访处理】 2020年,鼓楼区受理环境信访8294件,同比下降27.5%。其中,施工噪音投诉5107件,同比下降29.9%;餐饮油烟投诉1252件,同比下降31.3%。“12345”按期办结率100%,满意率94.5%;“12369”按期办结率100%,满意率95%。

(李 婷)

经济管理

JING JI GUAN LI

发展综合管理

【概况】 2020年，鼓楼区完成地区生产总值1772.6亿元、增长6.2%；实现一般公共预算收入166.41亿元，增长2.4%；完成全社会固定资产投资325亿元，增长9%；社会消费品零售总额1029.41亿元，增长2%；城镇居民人均可支配收入7.4万元，同比增长5.1%，位居全市前列。制定《经济和社会发展工作任务书》并细化分解，落实目标考核责任。出台《鼓楼区推动长江经济带发展工作方案》，明确涉区"百项提升工程"12项重点任务，建立常态化管理机制，10项考核指标全面完成。10项民生实事重点项目全部完成。社会保障、科教文卫、社区服务、平安法治等社会事业保持协调发展。

【经济社会发展目标分解实施】 2020年，鼓楼区将区二届人大四次会议审议通过74项经济和社会发展目标、10项为民办实事重点项目纳入综合目标暨重大项目管理系统，实施在线填报、逐月通报、实时预警。遵循主体责任明确、便于考核原则，将其中省市高质量发展25项监测评价指标、14项重点任务、5项进程监测指标、7项争先进位高质量发展考核目标，落实到26个推进发展责任部门、24个服务发展部门，形成50个部门、13个街道、5个功能板块工作任务书，明确目标推进时间节点，目标上墙、"挂图作战"、考核监督。应对新冠肺炎疫情防控，将GDP、社会消费品零售总额、财政税收、外贸进出口、招商引资、固定资产投资等总量经济指标分解落实到部门、明确到人头、细化到企业；牵头编制全区高质量考核办法，健全"横向到边、纵向到底"责任体系，实行区领导包块、部门包条、街道包干责任机制，落实目标考核责任；牵头市对区考核对上衔接，及时了解考核最新情况，召开全区目标冲刺大会，实施目标"四季度攻坚"，定时定点督查，保障各项目标任务按时序稳步推进。至年末，全区74项经济社会发展目标中，全面完成68项、基本完成2项、未达预期4项，目标完成率94.35%。10项为民办实事重点项目全部完成。

【"十三五"重点任务完成】 "十三五"期间，鼓楼区践行创新、协调、绿色、开放、共享五大新发展理念，以习近平新时代中国特色社会主义思想为指导，围绕《鼓楼区国民经济和社会发展第十三个五年规划纲要》，将30项指标和21项重点任务细化分解到各部门，跟踪推进落实，重点任务全面完成。至2020年年末，5年间全区累计完成固定资产投资1423亿元，年均增长率6.34%，其中2019年突破300亿元；重大项目累计投资1079亿元，对固定资产投资支撑比重75.8%；累计竣工项目112个，鼓楼创新广场、南京港总部基地等一批重大项目建成达产。5年中，新增省级企业技术中心9家、市级企业技术中心12家，全区市级以上企业技术中心29家，规模以上工业企业实施技术创新项目1000余项，9家工业高新技术企业获国家或省市表彰。大数据、云计算、物联网、5G应用、区块链、人工智能、工业互联网等重点项目建成投产，年新增从业人员4000人以上，产业产值平均年增幅15%以上。2018—2020年，连续三年位列省市高质量发展考核第一等次，蝉联省20强。

【高质量发展考核获市第一等次】 2020年，省市对鼓楼区高质量发展考核目标44项，其中省对区高质量发展监测评价指标25项、重点工作任务十二大类、进程监测指标4项、对标找差争先进位考核一类、争先创优加分考核一类、减分项考核一类。区委区政府明确推进部门26家、服务部门24家，总量经济指标分解到部门、明确到人头、细化到企业，差别化考核。建立区领导包块、部门包条、街道包干，周调度、月评估、季考核工作机制，推进目标管理。开展街道高质量发展"擂台赛""挂图作战"，以周保月、以月保季、以季保年，推动目标任务完成。是年，鼓楼区获全市高质量发展考核第一等次，蝉联省20强。

【"四新"行动】 2020年，《鼓楼区加快推进"四新"行动计划工作方案》明确发展新基建、培育新消费、壮大新产业和建设新都市总体要求和目标。在鼓楼区"四新"行动指挥部机制框架下，分别编制新基建、新消费、新产业、新都市行动计划，细化新产业推进办工作机制，确保完成全年"四新"工作目标。

新基建 新基建行动明确重点推进9个核心项目、55个关联项目建设。至年末，新建市定5G基站690座，新基建及关联项目完成投资124亿元。南京华贸商务中心获批2020年省级重大项目，打破鼓楼区近年来无省级重大项目局面。

新消费 联合区域重点商家，筹措资金，发放消费折扣券6000多万元，开展云购物、夜间经济、电商直播等多场专题活动，提升鼓楼消费热度；专设“鼓足干劲、更上层楼”销售竞赛月活动资金400万元，针对贸易业批、零、住、餐4个行业，按企业销售业绩给予1万～50万元奖励，同时按行业类别给予1万～10万元一次性奖励，激励企业拓展营销渠道。举办招商推介会，“深耕高质量、发力新消费”直播电商产业(杭州)推介会招商合作签约2个，重大项目签约8个，签约项目资金32.1亿元；2020南京金洽会鼓楼区专场活动“数字新动能消费新体验”“鼓楼区新零售产业创新峰会”签约新消费项目9个。至年底，新消费贸易销售额5100亿元，总量全市第一。

新产业 以新一代数字经济、新医药与新健康产业、物联网和新能源汽车、新型都市工业、未来新业态为发展方向，在市下达目标基础上增加鼓楼个性目标，形成一套指标。梳理出75个新产业发展项目，总投资267.45亿元，年度计划投资63.43亿元。

新都市 围绕《南京市关于应对新冠疫情影响推进新都市建设行动计划》、区城建计划、重大项目计划等国家和省市重点项目及重点任务，编制《鼓楼区新都市建设行动计划》，涵盖13个方面72项任务，项目总投资601亿元，其中2020年投资约153亿元。至年末，新都市14个项目开工，完成投资26.54亿元。

【长江经济带发展】 2020年，鼓楼区落实市长江经济带“百项提升工程”涉区10项指标、12项重点任务，建立常态化调度、管理机制，确保市、区衔接顺畅。至年末，列入市长江办直接考核“百项提升工程”2项：长江岸线南京大桥公园段环境综合整治一期工程完工，上元门观江平台及西侧岸线项目开工建设；4项长江干线岸线利用项目清理整治达到要求，完成验收销号；长江国际航运物流服务中心项目属于长江大保护和绿色发展18个特色

长江国际航运物流服务中心一期、二期工程　　区融媒体中心　供图

项目之一，至年末一期入驻、二期建设收尾；金陵船厂搬迁框架协议签订，迁建及土地利用工作按时序推进。

【重大项目建设】 2020年，鼓楼区安排重大项目127个，总投资1888.3亿元，当年计划投资202.8亿元，其中市级重大项目7个，年度计划投资51.2亿元。至年末，完成投资245.9亿元，完成年度计划121%。其中，市重大项目完成投资61.39亿元，完成年度计划119.9%。南京华贸商务中心、苏宁慧谷二期、中信泰富总部基地等29个项目开工；湖南路现代服务业总部城、华能南京滨江总部基地、宝龙天地等58个项目有序推进；中科紫台创新基地、银城小学浦江路校区等21个项目竣工；鼓楼滨江G36地块、科技广场C楼等储备项目提前开工；幕府小镇生态红线调整、四平路商业广场"以大代小"出让模式有效推进；南京华贸商务中心申报并获批2020年省级重大项目。

【诚信社会建设】 2020年，鼓楼区举办"与信用同行，筑梦新时代"信用知识竞赛，学习宣传《南京市社会信用条例》，印发各类宣传材料近3万份，推进诚信社会建设。全年，举办信用修复培训会2场次，参加培训企业270余家。为112家企业消除失信记录，上报全量信用信息10.65万条，其中社会法人信息10.44万条、自然人信息2051条、重点职业人群66条。上报"双公示"(行政许可、行政处罚所产生的信用信息依法依规上网公示)信息11245条，其中行政许可信息9148条、行政处罚2097条；审查企业信用信息278家，自然人信用信息8541人。将社会组织、工程建设、城市渣土运输、环卫保洁等10类行业领域企业纳入信用监管体系，收集各类信用承诺书235份，其中资金申报类承诺书、信用报告97份，信用修复承诺书138份。约谈信用重点关注企业114家。是年，鼓楼区获2019年全省政务诚信评价第一等次；同时，"信用+养老创新工作"被评为南京市信用工作创新项目。

【政务营商环境优化】 2020年，鼓楼区推进"放管服"改革和行政审批改革，促进民营经济发展。推行"网上办、马上办、承诺办"和"不见面审批"，项目管理重心由事前审批向事中事后监管服务转变。开通"鼓楼政企通App"，构建专业化企业政策服务平台，督促相关部门及时发布政策，提高知晓率，帮助更多企业享受政策红利。至年末，平台发布政策14类252条，总点击量2万余次。

【安全生产】 2020年，鼓楼区将安全生产工作列入年度区国民经济和社会发展计划目标、为民办实事重点项目，制定《鼓楼区工业企业安全生产大排查大整治工作方案》《鼓楼区船舶修造业安全生产专项整治方案》《鼓楼区民爆行业安全生产专项整治行动工作方案》，完善隐患排查整改闭环管理机制，规范排查、登记、整治、监督、销号全过程台账管理，形成省、市、区三级安全生产督查机制。全年排查行业安全风险点95个，民爆行业(民用爆破器材生产、销售和爆破工程服务)20个；安全生产专项整治行动抽查企业22家次，查出安全隐患200余处，全部完成整改。

【"十四五"规划编制】 2019年下半年，鼓楼区启动"十四五"规划编制工作，印发《鼓楼区"十四五"规划编制工作方案》(简称《工作方案》)，明确前期重点研究课题、《南京市鼓楼区"十四五"发展规划基本思路研究》(简称《基本思路》)、《南京市鼓楼区国民经济和社会发展第十四个五年规划和二〇三五年远景目标纲要草案》(简称《纲要草案》)、规划审议发布等工作和节点要求。2020年，区委区政府根据《工作方案》，开展规划编制工作。区委主要领导牵头开展城市更新、公共开放空间和产业转型等重要议题调研，先后召开经济、民生、城建等领域座谈会和专题讨论会20多场；区人大、政协全程深度参与，积极献言献策；区发改委从战略定位、产业发展、城市品质、改革创新等方面提出11个前期课题，采用公开遴选方式，广泛寻求各优秀机构、高校、专家团队合作，至年末全部按时结题，其中"鼓楼区进一步提升省会功能核心区首位度的目标与路径研究"获2019年省发改委系统优秀研究成果三等奖，是全市获奖3个课题之一，也是城区唯一获奖课题。12月，区委区政府召开《纲要草案》编制座谈会，听取各党派人士意见和建议，形成《中共南京市鼓楼区关于制定南京市鼓楼区国民经济和社会发展第十四个五年规划和二〇三五年远景目标的建议》，并在此基础上完成《南京市鼓楼区国民经济和社会发展第十四个五年规划和二〇三五年远景目标纲要》（简称《纲要》）编制，年末提交区第二届人民代表大会第五次会议审议通过。《纲要》总结“十三五”时期鼓楼区发展成就，提出“十四五”时期鼓楼区功能定位和发展目标、2035年远景发展目标，制定“十四五”时期鼓楼区重点任务，并编排“十四五”重大项目“十百千”（“十”大类别、“百”个以上重点项目、累计实现“千”亿元以上投资）计划表。

【都市工业】 2020年，鼓楼区挖掘都市工业经济增长点，建立健全区级“专精特新”企业库，完成全区463家规模以下工业企业、287家高新技术企业和军工企业梳排；培育规模以上都市工业企业，24家企业列入规模以上工业企业培育库，开票企业21家。年内，南京聚力医药科技有限公司、江苏特视智能科技有限公司2家都市企业纳入月度在地统计；净增规模以上都市企业27家，新增主营业务收入31.1亿元（除月度纳入在地统计2家企业）；协调完成中电熊猫新港经济开发区作为主体纳统，新增工业产值30亿元；20家规模以上工业企业完成产值63.2亿元。至年末，全区完成都市工业产业规模124.3亿元。江苏四新科技应用研究所股份有限公司、南京引光医药科技有限公司被认定省级“专精特新”小巨人企业，南京巨鲨显示科技有限公司“高分辨率多模态放射影像智能显示系统”被认定为省级“专精特新”产品。南京三百云信息科技有限公司、南京苏夏设计集团股份有限公司技术中心等5家企业技术中心被认定为第22批南京市市级企业技术中心。组织21家工业企业申报省市专项、市技改设备奖补和购置设备补助等项目资金，涉及项目投入资金4.2亿元，获奖补资金3824万元；加快新能源汽车推广应用和充电设施建设，拨付相关补贴资金1969万元；完成十余批软件企业省、市扶持资金项目申报，争取扶持资金2000多万元。

【规模以上工业企业】 2020年，鼓楼区建立年产值亿元以上重点工业企业月度指标监测系统，强化监测预警。对接省市工信部门，为重点工业企业疫情后复工复产协调解决防疫物资保障、原材料供应等问题；引导企业提升技术创新能力，鼓励工业企业研发新工艺、新技术和新产品，进一步强化工业企业强链补链工作，确保工业产业稳定有序。加强重点企业对接，强化指标调度和企业招引（先后赴保定、武进、深圳等地调研招商）；加大企业调研走访和梳排力度，加强规模以上工业企业培育，确保持续增量。至年底，全区20家规模以上工业企业完成工业产值63.21亿元，同比增长0.7%；新增规模以上工业企业27家。

（滑　松）

国有资产管理

【概况】 2020年，鼓楼区进一步转变政府职能、简政放权，深化国有企业改革。坚持服务与监管并重，促进区属国有企业创新发展。出台《鼓楼区区属国有企业综合绩效考核及负责人薪酬管理暂行办法》《鼓楼区行政事业单位经营性房产委托集中运营管理工作实施意见》《鼓楼区区属国有企业工资总额管理办法》《鼓楼区国资办出资人权责事项清单》《鼓楼区区属国有企业违规经营投资责任追究试行办法》《鼓楼区公有房屋公开招租暂行办法》，促进企业规范经营和国有资产保值增值。全年新增公有房产84处，面积6.3万平方米。为企业减免房屋租金1554.58万元，支持新冠肺炎疫情防控和复工复产。完成“三供一业”分离企业移交房屋面积198.8万平方米。

【国有资产监管】 2020年，鼓楼区优化完善国有资产监管信息化平台，整合企业信息资源，推进信息化与监管深度融合，实现国有资产监管“全覆盖、动态化、即时性、高效率”。优化考核机制，将资产负债情况纳入考核指标，从年度目标任务、执行财务制度、提高经营水平、资产保值增值以及违规经营投资责任追究等方面建立合理有效考核制度，进一步规范区属国有企业经营行为，落实国有企业监管责任。至年末，完成公有房产出租评估40处，公开招租签约3处，面积308.3平方米，租金增长率115%。处置涉诉房产43处，面积1.7万平方米，核实保障房配套设施产权划转21.56万平方米，移交1.74万平方米。

【“三供一业”分离移交】 2020年，鼓楼区完善“三供一业”分离移交工作组织架构、细化实施方案，明确街道、部门、移交企业职责分工和操作流程，对接职工家属区“三供一业”（供水、供电、供气、物业管理）分离移交企业19家，涉及居民3.3万户，房屋面积198.8万平方米。移交物业和社区配套用房2.72万平方米。接受“三供一业”任务占全市总量30%，居首位。险房维修、物业管理等善后工作有序推进。

【经营用房租金减免】 2020年，鼓楼区支持企业新冠肺炎疫情防控和复工复产，成立疫情防控复工复产领导小组，审核区属国有企业和行政事业单位减免经营用房租金申请352件，减免金额1554.58万元，其中财政非税收入534.61万元。

【公有房屋租赁】 2020年，鼓楼区加强公有房屋租赁管理，保障国有资产保值增值。全年新增公有房产84处，面积6.3万平方米。接收行政事业单位委托运营房产234处，投入运营80处。接收租赁房屋评估110处，完成评估40处。

（孟　元）

税眼看两会　　区税务局　供图

税　收

【概况】 2020年，鼓楼区构建分类分级与属地管理相统一税源管理体系，推进税收风险应对、个人所得税改革和税收营商环境优化工作，提高税收管理服务效能。落实高新技术企业研发费用加计扣除等税收优惠政策，助力高新技术发展；落实涉疫防控税费优惠政策，助力市场主体发展。全年完成政府口径收入248.46亿元，比上年同期下降1.21%；对应一般公共预算收入121.43亿元，比上年同期下降1.32%；全年征收社会保险费70.32亿元。48户企业享受高新技术企业税收优惠，减免税额1.53亿元；572户高新技术企业享受研发费用加计扣除税费15.92亿元。

【税收征管改革】 2020年，鼓楼区落实分类分级管理示范点建设工作，构建现代化税收征管体系。调整税源管理机构责任区域范围，组织相关部门做好系统切换前各类流程清理工作和系统切换后数据测试工作，将原11个税源管理科（所）调整为“6个风险应对机构+5个基础管理机构”。税源调查摸底39161户，其中企业31671家、个体工商户7490户。

【税收风险应对】 2020年，鼓楼区落实国家税务总局江苏省税务局办公室《关于有序恢复风险应对工作秩序的通知》，针对风险应对任务，运用线上执法、到户审批等手段逐户会审，及时跟踪，提高风险应对质效。全年完成风险应对391户，总成效6.65亿元。加强税收协同管理，推进跨区域风险应对，处理国家税务总局异地协作188户次，补税208.93万元；发票协查317户，开票金额5043.82万元。

【个人所得税征缴】 2020年，鼓楼区稳步推进个人所得税汇算清缴，制定《个人所得税汇算方案》，深化个人所得税改革。开展个人经营所得、疫情防控、综合所得纳税申报政策等业务培训8场次。开展汇算专项辅导、疫情直播间、走进省政府等个性化培训12场次，涉及100多家机关和企事业单位。依托大数据，将9854户纳税人分类网格化管理，精准服务。疫情期间，通过智能数字税企平台提醒纳税人进行错误数据更正、汇算申报；安排专人线上对接高等院校、大型医院、卫生防疫等单位，定向辅导、了解防疫补贴发放及个税免税政策享受情况，回应社会关切。全年完成个人所得税汇算申报23.06万人，审核退税12.63万人。

【税收执法】 2020年，鼓楼区税务部门公开权责清单，规范执法全过程记录，试点推行重大税收执法事项说理式文书，推进法治建设，提升执法水平。完成一般程序处罚185户，公告送达未按期报税责令限改纳税人417户。强制清算破产企业债权申报12687.21万元。落实疫情期间行政处罚相关规定，免予处罚9975户。核实内控风险筛查疑点40条。自查纠错日常指标过错19条，行政诉讼无败诉，行政复议均维持结果。

【税务营商环境优化】 2020年，鼓楼区利用省政务网认领、维护、发布税务服务事项及办理指南170项，上传政策49条。"非接触式"办税229万户次、占比92.42%，智能审核发票调整事项18891户次。开展2019年度信用等级评定及复评，完成信用等级评价55216户，事业单位信用等级评定169户。线上辅助咨询平台、钉钉"征纳沟通平台"、在线咨询平台以及征纳互动平台接受咨询15.2万条，满意率100%。全年接收"12345"工单1251件、"12366"工单670件，按时办结率100%。

【"税信通"智慧短信系统上线】 2020年，鼓楼区联合南京电信股份有限公司，开发"税信通"智慧短信系统，将原来仅包含文字普通短信，提升为菜单式及含单位LOGO可视界面短信。新短信系统主要功能视觉识别包括单位名称、单位标志、标准字、标准色，底部菜单包括单位介绍、地址导航、联系我们。后续将完善"税务局公开门户网页""纳税人学堂"等栏目菜单，点击可直接跳转至相关平台，纳税人通过一条短信即可查看多个平台信息。该系统被南京市发展改革委微信公众号推送。 （冯广友）

财政管理

【概况】 2020年，鼓楼区财政工作坚持稳中求进工作总基调，深化预算执行管理，加强政府债务管理，提高风险防范能力。树立过"紧日子"思想，优化支出结构，扎实做好"六稳"（稳就业、稳金融、稳外贸、稳外资、稳投资、稳预期工作）工作，全面落实"六保"（保就业、保基本民生、保市场主体、保粮食能源安全、保产业链供应稳定、保基层运转）任务，统筹推进新冠肺炎疫情防控和经济社会发展，实现财政收支总体平衡。全年完成一般公共预算收入166.41亿元，增长2.4%；完成一般公共预算支出109.92亿元，增长5.8%。

2020年鼓楼区一般公共预算收入完成情况表

表20 单位：亿元

项目名称	收入	项目名称	收入
一般公共预算收入	166.41	房产税	5.36
一、税收收入	153.72	印花税	3.37
增值税	54.38	城镇土地使用税	0.55
企业所得税	68.6	车船税(款)	0.72
个人所得税(款)	12.99	环境保护税(款)	0.17
城市维护建设税	7.58	二、非税收入	12.69

2020年鼓楼区一般公共预算支出完成情况表

表21　　单位：亿元

项目名称	支出	项目名称	支出
一般公共预算支出	109.92	农林水支出	0.12
一般公共服务支出	9.21	资源勘探信息等支出	1.09
国防支出	0.02	商业服务业等支出	1.31
公共安全支出	2.45	金融支出	0.17
教育支出	33.27	援助其他地区支出	0.52
科学技术支出	6.12	住房保障支出	5.61
文化旅游体育与传媒支出	1.66	粮油物资储备支出	0.05
社会保障和就业支出	22.54	灾害防治及应急管理支出	0.17
卫生健康支出	5.73	其他支出(类)	0.11
节能环保支出	0.77	债务付息支出	1.36
城乡社区支出	17.63	债务发行费用支出	0.01

【政府债务风险管控】　2020年，鼓楼区加强信息平台财政承受能力数据监测信息填报和PPP项目年度监督检查，把握利率降低窗口期，推动债务人与债权人协商洽谈债务置换工作，实现债务成本再下降，进一步减轻付息压力，增强抗风险能力。年内，支持重点项目建设，新增政府债券9.1亿元，其中一般债券5.5亿元、专项债券3.6亿元，均在风险可控范围内。铁北片区PPP项目被省财政厅评为示范项目，获奖补资金500万元。

【基本民生保障】　2020年，鼓楼区树牢过“紧日子”思想，将“三保”(保基本民生、保工资、保机制正常运转)支出作为第一优先，公用定额等一般性支出，在年初预算压减10%基础上再压减5%。“三公”经费实际执行数压减10%。集中财力优先保障民生，对国家出台民生政策做到应保尽保。至年末，全区公共财政支付民生事项累计94.26亿元，占一般公共预算支出85.7%，比2019年提高0.9个百分点，民生政策全部落实到位。

【财政绩效评价】　2020年，鼓楼区落实《南京市全面实施预算绩效管理三年(2019—2021年)行动计划》，编制《2020年度鼓楼区财政局预算绩效管理工作计划》《2020年度财政监督工作计划》，明确绩效管理范围，绩效评价原则和方法，有序开展绩效评价工作。开展2019年度财政重点绩效评价工作，区财政部门先后开展食品安全监管等7个项目重点绩效评价，在2个部门试点开展整体绩效评价，71个项目资金开展绩效自评。开展“三公”经费专项检查，强化“三公”经费常态监督管理，推进全区“三公”经费使用和管理规范化。

【差旅电子凭证报销支付改革】　2020年，鼓楼区推进省内差旅电子凭证网上报销试点区工作，率先完成网络流程设置、系统改造、U-Key制作、云端存储等应用程序，促进国库支付改革，实现差旅报销全流程电子化闭环管理。在新增10家预算单位试点基础上，进一步在全区推广，实现预算单位差旅电子凭证网上报销全覆盖。

【行政事业单位资产处置】　2020年，鼓楼区组织3次区行政事业单位固定资产集中处置，全区138家单位申报资产集中处置，起拍价合计25.56万元，成交价合计30.19万元，增幅18.1%，实现国有资产保值增值。明确17家存在固定资产损溢单位处理路径，年末完成固定资产损溢处理工作。修订《南京市鼓楼区行政事业单位国有资产处置管理办法》，加强出借款回收工作，彻底梳理超过2年未收回出借款项，逐笔建立台账资料，分类施策；明确主体单位催缴，聘请律师事务所介入无基础材料、主体不明确单位，多渠道处置，实现应收尽收。

【企业服务年活动】 2020年，鼓楼区出台《鼓楼区“企业服务年”工作实施方案》，分级分类组织机关干部走访基层，为企业服务，助力疫情防控、复工复产复业和经济社会发展。全年走访企业2000余家，企业提出困难442项，解决378项；企业反映问题全部“清零”。全区“企业家服务站”挂牌18家，组织活动77场，惠及企业1851户次。 （曹 琳）

金融服务

【概况】 2020年，鼓楼区金融业营业收入958.6亿元，增长44%；增加值160.36亿元，增长7.3%。新增境外上市企业1家、江苏股权交易中心挂牌企业11家。至年末，全区上市企业11家，24家企业在全国中小企业股份转让系统（“新三板”）挂牌，86家企业在地方股权交易中心挂牌。发放企业上市挂牌补贴872.82万元。组织科技金融创新峰会、高质量发展投资推介会活动，招商签约项目近百亿元，南京汇鑫典当有限公司、南京毅达高新融京股权投资合伙企业（有限合伙）等11家企业在区注册落户。建立地方金融从业机构名录，监管辖区49家地方金融机构。713家非法集资存量风险全部清零，全年未发生Ⅲ级以上金融风险事件，区地方金融监管局获市2019年度打好防范化解重大金融风险攻坚战工作先进集体。

【地方金融机构监管】 2020年，鼓楼区监管辖区地方金融机构49家，覆盖融资担保、小额贷款等六大类，其中融资性担保公司7家、小额贷款公司5家、融资租赁公司18家、商业保理公司5家、典当公司11家、众筹机构3家。年内，健全地方金融机构网络监管体系，确保监管工作底数清、覆盖全。分类建立微信群，畅通沟通渠道，实施动态监督管理。建立监管企业月度情况报送制度和日常走访制度，及时了解企业动态，有的放矢开展监管工作。落实企业变更登记、年审、年检、评级工作，审核投融资类企业变更登记申请189家，通过99家，去除投融资字样38家。开展专项检查，督促问题企业整改，妥善处理投诉、信访近300件，维护金融消费者合法权益。全年新增担保业务329.55亿元，在保余额293.87亿元，小额贷款在贷余额2.11亿元，融资租赁资产总额160.4亿元，发放保理融资款本金22.13亿元。全年累计兑现江苏省普惠金融发展专项资金补贴15.3万元，南京市融资担保支持小微企业、“三农”（农业、农村、农民）发展奖补资金1626.64万元，小微企业融资担保业务奖补资金177.71万元。

2020年鼓楼区地方金融机构一览表

表22

融资性担保公司	名　　称	注册地址
1	江苏广源融资担保有限公司	南京市鼓楼区燕江路201号钢铁数码港1号楼12楼
2	江苏徽商融资担保股份有限公司	南京市鼓楼区广州路188号苏宁环球大厦1510室
3	平安普惠融资担保有限公司	南京市鼓楼区集庆门大街272号1幢3806、3807室
4	平安普惠融资担保有限公司南京分公司	南京市鼓楼区集庆门大街272号1幢3806、3807室
5	南京市科技创新融资担保管理有限责任公司	南京市鼓楼区集庆门大街272号E07-2幢1004室
6	瀚华融资担保股份有限公司江苏分公司	南京市鼓楼区汉中路2号亚太商务楼第28层A座
7	南京甬商投资担保有限责任公司	南京市鼓楼区沈举人巷19号华辰大厦902室
小额贷款公司	名　　称	注册地址
1	南京市金浦科技小额贷款有限公司	南京市鼓楼区马台街99号
2	南京市瀚华科技小额贷款有限公司	南京市鼓楼区汉中门大街301号301室

续表22

小额贷款公司	名　　称	注册地址
3	南京市四方科技小额贷款有限公司	南京市鼓楼区新模范马路5号科技综合实验楼B座18层
4	南京市下关区润信农村小额贷款有限公司	南京市鼓楼区五塘村129号A座三楼
5	扬州市金海科技小额贷款有限公司南京分公司	南京市鼓楼区中央路19号1906室
融资租赁公司	名　　称	注册地址
1	江苏省再保融资租赁有限公司	南京市鼓楼区汉中门大街301号10层B座
2	江苏中江国际融资租赁有限公司	南京市鼓楼区北京西路5号
3	利隆融资租赁(江苏)有限公司	南京市建宁路263号4层
4	南京南华融资租赁有限公司	南京市鼓楼区云南北路28号3楼
5	江苏省国际租赁有限公司	南京市鼓楼区石头城6号8幢
6	南京紫金融资租赁有限责任公司	南京市鼓楼区汉中门大街309号9楼
7	南京华虹融资租赁有限公司	南京市鼓楼区中山路99号1601室
8	禾阜融资租赁有限公司	南京市鼓楼区汉中门大街301号1501室
9	江苏省港口集团融资租赁有限公司	南京市鼓楼区中山北路550号
10	大方国际融资租赁有限公司	南京市紫金(下关)科技创业特别社区幕府东路199号
11	江苏海企融资租赁有限公司	南京市鼓楼区中山路55号A28
12	华潍融资租赁(江苏)有限公司	南京市鼓楼区清江南路70号河海科技大厦
13	南京金泰融资租赁有限公司	南京市鼓楼区凤凰街2号002室
14	爱普生(中国)有限公司南京分公司	南京市鼓楼区汉中路2号亚太商务楼16层D单元
15	聚贤融资租赁(上海)有限公司南京分公司	南京市鼓楼区中央路399号5幢648室
16	联通租赁集团有限公司江苏分公司	南京市鼓楼区中山北路30号益来国际广场41层
17	仲利国际租赁有限公司南京分公司	南京市鼓楼区中山北路2号紫峰大厦1708、1709、1710室
18	丰田汽融资租赁有限公司南京分公司	南京市鼓楼区汉中路2号金陵亚太商务楼8楼897室
商业保理公司	名　　称	注册地址
1	江苏金榜商业保理有限公司	南京市鼓楼区中央路201号金茂广场南楼1106室
2	南京金浦商业保理有限公司	南京市鼓楼区湖南路马台街99号
3	江苏建银商业保理有限公司	南京市鼓楼区新模范马路17号
4	江苏润海商业保理公司	南京市鼓楼区集庆门大街272号2幢3006室
5	江苏问津商业保理有限公司	南京市鼓楼区郑和中路118号4#19层
典当公司	名　　称	注册地址
1	南京市聚宝典当有限责任公司	南京市鼓楼区建宁路96号
2	江苏中泰创展典当有限公司	鼓楼区凤凰街2号336室
3	江苏宝顺典当行有限公司	南京市鼓楼区热河南路29-9号
4	江苏晶盛典当有限公司	南京市鼓楼区中山北路281号726A室
5	江苏中信德典当有限责任公司	鼓楼区汉中路156号
6	江苏省苏汇典当行有限公司	南京市鼓楼区云南路27号

续表22

典当公司	名　　称	注册地址
7	江苏亿成典当有限公司	南京市鼓楼区华侨路81号
8	江苏惠存典当行有限公司	鼓楼区中央北路193号
9	苏宁环球典当(南京)有限公司	南京市鼓楼区集庆门大街270号1幢101室
10	江苏润楚典当有限公司	南京市鼓楼区中山北路346号54号楼
11	南京市银达典当有限公司下关分公司	南京市建宁路1号
众筹机构	名　　称	注册地址
1	南京科盟众筹投资管理股份有限公司	南京市汉中路六号国药大厦六楼
2	江苏苏宁股权众筹服务有限公司	南京市鼓楼区汉中门大街301号301室
3	南京众筹股权投资基金管理有限公司	南京市鼓楼区沈举人巷7号720室

【中小微企业金融服务】 2020年，鼓楼区举办“金聚鼓楼、创新财富”中国上市公司并购年会暨南京市鼓楼区高质量发展投资推介会等活动，组织金融机构与企业对接，为中小微企业提供金融服务。全区13828家企业在江苏省综合金融服务平台注册，511家企业通过平台获得授信27.1亿元。至年末，普惠型金融贷款余额475.34亿元，占全区贷款余额9.31%，区内企业使用市民营企业转贷互助基金499笔19.86亿元。

【非法集资防控处置】 2020年，鼓楼区成立区防范化解金融风险攻坚战指挥部，制定《鼓楼区打好防范化解重大金融风险攻坚战指挥部工作规则》《鼓楼区打好防范化解重大金融风险攻坚战实施方案》。建立“啄木鸟工作站”志愿服务组织，加强楼宇巡查和动态监测。开展防范非法集资主题宣传月广场咨询活动，并以街道为主体普查企业2122家。以建伟大厦、世贸大厦、颐和大厦、金山大厦为重点，专项排查企业550余家，处置风险企业5家。至年末，移送公安机关涉嫌非法集资案27起，涉案金额11.2亿元，涉及人员6000余人。

【互联网金融专项整治】 2020年，鼓楼区制定《鼓楼区P2P网络借贷平台风险事件应急处置预案》，一企一策推进P2P网络借贷机构整治。至年末，全区11家P2P网贷机构清退7家，立案处理4家；“金惠宝”平台资金清退完成，风险全部化解。

【金企对接活动(高新区专场)举行】 6月3日，“2020南京创新周分场活动暨创新周鼓楼金企对接活动(高新区专场)”在南京鼓楼高新技术产业开发区举行。活动由鼓楼高新区与鼓楼地方金融监管局共同举办，旨在为高新区内部分高新技术企业与金融机构搭建融资桥梁，帮助企业拓宽融资渠道、降低融资成本、提高融资效率。南京恩诺网络科技有限公司等20家高新技术企业，江苏毅达股权投资基金管理有限公司、华泰紫金投资有限责任公司等7家股权投资机构和中国农业银行城北支行等6家银行参加会议。会上，举行融资项目签约仪式，分别由中国建设银行鼓楼支行与霍普(南京)生命科学研究院有限公司、南京银行城北支行与江苏博瑞思信息技术有限公司进行授信签约，融资金额1000万元。

【金融支持“四新”行动对接会】 7月2日，鼓楼区举办金融支持“四新”(新基建、新消费、新产业、新都市)行动对接会。中国银行鼓楼支行等13家银行、中信泰富(南京)投资有限公司等20家企业负责人参加会议。会议通报区“四新”行动计划推进情况和项目融资需求。至年末，全区“四新”行动计划总投资中92%项目落实融资需求。中国建设银行鼓楼支行、中国银行鼓楼支行、中信银行城北支行、南京银行城北支行分别与华贸集团控股有限公司等5家企业签约，签约金额近20亿元。区委区政府有关领导、中国建设银行南京分行领导、区有关部门负责人出席。

【世茂服务控股上市】 10月30日，世茂服务控股有限公司（“世茂服务”股票代码：0873.HK）在香港联合交易所主板挂牌上市。发行5.88亿股，每股定价16.6港元，募集资金约110亿港元（超额配股权行使后）。世茂服务控股在海外注册，采用红筹架构模式上市，境内运行实体为世茂天成物业，位于南京市鼓楼区。 （陆莹楹）

市场监管

【概况】 2020年，鼓楼区放宽市场主体登记条件，建立便捷准入机制。发展市场主体（个体）9725户。办理食品经营许可1633户次、药品零售许可274户次、医疗器械经营许可231户次、二类备案294户次、医疗器械网络备案102件。专项整治春季校园及周边餐饮服务、疫苗流通与预防接种，及网络销售中药饮片、药品、隐形眼镜验配中出现违法违规行为，全年立案355件，办结295件，罚没入库683.66万元。没收假冒伪劣口罩、食品、服饰、箱包、白酒等商品410多件。检查“三品一械”（药品、保健食品、化妆品，医疗器械）1011家、食品销售单位1.29万家次、餐饮服务单位1.4万家次、特殊食品销售658家次。上报药品不良反应监测报告243例。发放《个体工商户App操作指南》，4945户经营者手机App申请注册，电子化率60.3%。新增并实施7项国家标准。是年，区市场监督管理局获全国消协优秀新闻宣传（市县）部门、全国市场监管系统政务新媒体“最佳风貌”优秀作品奖、第二届全国市场监管系统三微大赛二等奖、市“2020消费维权年主题宣传暨消费维权知识技能大赛”一等奖。

【市场管理】 2020年，鼓楼区建立信用监管机制，出具市场主体信用证明83户。上传行政许可信息2095条、行政处罚信息594条。完成省市局“双随机”抽查任务14项，涉及2068户；区“双随机”抽查17项，其中食品类13项、特种设备类1项、物价类2项、食盐类1项，涉及企业1539家。办理移出经营异常名录申请2165户，为企业办理行政许可、金融业务、申请上市、参加招投标等提供信用保障。清理不在原址经营且无法联系、未依法年报企业779家，新列入经营异常名录5793家。企业年报率91%。

【食品安全监管】 2020年，鼓楼区有食品生产加工企业8家（实际投入生产经营5家）、食品销售经营单位7843家、餐饮服务经营单位4648家、各类食堂342家、农贸市场40家。年内，抽检食品4498批次，合格率98.4%；食用农产品快速检测29.74万批次，销毁不合格产品93批次。下达餐饮销售环节整改通知书60余份；食品安全违法立案13件，罚没款28.8万元。全区学校食堂明厨亮灶实施率100%，量化分级管理良好以上比例100%。是年，宁海中学分校食堂被评为“江苏省2020餐饮质量安全示范店（食堂）”。

【“三品一械”监管】 2020年，鼓楼区有零售药店250家、医疗器械经营企业668家、医疗机构355家。开展疫情防控用出口医疗器械、新型冠状病毒检测试剂、“性保健品”等11个专项检查；出动执法人员2130人次，抽查药品经营企业362家次、医疗器械经营企业356家次、医疗机构168家次、化妆品经营企业125家次。完成药品抽检200批次、快检100批次，化妆品抽检30批次，未发现不合格产品。上报药品不良反应监测报告243例。

【特种设备安全监管】 2020年，鼓楼区在用特种设备1.3万台，其中电梯9619台、起重机械1785台、压力容器1128台、锅炉168台、厂（场）内机动车辆98台、压力管道31条。特种设备使用单位1368家，其中电梯使用单位865家。应用互联网“云平台+”，开展专业技能培训1421人，接受咨询1.3万人次；专项检查市果品冷库氨处置效果，依法查封冷库设备，彻底消除冷库特种设备严重事故隐患。

【稽查执法】 2020年，鼓楼区突出新冠肺炎疫情防控、安全生产、长江禁渔禁捕、知识产权保护等重点领域行政执法，打击违法经营行为。全年立案355件，结案295件，罚没款入库683.66万元。没收假冒伪劣口罩及白酒132瓶，假冒服饰、箱包等物品199件，集中销毁白酒、食品、服饰、箱包等各类涉案商品455件。开展直销行为专项整治，受理直销企业报备6家，注销直销企业2家，督促7家直销企业自我整改，1家企业迁出。召开打击传销工作会议，利用LED电子屏等滚动播放打击传销宣传标语，张贴宣传海报200余张、发放宣传品1万余份，核查涉嫌传销举报线索6件。加强非法金融活动治理，将4家涉嫌非法集资企业列入经营异常名录。整治保健品市场乱象，查处保健品违法广告、虚假宣传违法行为2件，罚没款1万多元。会同公安部门共同查处南京市众德康食品贸易有限公司保健品诈骗案件1件，刑事处罚50余人。开展长江禁渔禁捕工作，查处“长江鱼”“野生江鲜”等虚假宣传行为15件，某饭店利用互联网平台发布虚假“江鲜”广告案例入选国家市场监管总局典型案例。

【质量管理】 2020年，鼓楼区培训首席质量官、质量管理人员80余名。指导企业申报省市长质量奖。年内，金陵饭店股份有限公司、中国能源建设集团江苏省电力设计院有限公司首获省长质量奖。南京巨鲨显示科技有限公司、南京全信传输科技股份有限公司获2019年南京市市长质量奖(组织)提名奖。金陵饭店股份有限公司成为江苏首批通过认证的“江苏精品”企业。加强质量文化建设，组织企业参与2020年质量管理论文征集活动，报送论文9篇，区市场监管局获2020年质量管理论文优秀组织奖。

【商标品牌建设】 2020年，鼓楼区落实商标奖励扶持政策，加大商标国际注册电子化宣传力度，优化品牌孵化环境，推荐“大牌档”商标申报中国驰名商标，为企业商标申请注册提供全程服务。至年末，全区商标新申请量9713件，有效商标注册量3.9万件，马德里国际注册商标申请量26件。

【标准计量建设】 2020年，鼓楼区新增国家标准7项。其中省电力公司和中国能源建设集团江苏电力设计院主、参编的《统一潮流控制器工程设计导则》等10项标准获“2020年中国标准创新贡献奖”一等奖；南京水利科学研究院和水利部大坝安全管理中心主编、河海大学参编的水利部行业标准SL258−2017《水库大坝安全评价导则》获“2020年中国标准创新贡献奖”二等奖。《统一潮流控制器工程设计导则》等10项系列标准是首批“国家科技成果转化为技术标准试点”支撑项目，标准内容覆盖规划、设计、生产、检验、调试、运维等环节，拥有完全自主知识产权，填补柔性交流输电领域多项国内外空白，在首创性、先进性、体系化及技术参数上领先于同类技术标准。相关成果被写入国际大电网委员会CIGRE(中国国家委员会)柔性交流输电绿皮书，实现中国UPFC(统一潮流控制器)技术国际引领，为下一步主导制定国际标准奠定基础。

【计量器具核定检测】 2020年，鼓楼区市场监督管理部门对接南京市计量检测院，开辟检测服务绿色通道，为南京市疾控中心、中大医院等医疗机构检测生物安全柜、病毒检测荧光定量PCR仪等仪器设备12台(件)，助力新冠肺炎疫情缓解后复工复产。年度强制检定全区42家集贸市场3000台计量器具。完成市扬尘在线监测及大气网格化检测设备、环境监测贸易结算用流量计、汽车检测机构安全计量器具等监督检查任务。指导2家企业获评省级诚信计量示范单位。

2020年鼓楼区新增国家标准一览表

表23

序号	标准名称	标准编号	制修订单位	发布时间	实施时间	主起草或参与起草
1	《输变电工程数据移交规范》	GB/T 38436—2019	中国能源建设集团江苏省电力设计院有限公司	2019.12.31	2020.7.1	参编

续表23

序号	标准名称	标准编号	制修订单位	发布时间	实施时间	主起草或参与起草
2	《信息技术大数据工业产品核心元数据》	GB/T 38555—2020	国网江苏省电力有限公司、江苏省工业和信息化厅	2020.3.6	2020.10.1	参编
3	《内镜消毒效果评价方法》	GB/T 38497—2020	江苏省疾病预防控制中心	2020.3.6	2020.10.1	主编
4	《人类血液样本采集与处理》	GB/T 38576—2020	南京鼓楼医院	2020.3.3	2020.3.31	参编
5	《电子商务质量信息共享规范》	GB/T 39065—2020	苏宁易购集团股份有限公司	2020.7.14	2020.12.1	参编
6	《工业低品位余热集中供热系统技术导则》	GB/T 38680—2020	南京苏夏工程设计有限公司	2020.3.31	2020.10.1	参编
7	《倾斜数字航空摄影技术规程》	GB/T 39610—2020	南京师范大学	2020.12.14	2020.12.14	参编

【消费维权】 2020年，鼓楼区各大社区、商场等区域开展消费维权宣传活动31次，张贴主题宣传海报近2000张，利用公众场所电子显示屏循环播放市消协“3·15”宣传片，普及消费维权基本常识。全年受理投诉、举报案件线索5.2万件，办结率100%。 （刘明清）

物价管理

【概况】 2020年，鼓楼区推进价格监测点建设，完善价格监测网络，健全价格预警和信息发布机制，及时发布粮油主副食品等民生商品价格异动预警。加强志愿者队伍管理，促进价格监测任务落实，为省市价格决策提供基础支撑。围绕市区年度价格调控任务，制定《2020年鼓楼区价格调控目标责任分解落实意见》，确定10个部门为价格调控目标责任单位，签订目标责任书，执行情况列入单位个性目标与年终绩效考评范围。加强房地产业、物业管理、停车场和民办幼儿园等重点领域价格管理，规范收费行为，落实各项价格政策。至年末，巡查市场主体60家次，采集接收监测报表935家次，汇总上报852次，定期向社会发布辖区农贸市场主副食品价格信息273次。完成涉案财产价格认定131件668万元，政府服务价格事项4件110万元，价格争议调解52件130万元。

【价格管理】 2020年，鼓楼区组织13个街道和6个载体专项督查辖区内转供电主体单位转供电环节收费，发放转供电环节收费政策解读及规范收费行为政策提醒宣传资料500余份，上门宣传220家62次。督查109家问题单位完成整改。完成109家行政事业单位收费报告、1家旅游景点调价听证、12家住宅商品房项目明码标价备案初审和公示、132家收费停车场和道路临时泊位价格备案。

【价格监测】 2020年，鼓楼区完成省市重点监测任务13项，设立日常采价监测点21个，监测品种296项，发布监测数据613个。健全价格监测体系和价格预警机制，适时发布重要商品价格动态，全年采集接收监测报表935家次，汇总上报852次，在门户网站公示价格信息273次。报送农贸市场主副食品价格273次、超市主副食品价格227次、超市民生商品价格30次、城市居民食品零售价格216次、小杂粮价格27次、粮油批发价格预期价格7次、电器价格4次、超市食品价格2次。巡查市场60家次、监测点20家次。新冠肺炎疫情防控期间，上报价格应急监测数据329次。

【价格认定】 2020年，鼓楼区设立24个采价点，开展涉案、涉纪、政府购买服务、国有资产处置价格认定和价格争议调解工作。全年受理刑事案件价格认定182件，认定金额850万元，涉及标的物

531个。完成行政事业单位国有资产处置200家，认定金额110万元。公有房租金认定878平方米，金额67.3万元。价格争议调解71件(其中涉及防疫防控8件)，调解金额145万元。（滑　松）

【价格监管】　2020年，鼓楼区组织涉疫物资市场价格巡查，出动检查人员120余人次，检查单位60家，重点检查口罩、手套、消毒液、温度计等涉疫商品价格行为。开展商品房、涉企收费、医疗服务、教育收费、转供电收费专项检查5次，立案查处价格违法行为4起，罚款31.5万元。（刘明清）

审　计

【概况】　2020年，鼓楼区计划内审计项目16个。其中，省市下达2019年度政府隐性债务风险防范审计、税务审计、新型冠状肺炎防控资金和捐赠款物审计项目5个，2020年度本级预算执行及其他财政收支审计、经济责任审计等11个。查出违规资金1.35亿元；查处非金额计量问题71个，处罚4.76亿元，移送有关部门处理事项20个23人；提出审计意见及建议48条。是年，区审计局获省审计系统新冠肺炎疫情防控先进集体，档案工作通过省五星级规范测评。

【预算执行审计】　2020年，鼓楼区将年度本级预算执行审计作为重点审计项目，围绕预算编制及执行、全口径预算执行、财政收支管理、民生专项资金使用与管理、重大政策措施落实，揭示财政资金管理、分配、使用情况及存在问题，推进预算编制、使用管理规范化。全年，预算执行审计196个部门，审计查出问题50个，涉及30个部门6.81亿元，报送重要审计意见2份。

【经济责任审计】　2020年，《南京市鼓楼区本级经济责任审计对象分类和计划管理办法》出台，明确按岗位性质、履行经济责任程度、任职时间分类管理被审计对象，提高审计质量。年内完成区发展改革委员会、区司法局和中央门街道办事处主要领导离任经济责任审计，如实反映、客观评价任职期间贯彻落实中央重大经济方针政策、经济决策，履行部门职责、廉政建设情况。

【专项资金审计】　2020年，鼓楼区围绕“六保”(保就业、保基本民生、保市场主体、保粮食能源安全、保产业链供应稳定、保基层运转)“六稳”(稳就业、稳金融、稳外贸、稳外资、稳投资、稳预期)工作，深入街道、社区调查走访，开展就业、困难残疾人生活补贴、助餐助浴等专项资金分配、使用、管理审计工作。是年，就业资金专项审计查出问题金额159万元，非金额计量问题3个，移送处理案例3件；“助餐、助浴补贴”资金审计，查出问题金额64.64万元，非金额计量问题7个，移送处理案例3件。中央路331号地块修复工程、外金川河流域雨水管道清疏排查工程、街道老旧小区出新工程等重点民生项目跟踪审计取得阶段性成果。

【招商引资工作审计】　2020年，鼓楼区首次开展招商引资和优化营商环境审计工作。重点关注招商引资政策制定及效应、运行机制、项目签约落地及后期管理、绩效和营商环境。审计查出问题金额159万元，非金额计量问题18个。提出建立引资项目专家评估决策等建设性审计建议4条，其中招商引资项目专家评估决策建议被区委区政府采纳。

【内审工作检查】　2020年，鼓楼区全区联动开展内审工作大检查，41个单位报送自查报告及自查报表121份。审计重点抽查区教育局、人社局、卫健委、宝塔桥街道、凤凰街道、下关街道、中央门街道、南京鼓楼区产业服务集团有限公司、南京鼓楼水务集团有限公司、南京市鼓楼国有资产投资发展控股集团有限公司10个部门自查情况，分析监督使用和管理政府性资金情况，并将检查结果向区委审计委员会专题汇报。5月，13个街道办事处按要求完善“三定”方案，在方案中明确内审职能。（蔡　姝）

统　计

【概况】　2020年，鼓楼区深化统计机构改革，在区发改委、商务局、文旅局、科技局、建设局加挂统计科牌子，13个街道和高新区增加统计助理员16人，形成区级、街道、板块、部门、企业五级统计网络。增强统计基础建设，开展统计法律法规宣传，督促联网直报企业规范统计工作，提升统计数据质量。全区一套表联网直报企业1595家，直报率100%。召开网上直报企业年定报培训会54场次。直报企业名录库新增单位6064个，其中新增"四上"（规模以上工业企业、质资以上建筑企业、限额以上批零住餐企业、国家重点服务业企业）单位425个，动态维护修正单位信息1.58万条次。组织开展第七次全国人口普查，发放宣传品12.2万份，完成51.95万户135万人入户登记工作。是年，"双联双发、三核三全"数据质量控制工程被列为江苏省规范化管理创新项目。

链接：双联双发、三核三全

双联双发：源头单位联动排查、后期数据联动审核，发现库外单位、发掘库外数据。

三核三全：走访日核查、靶向核查和双随机核查，责任体系全覆盖、数据核查全领域、质量控制全流程。

【统计法制工作】 2020年，鼓楼区集中开展《中华人民共和国宪法》《中华人民共和国统计法》等统计法治宣传活动。通过召开统计法专题宣讲会、QQ群、微信群网上答题等形式，普及统计法律法规。全年组织"送法入企"专题培训、统计业务培训43场次。完善"315"统计数据质量保障体系，防范和惩治统计造假行为，发放告知书1595份。完成市统计局督查30家。

【统计年定报】 2020年，鼓楼区开展统计年定报业务培训，提高统计人员专业水平。全年举办年定报培训会54场，1595家"国家一套表联网"直报企业2159人参加专业培训。是年，全区1595家企业"国家一套表联网"直报率、直验率均100%。

【统计服务】 2020年，鼓楼区统计部门围绕地区生产总值统一核算改革，建立事前预测、事中监测通报、事后分析快报制度，及时为区委区政府决策提供服务。全年发布《数说》6期、《统计报告》31期，撰写各类分析、监测报告75篇，工作动态190条，其中2条被国家统计局采用、8条被省统计局采用、148条被市统计局采用。

【第七次全国人口普查】 2020年，鼓楼区成立由4位区级领导牵头指挥，全区17个相关部门和13个街道主要负责人为领导小组成员的人口普查领导小组，区级财政足额拨付保障经费2080万元开展人口普查。举办"大国点名没你不行"第11届中国统计开放日暨鼓楼区第七次全国人口普查宣传月活动，向169所学校12.2万中小学生及幼儿园小朋友发放开学伴手礼纪念品，宣传第七次全国人口普查工作。组织4252名普查指导员和普查员，按流程、时间节点推进普查工作，完成户籍登记51.95万户135万多人。宁海路街道天津新村社区入户登记询问工作，受到国家统计局负责人肯定。

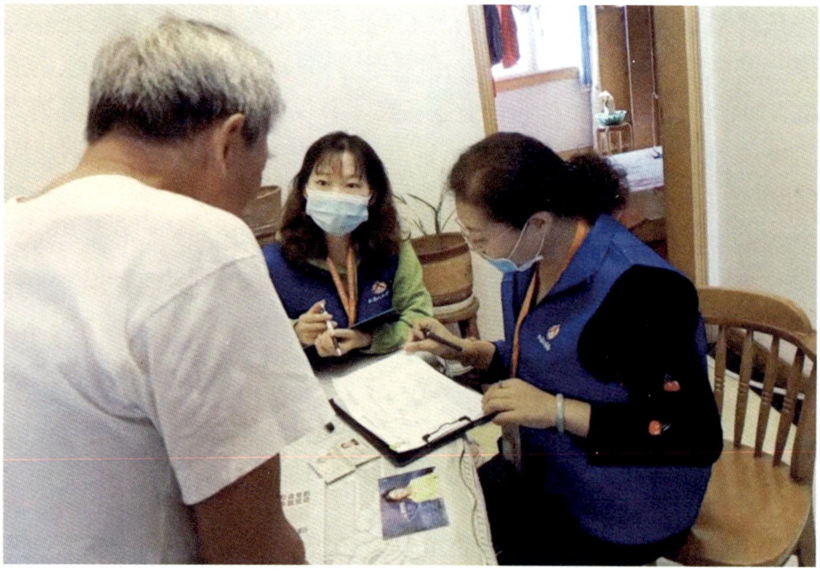

社区普查员利用晚间、周末时间上门登记人口普查　区融媒体中心　供图

【"双联双发、三核三全"行动】 2020年，鼓楼区统计"双联双发、三核三全"行动，通过"268"（每周每人走访企业2家、6个科室统筹行动、全年走访企业家800家）走访日核查、靶向核查和"双随机"核查3种方式，确保责任体系全覆盖、数据核查全领域、质量控制全流程。至年末，走访调查对象1273家，靶向和"双随机"核查100家，完成率100%。（李平凡）

南京市鼓楼年鉴2021

公共服务

GONG GONG FU WU

人力资源服务

【概况】 2020年，鼓楼区新增城镇就业3.69万人，实现再就业1.83万人。发放各项就业补贴2.91亿元。发放创业担保贷款25人次465万元。全年，举办招聘会128场，发布招聘岗位3.68万个。培育自主创业者5935人、大学生创业1060人。贯彻落实南京市“十万研究生宁聚行动”计划，区领导按周调度，带队走访龙头企业宣讲政策，对接司法、税务等部门，鼓励辖区律师事务所、会计事务所申报见习单位；区政府在南京大学举办“英才汇聚 乐业鼓楼”招聘活动。劳动保障书面审查单位1.22万家、集体合同1625份。全区劳动保障监察立案3058件，网上运行率100%，按期结案率100%，人事劳动争议仲裁结案率100%。全年接受130家中央、省属企业退休人员1.46万人。获人才购房证明资格1551人。完成1177名专业人员技术职称评定。是年，金川硅巷申报省级创业示范基地通过市级评审，琅琊路小学戚韵东获国务院特殊津贴专家称号，南京巨鲨显示科技有限公司王卫获江苏省突出贡献中青年专家称号。获省抗击新冠肺炎疫情先进集体1个、先进个人4人，市抗击新冠肺炎疫情先进集体8个、先进个人26人。为122名抗美援朝出国作战、健在老战士颁发“中国人民志愿军抗美援朝出国作战70周年”纪念章。江苏凤凰传媒集团有限公司博士后科研工作站、南京大学环保博士后科研工作站等4家博站单位入选市2020年优秀博士后科研工作站、省博士后创新实践基地。

【就业再就业】 2020年，鼓楼区新增城镇就业3.69万人，实现再就业1.83万人，创业带动就业3.67万人，大学生就业7.88万人，援助困难人员就业2796人。城乡劳动者就业技能培训11.91万人次，城乡新增劳动力就业技能培训2064人次，新生代农民工职业技能培训2560人次，创业培训3904人次。全区新增高技能人才1083人，招收博士后68人，职业技能鉴定取证5754人。

【2.91亿元就业补贴发放】 2020年，鼓楼区落实稳岗返还等各项优惠政策，发放受中美贸易摩擦影响企业稳就业专项奖励、补助159家5815人317.4万元。发放灵活就业人员社会保障补贴1.6万人次3315万元，发放稳岗返还补贴1.18万家7586.5万元、应急稳岗返还5479家8736万元。审核发放企业职工技能提升补贴2628人437.1万元、高校毕业生在宁就业创业租房补贴4.48万人次7646.90万元、外地高校毕业生到宁面试补贴2861人286.1万元、申请以工代训补贴企业300家2.08万人741万元。

【举办就业招聘会128场】 2020年，鼓楼区围绕“四新(新基建、新消费、新产业、新都市)行动”开拓就业岗位，组织辖区“四新”企业参与招聘活动。通过市人力资源服务平台、鼓楼人社微信公众号等网络平台，举办“线上”招聘会100场，其中区属国有企业参与市人社局“才汇金陵、共创未来”大学生专场招聘会1场、退役军人专场招聘会2场、大学生专场招聘会67场、“春风行动”农民工专场招聘会7场、“三八”女性网络招聘会1场、服务攻坚稳就业招聘会1场、综合招聘会21场，发布招聘岗位2.78万个。举办“线下”招聘会28场，其中企业参与南京信息工程大学、合肥工业大学等校园招聘会3场、“春风行动”农民工招聘会2场、就业扶贫专项招聘会3场、退役军人军嫂专项招聘会1场、综合招聘会19场，发布招聘岗位8955个。

【省级创业示范基地创建】 2020年，鼓楼区创建省级创业示范基地，开展创业基地复工调查，召开园区座谈会，指导园区营造创业氛围，培养创业典型。至年末，推荐市级优秀大学生“赢在南京”创业大赛项目113个，获奖54个；参与省级创业优秀项目评选21个，获奖14个。金川硅巷申报省级创业示范基地通过市级评审。

【事业单位人事管理】 2020年，鼓楼区事业单位公开招聘6次299人，定向招聘入伍退役大学生士兵、驻宁部队随军家属7人。核准单位岗位重新设置3家56个。审批事业单位工作人员岗位晋级1010人，核准招聘试用期人员转正定级255人。鉴证事业单位聘用合同691份。完成2019年度事业单位工作人员年度考核和备案工作，事业单位应参加考核8536人，实际参加考核8444人，因健康等原因未参加考核92人。考核优秀等次1299人、合格等次6921人、不合格2人、未定等次222人。根据省事业单位奖励实施细则，首次嘉奖奖励2019年度考核优秀等次事业身份工作人员1299人、机关工勤人员21人，给予2017—2019年连续3年考核优秀等次事业身份工作人员记功奖励28人。

【事业单位工资福利】　2020年，鼓楼区审批事业单位工资变动2万人次，核定单位各类奖金161家6.06亿元。核定退休人员待遇146人、新进人员工资待遇等80人。审批新冠肺炎疫情期间临时工作补助520.38万元。

【专业技术职称评审】　2020年，鼓楼区开展专业人员技术职称无纸化评定，初、中级职称网上申报，受理审核1177人，全部通过，其中中级职称157人、初级职称1020人。承担全区中级(代评二级)教师职称评审，获中级教师职称资格189人，二级教师职称资格32人。

【高新技能人才服务】　2020年，鼓楼区新增高技能人才1083人，累计留学回国人员2289人。线上对接博士人才、线下召开清华大学和北京大学等高等学校博士专场招聘会，招收博士后68人。开展“研究生宁聚行动”筹岗、人岗匹配工作，开发岗位1.21万个。对接大型人力资源公司，通过新媒体平台向高校目标群体宣传就业创业扶持政策，实现人岗匹配。开展市区级专家工作室推介活动，入选区级专家工作室3个、市级专家工作室2个。三百云项目顺利获留学回国人员创新创业项目C类3万元资助。审核各类人才购房证明5356人，其中人才购房证明1849人、EF类人才购房证明3507人;获人才购房证明资格1551人。

【人力资源市场审批管理】　2020年，鼓楼区评审人力资源服务机构92家，其中新增11家(国有企业5家);评审劳务派遣经营机构139家，其中新增29家(国有企业4家);评审民办职业培训机构39家，合格37家，整改2家。跟踪实行特殊工时制度企业16家。审查工资集体合同单位1625家，涉及职工45952人。

【劳动者权益保障】　2020年，鼓楼区书面审查劳动保障单位1.22万家、集体合同1625份。畅通劳动监察网上流转渠道，全区劳动保障监察立案3058件，网上运行率100%，按期结案率100%，案件涉及劳动者3000余人，追讨各类劳动报酬2900余万元。“双随机一公开”监察450户，开展保障农民工工资支付实地核查、人力资源市场整顿、社会保险扩面、高温期间维权、化工企业依法用工等专项执法检查活动5次，责令用人单位补签劳动合同105份，清退非法押金0.9万元。全年处理人事劳动争议仲裁案件3232件，其中受理案件1457件，结案率100%，裁决案件312件、调解案件753件、其他392件，案件网上运行率100%。

【工伤认定】　2020年，鼓楼区受理工伤认定1126件，其中单位申请1078件、个人申请48件，按时结案率100%;全年行政诉讼7起、行政复议2起、胜诉率100%。配合市人社局开展7家单位工伤预防工作。　　(张世文)

【农民工工资清欠】　2020年，鼓楼区开展《保障农民工工资支付条例》专项执法检查行动，检查辖区各类在建工地121家，涉及农民工4万人次。检查建设工地实名制工资专户、银行代发工资、工资保证金等制度落实情况。制作《建筑工地农民工工资支付保障工作规范》短视频，宣传劳动保障法律法规，督促、指导用人单位完善劳动用工管理，全区农民工劳动合同签订率99%。8月，成立鼓楼区劳动维权服务中心，区人社局劳动保障监察、劳动人事仲裁、区司法局、区总工会等部门参加，共同处理劳资纠纷。全年受理案前调解案件337件，调解124件，拖欠农民工工资举报投诉案件结案率100%。受理农民工到访接待件144件，涉及3490人、拖欠民工工资7640余万元，清欠4326万元。　　(张世文　莫向中)

【企业退休人员社会化管理服务】　2020年元旦、春节期间，鼓楼区慰问企业退休人员特困家庭

3480户、孤寡老人2314人、百岁老人21人,发放慰问金(品)618万元。完成企业退休人员体检8.81万人。开展国有企业退休人员移交地方纳入社会化管理工作,全年接收130家中央、省属企业退休人员1.46万人,开展区、街、社区退休人员社会化专场活动1548场。

【自主创业帮扶系列活动】 2020年,鼓楼区开展"赋能孵化器,鼓楼共享汇"自主创业帮扶系列活动。采用"线上直播+提问讨论+社群服务"模式,先后邀请业内知名专家交流,20家园区孵化器负责及管理人员参加交流互动活动。培育自主创业者5935人、大学生创业1060人。至年末,全区发放开业补贴108人次20.5万元、创业成功奖励16人6.4万元、创业带动就业奖励4家12人2.4万元、小微企业录用高校毕业生社保补贴229人次142.7万元、创业担保贷款25人次465万元。

【"英才汇聚 乐业鼓楼"南大招聘活动】 11月1日,鼓楼区在南京大学鼓楼校区举办"英才汇聚乐业鼓楼"——南京市"十万研究生宁聚行动"计划招聘活动。南京大学、南京市人力资源和社会保障局,鼓楼区政府及相关部门、街道负责人,相关企业负责人和招聘专干,南京大学鼓楼就业推广大使学生代表及南大学生代表参加活动。活动现场,区政府重点推介市"十万研究生宁聚行动"计划及区域创业就业相关政策;向南京大学就业推广大使颁发聘书;区人社局与南京大学就业指导中心签订合作协议。邀请博西家用电器(中国)有限公司,毕马威信息技术服务(南京)有限公司,江苏省港口集团信息科技有限公司,南京国电南自新能源工程技术有限公司等10家驻区重点企业现场搭台,向毕业生面对面推介优质招聘岗位,邀请南大学子到鼓楼立业兴业。在"鼓楼人社"微信公众号线上发布8000余个见习岗位,招聘硕博研究生和"双一流"本科生加入见习。至年末,全区筹集见习岗位1.2万个;率先出台扶持大学生创新创业就业优惠政策,每年设立专项奖励资金800万元,通过区内8家市级以上大学生创业园,评选一批大学生优秀创业项目,帮扶大学生创业就业。

(张世文)

11月1日,"英才汇聚 乐业鼓楼"——南京市十万研究生宁聚计划南京大学招聘活动在南京大学鼓楼校区举办 区融媒体中心 供图

社会保障

住房保障

【征收住房保障工作】 2020年,鼓楼区受理审核录入被征收家庭申购经济适用住房14件、中低价商品房26件、产权调换房226件、共有产权房保障房1件、征收安置房74件、滨江项目29件。组织被征收家庭选房46套,其中经济适用住房14套、征收安置房12套、产权调换房19套、共有产权房保障房1套。

【住房保障及补贴】 2020年,鼓楼区在保家庭1644户,其中租赁补贴799户,公共租赁房845户。中低收入住房保障租赁补贴新增327户。全年,发放中低收入住房保障租赁补贴1588.07万元。组织公租房家庭选房374套。外来务工申请租赁补贴家庭43户,发放租赁补贴4.64万元。

(柳 杨)

【金燕路西侧保障房性住房项目】 位于宝塔桥街道金燕路以西，东至金燕路，南至金帆北苑，西至金陵小区，北至象山路。占地面积11.6万平方米，建筑面积31.6万平方米，总投资38.13亿元。项目分A、B、C、D、E5个地块，总体规划建设住宅、学校、商业、社区、养老中心及配套设施等。其中，A、B两块住宅地为R2二类居住用地，建筑面积17万平方米，规划建设19栋住宅，提供11-20层2530余套住宅、1680辆机动车停车位（地上200个，地下1480个），A地块北侧配建菜场和社区中心各3000平方米；C地块配建18班小学（满足24班使用），建筑面积1.3万平方米，提供176辆社会公共停车位；D地块配建社区医养结合服务中心，建筑面积2.3万平方米，含养老院、社区医疗、日间照料中心三大功能，提供450个床位及296辆社会公共停车位；E地块配建9班幼儿园，建筑面积约3600平方米，提供118辆社会公共停车位。项目2018年启动征收，2019年完成试桩工作。至2020年年末，完成征地拆迁90%、详勘施工完成工程量70%、文勘施工完成工程量60%、支护工程启动施工。

【金陵村象山地块保障性住房项目】 位于金燕路以东地块，东、南至象山，西至金燕路，北至象山路。占地面积2.87万平方米，建筑面积7.3万平方米，总投资11.2亿元。项目总体规划建设住宅、商业配套设施等。规划建设9栋8层约800套住宅，提供约500辆机动车停车位（地上20个，地下480个）。2019年完成试桩工作，至2020年年末，项目除涉地铁地块外，征收、详勘施工和文勘施工均完成工程量90%，支护工程启动施工。 （王　乐）

社会保险

【社会保险征缴】 2020年，鼓楼区单位养老保险净增缴费1.76万人，本市户籍中断缴费人员续保8009人，“五险”（医疗、养老、生育、工伤、失业）征收46.42亿元。新增参保单位3524家，居民养老保险参保缴费3040人。缴费基数网上、柜面申报1.23万家，涉及职工26.88万人，人均申报基数6080.42元。开展扩大社会保险费征缴专项行动，联合区劳动保障监察大队重点检查餐饮、娱乐、写字楼，督促379家单位9168人参保续保。

【社会保险优惠政策落实】 2020年，鼓楼区减免单位保费2.2万家22.16亿元。发放城乡居民养老保险6.2万人次3116.13万元、被征地人员2项老年生活困难补助6034人次521.64万元，发放“三无”（无固定工作、无社会保险、无生活来源）下放回宁定居人员老年生活困难补助7640人次637.12万元。城乡居民养老保险缴费到账2996人，其中精准扶贫困难人员缴费到账2252人。落实涉军人员医疗参保政府帮扶政策，补助29人11.43万元。启动退役士兵社保接续补缴工作，办理退役士兵存在断缴月份且完成个人缴费社保补缴。是年，审核发放失业保险待遇1.46万人1.75亿元，受理工伤医疗费用报销、工伤待遇申请1172人次3556.57万元。

【机关事业单位社保】 2020年，鼓楼区机关事业单位补缴2019年3月前养老保险41家82人。兑现机关事业单位2016年退休“中人”（改革后退休）待遇61家144人、2017年退休“中人”待遇84家207人、2018年退休“中人”待遇70家192人。全年机关事业单位医保增记196家，增记在职1.14万人、退休9560人，增记金额3419.75万元。

【医疗保险】 2020年，鼓楼区居民医保参保缴费13.69万人，办理异地就医备案1098件。医保精准扶贫在库困难人员1.21万人，精准扶贫参保6628人。老军工（改革开放前军队辅助人员）补贴588人次72.43万元。医疗救助非平台结算153人次，发放救助130.86万元。配备区、街道两级经办平台医疗保险OCR（光学字符识别）零星报销智能审核硬件设备15套，缩短零星报销办结时限。审核发放居民、大学生医保零星报销1928份1262.78万元。 （张世文）

社会救助

【《鼓楼区社会救助“一事一议”工作规程》出台】 2020年，《鼓楼区社会救助“一事一议”工作规程》

鼓楼区组织社会救助业务培训　　区民政局　供图

(简称《工作规程》)出台,以“一事一议”形式确定临时救助标准,提供特殊疑难个案和群众突发性困难妥善处置指导意见。举办全区低保负责人、协理员、从事社会救助社工社会救助培训,解读《工作规程》。召开街道社会救助工作季度例会,通过“以会代训”共同探讨救助疑难案例。全年,依据《工作规程》发放临时救助金926人次396.9万元。

【“点对点精准帮扶困难家庭”公益慈善项目】 2020年,鼓楼区倡导企业和个人参与慈善公益事业,依托“乐善共襄爱心树”公益平台,实施“点对点精准帮扶困难家庭”公益慈善项目,以捐助人与受助人面对面、点对点牵手帮扶方式,将所得善款用于帮扶全区10%低保和低保边缘家庭,提高慈善救助精准度。至年末,通过该平台发起点对点精准帮扶2个轮次,51户困难家庭获得来自爱心企业和个人慈善救助金25.5万元。

【困境未成年人救助】 2020年,鼓楼区排查重病重残等六大类困境儿童889户,形成“一人一档、动态记录、跟踪反馈”救助闭环(即救助反馈系统)。发放18周岁以下孤儿、事实无人抚养、重病及重残儿童生活补贴224人173万元。发放春节慰问金35人,其中孤儿7人、事实无人抚养儿童28人。开展孤儿新年心愿活动,参加孤儿17人。

(陆婷婷)

【残疾人康复救助】 2020年,鼓楼区康复救助0~14周岁残疾儿童351人,其中0~6周岁259人、7~14周岁92人。申请残疾儿童辅具55人,办理残疾儿童学前一年免费教育资格审核18人,家庭医生签约服务残疾人9803人,提供重度残疾人居家康复服务130人。落实残疾人“三助一给”(助明、助听、助行,精神病人免费给药)基本康复服务418人,其中低视力筛查88人、申请困难残疾人白内障免费手术2人(因疫情原因尚未手术)、申请假肢和矫形器适配21人、申请残疾人家庭辅具适配和简单家庭无障碍改造300人、新增审核精神病免费服药7人、完成低收入残疾人家庭无障碍改造服务15户。建成凤凰残疾人之家、下关街道希望之家、建宁路街道残疾人之家3个精神康复站点。结合凤凰和下关2个站点工作经验拟定《精神障碍人士社区康复服务规范》,获省民政厅认可,并申报省地方标准化项目。

(马侨户)

【省市社会救助政策落实】 7月,鼓楼区按照市低保金调标文件规定,将辖区低保人员低保金标准提高至每人每月945元。至年末,为全区3384户低保家庭4704人发放低保金4528.5万元;发放低保对象低保补充金745.4万元;为192户低保边缘家庭443人发放救助金23.4万元;支出42.6万元,为全区362名低保重大疾病患者提供每人每天1瓶牛奶。认定436户717人住房困难家庭经济状况,复核2323户次住房困难家庭经济状况,为50名特困供养人发放基本生活费80.3万元。开展春节“济困送温暖”活动,慰问民政服务对象发放慰问金758.5万元。

【社区儿童活动场所建设】 2020年,鼓楼区摸底、排查社区儿童活动中心,检查、督导台账资料完善、管理制度和宣传海报上墙、活动场所指示牌明了等内容。热河南路街道儿童关爱之家通过省、市民政部门检查，创建为“省级儿童关爱之家”。

（陆婷婷）

社会生活

残疾人事业

【概况】 2020年，鼓楼区有持证残疾人1.42万人。全年发放残疾人社会保险补贴841人459万元，残疾人居民社保补贴551人86万元。元旦、春节期间慰问各类特殊困难残疾人2655人次，发放慰问金149万元。为625名贫困残疾人发放生活补贴72.88万元。为28名大病、生活困难残疾人及家庭发放临时救助生活补贴4万元。为1442户困难残疾人发放家用电器和轮椅1442件，价值66万余元。为300名残疾人配发康复体育训练器材，价值9万元。实施《就业年龄段智力、精神及重度肢体残疾人托养服务规范》，17家残疾人托养机构获运营补贴41.2万元。全区残疾人托养机构托养残疾人400人。区残疾人联合会联合区民政局完成残疾人年度“两项补贴”（困难残疾人生活补贴和重度残疾人护理补贴）审核发放。组织1495名残疾人参加各种文体活动30余场次，收听收看全国自强脱贫先进人物和助残扶贫先进事迹报告会直播661人次。发放残疾人康复体育健身器材300人，建成省级社区残疾人康复体育示范点2个。完善《南京市鼓楼区残疾人临时救助办法》，制定《鼓楼区“江苏省残疾人社区康复服务示范点”改造提升实施方案》《南京市鼓楼区“残疾人之家”建设实施方案》《南京市鼓楼区获奖残疾人及相关人员奖励办法》。是年，区“希望之家精神障碍康复站”患者家属、专家、精神障碍社区互助康复服务模式（UFE）获省残联系统创新创优项目，区文体艺展能中心获省“残疾人之家”荣誉称号，区残疾人聋人协会获评市优秀协会，肢残人协会、精神残疾人及亲友协会、智力残疾人及亲友协会获评市先进协会。东南大学附属中大医院获2019年度残疾儿童定点机构绩效考评一等奖、鼓楼区泰亿格残疾人康复中心获三等奖。纪寻获省自强模范，挹江门街道残联理事长刘长青获省残联系统先进工作者。区青年残障作家王忆获省三八红旗手，区残疾人联合会获市残联“突出贡献单位”称号。

2020年鼓楼区持证残疾人一览表

表24　　单位：人

类别	视力	听力	言语	肢体	智力	精神	多重	合计
数量	1824	1312	87	6244	1455	2854	440	14216

【残疾人“两项补贴”审核】 2020年，鼓楼区新增审核发放“两项补贴”507人。审核低保家庭内重度残疾人14人，按照每人每月低保标准50%发放生活补贴；审核低保家庭内非重度残疾人22人，按照每人每月低保标准25%发放生活补贴；审核低保家庭外无固定收入精神、智力、肢体、视力重度残疾人73人，按照每人每月低保标准发放生活补贴；审核无业无固定收入三、四级精神和智力残疾人44人，按照每人每月低保标准40%发放生活补贴；审核低保家庭内三、四级精神和智力残疾人20人，按照每人每月低保标准40%发放生活补贴。审核残疾等级评定为一级、二级，需要长期特殊护理消费和照护服务支出、且时间持续6个月以上重度残疾人319人，发放护理补贴每人每月130元；审核低保或低保边缘家庭中残疾等级评定为一级或二级，需要长期特殊护理消费和照护服务支出、且时间持续6个月以上居家重度残疾人15人，发放护理补贴每人每月130元，再由社会服务组织提供每人每月400元标准护理服务。

【残疾人福利保障】 2020年，鼓楼区根据《完善困难残疾人生活补贴和重度残疾人护理补贴制度的意见》精神，将低保内各类残疾人、无业无固定收入的三四级精神和智力残疾人等8类人员纳入救助范围，做好残疾救助对象补贴资金发放和相关政策宣讲。全年为符合申领条件的5821人发放残疾人“两项补贴”2882万元。

【残疾人教育补助金发放】 2020年，鼓楼区发放义务教育阶段残疾人学生和残疾人子女奖励金54人4.32万元，发放接受中、高等教育残疾学生教育补助金26人8.2万元，发放接受中、高等教育残疾学生教育奖励金28人5.35万元。

【残疾人托养】 2020年，区政府制定《鼓楼区残疾人托养服务标准化示范点建设实施细则》《南京市鼓楼区“残疾人之家”绩效考评办法》，指导14家社区“残疾人之家”标准化建设、规范化运营。出台《南京市鼓楼区残联贯标方案——残疾人托养服务国家标准》(鼓残〔2020〕15号)文件，落实残疾人托养服务国家标准。实施《就业年龄段智力、精神及重度肢体残疾人托养服务规范》，考核残疾人托养机构17家，按照考核等次发放机构运营补贴41.2万元，为残疾人提供寄宿托养、日间照料、居家安养等托养服务400人。

【残疾人培训就业】 2020年，鼓楼区实施残疾人就业优先计划，新增残疾人就业56人、残疾人辅助性就业250人，残疾人培训69人。发放残疾人自主创业、就业补贴8人2万元。线上年审辖区机关、民办非企业等按比例安排残疾人就业单位256家。

【残疾人基本服务】 2020年，鼓楼区完成残疾人基本服务状况和需求专项调查数据更新工作。更换十年期满“残疾人证”6809人，换证期间走访慰问残疾人337人。新增办理“残疾人证”698人，自动放弃“残疾人证”18人，死亡注销残疾人证337人，户籍迁出333人。

【残疾人及残联专职工作者社会福利】 2020年，鼓楼区开通残疾人免费乘车卡321人次，为重度残疾人上门或特约做残疾认定5人次。置换更新残疾人机动轮椅车14辆，审核发放置换补贴2.8万元；发放残疾人机动轮椅车燃油补贴692人17.823万元。发放70岁以上残疾人祝寿金2830人36.8万元。为1.43万名残疾人购买免费乘车意外险、100名街道社区残疾人专职委员和12名残疾人专门协会主席购买意外伤害保险。

【“五大协会”活动】 2020年，鼓楼区残疾人“五大协会”(盲人协会、聋人协会、肢残人协会、智力残疾人及亲友协会、精神残疾人及亲友协会)开展志愿服务、网络报告会等活动20场次，参加活动1000人次。2月上旬，区智力残疾人及亲友协会发出倡议书，号召残疾人及家属参与志愿服务；区聋人协会组织2位聋人摄影师为更换“残疾人证”聋人免费拍摄证件照200多人。区肢残人协会组织残疾人收看全国自强脱贫和助残扶贫先进事迹网络报告会；区盲人协会组织4位盲人按摩师为南京火车站北广场206路公交车驾驶员义务推拿。

【信访维权】 2020年，鼓楼区接待残疾人信访、电话接访200人次，受理市区“12345”政府服务呼叫中心工单29件，其他来信6件，回访满意率100%，无集访。申请法律援助4人次。窗口提供残疾人业务咨询6098人次。

【文化艺术及技能比赛获奖】 2020年，鼓楼区青年残障作家王忆作品《王忆的诗》获第二届全国残疾人诗歌大赛三等奖。组织参加2020年残疾人文化周活动——华东地区六省一市残疾人文创大赛，获一等奖1人、二等奖3人、三等奖2人。市残疾人文艺汇演参演作品4个。省残联第十届残疾人文艺汇演参演作品2个，分别获省曲艺类一等奖1个、器乐类三等奖1个。参加市盲人“秀厨艺、展风采”生活技能选拔赛，获二等奖1个、三等奖2个。参加2020年度市残疾人服务绩效奖励评选获一等奖1个、三等奖1个。参加市第六届听障儿童演讲比赛，获二等奖2个、三等奖1个、优秀康复师2人、优秀康复机构1个，区残联获优秀组织奖。参加市第二届康复机构儿童康复档案书写质量竞赛，获二等奖2个，优秀奖1个。南京乐平方公益发展中心获2020年“99公益日”(腾讯公益联合数百家公益组织、知名企业、明星名人、顶级创意传播机构共同发起的一年一度全民公益活动。2015年9月9日是中国首个互联网公益日,以后每年组织一次)活动最佳发动奖。

【残联改革工作】 5月,鼓楼区根据市残联改革方案,起草《南京市鼓楼区残疾人联合会改革实施方案》(简称《改革实施方案》)。10月,征求区残工委成员单位、各街道、残疾人各专门协会有关《改革实施方案》意见和建议,向区委改革办、区委组织部、区分管领导、区委常委报告区残联改革实施意见。12月,区委常委会研究通过《改革实施方案》。年内,根据《关于区残疾人联合会机关有关机构编制事项调整的通知》精神,新增挂职副理事长1人、兼职副理事长1人,区人民政府残疾人工作委员会办公室设在区残联,残疾人就业管理科更名为教育就业科。 (马侨户)

红十字会工作

【概况】 2020年,鼓楼区有基层红十字组织84个5031人,注册志愿者237人。募集新冠肺炎疫情防控款物651.36万元,其中资金419.48万元、物资231.88万元。接收市民捐赠衣物价值14.1万元,筹集其他资金及物资6900元。新建凤凰、宁海路、宝塔桥和幕府山街道“博爱家园”4家。召开鼓楼区红十字会第一届理事会第三次会议,出台《南京市鼓楼区红十字会改革实施方案》。与公安鼓楼分局签订应急救护培训合作共建协议。年内,完成应急救护培训1.56万人;组建红十字综合救援队1支,组建无偿献血宣传、造血干细胞捐献志愿服务队2支;造血干细胞捐献志愿者入库131人;市红十字会无偿献血志愿者智慧管理平台新增1778人;新增遗体和器官捐献志愿者(志友)173人,实现遗体和器官捐献59人。全区公共场所布点和安装自动体外除颤器(AED)86台,完成市政府为民办实事项目任务。至年末,区红十字会获全国抗击新冠肺炎疫情暨红十字应急救护知识竞赛活动单位组织奖一等奖、中国红十字会总会报刊宣传先进集体二等奖。区红十字代表队获市职工职业(行业)技能大赛应急救护技能竞赛团体一等奖。

【“博爱送万家”慰问活动】 2020年,鼓楼区开展“红十字博爱送万家”活动,春节前夕走访慰问困难家庭400户,发放钱物12.3万元。其中,区红十字会自筹资金7.84万元、物资0.65万元,省市红十字会下拨3.81万元。年内,开展对口帮扶,向涟水县捐赠善款10万元,用于儿童先天性心脏病集中救治。

【应急救护培训】 2020年,鼓楼区采用“线上”理论学习和“线下”小班化教学模式,进机关、社区、学校、企业、特殊行业开展应急救护培训工作,讲解心肺复苏、自动体外除颤器(AED)使用、气道异物梗阻等内容,开展互动式教学,授课教师带领学员进行操作训练;举办应急救护骨干师培训班,交流应急救护教学经验,提升救护师资教学规范化、标准化水平。全年应急救护普及培训1.26万人、

8月3日,鼓楼区红十字会与南京市公安局鼓楼分局签订应急救护培训合作共建协议

区红十字会 供图

持证救护员培训2976人、培训师复训班培训61人。区红十字会与公安鼓楼分局签订应急救护培训合作共建协议，提升公安民警自救及应急救护能力。年内普及培训公安鼓楼分局14个派出所、6个警务站以及巡特警大队21个内设机构约670名在职公安民警应急救护知识，其中包含持证救护员90人。

【“三献”工作】 2020年，鼓楼区开展无偿献血、造血干细胞捐献、遗体和器官捐献（简称“三献”）工作。深入机关、街道、社区、学校、企业开展无偿献血和造血干细胞捐献宣传，发放宣传手册2000多份。辖区机关干部、银行干部职工、在校大学生和市民加入“南京市红十字无偿献血志愿者智慧平台”1778人，招募健康、成熟志愿者加入“江苏省造血干细胞捐献者资料库”，完成造血干细胞采样入库131人。组建无偿献血宣传、造血干细胞捐献志愿服务队2支。鼓楼“志友”分会志愿者进社区、养老院普及遗体和器官捐献知识11场，新增登记“志友”173人，实现捐献59人。至年末，鼓楼区登记“志友”2791人，实现捐献609人。

【红十字宣传活动】 2020年，鼓楼区组织辖区群众参加中国红十字会总会举办“抗击新冠肺炎疫情暨红十字应急救护知识竞赛”活动，参与群众1万余人。组织“5·8”世界红十字日、“5·12”防灾减灾日、第21个世界急救日、第31个国际减灾日等纪念活动，开展“助力疫情防控红十字救在身边”“疫情下的急救”“提高灾害风险治理能力”等主题广场宣传和应急逃生演练活动118场，参加活动3540人。全年制作宣传横幅174条、展板49块，发放宣传资料2000余份，报送红十字工作信息165篇，市级以上报刊、网站录用120篇。是年，区红十字会获中国红十字会总会报刊宣传先进集体二等奖。

【博爱家园建设】 2020年，鼓楼区推进“4+X”（救护培训、“三献”、博爱超市、养老照护，“X”为自选项目）模式社区“博爱家园”建设，新建凤凰、宁海路、宝塔桥和幕府山街道“博爱家园”4家，占全区街道“博爱家园”总数的30.8%。

【鼓楼区红十字会第一届理事会第三次会议召开】 12月18日，鼓楼区区红十字会第一届理事会第三次会议召开，45家理事单位代表参加。会议审议通过《关于南京市鼓楼区红十字会第一届理事会第三次会议拟更换理事、常务理事、副会长、会长候选人情况的报告》《南京市鼓楼区红会第一届理事会第三次会议工作报告》《南京市鼓楼区红十字会2019年度捐赠款物及2020年新冠肺炎疫情防控捐赠款物收支情况报告》《南京市鼓楼区红十字会改革实施方案》。选举产生区红十字会会长冯泉，副会长吴敏鸿，兼职副会长仲伟平、戴坤星、郑小红、徐蓉；常务理事陶善满、何玖莲、费晓晴、陈斌、李拥军；理事孙天瑜等19人。

（陆　玲）

养老服务

【概况】 2020年，鼓楼区有百岁老人72人，发放80周岁以上老人尊老金2231.1万元。4月，区智慧养老安全生产数字化管理模块上线。年内，区民政部门落实《南京市养老服务条例》，完善养老服务运营和监管机制。全区运营的养老机构39家，从业人员1500人。养老机构新增床位211张，护理型床位占养老机构床位比例97.1%，养老机构、居家养老从业人员1800余人，提前并超额完成省市高质量发展目标任务，基础指标全市排名第一。开展养老照护志愿服务，上门服务88次，服务家庭198户205人。构建15分钟居家养老服务网。

【养老护理员职业技能提升】 2020年，鼓楼区实施“分类管理+岗位奖补+诚信建设”，助力养老护理员职业技能提升。规范职业技能指导，依据《养老护理员国家职业技能标准（2019年版）》，对养老护理员实行五级（初级工、中级工、高级工、技师、高级技师）分类管理；由区民政局牵头组织养老从业人员政策领会、职业道德、业务技能、应急处置能力等系列培训，将职业技能等级、工作年限与入职补贴与服务价格相挂钩，将提升生活护理技能和提高精神关爱、心理慰藉、医疗护理水平相结合，增强职业吸引力。落实岗位奖补政策，通过护理人员资格补贴、入职奖励及从业人员岗位津贴等各种方式，鼓励养老护理员参加职业技能培训；按照南京市《关于健全完善养老服务补贴的通知》要求，及时足额发放相关补贴：对养老机构护理岗位人员提供3万—5万元不等入职奖励，对养老服务机构从业护理员、护士、康复治疗（理疗）师、医生、社工师、营养师、心理咨询师等人员按标准发放100元—800元不等月岗位津贴。建立提质长效机制，推进养老组织护理安全隐患整改，下发养老市场失信联合惩戒对象名单和管理实施办法，建立健全全区“诚信养老”红黑榜机制，通报和处罚违规经营养老组织。全年组织开展养老机构负责人培训班4期，开展养老护理个案经验交流活动2场次。

【15分钟居家养老服务网构建】 2020年，鼓楼区有居家养老服务中心121家（其中AAA及以上62家）、中心厨房14个、银发助餐点159个、街道级日间照料中心14个、综合护理中心17个，实现街道社区全覆盖。完善街道层面养老服务体系建设，构建15分钟居家养老服务网，指导13个街道建设面积700平方米以上，具有全托、日托、上门服务等功能街道级养老综合服务中心。为800名失能、半失能老人提供家庭适老化改造。养老机构新增内设医疗机构2家、护理型床位302张。

（陆婷婷）

【养老照护志愿服务】 2020年，鼓楼区养老照护志愿服务队在13个街道社区开展养老照护知识普及培训36场2013人次。养老照护志愿者上门服务88次，服务家庭198户205人。10月，区卫健委下属全体医护人员加入养老服务时间银行，成为全市首支医疗专业志愿服务队，为辖区老人提供优质、多样、个性化医疗服务。

（陆　玲　步腊春）

【养老服务综合改革】 2020年，鼓楼区落实《南京市养老服务条例》，按照市相关文件和居住区公共配套养老服务设施负面清单，完成未按要求配建、建成未移交、建成被挪用养老服务设施整改任务。落实省市相关文件精神，协调房产、建设、消防救援等部门，研究、解决闲置房源改建养老机构消防审验问题，完成6家拟新建养老机构消防审验工作。依托区智慧养老大数据运营调度中心，完善养老服务运营和监管机制。

【养老机构安全质量管理】 2020年，鼓楼区依托区智慧养老大数据运营调度中心，设立安全生产数字化管理模块，打造“政府监管、机构落实、第三方评估”体系，将政府、养老机构、第三方评估机构连接起来。运行过程中，第三方评估组织根据每期安全生产要求下发自查任务，养老机构可通过“鼓楼智慧养老”微信公众号中安全生产模块自查安全隐患，并由第三方机构统一进行网上评估、现场评估与实时反馈，确保及时掌握养老机构安全生产情况，预测分析安全隐患，有效防范各类安全事故。实现政府监管、机构落实、第三方评估机构全过程安全评估。年内，区民政部门联合区消防大队，推进养老机构消防标准化建设，召开专题会解读《安全消防标准化管理细则》，举办养老机构安全管理培训及消防应急疏散演练。委托第三方社会组织抽查养老机构电气、消防和疫情防控等安全状况。至年末，组织安全检查小组65个，参加检查180人次，检查机构302家，排查发现电气、消防、食品等安全隐患552处，下发整改通知书21份，其中当天完成整改62处，限期内完成整改490处。

（陆婷婷）

【“生命‘安’处是温暖”入选省十佳案例】 2020年，鼓楼区卫健委安宁疗护实践案例“生命‘安’处是温暖”入选2020年全省老龄健康工作十佳案例第一名。安宁疗护，是为疾病终末期或老年患者在临终前提供身体、心理、精神等方面照料和人文关怀，控制痛苦和不适症状，提高生命质量，帮助患者舒适、安详、有尊严地离世。区卫健委在调研学习、摸清底数基础上，立足实际、大胆探索，创新提出“一套完整架构+一套标准流程+一套精细评价”“三个一”模式。通过区域覆盖、机构覆盖、重点人群覆盖目标定位整合三甲医院、社区中心、养老机构多重力量，形成三级贯通区域化安宁疗护架构。从解决安宁疗护人群最关心、最直接、最现实问题入手，结合机构特点和服务专长研制出一套安宁疗护标准流程。再通过安宁疗护效果评价指标体系，考核督导工作实绩，推进安宁疗护工作区域性覆盖。年内，鼓楼区创建中央门社区医院、石城护理院、银城象山护理院3家南京市安宁疗护试点机构，机构内设有安宁疗护病床70张，并配置谈心室、活动室、沐浴室和告别室等，患者家属可以随时探访与陪伴。其中，中央门社区医院通过选送成功培养2名国家级安宁疗护专科护士，并组建医生、护士、社会工作者、心理咨询师、康复医师、药师、志愿者等不同角色紧密协作多学科团队，共同帮助临终患者走完人生最后一程。同时，社区医院通过南京市安宁疗护指导中心，邀请鼓楼医院专家团队定期指导，打通转诊、会诊绿色通道，为患者提供三甲医院同质化安宁疗护体验。

【老龄工作】 2020年，鼓楼区发布《2019年南京市鼓楼区老年人口信息和老龄事业发展状况报告》(老龄白皮书)，发布区老年人基本信息、老龄事业发展状况及附录。凤凰街道蓝天园社区承接市老龄办第二批老年人心理关爱项目试点工作，心理健康宣传、干预老年人600人。开展国家老龄委“敬老文明号”评审工作，朗诗常青藤有限公司(瑞城店)获全国“敬老文明号”。8月22日，承办“提升健康素养 乐享银龄生活”2020年省老年健康宣传周暨老年健康科普促进行动启动仪式，省市区老龄办、三甲医院专家、老年人代表200人参加活动。 (步腊春)

【“九服久送，孝溢鼓楼”重阳节主题系列活动】 10月25日，鼓楼区民政局携手辖区43家居家养老服务中心和20家养老机构共同发起“九服久送，孝溢鼓楼”重阳节主题系列活动。活动主场设在鼓楼区心贴心老年人服务中心。现场通过一“服”送康，举办健康义诊服务，宣传健康生活理念；二“服”送乐，举办积木登高趣味赛，创新传统节日风俗；三“服”送食，制作品尝重阳糕，宣传养生饮食方式；四“服”送谈，品菊花茶聊老年事，心灵茶吧送心门；五“服”送学，挥毫泼墨学写中国字，丰富老年人精神文化生活；六“服”送行，助行适老化产品展示体验；七“服”送洁，理发修脚，清爽从头到脚；八“服”送修，修伞修小家电，厉行节约；九“服”送喜，鼓楼区养老政策知识竞答，明明白白养老，吸引百余名老人参与互动。活动当天，辖区62家养老服务组织分别在康复站点、社区、老人家中，为2802名长者提供个性化养老服务。

清河新寓社区“立足暖心俱乐部”每月两次为辖区老人提供修脚服务

江东街道 供图

2020年鼓楼区域内百岁老人一览表

表25

序号	所属社区	姓　名	出生年月
1	南京市鼓楼区湖南路街道马台街社区	王　云	1919-7-7
2	南京市鼓楼区湖南路街道南秀村社区	钱忠格	1918-12-3

续表25

序号	所属社区	姓　名	出生年月
3	南京市鼓楼区湖南路街道云南路社区	杨静如	1919-9-12
4	南京市鼓楼区宁海路街道仙霞路社区	黄桂香	1919-5-5
5	南京市鼓楼区宁海路街道仙霞路社区	徐方恒	1920-11-28
6	南京市鼓楼区宁海路街道颐和路社区	胡淑芳	1920-11-25
7	南京市鼓楼区宁海路街道北京西路社区	饶净植	1919-2-12
8	南京市鼓楼区宁海路街道北京西路社区	戚道珍	1917-5-9
9	南京市鼓楼区宁海路街道天津新村社区	孙执中	1920-6-3
10	南京市鼓楼区宁海路街道三步两桥社区	金月琳	1914-8-26
11	南京市鼓楼区宁海路街道三步两桥社区	孙梅兰	1917-8-28
12	南京市鼓楼区宁海路街道山西路社区	周云仙	1915-10-9
13	南京市鼓楼区宁海路街道山西路社区	吴闻氏	1919-10-26
14	南京市鼓楼区宁海路街道康藏路社区	陈松英	1918-12-13
15	南京市鼓楼区宁海路街道古林社区	王伯西	1918-1-6
16	南京市鼓楼区宁海路街道古林社区	刘遂良	1918-5-13
17	南京市鼓楼区宁海路街道古林社区	杨凤英	1920-11-2
18	南京市鼓楼区中央门街道观音里社区	熊保珍	1919-7-20
19	南京市鼓楼区中央门街道观音里社区	陈浩然	1920-11-16
20	南京市鼓楼区中央门街道青石村社区	林传申	1920-3-24
21	南京市鼓楼区中央门街道天正和鸣社区	盛全荣	1918-6-12
22	南京市鼓楼区中央门街道天正和鸣社区	张玉兰	1920-8-17
23	南京市鼓楼区中央门街道天正和鸣社区	陈秀兰	1914-9-23
24	南京市鼓楼区中央门街道汇林绿洲社区	徐余阳	1918-11-26
25	南京市鼓楼区中央门街道劝业路社区	王世浚	1917-8-16
26	南京市鼓楼区中央门街道劝业路社区	王玉斌	1915-11-3
27	南京市鼓楼区中央门街道模范马路社区	魏玉英	1919-11-2
28	南京市鼓楼区中央门街道三牌楼社区	何　拂	1917-8-22
29	南京市鼓楼区中央门街道三牌楼社区	汤秋莲	1915-12-3
30	南京市鼓楼区中央门街道新门口社区	王　唯	1917-1-8
31	南京市鼓楼区中央门街道颂德里社区	陈均豪	1917-7-22
32	南京市鼓楼区中央门街道颂德里社区	池秀珍	1919-2-6
33	南京市鼓楼区中央门街道颂德里社区	徐阿根	1920-2-20
34	南京市鼓楼区中央门街道颂德里社区	金义仁	1920-2-16
35	南京市鼓楼区挹江门街道福建路社区	黄云卿	1920-9-26
36	南京市鼓楼区挹江门街道察哈尔路社区	徐苏政	1919-2-22
37	南京市鼓楼区挹江门街道察哈尔路社区	戎克勤	1920-11-8
38	南京市鼓楼区挹江门街道钟阜路社区	叶长清	1920-3-31

续表25

序号	所属社区	姓名	出生年月
39	南京市鼓楼区挹江门街道戴家巷社区	单宗娴	1918-12-31
40	南京市鼓楼区挹江门街道戴家巷社区	蔡其珍	1919-10-11
41	南京市鼓楼区华侨路街道慈悲社社区	石冠英	1919-7-20
42	南京市鼓楼区华侨路街道五台山社区	袁法根	1919-6-2
43	南京市鼓楼区华侨路街道龙蟠里社区	咸　威	1920-6-23
44	南京市鼓楼区华侨路街道清凉山社区	毛昶熙	1918-10-21
45	南京市鼓楼区华侨路街道清凉山社区	谈秀珍	1919-4-8
46	南京市鼓楼区华侨路街道石头城社区	孙佩珏	1912-2-2
47	南京市鼓楼区江东街道腾飞园社区	章秀猷	1919-12-24
48	南京市鼓楼区江东街道腾飞园社区	王常庆	1920-9-13
49	南京市鼓楼区凤凰街道凤凰西街社区	周裕如	1919-4-15
50	南京市鼓楼区凤凰街道凤凰街社区	陈素华	1919-11-16
51	南京市鼓楼区凤凰街道蓝天园社区	王敬群	1919-5-28
52	南京市鼓楼区凤凰街道华阳佳园社区	胡宗法	1920-12-1
53	南京市鼓楼区热河南路街道小桃园社区	赵希英	1915-8-18
54	南京市鼓楼区热河南路街道三汊河社区	施　俊	1919-12-19
55	南京市鼓楼区热河南路街道白云亭社区	王桂英	1914-6-14
56	南京市鼓楼区热河南路街道白云亭社区	张秀凤	1918-10-13
57	南京市鼓楼区热河南路街道晏公庙社区	朱淑贞	1919-2-14
58	南京市鼓楼区下关街道多伦路社区	刘福森	1920-3-2
59	南京市鼓楼区下关街道多伦路社区	骆香云	1920-12-14
60	南京市鼓楼区下关街道盐大街社区	杨柳英	1918-6-17
61	南京市鼓楼区下关街道新民门社区	朱月萍	1911-1-16
62	南京市鼓楼区建宁路街道新民路社区	蒋杏芬	1920-6-19
63	南京市鼓楼区建宁路街道安乐村社区	赵兴观	1919-12-31
64	南京市鼓楼区建宁路街道安乐村社区	赵鸿名	1919-10-1
65	南京市鼓楼区小市街道张王庙社区	王治民	1920-10-1
66	南京市鼓楼区宝塔桥街道宝塔桥东街社区	李明清	1918-8-16
67	南京市鼓楼区宝塔桥街道水关桥社区	史文琴	1918-4-30
68	南京市鼓楼区宝塔桥街道水关桥社区	王怀珍	1920-5-24
69	南京市鼓楼区宝塔桥街道燕江园社区	彭积昌	1918-1-2
70	南京市鼓楼区宝塔桥街道方家营社区	王周氏	1920-2-20
71	南京市鼓楼区宝塔桥街道依山郡社区	许桂珍	1920-9-15
72	南京市鼓楼区幕府山街道五塘新村一段社区	吴秀琴	1920-2-17

（陆婷婷）

社区建设

【概况】 2020年，鼓楼区“全国街道服务管理创新实验区建设”从指标体系设计进入试点推进阶段。成立新冠疫情防控指挥部社会和社区工作组，负责核查防控数据汇总分析、管控人员摸排管理、社区常态化管理。推进星级文明和谐社区创建活动，区政府授予新门口等18个社区“五星级文明和谐社区”、河路道等60个社区“四星级文明和谐社区”、石头城等42个社区“三星级文明和谐社区”称号。区锻造职业化社区工作者队伍获省十大基层社会治理创新成果奖，南京市唯一。

【全国街道服务管理创新实验区建设】 2020年，鼓楼区继续推进“全国街道服务管理创新实验区建设”工作，南京大学与北京大学合作，围绕民政部“以居民满意度为导向的街道考评机制”实验主题，结合疫情防控需要，优化“以居民满意度为导向的街道考评机制”调查问卷评价方式、拟定实验指导手册，“全国街道服务管理创新实验区建设”从指标体系设计进入试点推进阶段。8月，民政部副部长王爱文率调研指导组调研鼓楼区全国街道服务管理创新实验区建设工作，实地考察江东街道睿城社区。11月3日，鼓楼区受邀参加在杭州召开的全国街道体制改革和服务管理创新经验现场专题交流会，并作大会交流发言。

【社区专职工作者队伍建设】 2020年，鼓楼区加强社工队伍建设，公开招聘社工158人，完成各街道缺编社工补录。举办社区主任培训、社会工作者职业水平考前培训、全科社工培训，举办江苏省暨南京市社会工作主题宣传活动。4月，区锻造职业化社区工作者队伍获省十大基层社会治理创新成果奖，南京市唯一。

【星级文明和谐社区创建】 2020年，鼓楼区以“争创首善社区、建设幸福鼓楼”为目标，推进星级文明和谐社区创建活动，区政府授予新门口等18个社区“五星级文明和谐社区”、河路道等60个社区“四星级文明和谐社区”、石头城等42个社区“三星级文明和谐社区”称号。

2020年度鼓楼区星级文明和谐社区一览表

表26

星 级	街道名称	社区名称
五星级(18个)	宁海路	北京西路
	湖南路	云南路、青岛路、丁家桥、裴家桥
	中央门	新门口、汇林绿洲、工人新村、观音里
	挹江门	丁山、鲁迅园
	江 东	清河新寓
	凤 凰	苏城苑
	热河南路	小桃园
	宝塔桥	幕府西路
	小 市	线路新村、黄家圩
	幕府山	云谷山庄
四星级(60个)	华侨路	清凉山、五台山、广州路、慈悲社
	宁海路	山西路、天津新村、颐和路、古林
	湖南路	傅厚岗、南秀村、马台街、大方巷
	中央门	颂德里、天正和鸣、将军庙、模范马路、劝业路、紫竹林、青石村

续表26

星　级	街道名称	社区名称
四星级(60个)	挹江门	模范西路、福建路、妙峰庵、钟阜路
	江　东	银城花园、宝船、聚福园、长阳花园、宝地园、睿城
	凤　凰	蓝天园、凤凰熙岸、莫愁新寓、凤凰花园、西城岚湾、华阳佳园、凤凰二村、凤凰街
	热河南路	白云亭、新和园
	下　关	世茂滨江、盐大街、唐山路、新民门、多伦路、热河路
	建宁路	新民路、五所村、四平路、金川花苑、滨江花园
	宝塔桥	方家营、宝塔桥东街
	小　市	河路道、安怀村、东井新村、小市新村、张王庙、东井亭
	幕府山	盛世花园、五塘新村一段
三星级(42个)	华侨路	石头城、龙蟠里、虎踞关
	宁海路	三步两桥、苏州路、仙霞路、康藏路
	中央门	三牌楼
	挹江门	回龙桥、戴家巷、察哈尔路
	江　东	江滨新寓、腾飞园、
	凤　凰	白云园、凤凰西街、教工新村
	热河南路	三汊河、清江花苑、新河村、二板桥、晏公庙、姜圩路
	下　关	商埠街、东炮台
	建宁路	工农新村、安乐村、城河村
	宝塔桥	依山郡、恒盛嘉园、燕江园、水关桥、金陵二村、金陵新六村、燕江路、金陵新四村、象山
	小　市	东门街
	幕府山	五塘村、北崮山、白云、五塘新村二段、五佰村

（陆婷婷）

【国际社区第三届中外友邻节开幕】 10月31日，“友”你更精彩——鼓楼区国际社区第三届中外友邻节在南艺后街·鼓楼水岸生活艺术街区开幕。国际社区友邻节，由区城市国际化推进办公室、区民政局、文旅局、商务局共同主办，现场以视频、展板、白皮书等形式展示国际社区3年建设成果；发布国际社区吉祥物“鼓宝”、《鼓楼国际社区建设白皮书》《鼓楼手绘地图》；颁发外籍志愿者荣誉证书，表演南京白局、非洲舞等中西方多元文化特色节目，展出各类中外文创产品。省市民政部门、市商务局有关领导以及区政府领导，区相关部门、街道负责人，南京工业大学、南京艺术学院、社区及居民代表、中外友人600余人参加活动。至年末，鼓楼区有青岛路、慈悲社和鲁迅园3个国际社区。

（陆婷婷　周　恬）

民政事项

【社会组织年检】 2020年，鼓楼区开展社会组织年检工作，发现社会组织字号和业务范围混淆、章程内容违规等问题，逐条逐项进行整改。减轻因新冠肺炎疫情影响非营利机构运营负担，部分社会组织免予提交审计报告。至年末，完成社会组织年检502家，新增社会组织42家，注销16家，变更51家，市局下放管理权限20家，备案小区业主委员会100个。至2020年年末，全区注册登记社会组织2209个，每万人拥有社会组织20.8个（按照常住人口106万计算），排名居南京市第一。

【婚姻管理】 2020年，鼓楼区办理结婚登记7951对，离婚登记6943对，补领婚姻证件1798件，核查婚姻信息3849件，办结率100%。辅导新婚夫妻婚姻家庭知识187对，离婚调解79对、提供法律咨询5对，离婚后情绪辅导3人。

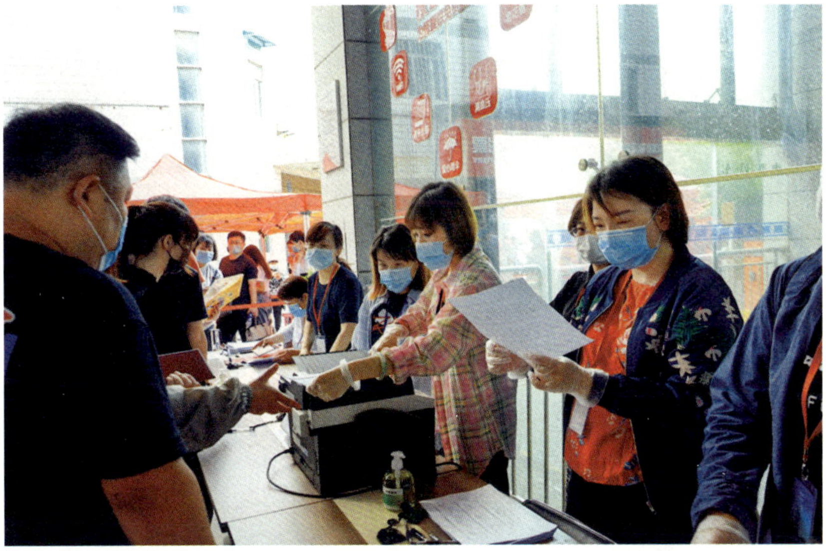

5月20日，鼓楼区民政局婚姻登记处为前来领证的近600对新人登记服务
区融媒体中心 供图

【殡葬管理】 2020年，鼓楼区落实清明期间疫情管控措施，社区组织诵读会、革命烈士故事会、参观雨花台烈士纪念馆等特色公祭活动93场。发放殡葬改革宣传资料3000余份，制作宣传橱窗244个、黑板报132块，悬挂横幅312条、标语596个，主流媒体刊登清明祭扫信息报道30余篇。

【区划地名】 2020年，鼓楼区开展第二次全国地名普查工作，清理整治不规范地名。至年末，完成国家、省标准地名词典和标准地名志第一部分词条及释文编纂工作；完成鼓楼区和秦淮区行政区域界线联合检查；完成“大、洋、怪、重”不规范地名清理整治第一阶段工作。全区地名审核命名11件12条，其中新增命名道路2件3条，建筑物、住宅区命名9件9条。

2020年鼓楼区新增地名一览表

表27

序号	申请单位	命名名称	类别	批复时间
1	南京新厦市政建设项目管理有限公司	聚锦路、锦福路	道路	宁地名复〔2020〕18号
2	南京葛洲坝兰园房地产开发有限公司	鼓悦兰园	商业住宅	宁地名复〔2020〕26号
3	南京格林东方工艺美术饰品有限公司	福宁新寓东院、西院	商业住宅	宁地名复〔2020〕28号
4	南京市鼓楼区国有资产经营有限公司	鸿瑞大厦	商务办公	宁地名复〔2020〕34号
5	南京银城房地产开发有限公司	银城汇商厦	商业商务	宁地名复〔2020〕35号
6	鼓楼区地名办	拉萨路支巷	道路	宁地名复〔20120〕36号
7	南京龙创房地产开发有限公司	金祥南苑	商业住宅	宁地名复〔2020〕48号
8	南京港鸿置业有限公司	南京港口大厦	商务办公	宁地名复〔2020〕49号
9	南京正业置业发展有限公司	江望润府	商业住宅	宁地名复〔2020〕64号
10	南京市下关城市建设开发(集团)有限公司	清悠家园	商业住宅	宁地名复〔2020〕85号
11	江苏南大置业有限公司	同文楼、聚文楼	学生公寓	宁地名复〔2020〕86号

【“96180”生活和政务热线服务】 2020年，鼓楼区利用声讯、信息、网络技术，24小时为市民提供便捷快速高效生活服务和政务服务。至年末，“96180”生活和政务服务热线接通求助电话1.54万个，满意率99.8%。 （陆婷婷）

民族宗教

【概况】 2020年，鼓楼区有少数民族44个，辖区有清真马祥兴菜馆、韩复兴、绿柳居、桃源村等清真食品企业和个体网点90余家。宗教团体1个，即鼓楼区基督教三自爱国运动委员会。经登记备案宗教活动场所13处，其中基督教10处（基督教鼓楼聚会场所、江苏路堂、道胜堂、小市4处教堂，建宁路、象山、金陵三村、伍佰村、盛世新寓、滨江6处聚会点），佛教寺庙3处（清凉寺、观音寺、地藏寺），民间信仰场所2处（天妃宫、宝船遗址公园），外国人在宁基督教聚会点1处。全国民族团结进步示范单位1家（南京市第二十九29中学初中部）。年内，区民宗部门制定《宗教活动场所安全生产专项整治工作行动方案》，召开民族宗教领域安全整治会议5场，开展动员部署、整改落实、经验总结3个阶段安全生产专项整治行动，排查和整治宗教活动场所问题隐患130项，全区未发生宗教场所安全事故。

【宗教活动场所疫情防控】 2020年，鼓楼区做好宗教活动场所新冠肺炎疫情防控工作。1月24日，关闭所有宗教活动场所。6月，根据《南京市宗教活动场所有序开放工作指引》要求，区委统战部联合区卫健委、区市场监管局、公安鼓楼分局、鼓楼消防大队及相关街道，按照13个方面验收要求，分4批查看、验收申请恢复开放场所，针对场所存在问题提出整改建议。至年末，13处宗教活动场所恢复正常开放。

【“红石榴家园”创建】 2020年，鼓楼区拨付资金11万元，指导街道依托校园、社区、企业、园区、线上平台等载体创建“红石榴家园”。“红石榴家园”创建工作是加强民族团结进步创建和示范单位建设重要组成部分，打造“中华民族一家亲”系列实践教育平台，增强做好民族工作责任感和使命感。至年末，创建“红石榴家园”12家，其中湖南路街道“紫峰大厦红石榴家园”获市民族团结进步创建重点项目扶持资金2万元。

【民宗培训活动】 10月27日，区委统战部、区委党校在区社会主义学校联合举办宗教教职人员第6期法治化建设学习培训班，区基督教三自爱国会、13个宗教活动场所负责人、全体教职人员70余人参加学习培训。培训班邀请市民宗局有关领导讲解新修订的《江苏省宗教事务条例》，引导学员学法、守法、用法。省民委民族宗教研究中心领导讲解“如何做好宗教活动场所规范化管理和安全工作”，发挥宗教活动场所作用。10月28日，区委统战部、区委党校在区委党校联合举办区委民宗工作领导小组成员单位暨街道、社区民宗工作者业务全员培训班。区级机关24个成员单位分管领导和13个街道统战委员、统战干事、社区民宗工作者代表100人参加培训。培训班邀请省公安厅政保局领导作《如何做好基层宗教工作和防范非法宗教渗透工作》专题辅导报告，从案例切入，引导学员正确把握党的宗教方针政策和法律法规，依法管理民族宗教事务。市民宗局领导作《如何做好城区民族工作和团结进步创建工作》专题辅导报告，基于基层工作实际，介绍提升管理能力和服务水平经验、巩固“中华民族一家亲”具体方法，重点介绍“红石榴家园”打造经验。（王　景）

10月27日，区委统战部、区委党校在区社会主义学校联合举办全区宗教教职人员第六期法治化建设学习培训班　　区委统战部　供图

教　育

概　述

【概况】 2020年，鼓楼区有区属中小学幼儿园161所。其中，高中6所、初中17所(含民办初中3所)、小学48所(含民办2所)、幼儿园90所(108个园区)。在校学生12.38万人，其中中学3.78万人、小学5.92万人、幼儿园2.68万人。学前教育入园率100%，义务教育阶段普及率、巩固率、学业合格率100%，高中毕业生合格率100%。在任教职工11009人，其中专任教师8517人。推进教育现代化初中、新优质初中建设，南京市金陵汇文中学、南京市第五十中学被确定为南京市教育现代化初中，南京市第八中学被确定为南京市第二批新优质初中，南京市第六十六中学被确定为南京市第三批新优质初中。老年开放大学街道学习中心13个，达标率100%。社区教育志愿者6.5万人，兼职教师602人。至年末，区教育系统有享受国务院政府特殊津贴、聘为国家督学1人，进入省人民教育家培养工程、省"苏教名家"培养工程3人，省有突出贡献中青年专家称号5人、市有突出贡献中青年专家称号2人，省特级教师55人，正高级教师25人，高级教师1576人，一级教师3531人。

创建"国家级学前教育普及普惠区"，推动学前教育优质普惠发展，新增普惠性民办幼儿园10所，全区普惠性民办园21所，覆盖率85.86%。创建1所市级优质园、2所市级示范园。

推进义务教育优质均衡发展，科学合理制定小学和初中阶段招生工作实验办法，严控办学规模及班额，稳步实施民办中学招生改革。落实"减负增效"10项行动，巩固专项治理成果。加强小学内涵建设，继续推进小学文化建设工程，2所小学申报特色文化建设项目。

推动课程改革，加强中小学学科基地和前瞻性教学改革实验项目建设，省级基础教育内涵发展项目立项13个。金陵汇文中学被评为市初中学科发展示范中心(数学学科)，宁海中学分校美术课程立项为市初中多样化发展特色项目建设工程。落实普通高中新课程方案，优化新课程实施。

推进职业教育优质融合发展，南京商业学校优化专业和课程设置，创新人才培养模式，提高人才培养质量和服务社会能力。深化产教融合、校企合作，与3家单位合作共建产学研基地和项目。获省职业学校技能大赛奖牌26个。推进初中和职业中学融合教育资源中心建设，全区有融合教育资源中心41所，其中学前14所、小学13所、初中13所、职业教育1所。实现街道、各学段融合资源中心全覆盖。

推进民办教育优质规范发展，完成区属5家学历学校年检、38家民办幼儿园以及133家民办非学历教育培训机构督导评估工作。

创建区级终身学习活动品牌13个，其中国家省市级品牌各1个。开展全民终身学习周、"社区教育社区行"系列活动，及"平凡的荣耀——抗疫中的鼓楼人"百姓原创朗读者展演等活动。该项目获省社区教育品牌项目第一名，代表江苏省参评全国"终身学习品牌项目"，被授予2020年"特别受百姓喜爱的终身学习品牌"。

推进信息技术与教育教学深度融合，提供若干数据分析智能化、精准化教育服务，全区中小学智慧校园创建率100%。鼓楼区被教育部评为"基于教学改革、融合信息技术的新型教与学模式"实验区，为市唯一入选区。推进鼓楼教育基础数据库建设，升级完善资源供应、教育科研管理、人事管理、网络学习、安防监防等系统教育网络集群平台，促进学校信息化管理，提升智慧教育应用水平。

(刘希富)

【教育惠民】 2020年，鼓楼区稳步实施课后托管及延时服务，开展弹性离校工作调研、交流，增加课后延时服务活动内容，完善经费发放方案，提升课后服务水平。实行学前一年基本免费教育，全年减免4977.5万元，受益8360人。幼儿园至中等职业教育各学段困难家庭学生实行资助全覆盖，春季学期发放困难家庭学生资助金248万元，惠及1568人，发放健康包1568个；完成秋季学期困难家庭学生认定1822人。暑期办理2020—2021学年大学生生源地助学贷款65笔59.6万元。开展市、区励志

奖学金评审，学生获区励志奖学金81人，获市励志奖学金一等奖12人、二等奖62人。（刘希富）

【教育基础建设】 2020年，鼓楼区投资6.02亿元，新建、扩建、加固改造学校重点基建项目8项。完成南京市实验幼儿园扩建和新建主体建设工程，建筑面积1.49万平方米，项目总概算7400万元，9月交付使用。完成南京市银城小学浦江路校区建设工程，建筑面积2万平方米，项目总概算1.5亿元，9月交付使用。新建南京市力人学校，建筑面积7.75万平方米，项目总概算4亿元，年末中小学教学楼交付使用，小学教辅楼进入主体施工。南京市商业学校三期项目，建筑面积4.1万平方米，总投资2.25亿元，年末完成主体施工、室内装修和水电设备安装。南京市天妃宫小学易地建设，建筑面积2.85万平方米，项目总概算2.2亿元，年末教学楼进入内部装修，综合楼进入主体施工。南京市第十二中学初中部改扩建项目，新建面积1.8万平方米、加固面积4400平方米，项目总概算1.38亿元，年末主体施工完成，进入室内装修及水电设备安装。南京市琅琊路小学玉泉路校区扩建项目，建筑面积1.6万平方米，项目总概算8850万元，完成支护桩及桩基基础施工。新建南京市第二十九中学(电台村地块)项目，建筑面积13.83万平方米，项目总概算13.57亿元，年末完成现场文物勘探工作。（王甲旗）

【教育督导】 2020年，鼓楼区完成市对区2019年政府履行教育职责督导考核。区教育局联合区城管局、公安鼓楼分局、区卫健委、市场监管局、鼓楼消防大队、交警大队、所属街道等部门组成工作领导小组9个，督导中小学幼儿园新冠肺炎疫情联防联控、春季开学工作。开展义务教育学校招生、暑期安全防范、文明城市创建、秋季开学、校园安全、垃圾分类、校园结核病防控、常态化疫情防控、师德师风建设等专项督导工作10次。实现中小学、幼儿园“一月一主题”挂牌督导工作全覆盖。是年，完成南京市第二十九中学初中部素质教育综合督导。（吴葆青）

【教育装备】 2020年，鼓楼区投入资金6000万元，配置配备南京市实验幼儿园本园、南京市银城小学浦江路校区、南京市力人学校标准化现代化教育装备；完成全区学校食堂油烟净化、监控设备安装、教室健康照明改造工程。是年，区教育系统60家单位报废资产价值1200万元。（任庆书　周　燕）

【5所学校创建为市教育国际合作与交流窗口学校】 2020年，南京大学附属中学、鼓楼实验中学、南京市第十二中学、南京市汉口路小学、南京市第三幼儿园5所学校创建为市教育国际合作与交流窗口学校。鼓楼区利用区域文化教育优势、城市功能优势和人才优势，把教育国际合作与交流作为推进教育现代化重要抓手，努力提升教育国际合作交流品质，持续推动鼓楼教育现代化建设步伐。至年末，全区有南京市教育国际合作与交流窗口学校14所，在全市领先；全区中小学幼儿园有661名教师前往国(境)外接受7天以上培训；45所学校与国(境)外学校缔结为友好学校，2所普通高中学校设立国际部。（王　越）

【社会实践活动】 2020年，鼓楼区青少年社会实践基地接待中小学校36所、学生5万多人次参加社会实践活动。获市“中小学劳动教育和社会实践优秀教育案例”二等奖2个、“2019年度南京市中小学素质教育综合实践基地绩效考核”一等奖。被市教育局命名为“南京市中小学生研学实践教育基地”，被中国新四军和华中抗日根据地研究会授予“铁军精神教育基地”。（窦本志）

【少年宫校外活动获奖】 2020年，鼓楼区有市中小学生艺术团承办校22所，数量位居全市第一。区少年宫获省第31届省青少年科技创新大赛、第26届市中小学师生科技创新大赛、市中小学生合唱节优秀组织奖，“智能造物”思维工坊获市少年宫重点特色课程一等奖，“致春天”区中小学新年公益音乐会获市少年宫优秀公益项目一等奖，艺·梦想家——美育工坊获市少年宫优秀公益项目二等奖。获省第31届省青少年科技创新大赛优秀作品奖26个。（张　敏）

【招考工作】 2020年，鼓楼区标准化考点26个，考场1081个。区教育招生考试中心组织报名、考

12月8日，鼓楼区申报国家学前教育普及普惠区现场核查汇报会

区教育局　供图

试35次，服务考生近10万人次。协助市招考部门完成全国硕士研究生招生考试、大学英语四六级考试、计算机等级考试、中小学招聘新教师考试等考试任务。完成本区考生中考、高考、中职学测、对口单招、高职院校提前招生文化联考等报名和考试工作。完成高等教育自学考试、成人高考、教师资格证书考试笔试、面试报名、考试工作。是年，区教育招生考试中心获市中考、高考、自学考试、教师资格考试、成人高考目标管理考核优秀奖，被省高等学校招生委员会、东部战区空军政治部评为“空军招飞工作先进集体”。

（顾　琴）

【“百姓原创朗读者”入选全国终身学习品牌】 11月，鼓楼区社区教育委员会、鼓楼开放大学(南京市广播电视大学鼓楼区分校)“百姓原创朗读者”项目获2020年全国“特别受百姓喜爱的终身学习品牌项目”，成为江苏省唯一入选品牌。终身学习品牌受教育部办公厅和职业教育与成人教育司委托，由中国成人教育协会评选产生，鼓楼区位列全国第六。2017年年底，鼓楼区推出终身学习品牌项目——“百姓原创朗读者”。该活动面向全区逾百万市民征集原创文字作品，并以朗读展演、文集、影像集锦等方式立体式呈现，用百姓微视角诉说社会大变迁，激发“原创+朗读”创作热情，深度涵养区域文化气质。鼓楼开放大学是该活动执行单位之一，每年活动都以区开放大学为龙头，13个街道社教中心为骨干，在120个社区“由上而下”将活动深入每个楼栋、每户家庭，并通过社区海选、街道精选、区级层面评选，产生高质量原创朗读精品；同时，“百姓原创朗读者”还与辖区诗社、诵读社、读书会等28个社会团体建立共享联盟。至2020年年末，全区累计近10万人次参与活动，征集原创作品近1万件。（丁友存　李寿年）

【接受“国家学前教育普及普惠区”省级现场核查】 12月7—9日，鼓楼区接受申报2020年国家学前教育普及普惠区省级现场核查。省市政府教育督导室一行通过审核申报材料、听取学前教育普及普惠情况介绍、核查全区幼儿园园舍条件和教师队伍相关数据材料、现场考查抽取等方式，全面深入了解鼓楼区学前教育普及普惠水平、政府保障、保教质量保障、社会认可度4方面内容，形成客观公正评价和初步核查意见。核查期间，核查组随机抽查南京市实验幼儿园等各类幼儿园8所；访谈区政府主要领导以及区发改、教育、人社、财政、住建、公安等部门负责人，访谈幼儿园老师41人；由国家督学省教育厅原一级巡视员、省教育学会会长朱卫国代表核查组进行核查反馈。省督导室认为区委区政府重视学前教育事业发展、重视教师队伍专业化建设，教学改革成果显著；实施智慧幼儿园工程，形成“儿童、园、家”三位一体保教特色亮点；区学前教育普及普惠水平、政府保障情况和保教质量保障情况基本达到国家规定评估标准，并就该区申报工作和学前教育持续高质量发展给予指导性意见。（凤　倩）

教师队伍建设

【概况】 2020年，鼓楼区区属教育系统在任教职工11009人(含直属单位118人)，其中中学3011人、小学3682人、幼儿园4198人、直属单位118人。专职教师8517人，其中中学2978人、小学

3679人、幼儿园1744人、直属单位116人。年内，新进教师256人，其中公开招聘203人（中学83人、小学110人、幼儿园10人）。公开招聘骨干教师48人、引进名优教师4人、政策安置1人。获得中小学正高级教师资格2人、高级教师资格97人、一级教师资格235人、二级教师资格400人。促进义务教育阶段师资、教育均衡，教师交流282人，占符合交流条件人数15.7%。获市“四有”（有理想信念、道德情操、扎实学实、仁爱之心）好教师重点培育团队6个、省“四有”好教师重点培育团队1个。是年，获市“陶行知”奖1人、市“斯霞奖”7人、市优秀青年教师43人、市德育工作带头人21人，南京市第二十九中学幕府山初级中学教师刘广祥获第八届全国中小学实验教学说课竞赛“卓越奖”（第一名）。南京市第六十六中学章玉芳网络名师工作室（英语）和南师附中树人学校朱文军网络名师工作室（物理）入选江苏省首批中小学网络名师工作室。（徐冬梅）

【师德师风建设】 2020年，鼓楼区开展“做精神明亮的鼓楼教育人”师德建设年工作，举行鼓楼师德讲坛暨援疆教师先进事迹报告会。征集师德创新案例41个，入选市2020年度“师德建设年”十佳创新案例汇编3个。专项督导学校师德师风建设40所。区教师志愿者联盟开展新冠肺炎疫情防控、停课不停学、关爱学生、帮扶困难学生等教师志愿者服务活动。志愿者服务团队21个、志愿服务项目30个、服务时间5526小时。开展教育系统师德评选活动，获市教育系统第13届师德标兵1人、师德先进个人4人、师德工作先进个人1人。区教育局获市2020年度“师德建设年”第三方满意度、综合成效奖、管理机制奖。（张世伟）

【教师培训】 2020年，鼓楼区根据新冠肺炎疫情防控严要求和区域教师成长总需求，开展线上与线下相结合学科研训活动138场。举办机器人指导教师、微课教学资源、中学生电脑制作指导教师、新教师入职等培训班，参训教师528人。举办心理健康教育辅导教师（初级）培训班，培训40岁以下班主任、入职5年内新教师1072人。承办省级乡村初中语文数学骨干教师培训、市级中小学创新教育活动骨干教师培训、市级新入职音乐美术教师培训，参培教师385人。（杨　健）

学前教育

【概况】 2020年，鼓楼区有完全建制幼儿园90所（108个园区），其中省级优质园68所、市级优质园11所，市合格园11所。幼儿班902个，在园幼儿2.68万人，入园率100%。公办幼儿园覆盖63.7%，省市优质园覆盖93.83%。至年末，有普惠性民办幼儿园21所。年内，普惠性幼儿园（含集体园、单位办园、普惠性民办园）获专项补助7521万元，幼儿每人每月收费降至1000元左右，受益幼儿1.71万人。区学前教育普及普惠水平、政府保障和保教质量保障基本达到国家规定评估标准。完成鼓楼区《学前教育“十四五”内涵发展规划》编制工作。全区有省特级教师、有突出贡献中青年专家称号7人，市名园长3人、名教师2人、学科带头人19人、德育工作带头人5人、优秀青年教师43人、德育优秀青年教师10人、区学科带头人108人、区优秀青年教师214人、区骨干教师615人。推进“增量、创优、普惠”三项工程，省级机关实验幼儿园新楼、南京市实验幼儿园本部完成改扩建并招生，中储电建配建幼儿园、客车厂配建幼儿园、葛洲坝配建幼儿园、南京市滨江幼儿园老园按时序进度改造建设。南京市实验幼儿园挂牌成立“江苏省幼儿园综合课程研究所”，“幼儿园综合课程”获第五届省教育科学优秀成果特等奖。南京市第二幼儿园《生命成长启蒙教育课程》丛书获第五届省教育科学优秀成果二等奖。南京市实验幼儿园、南京市鼓楼幼儿园获批立项2020年度省基础教育前瞻性教学改革实验项目。

【普惠性民办幼儿园发展】 2020年，鼓楼区重新认定南京下关云燕幼儿园等普惠性民办幼儿园6所，新增南京清江花苑幼儿园等普惠性民办幼儿园10所。至年末，全区普惠性幼儿园21所，覆盖率85.86%。

2020年鼓楼区重新认定普惠性民办幼儿园一览表

表28

序号	园　　名
1	南京下关云燕幼儿园
2	南京下关赛贝幼儿园
3	南京市鼓楼区江滨幼儿园
4	南京市鼓楼区金蓓蕾幼儿园
5	南京下关艺星幼儿园
6	南京市东方开心幼儿园

2020年鼓楼区新增普惠性民办幼儿园一览表

表29

序号	园　　名
1	南京清江花苑幼儿园
2	南京鼓楼广电纽贝思建宁路幼儿园
3	南京市常乐幼儿园
4	南京鼓楼广电纽贝思三牌楼幼儿园
5	南京市鼓楼区清河幼儿园
6	南京市鼓楼区凤凰和鸣幼儿园
7	南京伯利兹侨青幼儿园
8	南京科睿幼儿园
9	南京苹果树幼儿园
10	南京市鼓楼区幼贝佳幼儿园

【“宝爸宝妈学堂”开播】 2020年，鼓楼区依托线上教育平台“鼓楼e学校”，制定“宝爸宝妈学堂”直播计划，区园联合尝试开发科学评价、记录儿童发展方面模块。至年末，“宝爸宝妈学堂”开播11期，粉丝7.12万人，累计观看66.97万人次，家长互动留言1.02万条，点赞300万次。

【“抗疫特别空中学堂”开讲】 2月10日上线开讲。“空中学堂”依托“鼓楼e学校”线上教育平台，每周开播一次，“温情连线”家访活动，给幼儿送去关怀问候、为家长提供科学育儿指导，每周家访幼儿2万多人，参与教师2000多人。延迟开学期间，“空中学堂”推出网络课程，提供形式多样、内容丰富线上亲子活动资源及一日生活指导，全区幼儿园开设网络课程教师454人，线上课程累计点播278.17万次。

【接受“省课程游戏化区”视导】 12月23—25日，鼓楼区接受省政府教育督导室“区域推进课程游戏化项目区”视导。省督导室有关人员一行到南京市鼓楼幼儿园、南京市滨江幼儿园、鼓楼区第二实验幼儿园、南京市第二幼儿园、江苏省省级机关实验幼儿园、南京科睿幼儿园、南京伯利兹侨青幼儿园7所幼儿园实地调研和指导，听取区教育局《基于共生共长　实现全域优质——区域推进幼儿园课程游戏化项目阶段性报告》专题汇报。视导组专家评价和肯定鼓楼区重视与支持幼儿园课程游戏化项目建设、专项经费有保障、课程游戏化活动环境改造、师幼关系中教师理念转变、全区幼儿园持续优质发展等工作。（凤　倩）

小学教育

【概况】 2020年，鼓楼区有小学48所(含民办2所)，班级1483个，在校生5.92万人，小学普及率、巩固率100%。教职工3682人，其中专职教师3679人。是年，小学毕业生9664人，学业合格率100%。全区小班化教育实验小学20所，其中市小班化教育示范学校9所。坚持以公办小学接纳为主原则，解决进城务工人员适龄子女入学998人。入选省基础教育内涵建设项目7个。南京市金陵汇文小学“伙伴学习：构建儿童成长共同体的实践探索”、南京市力学小学“支持儿童研究的行动实践”获第五届省教育科学优秀成果特等奖，天正小学“转识成智：基于小学数学教师PCK发展研究”、南京市银城小学“对话者：小学对话教学实践建构”、南京市拉萨路小学“学程周：小学活动类课程整合实施的校本探索”获第五届省教育科学优秀成果二等奖。是年，南京市琅琊路小学获“全国文明校园”称号，南京市察哈尔路小学通过市小班化教育示范学校验收，南京市古平岗小学被确定为第四批市融合教育示范学校，南京市芳草园小学凤凰校区、南京市方兴小学被确定为市级节水型学校，南京市汉口路小学被确定为市特色文化建设示范学校。

【7个项目入选省基础教育内涵建设项目】 2020年，鼓楼区入选省基础教育内涵建设项目7个，其中南京市力学小“致力于学　学以成人：新时代儿童公德培育的实践索”、南京市琅琊路小学“小主人成长发布会：儿童道德学习与表达的实践场域建构”入选省小学生品格提升项目；南京市芳草园小学“学科育人引领下教学文化的建构”入选省中小学课程基地与学校文化建设项目；区教育局资源中心建设项目入选省特殊教育发展项目；南京市力学小学“儿童研究素养培育实践建构”、南京市拉萨路小学“培育儿童综合思维的融通学程创生行动”、南京市琅琊路小学“小主人教育：一体化课程与教学改革探索三十年”入选省基础教育前瞻性教学改革实验项目。

【“睿享学习：儿童在场的教育图景”教学改革工作现场会】 12月1日，鼓楼区小学教学改革工作现场会在南京市科睿小学召开。现场会分课堂现场、教育叙事、智慧碰撞3个环节。南京市科睿小学校长夏洁作《睿享学习：儿童在场的教育图景》主题报告，从创造智慧完整教育生活、建构儿童在场课堂生态、探索卓越发展学校样式3个层面阐述学校6年教育实践。该校12位老师开放课堂，展示睿享学习课堂样态。与会校长围绕活动主题分享收获和感悟。 (朱映艳　杨桂勤)

中学教育

【概况】 2020年，鼓楼区有区属高中6所、初中17所(含民办初中3所)。初中班级562个，在校生26895人，初中毕业生6780人，毕业合格率100%。高中班级215个，在校生10949人，高中毕业生2668人，毕业合格率100%。教职工3011人，其中专职教师2978人。年内，鼓楼区完成市下达中高考指标。完善《关于进一步加强中学教学管理工作的9条实施见》，抓实课堂、课题、课程，提升课堂质量。落实外来务工人员子女入学政策，安排外来务工随迁子女入学902人。

(郦　琳　贺振海)

【中高考目标完成】 2020年，鼓楼区中考均分532.7分，达普通高中录取分数线4969人，占毕业人数73%，其中四星级高中分数达线4059人，占毕业人数60%。参加高考2585人，上线2303人，上线率89.09%。上级部门下达普通类本一指标715人，达线1160人，超指标445人；本科指标1789人，达线2303人，超指标514人。全区6所高中获2019—2020年度市普通高中发展性评估综合奖、质量优秀奖、质量进步奖、学校教学管理奖。宁海中学、南京市田家炳高级中学、南京大学附属中学等3所市高中获质量突出奖(全市16所)，宁海中学获市特色建设奖。 (曹茂昌　郦　琳)

【学校内涵项目建设】 2020年，鼓楼区申报高中课程基地建设、薄弱初中质量提升、基础教育前瞻性教学改革试验、初中教育内涵发展与全面提升计划配套建设工程等学校内涵建设项目，南京市第十二中学普通高中心理健康教育学科课程基地、南京市田家炳高级中学ICCW跨文化交际英语课程基地被确立为省级课程基地，南京市金陵汇文学校被评为江苏省初中学科（数学学科）发展示范中心，南京市第二十九中学幕府山初级中学被确立为市第八批推进素质教育示范初中，南京市第六十六中学被确定为市第三批新优质初中，宁海中学分校美术课程被立项为市初中多样化发展特色项目建设工程，南京市第十二中学初中部立项为挂钩结对帮扶内涵建设工程项目学校。

【普通高中新课程实施市级示范区创建】 2020年，鼓楼区创建普通高中新课程新教材实施市级示范区，深化普通高中课程改革，坚持学科育人，将思想道德教育贯穿于教育教学全过程。经学校自主申报、区教育局推荐、专家评审、市教育局研究，区教育局被确立为普通高中新课程新教材实施市级示范区，南京市第二十九中学、南京市田家炳高级中学被确立为普通高中新课程新教材实施市级示范校，宁海中学被确立为普通高中新课程新教材实施市级示范培育学校。 （郦 琳）

社区教育

【概况】 2020年，鼓楼区全民终身教育体系有社区教育志愿者6.5万人，兼职教师602人。老年开放大学街道学习中心13个，达标率100%。创建区级终身学习活动品牌13个，省、市、国家级品牌各1个。“鼓楼区社区居民原创作品朗读者”项目获全国“特别受百姓喜爱的终身学习品牌项目”。年内，创建老年开放大学社区学习点38个。江东街道、华侨路街道、小市街道社区教育中心创建为市高标准社区教育中心；江东街道“学习苑”评为省四星级“学习苑”。鼓楼社区培训学院与福建省宁德市古田县社区学院、湖北省武汉市汉阳区社区教育学院、湖南省株洲市渌口区社区学院、山西省太原市小店区社区学院、山西省太原市迎泽区社区学院组建“区域终身学习发展共同体”；鼓楼开放大学与陕西省榆林市佳县电大教学辅导站结对开展帮扶交流活动。是年，兼职教师获省“社区教育先进工作者”1人、社区居民获省“学习之星”2人，社区教育志愿者获省“优秀志愿者”2人。

【全民终身教育系列活动】 2020年，鼓楼区以“全民智学，助力双战双赢”为主题，依托区街图书馆、体育馆、学校、街道社区教育中心、社区居民学校，开展全民终身教育系列活动68场次，参与市民3.1万人次，被9家媒体报道。开展第四届“鼓楼区社区居民原创作品朗读者”活动，以“平凡的荣耀——抗疫中的鼓楼人”为主题，开展征文、朗读者评选、现场展演活动，参与活动4700人次。举办“弘扬抗疫精神，铸就硬核鼓楼”书法、绘画、摄影大赛，社区居民参赛作品585件。

【老年开放教育】 2020年，鼓楼区老年开放大学、老年开放大学街道学习中心、老年开放大学社区学习点三级网络体系建成。上半年，受新冠肺炎疫情影响，采用线上授课形式；下半年，疫情好转在全市率先开班授课，“线上线下”双向并行。居民在“南京学习在线”实名注册用户13.2万人，推进率13.79%。区老年开放大学、13个街道社区学习中心开设老年开放教育课程38门，学员2500人。区老年开放大学“老年智能手机应用”课程，被中央电视台新闻“1+1”、中新网、人民网、《新京报》、新华网等多家媒体报道，成为微博热搜，阅读量超7800万次。参加市终身教育服务指导中心老年教育特色课程评选，江东街道“陈耀剪纸”确立为市老年开放大学特色课程。

【社区培训学院】 2020年，鼓楼区社区培训学院采用“线上线下”相结合模式，开办社区教育管理理论及实务等专业知识培训22场，培训社区教育专兼职老师1132人次。13个街道社区教育中心结合地域人员构成和需求，开展特色项目培训39.4万人次，参加社区教育活动居民58.4万人次。撰写社区教育专项论文15篇，在《南京终身教育》发表6篇。至年末，区社区培训学院获省级社区教育优秀成果二等奖1项，市级社区教育优秀成果二等奖2项、三等奖1项。

（丁友存 李寿年）

职业教育

【南京商业学校】 2020年，鼓楼区有中等专业学校1所：南京商业学校。学校有校区7个，设有财经系、信息工程系、国际贸易系、旅游管理系4个系，国际教育学院、继续教育学院2所学院。专业方向17个，五年制高职专业12个。在校师生7000余人，其中省特级教师1人，省级教学名师7人，省“333”高层次人才工程培养对象3人，国家级烹饪大师4人，省教科研中心组成员2人，省职业教育领军人才3人，市区学科带头人32人，市兼职教研员9人。深化产教融合、校企合作，实现校企协同育人。年内，与江苏财税邦科技有限公司共建“财务云共享产学研基地”；与省餐饮行业协会联合成立番茄烹饪学院暨番茄烹饪学院研发中心；与太古可口可乐公司签订校企合作协议，成立市现代服务业职业标准化研究院、教育安全标准工作组、直播营销岗位标准工作组；与好学智慧科技集团、智龙智能科技(南京)有限公司联合承办第一届人工智能创新发展高峰论坛。是年，学校智能财税、网店运营推广、财务共享服务、电子商务数据分析、网络空间安全、大数据运维、创意建模7个项目被认定为“1+X”证书试点项目。至年末，南京商业学校省市级课题在研50余个，结题4个，教师论文发表、获奖百余篇。学校各级技能大赛获国家级竞赛金牌1枚、省级竞赛金牌5枚。获省教科研工作先进集体、2019年江苏省职业院校技能大赛先进单位、江苏职业教育2020青年学术讲坛征文评选优秀组织奖、江苏联合职业技术学院教科研先进集体、江苏联合职业技术学院就业工作先进集体，市职业教育“在线教学优秀项目”、市优秀青年志愿者服务集体、区“文明校园”等荣誉称号。 (潘 力 李寿年)

【成人教育】 2020年，南京市广播电视大学鼓楼区分校开设教育本专科专业7个，在校学生725人(本科335人、专科390人)，招收新生63人(本科40人、专科23人)，毕业学生92人(本科37人、专科55人)，获国家开放大学学士学位1人、上海师范大学学士学位1人、国家开放大学奖学金2人，获市广播电视大学奖学金1人。获国家开放大学“抗击新冠肺炎疫情先进个人”称号1人，市广播电视大学优秀毕业生1人。南京理工大学继续教育学院鼓楼分部开设成人教育专升本工商管理、人力资源管理、土木工程专业3个，班级8个，在籍学生232人。招收新生50人，其中工商管理24人、人力资源管理26人。毕业学生132人，获学士学位2人。 (叶庆桃)

教育科研

【概况】 2020年，鼓楼区参加省市教育科学“十三五”规划2020年度课题申报评审，获省级立项21项、市级立项42项。省级基础教育内涵发展项目立项13个。组织教师参加市“中小学信息技术与教育教学深度融合”案例、教育案例、教育叙事、“师陶杯”“黄浦杯”“行知杯”“蓝天杯”等征文评选，教师参评文章4135篇，其中获特等奖3篇、一等奖472篇、二等奖1826篇、三等奖1834篇。编辑出版《追寻“活教育”思想的时代之光》幼儿园课程故事文集，收集幼儿课程故事32篇，展现课程游戏化实施过程中教师观念和行为转变。执行《鼓楼区推进“智慧校园”建设工作实施方案(2019—2020年)》，全区中小学智慧校园创建率100%。推进信息技术与教育教学深度融合，被教育部评为“基于教学改革、融合信息技术的新型教与学模式”实验区，为市唯一入选区。

【鼓楼e学校】 2020年，“鼓楼e学校”开放共享，延期开学期间“停课不停学”，开展在线教育，指导区12万名中小学生居家学习。2月10日—5月22日，“鼓楼e学校”在线课堂运行15周，区教师发展中心研训员组织2166位老师互助协作录制网络课程2266节，传播学科、爱国主义、生命安全、卫生防护等知识，全国学生通过共享“在线课堂”二维码、“鼓楼e学校”公众号在线收看，相关课程在江苏教育电视台黄金时间连续播出5天，获全国观众关注和好评。5月31日，启动“鼓楼特级教师开讲啦！”在线课程，南京市力学小学李琳等7位特级教师以在线讲坛形式面向师生开讲“地理让世界更美好”“初中数学欢迎你”等课程。7月27日—8月27日，“鼓楼e学校”在线课堂——暑期课程运行4周，57位老师合作开设课程47节，涵盖宝爸宝妈、心理健康教育、劳动技能、德育、体育、阅读等内容，总访问量260.9万人次，独立访客988.09万人，日均访问量120万人次，服务学生42万人。承担省“名师空中课堂”暑期精品课程录制240余节。

中国教育报点赞鼓楼线上教学：“鼓楼e学校”给学生送好课

区融媒体中心　供图

【教育科研成果】　2020年，鼓楼区省级基础教育内涵发展项目立项13个，其中省级中小学生品格提升项目2个、省级特殊教育发展项目1个、省级中小学课程基地与学校文化建设项目4个，省级基础教育前瞻性教学改革实验项目6个（一类2个：力学小学、拉萨路小学；二类3个：鼓楼幼儿园、实验幼儿园、琅琊路小学；三类1个：区教育局）。开展省级规划课题“新优质初中特色化研训的行动研究”中期推进、市级立项前瞻性教改项目“古诗词课程建设与实施的区域实践探索实施方案”开项论证，开展“区域性协商式学生学习能力发展目标下的课堂评价机制构建”项目教学研讨。完成区承担中央电教馆课题4个、省级课题3个结题鉴定。完成区级“微课题”结题鉴定，结题60项。开展第11期个人课题申报评审，参加市级评审590项，获评立项372个。组织2020年度立项党建课题8项开题论证会；召开2017年度立项党建课题16项结题鉴定会。参加省第五届优秀教育科研成果评审40项，获第五届省教育科学优秀成果特等奖3个、省教科研先进集体4个、教科研先进个人13人。获市级基础教育优秀教学成果培育项目10项（重点3项）、市级教科研先进集体1个、教科研先进个人1人，获奖数位列省市第一。（杨　健）

医疗卫生

医政管理

【概况】　2020年，鼓楼区有各级各类医疗机构450家，其中三级医院12家、二级医院7、一级医院11家，区疾病预防控制中心、区妇幼保健所、区卫生监督所公共卫生单位3家，社区卫生服务中心14家（非政府办4家）、社区卫生服务站1家、其他医疗机构402家。“医联体”合作单位11家。政府办社区卫生服务机构医疗业务收入6.48亿元，同比下降7.77%。其中，完成医疗毛利润9104.18万元，同比下降0.71%。门急诊213.24万人次，比上年减少103.03万人次，同比下降32.58%（新冠肺炎疫情影响）。开展辖区医院、社区卫生服务中心和社会办医疗机构新冠肺炎疫情防控指导、专项督查。推进医养结合，为养老院、军休所、助餐点等机构老人及居家养老老人提供医养基本医疗服务近10万人次。区社区卫生服务中心全部实现自助服务。建成12个家庭医生工作室，并实现家庭医生签约网格化，家庭医生签约39.32万人，建立居民电子健康档案99.94万份。开展第三批省、市、区优秀基层卫生骨干人才评选，获评91人。是年，区卫健委获2020中国家庭健康守门人、省抗击新冠肺炎疫情先进集体。家庭医生签约服务工作获省政府通报表彰，建宁路、幕府山社区卫生服务中心优质服务基层行活动获国家卫健委通报表彰。

【“医联体”建设】 2020年，鼓楼区“医联体”合作单位11家，年内新增南京中医药大学和国医堂共建区中医药人才培训基地，负责分级培训中医药人才。联合省人民医院开展社区卫生服务中心“仁医志愿服务项目”试点，4家社区卫生服务中心进入前期试点；联合南京脑科医院建立建宁路社区卫生服务中心神经科基层防治基地，提供定向培训、常态培训、门诊坐诊、学员带教场地。开办社区卫生服务中心医护人员培训1期12人、固定跟诊1人，接受市年度“医联体”工作考核获优秀等级。全年，省市三级医院专家107人下社区诊疗4.53万人次；鼓楼医院等省市三级医院晋升职称医师下社区帮扶带教119人，区卫生服务中心医护人员到三级医院进修培训65人次；医联体核心医院院感、质控专家每季度到区督查指导基层医疗质量管理和医疗安全工作。幕府山社区卫生服务中心代表鼓楼区通过市“医联体”考核。

9月，鼓楼区卫健委与南京脑科医院举行医联体签约暨揭牌仪式

区融媒体中心　供图

【社区卫生服务中心建设】 2020年，鼓楼区建成华侨路街道清凉山、小市街道东井亭等社区家庭医生工作室12个，其中挹江门街道丁山社区家庭医生工作室被评为省“星级家庭医生工作室”。开展基层卫生特色科室创建，中央门街道建宁路社区卫生服务中心针灸科被评为市基层卫生特色科室。组织11家符合申报条件的社区卫生服务中心参加国家优质服务基层行复评审工作，幕府山、建宁路、中央门社区卫生服务中心通过国家优质服务基层行活动推荐标准评审。幕府山、建宁路社区卫生服务中心通过省卫健委社区医院评审并被确认为全省第三批社区医院。组织开展第三批省、市级和首批区级优秀基层卫生骨干人才评选，获评91人，其中省级17人、市级49人、区级25人。

【医养融合服务】 2020年，鼓楼区基层医疗卫生机构为养老机构、日间照料中心、移交地方军休所老人、居家养老老人、家庭病床患者提供医养融合服务近10万人次。与24家养老院入驻老人签约，提供基本医疗和基本公共卫生服务1.77万人次。为居家养老、军休所、助餐点等老人提供医疗卫生服务1.92万人次，为符合条件有医疗需求居家养老老人提供基本医疗卫生服务、或签约家庭医生个性化服务6.3万人次。为70周岁以上确诊符合住院条件、适合设立家庭病床老人提供诊疗、护理、康复指导服务2380床次。基层医疗卫生机构开展“医养融合机构服务质量提升行动”监测34家，组织医养融合机构服务指南培训2场132人次。

【医疗机构安全监管】 2020年，区卫生健康管理部门排查整顿医疗技术临床应用与手术分级管理工作，完成51家医疗机构限制类医疗技术备案。依据《关于印发南京市基层医疗卫生机构医疗质量控制管理考核体系》标准，分季度、年度考核医疗质量控制管理工作，涉及区妇保所和社区卫生服务中心14家、社区卫生服务站1家，重点督查新冠肺炎疫情期间院感防控，新冠疫苗流转、存放、使用及异常反应处置等事项。举办区属社会办医疗机构负责人安全生产培训班，参加培训162人。下发《企业落实安全生产主体责任重点事项清单》，自查和拉网式排查医疗废弃物、污水处理、放射防护管理等，发现阅江楼社区卫生服务中心、幕府山社区卫生服务中心、美莱美容整形医院等医疗机构存在安全隐患，责令限期整改，整改率100%。联合区消防大队、区应急管理局督导检查医疗卫生机构安全63家、0～3岁托育机构16家，发现各类安全隐患102项，整改率100%。开展医疗机构危险化学品、特种设备、建筑施工、既有建筑、燃气系统、危险废物处置、车辆管理等安全生产专项整治工作。下发《关于进一步加强冬病夏治穴位贴敷技术应用管理的通知》，通过自查、检查、督查形式，规范三伏贴技术应用。

【"智慧医疗"建设】 2020年，鼓楼区联合市信息中心、南京市东软公司和市民卡公司，开通自助机微信、支付宝、市民卡及银行卡支付功能，社区卫生服务中心上线使用，实现自助预约挂号、缴费、打印报告等功能。中央门社区卫生服务中心和线路站点上线云HIS 3.0医疗信息系统，该系统在全区运行稳定。家庭医生签约系统与区云HIS系统实现对接，居民通过App申请签约，医生通过App或PC端同居民完成家庭医生签约、门诊病人转诊上级医院等。实现数据实时上传市级平台，全年上传卫生数据统计表格61张。

【院感防控】 2020年新冠肺炎疫情防控期间，鼓楼区医疗机构预检分诊点设置、院感防控指导及督查、疑似患者转运、确诊及无症状感染者出院后健康管理与复诊、隔离点人员配备及污水处置、辖区医疗机构关停及复诊等工作科学有序，开展医疗机构复诊"常态+专项"化督查，随机性督查辖区医疗机构96家。区首届院感骨干培训班学员专项督查辖区社区卫生服务中心14家、社区卫生服务站1家、社会办医疗机构130家，约谈27家未设置预检分诊医疗机构法人，确保医疗机构零感染。

【家庭医生签约】 2020年，鼓楼区家庭医生签约39.32万人，签约率35.44%；重点人群签约22.5万人，签约率68.16%。建立居民电子健康档案99.94万份，建档率90.07%。至年末，全区有家庭医生工作室31个，参与服务医生团队83个、医护人员549人。居民可以根据需求自愿签约不同团队，每个团队签约居民人数从200人到1000人不等。家庭医生工作室通过与各大医院成立"家庭医生签约服务联盟"，打通专家下沉坐诊、预约转诊、专业技术指导高效医疗服务通道。区委区政府拨专款购置便携式B超、健康一体机、中医体质辨识仪等设备，配备家庭医生工作室，为签约居民服务。同时，鼓楼家庭医生工作室还通过举办健康讲堂、免费义诊等活动，拓展服务外延，提供从签约到看病、宣教、体检全流程服务。是年，区卫健委"家医近在咫尺，健康触手可及"家庭医生实践做法经国家卫健委、国家老龄协会、《中国家庭报》联合评审，获"2020中国家庭健康守门人"称号，并作为全国14家代表之一接受颁奖。其中，区卫健委获团队奖；阅江楼社区卫生服务中心胡贞美、凤凰社区卫生服务中心李春红获个人奖。建宁路社区卫生

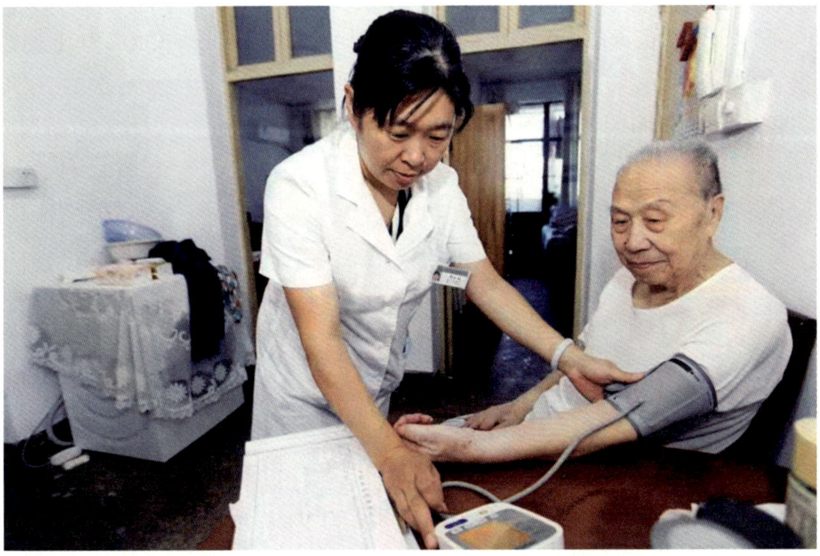

小市社区卫生服务中心签约家庭医生上门为签约对象检查身体

区融媒体中心　供图

服务中心《探索商业保险支持下的家庭医生签约服务机制》被省卫健委确认为2020年度家庭医生服务模式创新试点。

【中医"1234"工程建设】 2020年，鼓楼区推行中医"1234"工程建设(人才培训基地1个，名医工作室、学术流派工作室2个，治未病中心、中医慢病管理中心、中医康复中心3个，区中医专家库、中医传统文化、中医国际化、中医医校4协同)，设立7月为"鼓楼区中医药文化宣传月"。开展"植根社区沃土 换来杏林芬芳"——区中医中药社区行系列活动，举办"鼓楼中医开讲啦"鼓楼名中医系列讲座。开展"鼓楼区名中医评选活动"，评出区名中医4人。是年，南京中医药大学、国医堂共建中医药人才培训基地1个，建立区名中医工作室4个，区妇幼保健所创建为"全国基层妇幼保健机构标准化中医馆"。

【全市首支医疗专业志愿服务队加入养老服务时间银行】 10月26日，鼓楼区卫健委携全体医护人员加入养老服务时间银行，成为全市首支医疗专业志愿服务队和首个区级政府部门整体助力先锋。医务工作者通过时间银行平台为老人提供专业志愿服务，推动养老服务"时间银行"进机关、进高校、进企业，扩大覆盖面、提高知晓度，为养老服务"时间银行"建设和养老事业发展营造更好社会氛围。2019年，鼓楼区在全市率先试点运营养老服务时间银行，至2020年年末注册志愿者560人，具有医护资质的不足1%，据不完全统计，被服务对象对医护需求达到20%以上。该区医疗团队的加入在一定程度上满足老人对于医疗持证人员志愿服务需求，同时让医疗团队家庭医生任务在社区有效落地，更广泛全面探索优质、多样、个性化医疗服务。 (步腊春)

疾病预防与控制

【概况】 2020年，鼓楼区报告甲乙类传染病12种945例，发病率85.17/10万，比上年下降1.15%。无甲类传染病。报告新冠肺炎疫情突发公共卫生事件2起。定期监测和评估疫苗接种工作，疫苗接种率99%以上。高血压、糖尿病健康管理8.77万人。全区艾滋病(HIV)检测38.21万人次，检测率34.4%，规范管理艾滋病及感染者808人，报告艾滋病病毒及综合症392人，流调完成率100%。严重精神障碍患者信息系统在册患者4450人，规范管理4387人，管理率98.58%。

【传染病防治】 2020年，鼓楼区审核传染病报告卡7391张，处理传染病预警184起。做好散发疫情、免疫规划相关疾病调查和处理，流调散发疫情924例，其中社区中心流调633例、疾控中心流调291例。全区腹泻病门诊4164人次。O2检索(即2号抗源检索，临床用来检查霍乱弧菌感染)1380人，检索率33.14%。报告手足口病例455例，比上年下降51.28%。参与市儿童医院重症病例现场流行病学调查、数据录入、标本采集及上送工作，完成每月5例常规监测样本采样、送样，全年上送普通手足口病标本60份。

【慢性病管理】 2020年，鼓楼区社区卫生服务中心建立高血压、糖尿病信息与数据通道，提高精细化管理成效。是年，全区高血压健康管理6.39万人，完成率105.50%；规范管理4.57万人，规范管理率71.51%。糖尿病健康管理2.38万人，完成率112.52%；规范管理1.72万人，规范管理率72.42%。

【预防接种】 2020年，鼓楼区从省平台采购疫苗33.02万支，接种率99%以上，一类疫苗接种13.73万剂次，二类29.44万剂次，其中狂犬疫苗14.08万剂次、新冠肺炎疫苗2985人次。完成第一轮脊灰疫苗补种，补种率100%。新冠肺炎疫情期间，预防接种门诊按照省市文件要求，有序恢复开诊；开展预防接种门诊督导，未发生接种纠纷或差错；上报预防接种副反应103例，其中一般反应101例、异常反应2例。查验辖区托幼机构和小学131家、入托入学儿童接种证1.91万人，入托入学儿童接种证查验及疫苗补种率100%。其中，应补证22人，实补证22人，补种合格率98%。

【艾滋病防治】 2020年，鼓楼区规范艾滋病(HIV)及感染者管理工作，定期随访，提供心理疏导、行为干预和转介服务。全区艾滋病病人及艾滋病病毒感染者808人，CD4(CD4+T淋巴细胞)检测808人，检测率100%；配偶检测68人，检测率100%。结核筛查807人，筛查率100%，抗病毒治疗758人，治疗率92.5%。辖区内医疗卫生机构报告艾滋病病毒及综合症(HIV/AIDS)392例，流调完成率100%。自愿咨询检测(VCT)门诊咨询检测2678人次，艾滋病阳性206人，梅毒阳性339人。为472名区看守所羁押人员检测艾滋病，无阳性病例。医疗机构门诊医生主动为9486人提供艾滋病检测咨询，艾滋病检测呈阳性者114人。全区艾滋病检测38.21万人次，检测率34.4%。

【结核病防治】 2020年，鼓楼区活动性结核病患者203例，其中病原学阳性113例。结核病报告率、总体到位率、健康服务管理率、病原学阳性密切接触者筛查率、肺结核患者规范服药率100%，系统管理率91.06%，成功治疗率85.32%。规范处置学校散发疫情27起、医院散发疫情11起。结核菌素试验(PPD)筛查1269人，胸片筛查1132人。监测、处理学校病例预警43起。开展糖尿病患者结核病症状问诊2.09万人，胸片免费检查1499人；开展65岁以上体检老人结核病症状问诊1.4万人，胸片免费检查1.04万人。重点人群肺结核筛查率100%。

【血地寄防治】 2020年，鼓楼区查螺面积311.5万平方米，江滩清淤3000立方米，物理灭螺面积8万平方米。血吸虫病筛查3662人次，未见阳性。完成疟疾血片制作1300张，发现恶性疟病人2例，均为输入性病例，并规范治疗。监测幼儿蛲虫612人，阳性率1.14%，在安全可控范围。监测居民肠道寄生虫病307人，未见阳性。开展门诊镜检站疟疾血检培训20家。监测学生及孕妇家庭食用盐300份，其中合格碘盐287份、不合格盐样13份，不合格盐样中非碘盐9份、低碘盐3份、高碘盐1份，碘盐覆盖率97.00%，碘盐合格率98.63%，合格碘盐食用率95.67%。

【严重精神障碍患者管理】 2020年，鼓楼区严重精神障碍患者信息系统在册4450人，登记报告率4.01‰。在册患者规范管理4387人，管理率98.58%；面访患者7929人次，面访率89%。信息系统维护率100%。落实肇事肇祸严重精神障碍患者救治救助政策，全年审核、发放托底救助资金申请13人次10.86万元，以奖代补1175人276.96万元，发放新进人员补充经费26人5.24万元。（步腊春）

公共卫生管理

【概况】 2020年，鼓楼区执行国家基本公共卫生服务项目14类55个。公共卫生监管单位2841家，其中公共场所1955家、二次供水130家、各级各类医疗机构358家、放射诊疗机构89家、学校及托幼机构166家、职业病危害企业139家、职业健康体检机构2家、消毒产品生产企业2家。报告学校急性传染病疫情92起，比上年下降49.73%。建立医疗机构依法执业自查管理系统，全区医疗机构平台用户录入433家。门诊部及以上机构建立专家组，平台专项检查260次、自查517件，全市占比13.13%。摸排职业病危害企业，为102家企业发放《职业病危害因素企业告知书》。尘肺病攻坚行动监测放射性危害企业和普查医疗机构92家，培训医疗机构主要负责人、放射卫生管理人员放射防护职业病106人；调查、随访职业性尘肺病患者248人。开展省食品安全示范区创建工作。

【"双随机一公开"监督抽查】 2020年，鼓楼区随机抽取检查对象、随机选派执法检查人员，抽查结果及时向社会公开，承担国家下达"双随机一公开"监督抽查任务314家，处罚26家，其中公共场所23家、医疗机构2家、学校1家，完成现场监督抽检及数据上报，任务完结率100%。监督、检查新冠肺炎疫情期间公共场所复工复产防控措施，出动监督员6880人次，监督检查3427户次，其中医疗机构1037家、公共场所1386家、疾控1家、其他277家，督促问题整改117条。

【卫生执法】 2020年，鼓楼区加大"医托""黑救护车""黑医美"等医疗行业乱象监督执法力度，完成职业健康安全管理、扫黑除恶、医疗质量、医疗纠纷、学校饮用水等15项专项检查，行政处罚立案

51件，其中医疗机构31件、公共场所15件、职业卫生2件、放射卫生3件，立案金额46.36万元，结案50件，结案金额30.81万元。受理投诉举报156件，其中公共场所39件、医疗机构类117件。行政处罚立案47件，其中医疗机构32件、公共场所13件、职业卫生2件，立案金额58.46万元，全部结案。处理信访工单1171个，结果满意率94.47%，综合满意率96.31%，办结率100%。查处非法行医2起、涉非法行医投诉举报3件，上报涉黑涉恶线索1条。

【学校卫生监管】 2020年，鼓楼区报告学校急性传染病疫情92起，比上年下降49.73%，并得到及时处理和控制，未出现蔓延。做好新冠肺炎疫情缓解后复学保障，开展学校疫情防控实地演练，检查验收学校疫情防控设施821所，其中高校17所、中小学（含分校校区）85所、幼儿园（含分校校区）93所、商业学校3所、校外培训机构623所。实行中小学、托幼机构在校学生健康监测，出现发热、咳嗽等症状11.34万人，均排除新冠肺炎。

（步腊春）

健康促进

【概况】 2020年，鼓楼区开展"清洁家园，改善环境，共享健康"环境整治提升月行动，下关、湖南路等9个街道组织环境整治"会战"，机关干部、驻区企事业单位、公众委员、沿街店家等志愿者参加环境整治提升行动1.7万人次。开展以农贸市场环境卫生集中整治为主题爱国卫生运动，综合整治农贸市场、大型超市等人员密集场所环境卫生，清理卫生死角，落实环境消杀措施，营造干净整洁市场环境，宣传预防新冠肺炎疫情卫生健康知识，织严织密新冠疫情防控网。推进"健康细胞"工程建设，建成省级"健康细胞"工程3个，市级"健康细胞"工程15个，区级"健康细胞"工程13个。开展病媒生物防制专项督查。推动无烟党政机关建设，区4个部门被命名为市级无烟党政机关。

【"健康细胞"工程建设】 2020年，鼓楼区开展第四届"健康市民""健康家庭"评选活动，获区"健康家庭"67户、"健康市民"84人，获市"健康家庭"3户、"健康市民"40人。开展环境、运动、营养、心理健康等主题活动100场，引导居民养成健康生活方式。是年，建成区级"健康细胞"工程13个，其中健康社区10个、健康单位3家；建成市级"健康细胞"工程15家，其中健康教育展示体验中心1家、健康社区7家、健康驿站1家、健康单位2家、无烟机关4家；创建成省级健康社区3个（待考核通过）。

【无烟环境建设】 2020年，鼓楼区重点加强基层医疗卫生机构无烟环境建设，实现医疗卫生机构全面禁烟。建设无烟党政机关，发挥党政机关和领导干部示范引领作用，专项监督检查机关公共场所控制吸烟情况，建设无烟工作环境。挹江门街道、小市街道、幕府山街道、鼓楼区地税局被命名为市级无烟党政机关，鼓楼区地税局获市无烟党政机关创建优秀组织奖。

【健康素养和烟草流行监测】 2020年，鼓楼区中央门、凤凰、热河南路街道被选定为市居民健康素养和烟草流行监测区。按照《南京市城乡居民健康素养与烟草流行监测评估方案通知》要求和鼓楼区监测工作方案，划定本次健康素养监测对象：辖区15～69周岁（年满15周岁，不满70周岁）常住居民，包括在当地居住或寄宿6个月以上亲戚朋友、家庭保姆以及其他外来人口；烟草流行监测对象：全区15岁及以上常住居民（其他条件同健康素养）。两个项目监测对象均不含在外工作学习超过6个月家庭成员，以及集体居住于医院、监狱、养老院、集体宿舍等地点居民。同时，确定本次监测内容。其中，健康素养监测采用《全国居民健康素养监测调查问卷》，以入户调查方式了解监测对象基本健康知识和理念、健康生活方式与行为、基本技能3个方面健康素养水平；烟草流行监测采用《江苏省成人烟草流行调查（极简版）》，以入户调查方式了解监测对象基本情况、烟草使用、烟草使用知识和态度等信息。区疾控中心培训社区调查员15人。9—11月，3个街道开展居民健康素养、烟草流行监测工作，走访330户居民，完成问卷调查660份，并录入数据库。

【健康教育】 2020年，鼓楼区开展爱国卫生月、世界结核病日、世界卫生日、全国免疫接种日、世界无烟日、世界肝炎日、联合国糖尿病日、世界艾滋病日等广场宣传活动32场。开展“改善环境共享健康”“向不卫生不文明的饮食陋习宣战”“和谐心态快乐生活”等健康教育活动15场。组织挹江门街道、区疾控中心、中央门和热河南路社区卫生服务中心在虹桥中心广场开展“健康要加油、饮食要减油”宣传咨询活动，参加居民200人。区卫健委组织区级健康科普讲师参加市级健康科普讲师演讲技能竞赛，进入总决赛3人，获一等奖1人、三等奖1人、优秀奖1人，区卫健委获团体二等奖。

（步腊春）

妇幼保健

【概况】 2020年，鼓楼区新生婴儿5284人，新生儿访视率94.55%。7岁以下儿童健康管理4.75万人，健康管理率99.30%。产前健康管理5193人，孕产妇健康管理率98.28%。婴儿死亡率1.51‰，5岁以下儿童死亡率1.51‰，出生缺陷率1.4‰。婚前检查率85.21%。省妇幼信息系统录入1万例，录入率100%。妇女“两癌”(宫颈癌和乳腺癌)检查1万人，完成率100%。确诊乳腺癌8例、宫颈癌3例、宫颈癌变46例。市第二医院、阅江楼社区卫生服务中心、鼓楼区妇幼保健所接受市卫健委专家重大妇幼卫生项目质控检查；市第二医院、江东社区卫生服务中心、鼓楼区妇幼保健所接受市卫健委专家重大妇幼卫生项目全年考核，满意率100%。

【母婴传播项目监测】 2020年，鼓楼区推进预防艾滋病、梅毒和乙肝母婴传播项目，全年监测孕产妇1.66万人，艾滋病、梅毒及乙肝检测率100%，其中艾滋病感染8例、梅毒感染127人、乙肝感染1251人，艾滋病、梅毒感染个案及时准确上报率100%。辖区妇幼保健所规范化随访艾滋病、梅毒感染孕产妇及所生婴儿，孕产妇感染者实施母婴阻断率100%，规范阻断率90%。

【儿童保健】 2020年，鼓楼区开展儿童脑发育障碍社区早期识别及干预模式项目研究，建宁路、凤凰、江东、宁海路社区卫生服务中心等参与项目研究，区妇幼保健所追踪经费发放、项目完成情况，组织参加市项目专项培训。与南京医科大学附属眼科医院联合成立区儿童眼保健中心，建立全程化儿童青少年眼健康管理体系，指导儿童青少年近视防控工作，完成幼儿园儿童视力筛查1.1万人。依托南京医科大学附属眼科医院，推进眼科分级诊疗，维护儿童眼健康。

【托幼机构管理】 2020年，鼓楼区依据《托幼机构卫生管理办法》《托儿所幼儿园卫生保健工作规范》要求，业务指导托幼机构90次，其中0～3岁早期教养机构指导15次。召开保健人员例会4次。组织保健老师上岗证培训20人、园长及食堂人员卫生保健上岗培训96人、保育员上岗培训120余人。完成托幼机构工作人员体检3607人、新入园儿童体检6228人，建档率100%。检查、验收托幼机构卫生保健28家，合格27家，发放整改通知书1家；发放新设立0～3岁婴幼儿早期教养机构卫生保健合格证4家。评价新设立幼儿园招生前保健卫生2家。

（步腊春）

人口及生育管理

【概况】 2020年，鼓楼区执行计划生育目标管理责任制，落实“两孩”政策，开展优生优育全程管理服务，促进家庭健康发展，完成“十三五”人口协调发展先进县区创建工作。全年生育登记3355件，其中“一孩”2242件、“二孩”1113件，按需办理“独生子女父母光荣证”(含补办)223本。审核计划生育执行情况14批次、73例。审批再生“一孩”54件，依法出具14周以上引产证明86例。孕前优生健康检查1164对。办理流动人口婚育证明183件。计划生育奖励扶持政策兑现率100%。开展托育机构消防安全培训演练，预防各类安全事故发生。通过“181”信息化平台，督促托育机构加强自身管理和日常检查。热河南路社区卫生服务中心创建市优生优育指导中心。

【0～3岁婴幼儿早期发展】 2020年，鼓楼区开展0～3岁早期训练课程4次，医生咨询讲座8次。推

进母婴设施建设，完成标准化母婴室建设9个，通过市级验收。全年新增托育机构4家，其中普惠托育机构2家。

【计划生育奖励扶持政策兑现】 2020年，鼓楼区计划生育奖励扶持政策兑现率100%。发放独生子女伤残死亡家庭扶持金1.14万人2514.2万元；发放特扶家庭春节慰问2779人83.37万元、中秋慰问2889人57.58万元；发放独生子女公交、游园补贴1887人116.99万元；兑现企业独生子女父母退休一次性奖励（3600元/人）3439人1238.04万元；兑现年度独生子女父母奖励5752人34.52万元。

【计划生育协会工作】 2020年，鼓楼区开展“情暖计生困难家庭——暖冬行动”，走访失独家庭、发放慰问金100户4万元；为失独家庭购买大病、住院护理保险1228人18.42万元；为低保家庭和流动人口困难家庭独生子女购买意外伤害、疾病住院医疗保险318人1.68万元。通过项目带动服务，协同挹江门街道开展“新家庭计划—家庭发展能力建设”项目试点，提高居民健康素养。协同热河南路街道开展计划生育特殊家庭“1+1+N”（1+1为街道、社区干部各1人，N为家庭医生、志愿者等服务团队）联系人服务团队制度试点，形成失独帮扶合力。开展“5·15”国际家庭日、“5·29”中国计划生育协会成立纪念日、“7·11”世界人口日等主题日宣传活动39场次。 （步腊春）

文　化

文化惠民

【概况】 2020年，鼓楼区举办2020春节联欢会、“奋进鼓楼”2020鼓楼区迎新春书法美术摄影民间艺术作品展和全区社区文化艺术节、抗疫线上专题活动“我们的担当”等文化惠民活动2300余场，惠及居民120多万人次，接受文化场馆服务1000万人次，组织各类展览520多场次、非物质文化遗产活动46场次，开展各类专题演出58场。南京鼓楼公共文化云平台正式上线，开展各类活动176场次。面对新冠肺炎疫情，依托“白云亭文化艺术中心”、鼓楼区图书馆微信公众号及抖音官方号，开展线上文化服务。10月底，鼓楼区文化娱乐恢复线下活动。组织名家讲座、新书发布、分享沙龙、亲子阅读、读懂《中华人民共和国民法典》图文展览等暖冬阅读季活动。举办“文学新青年：乘风破浪正当时”大型主题沙龙，特邀《新青年》丛书作家徐小雅、叶城、端木赐和栗鹿与青年作家进行文学分享。依托全区8家24小时图书馆、逾百家基层书屋平台，推进“十百千”文化惠民工程，打造15分钟文化消费圈。通过直播阅读分享会、书香福利券、夜航阅读沙龙等活动，拉动线下文化消费。“幸福鼓楼社区文化艺术节”获2019年度南京市优秀群众文化活动品牌一等奖、2020年度江苏省群众文化“百千万”工程优秀品牌；“白云亭公益剧坊”获2019年度南京市公共文化服务创新项目一等奖。2人被评为省“紫金文化人才培育工程”文化优青，2人获市第五批青年文化人才，4人获市第二批百名优秀文化人才立项资助，1人成功晋升入选省级宣传文化系统文化人才培养计划；1对师徒获省“名师带徒”计划市配套奖励资助；2部出版作品；区作协主席杨波（笔名育邦）诗作《伐桐》被评为第七届江苏省紫金山文学奖诗歌奖，区摄影家协会副主席林琨作品《南京“火神山”建成记（组图）》在第六届（2020）中国无人机影像大赛中获年度图片奖，并受到省摄影家协会通报表扬。

（王斐斐　周　骥）

【非遗市集消费】 2020年，鼓楼区整合区内丰富非物质文化遗产资源，推进91项非遗项目、31位非遗传承人与潮流时尚融合。定期或重要纪念日开办非遗市集为消费者带来白局、剪纸、绳结、娟人、面塑等国潮消费新体验。6月13日世界文化和自然遗产日，鼓楼区“非遗集市”活动在建宁路大观天地现场设置8个展示摊位，非遗传承人带来面塑、彩粽、剪纸、糖画、云锦、绳结、绢人和香肚等创新作品，融入“战疫”“奔小康”等元素，吸引1.2万市民参观购买。

（曹秀梅　刘　绯）

【我们的担当——鼓楼区抗疫线上文艺专场演出】 4月20日在白云亭公益剧场首播。活动以抗疫为主题，节选江苏省文化馆馆长、著名诗人、作家戴珩创作诗歌《中国大考》，邀请鼓楼区戏剧家协会主席、国家一级演员蔡伟，江苏省朗诵协会会长、国家一级演员高英朗诵；邀请南京艺术学院电影电视学院副院长苏珊录制《妈妈，我把长发剪了》视频；演出有情景剧、戏曲、配乐诗、舞蹈、快板、歌曲等多个节目，由区文化馆干部创作并参演，线上线下观看首播超过10万人次。人民网、今日头条、中国江苏网、交汇点、南京电视台、紫金山政务、紫牛新闻等网络媒体，江苏公共文化云订阅号、南京白云亭文化艺术中心等微信公众号，《南京日报》《南京晨报》《现代快报》等纸质媒体进行报道。

（冷家宏）

“HI！GO！鼓楼”非遗市集　　区融媒体中心　供图

【区作家协会会员及作品获第十届金陵文学奖】 5月，第十届金陵文学奖获奖名单公布，评选出文学创作、文学评论等作品大奖、佳作奖、优秀奖和文学新人奖，并决定对2015—2018年时段内获中宣部及省市“五个一工程”奖、江苏省紫金山文学奖、南京文学艺术奖作品授予金陵文学奖荣誉奖。鼓楼区作家协会主席育邦长篇小说《横渡长江》、常务副主席何同彬评论集《重建青年性》、副主席刷刷儿童文学《向日葵中队》分获荣誉奖，会员王忆诗歌《爱，不能等》获优秀奖。

9月25日，“幸福鼓楼”2020社区文化节文艺汇演在南艺后街举行
区融媒体中心　供图

【“幸福鼓楼”2020社区文化艺术节文艺汇演】 9月25日，在南艺后街·鼓楼水岸生活艺术街区举行。活动主题“聚力新鼓楼　奋进正当时”，由区委区政府主办，区文旅局、区文联承办，区文化馆执行。本场活动9个节目，囊括歌舞、情景讲述、动感说唱、昆曲、歌曲串烧、相声等多种形式，展现“四新”引领下疫情防控、复工复产、防洪抗险、文明城市建设中争创首善和争当一流良好风貌，现场观演群众300余人。活动通过江苏公共云平台现场直播，在线观看演出近10万人次。汇演活动前，为区群众文化星级团队、优秀文化志愿者颁奖，宣布南京鼓楼公共文化云平台启动，开通南京市鼓楼区文化馆抖音官方账号等。

【“幸福鼓楼”2021迎新年合唱音乐会】 12月28日，在白云亭文化艺术中心举行。活动邀请省戏剧学校毛毛虫合唱团、云深室内合唱团、省文化馆沄之谣亲子合唱团、鼓楼区金钟合唱团、南京师范大学音乐学院女声室内合唱团等5支优秀合唱团队与大家共迎新年。音乐会分下午和晚上2场，同时在鼓楼公共文化云平台播放，超过5万人次在线观看。 （冷家宏）

书香鼓楼

【概况】 2020年，南京鼓楼公共文化云平台线上展演、展示、授课等活动98场次，观众320万人次，各类线下专题演出78场。至年末，区图书馆新增馆藏图书2.8万册。全年接待读者93万人次，外借图书19.7万册；新办读者证840个，“书服到家”网借服务新增读者1.6万人；4月，小市街道24小时自助图书馆揭幕，全区形成以区图书馆为主阵地、8家24小时图书馆、76家基层书屋为支撑，各类阅读新空间为主效补充公共阅读服务框架。年内，新增线上讲座、培训、展览等数字资源9个，开展线上活动100余场，线下活动35场，举办各类展览18场。新冠肺炎疫情发生后，创新培训形式，将线下转到线上，推出“云培训·跟着大师学艺术”系列活动、“文化云课堂·每天一起学”及“抗击疫情 共克时艰 鼓楼文艺工作者在行动”等系列活动，并通过南京鼓楼公共文化云微信公众号推送文艺内容。是年，驻区南京蓝鲸文化传播有限公司、南京图书有限公司、江苏书源图书有限公司获市“销售竞赛月”图书发行类图书销售优胜奖。 （王斐斐）

【书香鼓楼建设】 2020年，鼓楼区持续深化全民阅读精品引领、阵地建设、分众服务、品牌打造、基础保障“五大工程”，推进书香“进机关、进企业、进校园、进家庭、进街道、进社区”。“书香鼓楼·阅读的春天”全民阅读节和读书月活动期间，举行阅读组织进基层结对共建签约仪式，开展重点惠民阅读活动30场；“春风行动”全民阅读活动期间，面向全区居民和中小学生免费派发“书香惠民券”10万张，总价值超过百万元；承办省9·28经典诵读活动；举办“书香新消费 创新在鼓楼”桨声灯影阅读之夜主题客厅专场活动、高质量发展大讲堂机关主题阅读讲座、女性主题阅读沙龙等。以争创“书香建设”示范城区为契机，推动基层阅读服务阵地设施建设，年度新建小市街道24小时图书馆、艺鼓楼阅读空间等基层书屋。开展各类阅读活动1100余场，发布阅读工作简报12期。省市主流媒体专题宣传该区全民阅读86篇次，通过双微及抖音头条推送信息105条，阅读量约110万人次。全区培育选树最美阅读大使15人、最美书屋17间、最美阅读组织6个和优秀阅读推广项目6个。是年，鼓楼区“百姓原创朗读者”入选全国终身学习品牌。

附：“书香鼓楼”最美阅读大使、最美书屋、最美阅读组织和优秀阅读推广项目名单

一、最美阅读大使

叶兆言、祁智、胡弦、薛冰、刘畅、孙冬、陈景和、育邦、刷刷、王忆、邢晓英、张文、周琴、方智环、李凌璐

二、最美书屋

凤凰云书坊24小时书店、大众书局新城市广场融合店、万象书坊、鼓楼区委党校图书馆、鼓楼区税务局职工书屋、国衡工会职工书屋、子午书巷图书馆、颐和路社区书屋、南秀村社区24小时图书馆、同心圆书屋、鲁迅园社区24小时图书室、江东凤凰云书坊、姜圩路社区24小时图书室、五所村24小时阅览室、金域书院、南京小青柠绘本艺术馆、乐和园图书馆

三、最美阅读组织

悦读中海、睿城社区全民阅读活动中心、龙江诗社、晏子诗社、听江潮读书会、蒲公英诗社

四、优秀阅读推广项目

“书香鼓楼”公益大讲堂、“我与教育有个约定”鼓楼区班主任读书会、“云耘众声”线上读书会、六年多读一百本、汇文彩虹糖儿童阅读、蒙牛放牛班读书社

【4·23“世界读书日”系列线上活动】 2020年，鼓楼区开通抖音短视频平台，推出4·23“世界读书日”系列线上阅读活动。活动期间，举办线上探

店、讲座、导读、答题等。政府补贴与鼓楼区4家最美书店合作，通过线上直播云探店、在线截屏“书香福利券”、线下享受7折购书优惠模式，为读者带来福利，为实体书店提供扶持，受到群众关注。活动邀请江苏省作家协会理事、凤凰出版传媒集团副总编辑雷雨，线上直播“以史为鉴——从光武帝刘秀看领导核心的重要性”文学讲座；邀请南京法语联盟校长胡吉雍（Guillaume Routier）用中法双语直播，从文学、哲学、社会学等角度为读者导读诺贝尔文学奖获得者加缪著作《鼠疫》，2场讲座获读者在线点赞。

【全民阅读节】 4月26日，“书香鼓楼”全民阅读节在南京市鼓楼区宝船厂遗址公园举办。全民阅读节主题是“百年礼赞·阅读追梦”，旨在鼓励党员群众用书香礼赞百年路，用阅读追梦新征程，用阅读惠民活动向建党100周年献礼。启动以歌曲《我要读》开场，进行书香节目展演。活动设三个分会场。市民可选购心仪图书，参与阅读互动；也可以漫步“百年礼赞·歌咏铭志”书香步道，参观“护苗2021”专项行动和版权保护工作宣传，了解“红色经典阅读活动”百书荐读内容；在“华服气韵·经典咏流传”书香打卡点，有大学生明制汉服社团现场开展传统诗歌诵读，读者可参与传统游艺互动体验；在“百年风华·峥嵘岁月”书香打卡点，有江东街道老党员着红军长征服进行长征诗歌诵读和情景剧表演，读者可现场体验。

【“桨声灯影阅读之夜”主题客厅专场活动】 6月6日，“书香新消费·创新在鼓楼”——“桨声灯影阅读之夜”主题客厅专场活动在“水木秦淮”街区举办。活动以“文化+”为主题，围绕“文韵、创新、体验”，用阅读之光点亮新都市、以书香之情孕育新消费，深度挖掘夜间经济潜力，让民众享受更多书香成果。省委宣传部、省新闻出版局、市委宣传部、市旅游集团、市商务局，区四套班子领导，叶兆言、祁智等嘉宾出席活动仪式。活动仪式上，在区留学生用不同语言朗诵《你好！鼓楼》，芳草园小学举行“六年百书”阅读工程展演，市作协主席、作家叶兆言为现场观众带来专题分享《桨声灯影依旧——在江河交汇的地方》。同时举行区融媒体中心和新时代文明中心揭牌仪式；“书香鼓楼”最美阅读大使、最美书屋、最美阅读组织和优秀阅读推广颁奖仪式，叶兆言、祁智等15人被聘为“最美阅读大使”。活动设6个分会场，夜读活动包括：名家讲坛、音乐诗会、书生书女直播、乐购文创集市、喜马拉雅有声录制、泛舟外秦淮河阅读沙龙，线上线下打卡5000多人次。 （周 骥 李广敏）

【“遇见鼓楼”文化行走活动】 6月7日，鼓楼区图书馆新一季“遇见鼓楼”文化行走再度开启。区文化部门邀请专家学者携手莫愁旅游、携程网，设计推出以滨江水岸、民国文化、明城墙等人文景观元素为主线，整合辖区吃、住、行资源“遇见鼓楼”主题文化名片10张供读者行阅。以文化行走模式将实景行走与书籍阅读相结合，达到知行合一目标。首张名片为明航海文化，在宝船遗址公园，邀请南京师范大学副教授徐正龙带领读者实地感受中国人走向海洋、走向世界，成为世界航海大国历程。至年末，明航海文化、清凉山（石头城）文化、鲁迅文化、

6月6日，鼓楼区举办“书香新消费创新在鼓楼”“桨声灯影阅读之夜”主题客厅专场活动 区委宣传部 供图

文化

仿真郑和宝船　　区融媒体中心　供图

红色文化、明城墙文化5张名片举行行走活动7场,200余人参与。　（冷家宏）

附:2020年"遇见鼓楼"主题文化名片

明航海文化、清凉山(石头城)文化、明城墙文化、南洋劝业文化、民国文化、滨江文化、鲁迅文化、民俗文化、红色文化、科教文化。

文物保护

【文物安全与保护】 2020年,鼓楼区加强"文保员"队伍建设和行政执法检查,确保文物安全。至年末,辖区有全国重点文物保护单位28处、省级文物保护单位34处,每季度巡查不少于1次;市级文物保护单位86处、区级文物保护单位34处及不可移动文物345处,每半年巡查1次,完好率100%。拍摄巡查照片1万余张,并上传文物巡查电子台账。制定汛期明城墙防汛工作方案和应急预案,实行定人、定点巡查制度,确保明城墙平安度汛。做好国庆、春节重大节日前文物建筑安全巡查,预防、遏制文物火灾事故发生。第七个南京大屠杀死难者国家公祭日期间,巡查侵华日军南京大屠杀死难同胞丛葬地9处。　（王斐斐）

【文物保护单位申报】 2020年,鼓楼区中英文化协会旧址、北河口水厂(首都水厂旧址)、南京大学天文观测楼、国民政府行政院附属建筑群、狮子山炮台遗址等文物保护单位21处,申报第五批"南京市文物保护单位";并根据江苏省《关于推进市县级文物保护单位保护范围及建设控制地带划定工作的通知》文件精神,委托第三方文物保护单位划定保护范围和建设控制地带(简称"两线划定")34处,同时划定区级文物,梳理文物本体资料。至年末,"两线划定"工作初步完成,待各部门意见汇总梳理后报区委区政府研究。

【文物修缮审批验收】 2020年,鼓楼区完成江苏路20号民国建筑修缮设计方案批复,完成国民政府中央银行高级职员住宅楼修缮设计方案变更,完成莫干路2号民国建筑、中央路37号-2民国建筑抢险加固工程,开展下关火车站煤炭港旧址修缮工程及和记洋行厂房、机房旧址部分建筑竣工验收工作。2020年,南京宝船厂遗址文化管理有限公司与代建公司进入仿制宝船残值评估资料收集及前期准备阶段,待国有资产评估手续完成后,启动仿制宝船拆除工程。　（曹秀梅　刘　绯　冷家宏）

【江苏省非物质文化遗产创意基地】 (参见"服务经济"类目,第59页)

【陶瓷非物质文化遗产传播基地项目签约】 (参见"国资集团"类目,第263页)　（刘　绯）

文化市场

【概况】 2020年,鼓楼区制发《鼓楼区文旅体行业创建国家安全发展示范城市方案》,明确责任清单及考核细则,分工创建。落实反通信网络诈骗宣传,推进平安创建,开展"扫黑除恶"联合检查执法行动,清查"黑旅行社""黑KTV",责令停业擅自从事娱乐场所经营活动无证场所7家,及时清理注销过期空挂户经营单位114家。履行行业安全监管职责，开展安全生产专项整治行动、安全发展示范城市创建及文明城市创建工作，明确文物、星级饭店等创建示范点，开展各类安全检查300余次，发现安全问题、隐患30多个，均整改完毕；邀请第三方机构排查和识别高危体育场所安全风险源；开展安全隐患排查，摸清底数，落实“一患一档”，闭环管理；抓好南京市安全生产“181”平台数据填报及危化品“一图一表”标绘工作。全年受理各类投诉403件，其中“12345”平台958件，投诉处理综合满意率98.3%；“12301”平台等441件，市长信箱3件，舆情信息1件；现场调解30余场；接受省电视台和电台采访2次。挽回游客经济损失1000多万元。（王斐斐）

【文化市场文明创建检查】 2020年，鼓楼区研究制定《文旅局文明城市创建工作方案》，检查全区公共文化设施、景区、文体广场、宾馆、旅行社等创建点，区文化馆和图书馆静态指标，59家网吧、21家星级酒店和212家旅行社，发放宣传材料3790份，发现问题并整改80多处。（张晓明 孙 丽）

【新闻出版行业监管】 2020年，区委宣传部将防控“新冠肺炎”疫情和安全作为首要任务，严格出版行业监管，提升企业服务质量。开展出版物零售单位年度核验、印刷企业年检和影院信息普查，做好企业换发新证、变更或注销工作。通过年检普查，清查造册全区11家电影放映企业、258家出版物零售企业及77家印刷行业企业，完善企业档案。年内，通过线上线下方式，组织全体印刷企业参加市印刷企业法人政策法规培训、互联网文化经营单位内容自审人员培训及影院消防安全培训等，举办影院复工前防疫安全工作现场会，提升企业合法合规经营意识。开展版权保护宣传教育，强化著作权登记站建设，全区申报著作权590件，申报数量位列全市各区第一。组织企业参加全市销售竞赛月活动，5家出版物发行企业获销售优胜、创新业态奖，获奖金50万元，获奖数量和金额位列全市第一；协助企业申报省优秀版权作品成果转化项目，江苏瀚港文化发展有限公司申报的“坚持IP原创设计，促进南京新文创版权衍生品产业化发展”项目成为南京市入选2个项目之一。

【出版物发行市场集中整治和专项检查】 2020年，鼓楼区将辖区11家影院、77家印刷企业，五塘文化广场、玉桥美博城等大型出版物市场、258家出版物零售单位及区内宗教场所，中小学和幼儿园、线下培训机构、复打印店、书报亭、农贸市场、旅游景区等列入“三重”（重点地区、重点行业、重点部位）点位清单，结合质量月剑网行动、网络文学单位整治等集中行动进行集中清查。核查寄递非法出版物事件、幕府山街道绿地广场违规设摊贩售盗版书籍事件等8起。（周 骥）

档　　案

【概况】 2020年区委、区政府档案方志部门梳理“鼓楼区2020年政府投资项目计划表”中续建、新建项目，下发《关于做好鼓楼区2020年重点建设项目档案登记工作的通知》，指导建设区重点项目档案25个。依法联合开展机关、街道单位档案业务检查65家。街道13家，优秀8家、合格5家；机关单位52家，其中优秀27家、合格19家、不合格5家（环南艺管委会2020年开始建档，未参评）。区审计局档案工作通过省五星级测评。新档案馆主体建筑封顶，完善机房设计、馆内设施布局及库房设备招标，进入室内外装修。开办电子文件归档、电子档案接收及系统使用培训班2期。举办街道、机关部门以及区属国有企业档案人员业务培训班2期，培训专（兼）职新档案员60余人。汛期向档案托管单位发函提醒做好档案安全度汛工作，加强档案数字化过程中安全保密，定期进行档案数据备份。至年末，接待查档4471人次，出具证明材料5746份，异地回函16件；接待市民电话咨询查档以及公证处、婚姻登记处、社区等电话查档2458个；接待上海、浙江等长三角地区共享民生档案查阅利用12个；为重症病人送档案上门6次。为区纪委办案提供电子文件1.01万件，为区政协编写稿件提供电子文件2万件。指导区卫生服务中心完成出生医学证明档案整理归档5卷、2126件。是年，区档案馆获省档案开发利用成果精品奖三等奖、省《档案与建设》期刊宣传先进单位三等奖。

【档案编研】 2020年，鼓楼区编撰《南京市下关区“文化大革命”运动史料选编》(1966—1984年)综述、编后语等文稿1.7万字，选取文献材料59篇，约500余个页面。收集各类报刊报道309篇，完成《2020剪报汇集》。编写《2020档案利用事例选编》，含档案利用典型事例20例。

【档案信息化建设】 2020年，鼓楼区馆藏档案数据核对电子目录2.3万条、工程建设档案图纸扫描件4254页。建成区民生档案远程自助查档系统，并在宁海路、凤凰、幕府山、热河南路4个街道安装远程查档系统，实现居民就近查档。指导热河南路街道数字档案室创成省AAAA数字档案室。

【档案盘点开放】 2020年，鼓楼区厘清馆藏家底，盘库清点文书、公证、婚姻、重点工程、科技、照片、光盘档案7.56万卷15.64万件，账物相符。开展馆藏30年档案鉴定划控工作，鉴定档案6613卷，涉及99个全宗5454卷25619件档案。按时开放档案文件1493件。

【安全管理】 2020年，鼓楼区严格档案库房管理，每日巡查、登记温湿度情况，每季度开展温湿度情况分析。汛期向档案托管单位发函提醒做好档案安全度汛工作。开展网络安全检查，加强档案数字化过程中安全保密，做好数据核查现场安全监控，并定期进行档案数据备份。

【建档宣传】 2020年，鼓楼区与人民网、学习强国平台、新华社、中国江苏网、交汇点新闻、《南京日报》等合作，推送“祝福武汉，相约鼓楼”2020战疫档案捐赠、南京鼓楼为“老南京话”独家建档、南京鼓楼“家门口”查档服务上线等资讯，点击量数十万人次。利用“南京鼓楼档案方志”微信公众号发布新冠肺炎防控、南京风俗介绍、地情文化资讯23篇。深入五塘二段、石头城社区，发放家庭建档宣传手册，引导、带动社区居民开展家庭建档；走进姜家园小学，为学生讲述建立成长档案相关知识，培养学生学会建立自己成长档案。

【新冠疫情防控档案征集】 2020年，鼓楼区完成防控新冠肺炎疫情文书(实物)档案整理归档762件，该项工作由区档案馆指导区防控新冠肺炎疫情指挥办公室、区卫健委共同完成。联合鼓楼区卫健委、区文联、小市和江东社区卫生服务中心、幕府山街道五塘二段社区等，与援鄂抗击新冠肺炎疫情一线医护人员联系，举办“祝福武汉 相约鼓楼”2020战疫档案捐赠仪式，征集防控新冠肺炎疫情电子档案723件，国家紧急医学救援队队服等实物88件。 (刘 珲)

5月14日，“祝福武汉 相约鼓楼”2020战疫档案捐赠仪式在鼓楼区档案馆举行

区档案馆(地方志办) 供图

地方志

【概况】 2020年，鼓楼区完成年鉴编纂工作，创新思路编撰年鉴口袋书——《鼓楼印记》，启动地情书籍《鼓楼街巷录》的编撰工作。实施全域创新工作三年行动计划，开展“方志文化进社区(校园)”活动。年内，共设立“乐读鼓楼”方志文化书柜4个，举办方志文化讲座4场。是年，《南京鼓楼年鉴(2020)》获评江苏省2020年度年鉴质量评审三等奖，南京市2020年地方志优秀成果奖。

【《南京鼓楼年鉴(2020)》出版发行】 2020年，为避免地名重复引发歧义，《鼓楼年鉴》更名为《南京鼓楼年鉴》，并改版为大16开本硬皮精装，后附年鉴二维码，可手机扫描阅读，方便读者快捷阅读。按照编制体制改革方案，调研涉改单位工作职能，优化框架结构。全刊设专记、机构改革、服务经济、科学技术、都市建设、经济管理、公共服务、社会治理、地方组织机构、国资国有企业改革、街道、附录14个类目，配彩图22版、随文图片73幅、表格34张。10月，《南京鼓楼年鉴(2020)》由中国文史出版社出版发行，发行量650册。

【《鼓楼印记(2020)》编撰发放】 2020年，鼓楼区创新思路举措，编撰年鉴"口袋书"——《鼓楼印记(2020)》。《鼓楼印记(2020)》以《鼓楼年鉴(2020)》为基础资料，采用分类编辑法，设鼓楼荣誉、鼓楼数字、大事纪要、鼓楼概览、经济建设、政治建设、文化建设、社会建设和生态文明建设9个类目，简要记述2019年度鼓楼区自然、政治、经济、文化、建设、社会等方面。该书数据翔实、内容简明扼要、方便使用、易于携带，旨在为各级部门决策提供参考数据及社会各界人士了解、研究、建设鼓楼提供资讯。至年末，完成《鼓楼印记(2020)》印刷，发放650册。

【《鼓楼街巷录》编撰完成】 2020年，鼓楼区筹划编撰《鼓楼街巷录》，该书是关于区域内道路街巷的地情书籍。初期分别调研凤凰传媒集团、区民政局地名办、《金陵瞭望》、南京艺术学院等单位，制定《鼓楼街巷录》工作方案，完成确定书名、编撰体例、编写承接单位等内容。至年末，完成《鼓楼街巷录》编撰工作。 (任 俊)

体　　育

【概况】 2020年，鼓楼区促进全民健身设施、场地建设及长效管理，新建室外健身器材2215件，有全民健身路径420条，培养各级社会体育指导员2000余人。推进青少年体育后备人才培养与输送，全年新注册运动员434人，输送省级运动员5人、市级运动员8人。至年末，完成全民健身活动330场次；完成国民体质测试5000人；开展健身气功公开教学活动8次，参加练习2500余人次；全区29个健身气功站点开展联赛。南京市羽毛球运动学校参加江苏省青少年羽毛球锦标赛，获2金2银2铜；参加第22届市运会青少年部羽毛球比赛获金牌18枚，鼓楼区代表队囊括金牌12枚，居领先地位。深化体教融合，拓展教体合作广度和深度，联办并组队参加市青少年阳光体育节系列比赛、市第22届中小学生运动会等各类比赛，区中小学生体育竞赛获奖1266人次，其中国家级166人次、省级308人次、市级792人次。

【中小学赛事】 2020年，鼓楼区举办区中小学生运动会、校园足球联赛、冬季三项运动会。组队参加市青少年阳光体育节系列比赛、市第22届中小学生运动会，获团体总分第一名；参加市第22届运动会足球赛，南京市金陵汇文女子足球队、南京师范大学附属中学树人学校男子足球队获冠军，南京市第二十九中学初中部获亚军；参加2020年省中学生羽毛球锦标赛，

8月8日，鼓楼区首届足球嘉年华启动，电视塔下青少年组五人制足球赛精彩对决
区融媒体中心　供图

南京市第十二中学羽毛球队获男子团体、女子团体金牌；参加市校园啦啦操比赛，7支队伍获一等奖。区中小学生体育竞赛获奖1266人次，其中市级792人次、省级308人次、国家级166人次。

【校园足球】 2020年，鼓楼区培养优秀足球后备人才，完成校园足球精英训练营承办学校选拔，制定《鼓楼区精英训练营管理办法》，组建校园足球精英训练营4个。鼓楼区第一中心小学、南京师范大学附属中学树人学校获“江苏省足球后备人才示范学校”称号。 （郝卫东）

【组队参赛南京市第22届运动会】 10月，鼓楼区组织13个街道参加南京市第22届运动会，获社会部比赛团体总分第一，获体育道德风尚奖和优秀组织奖。青少部比赛中，区教练员运动员501人参加15个项目比赛，其中羽毛球项目取得12枚金牌，占金牌总数66.67%，居全市领先。

（冷家宏）

12月19日，全国名校水上马拉松精英赛在南艺后街·鼓楼水岸举行
环南艺管委会 供图

【健身气功站点联赛】 11月20日，鼓楼区健身气功站点联赛在宝船遗址公园举行。本次站点联赛由区文化和旅游局(体育局)、区体育总会主办，区健身气功协会承办，全区29个健身气功站点300余人参加。联赛内容为健身气功五禽戏、健身气功大舞，设优胜奖和优秀奖。恒盛嘉园健身气功站点、世贸外滩唐山路健身气功站点、古林公园健身气功站点等11个健身气功站点获集体优胜奖，汉中门健身气功站点、小桃园健身气功站点、凤凰西街健身气功站点等11个健身气功站点获集体优秀奖。 （吴 宁）

【全国名校水上马拉松精英赛】 12月19日在南艺后街·鼓楼水岸举行，由市体育局、区政府、南京旅游集团等7个部门共同承办，为南京首次水上马拉松赛。市体育局、区政府主要领导，江苏体育休闲频道、南京旅游集团机关领导参加开幕式。清华大学、北京大学、同济大学、上海交通大学、南京大学、东南大学、河海大学等9所学校200名运动员组成参赛队伍，携12条8人单桨有舵手赛艇参赛，以长划挑战水上马拉松；20多支皮划艇分青少年组和成人组进行皮划艇长划比赛。比赛采取追逐赛形式，在三汊河至集庆门段往返，全长约18千米。经过近60分钟角逐，同济大学世联行赛艇队男子一队获得在校生组男子8人单桨有舵手冠军，在校生组女子8人单桨有舵手冠军由同济大学世联行赛艇队女队摘得；河海大学MBA赛艇队获校友组男8人单桨有舵手冠军，校友组女子8人单桨有舵手冠军由上海交通大学SAIF赛艇队女队夺得。

（花 勇 倪 菁 李广敏）

南京市鼓楼年鉴2021

社会治理

SHE HUI ZHI LI

法　　治

人大监督

【概况】 2020年，鼓楼区人民代表大会及其常务委员会（简称人大常委会）推进法治鼓楼进程，开展《中华人民共和国消防法》（简称《消防法》）执法检查；开展土壤污染防治法执法检查，统筹推进环境保护和生态修复；开展《中华人民共和国安全生产法》《中华人民共和国职业病防治法》《江苏省安全生产条例》执法检查，强化政府依法行政意识，规范企业安全生产行为，解决群众关心高层楼宇、住宅小区消防安全热点问题。参与《南京市生活垃圾管理条例》立法与实施，开展执法调研，加强法治宣传、监督法规实施，推动"立法听民意，实施保成功"要求。审议区人民法院《关于服务优化全区营商环境开展商事审判情况的报告》，推动和支持服务优化全区营商环境；审议公安鼓楼分局《关于发挥公安主力军作用开展扫黑除恶专项斗争工作情况的汇报》，保障人民安居乐业、社会安定有序；审议区司法局《关于规范性文件备案审查工作情况的汇报》，监督依法行政、执政为民，有件必备、应审尽审。调研"七五"普法和市人大常委会公益诉讼决定执行情况，配合开展《南京市科技创新促进条例》等法规立法，完成修法调研4部。累计接待来信来访16件次。

【《消防法》执法检查】 4—6月，鼓楼区人大常委会成立由区人大常委会主任陆敏为组长，分管负责人为副组长执法检查组22人，检查《消防法》实施情况。4月20日，执法检查组开展《消防法》法律知识培训，听取区政府关于《消防法》实施情况报告，部署执法检查工作。4—5月，区政府9个部门开展自查；区消防特勤人员70人，深入小区、楼栋摸排梳理全区高层住宅167幢、住宅小区消防安全问题1090个；13个街道代表组进行专题培训，听取街道消防工作汇报、实地检查和座谈交流，代表组分组调研等。5月28日，执法检查组实地察看司背后2号小区和月光广场小区高层建筑等住宅小区，召开消防问题座谈会，针对前期收集问题再论证、再补充，并提出法律实施意见、建议，市区相关单位负责人、两级人大代表及执法检查组、法律专家参与交流。执法检查组对照法律规定，不断交流和完善，形成执法检查报告。报告经区人大常委会第五十六次主任会议研究通过，提交区人大常委会第二十七次会议审议通过，形成常委会审议意见交区政府落实整改。

【《土壤污染防治法》执法检查】 4—6月，鼓楼区人大常委会成立《中华人民共和国土壤污染防治法》（简称《土壤污染防治法》）执法检查组，有成员25人，开展执法检查。按照土壤污染防治工作"一项基础、两个要点"土壤污染状况详查、建设用地污染防治和有毒有害物质污染防治，确立执法检查重点内容和工作方式，区人大常委会第五十一次主任会议专题研究、讨论通过执法检查方案。4月13日，执法检查组开展全员培训，聘请土壤污染防治专家专题授课，理解法律基本内容，并听取区政府《土壤污染防治法》实施情况汇报。5月26

6月29日，《中华人民共和国消防法》贯彻实施情况专题询问会召开

区人大　供图

日，执法检查组在铁北管委会召开专题座谈会，邀请市人大常委会执法检查组成员参加，听取区各职能部门园区街道和部分企业关于建设用地管理、医疗废弃物回收转运、土壤污染调查、土壤污染治理与修复等情况介绍，与会代表开展有关事项询问并提出建议，实地查看中大医院医疗废弃物转运站、中央路331号地块、汽轮电机（集团）有限公司和原通达合金材料有限公司地块，重点关注政府及职能部门职责权限和执法状况，针对问题和不足提出意见建议，收集执法检查过程中社情民意。同时，发动各街道人大代表组联动参与，由常委会各街道工委牵头组织成立调研小组，从建设用地风险管控、医疗废弃物污染防治、生活污染防治、化学品污染防治、工业企业土壤环境监测、固体废物环境管理、污水集中处理设施建设运行等七个方面开展专题调研，形成共性、个性两个方面调研报告。通过鼓楼人大网站、微信、微博发布公告，征集各方意见。省、市、区三级代表206人次参与，深入机关院校、驻区企业、医疗机构、居民小区等51家选区，收集问题线索47条、意见建议58项。6月11日，执法检查组召开第二次全体会议，讨论修改执法检查报告。经区人大常委会第五十六次主任会议研究通过，提交区人大常委会第二十七次会议审议通过，形成常委会审议意见交区政府落实整改。

【“一法两条例”执法检查】 7—8月，区人大常委会成立《中华人民共和国安全生产法》《江苏省安全生产条例》《南京市安全生产条例》（简称“一法两条例”）执法检查组，检查“一法两条例”贯彻实施情况。检查组重点了解生产经营单位主体责任和政府及相关部门监管责任落实情况；实时掌控辖区建筑施工、交通运输、加油站、景点景区、商业场所等人员密集场所，及老旧危房、消防安全、燃气使用、特种设备、养老等社会机构，驻区科研院所校（含实验室）等重点领域、重点企业、重点危险源安全生产总体形势，及时掌握排查整治风险防控制度机制建设运行和法律责任落实情况，征求“一法两条例”法律法规修订意见建议。7月，执法检查组召开学习“一法两条例”法律知识，部署相关工作任务；区政府8个部门自查梳理贯彻落实“一法两条例”存在问题；13个街道代表组开展专题培训、听取街道安全工作汇报、持证实地检查、集中座谈交流所辖街域重点领域“一法两条例”实施情况。其间，执法检查组实地察看鼓楼吾悦广场、中冶集团工地、定淮门2号危房改造项目，采取“听、查、看、问、议”方式进行检查；召开专题座谈会，听取区政府关于全区安全生产贯彻实施“一法两条例”情况汇报，总结问题、提出建议，形成执法检查报告初稿，经区人大常委会第五十七次主任会议研究讨论通过，提交区人大常委会第二十八次会议审议通过，形成常委会审议意见交区政府落实整改。执法检查报告同时提交南京市人大常委会社会建设委员会。（黄燕平）

社会治安综合治理

【概况】 2020年，鼓楼区落实“大数据+网格化+铁脚板”创新网格化社会治理工作机制。全区公安系统投入警力1.35万人次，破刑事案件1412起，刑事发案率同比下降3.99%，破案率27.33%；抓获犯罪嫌疑人2132人。按期办结中央督导组交办、公安部交办的案件根据红网全国扫黑办“12337”智能化举报平台扫黑除恶线索，抓获涉恶黑犯罪嫌疑人283人，恶势力犯罪集团6人，破获涉黑恶案件98起；破获经济案件109起；破获毒品案件25起，抓获涉毒犯罪嫌疑人75人。受理办结各类户口4.93万户11.68万人次。全年侵财案件发案数同比下降1.2%，入室盗窃、扒窃、盗窃非机动车案件，分别下降15.4%、68.2%、29.8%。区检察院受理审查逮捕案件541件898人，受理审查起诉案件1259件1952人，办理案件数量位居全市第一。区法院全年受理各类案件2.72万件，审执结2.5万件。规范群租房安全隐患整治工作，分级巡查、联合整治排查和整改群租房1223处。完成社会治安、基层建设、金融监管、工程建设、市场流通、自然资源、信息网络、文化旅游、物业管理、教育卫生等十大重点行业领域专项整治任务。完成新中国成立70周年庆祝活动等安全保障及警卫任务223场次。举办全区政法系统副科以上部分干部、“四项机制”成员单位、业务科室负责人和各街道平安建设部长轮训50余人参加轮训。是年，全区群众安全感99%，主城区排名第一。接受区委第三巡察组全面巡察，逐项落实，限时整改到位问题29个。

链接：四项机制

健全反渗透反分裂反恐怖斗争工作机制和平安中国建设协调机制、健全共建共治共享社会治理机制、健全涉外工作机制。

【扫黑除恶专项斗争】 2020年，鼓楼区开展扫黑除恶线索清仓、逃犯清零、案件清结、黑财清底、伞网清除、行业清源“六清”行动。办结涉恶犯罪4案6件51人，办结中央督导组交办线索17条、全国扫黑办“12337”智能化举报平台线索21条，查扣涉案资金2亿元，刑事案件同比下降3.99%。立足长效常治，建立健全扫黑除恶长效制度文件36个。

【反电信诈骗专项行动】 2020年，鼓楼区开展反电信诈骗宣传活动200余场次，发放宣传资料20余万份，推送各类反诈讯息170余条，受众50余万人。是年，电信网络诈骗案件万人发案数1.17，为主城区最低。

【网格化社会治理】 2020年，鼓楼区成立推进社会治理现代化工作领导小组，制定《鼓楼区推进市域社会治理现代化试点合格城市创建三年行动方案(2020—2022年)》，全区13个街道、120个社区划分综合网格990个和专属网格605个，配备网格长120人、网格员1008人，实行网格定人、定责、定岗，实现网格工作人员配备、任务标准、运行机制、工作流程、考核管理和激励奖惩“六统一”。建立政法网格员队伍，全区政法网格员编网入格2251人。常态化开展网格巡查走访、专题宣传。推进警网融合建设，打造警网融合联动中心。落实社会治安联防、矛盾纠纷联调、突出问题联治、值班备勤联勤、社会管理联管、基层平安联创“六联”工作机制。打造鼓楼区政治引领、法治保障、德治教化、自治强基、智治支撑融合。全年，全区专兼职网格员2000多人，开展全覆盖排查6轮，累计排查167万户次474万人次；为新冠肺炎疫情居家隔离人员提供服务10.9万次，获省市表彰网格长先进个人3人。完成“鼓楼区推进后疫期社会治理网格化体系改革”课题，通过省市改革办、政法委主要领导专家结题论证。设立“1+1+N”志愿者工作站。全年网格平台数据达标率100%。

链接：“1+1+N”志愿者工作站

在社区设一个志愿服务总站，在专属网格设一个志愿者服务分站，根据专属网格内实际情况，网格内各单位视情成立N支志愿者队伍，提升创新网格化治理成效。

【平安建设风险防范】 2020年，平安鼓楼建设领导小组成立。制定《鼓楼区2020年平安护民十项举措》，开展重点地区整治和系列平安创建活动，将“平安企业、平安市场、平安校园、平安医院、平安金融、平安宗教活动场所、平安景区、平安网络、食品安全”9个系列平安创建品牌，纳入领导责任制和年度综合考核，建立平安建设主体单位与相关部门齐抓共管联动工作机制。落实风险防范风险研判机制、决策风险评估机制、风险防控协同机制、风险防控责任机制。开展“排风险、建清单、除隐患、保稳定”专项行动，社会矛盾、安全隐患专题风险研判3次，重大决策社会风险评估7项，发现风险点16个，化解7个、稳控9个。组织召开安置房小区办理不动产登记证专题调度会5次、协调会3次，推进8个安置房小区1258套安置房不动产登记证办理进度。组织平安志愿者1.36万人，全时空防范重要交通站点200多个，保障重大政治活动期间社会安全和稳定。

【平安创建宣传】 2020年，鼓楼区开展“提升群众安全感和反通信网络诈骗”为主题的综治和平安创建宣传活动，悬挂横幅1万余条、LED电子显示屏滚动宣传1.2万余次，张贴宣传海报1.5万余张，发放综治平安创建宣传、扫黑除恶专项斗争和反通信网络诈骗宣传手册18万余份，发放给居民一封信18万余份、宣传短信226万条，入户宣传8万余户。

鼓楼区网格化服务管理中心　　区政法委　供图

【区网格化服务管理中心投入使用】 2020年，鼓楼区网格化服务管理中心投入使用。中心占地面积2000平方米，总投入270余万元，配备12名工作人员和2架无人机，设置接待功能区、办公区、信息化功能区（综合指挥中心）三大功能区域。年内，完成区公共安全视频监控建设联网应用工程（"雪亮工程"），实施并整合22个部门42个平台数据和5个专业平台，社会治安视频监控升级改造1900路，接入社会面视频监控资源6500多路，配备全景数据大屏，实现视频实时监测和指挥调度，网格化管理"全域覆盖、全网共享、全程可控"。

【政法业务协同系统上线运行】 2020年，鼓楼区政法业务协同系统建设工作领导小组牵头指导督促政法业务协同系统二期建设，实现区政法系统各单位间专线专网连通，涉法涉诉信访信息系统上线应用、业务办理、信息共享、转办交办、工作互动等主要应用服务功能运行顺畅，案件联通互动。形成以区委政法委为中心政法专网区级横向网络，分权限查看，推动全区案件办理网上流转工作。至年末，全区实现案件办理全程留痕、全程监督执法司法流程。

（丛志阳）

公　　安

【概况】 2020年，鼓楼区公安系统投入警力1.35万人次，破刑事案件1412起，刑事发案率同比下降3.99%，破案率27.33%。受理各类复议诉讼案件78起，刑事不立案复议5起，国家赔偿4起，行政诉讼胜诉率、行政机关负责人出庭率、行政监督维持率均为100%。完成新中国成立70周年庆典、侵华日军南京大屠杀死难者国家公祭日等重大活动安保及警卫任务223场次。通过国家司法考试79人，同比增加26人。维护监控5738路，全区视频监控完好率77.6%。建设智能安防小区624个。完成区禁毒办实体化运作。公安部2020论剑会战商贸领域，公安鼓楼分局获第一名。

【刑事案件破获】 2020年，鼓楼区破获刑事案件1412起，破案率27.33%（其中八类案件破案率98.5%、命案破案率100%），抓获犯罪嫌疑人2132人。破获"1992-3-24"等6起命案积案，占全市破案总量46%。开展扫黑除恶工作，打击黑社会性质组织1个，恶势力犯罪集团6人，破获涉黑恶案件98起，抓获涉黑恶犯罪嫌疑人283人。

【经济案件破获】 2020年，鼓楼区立经济案件93起，破案109起，刑事拘留经济类刑事案件嫌疑人234人，逮捕188人，公诉372人。破获"江苏墨瑞股权投资基金管理有限公司涉嫌合同诈骗案件"，抓获犯罪嫌疑人12人，涉案金额600万元。破获"3·18"特大合同诈骗案件，抓获犯罪嫌疑人20人，涉案金额1亿元。

【毒品犯罪案件破获】 2020年，鼓楼区破获毒品案件25起，抓获涉毒犯罪嫌疑人75人，打击处理涉毒犯罪嫌疑人51人，公诉146人，查处吸毒人员233人。

【人口管理与出入境管理】 2020年，鼓楼区户籍人口92.11万人，流动人口30.57万人，出租房屋11.5万户。年内，接待群众12万余人次，受理办结各类户口4.93万户11.68万人次，办理居住证2.6万张，登记流动人口22.8万人，注销13.26万人；登记房屋出租户2.3万户，注销5750户；办理二代身份证4.68万张。出入境窗口办理各类出国境证件5751本，其中护照3007本、港澳通行证1534本、赴台通行证172本、港澳台签注1028条、港澳居民往来大陆通行证10本。

【社会治安管理】 2020年，鼓楼区检查桑拿洗浴、电子游艺等各类场所2123家次；查处娱乐服务场所52家次，关停8家次、停业整顿16家次，当场处罚责令改正28家次。破获涉黄涉赌涉娼刑事案件49起，抓获涉黄涉赌涉娼犯罪嫌疑人240人，刑拘225人，其中公诉125人。加大文明养犬管理整治力度，办理新犬证1810张，捕捉流浪犬997只，查处违规养犬行为1950起。

【警情接处】 2020年，鼓楼区接报各类有效警情37.94万起。处置"1·2"黑龙江路8巷液化气爆燃、"1·4"祁家桥故意杀人、"6·17"阳光金峰阁入室抢劫、"8·8"金陵村405号失火等734起重大敏感警情。 （袁　森）

检　　察

【概况】 2020年，鼓楼区检察机关受理审查逮捕案件541件898人，批准逮捕414件664人，不批准逮捕125件226人。受理审查起诉案件1259件1952人，起诉1071件1727人，不起诉128件141人。打击涉新冠肺炎疫情防控犯罪，审查逮捕6件6人，审查起诉13件16人。监督立案3件3人，建议行政机关移送涉嫌犯罪案件1件1人；处置集资诈骗、非法吸收公众存款等危害金融安全犯罪，审查起诉55件123人；危害食品药品安全犯罪16件21人；破坏环境资源犯罪83件136人；审查起诉侵犯企业权益犯罪40件71人；侵犯知识产权犯罪，审查起诉8件19人；职务犯罪审查起诉6件8人；办理民事公益诉讼案件74件；办理司法救助案件21人，救助金额30万元。从快批准逮捕违规停放改装电动自行车引发火灾造成3人死亡犯罪嫌疑人。以"现金赔偿+替代性修复"模式，办理污染长江公益诉讼案受到最高人民检察院肯定，获第九届中国十大公益诉讼案件，入选最高人民检察院指导性案例；一起销售假冒注册商标商品案入选全市检察机关五大典型案例。新媒体发布检察工作动态和重大案件信息400余条。是年，区检察院获"省政法系统先进集体""省先进基层检察院"称号，获省检察院集体二等功，连续四年蝉联"市先进基层检察院"；王海涛获省扫黑除恶先进个人。

【刑事诉讼监督检察】 2020年，区检察院强化刑事诉讼监督，监督立案19件，监督撤案27件，建议行政机关移送涉嫌犯罪案件6件；发出书面监督意见被采纳34件，暂予监外执行情形消失罪犯监督收监执行3人，审前未羁押判处实刑罪犯监督交付执行4人，其中芦某某监督交付执行案被省检察院评为典型案例。宽严相济，认罪认罚从宽制度适用率90%，确定量刑建议采纳率97%。

【扫黑除恶】 2020年，区检察院根据落实"长效机制建设年"要求，健全提前介入、线索双向移送等机制，推动扫黑除恶工作常态化开展。全年审查起诉涉恶犯罪10人，审查起诉中央督导组交办线索案件42人，发出《纠正违法通知书》1份，移送涉黑涉恶线索8件、"保护伞"线索6件，其中1件涉黑涉恶线索立案侦查，1件"保护伞"线索提起公诉；制发检察建议5件。是年，入选市检察机关优秀案件2起，4人分别获省市区扫黑除恶专项斗争先进个人称号。

【民事公益诉讼】 2020年，区检察院发出各类监督检察建议43件；立案办理民事公益诉讼案件74件，其中提起刑事附带民事公益诉讼3件；造成环境损害较小、非法捕捞水产品案件诉前督改11件。开展公益诉讼守护美好生活、船舶污染防治等专项监督，向行政机关发出督促加强监管、整治诉前检察建议30件，均获采纳。建议发放服刑退休人员暂停养老金51人。落实被判决食品药品经营者"从业资格禁止"41人。运用公益诉讼诉前检察建议,助推行政机关治理辖区14幢400余户危房。专题向区委常委会汇报公益诉讼检察工作,其工作经验被省委改革办推介,并在《江苏改革简报》刊登;公益诉讼改革工作被中华人民共和国最高人民检察院批示。配合区政协形成《关于推进全区公益诉讼工作的建议案》,推动公益诉讼工作。

【法治化营商环境营造】 2020年,区检察院落实党中央"六稳""六保"决策部署,营造法治化营商环境,保障民营经济健康发展。依法打击侵犯企业权益犯罪,审查起诉40件71人;打击侵犯知识产权犯罪,审查起诉8件19人。坚持涉企案件"少捕慎诉",最大程度防止司法办案给企业生产经营带来负面影响。犯罪情节轻微民营企业负责人和技术骨干等依法不批准逮捕2人、不起诉4人、建议变更逮捕措施为取保候审3人、提出适用缓刑量刑建议被法院采纳7人。依法慎处企业涉案财物,建议公安机关及时解冻某企业复工复产急需资金330余万元,恢复企业门店及时营业18家,员工稳定就业300余人。允许社区矫正民营企业从业人员,请假外出复工复产34人。邀请人民监督员、特约检察员、律师、社区群众等参加"检察开放日"、案件公开听证等活动8场。参与安全生产专项整治,发出检察建议4件,均收到整改回函。

【长江生态环境污染案件审查起诉】 2020年,区检察院围绕污染防治、长江禁捕退捕攻坚战,完善"预防、打击、修复、保护"四位一体工作格局,持续做大、做强、做优长江保护工作。全年,审查起诉长江生态环境资源犯罪77件115人,同比上升67.4%、53.3%。公安部挂牌督办项某某等人洗舱水污染环境案、全省首例在种质资源保护区非法电捕鱼案、全省首例长江船舶偷排舱底废油水案入选全省检察机关典型案例。牵头法院、公安、渔政等8家单位,开展专项行动,审查起诉61件96人,同比上升48.8%、68.4%。全国首例利用翻板钩非法捕捞水产品案,被最高人民检察院作为典型案例发布。区检察院被指定为全国检察机关《非法捕捞水产品罪的办理指引》起草单位。检察长牵头完成长江保护调研课题获市检察机关二等奖。由检察院领衔提交《关于尽快制定,〈南京市长江生态环境资源保护条例〉代表议案处理意见的报告》,被市人大常委会作为5个立项议案之一,获南京市第十六届人大常委会第二十二次会议全票表决通过,决定适时启动立法工作。

【特殊群体救助】 2020年,区检察院开展司法救助21人,救助金额30万元,同比上升320%、228%;支持农民工起诉讨薪18件;开展涉罪未成年人帮教67次,提供心理疏导15次。加强未成年人法治教育,检察院领导担任辖区中小学校法治副校长,开展线上线下法制课、法治教育34场。牵头区法院、公安鼓楼区分局、市场监管局等7家单位,开展旅馆、酒吧等场所侵害未成年人专项整治行动。与区妇联、南京医科大学第二附属医院等单位共建全省首家女童保护"一站式"服务站,集身体检查、询问、心理疏导等"一站式"取证救助中心,最大限度减少对未成年被害人"二次伤害"。与区妇联建立妇女儿童权益联动保护工作机制,挂牌成立全市首家亲职教育实践基地,开展未成年人及父母个案辅导22人56次、亲职教育讲座4场,其做法被"学习强国"平台引用。联合团区委、区民政局等部门,发起困境儿童帮扶项目,教育帮助监管缺失小学生10余人。是年,区检察院获"省'三八'红旗集体"称号,"心田工作室"获市检察机关"德法同行"品牌奖,"青雁"中心被最高人民检察院、团中央确定为制定《未成年人司法社会工作服务国家标准》12家试点单位之一。

链接:亲职教育

检察机关在办案过程中,发现未成年人父母或其他监护人存在侵害未成年人合法权益、不依法履行监护职责或履职不当不力等情形,责令未成年人父母或其他监护人接受一定时间家庭教育辅导,督促和引导其正确履行监护职责。

【污染长江公益诉讼案办结】 2月7日，“4·10”污染环境刑事附带民事公益诉讼案调解书生效。2014年10月1日至2017年4月18日南京某水务公司(简称某水务公司)，在一期B高浓度废水处理系统未运行、SBR[反应池经生物接触氧化处理后的废水，要达到排放标准，必须经过进一步处理，即采用序批示活性污泥法(SBR)法]池无法正常使用情况下，私设暗管多次向长江违法排放高浓度废水28.46万立方米、具有有毒有害成分污泥4362.53吨和含有危险物质混合废液54.06吨。在二期废水处理系统中，人为篡改在线监测仪器数据，逃避环保部门监管，长期超标排放污水，共计违规排放超标废水906.86万立方米。经环保部南京研究所出具《环境保护部南京环境科学研究所司法鉴定所司法鉴定意见书》评估，上述环境侵权行为造成生态环境损害数额4.7亿元。本案中检察院本着“诉讼不是目的，维护公益才是目的”，寻求保护公益“最优解”，把握“公共利益守护者”定位。区检察院历时3年，经过35轮50余次磋商科学确定调解方案，克服取证难、鉴定难、起诉难、磋商难等诸多困难。在公益调解环节，注重维护国家利益和公共利益，坚持法治和实事求是原则，综合衡量企业面临因重罚而资不抵债，破产关闭情况，不机械办案，检察机关不让渡公益诉讼赔偿数额4.7亿元，同意增加案涉公司股东作为第三人承担赔偿义务，创新赔偿路径，鼓励第三人采取高标准替代性项目修复环境，既不违法放弃变更赔偿，又创造性用好替代修复措施，最终保证有益于环境公益保护。促成与被告人达成认罪悔罪、认罚到位调解协议，降低办案成本、节约司法资源。采取“现金赔偿+替代性修复”方式，办结损害赔偿额为全国最高、达4.7亿元刑事附带民事公益诉讼案，受到最高人民检察院肯定，被评为第九届中国十大公益诉讼案件，入选最高人民检察院指导性案例。

(张丝怡)

法　　院

【概况】 2020年，鼓楼区法院受理各类案件2.72万件，审执结2.5万件。审理涉公司、合同、产权保护等各类商事案件9195件，标的额85.02亿元；受理破产案件47件，审结30件。裁判文书上网1.59万份，列全市法院第一；庭审网络直播1.01万场，获“全国优秀直播法院”称号。召开新闻发布会3场。制定《关于为优化营商环境提供有力司法保障的实施意见》《关于依法规范涉民营企业财产保全措施的实施意见》等文件。推进一站式多元解纷和诉讼服务体系建设，实现立案登记、保全办理等事项“一窗口通办”；开展纠纷预诊、诉讼辅导、材料流转等事项“一站通办”。延伸司法职能，发送司法建议8篇。优化诉讼与调解对接机制，区法院辛果工作室“1+N”诉调对接模式被《人民法院报》专题报道。推进普法工作，青年干警58人组成《中华人民共和国民法典》宣讲团，进社区宣讲20余场。打造“1+4+N”基层可复制可推广普法新模式，制作以防范非法集资为主题普法微电影《羁绊》，获首届中国法治微电影展“十佳剧情片”。推进司法公开和民主，邀请人大代表参加企业家座谈等视察调研89人次，邀请人大代表旁听庭审、见证集中执行54人次；发扬司法民主，健全参审规则，人民陪审员参审案件1460件。是年，区法院获省、市法院调研工作先进集体称号；皮轶之获全国法院

9月18日，《羁绊》微电影首映式暨新闻发布会举行　　区法院　供图

信息化工作先进个人称号，杨向涛获全国“平安医院”工作表现突出个人称号；民一庭获“江苏省五一巾帼标兵岗”称号，受到市级以上表彰干警42人。中标全市法院、市法学会重点调研课题5项，入选最高法院公报案例1篇、全省法院优秀案例2篇、全市优秀调研成果8篇，在市级以上刊物发表调研文章45篇，入选全市法院调研人才库干警4人。

链接：“1+N”

“1”指1个团队，由少年家事庭1名员额法官、2名法官助理以及3名人民调解员组成专业团队，负责到法院咨询、起诉相关家事、纠纷调处；“N”指参与家事纠纷委托调解N个组织，构建诉讼外基层家事纠纷网格化调解网络。

链接：“1+4+N”

每年围绕中心工作精选1个普法主题；根据主题定位4类普法人群，选取关联度最高人群如在校学生、企业职工等，分版块在不同行业、不同领域开展重点普法；发挥个体“N”普法合力，借助“政法网格员”普法带动作用，在全社会开展“普法公益志愿者”征集活动，让市民参与普法，主动传播法律知识、法治理念、法治思维。

【刑事审判】 2020年，区法院审结刑事案件1154件，判处被告人1851人，其中判处有期徒刑五年以上刑罚164人。审结抢劫、强奸、故意伤害等暴力型犯罪38件，盗窃、诈骗等侵财型犯罪323件。推进扫黑除恶专项斗争线索清仓、逃犯清零、案件清结、黑财清底、伞网清除、行业清源“六清”行动，审结凡某等10人涉系列“校园贷”恶势力犯罪团伙案，移送涉黑、涉恶犯罪线索5条。打击涉新冠肺炎疫情相关犯罪，审理案件10件。惩治危害群众生命财产安全犯罪，审结案件17件。打击涉众型经济犯罪，审结非法集资案件95件41.15亿元，为3.12万集资参与人挽回经济损失2635.84万元。审结贪污贿赂等案件5件7人。适用认罪认罚从宽制度，审结认罪认罚案件689件，占刑事案件结案66.96%。推进刑事案件律师辩护全覆盖，430名被告人得到法律援助或帮助。是年，区法院“依法严惩利用教学培训、职业便利性侵儿童犯罪案例”入选江苏省法院依法保护未成年人典型案例。

【民事审判】 2020年，区法院审结医疗损害责任案件209件，“网络销售三无减肥药案”审理入选南京市消费者权益保护十大典型案例。与区人社局建立劳动争议案件“审判+仲裁”联动机制，审结劳动争议案件1180件，“改制企业劳动者经济补偿金案”审理入选南京市劳动者权益保护十大典型案例。建立家事调查员制度，审结婚姻家庭、继承、赡养等家事案件1141件。与公安鼓楼分局、区妇联、社区等建立“反家暴”响应联动机制，发布《反家暴案件审理白皮书》，妥善审理涉家暴案件，维护平等和睦文明家庭关系。

【案件执行】 2020年，区法院受理执行案件7758件，执结6994件，执行到位金额15.4亿元，市基层法院排名第一。开展夜间执行、凌晨执行、假日执行23次，实施搜查123次、拘留157人次、罚款12.5万元；综合运用多种强制措施严惩失信行为，限制高消费1.37万人次，限制出境20人次，纳入失信被执行人名单9710人。全面推行网络司法拍卖，网拍成交总金额6.13亿元，平均溢价率26.22%。有序推进非法集资陈案处置，会同区委政法委、区检察院、公安鼓楼分局、区金融监管局，出台《关于对非法集资案件中涉案财物联合处置的实施意见》，牵头成立非法集资案件财产处置专班，执结陈案109件，追赃挽损1.85亿元。开展“打财断血”专项执行行动，执行到位金额219.62万元。加强未执结案件管理，动态管控长期终本案件，定期网上财产查控、智能反馈，恢复终本案件1391件，执结1268件。

【民事诉讼繁简分流改革】 2020年，鼓楼区按照最高人民法院“关于民事诉讼程序繁简分流改革试点”工作要求，探索建立特邀调解机制。与区行政机关、行业协会、工商联等联合搭建特邀调解平台，特邀调解组织8家、调解员18人，入驻调解平台，推进诉调对接工作，并明确特邀调解组织（员）达成民事调解协议，可申请出具司法确认民事裁定书。至年末，诉前委派调解案件7019件，调解成功3309件；适用简易程序审结案件1.18万件，适用率86.56%。全年受理小额诉讼案件2484件。

【智慧法院建设】 2020年，区法院开展电子卷宗全流程无纸化试点工作，实现办案各环节卷宗电子化、全流程无纸化，全面支持网上办案、事务监管，同步支持诉讼参与人网上查询，审判流程更加公开。配备“移动执行终端”，融合音视频证据采集、笔录生成、一键归档等功能，提升执行效率。剥离非审判核心事务集约化管理送达、排期等工作，实行邮政快递集中送达，平台无缝对接审判流程，做到全程留痕。推行“不见面”诉讼，运用远程立案、在线审判、智慧执行等信息化手段，全年立案、审理、执行案件1270件；上线非法集资案件网上财产发放平台App，提高财产发放效率。

（王　强）

司法行政

【概况】 2020年，鼓楼区建立普法责任履职评议制度，推进法治宣传惠民服务，开展预防金融风险等专项宣传活动129场次。办理各类案件2.01万件，非诉法律事务1756件。成立市律师协会鼓楼分会和新冠肺炎疫情防控公益法律服务团。扩大法律援助覆盖面，设立区人民法院、人民检察院法律援助工作站，办理法律援助1630件，每万人接受援助15.2个，为当事人挽回经济损失550万元。开展“大排查、大整治”和“百日会战”等专项活动，排查矛盾纠纷隐患5085次，受理调解矛盾纠纷8975件，成功率100%。至年末，全区在册安置帮教对象2250人，戒毒后续照管对象119人，衔接率、帮教率、安置率100%，全区无重新违法犯罪。代理区政府应诉23件、被行政复议7件，完成全区重大行政执法决定备案71件。完成律师事务所85家律师1601人执业考核。成立市律协鼓楼分会，强化行业自治自律。组建党员律师宣讲团，“扫黑除恶”巡回宣讲30余场次。创作《圆嫂学法记》系列法治漫画7套28幅，发布微博3600余条、公众号340余条，下发普法资料4700余册。是年，鼓楼区人民调解委员会获省司法厅江苏省优秀人民调解委员会荣誉称号。

【依法治区】 2020年，鼓楼区开展法治政府建设“补短板、强弱项”专项活动，对照问题清单，强化协调督导，稳步推进问题整改落实；如期完成全区法治政府建设“五年规划”目标任务及“法治化营商环境”督察整改；推进依法治教改革试点区创建，完成依法治教调研报告、实施方案、评价指标体系等材料编写。区教育系统编纂《依法治教案例集》80篇、《依法治教课例集》119篇，通过“七五”普法终期评估验收。加强法治建设，邀请北京大成（南京）律师事务所主任李晨在区政府党组（扩大）会议上讲授依法行政与风险防范，邀请市委党校副教授谭倩在全区“高质量发展大讲堂”讲授《长江大保护中南京法治研究》，提高依法治理意识。年初，省委依法治省委员会办公室发布《2019年度深化法治江苏建设工作监测评价情况的通报》中，鼓楼区获90.5分，排名并列全省（区、县）第二。

【行政执法备案审查】 2020年，鼓楼区梳理、下放街道“相对集中行政处罚权”事项清单及工作方案，绘制通用执法流程图、“典型案例”样卷等，指导街道规范行政执法行为；推行行政执法公示制度、行政执法全程记录制度、重大执法决定法制审核制度综合评价。完善省行政执法监督平台信息1500余条，区重大行政执法决定备案71件，制定规范性文件4件，审核行政合同11件，提供法律意见建议30余件。

【行政复议】 2020年，鼓楼区借助电话、邮件等线上平台保障当事人知情权和表达权，确保复议应诉办案质量和公信力。做到案件调解应调尽调，推动行政争议实质性化解，降低进入诉讼程序，节约司法资源。打造阳光复议，行政复议“决定书”网上公开率100%，听证率100%。代理区政府应诉23件、被行政复议7件，办理政府部门等单位被复议42件，办理依申请公开合法性审查50件、行政赔偿2件，区政府及部门行政机关负责人出庭率均100%。完成全区重大行政执法决定备案71件。

【人民调解】 2020年,鼓楼区开展“大排查、大整治”“百日会战”等专项活动,区、街、社区调解组织三级联动,到社区、企业、工地开展拉网式、全覆盖、网格化排查摸底,发现问题集中化解。借助省司法行政非诉纠纷化解综合平台,整合多方调解资源,化解复杂非诉纠纷26件。设立家事调解工作室13个、刑事和解工作室1个,启动人民陪审员招录工作;开展《中华人民共和国人民调解法》颁布10周年、《江苏省人民调解条例》颁布5周年系列宣传活动。全年各级调解组织排查5085次,预防纠纷激化122件,受理调解纠纷8975件,成功率100%。

【安置帮教】 2020年,鼓楼区街道、民政、工会、妇联等部门互相协调,帮扶社区矫正对象12人、刑满释放人员困难家庭20人;开展社区服刑人员未成年子女“六一护苗”助学解困11人。落实刑释衔接“必接必送”制度,推进损害性修复,提升教育帮教质效;延伸帮教服务,组织在监服刑人员与家人远程视频会见186起。至年末,全区在册安置帮教对象2250人、戒毒后续照管对象119人,衔接率、帮教率、安置率100%,当年无重新违法犯罪。

【社区矫正】 2020年,鼓楼区落实“日报告”“见面听声”和节假日值班备勤制度,提高重点人员管控应急处置能力。区司法局会同区检察院排查省厅规定涉黑恶九类罪名矫正对象,签订承诺书319份,谈话560人次,发公开信560封。通过微信群、矫务通、在矫通及个别教育等方式,落实遵纪守法、形势政策、防疫心理健康“三堂课”,参与学习360人次,集中入矫宣告123人次。联合区检察院复诊暂予监外执行人员病情,依法收监2人。全年新入矫288人、在矫328人,当年无重新违法犯罪。

【法律服务】 2020年,鼓楼区成立南京市律师协会鼓楼分会,内设5个业务部和5个专业委员会,强化行业自治自律管理。成立鼓楼区新冠肺炎疫情防控公益法律服务团,设立10个公益分类,专业助力机关部门、街道、社区、企业处理涉及疫情类法律事务。日常监管坚持网上巡查和实地检查相结合,建立问题约谈机制,依法查处投诉案件37件。全区社区法律顾问120人采取“定时+预约”“线上+线下”多形式开展法律服务,借助“法润民生”微信群发布普法知识、案例3000余篇,受理咨询2886人次,开设讲座260余场次、广场咨询36场次,参与社区调解68次。律师代理涉黑恶及群体性敏感案件报备120余件,派员旁听庭审15次。是年,全区各律师事务所办理各类案件2.01万件,担任法律顾问2540家,公益法律服务3293件,收入9.85亿元;基层法律服务所代理案件1660件,收入245万元。

【法律援助】 2020年,鼓楼区放宽经济困难审查标准,降低援助门槛,推进法律援助扩容增量。设立区人民法院、人民检察院法律援助工作站,有值班律师29人。开展认罪认罚从宽刑事法律援助及刑事案件律师辩护全覆盖试点工作。开展法援助力农民工、帮扶巾帼奋进新时代、关爱未成年人、法律拥军等专项活动。优化法律援助工作流程,简化受理审查程序,缩短审查时限,落实一次性告知首问负责制,线上线下结合,打造“一站式”最多“跑一次”法律援助便民服务平台。深入科技园区开展法企对接,优化法治营商环境,助推企业依法经营健康发展。坚持“以标准树形象、以标准提质效”要求,落实“五统一评估”机制(统一受理、统一审查、统一批准、统一指派、统一监督,同行评估),推动法律援助案件质量标准化建设。至年末,办理法援案件1630件,每万人接受援助15.2个,接待来电来访1.65万人次,群众满意率99%,为当事人挽回经济损失550万元。

【公证服务】 2020年,鼓楼区开展“惠民公证”系列公益活动,为老年人、残疾人等特殊人群提供依法减收和免收相关费用暖心服务。开辟预约办、电话办、延后办、随来随办及上门办等多元便民通道,借助互联网+“云办证”推进“不见面公证”,解决新冠肺炎疫情期间群众办证难。

《民法典》宣讲基层行活动走进天津新村　　区法院　供图

配合政府部门保障幕府新村、水关桥、大桥南路、虎踞北路等片区拆迁项目进展，现场办理证据保全、委托书、声明书、继承权等公证事项200余件。全年办理各类公证6200余件，其中遗嘱公证258件，总收入460万元，惠民减免8.7万元。

【普法工作】 2020年，鼓楼区完成市“七五”普法实地考核预查、区人大“七五”普法调研以及54个“省级民主法治示范社区”复核抽查。组织非人大任命领导干部学法考法69人。建立普法责任履职评议制度，加强“年度计划”与“月度反馈”督查。落实“谁执法谁普法、谁主管谁普法”责任制。开展线上新冠肺炎疫情防控法律法规宣传、以案释法和社区法律顾问接访咨询等活动。抓好《中华人民共和国民法典》(简称《民法典》)“集中宣传”和“常态化学习”阶段工作，联合区法院、区法学会开展“庭审进社区”暨《民法典》宣讲基层行活动。区、街联动开展预防金融风险、防范集资诈骗、安全生产等专题普法活动129场次。创作《圆嫂学法记》系列法治漫画7套28幅，“鼓楼司法在线”微博发布3600余条，“鼓楼法律人在行动”公众号发布340余条；编纂《校园欺凌现象的对策与思考》(初稿)1部，编制《“三思而行”民法典——离婚冷静期》宣传材料1套，下发法治宣传资料4700余册。

2020年鼓楼区新增律师事务所一览表

表30

序号	律所名称	成立时间	律所地址	负责人	合伙人或派驻律师
1	江苏烨道律师事务所	2020.03.09	南京市鼓楼区江东北路苏宁广场1-1720	常星宇	常星宇　顾小萍　余雅琳
2	陕西云德(南京)律师事务所	2020.10.22	江苏省南京市中山北路2号	田　珺	田　珺　周　丹　王颖昌
3	北京嘉维泰银(南京)律师事务所	2020.11.26	南京市鼓楼区云南路20号鸿德大厦A座204室	蒋光仁	蒋光仁　赵　婷　谢宁宁

(乔红军)

【依法治教】 2020年，鼓楼区推进省依法治教改革试点区创建，完成依法治教调研报告、实施方案、评价指标体系等材料。编纂《依法治教案例集》80篇，《依法治教课例集》119篇，组织评审依法治校典型案例、教学课例，评选一等奖46个，二等奖44个，三等奖63个。通过“七五”普法终期评估验收，组织幼儿园申报市依法治园达标园10所，市级“十三五”规划法治文化教育专项课题结题6项，区级“十三五”规划法治文化教育专项课题结题28项。开展法律知识讲座、预防未成年人犯罪等主题宣传周系列活动，组织领导班子成员学习《民法典》等法律法规，组织教育系统党员参加省第三届“百万党员学宪法学党章考法律活动”。参加市中小学生“学宪法讲宪法”演讲比赛，南京市民生实验小学获法治知识竞赛特等奖，区教育局获优秀组织奖。（张金生　王占法）

公共安全

应急管理

【概况】　2020年，鼓楼区修订完善《区各级各有关部门和单位安全生产工作职责清单》，覆盖81个部门和单位。推进《企业落实主体责任20条重点事项清单》（简称《清单》），强化政企联动格局。修订《鼓楼区安全生产委员会工作规则》，理顺区安委会、安委办及各成员单位工作职责，发挥安委会统筹协调作用。配套设置工业企业、商贸服务等专业委员会7个，明确职责分工。制定出台安全生产警示提示制度、约谈办法、重要工作事项督办制度、专业委员会述职报告制度及安委会成员单位履职报告制度等，强化责任落实。制发《鼓楼区安全生产举报奖励办法》《安全生产人民监督员制度》，接受社会监督。实现安全生产工作与高质量发展同部署、同落实、同检查、同考核。设立专项整治办专项督导组6个，采取“双随机”和重点检查相结合方式，开展重点行业专项执法、联合执法、暗查暗访。区委区政府主要领导定期调度，分管区领导每周研究隐患整治，约谈责任单位推进整改，实行“一患一档”全程管控。创新监管方式，引入第三方聘请有专业资质人员针对重点行业、重点企业开展专业检查，找准突出问题，查清重大隐患，提出整改意见，并督促企业在规定时间节点内高质量完成隐患整改工作。全年，排查各类安全隐患6835项，完成整治6473项，整改率94.7%。是年，区应急管理局获江苏省安全生产月优秀单位荣誉称号。

【重点领域隐患整改】　2020年，鼓楼区滚动排查危化品、餐饮场所燃气、火灾防控等九大重点领域。至年末，派出检查督查组2102组次5805人次，监督检查企业单位7996家，先后关闭取缔违规企业20家，停产整顿28家，罚没金额395.14万元，联合惩戒失信企业1家。国务院及省市督导交办（反馈）问题即知即改、立行立改，完成国务院督导组交办8个举报事项、省第一督导组交办8个问题隐患、市挂牌督办6个隐患、区挂牌督办7个隐患整改；整改并落实常态化措施市第三督导组反馈问题16个，检查发现28家隐患企业、137个隐患。

【消防安全专项整治】　2020年，鼓楼区核查消防安全社会单位906次，发现火灾隐患或违法行为843处，督改隐患797处，查封23处，责令停业12家。完成大地建设、江苏石油大厦等77幢高层公共建筑，金陵湾、天正湖滨等127幢高层居民住宅消防车道标识划线工作。依托“警格+网格”模式治理群租房，排查出租房12万户，流动人口21万人，深入摸排群租房213户，发现各类安全隐患486处，整治140户，消除安全隐患341处。与区商务局联合检查大型商业综合体游乐场所（设施）16家，隐患整改15处。组织建筑工地、装饰装修工程隐患专项检查，以及反“三违”（违章建筑、违章指挥、违反劳动纪律）深基坑专项检查等25次，开具抽查记录252份，专项约谈43次。针对性检查医疗机构预检分诊、发热门诊以及集中隔离场所，确保新冠肺炎疫情期间医疗卫生领域安全稳定。

【小化工百日整治】　2020年，鼓楼区将违法违规“小化工”百日整治与为期一年安全生产专项整治结合，召开联席会议3次，区各职责部门、街道加强条线工作指导和协同，专项整治行动中反映问题，及时研究解决，确保行动有序开展。动员综治网格员和街道安全员投入排查摸底工作，排查企业、场所、单位4.46万家，延伸排查小冶炼、小电镀、小汽修等各类“小字头”“低散乱”企业和公共风险源3.3万家（含2.49万家非实有单位），未发现违法违规小化工企业和单位。

鼓楼区2020年地震应急救援现场演练　　区融媒体中心　供图

认，实有登记各类单位4.2万家。其中，加油站、危险化学品经营企业、重点工贸企业全部开通权限，100%进入系统。

【防灾减灾应急演练】 2020年，鼓楼区修订完善鼓楼区地震灾害、自然灾害救助、防台风、燃气安全事故等4个应急预案。组织开展综合演练115次6860人参加，3900人参加专项演练78次，3200人参加现场处置演练64次，其中组织模拟北河口水厂液氯泄漏事故应急演练，锻炼政府部门之间应急指挥、协调和处置能力，为有效处置应急突发事故奠定基础。年内，区政府先后承办市2020年地震应急救援桌面暨现场联合演练、市国际减灾日广场宣传活动，创新防灾减灾活动形式和宣传载体，推进综合减灾能力建设。

（陆海宁）

【安全宣传】 2020年，鼓楼区各街道、板块园区管委会和相关部门按照《鼓楼区组织开展落实企业安全生产主体责任集中宣讲“春风行动”的实施方案》要求，制作并组织观看《江苏省安全生产教育培训视频教材——深刻吸取“3·21”事故教训专篇》等安全公益宣传片（视频、广告）15部；学习应急管理“181”平台信息化监管应用知识规范，街道党政领导干部180人，参加网络学习并通过考试；发放《清单》宣传手册2.5万册，组织宣讲团深入基层一线，开展“百团进百万企业”宣讲活动105场次；公共场所张贴、悬挂安全标语、横幅、挂图等1210幅。6月16日，在清江苏宁广场举办“安全生产月”宣传咨询日活动。“安全生产月”活动稿件被中央、省市新闻媒体分别刊登2篇、50篇。

【“181”平台推广使用】 2020年，鼓楼区依托网格化社会治理机制和社区一体化“181”信息平台（南京市全域应急管理综合监管平台，“八系统、一站式、一终端”），构建“横向到边、纵向到底”安全管理网格，实现区域、责任全覆盖。年内，组织专班下沉网格一线，操作录入系统，掌握第一手录入难点和问题。邀请软件公司到街道、社区开展专题培训13场851人参加，下发工作提示10余份，规范操作程序。深入企业、单位、场所逐一筛查，至年末完成数据筛查15万条，并逐一上门核查确

【建设工程类应急救援演练】 6月15日，“2020年鼓楼区建设工程类应急救援演练暨智慧安监现场观摩活动”在锦绣天玺项目施工现场举行。演练由区政府主办，区建设局、区应急管理局、区建筑安全生产监督站、中冶置业集团有限公司南京分公司、上海宝冶有限公司等共同承办。区政府、市建委、区建设局、区应急管理局、滨江管委会、区卫健委、区消防大队、各街道、各部门相关领导出席，区各建设工程项目建设单位、监理单位、施工单位相关负责人260人参与并观摩。演练围绕“消除安全隐患，筑牢安全防线”主题，通过施工现场安全事故模拟、VR体验方式，实景模拟“附着式升降脚手架坠落”突发事故，对应急救援中预案启动、现场警戒、应急抢险、联合救援、事故分析等科目逐一演练。使参会人员感受违规操作带来的危害，提高应急处置能力。

（莫向中）

【辐射事故应急演练】 11月19日，鼓楼生态环境局与长江南京航道工程局在浦口桥林航浚16

轮组织涉源船突发火情、危及涉源设备辐射事故应急演练，旨在规范和强化应对突发辐射事故应急处置能力，提升辐射事故环境应急响应水平。演练某船舶因突发火情，危及泥泵所使用的Ⅳ类放射源设备。船舶随即向长江南京航道工程局和鼓楼生态环境局报告，该区启动《辐射事故环境应急预案》，成立现场指挥部。指挥部要求控制火情，疏散撤离辐射区范围船员，船舶辐射工作人员做好相应防护措施，携带移动式辐射检测设备检测辐射活度和剂量等数据，根据检测结果暂时封闭泥泵泥浆浓度仪，关闭放射源风门，安排有资质单位上船，检修涉源设备。演练既检验企业在突发辐射事件应急预案科学性和操作性，更有效检验辐射事故应急预案科学性、部门间相互配合协调性。市生态环境局辐射处主要领导、鼓楼生态环境局有关领导到场观摩，相关单位20余人参与演练。（李　婷）

交通管理

【概况】 2020年，南京市公安局交通管理局第五、第六大队（简称交警大队），辖区面积54.92平方千米，人口92.1万人，道路总长度300.95千米。承担交通指挥疏导、执勤执法、事故接处警、车驾管、交通窗口、路政管理等交管业务。辖区有主、次干道98条，支路街巷325条，路口439个，其中灯控路口292个；行人过街信号灯834处，交通绿波带控制道路124条、路口37个，设置道路交通监控点636处。驻辖区省委省政府等省级机关单位54家，江苏省人民医院、南京市儿童医院等三级甲等医院8家，南京大学、河海大学、南京师范大学附属中学、南京市拉萨路小学等大中小学校77所，湖南路、新城市广场、吾悦广场、大观天地、金茂汇等多个大型商圈。围绕文明城市创建、“畅行计划”实施等重点工作，落实全市勤务模式，制定网格化勤务管理工作意见，按照网格、路段、街巷“三级”管理框架，对应形成“三长”（网格长、路段长、街巷长）责任体制，通过建立细化责任地图，落实指挥疏导、静态秩序、违法查处、接访应诉管理责任，接受文明城市严查中未失一分。落实大队领导、中队长、民警、路政民警、设施组和信号员五级巡查制度，全天候、多时段开展设施巡查，发现问题及时反馈，迅速维护，发挥道路交通安全设施功能。大队干部强化检查督促，提升见警率和在岗管事率。签订警校共建联盟77所，全方位拉网式梳理各校园周边标志、标线等交通设施，不符合交通安全标准开学前全部整改到位。年内，交警五大队获个人嘉奖6人次、优秀公务员28人次。

【疏堵保畅】 2020年，交警大队围绕主次干道、重点区域、重要节点和中央门立交桥维修等疏堵保畅压力，科学调整勤务岗点，民警和大中队干部捆绑责任，落实“定人、定岗、定责”勤务模式。高峰时段，大队干部沉入挂钩中队；平峰时段值班干部配合参与整治。协调分局常态到4处（宁海路、鼓楼、三牌楼、龙江）警务协作点1040人次，参与12处高峰岗点疏导、3处平峰岗点整治，共同纠违3000余起。抓住四平路广场、中央门立交、五塘广场等重要交通节点及建宁路、中央北路、纬一路等交通“主动脉”，优化交通组织。建宁路玉桥段、五塘广场等采取警力全天值守；中央北路、大桥南路、建宁路沿线，民警早晚高峰岗值守；施工路段幕府西路、中央北路等晚高峰持续时间长，民警推迟下班时间，中、晚班无缝对接。缓解中央门立交桥维修、地铁5号线建设、中央北路实施改造、建宁路等重点工程施工路段交通压力。全年完善民警高峰岗23处、警辅高峰岗41处，护学岗警力投入16处，实行快速内环24小时巡逻值守，确保事故快处快撤。梳理重要交通路口18处，调整早、晚高峰勤务时间，周五及节日前一天提前半小时上岗。制定政治核心区勤务制度，打造“省门第一岗”“交警忠诚岗”。至年末，辖区无重大堵情发生，交通畅通有序。

【交通违法行为查处】 2020年，交警大队查处各类交通违法34.27万起，其中查处酒后驾驶323起、醉酒驾驶360起、不礼让斑马线1994起，渣土车各类违法2728起，驾驶时拨打接听电话1407起、妨碍安全行车行为3698起；涉牌涉证150起，监控抓拍8.88万起，民警贴单7.27万起，行人、非机动车各类违法17.12万起。

【交通设施更新改造】 2020年，交警大队精细优化交通管理，实施“路口提效、路段提速、路网提能”交通组织模式，点线面结合，发挥道路最大通行能力。全年调整交通渠划7处，建设改造道路99条，施工总长度16千米，维修信号灯1.31万次，新增非机动车左转信号灯8个。维护、新增、更换标志658块，复划标线542处1.21万平方米，复划中小学、幼儿园门前网格线10处，新增斑马线5处，主干道建宁路、大桥南路一线，修剪遮挡信号灯与标志牌树枝252处。清理不规范泊位22个，新增、维护更新护栏7处1150余套。

【重点企业及车辆管控】 2020年，交警大队深入辖区内客车、货车、危险品运输车、校车等重点运输单位企业，建立运输企业交通安全风险分级管控机制，建立重点驾驶人风险预警系统。走访约谈重点车辆运输企业235次535家，检查车辆5523辆，教育驾驶员5216人，排查重点车辆企业、私有车主2015人，下发整改通知书51份，整改率100%。并逐一与重点企业和驾驶员签订安全责任书。摸排中发现未按规定报废重型车辆79辆，采取盯车、盯人、上门方式，全部注销清理。落实辖区内渣土车企业GPS在线率日查机制11家，在线率未达到95%一次停运整改3天，提前上路一律停运5天。全年交警五大队简易程序事故同比下降2%，一般程序交通事故同比下降31.9%；死亡事故起数同比下降30%，死亡人数下降20%。交警六大队简易程序事故同比上升1.98%，一般程序事故同比下降30.29%，死亡人数上升40%，重伤人数下降46.15%。

【交通隐患排查】 2020年，交警大队排查交通隐患873处，整改872处，整改率99.9%。落实市局“打通生命通道”要求，摸排辖区主次干道及部分重点支路街巷43条，清除泊位22处，协助清理“僵尸车”350辆。铲除交通设施杆件上“牛皮癣”50余处，拆除悬挂护栏上横幅62条，审批辖区施工项目183处，敦促施工方对照安全标准落实管理责任。

【重大活动安保】 2020年，交警大队狠抓“到岗时间提前、在岗检查设施、任务路线巡逻、周边秩序整治、信号远程调控”提升工程，周密落实重大活动交通层级管控方案，做好警务协作，推动巡特警大队参与警卫工作。全年完成一级警卫任务3场次、二级警卫任务8场次、三级警卫任务20场次、省市领导安保任务623场次、大型活动安保任务28场次、其他任务129场次，先后完成中、高考安保，南京马拉松、侵华日军南京大屠杀死难者国家公祭日等安保任务，实现安全零失误、警卫零误差。围绕春节等国家法定节假日，突出抓好扬子江过江通道及绕城管控，综合运用远端分流、交替放行、警务协作等管控措施，平稳应对大流量挑战。年初频繁雨雪霜雾天气期间，全体警员连续指挥疏导，维护交通持续，确保群众出行安全。

1月17日，交警六大队联合交通运管部门，对南京火车站小红山客运站周边客运车辆进行检查，消除交通安全隐患，保障群众的交通出行安全

交警六大队 供图

【电动车“一盔一带”专项整治】 2020年，交警大队根据新国标电动车上牌及“一盔一带”要求，开展“电动自行车百日整治”法规讲解、宣传工作，在人员

流动量较大玉桥商业广场设置宣传点，开展免费赠盔活动，累计发放安全头盔300个。8月1日起，对不戴头盔行为开展专项整治，累计查处骑乘电动车不戴头盔违法行为1.9万起，并将该项工作纳入每月专项行动中。至年末，处罚非机动车、行人各类违法行为5.03万起。

（张天霖　张甜甜）

11月25日，交警六大队开展专项整治非机动车、行人行动　交警六大队　供图

消防救援

【概况】　2020年，鼓楼区消防救援大队处置火灾等各类灾害事故和社会救助445起，实现连续4年火灾起数总量下降。开展各类灾害事故监督执法4590次，督促整改隐患1.2万处，智能充电桩覆盖居民小区1129个，582栋高层建筑安装固化水带，328所学校、商场、养老院、文保单位、社区卫生教育中心参与消防安全标准化建设，达标率90%。成功处置“8·8”金陵村电动车火灾、“11·27”鼓楼医院火灾等。新建白云亭消防执勤点投入使用，五佰村消防执勤点处于建设阶段。是年，区消防救援大队方家营救援站丁良浩获第24届“全国五四青年奖章”。

【隐患整治】　2020年，鼓楼区下发责令改正通知书3048份，办理行政案件329起，查封严重隐患场所87处，责令停产停业不合格单位44家，罚款429万元，行政拘留5人。督促整改君临国际、南秀大厦等170幢高层建筑瘫痪消防设施；参与督办南京市消防安全委员会芦席营82号小区整改，安装简易喷淋400处、独立式火灾报警探测器200处。牵头开展电动车消防安全治理工作，安装充电桩电表2825块，实有智能充电插口7.9万处，消除飞线现象，实现充电设施全覆盖。

【消防基础设施建设】　2020年，鼓楼区推进公共消防设施建设，为独居老人家庭1695户、社会养老服务机构23处、“九小”（小学校或幼儿园、小医院、小商店、小餐饮、小旅馆、小歌舞娱乐、小网吧、小美容洗浴、小生产加工企业）场所2614处，安装独立式感烟报警器7185只；维修改造怡景花园、华保新寓等145幢建筑消防设施。重点单位全部安装智慧消防App应用系统。梳理消防水源损坏75处、市政消火栓压力不足问题，集中函告区水务集团维修。

【群租场所及消防通道专项治理】　2020年，鼓楼区清理住宿3人及以上“三合一”（住宿与生产、仓储、经营一种或一种以上使用功能违章混合设置在同一空间内的建筑）场所。要求“三合一”场所实施防火分隔，畅通疏散通道，引导场所负责人自行安装或者以政府购买安全服务方式，100%安装简易喷淋、独立式火灾探测报警器等技防设施。与公安部门专题会商，在建宁路、幕府山等街道试点，清理场所20余处，搬迁50余人。开展打通“生命通道”专项治理，完成985个居民小区划线工作。组织多部门合力治理阳光广场小区消防通道堵塞问题，拓宽停车路幅宽度、规范划设标识标志，妥善处理消防安全与停车泊位之间矛盾。

【消防安全标准化示范创建】 2020年，鼓楼区推进行业部门消防安全管理标准化示范创建活动，联合区教育、民政、卫健、房产等部门，组织全区中小学、幼儿园、社会福利机构、医疗机构、文物建筑等单位消防安全责任人和管理人学习消防安全管理标准及评定细则，召开自我评定、检查及创建工作现场会。全区中小学148家、文保单位124家、社区卫生服务中心13个、商场和市场9家、养老院34家参与消防安全标准化达标创建，达标率90%。

【消防救援宣传】 2020年，鼓楼区依托江苏科技馆消防科普教育基地组织千名基层网格员、消防楼栋长、重点场所消防管理人开展业务培训。组织各街道、行业微型消防站代表队参加消防技能比武竞赛以及全区电动车消防安全知识竞赛。派员进企业、进学校、进机关、进社区、进家庭，开展各类形式宣传教育活动，累计组织消防演练297场次，消防授课175次，参与4万人次。联合江苏卫视、南京电视台、《南京日报》《金陵晚报》等媒体，专题报道打通"生命通道"、集中推广电动车智能充电桩、冬季防火安全工作。在新街口金轮广场建成消防科普宣传教育大屏，针对季节性特点，利用户外显示屏、楼宇电视等系统滚动播放消防公益广告，提高全民防范意识。

（赵　凌）

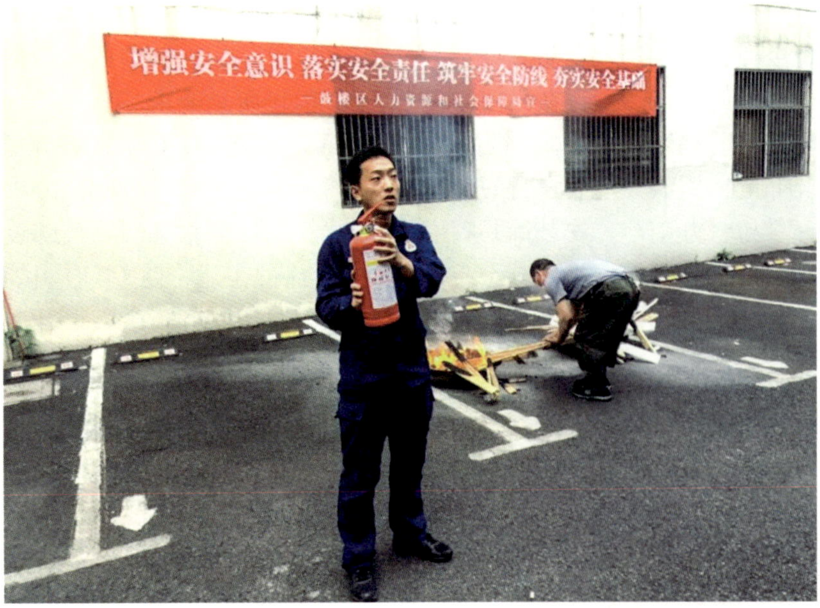

7月，消防员指导大家正确使用灭火器、灭火毯等器材　区融媒体中心　供图

军　事

人民武装

【概况】 2020年，鼓楼区人武部坚持以习近平新时代中国特色社会主义思想和强军思想为指导，牢记初心使命，勇于担当作为，按照政治建军总要求抓思想建设，深入学习《习近平谈治国理政》（第三卷）和党的十九届五中全会精神，规范落实自主学习教育，落实党委中心组理论学习和每周四晚政治教育"小夜校"制度，推动科学理论武装走深走实。聚焦能打胜战练兵备战，按照"超前谋划、及早准备"工作思路，完成民兵整组工作，抓好实战化训练演练，提升民兵分队综合能力。至末年，区人武部年度考核排名全市第二，获评江苏省军区"新闻宣传先进单位"。

【征兵工作】 2020年，鼓楼区成立兵役登记工作领导小组，召开兵役登记工作推进会，街道、社区挨家挨户上门登记。年满18周岁适龄青年全部在网上进行兵役登记，连续5年实现兵役登记率100%。紧扣征兵报名率、上站率、合格率、择优率、退兵率"五率"，聚焦主阵地，抓好主群体，制作征兵宣传片《逐梦军营，青春闪耀》，在街道、高校播放，该片获评"江苏省最佳征兵宣传片"。6月，在校园首场企业招聘会中设置"征兵咨询站"。组织"双合格"应征青年役前集训及封闭式管理14天；区征兵办成立集训领导小组，建立"集训队一连一排一班"，进行一日生活和教育训练，邀请雷锋生前战友赵明才讲革命传统，举办全区欢送新兵晚会等内容。通过层层筛选，确保为部队输送一批优质兵员。在全市征兵"五率"考评中位列第一。

【军事训练】 2020年，鼓楼区人武部落实党委议战议训制度，安排全区街道专武干部参加省市两级专武部长和专武干事集训，下关街道武装部部长赵国庆在省军区集训中获综合成绩考核第一。成立军事训练小组，按照训练大纲内容制定训练计划，实现“严格管理、严格要求”。参加上级城市排涝、防空分队集训12人；6月、11月，参加民兵应急分队轮训备勤集训2批次，提高民兵分队专业处置技能和快速反应实战化水平。

【非战争军事行动及战备建设】 2020年，鼓楼区按照省军区、南京警备区要求，坚持每月不少于1次街道民兵分队拉动点验，保持1支分队处于备勤状态，提升“应急应战”能力。在抗击新冠肺炎疫情期间，密切配合设点排查、街道执勤、入户宣传，发挥整体防护补充、前运后送支援、帮扶群众服务、舆论宣传引导、稳定社会配合、恢复生产骨干作用，该做法被中央电视台《军事报道》栏目、《中国国防报》《新华日报》和学习强国等媒体报道刊载。夏季防汛期间，区民兵应急分队参与全市防汛抗洪紧急出动2次，受到警备区首长肯定。推进战备规范化建设，完善各类应急预案，保持战备值班常态运转。对接职能部门拟制区域保障分中心计划，补充各类物资器材百余套；指导街道配备应急、预征预储装备。是年，区人武部年度考核排列全市第二、获评江苏省军区“新闻宣传先进单位”。

【整组工作】 2020年，鼓楼区召开街道专武干部整组工作专题会议，围绕查清“遂行任务底数、可编兵员底数、适编单位底数、科技资源底数”，编实建强应急、专业、特殊三类队伍，全区编组基干民兵队伍中党员、退伍军人、新质力量比例全部达标。各类民兵组织达到“有利于组织领导、有利于开展活动、有利于平衡负担、有利于快速动员、有利于遂行任务”总要求。

【国防教育】 2020年，鼓楼区调整区国防动员、国防教育、征兵工作、民兵建设等机构设置；组织区四套班子领导干部军事日活动；落实街道党管武装工作考核，考核街道专武部长提名人员军事素质；开展援助湖北省基干民兵6人故事分享会；送荣立二等功受奖喜报3人；宣传南京市首届“最美现役军人”梅旭先进事迹；纪念中国人民志愿军抗美援朝出国作战70周年期间，联合中央电视台，拍摄《志愿军女兵——战火中的灼灼芳华》专题片，在中央电视台、新华社、人民网、《解放军报》等媒体专题报道。

【安全建设】 2020年，鼓楼区贯彻落实《军队安全管理条例》《军队保密条例》，正规规范战备秩序、规范训练秩序、规范工作秩序、规范生活秩序“四个秩序”。坚持每季组织一次安全综合检查，召开一次安全形势分析会，春节、“五一”等重大节日前进行安全检查。活动前组织风险评估，逐一分析所有可能出现隐患，制定相应措施，落实安全制度，搞好安全督查，确保年度各项工作有纲有魂、有序有力，安全稳定。全年未发生安全事故。

（曹奔奔）

人民防空

【概况】 2020年，鼓楼区人防工程开发利用率99.4%。完成区人防指挥部编成调整。参加市人民防空综合防护演习，与六合区联合开展城市防空袭人口临战疏散演练。公开政务信息78条。鼓楼区赤壁路小学被省人防办挂牌为“江苏省人防教育实验基地”。南京大学操场人防工程列入区城建储备计划和市城建储备计划B类。健全完善《关于加强“三重一大”事项决策和监管的实施办法》等3项工作制度。推进全区人防系统反腐败专项治理、省委巡视反馈问题整改及成果转化，落实中央八项规定“回头看”工作等。摇号发放家用和车用应急救援包1万个。全年，开展人防知识讲座、培训、防空袭疏散演练等人防宣传教育活动200多场次，参与居民群众3万人次。规范行政执法和热线投诉办理，完善行政权力事项标准化业务办理项认领及指南，处理“12345”群众热线诉求27件。完成省人防信息系统安装工作、人防专业资产统计及2019年度人民防空数据统计。开展鼓楼区“抗疫最美人防人”先进典型、先进事迹案例征集活动，收到案例127篇。是年，区人防办获《江苏人防》“通讯报道先进单位”等荣誉称号。

【人防工程维护管理】 2020年，鼓楼区检查人防工程重大消防安全风险源，现场抽查人防工程；巡查发现一般安全隐患，并完成整改，整改完成率100%。全区人防工程维护管理年检备案率100%、开发利用率99.4%、维管优良率91.7%，合格率99.3%，全年无安全事故。督促警报器管理单位落实警报器维护管理、安全检查和信号测试，组织防空警报器鸣放，完成新增高空警报器选址任务。

【人防培训】 2020年，鼓楼区完成区、街道、社区人防预案培训和修订工作。组织参加省市人防教师骨干、人防志愿者应急员骨干培训；开展人防工程维护管理培训1次62人，组织警报器维护管理人员集中培训2次，下发辖区重要经济目标单位训练大纲，督促制定防护预案。由区人防指挥信息系统专人负责，定期测试、训练。

【实战化演练】 2020年，鼓楼区开展人防实战化演练，完成南京市人民防空综合防护演习任务，区指挥部成员单位参演；组织参与鼓楼区与六合区城市防空袭人口临战疏散演练行动；组织企业开展电梯故障应急演练、楼宇消防演练等，开展“人防进机关、进单位、进楼宇、进企业、进小区、进家庭”系列活动；利用地震日、警报试鸣日等重要时段指导街道、社区开展疏散与隐蔽防空袭课目演练13次；组织人防专业队骨干集训，80余人次参加。完成消防、抢险抢修、医疗救护、交通运输、防化防疫、心理疏导、通信专业队、综合保障等人防专业队整组。依据《人民防空训练与考核大纲》，组织机关干部人防训练2次、军事日活动2次。获南京市人民防空综合防护演习先进单位。

【人防宣传】 2020年，鼓楼区结合“5·12”防灾减灾日、九一八事变纪念日、“12·13”南京大屠杀死难者国家公祭日，更新人防宣传栏4次1560块。开设“战疫情——人防在行动”专栏，开展防空防灾宣传活动6批次。巩固和深化城乡社区人防工作，结合新冠肺炎疫情防控开展人防宣传进企业活动。结合4月4日抗击新冠肺炎疫情死难同胞全国性哀悼活动、新中国人民防空创立70周年纪念日等开展人防集中宣传教育活动6场次。至年末，人防宣传信息平台报送各类信息500多条，发布新华报业交汇点新闻消息3条、《南京日报》1条、《南京晨报》1条、南京电视台2条，江苏龙虎网3条；向国家省市人防办网站、微博微信供稿200余篇；运用鼓楼人防微博发布工作信息400余篇，转载市人防信息500多条。开展鼓楼区“抗疫最美人防人”先进典型案例征集活动，结合疫情防控特点组织人防教师开展线上线下研训活动3次。落实新学年全区中小学人防教材征订和发放，完成赤壁路小学创建省级人防教育示范点达标验收。完成省市人防部门关于“人防微视频”创作录制任务。

（黄　伟）

10月29日，区人防办举行2020年城市防空袭人口临战疏散演练

区人防办　供图

退役军人事务

【概况】 2020年，鼓楼区退役军人工作围绕“让军人成为全社会

尊崇的职业”目标，服务退役军人和其他优抚对象，开展“基层基础基本建设年”活动，提升“高站位”认识，树立“一盘棋”思想，形成“多联动”格局。展开全国示范型退役军人服务中心(站)创建工作，对标目标任务，研究制定下发工作方案，实化细化工作举措，明确“时间表”“任务书”“路线图”，探索军民共建、资源共享、家园共管退役军人服务保障模式。是年，多名鼓楼区籍现役军人在部队建功立业，先后获三等功以上荣誉，其中，有两人荣立二等功。

【移交安置】 2020年，鼓楼区做好退役军人安置报到“一站式”“全周期”服务，完成年度计划安置、自主择业军转干部接收安置任务，完成符合政府安排工作条件退役士兵适应性培训、积分选岗工作。完成自主就业退役士兵档案审核和接收落户工作，并组织为期5天适应性培训。

【就业创业】 2020年，鼓楼区组织自主择业军转干部、自主就业退役士兵和退役军人及军嫂参与网上专场招聘会，参加省“百城联动”暨鼓楼区退役军人及军嫂线下专场招聘会5场，629人参加，202人签订意向协议。至年末，全区2019年度自主择业退役士兵中有就业意愿者全部就业，就业率100%。组织筛选8家退役军人创办企业(8名自主创业军人)参加市“建行杯”首届“戎创金陵”退役军人创业创新大赛，1人获省创赛二等奖、3人被选树为南京市创业之星。开展“云招聘”，与中海物业管理有限公司南京环宇城公司、南京仁恒物业管理有限公司、南京华新物业管理有限公司3家单位签订退役军人就业渠道拓展战略合作协议，搭建就业创业合作平台，详细摸排辖区企业用工需求，建立工作岗位资源库，为退役军人和用工单位搭建“桥梁纽带”。

【优待抚恤】 2020年，鼓楼区落实自主择业军转干部住房补贴、无军籍职工改革性补贴发放和部分退役士兵社保接续等涉军政策，补缴退役士兵社保1875.44万元，其中财政承担1245万元；发放自主择业军转干部住房补贴1926.55万元，发放无军籍职工改革性补贴2359.86万元，发放各类优抚对象优待抚恤金4990.9万元。启动应对物价上涨联动机制，发放重点优抚对象物价补贴61.65万元，提供抗疫爱心消费券1582张，补贴资金15.82万元。做好补充医疗保险个人账户增记工作，协调落实企业伤残军人门诊补助事项，支出重点优抚对象医疗保障金214.84万元。按照各类优抚对象信息化、电子化管理要求，为1300余名伤残人员补档查档和换表办证。做好下岗、失业转业志愿兵(士官)生活困难补助核发，发放退役士兵一次性经济补助金、义务兵家庭优待金、大学生奖励金等各类补贴4152.91万元。纪念抗日战争胜利75周年期间，走访慰问抗战老战士19人、抗战烈士遗属45人，发放“中国人民志愿军抗美援朝出国作战70周年”纪念章208人。

【军休服务管理】 2020年，鼓楼区接收军队移交地方安置军休人员52人，其中军休干部49人、退休士官3人。为8个军休所53名离退休干部发放“中国人民志愿军抗美援朝出国作战70周年”纪念章53枚。完成全区无军籍职工改革性补贴发放工作2359.86万元(含2015—2020年去世的无军籍职工)。

【双拥共建】 2020年，鼓楼区以军地互办实事为重点推动双拥共建工作，春节和八一前夕，区四套班子主要领导和其他领导带队走访挂钩联系部队，召开全区军政座谈会、领导小组联席会，畅叙军地友谊，共商发展大计；区领导和有关部门走访慰问驻边海防部队官兵家庭。利用各种平台宣传展示双拥工作成果，报道双拥人物、军人军属和退役军人先进事迹，编印《彭勃百岁书法作品选》，举办“当兵的人”书画展，传播军政军民团结正能量。开展“致敬·2020清明祭英烈”活动，结合烈士纪念日举行“烈士光荣证”颁授仪式，弘扬英烈精神。区财政专门安排187.2万元资金，用于军地双拥共建、为部队基层连队办实事等项目，解决新组建及移防部队战备、训练和营区周边环境保障困难，区教育、人社、民政等部门帮助部队解决军属就业、子女上学等“三后”(后路、后院、后代)问题。发放未就业随军家属生活补助金9万余元。举办武警南京支队官兵书画创作室挂牌仪式，为武警执勤六大队捐赠价值500余元书籍。新冠肺炎疫情防控期间，鼓楼区成立军地联合专项组，军地双方齐抓共管、联防联控，支持和配合部队做好45个非封闭家属院管控，解决13个现实难题。走访慰问18名赴武汉抗击新冠肺炎疫情鼓楼籍军人家庭。

【退役军人服务中心建设】 鼓楼区退役军人服务中心于2019年成立，2020年7月完成法人注册登记，为区属全额拨款事业单位。2020年，制发《鼓楼区退役军人服务系统建立常态化联系退役军人制度实施方案》，制作《中华人民共和国退役军人保障法》(简称《退役军人保障法》)及政策解读宣传册、《退役军人保障法》多媒体微视频，配套做好宣传工作。结合工作推进，先后5次组织街道退役军人业务工作培训和参观考察，组织120名退役军人参加全科社工培训，各街道采取自查自纠方式，推进退役军人服务保障体系建设。至年末，全区13家街道及120个社区均设有退役军人服务站。是年，区退役军人服务中心、中央门街道退役军人服务站等10家单位被评为全国示范型退役军人服务中心(站)。

【退役军人思想政治工作】 2020年，鼓楼区在退役军人中开展“思想政治工作年”活动，宣传党和政府关心关爱退役军人政策，综合运用《金陵晚报》双拥周刊、南京双拥微信公众号、国防教育专版、国防在线、鼓楼微讯等传统和新媒体平台，传播退役军人最新政策和落实情况，宣传新冠肺炎疫情防控、促进辖区经济社会发展先进典型，示范引领退役军人退役不褪色、建功新时代。11月2日，《南京日报》专版报道宣传区退役军人亮点工作和特色成绩。利用“颐和路社区将军馆”“渡江胜利纪念馆”等爱国主义红色教育资源，创新建设“退役军人之家”“老兵驿站”等工作平台，加强退役军人思想引导，强化党员意识和纪律观念。遴选2名退役军人参加全市“微党课”竞赛并取得优异成绩，推荐1家单位参加全市“优秀退役军人之家”评选、1名个人参加全市“拥军模范人物”评选。是年，辖区梅旭、姜善琴、王颖分获南京市“最美现役军人”“最美退役军人”“最美军嫂”称号，军休干部黄震昌获“全省模范退役军人”称号。

【“烈士光荣证”颁授仪式举行】 9月30日第七个烈士纪念日，区委区政府举行市公安局烈士史伟年遗属颁授“烈士光荣证”仪式，市公安局交管局和区人武部主要领导为烈士遗属代表颁授“烈士光荣证”，少先队员向烈士遗属代表献花，区委区政府分管领导致辞。史伟年生前是市公安局交警支队高速七大队二级警长，也是一名军队转业干部。2017年11月16日凌晨，在南京绕城高速六合主线收费站执行“冬季攻势”夜查任务中，依法查处涉嫌吸毒持毒嫌疑人违法犯罪行为时，遭犯罪嫌疑人驾驶的车辆长距离拖行碾压，经全力抢救无效因公牺牲。市退役军人事务局、市公安局有关部门领导，烈士生前所在单位、学校师生、解放军官兵和民兵、公安干警、消防救援指战员代表和区退役军人事务局、退役军人服务中心全体人员，各街道分管副主任等约110人出席仪式。

（朱莉莉）

地方组织机构

DI FANG ZU ZHI JI GOU

中国共产党
南京市鼓楼区委员会

重要会议与活动

【概况】 2020年，中共鼓楼区区委开展基层党员冬训，举办区委理论学习中心组学习17场、区委常委会专题学习43场、公务员高质量发展大讲堂15场。召开区委常委会议49次，研究各类议题257个，主要涉及全面从严治党、经济社会发展、疫情防控、安全稳定等方面内容。制发文件360件。

2020年度鼓楼区区委重要会议活动一览表

表31

序号	时间	内　　容
1	3月7日	全区深化对标找差创新实干推动高质量发展大会
2	3月28日	全区城建城管工作动员大会
3	3月28日	全区打好污染防治攻坚战暨河长制大会
4	3月30日	鼓楼区2020年重大项目集中开竣工现场会方案
5	3月31日	鼓楼区招商引资再突破动员大会暨重大项目推进会
6	4月6日	鼓楼区创建国家安全发展示范城市动员部署会议
7	4月8日	全区打好防范化解重大风险攻坚战会议
8	4月29日	2020年南京市独角兽、瞪羚企业发布暨高成长性企业培育推进会鼓楼分会场
9	5月4日	“奋战二季度、实现双过半”动员誓师大会
10	5月15日	全区政法工作会议
11	6月4日	“书香新消费·创新在鼓楼”专场活动
12	6月11—12日	2020年南京市鼓楼区总部经济发展恳谈会
13	6月20日	“创新潮起·鼓楼水岸”鼓楼主题客厅启动仪式暨“南京—爱丁堡城市连线”活动
14	6月21日	2020中国区块链技术产业发展峰会暨南京创新周鼓楼分会场开幕式
15	7月1日	鼓楼区庆祝建党99周年表彰座谈会
16	7月13日	区创建文明城市领导小组(扩大)会议
17	8月1日	中国共产党南京市鼓楼区第二届委员会第九次全体会议
18	8月15日	区委人大工作会议
19	9月6日	第十六届中国(南京)国际软件产品和信息服务交易博览会鼓楼专场活动
20	9月11日	2020年中国·南京“凝聚港航合力，助推长三角一体化高质量发展”——长三角航运创新发展联盟年度大会
21	9月17日	数字新动能消费新体验——2020年中国南京金秋经贸洽谈会鼓楼区专场活动暨新零售产业创新峰会
22	10月7日	高质量发展年度目标任务冲刺誓师大会
23	10月8日	鼓楼区垃圾分类工作动员部署会
24	11月19日	2020中国(南京)未来城市创新峰会暨幕府创新区产业发布会

续表31

序号	时间	内　　容
25	11月20日	中国上市公司并购年会暨南京市鼓楼区高质量发展投资推介会
26	12月16日	鼓楼海外联谊会成立大会暨鼓楼区投资环境推介会
27	12月28日	中国共产党南京市鼓楼区第二届委员会第十次全体会议
28	12月31日	区委疫情防控工作领导小组会议暨元旦期间有关工作调度会方案

【"不忘初心、牢记使命"主题教育总结大会】 1月19日在区召开，约100人参加。区委区政府主要领导，市委第二巡回指导组有关领导出席会议并讲话；区人大常委会、区政协主要领导出席会议。会议学习贯彻习近平"不忘初心、牢记使命"主题教育总结重要讲话精神，落实中央和省市主题教育总结大会要求，全面总结鼓楼区主题教育工作、巩固拓展主题教育成果，把主题教育形成的认识成果、实践成果、制度成果巩固和运用好；会议部署持续践行初心使命，把党的自我革命推向深入，推动全面从严治党向纵深发展。

【中国共产党南京市鼓楼区第二届委员会第九次全体会议】 8月1日在区举行。全会学习习近平新时代中国特色社会主义思想，贯彻党的十九大和十九届二中、三中、四中全会精神，落实省市委全会部署，总结上半年工作，部署下半年任务，动员全区增强信心、破难前行，夺取常态化防疫、高质量发展"双胜利"。区委委员、候补委员出席会议；区纪委委员，区人大常委会、区政府、区政协领导班子成员，区法院院长、检察院检察长，鼓楼国家大学科技园、下关滨江商务区主要负责人，其他市管领导；区各部门、各街道、各直属单位区管正职干部，区属中学、部分小学党政主要负责人以及部分区党代表等约300人列席会议。各街道其他班子成员、各社区书记在分会场参加会议。全会由区委常委会主持。区委书记代表区委常委会作题为《增强信心、破难前行，奋力夺取常态化防疫高质量发展"双胜利"》工作报告，并作总结讲话。区委副书记、区政府代区长报告全区"四新"行动暨重大项目推进情况。全会审议通过《中国共产党南京市鼓楼区第二届委员会第九次全体会议决议》。

【中国共产党南京市鼓楼区第二届委员会第十次全体会议】 12月28日在区举行。全会以习近平新时代中国特色社会主义思想为指导，贯彻党的十九大和十九届二中、三中、四中、五中全会以及中央经济工作会议精神，学习习近平视察江苏重要讲话指示精神，全面落实省市委全会要求，回顾总结全年工作，研究部署"十四五"和2021年工作，动员全区承前启后、继往开来，以"争当表率、争做示范、走在前列"使命担当，开好局、起好步，争创首善之区、建设幸福鼓楼，奋力走在中心城区社会主义现代化建设最前列。区委委员、区委候补委员出席会议；区纪委委员，区人大常委会、区政府、区政协领导班子成员，区法院院长、检察院检察长，其他市管领导；区各部门、各街道、各直属单位区管正职干部，各区属国企集团主要负责人，区属中学党政主要负责人，部分区党代会代表等约300人列席会议。各街道班子成员及各社区书记以视频形式收听收看第一次会议。全会由区委常委会主持。区委书记代表区委常委会作工作报告，并作总结讲话。全会审议通过《中共南京市鼓楼区委关于深入学习贯彻习近平总书记视察江苏重要讲话指示精神在"争当表率、争做示范、走在前列"中扛起省会功能核心区担当的决定》[简称《决定》(讨论稿)]、《中共南京市鼓楼区委关于制定南京市鼓楼区国民经济和社会发展第十四个五年规划和二〇三五年远景目标的建议》简称《建议(讨论稿)》。区委书记就《决定(讨论稿)》和《建议(讨论稿)》向全会作说明，区委副书记、代区长总结部署重大项目工作，并作2021年经济指标安排说明。全会讨论区委常委会2020年度抓党建工作情况报告，审议通过《中国共产党南京市鼓楼区第二届委员会第十次全体会议决议》。

【重大决策】 2020年，鼓楼区发布重大决策性文件4件：

4月27日，鼓委发〔2020〕70号中共南京市鼓楼区区委、南京市鼓楼区人民政府关于印发《"鼓楼区加快推进'四新'行动计划工作方案"的通知》（简称《方案》），《方案》围绕"新基建、新消费、新产业、新都市"4个主要目标，制定4个行动计划项目表。

5月4日，鼓委发〔2020〕77号中共南京市鼓楼区区委、南京市鼓楼区人民政府关于印发《鼓楼区"招商突破年、重大项目推进年、企业服务年"工作实施方案的通知》（简称《通知》），《通知》根据市委市政府关于"招商突破年""重大项目推进年""企业服务年"工作部署，结合"四新"行动安排，制定全区"招商突破年、重大项目推进年、企业服务年"工作实施方案。

6月15日，鼓委发〔2020〕102号中共南京市鼓楼区区委、南京市鼓楼区人民政府印发《"关于加快鼓楼中心片区创新发展和环境品质提升实施方案"的通知》（简称《通知》），《通知》按照市委十四届七次全会关于"重点支持各板块集中力量办好一件大事"有关工作要求，经市委研究同意，2020年鼓楼区继续推进中心片区创新发展和环境品质提升工作，围绕环南大科技创新区、环南艺艺术创意区、环颐和路历史风貌区，紧扣科技创新、艺术创意、文化复兴"三核驱动"，探索环境提升、功能转型、活力激发"三条路径"，将中心片区打造成创新名城引领区、文化艺术创意区、美丽古都标志区和城市更新示范区。

12月31日，鼓委发〔2020〕288号中共南京市鼓楼区区委《关于制定"南京市鼓楼区国民经济和社会发展第十四个五年规划和二〇三五年远景目标"的建议》（简称《建议》）。《建议》强调："十四五"时期是国家全面建成小康社会、实现第一个百年奋斗目标之后，开启全面建设社会主义现代化国家新征程、向第二个百年奋斗目标进军第一个五年，也是践行"争当表率、争做示范、走在前列"重大使命，推动"强富美高"新鼓楼建设，持续争创首善之区、建设幸福鼓楼关键五年，科学制定鼓楼"十四五"规划意义十分重大。中国共产党南京市鼓楼区第二届委员会第十次会议，认真学习贯彻党的十九届五中全会精神，对标习近平视察江苏重要讲话指示精神，全面把握新发展阶段新任务新要求，深刻分析内外环境新变化，按照省、市委要求和部署，深入研究"十四五"时期全区改革发展稳定重大问题，就制定"十四五"规划和二〇三五年远景目标提出建议。《建议》分三部分，第一部分总论，总结"十三五"时期鼓楼发展取得重要成就，分析"十四五"时期发展环境，提出2035年远景发展目标，明确"十四五"时期经济社会发展指导思想、基本原则、功能定位、目标要求、主要路径和空间格局；第二部分分领域明确提升省会核心辐射带动能力、实施创新驱动、推动产业高质量发展、优化城区功能品质、加强文化建设、努力创造高品质生活、深化改革开放、推进高效能社会治理等"十四五"时期经济社会发展重点任务；第三部分保障落实，提出加强党的全面领导、广泛凝聚各方力量、健全规划制定和落实机制、推动各项规划协调衔接等内容。 （陈　森）

组织工作

【概况】 至2020年年末，鼓楼区有党组37个、党（工）委32个。其中，街道工委13个、系统工委19个；党委（国资）9个。有基层党组织2610个，党员74221人，其中男性党员44465人、女性党员29756人。年内，新发展党员321人。区委组织部会同区委党校开办入党发展对象集中培训3期、240人参训。年末，区机关在职干部3169人（党群365人、人大48人、政协37人、政府1072人、法院187人、检察院117人、街道763人、参公事业580人）。

巩固和深化"不忘初心、牢记使命"主题教育成果，提供新冠肺炎疫情防控、梅雨季防汛、文明城市创建等急难险重工作组织保障，统筹推进领导班子和干部队伍建设、基层党组织和党员队伍建设、人才队伍建设，完善党史编研宣传、综合考核体系。立足发展导向，选优配强领导班子，优化干部队伍结构，提升干部推动高质量发展能力；完成2019年度党建考核，推进"党建示范社区"创建，开展星级支部管理评定，整顿提升软弱后进基层党组织；着眼2021年社区党组织换届，开展基层党建巩固提升"六个一"（遴选一批社区书记后备人选，选派一批社区“第一书记”，打造一批优秀社区书记工作室，选拔一批优秀书记享受事业待遇，开展一轮全覆盖走访调研座谈，组织一轮治理创新能力提升培训）行动；在全区范围内遴选社区书记后备人选，选优配强“两委”（社区党支部委员会和居委会）领导班子，排查社区“两委”人员情况，完成初步人事安排方案。组织“党课开讲啦”活动，推广“我是党课主讲人”做法，在全区评选表彰一批优秀共产党员。推进干部人事档案专项审核全覆盖工作，健全党管人才工作机制，编制“十四五”人才发展规划，开展区爱国奋斗奉献主题教育活动2场，覆盖人才130余人次；推进各级各类人才工程，量质并举提高人才集聚度，全年引进区级高层次创业人才65人、市高层次创业人才11人、市创新型企业家4人、市科技顶尖专家2人，培育省“双创人才”（创新创业人才）3人、省“双创博士”35人、市中青年拔尖（优秀）人才19人、市科技贡献奖励312人，辅导1家人才企业新入选南京市“瞪羚”企业；落实市“百校对接计划”，成立首批“科技镇长团”“科技专家团”。修订《鼓楼区创新创业服务券实施管理办法》，释放政策红利，累计兑现192.8万元。年内，鼓楼区与中国科学院电工研究所、浙江大学工业技术转化研究院联合举办第二届“创赢鼓楼”创新创业大赛；与南京大学联合举办第一届南京大学“励行杯”全球校友创新创业大赛，实现校地双方共谋创新、融合发展。是年，鼓楼区拍摄制作视频《传承南京长江大桥精神　书写新时代责任担当》获第15届全省党员教育作品观摩交流活动一等奖，拍摄微视频《初心的温度》获全省“初心·使命”党员教育全媒体作品大赛二等奖，制作红色文化短视频《雨花英烈孙津川》获2020年度南京红色文化短视频创作优秀作品并获市委党史办表彰；调研文章《加强新时代年轻干部培养选拔的几点思考》获2020年度全市组织系统优秀调研成果二等奖。王卫平、潘虎获省优秀共产党员称号，邹斌获市优秀共产党员称号。

链接：“百校对接计划”

是南京市实施“两落地一融合”（科技成果项目落地、新型研发机构落地，校地融合发展）工程、深化创新名城建设最新举措，与“生根出访计划”互为补充。“计划”分3年序时推进，聚焦国内重点高校院所，通过选派科技人才专员，构建南京市与国内高校院所间长期、稳定合作关系，深化产学研合作，加强人才交流，建设新型研发机构，促进科技成果转化，培育产业创新集群，形成校地双方共谋创新、融合发展局面。

【“不忘初心、牢记使命”主题教育成果拓展】 2020年，鼓楼区把疫情防控、防汛、文明城市创建等急难险重工作作为巩固拓展主题教育成果重要战场。疫情防控期间，全区3100名机关干部发挥表率作用，带动1.25万名党员、1.04万名志愿者参与一线疫情防控，在抗疫一线建立1002个临时党组织，筑牢小区联防联控网格。下拨专项党费240万元支持疫情防控，全区6万多名党员自愿捐款895万元，以行动践行初心使命。梅雨季汛情期间，区委第一时间发布倡议书，成立143个党员突击队，划拨60万元党费支持防汛救灾，建立区管干部分段包干巡堤制度，确保全覆盖、无死角。

【区管领导班子选配】 2020年，鼓楼区两次集中调配街道领导班子，提拔“70后”干部15人、“80后”干部18人，重用交流干部11人，为街道经济、城管、民政条线班子注入发展动力。充实承担高质量发展、党建考核指标等重点领域领导力量，把指标清、业务熟、能力强25名科级骨干提拔充实到班子中，保障目标冲刺。围绕五大板块（鼓楼高新区、滨江商务区、幕府创新区、环南艺街区、湖南路街区）发展阶段性要求和自身功能特点，统筹配强干部力量，提拔交流干部12人；改革高新区管理体制，实行全员聘用，激发内生动力。是年，全区推荐提拔市管干部8人；调整区管干部280人次，其中职务提拔79人、职级晋升53人。

【年轻干部培养】 2020年，鼓楼区加强年轻干部培养使用力度，重点用好“80后”干部，全年从部门提拔“80后”处级干部13人到街道任职；加快培养选拔“90后”干部，实行年轻干部预审，在全区范围集中选配“90后”科级干部16人。安排年轻干部到基层一线摔打锤炼，抽调年轻干部29人参与安全生产、污染防治、“六稳”（稳就业、稳金融、稳外贸、稳外资、稳投资、稳预期)“六保”(保居民就业、保基本民生、保市场主体、保粮食能源安全、保产业链供应链稳定、保基层运转)“四新”(新基建、新消费、新产业、新都市)等重点任务;派出“80后”干部4人到中科院、浙江大学、南京大学等高校院所担任科技人才专员。举办年轻干部训练营,系统性教育培训“90后”干部,加强政治教育、提升业务能力、开拓眼界视野。

【干部教育培训】 2020年,鼓楼区举办正处职干部学习《习近平谈治国理政》第三卷研讨班、第一期区管干部进修班、第三期中青年干部培训班、年轻干部训练营。培训学习与招商结合,组织122名区管正职领导干部赴杭州、上海、广州、深圳4地,开展“携手—2020”招商恳谈暨对标学习活动,学习对标城区先进经验。结合高质量发展需要,面向全区公务员开设高质量发展大讲堂15场,涵盖党性修养、业务知识、公务员素养等内容。

【干部监督管理】 2020年,鼓楼区推动领导干部个人有关事项报告专项整治,对2019年以来领导干部个人有关事项报告处理情况回头看,按照“两项法规”(《领导干部报告个人有关事项规定》《领导干部个人有关事项报告查核结果处理办法》),落实专项整治各项举措。随机抽查2019年度个人有关事项报告89人,重点查核拟提拔或者重用干部84人。落实提醒、函询、诫勉等制度,全年函询21人,认定个人有关事项漏报瞒报16人,诫勉5人。严格按规定审批领导干部在社会团体兼职,及时更新领导干部出入境备案管理系统数据,退出退休人员,录入新进区管干部,确保应管尽管。

【“1+3+X”红色物业体系】 2020年,鼓楼区着眼城市基层治理实际,构建“1+3+X”(1个架构,市场化、兜底式、自管型3种模式,X项机制)党建引领住宅小区管理体系,红色物业联盟、红色业委会、红色管委会、红色楼栋管家、红色物业调解中心协同发力,形成党建引领物业服务管理和社区治理“鼓楼路径”,并作为区委书记项目重点推进。年内,该区构建“1个架构”:行业系统条上抓、街道社区块上抓组织领导模式,成立物业行业党委,13家街道同步成立行业党总支,引领230名党员发挥先锋作用,单独组建、联合组建党组织65个,向物业企业选派党建工作指导员102人,实现组织和工作全覆盖。探索“3种模式”:全区23个符合组建条件物业小区均在项目上成立党支部,用精通物业方向业务专业党员律师,部分街道成立红色物业调解中心,强化业委会成立前介入指导和老物业矛盾专业化调处;探索公益性托管模式,由公益性国有平台公司按片区打包托管无物管住宅小区,重心下移推进物业党建向失管小区延伸,同时在暂时未封闭且零散老旧小区开展试点工作;相对独立、楼栋较少院落,由社区党委牵头,凝聚自治管理力量,发挥二级支部书记和党员骨干作用,成立红色管委会。建立“X项机制”:建立“党建引领、多元共治”治理机制,“线、面、体”协同出发,以更完备服务保障机制吸纳居民群众,组建网格党支部946个,网格长兼任支部书记,形成“一格一长多员”网格员队伍;社区党委牵头,拓宽物业共治参与面,依托街道“大工委”、社区“大党委”,建立社区治理联席会议制度,搭建社区党组织、业主委员会、物业公司协商共治平台,重点调处小区环境改造、公共安全及矛盾纠纷排查等治理事项;推进政治、法治、德治、自治、智治融合。通过“党建共同体+红色微网格”,把党建引领贯穿于基层治理全过程;通过“普法+维权”,依托区街两级公共法律服务中心等载体,开展法律专访服务,引导居民用法治思维解决问题;通过“德育+德行”,开设“线上好人馆”“立德树人大讲堂”,涵养守望相助、崇德向善社区人文精神;通过“线上智能+线下智库”,形成“群众自治圈”“社会共治圈”,激发基层治理内生动力;通过“智慧平台+雪亮工程”,整合党建、综治、民政、公安等14个部门23个平台数据,建成区、街、社三级贯通信息系统管理平台,社会治安防控体系健全,预测预警能力提高。

【发展党员全程纪实】 2020年,鼓楼区实行发展党员工作全程纪实,制定“鼓楼区发展党员工作全程纪实表”(简称“全程纪实表”),实行“一人一表、全程记录”,确保信息准确、全程可控,形成明晰党员发展工作链。按照“谁主办谁记录,谁负责谁签字”原则，每个关键环节和重要事项，基层党组织负责人等相关责任人员必须本人签字确认，责任到人。入党积极分子（发展对象或预备党员）在“全程纪实表”上如实记录入党材料移交情况，实现发展程序及档案材料相互印证、可追溯到每一个发展环节。是年，全区发展党员321人，全部实行全程纪实管理。

【公务员管理】 2020年，鼓楼区制定出台《鼓楼区科级领导干部选拔任用工作实施意见》《鼓楼区公务员平时考核工作实施办法（试行）》，突出年轻干部用人导向。区委组织部参与指导区内单位开展科级干部选拔任用、公务员职级晋升，任免科级领导干部261人次，其中“80后”干部91人、“90后”干部11人；完成一级主任科员及以下职级晋升312人。招录公务员（参公）47人。

【校地合作“双向挂职”】 2020年，鼓楼区创新人才发展路径，深化校地合作机制，依托市“百校对接计划”，选派科技人才专员2人派驻中国科学院电工研究所、浙江大学等高校院所；引进高校院所干部9人到科技人才工作一线部门挂职［同步组建南京市主城区首个“科技镇长团”（5人）和“科技专家团”（4人）］，通过干部互派架起校地双方合作桥梁。年内，“两团”进园区、企业、街道挂职，为该区硅巷建设、新型研发机构建设等科技创新重点工程助力。

【人才引育方式创新】 2020年，鼓楼区创新人才引育方式，升级人才服务创业体系，以第二届“创赢鼓楼”创新创业大赛为契机，特别邀请中国科学院电工研究所、浙江大学工业技术转化研究院两所对接高校院所具体负责人，首届“创赢鼓楼”创新创业大赛获奖选手、国家大学科技园和创投基金负责人等10人作为引才大使，在大赛现场采用区块链上链永久保存独特形式授牌。引才大使将结合专业市场经验、优质项目资源等优势，发挥伯乐荐才作用，赋能区域科技创新发展，为全区人才提质增效带来动力。同时，鼓楼区根据《创新创业服务券管理办法（试行）》，在第二届“创赢鼓楼”创新创业大赛南京总决赛现场为南京巨鲨显示科技有限公司等10家优质人才企业代表发放20万～50万元不等创新创业服务券。

6月10日，鼓楼区在第二届“创赢鼓楼”创新创业大赛南京总决赛现场发放创新创业服务券
区委组织部　供图

【全面达小康相关课题研究】 2020年，鼓楼区选择宁海路街道、热河南路街道小桃园社区等街道社区和家庭3个层面典型案例，记述各个案例在全面建成小康社会进程中变化与经验成就，展现鼓楼区高水平建设小康社会成果。通过现场采访及剖析研究，完成《以党建为引领，建设宁海“共建共治共享”区域共同体》《莫谓桃园小，花开春满城——鼓楼区小桃园社区全面达小康掠影》《看，幸福生活的画卷在慢慢打开——记社区书记张爱琴一家的小康奋斗之路》3篇稿件2.2万字。同时，完成宁海路街道案例短视频《幸福宁海　美丽家园——南京市鼓楼区宁海路街道全面达小康掠影》摄制工作。

【工资福利】 2020年年末，鼓楼区工资统发5243人，其中离休75人、退休1830人、在职3338人。机关单位各类工资审批、各项工资待遇核定3.9万人次，包含在职人员职务变动工资调整、晋级晋档津补贴调整、公积金逐月住房补贴调整、养老保险和个人年金调整、退休人员临时性待遇、离退休人员生活补贴、去世人员抚恤金发放以及各类奖金和未休假报酬核定发放。套改2019年军转干部、2020年新招录人员、选调生及调入人员工资116人。完成机关工资年度统计工作。落实公务员职务与职级并行套转及晋升后工资兑现工作。专项整治机关事业单位津贴补贴和工会福利政策执行情况。会同相关部门迎接教育部督查区义务教育工资收入情况。完成升级改造工资发放系统并搭建公务员考勤系统。

【第二届"创赢鼓楼"创新创业大赛】 3月12日启动。大赛由区委区政府主办,区委组织部承办,旨在吸引海内外高层次创业人才及团队落户鼓楼,与投资人、孵化器等联动唱响科技创新主旋律,营造创新创业良好生态,彰显鼓楼创新创业活力。大赛在比赛模式、落地跟踪、配套服务等方面较2019年首届全面升级。本届大赛围绕"数字引擎'鼓'舞人兴"主题,落实南京市"百校对接计划",在中国科学院电工研究所、浙江大学工研院特别支持下开设城市分赛,比赛分分赛、总决赛两个阶段。大赛期间,鼓楼区面向海内外创新创业人才,征集到新一代数字经济、新医药与新健康、未来新业态等新兴产业领域300余个优质项目报名参赛。经过5月20日杭州线下分赛和5月26日北京线上分赛,决出12个高质量人才项目晋级进入6月10日南京总决赛。最终面向芯片制造化学气相沉积(CVD)核心部件的研发及产业化项目,获大赛一等奖。

【"党课开讲啦"活动】 6—12月,鼓楼区各级党组织开展"党课开讲啦"活动。结合"我是党课主讲人"活动,党员领导干部、各级党组织书记、党员专家学者、先进模范人物、优秀党校教师、"防控疫情、党员先行"行动中表现突出党员等近5000人走上党课讲台,依托党员活动室、党员教育基地、演播室、生产车间、小区院落等场所,采取讲座式、访谈式、情景式等多种形式,解读党的基本理论、基本路线、基本知识,党章党规党纪和党史、新中国史,以及党组织和党员干部决胜全面建成小康社会、打赢疫情防控阻击战等一线生动实践和先进事迹,受益党员7万余人。其中,凤凰街道工委情景党课"垃圾分类,从我开始"被江苏先锋网站报道,鼓楼区委组织部、宝塔桥街道工委和中铁大桥局联合拍摄的党课视频《传承南京长江大桥精神　书写新时代责任担当》获全省第15届党员教育作品大赛一等奖。

【铁北片区党建联盟成立】 6月29日,铁北管委会党工委联合宝塔桥街道、小市街道、幕府山街道党工委、南京中建鼓北城市发展有限公司党支部,组织成立鼓楼铁北片区党建联盟。区委、铁北管委会党工委有关领导出席成立仪式,5家联盟单位代表共同签署党建联盟协议,区委组织部、铁北管委会党工委主要领导共同为党建联盟揭牌。铁北片区党建联盟成立旨在提升城市基层党建工作整体效应,推进城市共建共治共享机制,助力铁北片区新型城镇化建设,该联盟以"资源整合、优势互补、互利共赢、共同提高"为原则,建设政治理论学习交流平台、"生态、生产、生活"统筹发展研讨平台、城市开发建设服务平台。会上,全体人员观看《铁北之光》纪录片,了解铁北片区改造升级必要性与紧迫性;南京中建鼓北城市发展有限公司介绍鼓楼铁北片区项目规划与进展情况;与会领导参观鼓楼铁北新城城市展示中心,了解铁北片区城市更新及产业发展PPP项目。年内,联盟重点围绕夯实党建联盟组织基础、创建党建联盟品牌形象、推进党建联盟工作3个方面开展工作,召开联盟会议,联络员定期互访等工作制度,开展理论学习、主题研讨等活动。　(李泽俊)

宣传工作

【概况】 2020年,鼓楼区学习贯彻习近平新时代中国特色社会主义思想和党的十九届四中、五中全会精神,学习贯彻全国、省、市宣传思想工作会议精神和区委决策部署,为高水平全面建成小康社会、高质量建设以人民为中心的"首善之区　幸福鼓楼"提供思想保证和精神动力。区委宣传部落实意识形态工作责任制,定期召开全区意识形态领域情况分析研判联席会议。全年区委中心组专题学习17次、区委常委会跟进学习43次，开展各类宣讲活动1000余场。区融媒体中心挂牌成立，全区13个街道120个社区新时代文明实践中心（所、站）全部挂牌并运营；自制新冠肺炎疫情防控宣传引导手册向辖区居民发放；人民网江苏频道“鼓楼视窗”上线，南京鼓楼公共文化云平台上线。全年在各级媒体发稿7500余篇次；加强“学习强国”“鼓楼微讯”等新媒体使用，区学习强国注册率108%，活跃度68%，刊发文章87篇；在“鼓楼微讯”公众号设置“习近平谈治国理政”“新视点”等栏目，打造线上“理论加油站”“宅家图书馆”。是年，“鼓楼微讯”官方微博、微信公众平台获2020年上半年江苏十大政务发布微博、2020年上半年江苏十大党政新闻发布微博、2020年度南京优秀政务微博第一名。开展“清朗2020”等专项行动，规范网上信息传播秩序，成立鼓楼区互联网行业党委。完备文明城市创建长效管理及应急迎查体系机制，建立“德行鼓楼”道德示范、榜样引领资源库。强化新闻出版行业监管和秩序规范。文艺生产创作平台构建完成，开展线上抗疫“我们的担当”文化专题活动，开展文化惠民活动2300余场，惠民120多万人次。

【意识形态建设】 2020年，鼓楼区落实意识形态工作全面领导责任，按照“五纳入”（把意识形态工作纳入重要议事日程，纳入党建工作责任制，纳入领导班子、领导干部目标管理，纳入党的纪律监督检查范围，纳入领导干部民主生活会和述职述廉报告）要求常态化推进意识形态工作，与中心工作做到“四同步”（同部署、同落实、同检查、同考核）。区委常委会及时传达学习中央和省市委关于意识形态工作决策部署及指示精神，专题研究和听取意识形态工作汇报。制定下发年度《意识形态重点工作清单》和《基层党组织意识形态工作任务清单（修订）》等文件。扎实推进省委巡视意识形态专项反馈意见整改工作，对标找差、对症下药，强化主体责任，补齐短板弱项。坚持意识形态领域情况分析研判联席会议制度，召开全区意识形态暨网络意识形态领域情况分析研判联席会议及工作会议4次，传达学习全市会议精神，分析研判形势，明确下一步工作任务。召开鼓楼—高校意识形态领域情况分析研判联席会议，南京大学、东南大学等15所驻区高校围绕意识形态领域具体风险点进行分析研判和交流发言。深化维护意识形态安全专项行动，坚持信息月报制度，排查化解意识形态领域风险隐患。召开区领导专题会，实地走访相关企业，研究部署和落实意识形态领域相关舆情事件。开展全区意识形态专项巡察，实地巡察46家单位。举办意识形态工作业务培训会，邀请相关专家作专题辅导讲课。

【领导干部理论学习】 2020年，鼓楼区发挥区委中心组示范引领作用，将理论学习纳入区委常委会会议，常态化跟进学习习近平最新重要讲话精神，全年开展区委中心组学习专题学习17次，区委常委会跟进学习43次。将学好用好《习近平谈治国理政》第三卷作为重大政治任务，有序推进征订学习、专题培训、宣传普及、理论阐释等各项工作。加强学习指导和督查，通报2019年度全区各党组、党（工）委中心组学习情况，印发《2020年鼓楼区党组、党（工）委理论学习中心组学习计划》和《鼓楼区党组、党（工）委理论学习中心组巡学旁听实施细则》，会同区纪委、区委组织部巡学旁听和应知应会测试凤凰街道及江东街道等党（工）委中心组理论学习情况。

【理论研究】 2020年，鼓楼区理论研究成果：“鼓楼区高水平全面建成小康收官，开启基本实现现代化新征程研究”立项为“江苏省社科应用研究精品工程”，“加强理论强党工作面临的挑战与对策研究”列入南京市社会科学基金市区协作项目。“滨江发展微课堂”和玖玖书屋“抗疫中国节科普华夏魂——传统节日与科学生活”两个项目获全省社科普及项目资助。

【基层理论宣讲】 2020年，鼓楼区创新利用“云课堂”“微讲坛”等形式开展基层党员冬训。举办“点赞中国之治”主题演讲视频征集活动，收到作品40余件。组织参加全市“点赞中国之治”主题演讲比赛，该区4部作品获优秀视频作品，2名选手在全市演讲比赛中获奖。加强区“百姓名嘴”基层理论宣讲员队伍建设，召开专题工作会议，制定《南京市鼓楼区"百姓名嘴"理论宣讲员管理办法》。组织开展"我身边的小康"基层宣讲活动，举办"'疫'路有爱，战'疫'有你——我是理论宣讲者"分享会。挹江门街道获2019年度全省基层党员冬训工作示范街道，章蔷丽获全省基层党员冬训工作先进个人。"掌上云课堂　冬训主战场"获2019—2020年度全市基层党员冬训工作创新项目。"学习新思想　奋进鼓楼人"系列宣讲活动被评为2019年度南京市社会主义核心价值观教育实践创新十佳案例。区委党校被评为2019—2020全市基层理论宣讲先进集体，区"百姓名嘴"宣讲团成员周静被评为先进个人。

【社会主义核心价值观宣传教育系列活动】 2020年，鼓楼区围绕重要时间节点和重大主题，开展"决胜小康　奋斗有我"群众性主题教育活动，采用主题宣讲、百姓故事汇等多种方式讲好人民群众爱国、奋斗、奉献故事；举办"全面小康百家谈"活动；国庆期间，开展"唱响国歌、礼赞国旗、致敬国徽"活动；组织新婚夫妇在全国烈士纪念日向雨花英烈献花活动。联合承办2020"全民国防教育日"系列活动暨南京市"军民同心筑梦　共担强军重任"国防教育主题活动周启动仪式。12月13日，在全区9个侵华日军南京大屠杀死难者丛葬地举办国家公祭日悼念活动。借助政府热线、网络媒体、群众信访等平台，利用电子显示屏、宣传画、展板、广告牌等形式宣传核心价值观内容。在辖区10个公共广场打造社会主义核心价值观景观小品，主次干道等公共场所发布公益广告4万多平方米，1451个小区新增核心价值观宣传展板，提升市民文明素质。完善先进典型常态化选树机制，建好用好"好人园"、善行义举榜、线上"好人馆"等好人阵地，增强道德讲堂活动吸引力感染力，全年开办道德讲堂420余期。

【新闻宣传】 2020年，鼓楼区围绕学习贯彻十九届五中全会精神、夺取"疫情防控　高质量发展"双胜利、"四新"（新基建、新消费、新产业、新都市）行动、全面建设小康社会、长江大保护、2020南京创新周、文明城市创建、精细化建设管理、创建安全发展示范城市、垃圾分类行动、人口普查等中心工作组织主题宣传报道。在《新华日报》、人民网、《南京日报》等党办媒体开设《奋力再出发"四新"看鼓楼》《"四新"行动鼓楼担当》《鼓足干劲　更上层楼》《奋进鼓楼人》《幸福小康看鼓楼》等系列报道专栏。承办全省"践行嘱托开新局"全媒体主题采访报道活动。全年，在中央电视台、《人民日报》《新华日报》《南京日报》、南京电视台等主流媒体，《扬子晚报》《现代快报》《南京晨报》等都市媒体，人民网、中新网、交汇点、紫金山等新媒体平台发稿7500余篇次。

【扫黄打非】 2020年，鼓楼区将"扫黄打非"工作纳入意识形态考核体系，落实各级党组织主体责任。开展"正道""新风"集中行动，实施"清源""固边""净网""护苗""秋风"五大专项行动，在全国"两会"、4·23读书节、五一、国庆、寒暑假、侵华日军南京大屠杀死难者国家公祭日等重要时间节点开展出版市场、发行市场集中整治和专项检查。开展"绿书签"系列宣传教育活动，持续推进"护苗行动"进校园、进社区，全区张贴海报2600余张，悬挂横幅标语150余条，通过3100余场各类活动播放宣传视频和发放宣传折页1.46万份。推进"扫黄打非"工作站建设管理，全区13个街道120个社区全面成立"扫黄打非"工作站，标准化规范化建设达标率100%，年内各级站点开展巡查检查1200余次，收到并处置群众举报5条，配合查办案件线索7件。10月，接受中宣部、全国"扫黄打非"办督察调研，获充分肯定。是年，热河南路街道获评江苏省"扫黄打非"进基层示范点和示范标兵荣誉称号。

【网络安全】 2020年，鼓楼区全面落实互联网管理属地责任，开展"违规科技信息专项清理整治""网络信息自查自纠""清朗2020"专项行动等清查工作。成立鼓楼区互联网行业党委，实现互联网企业党建全覆盖。组织开展网络安全宣传周活动、网络安全知识培训和应急演练活动，普及网络安全知识，提升网络安全意识和防护技能。

【政务新媒体建设】 2020年，@鼓楼微讯官方政务微博、鼓楼微讯微信公众平台、今日头条新闻客户端鼓楼微讯头条号、鼓楼微讯抖音号、鼓楼微讯快手号等区官方政务新媒体集群发挥移动新媒体优势，运用H5、图文、航拍、短视频等可视化表达，开设“鼓楼区高质量发展”“抗击新冠肺炎鼓楼在行动”“鼓楼区‘四新’行动”“防疫有我，爱卫同行”“2020南京创新周”“精细化管理”“创建人民满意的幸福鼓楼”“安全生产”“长江大保护”“书香鼓楼”“晨光行动”“垃圾分类”等系列专栏，全方位展示“强富美高”新鼓楼变化及未来展望。至年末，鼓楼区官方政务微博发布微博9685条，微信366期1542条，头条号发布2866条，抖音发布6516条，总阅读量近18亿。“鼓楼微讯”官方微博粉丝520万人，微信公众平台粉丝数超16.8万人。获2020江苏年度微博最佳主题策划、2020江苏十大政务机构微博、2020江苏十大党政新闻发布微博、2020年度南京市“文明办网”先进单位、2020年度南京优秀政务微博第一名、2020年度南京优秀政务抖音、2020战疫传播贡献奖、2020年度优秀政务新媒体传播范例奖、南京网友节优秀组织奖等荣誉。

【文化事业发展】 2020年，鼓楼区面对新冠肺炎疫情，依托“白云亭文化艺术中心”、鼓楼区图书馆微信公众号及抖音官方号，开展线上文化服务。“幸福鼓楼社区文化艺术节”获2019年度南京市优秀群众文化活动品牌一等奖、2020年度江苏省群众文化“百千万”工程优秀品牌；“白云亭公益剧坊”获2019年度南京市公共文化服务创新项目一等奖。2人被评为省“紫金文化人才培育工程”文化优青，2人获市第五批青年文化人才，4人获市第二批百名优秀文化人才立项资助，1人成功晋升入选省级宣传文化系统文化人才培养计划；1对师徒获省“名师带徒”计划市配套奖励资助；2部出版作品；区作协主席杨波（笔名育邦）诗作《伐桐》获得第七届江苏省紫金山文学奖诗歌奖，区摄影家协会副主席林琨作品《南京“火神山”建成记组图》在第六届（2020）中国无人机影像大赛中获年度图片奖，并受到省摄影家协会通报表扬。

【文明城市创建】 2020年，鼓楼区结合“晨光行动”“重难点领办任务”，专项整治背街小巷、老旧小区、农贸市场、公共场所及窗口单位等重点场所。围绕市容市貌提升、交通秩序、行业管理、重点地区保障，抓好薄弱环节整治。借助各种媒体媒介推送公益标语口号100多条，制作宣传横幅

“鼓楼微讯”五大平台　　区委宣传部　供图

5000多条、编印宣传海报1.2万张和宣传折页9.6万份、自制《山西路农贸市场周边环境》等宣传微视频8部。推进小区物业管理改革创新，集中攻坚并落实居民群众合理诉求。建立“区委常委包块、分管区长抓条”全区创建组织推进机制，完善“区域+领域”“部门+板块”“政府+社会”“常态+长效”文明创建构架，实施创建成效奖惩机制，与区综合考核、作风建设、个人绩效挂钩，文明城市创建国查取得历史最好成绩。

【群众性精神文明创建】 2020年，鼓楼区开展“传家训、立家规、扬家风”和“好家风好家训”巡讲巡演等展示交流活动，成立鼓楼“五色梅”家庭建设指导中心，在全区推选“最美家庭”1140户，其中获评全国“最美家庭”1户、省五好家庭1户、省“抗疫最美家庭”1户、市“最美家庭”10户，获市“最美防疫志愿者”称号2人、获市“最美防疫先锋”称号5人。苏宁控股集团有限公司(本部)获评全国文明单位，南京市琅琊路小学获评全国文明校园。

【公民道德建设】 2020年，鼓楼区常态化运行“奋进中的鼓楼人”“每月一星”“时代楷模”等荐评活动机制，全年评选“每月一星”36人；发挥线上“好人馆”、线下“好人园”作用，利用好人事迹巡展，举办好人节、故事分享会、好人微电影展播等；“善行义举榜”定期发布主题实践活动，继续打造“聚力暖橙”“德爱·好人时间银行”“圆梦好人微心愿”工作品牌。开展“扣好人生第一粒扣子”等主题教育实践活动，丰富未成年人“缤纷假日”“七彩夏日”“开学第一课”“八礼四仪”系列活动，组织省市“新时代好少年”学习宣传活动。是年，该区10名学生获市“新时代好少年”称号。

【志愿服务】 2020年，区委宣传部、区文明办策划组织“鼓楼志愿者在身边”系列活动，加强青年志愿服务阵地建设。搭建理论宣讲、教育服务、文化服务、科技与科普服务、健康促进与体育服务“五大平台”，组建区、街、社区三级志愿服务队伍，整合社会资源，聚焦群众需求，打造服务品牌，组织开展“8+N”(理论政策宣讲、文化文艺服务、助学支教、医疗健身、科学普及、法律服务、卫生环保、扶贫帮困等8类及N类特色项目)类志愿服务活动。丰富“聚力暖橙”——关爱环卫工人活动志愿服务内涵，扩大活动影响力，持续开展送春联及节日、雨雪灾害天气、高温季节走访慰问辖区环卫工人活动。文明城市创建指数测评期间，组织志愿者在辖区主要交通路口、主次干道开展文明交通值勤，推进道路交通管理提档升级。至年末，全区有志愿者队伍1000余支32.24万人，全年服务3448场。

7月27日，新民门社区志愿者在建宁路192号清理楼道墙面广告
区委宣传部　供图

【新时代文明实践工作】 2020年，鼓楼区新时代文明实践中心搭建“1+13+120+N”(1个区级中心，13个街道所，120个社区站，N个驻区示范点)四级组织架构，形成新时代文明实践中心、所、站、点四级服务体系。6月19日，幕府山街道新时代文明实践所揭牌，作为鼓楼区第一批新时代文明实践所试点单位之一，幕府山街道高标准先行先试开展试点工作，形成可复制、可推广街道和社区两级运行管理模式。区级中心与区融媒体中心同步建设，街道所

与社区站依托党群服务中心统筹共享设立。至年末，全区13个街道120个社区站（所）全部挂牌并运营。在南京长江江豚监测站、“五色梅”家庭建设指导中心、少年科技工作站等设立多个新时代文明实践示范点。年内，区级和街道新时代文明实践中心（所）打造党建“幕课堂”“幸福敲敲门”“百草园”“‘小江童’巡江护江”等一批特色项目，举办各类新时代文明实践活动5000余场，吸引10万余人参加。

【区融媒体中心建设】 6月6日，鼓楼区融媒体中心挂牌成立，市委宣传部和区委主要领导为区融媒体中心揭牌。该中心位于山西路120号成套大厦11楼。融媒体中心突出资源融合、机制创新、建管并举、产业服务、分步实施，致力于打造“融媒体生产中心、新闻发布中心、数据整合中心、舆情应急中心、运营服务中心”五大中心，实现“传统媒体与新媒体、线上与线下、内容采编与舆论引导、专业队伍和社会资源”4个深度融合，体现“舆论引导、内容生产、传播发布、应急处置”能力水平全面提升。成立后，区融媒体中心围绕全区高质量发展、“四新”行动、“2020南京创新周”、精细化管理、创建人民满意的幸福鼓楼、安全生产、长江禁渔、晨光行动等中心工作，通过图文、海报、短视频等新媒体开展宣传报道。至年末，鼓楼区官方政务微博、微信、头条号、抖音发布阅读量近18亿。

【人民网江苏频道“鼓楼视窗”上线】 6月6日，人民网江苏频道“鼓楼视窗”上线，人民网与鼓楼区携手，以“鼓楼视窗”为载体，共建网络主流舆论阵地，打造权威新型传播平台。该视窗设有《鼓楼要闻》《媒体聚焦》《城市发展》《民生福祉》《产业经济》《视频新闻》《印象鼓楼》等栏目，全面及时报道区重大新闻和社会热点，全方位、多角度反映各领域建设成果，展现全区高水平全面建成小康社会过程中“鼓楼故事”“鼓楼经验”。年内，“鼓楼视窗”刊发“以‘四新’助力高质量发展再攀新高”“‘力度’加‘温度’支撑重大项目落地‘加速度’”“‘四个全域’彰显高质量发展首善担当”等一系列重点报道。

（周　骥）

统战工作

【概况】 2020年，鼓楼区统战工作围绕中心、服务大局、凝心聚力，巩固和壮大爱国统一战线，构建“大统战”工作格局，引导全区统一战线成员学习贯彻党的路线、方针和政策。年内，召开区委统一战线工作领导小组（扩大）会议，传达全国、省市统战部长会议精神以及省市委主要领导讲话精神；在各民主党派、无党派人士中开展“不忘合作初心，继续携手前进”主题教育活动；在党外知识分子中开展“弘扬爱国奋斗精神、建功立业新时代”主题教育活动；在非公经济人士中开展“不忘初心使命，探寻革命足迹”理想信念和企业家精神教育；在新的社会阶层人士中开展“凝聚新力量·筑梦新时代”主题教育活动。开办“名家宁聚大讲坛暨第七期‘静海论坛’”，承办区总部经济发展恳谈会，成立全省首家卫健系统无党派人士“蒋沁工作室”，召开党外知识分子二届一次理事大会，成立鼓楼海外联谊会。依托“一江一河”（长江和秦淮河），打造两处“党派之家”，建设“长江汇”“南艺后街”“台胞之家”“紫峰·红石榴

5月28日，无党派人士蒋沁工作室”成立　　区委统战部　供图

12月4日，“名家宁聚”大讲坛暨鼓楼区第七期“静海论坛”举行
区委统战部　供图

家园”等统战实践创新阵地。是年，区委统战部获省“构筑民营经济舆论阵地”先进单位、市民族健身操展示活动优秀组织奖。《新时期鼓楼区信教群众的心理成因及行为分析》获2019年度全省统战理论研究创新成果三等奖、全市统战理论研究创新成果一等奖。

【党外人士情况通报会召开】　2020年，鼓楼区委组织召开党外人士情况通报会3场，通报情况、听取意见建议，民主党派基层组织、工商联负责人及无党派人士代表等参加。1月14日，会议通报区委二届八次全委会、区人大二届四次会议、区政协二届四次会议情况及相关精神。4月7日，会议通报全国及省市统战部长会议、省市委统一战线工作领导小组会议、区委统战工作领导小组会议精神。8月5日，会议通报区委二届九次全体会议精神和关于全区“四新”行动暨重大项目建设推进情况报告。

【“无党派人士蒋沁工作室”成立】　5月28日，“无党派人士蒋沁工作室”成立揭牌仪式在南京医科大学附属眼科医院举行。该工作室由南京医科大学附属眼科医院院长、无党派人士蒋沁设立，为全省第二家、医疗系统第一家。至年末，工作室筛查全市近30万名中小学生近视情况，建立全市儿童青少年屈光档案，以区块链技术为基础搭建近视防控大数据平台；在玄武区、雨花台区数十所学校和街道开展应急救护知识培训；以省“博爱光明行”贫困白内障患者救助项目和糖尿病视网膜病变筛防为主老年性眼病防治等工作为平台，在全市11个区义诊筛查2500余场11.1万人次，发放宣传资料5万余册，开展眼疾防治讲座100余场。

【“名家宁聚”大讲坛暨鼓楼区第七期“静海论坛”】　12月4日在区举办，论坛由省市区委统战部联合主办，省市区新的社会阶层人士联谊会承办，鼓楼区各界人士代表、街道统战委员、部分机关干部140余人参加。大讲坛邀请市委党校政法教研部主任张华民作专题讲座，从时代背景、远景目标、五年规划、具体举措、重点说明等5个方面解读党的十九届五中全会精神和习近平视察江苏重要讲话指示精神。

【党外知识分子联谊会二届一次理事大会】　12月6日在区召开，市区委统战部门有关领导、区知联会全体理事及各街道统战委员120人参加。会议审议通过《南京市鼓楼区党外知识分子联谊会一届理事会工作报告》《南京市鼓楼区党外知识分子联谊会章程（修订草案）》《南京市鼓楼区党外知识分子联谊会二届一次理事会人事安排及选举办法说明》，选举产生鼓楼区党外知识分子联谊会二届理事会领导班子和常务理事，南京医科大学附属眼科医院院长、主任医师蒋沁当选新一届鼓楼区知联会会长。

【统战实践创新阵地建设】　2020年，鼓楼区建设“党派之家”“长江汇”“南艺后街”“台胞之家”“紫峰·红石榴家园”等统战实践创新阵地。2家“党派之家”分别在秦淮河沿岸（南艺点）以及长江沿岸（滨江点）。其中，南艺点位于石头城路99号南京艺术学院双创空间，主要展示党派历史沿革、箴言录和党派成员风采等，配备电子大屏及会议桌，供党派召开会议、开展交流研讨等活动；滨江点位于江边路24号至24-8号，面积约300平方米，命名为“同心人文空间”，预计2021年1月布置竣工。“长江汇”新阶层实践创新基地位于南京长江国际航运中心D座1楼，面积300平方米，以学习为主线，服务为核心，创建集政策学习、联谊交友、兴趣分享、服务社会、园区会客于一体的零距离、互动式、体验式、开放式共享空间。主要服务南京大件集团、南京长江船服电子商务科技有限公司等优秀民营企业，联系服务新的社会阶层人士约3000人。“南艺后街”鼓楼新阶层实践创新基地位于环南艺文化创意产业功能区核心区，面积约500平方米，周边汇集950余家文化企业，从业人员1.2万人，以“80”“90”后新阶层群体为主。年内，“南艺后街”先后组织开展中国舞蹈产业行业峰会、首届“环南艺杯”全国大学生艺创大赛、“520”艺术嘉年华、龙舟竞赛等群众性文化活动30多场。“台胞之家”位于天妃宫，内设会客区、展示区、交流区，用于展示在宁台胞经济文化交流成果、接待台胞到宁参观学习、组织文化交流活动、宣传惠台政策法规、传播中华优秀传统文化。“紫峰·红石榴家园”民族工作实践基地以紫峰大厦为载体，同时辐射辖区31幢楼宇，利用楼宇资源，依托“1+N+X”模式(紫峰楼宇综合党支部+紫峰大厦内党组织+楼宇内其他企业和各类服务资源)，创建“紫峰氧吧”“紫峰之恋”“白领减压工作坊”“啄木鸟工作站”4个特色品牌，整合各类资源，以服务各民族群众需求为导向，探索民族工作“创建阵地建在楼上，团结工作落到实处”新途径。

（杨　雪）

党史研究

【《中共南京市鼓楼区委工作纪事(2019)》出版】　2020年，鼓楼区连续7年出版年度区委工作纪事。年初，区委党史办组织编辑人员学习区委区政府重要文件、重要会议精神，回顾总结上年重点工作和主要成绩，明确全书资料征集重点，收集征集区相关单位文字资料30余万字、图片资料300余幅，从全年工作中选出全区党的活动大事、要事，以专述、专记、工作纪实等形式予以记载。12月中旬，《中共南京市鼓楼区委工作纪事(2019)》出版发行，全书26万余字、图片60余幅。

【党史编研】　2020年，鼓楼区挖掘地区红色文化资源，撰写《孙津川——顶天立地的英雄》《刘伯承与南京》等文章，制作《鼓楼红色故事之雨花英烈孙津川》短视频，讲好鼓楼红色文化资源点里故事，该视频获2020年度南京红色文化短视频创作优秀作品。将编研成果《鼓楼记忆》等党史书籍免费向机关、街道、社区赠送。配合南京党史综合设施建设工作，梳理辖区党史书籍和历史图片资料。在省级党史刊物《世纪风采》2020年第9期发表《从放牛娃到共和国将军》文章，在《南京党史》2020年第5期发表《发掘红色文化，传承红色基因》。是年，论文《小桃园社区的幸福蜕变》入选市“全面建成小康社会的实践和成就”学术研讨会现场交流文章。

【党史宣传教育】　年内，区委党史办联合下关街道在南京党史教育基地——首都电厂下关

4月23日，“听江潮·读书会”在民国首都电厂旧址公园举行

区融媒体中心　供图

发电所旧址公园滨江平台举办“听江潮·读书会”活动，下关街道社区党员群众和南京客运段职工近80人参加活动，聆听老兵李剑锋讲述亲历渡江战役故事、走读之旅创建人栖吾读书会王振东讲述的“南京解放的那些事”。联合区妇联开展第二届“传承红色基因，厚植家国情怀”系列活动，设计推出红色精品路线，串联辖区红色地标，建立巾帼志愿讲解基地、红色巾帼志愿讲解员队伍，讲好红色故事。

（李泽俊）

信访工作

【概况】 2020年，鼓楼区信访工作围绕新冠肺炎疫情防控、城市文明创建、信访稳定等，强化矛盾纠纷排查预警、警信联动、部门街道联动、重要时期领导干部包案、接访下访、会商会办、督查督办等举措，开展“一治理两整治”、领导干部“三访一包”（党政领导干部接访、下访、约访，包案）、矛盾纠纷排查交办、突出信访问题会商会办、重点人员稳控和群体性矛盾纠纷处置、重复访治理等专项工作，化解上级交办重点信访事项220件。开展《国务院信访工作条例》修订15周年宣传月活动，参加“七五”普法宣传，开展《中华人民共和国民法典》普法教育、依法治区、平安建设、综合治理工作。完成敏感时期信访信息“零报告”、值班值守、应急处置和每日专报等工作。完成区委区政府“减存量、控增量”工作目标。全年办理来信来访6772件次，比年同期上升15.28%。未发生集体进京访、到省市规模集体访和有影响信访事件。

【重要时期信访稳定工作】 2020年，鼓楼区机关部门和街道多策并举，确保全区各重要时期信访工作态势稳定。完成全国和省市区“两会”、中国共产党第十九届五中全会、南京大屠杀死难者国家公祭日、江苏省“践行嘱托开新局”全媒体主题采访报道启动仪式、市区“六稳六保”“四新”专项行动等各类信访保障活动32场，会商会办突出信访问题67场次，组织信访保障值班167场次，参加信访保障人员2580余人次。

【信访积案化解】 2020年，鼓楼区成立省市“一治理两整治”专项行动信访积案工作专班，采取周调度、月会商会办、月督查督办、月讲评通报、区领导研究会办等措施推进积案化解。其中，化解突出信访矛盾14件、化解越级进京访5件、化解城乡建设领域信访问题198件、化解重点群体性信访事项矛盾3件。全年区委书记、区长接访信访7批10人次，解决信访问题7件，化解率100%；区其他党政领导参加接访下访120次，接待信访54批132人次，化解其他信访事项33件，所有信访事项均得到妥善处理。

【信访事项受理】 2020年，鼓楼区信访部门办理各类来信、网上投诉、领导信箱等4616件，同比增长37.05%。其中，上级直转信337件、省领导信箱171件、市领导信箱1346件、网上代理1155件、区领导信箱177件，其他电话、微信等1430件。人民群众来信网上投诉达到群众诉求网上办理要求，实现数据多跑路、访民少跑路效果，按期办结率100%。接待申请复查23件，引导进入司法渠道或法定途径21件，复查2件；“12345”“96180”热线受理6件，协调2件，全部处理完毕，按期办结率100%。

（江　琦）

老干部工作

【概况】 2020年，鼓楼区有离休干部189人（含易地安置老干部24人），市管退休干部66人。年内，区委区政府全面落实老干部政治、生活待遇，做好疫情防控和服务管理工作，提升服务管理水平。以离退休干部“六有一提升”（有党的组织、有领导班子、有组织活动、有作用发挥、有工作制度、有工作保障，提升组织力）达标创优为抓手，加强离退休干部思想政治建设和党组织建设，从思想上关心、生活上照顾、精神上关怀老干部，确保老干部老有所养、老有所医、老有所教、老有所学、老有所为、老有所乐。推动“银发生辉”鼓楼“全域首善”添彩品牌志愿服务活动，建立140人“银发人才”库，组建离退休干部志愿服务队，发挥老干部政治、专业、经验、威望等优势，融入群众服务、推动社区治理。

【思想建设】 2020年，区委组织老干部学习习近平新时代中国特色社会主义思想和党的十九届五中全会精神。推行“互联网+”模式，疫情防控期间，依托微信、QQ等工作平台，组织老干部开展线上政治理论学习、阅读研讨交流、传达中央和省市区委重要会议精神确保学习“不打烊”。召开情况通报会和老干部座谈会，通报全区经济社会发展情况，引导老干部思想观念更新；通报服务老干部活动情况及工作打算，征求意见和建议。组织老干部开展党支部活动，参观南京巨鲨医疗科技有限公司、青年路净水站、幕府山社区卫生服务中心等区重点工程项目，现场感受鼓楼区发展变化，了解全区重点工程建设和民生项目发展情况。组织离退休干部参与“众志成城，共克时艰”战“疫情”主题书画微展活动，老干部创作书法字画130余幅、诗词楹联30余件。全区老干部70人次参与爱心捐款助力“抗疫”，捐款8400元。组织辖区“五老”（老党员、老战士、老专家、老教师、老模范）队伍进学校、进社区，参加疫情防控、文明城市创建等工作，为区域建设发展发挥余热。

【服务管理】 2020年，区委落实老干部“六必访”（重大节日必访、重要生日必访、重病住院必访、高温酷暑必访、遇到困难有需求时必访、临终去世时必访），高温期间走访慰问机关离退休老干部105人次。中国人民抗日战争胜利75周年以及中国人民志愿军抗美援朝出国作战70周年纪念日，看望慰问抗日战争时期参加革命和抗美援朝出国作战老战士20人。落实“四时四送”（春节、端午、高温、重阳节等时间节点，为老干部送上级指示精神、送本单位工作情况、送学习资料、送组织温暖关怀）制度，受益900余人次。新冠肺炎疫情防控期间，为机关离退休干部寄送防疫物资274份。按照老干部身体状况和年龄层次，分2批组织离退休干部赴溧水、六合区考察疗养。完成离退休干部年度体检136人，邀请南京市中大医院、南京医科大学第二附属医院专家开展健康知识讲座、解读体检报告。推进离休干部看病就医“三有一落实”（有一条就医绿色通道、有一名家庭签约医生、有一套医疗费补助办法，落实好离休干部提高享受医疗待遇）工作，在定点社区医院开设离休干部就医“三优先”（挂号优先、专科门诊优先、住院优先）绿色通道，完成离休干部家庭医生签约服务489人，做到应签尽签。解决全区离退休干部看病就医难题，完成特约医疗享受人员年审111人和无工作离休干部遗属参保验证6人，实现特约医疗享受人员在全市所有医疗机构看病就医。设立特困医疗补助机制，全年补助困难离退休干部13人30余万元，离休干部医疗费自费部分补助25人次16万余元。完成206人次免费居家养老服务统计工作。

7月9日，区老干部局邀请医院专家为老干部解读体检报告 区老干部局 供图

【最美老干部志愿者表彰会召开】 11月18日，鼓楼区离退休干部党建工作总结布置会议暨“最美老干部志愿者”表彰会议召开。表彰最美老干部志愿者16人、最美老干部志愿者服务团队6个、最佳老干部志愿者服务项目2个。新成立“鼓银正能量宣教团”，颁发宣教团第一批10名成员聘书。

2020年最美老干部志愿者、最美老干部志愿者团队、最佳老干部志愿者项目一览表

表32

项　　目	序号	姓名或名称	单　　位
最美老干部志愿者	1	汪振宇	区人大办
	2	陈凤梅	区机关工委
	3	林　玲	区教育局
	4	王支英	区民政局
	5	高文强	区建设局
	6	刘开石	区人民检察院
	7	刘锁龙	区人民检察院
	8	钱志远	区人民法院
最美老干部志愿者	9	曹建华	区人民法院
	10	严建华	区人民法院
	11	孙洪庆	挹江门街道
	12	杜慧娟	下关街道
	13	刘湘烈	建宁路街道
	14	任西庆	军休九所
	15	庄学银	中央门街道紫竹林社区
	16	毛林森	中央门街道颂德里社区
最美老干部志愿者团队	1	区老干部书画协会	区委老干部局
	2	青少年思想道德教育讲师团	区教育局
	3	区法院关工委	区法院
	4	“书香五所，悦美人生”行动支部	建宁路街道
	5	钟阜路社区“帮帮团”	挹江门街道
	6	龙江诗社	凤凰街道
最佳老干部志愿者项目	1	困难学生结对帮扶	区人民法院
	2	“心田”在押未成年人情绪管理帮教	区人民检察院

（罗海水）

关心下一代工作

【概况】 2020年，鼓楼区按照省市关工委工作部署，依靠各级关工委和“五老”（老干部、老战士、老教授、老专家、老模范）志愿者，紧扣立德树人根本任务，开展青少年思想道德教育，教育引导青少年听党话、跟党走，全区关心下一代工作取得新成绩。是年，区关工委常务副主任王红云被表彰为全国关心下一代工作先进个人。

【青少年主题教育活动】 2020年，鼓楼区围绕“爱党爱国、立德立行”开展青少年主题教育系列活动。受新冠肺炎疫情影响，全区中小学停课期间，

发动并组织宅家中小学生参与市“奋进2020——新春网络寄语”征集，历时3个月，上传新春寄语14.79万条，占全市29%，1887人获奖，1281人入选等级奖。开展“圆梦小康”老少同台演讲比赛，上报省市关工委演讲稿135篇，区政法关工委参赛作品《爱心大传递》代表鼓楼区关工委参加市关工委主题演讲比赛，获二等奖。在赤壁路小学山西路校区与新疆伊宁第25小学连线，共同举办“寻伟人足迹，做先锋少年”纪念毛主席诞辰127周年主题班会。区思想道德讲师团成员编写6节课主题宣讲材料和3节视频课，下发课程菜单，到辖区中小学校宣讲，受教育学生3.3万人次。

【校外教育辅导站活动及作品获奖】 2020年，全区120个校外教育辅导站开展“颂时代楷模、赞中国精神”老少同台讲好中国故事朗诵比赛，组织寻访活动200场次，寻访对象141人，参加青少年1356人次；撰写主题朗诵稿206篇，开展朗诵比赛127场次，参加青少年2224人次，区关工委等3家单位被评为省先进单位，谭平征等5人被评为省优秀朗读者，挹江门街道关工委等6家单位被评为市先进单位，尤玉梅等11人被评为市优秀朗读者。参加省市关工委校外教育辅导站优秀活动视频评选，中央门街道新门口社区校外教育辅导站拍摄的《致敬小巷总理——王卫平》获省一等奖、市特等奖，江东街道睿城社区校外教育辅导站拍摄的《少年立志、逐梦科技》获市二等奖，区关工委获省市关工委优秀组织奖。组织10名优秀选手参加市关工委电子小报制作比赛，2人获一等奖、2人获二等奖、3人获三等奖，区关工委获最佳组织奖。

【区少年法学院成立】 7月16日，鼓楼区少年法学院成立。省市区关工委领导，区委政法委、区关工委、团区委、区教育局、区司法局、区法学会等成员单位领导出席会议，全区各街道、政法、教育系统关工委常务副主任及秘书长和部分讲师团成员代表100余人参加成立大会。会上宣读《关于成立鼓楼区少年法学院工作领导小组的通知》《关于成立鼓楼区少年法学院的通知》，并为全区13个街道少年法学院授牌，颁发法治教育讲师团成员代表聘书，鼓楼区法学会、凤凰街道党工委分别作筹建区街两级少年法学院交流发言，区委、区关工委领导作区街两级少年法学院建设部署。区少年法学院全面贯彻党的教育方针，以培育和践行社会主义核心价值观为主线，以法治教育为核心，以街道少年法学院为主要载体，把法治教育融入学校教育各个阶段，全面提高青少年法治观念和法律意识，使知法守法懂法护法成为青少年共同追求和自觉行动。区少年法学院领导小组办公室设在区法学会。至年末，区街少年法学院进校园、进社区、进家庭，开展各类法治宣传教育活动50余次，受众3万余人次。

【全市“德法同行”主题教育推进会在区召开】 11月27日，市关工委在鼓楼区召开全市“德法同行”主题教育推进会，推广鼓楼区“德法同行”主题教育“两平台、三走进”（利用“立德树人大讲堂”和“少年法学院”两个平台，推进道德教育和法治教育进校园、进社区、进家庭）经验和做法，进一步推动全市主题教育高质量发展，省市关工委和区有关领导出席会议。与会代表观看鼓楼区《“德法同行”主题教育》专题片，区关工委等5家单位作交流发言。

（席　雷）

7月16日，鼓楼区少年法学院成立　　老干部局　供图

党校教育

【概况】 2020年，鼓楼区树立“党校姓党”工作理念，坚持教学、科研、咨政、宣讲一体化。举办鼓楼区新任区管干部进修班、中青年干部培训班、新进公务员培训班、入党发展对象培训班等主体班12期，区纪委纪法宣传培训班、区级机关党建信息员培训班、卫建系统“青凝汇”党建人才培训班等联合办班32个班次，参加培训5396人次。新冠肺炎疫情期间，探索“微党课”宣讲新模式，以直播党课+线下方式深入机关、街道、学校、社区宣讲132场次，受众8000余人次。年内，区委党校结项市委党校课题2项，其中1项被评为重点优秀课题，立项市委党校系统课题2项，公开发表文章5篇。是年，白云亭文化艺术中心、颐和路社区将军馆入选市委党校现场教学基地库。区委党校获全市基层理论宣讲先进集体荣誉称号。教师交流研讨14次，集体备课7次，精品课比赛2次；获全市党校系统精品课授课教师1人，获全市“点赞中国之治”主题演讲比赛二等奖1人，获全市“梧桐论语”理论宣讲比赛三等奖2人，被纳入市委党校“优秀师资库”1人。

4月，党校教师在全市“点赞中国之治”主题演讲比赛二等奖

区委党校 供图

【干部培训】 2020年，鼓楼区落实领导干部上讲台制度。区政府主要领导与第一期新任区管干部进修班和第三期中青班学员座谈“十四五”规划编制工作；区委党校主要领导多次在各类主体班授课，区委党校其他领导在主体班授课2—3次，领导干部讲课占主体班次总课时22.47%。创新培训考核机制，区委党校与区委组织部联合制定出台《中共南京市鼓楼区委党校主体班“三考三评三公示”制度》，根据学员在校各方面表现进行综合评定，并向区委组织部反馈，作为选人用人重要参考。在第一期新任区管干部进修班和第三期中青班中实施“三考三评三公示”考核机制。开发3种互动式教学方法，在第三期中青年干部培训班、第三期年轻干部训练营进行现场教学，在第三期年轻干部训练营开发团队开展凝聚力训练，在第一期新任区管干部进修班探索尝试学习研讨。制定并严格执行《学员考核办法》，每个主体班都配齐班委成员和班主任，并安排学员进行党性分析，教学效果测评满意率100%、班主任管理测评满意率100%。

链接：三考三评三公示

应知应会入学测试、平时学习考核、结业考试，学员评教、相互评学、结业评优，校内公示学员考勤、班级公示考试成绩、结业后向组织人事部门反馈学员综合表现。

【基层理论宣讲】 2020年，区委党校以线上+线下方式深入机关、街道、学校、社区开展宣讲。组织骨干教师拍摄30分钟《微党课》视频，在“鼓楼微讯”《冬训进行时》栏目中播出。与宝塔桥街道、凤凰街道等单位合作，通过直播党课形式，推出“云端党课宣讲”系列课程，及时摸清教师授课情况和社区基层群众反馈情况，形成线上教育宣讲长效机制。是年，“线上云党课 创新又入心”入选区“为民办实事”项目。

【科研咨政】 2020年,区委党校建立调科研分工机制,按照科室划分成立5个专题调研小组,围绕全区重点中心工作,完成社区治理、区域现代化等主题调研课题5篇,其中"基层意识形态工作创新的思考"获2019年度江苏省社科应用研究精品工程奖一等奖,论文《推动鼓楼区基层党建高质量发展》被《鼓楼调研》采纳刊登,与区政协共同承担《提升全区群众文化服务水平的若干建议》,为鼓楼区经济社会发展献计献策。结项市委党校课题2项,其中1项获重点优秀课题,"习近平关于意识形态阵地建设和管理重要论述研究"获市委党校习近平新时代中国特色社会主义思想专项课题立项;在省级刊物公开发表文章5篇,其中《积极推进基层理论宣讲　努力提升基层党校的功能作用》发表在《金陵瞭望》,《推动基层党建高质量发展:以南京市鼓楼区为例》发表在《青春岁月》,《以"产业地标"带动经济高质量发展》发表在《商界》,《推进老城区经济高质量发展的对策建议:以鼓楼为例》发表在《现代经济信息》,《基层党建高质量发展的挑战及对策建议》发表在《青春年代》。

(戴明珠)

机构编制

【概况】 2020年,鼓楼区以服务全区高质量发展目标任务为抓手,规范机构编制管理,盘活用好有限机构编制资源,提升机构编制管理法治化水平。中共鼓楼区委机构编制委员会办公室(简称区委编办)牵头街道集成改革,完成13个街道内设机构调整设置、职责划分和审批服务行政执法一体化平台建设。年内,街道集成改革通过省市检查验收。推进鼓楼高新区(又称高新园区)去行政化改革,激发园区活力。深化综合行政执法体制改革,成立各街道综合行政执法局,构建"全域全勤全科"综合执法体系。深化区管校聘改革,动态调整区属学校教职工编制。开展公共卫生体制补短板,保障全区疫情防控需要。完成事业单位登记管理、重点领域机构编制优化调整、"三定"规定执行情况评估等工作,相关做法被中国机构编制网、《新华日报》《南京日报》《南京改革》等刊载。高新园区去行政化改革工作在省市委编办网站刊登,并被"紫金山观察"微信公众号相关文章点名表扬。

【街道集成改革】 2020年,鼓楼区全面深化街道集成改革,突出向街道赋权赋能。4月,制定《鼓楼区关于加强街道工作提升基层治理能力的实施意见》,明确街道体制改革指导思想、目标任务和基本要求。按照"五部一局两中心"(党政综合部、民生保障部、城市管理部、发展服务部、平安建设部,综合执法局,社会治理综合指挥中心、便民服务中心)组织架构,统一设置党政综合部等8个职能机构。编制全区街道赋权的街道职责清单、行政权力事项清单、公共服务事项清单、综合行政检查事项清单4张清单,厘清区、街职责边界。会同区司法局、区行政审批局制定全区街道赋权事项清单,其中审批服务类事项9项,涉及4个部门;行政处罚类事项251项,涉及6个部门,并上报省政府待批准。调剂26名行政编制给街道,并逐步实现街道行政编制在全区行政编制中占比不低于40%。综合设置街道职能机构,整合党建、综治、民政、城管等系统,对接共享"12345""96180"等平台数据,13个街道建成审批服务行政执法一体化平台。制定各街道"三定"(机关各部门主要职责、内设机构和人员编制所作规定)规定,强化街道编制资源倾斜力度。至年末,鼓楼区街道集成改革分别通过省市检查验收。

【高新园区改革】 2020年,鼓楼区剥离高新区社会事务管理职能,不再向园区下达公共服务、民生保障、社会稳定、征地拆迁等社会事务。厘清高新区与街道、板块经济发展和科技创新职责边界。封存高新区行政编制,按照一般公共预算收入确定员额标准,并结合岗位设置情况核定员额;取消职能机构领导职数使用核准,除园区书记、主任外,在园区领导职数数额内统筹配置,将20个领导职数精简为18个。封存高新区原内设职能机构,赋予高新区内设机构自主设置权,将园区8个职能处室精简为7个事业部,内设机构部门下不再设置层级,实行大部制、扁平化管理。按市场化运行定位,由高新园区自主设置内设机构,除党政工作部外,其他6个部门均直接承担经济发展或打造营商环境职责，主责主业聚焦比例86%；自主设置工作岗位，其中招商引资、开发建设、服务企业等专业性岗位比例不低于70%。实施差异化分类考核，取消社会事务管理类指标，凸显科技创新、人才引进、招商引资、重大项目推进等指标。

【综合行政执法体制改革】 2020年，鼓楼区持续深化综合行政执法体制改革。成立各街道综合行政执法局，下沉城管中队和市场监管分局483人至街道综合行政执法局，推动区域执法力量整合和重心下移。出台《鼓楼区街道综合行政执法局人员管理办法》，明确下沉人员身份不变，党组织关系全部转入街道，由街道统一管理使用。13个街道综合执法局局长，全部由街道办事处主任兼任；推动街道干部全员考取行政执法资格证，全区700余名街道干部全部取得行政执法资格，解决执法力量不足问题，构建"全域全勤全科"综合执法体系。

【公共服务补短板】 2020年，鼓楼区在摸清全区事业单位家底基础上，统筹利用编制资源，优化配置。开展公共卫生体制补短板工作，联合区卫健委全面调研卫生系统，摸清机构、编制、职责分工情况，梳理出从业人员结构不够合理、高技术人才引进难保留难等8个方面问题。按照辖区常住人口核定疾病预防控制中心人员编制，确保年底编制按标准保障到位；根据社区卫生服务中心职责任务、服务人数、服务项目、服务范围调整改变，统筹管理、动态调整各卫生服务中心编制；专门增加疾控中心进人名额和人员编制，满足全区新冠肺炎疫情防控需要。至年末，完成社区卫生服务中心人员招录。深化教育系统"区管校聘"管理，赋予教育主管部门一定编制自主调配权，由区教育局根据区委编办核定编制总量，动态调整各校教职工编制。同时，在教育系统内部挖潜，重点调剂保障中小学编制使用。是年，全区新教师招聘编制计划250人，其中50个编制用于引进名优骨干教师。严控中小学校教辅人员编制，除会计、校医外，其他教辅人员编制数不再增长，腾出编制均用于保障招聘专任教师，逐年优化在编人员结构，实现技术人才和管理人才专编专用。

【事业单位登记管理】 2020年，鼓楼区深化"互联网+"政务服务，优化办事流程，采取线上收件、集中办理、EMS送达等多种形式，方便事业单位法人到期换证工作，疫情期间完成38家事业单位换证。统筹事业单位年报与登记事项办理工作，全年完成事业单位年报171家，设立登记2家，变更登记11家。开展信用等级评价，完成全区171家事业单位信用等级评价工作，将评价反馈至各单位并向社会公示，强化事业单位信用监管。全面摸排"冻结""废止"事业单位情况，完成注销26家。

【重点领域机构编制优化调整】 2020年，鼓楼区统筹推进重点领域机构编制优化调整。加快推进环南艺和铁北地区城市更新改造、产业升级，增设环南艺艺术文化街区管理办公室和铁北片区管理办公室。推进创新名城建设，设立鼓楼区创新委员会，办公室设在区科技局，统筹全区创新名城建设目标考核，推动与创新有关重大项目、重大活动。加强全区防汛工作，在区水务局增设防汛科，承担区防汛防旱指挥部办公室日常工作。在区发改委、科技局、建设局、商务局、文旅局相关科室增挂"统计科"牌子，明确承担综合统计工作职责机构，加强部门统计协调汇总。配合做好纪检监察等领域改革，调整纪检监察组织机构设置，理顺党政机构职能分工，构建运行高效、执行有力政府治理体系。在高新区、滨江、湖南路管委会增设安全生产监管职能机构，加强管委会安全生产监管力量。

【权责清单管理】 2020年，鼓楼区完善权责清单制度，对照"省行政权力事项调整汇总表"，组织区发改委、建设局、卫健委等12个部门动态调整区级行政权力事项，梳理区级行政权力事项98项，同步做好省政务服务网维护工作。结合政务事项标准化录入要求，组织各相关部门编制本年度行政权力事项清单。

【"三定"规定执行情况评估】 10月，鼓楼区评估全区党政群机关、政府派出机构和街道"三定"规定执行情况，组织全区41个党政群机关、2个政府派出机构和13个街道对照评估内容及相关要求自检自查。在自查基础上，区委编办围绕部门“三定”规定总体贯彻落实情况、部门主要职责履行情况和部门内设机构、编制职数执行情况等，分析评估全区党政机构改革和“三定”规定执行情况，依据评估结果提出优化机构编制意见建议。

（李发红）

研究室工作

【调研工作】 2020年，鼓楼区围绕党的建设、疫情防控、经济发展、基层治理等主题，编发《鼓楼调研》5期、《街道工作论坛》6期；以改革创新为主线，紧盯上海、杭州、深圳等对标城区，编写《击鼓》46期、《参阅材料》47份，获区委主要领导批示20余次，为区域发展提供决策参考。强化调研对文稿支撑和深化作用，区委政策研究室参与区委重要文稿起草和重要文件制定，《关于鼓楼区“再中心化”的思考》获全市2019年度优秀调研成果三等奖，《南京市鼓楼区复工达产工作的问题和建议》刊发于国家发改委《改革内参》。

【改革工作】 2020年，鼓楼区区委常委会、区委全面深化改革委员会(简称区委深改委)会议学习改革议题10个，召开深改委会议3次，书记专题会、区长专题办公会、区政府常务会议先后30次研究部署八大类28项84条改革任务。制定《2020年度全区改革工作要点》及任务分解方案，制定整合基层审批服务执法力量改革、网格化体系改革等市改革要点工作任务《季度推进计划》，并按计划及时跟进。落实改革配套细则，先后制定出台20项改革类文件，经济体制、民主法治、文化体制、社会民生、社会治理与司法改革、生态文明与城市建设管理体制、党的建设、纪律检查体制改革8个改革专项小组协调推进。落实区领导联系重点改革任务责任制，区委区政府主要领导挂钩联系硅巷建设、高新区体制改革等重点领域改革，区领导带头联系推动16项重点改革任务，各责任部门创新举措、务实操作、扎实推进。年内定期通报区领导联系重点改革任务情况2次，开展专项督察2次，并出具专项改革评估报告。至年末，通过省市委编办关于区级和街道8个方面32项改革工作评估验收。其中，鼓楼高新区创成省级高新区，检察公益诉讼改革工作获最高人民检察院批示；商事制度改革工作、基层卫生人才队伍建设和家庭医生签约服务工作、河长制工作获省政府办公厅真抓实干督查激励通报；《南京改革》专篇报道鼓楼区建设“硅巷模式”创新集聚中心、国企改革、街道基层治理“三整合”集成改革举措和成效。全年在《江苏改革简报》《南京改革》《新华日报》《南京日报》等省市内刊及主流媒体，刊发改革经验文章80余篇，获市委市政府主要领导批示3次。

附：2020年鼓楼区委全面深化改革委员会会议

3月4日，区委深改委第七次会议召开，审议通过《中共南京市鼓楼区委全面深化改革委员会2020年工作要点》《鼓楼高新区深化管理体制改革实施方案》《关于成立鼓楼高新区深化管理体制改革工作领导小组》等文件，研究部署全区改革工作。

8月15日，区委深改委第八次会议召开，研究公益诉讼改革工作。

12月4日，区委深改委第九次会议召开，审议通过《新时代鼓楼产业工人队伍建设改革实施方案》《鼓楼区残疾人联合会改革实施方案》《鼓楼区红十字会改革实施方案》等改革文件。

城市硅巷建设 2020年，鼓楼区按照“主城区”“无边界”思路，创新利用老校区、老所区、老厂区资源及周边空间，推进“一圈(环南大知识经济圈)、双轴(虎踞路文创产业轴、模范马路研发产业轴)、多点”硅巷建设。区委区政府把提升备案项目、建成目标项目、推动储备项目作为全区城市硅巷建设重点任务，区委常委会会议定期听取硅巷建设等科技创新工作议题，实行每周调度，由区委主要领导挂钩联系。研究制定《鼓楼区关于支持“硅巷”发展的若干政策措施》，在用地、装修、租金等方面给予政策支持。5月13日，由南京工业大学、鼓楼区人民政府、万谷集团合作共建设计芯·硅巷启动建设，以大设计为定位打造区域城市硅巷示范点，全区8个高校院所和5个社会化载体进入实质运作阶段。至年末，全区城市硅巷建设面积31.1万平方米，其中万谷硅巷、南京财经大学硅巷、金川硅巷20.4万平方米通过市级备案，入驻创新型企业、商务服务等企业398家，初步形成数字经济、信息技术、现代服务业、文化创意等4条主导产业链，主导产业聚集度89%；待备案的智梦园硅巷、红五月硅巷、倍格硅巷、南大苏富特硅巷完成改造提升10.7万平方米，整体入驻率70%以上；环南艺文创硅巷运营良好，构建形成"一区多园"（艺术文化街区核心区及南艺文创园、王家山文创园、石榴财智、留创园、四方文创园5个园区）格局，总建筑面积约8万平方米，入驻企业926家，年内引育文化企业55家、签约项目总投资24亿元，获评"南京市A级文化产业园区""江苏省文化产业示范园区"。

鼓楼高新区管理体制改革 3月7日，鼓楼高新区深化管理体制改革工作领导小组成立，区委区政府主要领导任"双组长"。年内，出台《鼓楼高新区深化管理体制改革实施方案》，明确改革指导思想、发展目标、重点任务、实施步骤和组织保障。改革主要包括："一区多园"整合规划调整，形成高新区统筹、核心片区引领、辖内园区联动发展格局；园区管理体制改革，按照"基数保障、绩效考核、增量奖励"总体思路，赋予高新区一定经济管理权限；园区管理架构调整，将8个职能"处"调整为7个事业"部"，实行扁平化运作；干部人事制度改革，打破身份界限，实施全员聘用制；绩效薪酬制度改革，建立"基本薪酬+绩效薪酬"全员薪酬体系，实施"季考核+年清算"关键绩效指标（KPI）考核模式。3月26日，南京高新区（鼓楼园）正式挂牌。4月，启动省级高新区创建工作。是年，鼓楼高新区管理体制改革任务完成，并成功创成省级高新区。

街道集成改革 3月，鼓楼区街道集成改革工作启动，出台《鼓楼区街道集成改革实施方案》，明确改革指导思想、工作目标以及7项主要任务等。发布实施《鼓楼区赋予街道经济社会管理权限（行政许可及公共服务类）清单》《南京市鼓楼区街道综合行政执法局（街道综合行政检查执法大队）人员管理办法（试行）》《鼓楼区关于推进"街道吹哨、部门报到"机制的实施细则》等制度规定，赋予街道相应权能，构建简约高效基层管理体制，推进权限资源力量向街道倾斜，使街道有人有物有权办事，提高街道抓党建、抓治理、抓服务能力和水平。改革重点：党建引领、赋权赋能、机构设置、审批服务一窗口、综合执法一队伍、基层治理一网格、指挥调度一中心和加强组织领导。7月，通过市委编办关于区级和街道8个方面32项改革评估验收，11月通过省有关部门验收。改革后，该区形成区域党建共同体、"家门口"政务服务、全域全科全勤综合执法、多层次激励保障体系等亮点成果，实现省市赋予街道集成改革目标。是年，《运用好法宝，画好同心圆，助力基层社会治理》《南京市鼓楼区立足"四个支点"推动"四个转变"创新构建基层治理共同体》《鼓楼改革为街道"撑腰"》等经验做法文章，被中央统战部、中央编办网站和《新华日报》等主流媒体报道。

（路俊平）

机关工委工作

【概况】 2020年，鼓楼区区级机关有基层党组织56个，其中党委5个、党总支25个、直属党支部26个（党支部总数168个），全年发展党员5人。深化为民办实事工程，区级机关工委组织作风观察员事前参与座谈、事中加强跟踪、事后实地检查，推动机关各单位、各街道落实办实事项目176项。组织全区党员2.3万人次（机关和街道社区党员干部、医护人员、国企事业单位人员、教师）参与省级机关"学用新思想"网上答题竞赛活动。是年，鼓楼区区级机关妇女工作委员会被南京市妇联、市城镇妇女"巾帼建功"活动领导小组选树为南京市"巾帼文明岗"。

【机关党建协作活动】 2020年，鼓楼区制定下发《深化区级机关党建协作制度运行办法》，调整优化党委部门、经济条口、民生群团、行政执法、政法系统5个党建协作组，牵头召开协作组组长会议，确保各党建协作组年初有计划有部署、年内有工作有活动、年底有总结有评议，抓实抓细协作制度。55家机关党组织全年开展58场党建协作活动。

【在职党员进社区】 2020年，鼓楼区党员干部在关键时期和重要节点深入社区，与群众心手相牵，共度时艰。新冠肺炎疫情防控期间，组织1000余名党员志愿者到全区800多个无物管小区参加值守，相关职能部门党员干部进驻街道、园区，推进企业复工复产，区级机关党员2381人捐款45万元。爱国卫生月和环境整治提升月活动期间，组织1500人次参与结对共建社区环境整治及4次街道环境集中整治。文明城市创建期间，开展进网入户大走访活动，走访居民25万余户，征集反馈居民意见建议1.5万条，发放电动车充电防火宣传册2万余册；组织全区机关2270名党员下沉13个街道120个社区参与文明城市创建工作，下沉辖区主次干道、农贸市场及无物管小区，对照创建要求，协助街道社区开展街面巡查、环境维护、创建宣传等工作。

【“晨光行动”】 2020年，鼓楼区持续推进“晨光行动”，区领导带头包片巡查老旧小区和市容市貌，不发通知、不打招呼、不听汇报、不用陪同接待，直奔基层、直插现场办公；街道主要负责人每天提前1小时上班，每日社区“全巡视”，每周辖区“全覆盖”，在一线发现问题、解决问题；建立“周督查”工作机制，跟踪问效；深入街道调研，形成《晨光行动”一线工作实践汇编》。全年通过“晨光行动”解决处理城市治理问题1.67万件。

【机关党的建设工作会议】 4月30日在区召开。会议下发《2020年区级机关党的建设工作要点》和《2020年区级机关党员干部理论学习计划》。区委有关领导、区纪委、区委组织部、区委宣传部领导，机关党组织书记、机关党务干部、区级机关工委全体干部110人参会。区税务局机关党委、区委宣传部党总支、区发改委党总支、残联党支部作交流发言。

【“网络面对面”系列访谈鼓楼专场活动】 10月13日在区举行，区委副书记、政法委书记董伟走进演播室，以“对标找差、勇争一流，以优良作风奋力夺取疫情防控和经济社会发展‘双胜利’”为主题，详细介绍鼓楼区组织疫情防控、助力企业复工复产、促进新消费举措、推动招商引资落实等，并与市民、网友即时互动，就市作风建设监督员、媒体记者及网友代表关心的停车管理、老旧小区治理、初中教育、就业政策等问题进行实时解答，吸引15万余人次在线观看。

【党员教育培训】 10月28日至11月14日，区委区级机关工委举办3期“深化对标找差，高质量党建引领高质量发展”党员教育培训班，区级机关55个党组织220多名党员参加培训。培训班邀请省委党校教授李建柱、市委党校副教授戴芳、浙江大学博士生导师卫龙宝授课，开设《习近平谈治国理政》第三卷学习辅导、《中华人民共和国民法典》解读、意识形态工作、“以城市发展方式转变推动经济发展方式转变”“生态城市管理与城市人文和谐”等专题讲座，组织全体学员前往新华三集团有限公司和“两山”理论（绿水青山就是金山银山）发源地——浙江省湖州市安吉县余村进行现场教学。

10月30日，党员教育培训班全体学员前往新华三集团有限公司参观学习
区级机关工委　供图

【市作风建设第12监督组到区专项监督】 11月，市作风建设第12监督组到区开展3场工作对接和专项监督活动，有关区领导参加。市监督组成员听取全区及相关单位作风建设工作情况汇报，实地考察区法院、城管驿站、综治中心、“初心驿站”等处，对相关工作给予充分肯定，并就进一步推进机关作风建设提出意见建议。

【“巾帼建功”和“最美家庭”先进事迹分享会】 11月10日在江宁溪田勤廉教育基地举办。区机关部分单位分管领导、市区两级“巾帼文明岗”负责人以及“最美家庭”代表40人参加。会上，宣读表彰决定，部分“巾帼文明岗”和“最美家庭”代表分享《弘扬巾帼精神 践行检察担当》《我愿与你前行为伴》《用爱浇灌我的家》等事迹文章。与会者参观江宁乡贤名人馆、商量书房以及溪田勤廉教育馆，从乡贤名人励志励行故事中感悟精神内涵。

【作风评议】 11月，区作风办评议全区59个机关部门（单位）、13个街道和9个区属国企集团作风建设满意度。评议综合运用“书面评议”“手机评议”“第三方评议”等手段，加大企业评议人考核权重，采取上门入户、电话回访、现场拦截等多种测评模式，建立窗口服务常态化评议、反向测评、工作考核等机制，并注重与综合目标考核衔接配合。评议人对区作风建设总体满意率93.67%，同比上年上升0.68%；被评议单位群众平均满意率85.99%，同比上年上升4.63%。

【机关党组织书记述职评议报告会】 12月25日在区召开。区机关工委委员、机关党组织书记、机关党务干部120余人参加述职会。区检察院机关党委、政府办党总支、教育局机关党总支、人社局机关党总支、房产局机关党总支、司法局党总支、老干部局党支部、团区委党支部、科协党支部、审计局党支部、湖南路管委会机关党支部11家机关党组织书记依次进行现场述职，其余党组织书记作书面述职。会议同步进行工作评议。

（陶　靖）

南京市鼓楼区人民代表大会

概　述

【概况】 2020年，鼓楼区人大常委会围绕区委二届八次全体（扩大）会议决策部署，按照区二届人大四次会议确定目标任务，依法履职、践行人大使命担当。区人大常委会落实党中央和省市区委关于统筹疫情防控和经济社会发展决策部署要求，动员全体党员干部、全区各级人大代表投身疫情防控和复工复产，涌现出邱海波、易永祥等一批优秀代表。区人大常委会党组发挥核心领导作用，召开区二届人大四次会议，审议确定全区2020年各项工作目标和任务；建立常委会领导班子、组成人员、人大代表和机关工作人员常态化学习机制，以思想自觉引领行动自觉；配合区委召开人大工作会议，落实《中共南京市鼓楼区委关于加强新时代人大工作和建设的意见》；重要会议、重大事项、重要工作及时向区委请示汇报，重要调研报告、执法检查报告、情况反映及时以《人大关注》形式报送区委区政府领导班子参阅，把区委主张通过法定程序转化为全区人民共同意志和行动，确保人大工作正确政治方向；发挥人大常委会党组作用，每月召开党组会议，全年议定事项50多项。坚持党管干部与人大依法任免监督有机统一，做好人事任免、宪法宣誓和任后监督等工作。紧扣高质量发展主线，围绕“创新名城、美丽古都”愿景和“首善之区、幸福鼓楼”奋斗目标，常委会召开《中华人民共和国消防法》（简称《消防法》）和餐饮业抽油烟整治情况2场专题询问会；调研视察为民办事实、老旧小区环境综合整治、“七五”普法工作、社区卫生服务、扬尘污染管控等重要领域和关键环节。开展相关课题中长期研究，助力全区中心工作和重点任务落到实处，召开《面向未来的突破——鼓楼“江苏最好、全国首善”教育强区建设研究报告》《鼓楼区智力密集型服务业发展研究报告》专项课题研究报告发布会。组织地区150余名全国和省市区四级人大代表聚焦治理体系现代化、聚力“十四五”谋篇布局,集中开展调研和联席会商,征集社会各界意见,形成40篇调研成果,为鼓楼区建设“四个全域”(全域首善、全域创新、全域美丽、全域幸福)建言献策。了解《江苏省人民代表大会常务委员会关于加强检察公益诉讼工作的决定》在区执行情况。根据市人大常委会年度立法计划,配合开展立法调研和法规草案意见征询工作,开展《南京市养犬管理条例》修订、《南京市科技创新促进条例》《南京市矛盾纠纷多元化解促进条例》制定等立法调研;促进《南京市夫子庙秦淮风光带条例》《南京市社会治理促进条例》等科学民主立法,推动健全城市管理和社会治理等地方性法规体系。拓宽履职渠道同群众“零距离”,代表工作重心向加强载体建设、保持履职热情、释放履职活力倾斜,搭建代表依法履职、为民服务新平台。深化区政务服务中心“代表联系点”建设,探索“代表之家”载体功能“下延一层”,湖南路街道人大工委在紫峰大厦设立“代表联络站”,定期召开“代表之声”讲坛。是年,区人大常委会获全省人大优秀调研成果奖、省人大工作理论研究会研究课题二等奖,区人大研究室获省人大宣传通联先进集体。

【制度建设】 2020年,鼓楼区人大常委会构建民生实事项目“常委会主任会议成员—人大及常委会专工机构—街道人大工委”三位一体监督机制,创新、优化和完善四级代表联动履职工作模式,实施议题“委员重点参与”和“项目化管理”等。同时,在创新实践过程中注重健全完善制度体系,年内先后制定出台《代表专业组工作办法》,修订《代表履职管理办法》,起草《审计查出突出问题整改情况监督的实施办法》《社会建设委员会工作规则》等多项工作制度,通过制度建设增强工作规范,强化刚性约束,提升人大监督科学性、严肃性和权威性。

【代表履职保障】 2020年,鼓楼区组织四批人大代表60人赴省人大培训中心集体学习,实现一届任期内代表轮训“全覆盖”。结合实际开展《中华人民共和国民法典》、省人大常委会关于加强和改进地方人大代表工作的意见、政府投资项目审计监督等专题学习,开设“法治课堂”“代表学习网”等网课,帮助代表及时更新知识结构、丰富履职内涵。组织代表428人列席人大常委会会议,参加执法检查、调研视察、专题询问;修订完善“积分制”代表履职管理办法,制定代表闭会期间活动意见、规范代表专业组工作;评选履职先进个人36人,激励代表保持“活跃度”、提升“贡献度”,履行人民代表大会制度实践职能。

【代表履职平台建设】 2020年,鼓楼区根据人大代表履职需求,拓展知情知政渠道。深化代表履职平台建设,指导13个街道“代表之家”、120个社区“代表工作站”提档升级。在区政务服务中心设立2个“人大代表联系点”,每月2次接待选民群众,进一步畅通代表联系群众“绿色通道”。延伸拓展“三联系、双接待、两回访”内涵,形成主任会议成员联系常委会委员、委员联系代表、代表联系选民立体网络。在街道工委创建“民声议事园”“社区议事会”、在紫峰大厦等楼宇设立“代表联络站”,为代表了解社情民意、为民排忧解难提供更多有效路径。全年,代表回选区宣讲人代会精神204场,接待选民4596人次,收集群众诉求492件,为群众解难题、办实事292件。组织代表向原选区选民报告履职情况、接受选民监督115人次;本届累计述职233人次。

链接:“三联系、双接待、两回访”

三联系——区人大常委会主任会议成员联系常委会委员,区人大常委会组成人员、区人大及其常委会专工委负责人联系代表,区人大代表联系人民群众。

双接待——区人大常委会主任会议成员及常委会委员同时接待代表。

两回访——年初人民代表大会会后第一次代表回访选区,宣讲人代会精神;年底人民代表大会会前第二次回访选民,收集意见,为出席新一年人代会审议各项报告作准备。

【民意实事督办】 2020年,鼓楼区人大常委会主要议题采取“代表征集”“两下两上”方式,运用

“两下两上”工作法精准选题，确保“全区发展需要人大做什么，人大就努力做成什么”，集中反映群众意愿、符合发展要求。推行“项目化”机制管理议题，代表到群众中参与视察检查和意见督办，监督工作质量效果和代表主体作用发挥。至2020年年末，该区人大常委会连续15年推行民生实事代表票决制，从项目征集到项目确定，再到政府实施、人大督办，代表享有充分“话语权”；组建10个监督组，“一月一督办、每月有汇报”，把实事办实、好事办好；开展本届以来民生实事项目实施情况调研评估，确保每一个项目落地见效。完善代表建议办理机制，重点建议政府领导领办、常委会领导督办，常规建议各代表组跟踪督办，推动建议办理从“答复满意”向“落实满意”“结果满意”转变。

链接：“两下两上”

一是“零距离”征题“一下一上”，将每年10月定为“人大工作调研月”，常委会领导带领“两室九委”(两室：区人大常委会办公室、研究室，九委：区人大专委4个，分别是法制委、监察和司法委、社会建设委、财政经济委；区人大常委会工作委5个，分别是预算工作委、教科文卫委、环资城建委、民宗侨台委、人事代表联络委)调研对口联系政府部门和法检两院；各街道工委组织代表深入选区，征集社区群众、驻区单位等各方面意见，汇总上报主任会议研究，形成集中民意民智、符合“一府两院”工作重点项目预排。二是“面对面”议题“二下二上”，在前期工作基础上，常委会班子同政府分管区长、主要职能部门、公检法“一把手”面对面，民主商讨预排方案。从监督对象视角和期待出发，“征题”与“议题”有机结合，确保议题更精准、重点更明确。

【人大代表议案建议办理】 2020年，区二届人大四次会议以来，收到代表提出建议152件(其中4件为会议期间经主席团通过议案转为建议)，全部办理完毕并答复代表。其中，涉及城市管理80件，占52.6%；城市建设17件，占11.2%；社会事业38件，占25%；经济建设9件，占6%；民生保障8件，占5.2%。其中，A类件(已经解决或基本解决)121件，占79.6%；B类件(解决中或纳入计划逐步解决)22件，占14.5%；C类件(暂时难以解决做出解释)9件，占5.9%。代表对建议办理反馈均为满意或基本满意。其中，满意141件、基本满意11件，满意率100%。通报表彰优秀建议15件。

附件：

2020年度鼓楼区人大代表优秀建议(15件)

优秀建议(按推荐得票数多少排序)

1. 许杰等代表：关于提升教育优质均衡发展水平，推动教育集团化办学全覆盖的建议
2. 丁淑琼代表：关于进一步深化鼓楼区民心工程精细化建设的建议
3. 胡亚安等代表：关于解决省人民医院周边交通拥堵问题提升广州路通行能力的建议
4. 王媛等代表：关于对老旧小区进行消防设施普查的建议
5. 朱军代表：关于鼓楼区率先建立垃圾分类实施监督体系，确保分类立法长效良性运行的建议
6. 钱成林代表：关于加强老旧小区出新后长效管理的建议
7. 沈正剑代表：关于提升城市管理精细化的几点建议
8. 陈程代表：关于进一步加强电动自行车违法违规充电整治的建议
9. 查选中代表：关于重视和加强南京航运中心建设的建议
10. 石辉代表：关于加强规范养狗管理的建议
11. 董明俊等代表：关于消除老旧小区消防安全隐患的建议
12. 史国代表：关于尽快全面恢复湖南路街面路政基础设施及功能的建议
13. 李恬等代表：关于改善芦席营路周边环境的建议
14. 李敏代表：关于老旧小区安装烟火感应报警器的建议
15. 温晋锋等代表：关于依托高校资源加快推进鼓楼硅巷建设的建议

(黄燕平)

重要会议与活动

【概况】 2020年，鼓楼区人民代表大会及其常务委员会(简称人大常委会)召开常委会会议6次、主任会议16次。听取和审议区政府、区人民法院、区人民检察院工作报告，国民经济和社会发展计划预算执行情况报告等30项。作出决议、决定12项，发出审议意见书12件，检查5部法律法规实施情况，备案审查规范性文件3件。开展专题询问2次，组织专题视察17次、专题调研26项。全年听取区教育局、区司法局、区退役军人事务局主要负责人，区法院副院长2人、区检察院检委会委员2人等7人任命履职情况报告并进行满意度测评。依法任免国家机关工作人员57人次(任命32人次，免职25人次)。其中，任命区级领导5人次，免职3人次；任命区管中层领导27人次，免职22人次。至年末，全区有四级人大代表586人，其中全国23人、省117人、市79人、区367人。

【区第二届人民代表大会第四次会议】 1月3—6日在区召开。区第二届人民代表大会实有代表374人。大会听取和审议《鼓楼区人民政府工作报告》；审查和批准《鼓楼区2019年国民经济和社会发展计划执行情况与2020年国民经济和社会发展计划草案的报告》，批准《鼓楼区2020年国民经济和社会发展计划》；审查和批准《鼓楼区2019年预算执行情况和2020年预算草案的报告》，批准《鼓楼区2020年区本级预算》；审议和确定"鼓楼区2020年为民办实事重点项目"；听取和审议《鼓楼区人民代表大会常务委员会工作报告》；听取和审议《鼓楼区人民法院工作报告》《鼓楼区人民检察院工作报告》。会议表决通过《关于各项工作报告的决议》，通过《关于2020年为民办实事重点项目的决议》。会议补选滕献忠为区第二届人民代表大会常务委员会副主任，补选张凯、李向红、丁卫泽、吴蒙龙、王庭梅为区第二届人民代表大会常务委员会委员。选举周勤为区监察委员会主任。会议通过区第二届人民代表大会社会建设委员会组成人员名单。主任委员：丁卫泽，委员：(按姓氏笔画为序)丁建春、冯波、吕少卿、刘亚军、梁学斌。通过区第二届人民代表大会监察和司法委员会组成人员名单。主任委员：唐坚，副主任委员：李文玲(女)，委员：(按姓氏笔画为序)王平、刘宁、李伟、李敏(女)、陶志强。选举结束后举行宪法宣誓仪式。

【区第二届人大常委会会议】 2020年，鼓楼区召开第二届人大常委会会议6次，即第二十五次至第三十次。

第二十五次会议于2月28日举行。会议听取和审议区政府《关于2019年度环境状况和环境保护目标完成情况的报告》。

第二十六次会议于4月30日举行。会议审议通过《关于撤销区人民代表大会常务委员会内务司法工作委员会的决定》。根据区政府、区监委和主任会议提请，决定有关人事任免事项。听取部分市人大代表履职情况报告，民主测评10名市代表履职情况。听取和审议区教育局局长柴耘履职情况报告，并进行满意度测评。

第二十七次会议于6月29日举行。会议开展《中华人民共和国消防法》贯彻实施情况专题询问。听取和审议《〈中华人民共和国消防法〉执法检查情况的报告》《〈中华人民共和国土壤污染防治法〉执法检查情况的报告》《关于服务优化全区营商环境开展商事审判情况的报告》。根据区政府、区法院提请，决定有关人事任免事项。听取部分市人大代表履职情况报告，民主测评10名市代表履职情况。

第二十八次会议于8月28日举行。会议听取和讨论区政府《关于2020年上半年工作情况和下半年工作安排的报告》，讨论区法院、区检察院《关于上半年工作情况的报告》。听取和审议区财政局《关于2019年鼓楼区本级财政决算草案的报告》和区审计局《关于2019年鼓楼区本级预算执行和其他财政收支的审计工作报告》。审查《鼓楼区2019年本级财政决算草案》《关于2019年鼓楼区本级财政决算草案的报告》，同意区人大财政经济委员会提出审查结果报告，决定批准《鼓楼区2019年本级财政决算》。听取和审议区发改委《关于2020年鼓楼区国民经济和社会发展计划上半年执行情况的报告》和区财政局《关于鼓楼区2020

年预算上半年执行情况的报告》。听取和审查区财政局关于提请审议《南京市鼓楼区关于2020年地方政府债务限额及区本级预算调整方案（草案）》议案及相关说明。同意财政经济委员会提出的审查结果报告，表决通过《关于批准鼓楼区2020年地方政府债务限额及区本级预算调整方案的决议》。听取和审议区国资办《关于企业国有资产管理情况的报告》，书面审议《关于国有资产管理情况的综合报告》。审议区人大常委会执法检查组《关于检查〈中华人民共和国安全生产法〉〈江苏省安全生产条例〉〈南京市安全生产条例〉实施情况的报告》。听取和审议区政府《关于老旧小区环境综合整治情况的报告》。根据区政府、区检察院、主任会议提请，决定有关人事任免事项。审议通过《关于接受丁卫泽等辞去区人人代表职务的决定》，决定接受丁卫泽、陈姗雅（女）、阚加力、夏莉荔（女）、白扬、徐桓峰、陈爱华、吴玉萍（女）、陈相树、韩勇、孙明文等辞去鼓楼区第二届人民代表大会代表职务请求。听取和审议代表资格审查委员会《关于个别代表的代表资格的报告》，确认区第二届人民代表大会实有代表356人。审议通过《关于调整代表资格审查委员会组成人员的决定》。

第二十九次会议于10月28日举行。会议根据区政府、区监委、区法院的提请，决定有关人事任免事项。开展区政府餐饮业油烟整治情况专题询问。听取和审议区政府《关于聚焦“全域幸福”加强社区公共卫生服务情况的报告》。听取和审议区司法局局长武刚、区退役军人事务局局长方立中，区法院副院长李仁军、孙展虹，区检察院副检察长姚旭、检委会专职委员吴德彪履职情况报告，并进行满意度测评。审议通过关于召开区二届人大五次会议的决定。

第三十次会议于12月25日下午、29日下午举行。会议审议通过《关于接受成静辞去南京市第十六届人民代表大会代表职务的请求的决定》。补选出缺市人大代表，选举洪礼来、陈政为鼓楼区出席南京市第十六届人民代表大会代表。审议通过《关于接受丁健生辞去鼓楼区第二届人民代表大会代表职务的请求的决定》。听取和审议《关于个别代表的代表资格的报告》，确认终止李英军、颜德义、丁健生区二届人大代表资格；确认有关选区选举产生14名代表的代表资格有效，区第二届人民代表大会实有代表367人。根据主任会议和区检察院提请，决定有关人事任免事项。听取和审议区政府《关于2020年民生实事重点项目实施情况和2021年备选项目征集及编排情况的报告》，并测评2020年项目实施情况满意度。会议原则同意将区政府2021年民生实事备选项目修改完善后，提交区二届人大五次会议审议决定。听取和审议区政府《关于鼓楼区二届人大四次会议以来代表建议、批评和意见办理情况的报告》，测评办理情况满意度。书面审议区人大常委会各街道工委工作情况报告。听取区人大常委会研究室关于常委会工作报告起草情况说明，讨论并原则通过工作报告草案，同意提交区二届人大五次会议审议。听取和审议《鼓楼区国民经济和社会发展第十三个五年规划执行情况及第十四个五年规划和二〇三五年远景目标纲要草案编制情况的报告》《关于2019年度本级预算执行和其他财政收支审计查出问题整改情况的报告》。听取和审查区财政局《关于提请审议〈南京市鼓楼区关于2020年地方政府债务限额及区本级预算调整方案（草案）的议案〉》及相关说明，同意财政经济委员会提出的审查结果报告，表决通过《关于批准鼓楼区2020年地方政府债务限额及区本级预算调整方案的决议》。听取《区二届人大五次会议筹备工作情况的报告》。讨论通过区二届人大五次会议议程草案、日程草案、大会主席团成员和秘书长建议名单，决定将上述事项和名单提交区二届人大五次会议选举和通过。通过区二届人大五次会议列席人员名单。

【区第二届人大常委会主任会议】 2020年，鼓楼区第二届人大常委会主任会议召开16次，即第四十九次至第六十四次。

第四十九次会议于1月21日召开。会议讨论通过区人大常委会2020年度主要议题和工作安排。讨论通过《区人大各专门委员会、常委会各工作机构重点联系部门和单位安排》《区人大常委会主任会议成员联系常委会委员分工安排》《区人大常委会组成人员、区人大及其常委会工作机构负责人联系代表分工安排》《区人大常委会主任会议成员及常委会委员接待代表日的“双接待”计划安排》。

第五十次会议于2月25日召开。会议听取关于常委会第二十五次会议建议方案汇报、各项议题准备情况汇报。

第五十一次会议于4月1日召开。会议听取区人大常委会各街道工作委员会2020年工作计划安排汇报。讨论通过“区人大代表专业组分组名单”“关于2020年区人大代表开展闭会期间活动的意见”“代表建议重点督办件分工安排”“为民办实事重点项目督办分工安排”。讨论通过《中华人民共和国消防法》执法检查和专题询问方案、《中华人民共和国土壤污染防治法》执法检查方案。

第五十二次会议于4月20日召开。会议听取相关部门关于拟提请区人大常委会第二十六次会议审议的人事免职事项情况说明。听取关于常委会第二十六次会议建议方案汇报、各项议题准备情况汇报。讨论通过《南京市鼓楼区人民代表大会代表履职管理办法》。

第五十三次会议于4月30日召开。会议听取有关部门关于拟提请区人大常委会第二十六次会议审议的人事任免事项的情况说明。听取关于常委会第二十六次会议有关议题准备情况的汇报。

第五十四次会议于4月30日召开。会议讨论关于提名洪礼来为区人民政府代理区长事项,同意将相关议案和草案提请常委会会议审议。

第五十五次会议于5月27日召开。会议听取区政府《关于发挥公安主力军作用开展扫黑除恶专项斗争工作情况的汇报》《关于聚焦“全域创新”深化创新名城引领区建设情况的汇报》《关于“十四五”规划编制推进情况的汇报》和常委会预算工委关于相关调研方案的汇报。听取关于审议企业国有资产管理情况报告工作方案的汇报。

第五十六次会议于6月18日召开。会议听取有关部门关于拟提请区人大常委会第二十七次会议审议的人事任免事项情况说明。听取关于常委会第二十七次会议建议方案汇报、各项议题准备情况汇报。

第五十七次会议于7月29日召开。会议听取《区政府关于智力服务业调研情况的汇报》。讨论安全生产“一法两条例”(《中华人民共和国安全生产法》《江苏省安全生产条例》《南京市安全生产条例》)执法检查情况报告。

第五十八次会议于8月26日召开。会议听取相关部门关于拟提请常委会第二十八次会议审议的人事任免事项情况说明。听取关于常委会第二十八次会议建议方案汇报、各项议题准备情况汇报。听取关于个别代表调整编组情况汇报。

第五十九次会议于9月25日召开。会议听取区财政局关于农贸市场提档升级、街巷保洁、食品安全监管、租赁补贴等专项资金使用和绩效评价汇报。听取区政府关于宗教场所安全隐患检查情况汇报。讨论通过关于组织代表集中培训工作方案、补选部分出缺代表工作方案。

第六十次会议于10月23日召开。会议听取相关部门关于拟提请常委会第二十九次会议审议人事任免事项情况说明。听取预算工委关于2021年支出预算审查重点情况汇报。听取关于常委会第二十九次会议建议方案汇报、各项议题准备情况汇报。

第六十一次会议于11月25日召开。会议听取区司法局关于规范性文件备案审查工作情况汇报。听取区财政局关于政府性债务管理情况汇报。明确定于12月中旬选举补选部分出缺代表。

第六十二次会议于12月21日召开。会议听取人代联委关于出缺代表补选情况补充汇报,同意增加1个选区和1名代表候选人。

第六十三次会议于12月24日召开。会议听取相关部门关于拟提请常委会第三十次会议审议的人事任免事项和二届人大五次会议相关建议名单情况说明。听取关于常委会第三十次会议建议方案的汇报、各项议题准备情况汇报。讨论并原则同意《区人大法制委员会工作报告(草案)》《区人大监察和司法委员会工作报告(草案)》《区人大财政经济委员会工作报告(草案)》《区人大社会建设委员会工作报告(草案)》,提交区二届人大五次会议审议。讨论《关于2020年度代表工作情况的通报》,同意在区二届人大五次会议前印发全体代表。听取关于鼓楼区第二届人民代表大会出缺代表补选投票选举结果情况汇报,提请区人大常委会第三十次会议审议。讨论确定2020年度代表优秀建议、2020年度代表履职先进个人。讨论关于专业组代表工作情况的汇报。《鼓楼区2020年国民经济和社会发展计划执行及2021年计划草案编制情况的报告和草案》《鼓楼区2020年预算执行及2021年预算草案编制情况的报告》和草案准备情况汇报，提交区二届人大五次会议审查批准。听取区财政局关于2021年预算草案编制情况说明。

第六十四次会议于12月25日召开。会议讨论丁健生请辞代表事项和《关于接受丁健生辞去鼓楼区第二届人民代表大会代表职务的请求的决定(草案)》，同意提请常委会第三十次会议审议。

【常委会专题询问】 6月29日，区人大常委会召开《消防法》贯彻实施情况专题询问会。区人大常委会领导、委员、区人大社会委组成人员和部分区人大代表出席会议。区政府分管领导，区财政局、建设局、房产局、城管局、文旅局、应急管理局、市场监管局、鼓楼消防救援大队主要负责人，区政府办、公安分局及各街道相关负责人参加会议，部分选民代表受邀列席旁听。会议首次采用网络平台全程直播，现场问答、开门监督，5.4万人次在线参与。会议听取《消防法》贯彻实施情况专题报告，常委会组成人员和代表连续提出十多个群众特别关心的消防安全问题，9家应询单位现场接受询问，双方围绕消防设施维护、经费保障、部门职责、安全教育与宣传等社会关注热点问题进行询问和应答。同时，收集网友现场提出问题，由相关部门进行回应。区人大常委会将专题询问及答复情况反馈给区政府，要求深入研究本次专题询问会上提出问题和建议，增强安全意识和责任意识，进一步做好全区消防安全工作。

10月28日，区人大常委会召开全区餐饮业油烟整治情况专题询问会。区人大常委会领导、委员、部分区人大代表出席会议。区政府分管领导，区教育局、城管局、商务局、行政审批局、市场监管局和鼓楼生态环境局(餐整办)等相关负责人参加会议。区政府分管领导作《关于全区餐饮业油烟整治情况》专题报告，相关职能部门现场接受询问。区人大常委会组成人员和人大代表围绕住宅楼餐饮店油烟管理、露天烧烤油烟管理、净化设备安装使用及维护、中小学校食堂油烟管理、餐饮业油烟治理长效机制等方面进行询问，6家应询单位逐项一一作答。区人大常委会要求区政府及相关职能部门认真研究专题询问会提出问题和建议，进一步巩固和深化全区餐饮业油烟整治工作成果，促进区内大气质量持续好转和群众生活品质持续改善。

【2项课题研究报告发布会】 6月22日和8月11日，区人大常委会分别召开《面向未来的突破——鼓楼“江苏最好、全国首善”教育强区建设研究报告》(简称《研究报告》)、《鼓楼区智力密集型服务业发展调研报告》(简称《调研报告》)专项课题研究报告发布会，成为区域人大常委会发挥地区智力资源优势，前置监督关口，探索创造性履行法定职责，创新工作思路，将支持寓于监督之中，以人大潜心研究成果促进改革发展提质增效典型案例。两项重大课题研究尝试性实践以人大主导、社会专业机构承办、各方参与方式开展，聚焦全区发展重点，围绕国民经济和社会发展重大问题，省市区人大常委会、省市区教育和经济科技部门相关领导，区政府主要领导等分别出席两项研究成果发布会，部分专家学者、省市人大代表应邀到会；区人大常委会各专工委负责人、常委会委员、部分区人大代表，区政府办、区人大常委会、各街道、各板块负责人，课题组成员参加会议。发布会上，区人大常委会主任介绍课题研究背景，课题组解读报告主要内容，与会人员围绕报告进行讨论，省市相关领导从不同角度提出成果运用指导意见。

《面向未来的突破—鼓楼“江苏最好、全国首善”教育强区建设研究报告》2019年，区人大常委会专门组建课题组，构建一级指标5个、二级指标15个、监测点33个教育强区建设工作评估框架。评估综合采用数据分析、焦点组座谈、个别访谈、问卷调查等方法，基于对国家和江苏省重要政策理解、各地教育强区建设工作内容梳理、代表性理论研究成果分析、教师和教育领导者访谈以及课题组专家多次研讨，于2020年6月形成5.86万字《研究报告》。研究认为“江苏最好、全国首善”教育强区内涵包括5个维度：有力保障、高位水平、创新引领、充分满意与显著贡献；剖析优质学校集群、教育教学质量、教师队伍素质、教育改革创新和内涵特色建设区域教育领先发展五大优势；提出教育强区建设突破式推进7点建议。

《鼓楼区智力密集型服务业发展调研报告》 2019年，区人大常委会专门组建课题组，梳理分析行业发展和企业运营数据5万余条，邀请经济科技领域专家学者、智力服务关联企业、政府相关部门、驻区各级代表100余人次，召开专题座谈会10场，专家论证会4场，重点走访5个产业园区和26家龙头企业，2020年7月形成近7万字《调研报告》。《调研报告》分4个维度：分别界定智力密集型服务业概念、特征，智力服务业国内外发展态势，定性定量对标研究鼓楼区智力服务业，鼓楼区发展智力服务业对策建议等。

【区四级人大代表联席座谈会】 11月16日，鼓楼地区四级人大代表联席座谈会召开。省市人大常委会有关领导，全国人大代表、南京水利科学研究院总工程师窦希萍，省律师协会副会长、国浩律师南京事务所管理合伙人车捷，省人大代表、南京大学城市规划设计研究院副院长程大林，市人大代表、苏宁环球集团总裁、全国工商联女企业家商会会长吴兆兰等全国及省市级人大代表，区四套班子主要领导出席会议。鼓楼地区150余名全国和省、市、区四级人大代表参加会议。区政府主要领导向代表介绍区情和高质量发展情况，与会代表围绕“聚焦治理体系现代化，共建强富美高新鼓楼”主题，交流研讨调研成果，提出全区经济科技、健康卫生、文化教育、城建城管、社会建设、生态环境等各方面工作意见和建议。常委会会前，组织地区四级代表聚焦治理体系现代化、聚力“十四五”谋篇布局，形成40篇重要调研成果报告汇编成册，为规划编制提供参考。 （黄燕平）

调研视察

【2017—2019年为民办实事重点项目实施情况调研视察】 4月27日，区人大常委会召开2020年民生实事重点项目实施情况监督工作部署会，区人大常委会领导，区人大专门机构及常委会工作机构负责人和各街道工委主任出席会议，区政府办、区委政法委、区残联、区发改委、教育局、民政局、人社局、建设局、房产局、水务局、城管局、应急管理局负责人列席会议。区人大社会委介绍《关于组织区人大代表对2020年民生实事重点项目实施情况开展监督工作的方案》，首次采取“组团监督”方式，各专工委会同代表组分别组建10个监督组，对口督办10件民生实事，“一月一督办、每月有汇报”。区建设局、华侨路街道工委分别代表实施单位和代表监督小组发言。区人大常委会主任就做好民生实事重点项目监督工作提出要求。

6月11日，区人大常委会视察“方便居民交通出行”民生实事重点项目。实地察看南京商业学校停车场新增停车泊位情况，苏州路道路综合整治情况，以及金川门外街、四平路背街小巷整治情况，详细了解项目实施进展并召开座谈会。

6月17日，区人大常委会视察“改造治理棚

11月16日，鼓楼地区2020年四级人大代表联席座谈会召开

区人大办 供图

户危房"民生实事重点项目。实地察看青岛路27号危房改造项目、长江大桥南引桥沿线环境综合整治二期项目,了解项目进展情况及下一步工作计划。同日,区人大常委会视察"推进养老全覆盖"民生实事项目实施情况,实地察看建设中的热河南路街道新和园日间照料中心,听取该项目功能分区、服务对象、接收能力等情况介绍,召开座谈会听取区民政局、区残联关于全区养老全覆盖和残疾人家庭无障碍改造项目实施进展情况汇报。

7月3日,区人大常委会视察民生实事项目推进情况,实地视察五台花园小区电梯增设施工现场、北京西路79号,北祖师庵24~66号、49~67号老旧小区整治施工现场,并召开座谈会听取相关情况汇报。

7月14日,区人大常委会视察民生实事重点项目"雪亮工程"(鼓楼区公共安全视频监控建设联网应用工程)进展情况。实地察看鼓楼广场、北京西路草场门虎踞路交会口视频监控点位,详细了解项目建设情况并召开座谈会,要求利用疫情防控契机,拟定计划,分期分批规划实施无物管小区安防项目建设,增强人民群众安全感。

8月19日,区人大常委会视察"打造安全生活环境"民生实事项目进展情况。实地察看小市新村42号高层住宅消防整改和固化水带改造、银城街香榭里小区门面房液化气瓶使用整改等进展情况。召开座谈会,听取实施单位关于消防安全"六大工程"(法制工程、责任工程、监管工程、科技工程、守护工程、攻坚工程)、固化水带改造和安全生产重大事故隐患整改等项目进展情况汇报。

9月3日,区人大常委会组织召开市人大推动适老化改造民生实事项目监督工作会议并开展视察活动。市民政局、建邺区民政局分别汇报居家适老化改造项目进展情况以及下一步工作计划。与会代表详细查看工作台账,并实地察看建邺区南苑街道国泰民安社区、莫愁湖街道蓓蕾社区等4户家庭居家适老化改造情况,了解老人实际需求和征求改造建议。

【公共文化设施规划与建设调研】 5月8日,区人大常委会组织调研全区公共文化设施规划与建设情况。视察江苏非遗创意基地、静海寺纪念馆。召开座谈会,听取区文旅局关于区公共文化设施建设和区建设局关于区公共文化设施规划情况汇报。

【创新名城示范区建设调研】 5月20日,区人大常委会组织视察"聚焦全域创新深化创新名城引领区"建设情况。视察组一行先后到中科紫台创新基地、边缘智能研究院、汇法正信信息科技有限公司,查看场所建设及产品研发等情况,听取有关单位情况介绍并提出建议。

【法院商事审判工作视察】 5月28日,区人大常委会组织视察区法院服务优化全区营商环境开展商事审判工作情况。视察组集中旁听1起定作合同纠纷案件庭审,听取区法院相关工作情况汇报,与会代表提出意见建议。视察组要求区政府相关部门为经济社会发展提供坚实司法保障,培育良好司法环境。

5月20日,区人大常委会视察聚焦"全域创新"深化创新名城引领区建设情况

区人大办 供图

【财政重点项目绩效监督调研】 6月12日，区人大财经委、社会委，常委会预算工委、环资城建委开展区财政2018—2019年度重点项目绩效监督调研，启动年度预算专项资金绩效评价监督工作，区财政局、市场监管局、房产局、宁海路街道、中央门街道、下关街道相关负责人及第三方绩效评价机构人员参加调研。重点项目主管单位汇报项目政策背景、预算编制和资金使用等情况，区财政局项目专管员和第三方评价机构作补充说明。

8月31日至9月1日，区人大常委会专题调研2019年度财政专项资金重点绩效评价工作，区人大财经委、社会委，常委会预算工委、环资城建委主要负责人，宁海路街道、凤凰街道、中央门街道人大工委主任和部分区人大代表参加调研。调研重点针对租赁补贴、农贸市场提档升级、食品安全监管、街巷保洁4个项目绩效评价，由第三方机构汇报绩效评价初稿情况，区房产局、城管局、商务局、市场监管局和中央门街道、下关街道等相关资金使用单位作补充汇报。参加调研委员和代表询问相关情况，围绕进一步开展区财政绩效评价工作提出意见建议。

【老旧小区环境综合整治调研】 8月6日，区人大常委会组织视察区老旧小区环境综合整治情况。实地察看清江花苑小区、天平新村小区和宁工新寓二村小区环境综合整治现场，了解小区房屋主体、公共设施、物业管理和工程进展情况。召开座谈会，听取区建设局、区房产局关于老旧小区环境综合整治工作情况汇报，并询问交流，提出意见建议，强调：老旧小区环境综合整治是本届人大常委会持续关注并重点参与民生议题，同时也是市区人大联动监督重要议题。整治要按照基础性、功能性要求建立规范标准，维护社会公平；要听取居民意见，解决消防、安保、停车等突出矛盾，提高问题解决率；要及时引进物业管理，建立长效机制，提升治理水平，提升居民获得感、幸福感和安全感。

【扬尘污染管控督导】 11月12日，区人大常委会检查清凉山片区卫星遥感工地裸土覆盖情况。实地察看江东街道电台村地块南京市第二十九中学工地和中信泰富江苏总部建设工地、清凉寺改造工地、挹江门街道原十四所拆迁后闲置土地、宁海路街道地铁7号线原童家山2号等项目，现场约谈个别存在较多问题工地负责人，督促立即整改，落实长效管理。

11月18日，区人大常委会视察南京市第二十九中学幕府山初级中学，实地察看空气自动监测站前期建设及运行情况，听取空气质量情况汇报，要求发挥监测站作用，做好大气监测数据分析和运用，维护管理好监测站点，确保安全有效运行。

12月18日，区人大常委会调研清凉山片区大气污染防治工作。实地查看清凉山垃圾中转站，调研厨余垃圾处理气味及排放检测达标情况。要求区生态环境局加强指导，严格执行国家环境污染物排放标准进行垃圾处理后气体排放，加大技术攻关，文明施工、规范作业，尽量减小周边环境影响。

12月28日，区人大常委会召开城市建设管

8月6日，区人大常委会视察调研辖区老旧小区环境综合整治情况

区人大办　供图

理和环境保护专题调度会，区人大常委会、区政府有关领导，区人大常委会办公室、环资委，区建设局、房产局、水务局、城管局、生态环境局，全区13个街道以及区督查办、考核办负责人等参加会议。会议全面梳理城市建设管理和环境保护考核目标任务完成情况，重点围绕空气环境质量、锅炉改造、垃圾分类三项指标进行调度。

【人大代表五次会议前集中视察】 12月24日，区人大常委会组织辖区内市、区两级人大代表开展人代会前集中视察活动。区有关领导，区人大常委会部分老领导参加视察。视察代表分成3组，围绕经济和科技创新、城建和环境保护、民生和文体教育等3个领域分别开展视察，全面深入了解全区经济社会高质量发展和民生改善情况，为人代会审议各项工作报告做好准备。代表实地视察鼓楼创新广场、南艺后街国际文化艺术街区、红五月硅巷、南京长江国际航运物流服务中心二期、外金川河宝塔桥段环境综合提升工程、长江岸线南京大桥公园段环境综合整治一期工程、鼓楼中心片区环境品质提升项目、乌龙潭水质提升工程，金燕路西侧、金陵村象山保障房，力人学校、新河二村危房改造，中央门街道社区养老服务中心和垃圾分类示范点等多个项目。

（黄燕平）

12月24日，区人大常委会组织辖区市、区两级人大代表开展人代会前集中视察

区人大办　供图

人事任免

【概况】 2020年，区人大常委会按照法律赋予职权，依法行使人事任免权，任免国家机关工作人员57人次（任命32人次，免职25人次）。其中任命区级领导5人次，免职3人次；任命区管中层领导27人次，免职22人次。

【第二届人大常委会人事任免】 4月30日，第二十六次会议决定：任命洪礼来为区人民政府副区长。免去童晓佳区人民政府副区长职务。任命徐桓峰为区发展和改革委员会主任；任命殷位栋为区住房保障和房产局局长；任命阚加力为区水务局局长；任命朱照兵为区城市管理局局长。免去周瀚生区发展和改革委员会主任职务；免去林海滨区住房保障和房产局局长职务；免去徐晓华（女）区水务局局长职务；免去浦健区城市管理局局长职务；免去曲战平区信访局局长职务。免去巢伟平区监察委员会副主任职务。免去唐坚区人大法制委员会副主任委员、区人大常委会内务司法工作委员会主任职务；免去李文玲（女）、汪迎红（女）区人大常委会内务司法工作委员会副主任职务。免去吴玉萍（女）区人大常委会人事代表联络委员会主任职务。任命杨舒媛（女）、王宗红为区人民代表大会财政经济委员会委员。

6月29日，第二十七次会议决定：任命熊俊为区人民政府副区长；免去倪一如（女）区人民政府副区长职务。任命李彭为区人民法院审判委员会委员。免去尚贞华区人民法院审判委员会委员职务；免去何蓉（女）区人民法院审判员职务。

8月28日，第二十八次会议决定：任命王丽娟（女）为区人民政府副区长。任命秦岷为区信访局局长。任命陈爱华为区人民政府办公室主任；免去李志平区人民政府办公室主任职务。任命刘国青（女）为区人大常委会人事代表联络委员会主任，免去其区人大常委会热河南路街道工作委员会主任职务；任命胡敏为区人大常委会热河南路街道工作委员会主任；任命侯绍东为区人大常委会办公室副主任；任命牟蜀华（女）为区人大常委会预算工作委员会副主任；任命陈军为区人大常委会民族宗教侨务台湾事务委员会副主任，免去其区人大常委会研究室副主任职务；免去白扬区人大常委会民族宗教侨务台湾事务委员会主任职务；免去花放（女）区人大常委会办公室副主任职务。任命姚旭为区人民检察院副检察长；免去吴艳（女）区人民检察院副检察长、检察委员会委员职务。任命蒋佑（女）、吴宸、马筱彧（女）为区人民检察院检察委员会委员；任命季蓉（女）为区人民检察院检察员；免去严安（女）区人民检察院检察委员会委员、检察员职务。

10月28日，第二十九次会议决定：任命徐宝军为区人民政府副区长。任命顾扬为区监察委员会副主任。任命吴志坚、竺青（女）为区人民法院审判员。免去夏雯（女）区人民法院副院长、审判委员会委员、审判员职务。

12月25日，第三十次会议决定：任命吴惠锋为区人大社会建设委员会副主任委员；任命张顺富为区人大常委会民族宗教侨务台湾事务委员会主任；任命朱晓斌为区人大法制委员会副主任委员；任命花放（女）为区人大社会建设委员会副主任委员。任命班玲（女）为区人民检察院检察委员会委员；免去江舜治区人民检察院检察委员会委员、检察员职务。 （黄燕平）

南京市鼓楼区人民政府

重点工作

【概况】 2020年，鼓楼区统筹推进招商突破、项目推进、企业服务3个主题年活动，扩投资、促消费、强市场，稳住经济基本盘；深化校地融合，集聚科创资源，壮大科创企业矩阵，激发区域创新活力；贯彻绿色发展理念，打造宜居宜业“省会客厅”，推进长江大保护工作，全面实施禁捕退捕，完成荣华码头改造和长江岸线大桥公园段环境整治一期工程；完成外金川河宝塔桥段、下圩河、惠民河水环境提升工程，建成南京审计大学水质净化站，全域水质基本达Ⅴ类以上。公共财政支出85.7%用于民生保障，十大项18件民生实事按期保质完成；新增10所普惠性民办幼儿园，市实验幼儿园（改扩建）、银城小学浦江路校区、力人学校交付使用；建成13个街道养老综合服务中心、5个日间照料中心，机构养老床位4838张、护理型床位占比100%；鼓楼公共文化云平台上线，组织各类线下文化活动2300余场，“百姓原创朗读者”入选全国终身学习品牌；新建13块社会足球场。树立“鼓楼无小事”意识，筑牢抵御风险防线，辖区群众安全感99%。深化“不忘初心、牢记使命”主题教育，全面落实国务院第七次大督查、国务院教育督导委员会督查组反馈意见整改，确保政令畅通、令行禁止。区政府主动接受人大及其常委会法律监督、工作监督和政协民主监督，办理省市区人大代表建议166件、政协委员提案253件，办结率和满意率100%。开展法治政府建设“补短板、强弱项”专项活动，“七五”普法收官。是年，鼓楼区连续三年被评为“全省高质量发展二十强”，市对区综合考核、市级机关对标找差绩效考核结果，鼓楼区排名全市第一。 （杨婉儿）

【十大项民生实事完成】 2020年，经鼓楼区人大二届四次会议全体代表票选，确定2020年为民办实事重点项目10项，列为全区重点工作加以推进。年初受新冠肺炎疫情影响，小区封闭管理、人员流动减少、民生项目复工复产较晚，部分项目进度受到不同程度影响；下半年，每月区政府常务会实施调度，全区各部门、街道通力配合，区发改委抓好过程管理，各项目标顺利推进。至年末，十大项18件民生实事如期完成。

2020年鼓楼区为民办实事重点项目一览表

表33

序号	项目内容	责任单位	完成情况	完成进度
一	1. 改造治理棚户危房。实施老虎山西侧地块等5个棚改项目，完成棚户区改造5万平方米 2. 完成校门口19号等30幢危房消险治理工作	房产局	1. 推进棚改攻坚，实施五塘和园南侧地块、云燕园南侧地块、造漆厂地块、桥南一村地块、老虎山西侧地块等5个棚改项目，完成棚户区改造面积10.11万平方米，完成全年目标202.2% 2. 校门口19号等30幢危房消险加固工程完成	完成
二	3. 推进养老全覆盖。建成13个街道综合养老服务中心，实现老年中心厨房(配餐中心)、日间照料中心和综合护理中心全覆盖 4. 建成13个街道和120个社区养老志愿服务时间银行网点，实现区域养老志愿服务全覆盖，打造15分钟步行圈居家养老服务网络 5. 为所有符合条件的残疾人家庭实施无障碍改造	民政局 残疾人联合会	3. 华侨路、宁海路、湖南路、中央门、挹江门、江东、凤凰、热河南路、下关、建宁路、宝塔桥、小市、幕府山13个街道综合养老服务中心完成建设 4. 建成13个街道和120个社区养老志愿服务时间银行网点，实现15分钟步行圈居家养老服务网络全覆盖 5. 完成15户残疾人家庭(肢体8人、智力3人、精神2人、听力2人)无障碍改造，改造内容录入"中国残疾人服务平台——无障碍改造"模块，审核改造档案并存档	完成
三	6. 治理城市水环境。实施水环境质量提升，完成下圩河、惠民河南闸水环境提升及外金川河宝塔桥段(入江口至回龙桥)环境综合提升工程 7. 实施裕顺雅苑片区、杏林新村小区积淹水整治工程	水务局	6. 下圩河、惠民河南闸水环境提升工程、外金川河宝塔桥段(回龙桥—入江口)环境综合提升工程完工 7. 杏林新村小区、裕顺雅苑积淹水整治工程完工	完成
四	8. 打造安全生活环境。对中南园等50幢高层住宅实施消防安全"六大工程"改造，对292幢高层住宅楼实施固化水带改造 9. 挂牌督办8个安全生产重大事故隐患，完成整改销号，保障居民生命财产安全	应急管理局	8. 完成中南园等50幢高层住宅消防安全"六大工程"改造，实施金陵大公馆、云谷山庄等292幢高层住宅楼固化水带改造 9. 挂牌督办新家园养老院等8个安全生产重大事故隐患，全部完成整改销号	完成
五	10. 改善居民居住环境。完成北京西路79号等16个老旧小区整治，整治面积55万平方米 11. 继续推进老旧小区电梯增设工作，完成50台电梯规划许可手续办理和安装，力争累计完成250台	房产局	10. 完成北京西路79号等16个小区房屋155栋55万平方米面积 11. 完成73台电梯规划许可手续办理和安装(其中安装47台，办理规划许可26台)，完成全年目标146%；累计完成579台电梯规划许可手续办理和安装(其中安装247台，办理规划许可332台)	完成
六	12. 优化教育资源配置。培养、引进名特优教师200人。在全市率先启动鼓楼学校自主发展信息化智慧平台。学前教育毛入学率、义务教育巩固率、高中阶段教育毛入学率全市领先；符合入学政策条件的外来务工人员随迁子女在公办中小学入学率达100%；困难群体家庭子女入学资助覆盖率达100%	教育局	12. 培养市"陶行知奖""斯霞奖"等各类市、区奖项获得者196人，公开招聘骨干教师48人，合计244人，完成全年目标122%。鼓楼学校自主发展信息化智慧平台建成，第一批试点学校开始使用。学前教育毛入学率、义务教育巩固率、高中阶段教育毛入学率均为100%，处于全省先进水平。符合入学政策条件外来务工人员随迁子女在公办中小学入学率100%。全年认定困难家庭学生3409人次，资助经费564.52万元；困难群体家庭子女入学资助覆盖率100%	完成

续表33

序号	项目内容	责任单位	完成情况	完成进度
七	13.方便居民交通出行。实施南京商业学校等2个停车设施建设,新增停车泊位400个 14.实施南阴阳营等20条街巷道路综合整治、30条背街小巷整治	建设局 城管局	13.鼓楼商校停车场、草场门桥洞停车场等2个停车设施完成建设,全年新增停车泊位405个。其中,鼓楼商校停车场新增停车泊位203个、草场门桥洞停车场新增停车泊位32个、老旧小区出新整治新增停车泊位170个 14.实施南阴阳营等20条街巷道路综合整治,其中天目路等15条街巷道路提前完成整治,沈举人巷等30条背街小巷完成整治	完成
八	15.实施环境综合整治。实施云南路等4条主干道立面整治,仙霞路等20条街巷立面整治	建设局	15.实施云南路、上海路、汉口西路、西康路等4条主要干道100栋建筑立面整治,建筑面积28.96万平方米;实施仙霞路等20条街巷161栋建筑立面整治,建筑面积35.99万平方米	完成
九	16.实施"雪亮工程"。完成1900路社会治安视频监控升级改造	政法委	16.完成1873路社会治安视频监控升级改造。因地铁施工、老旧小区出新等因素影响27路社会治安视频监控升级改造进度,至12月底全部完成	完成
十	17.实现更高质量就业。新增城镇就业2.68万人,援助困难人员就业1900人;培育自主创业4650人,扶持大学生创业1000人 18.推进全民参保,新增参保和续保达到9000人	人社局	17.全年新增城镇就业3.64万2人,援助困难人员就业2650人,培育自主创业5300人,扶持大学生创业1000人 18.新增参保和续保1.7万人	完成

(滑　松)

【科技镇长科技专家两团联动】 2020年,鼓楼区成立南京市主城区首个"科技专家团"、省第13批"科技镇长团"鼓楼团。设立4人"科技专家团"和5人"科技镇长团",形成"两团联动"工作格局。8月初"两团"成员到岗,首先参观鼓楼高新区、中科紫台硅巷等科技创新重要板块和载体,了解全区科技创新发展需求和现状。"两团"9名成员均来自与该区有科技创新发展合作基础和意向高校院所,包括"双一流"高校2人、中科院系2人、重点科研院所3人。来自高校、科研院所"博士镇长""教授书记"在区有关部门挂职一年,搭建科教资源与县域经济发展对接平台,加快科技成果转化,推动地方产业转型升级。南京大学法学院党委书记、省第13批"科技镇长团"鼓楼团团长王丽娟,同时挂职鼓楼区政府副区长。年内,"两团"进园区、企业、街道挂职,为该区硅巷建设、新型研发机构建设等科技创新重点工程助力。

2020年鼓楼区"科技专家团"成员一览表

表34

序号	姓　名	挂职单位	派出单位	备注
1	宣云干	鼓楼区宁海路街道	江苏省建筑科学研究院有限公司	团员
2	詹小磊	鼓楼区华侨路街道	南京水利科学研究院	团员
3	惠建新	鼓楼区湖南路街道	中国科学院紫金山天文台	团员
4	杨京玲	环南艺文化创意街区管委会	南京艺术学院	团员

2020年江苏省第13批“科技镇长团”鼓楼团成员一览表

表35

序号	姓　名	挂职单位	派出单位	备注
1	王丽娟	鼓楼区人民政府	南京大学	团长
2	朱杰君	鼓楼区中央门街道	南京工业大学	团员
3	段中夏	鼓楼高新区管委会	中国科学院电工研究所	团员
4	伍晓光	鼓楼区地方金融监管局	中央财经大学	团员
5	丁　竹	鼓楼区科学技术局	江苏高科技投资集团有限公司	团员

（李泽俊）

【“链八条”出台】 9月6日，第十六届中国（南京）国际软件产品和信息服务交易博览会鼓楼专场活动——2020“区块链与数字经济”高层论坛上，《南京鼓楼区块链产业先导区发展若干政策措施（试行）》（下文简称“链八条”）发布，希望通过落户、经营、专利、平台、应用、人才、金融、活动八个方面扶持政策，推动区块链产业快速发展。该政策适用于工商注册地、税务征管关系及统计关系在鼓楼区块链先导区范围内，有健全财务制度、具有独立法人资格区块链企业或机构。满足条件企业或机构可从落户经营到平台搭建应用等方面享受相关扶持政策。例如，在落户方面，新落户鼓楼高新区并经评审认定的区块链企业，在鼓楼区创新广场A3栋内提供不超过500平方米科研办公场地，实施租金“两免三减半”政策。2019年年初，该区在区块链资源集聚、企业引育、场景应用等方面开展诸多探索，发挥区内科研智力资源充沛、企业科创动力强劲等优势，提前谋篇布局5G、大数据、物联网、人工智能等新兴产业，初步营造良好产业生态环境。鼓楼区高端商务商贸、文化旅游、航运物流等传统优势产业加快转型，为区块链新技术、新场景应用提供无限可能。至2020年年末，南京鼓楼区块链先导区累计孵化引进100多家上下游关联企业，此次出台“链八条”扶持政策：计划通过锻造更优质政务和人才服务、构建功能完善科技金融服务体系，加快形成技术、政策、资本集聚融合全要素、全链条创新平台；强化科技攻关，加大基础研发投入力度，利用区块链技术探索数字经济模式创新，融通大中小企业、共筑区块链生态；推动深度融合发展，加快区块链在金融、数字医疗、现代物流、政务服务等多领域、多场景示范应用，促进产业链上下游衔接互动，打造富有竞争力区块链产业集群。年内，鼓楼区通过与中国计算机学会区块链专委会共建南京“区块链技术与应用合作基地”，与北京协同创新研究院共建“区块链协同创新中心”，与挪威工程院、南京工业大学、南京博雅区块链研究院共建“区块链技术与产业发展国际合作”，与深圳市赛金投资管理公司、南京博雅区块链研究院共建“赛金博雅区块链投资基金”等合作，致力于打造一个全国区块链融合应用新标杆、长三角区块链开放创新策源地。

【《“1+N”航运产业扶持政策》出台】 9月11日，中国·南京长三角航运创新发展联盟年度大会上，鼓楼区出台《“1+N”航运产业扶持政策》。“1”是航运专项政策，从办公用房、人才引进、专项奖励等方面，给予扶持和引导；“N”是配套扶持政策，包含总部企业、科技创新等多个方面。其中，总部企业方面，对新认定综合型总部企业给予最高1亿元落户奖励；对新认定区域型总部企业给予最高1000万元落户奖励；对新认定功能型总部企业给予最高500万元落户奖励。科技创新方面，对航运产业新型研发机构，给予最高500万元奖励；对国内外知名科技服务企业总部，给予最高1000万元奖励；对通过市级备案新型研发机构，给予最高2000万元奖励。作为南京市海港枢纽经济区规划中关键“一核”，鼓楼区出台该政策体系，高度契合南京市政府融入长三角一体化发展及打造综合枢纽名城构想，有助于促进提升南京区域性航运物流中心地位、南京城市首位度功能。年内，区委区政府全力支持下关滨江商务区发展，将其加快打造成为企业总部集聚、配套服务完善、政府服务集中现代航运物流服务集聚区。 （杨婉儿）

重要会议

【概况】 2020年，鼓楼区政府组织和召开区政府常务会、区政府党组会、区政府办公会、区领导各类专题会议及调研等活动近1000场。区政府办公室办理省市区文件5735件、简报专报1500余件，请示报告、发文发函各等各类文件1316件；承办建议和提案419件，其中省市建议提案28件、区人大建议152件、区政协提案239件，满意率100%；主动公开政府信息3311条，受理公开申请105件。报送各类政务信息700多篇，其中多篇被国务院办公厅采用并获国务院领导批示。

【区政府常务会议】 2020年，鼓楼区政府召开区政府常务会议22次，研究各类议题115个，主要涉及新型冠状病毒肺炎（简称新冠肺炎）疫情防控、招商引资、安全生产、城市建设、公共服务等方面内容。

2020年鼓楼区政府常务会议纪要大纲一览表

表36

序号	会议届次	日期	会议纪要纲目
1	第34次	1月15日	1.关于2020年“济困送温暖”慰问活动实施方案 2.关于2020年鼓楼区城市建设计划
2	第35次	3月17日	1.关于全区安全生产督导（巡查）工作方案及2020年安全生产重点工作安排 2.关于危房治理、棚户区改造和老旧小区整治工作 3.关于2020年生猪域外保供工作 4.关于组建毅达鼓楼科创天使投资基金工作
3	第36次	3月31日	1.关于2020年污染防治攻坚战重点工作情况 2.《关于支持鼓楼区“硅巷”发展的若干政策措施》有关事宜 3.关于与中国电子科技集团公司第十四研究所签订智梦园合作协议情况
4	第37次	4月17日	1.关于鼓楼区第七次全国人口普查工作筹备情况 2.关于2020年垃圾分类工作方案及生活垃圾强制分类先行先试工作 3.关于征收项目共有产权保障房工作 4.关于修订鼓楼区房屋征收补偿补助奖励规定工作 5.关于《鼓楼区创新创业服务券实施管理办法（试行）》修订工作 6.关于2020年建议提案交办工作
5	第38次	4月23日	1.关于国务院安全生产督导组交办问题隐患办理及市区挂牌督办隐患整改、高层建筑消防安全治理工作 2.关于《鼓楼区2020年度打赢蓝天保卫战实施方案》《鼓楼区2020年臭氧污染防治工作方案》《鼓楼区2020年度水污染防治实施方案》《鼓楼区土壤污染防治行动计划2020年度实施方案》编制情况 3.关于《鼓楼区公有房屋公开招租暂行办法》《鼓楼区行政事业单位经营性房产委托集中运营管理工作实施意见》制订情况
6	第39次	5月14日	1.关于国家安全发展示范城市创建工作、挂牌火灾隐患整改工作 2.关于防汛工作 3.关于街道赋权工作 4.关于2020年为民办实事项目推进情况 5.关于创新周筹备工作
7	第40次	5月29日	1.关于《区人大常委会2020年度主要议题和工作安排》责任分解 2.关于《南京条约》史料陈列馆提升改造工作 3.关于南京梅纳赫姆智能环保装备研究院情况

续表36

序号	会议届次	日期	会议纪要纲目
8	第41次	6月5日	1.关于传达全市安全发展示范城市创建工作调度会议精神 2.关于下达2020年第一批区城建项目资金工作 3.关于涟水县"五方挂钩"及拨付帮扶资金情况 4.关于中心片区创新发展和环境品质提升"一件大事"工作方案
9	第42次	6月19日	1.关于新冠肺炎疫情防控工作 2.关于大气污染防治和餐饮整治工作 3.传达省政府办公厅关于对2019年落实有关重大政策措施真抓实干成效明显地方予以督查激励的通报精神 4.关于上半年信访工作 5.关于全区质量工作 6.关于为民办实事项目
10	第43次	7月3日	1.关于学习传达国务院江苏安全生产专项整治督导工作推进电视电话会议精神 2.关于学习无锡市锡山区鹅湖双乐小吃店爆炸事故调查报告 3.关于城市燃气安全工作 4.关于新冠肺炎疫情防控工作 5.关于全区中高考保障工作 6.关于鼓楼区与南京大学推动"校友经济"集聚发展战略合作协议及南京大学全球校友创新创业大赛合作协议情况
11	第44次	7月9日	学习传达习近平总书记关于防范和惩治统计造假、弄虚作假重要讲话指示批示和中央省市关于统计工作相关文件精神
12	第45次	7月24日	关于2020年抗疫特别国债和中央财政特殊转移支付资金情况
13	第46次	7月30日	1.关于创建省级全域旅游示范区工作 2.关于参加2016—2020年度全国科普示范区总结评估及申报2021—2025年度全国科普示范区工作 3.关于区块链产业先导区发展政策 4.关于为民办实事项目 5.关于制订《全面推进我区长江流域重点水域退捕禁捕工作实施方案》 6.关于《鼓楼区安全生产专项整治三年行动计划工作方案》 7.关于国家安全发展示范城市创建工作 8.关于挂牌事故隐患、挂牌火灾隐患整改工作 9.关于2020区教育系统资产处置工作
14	第47次	8月7日	1.关于审议提交区第二届人大常委会第二十八次会议材料 2.关于垃圾分类资金保障工作
15	第48次	8月20日	1.关于《鼓楼区安全生产委员会工作规则》《鼓楼区落实国务院江苏安全生产专项整治集中督导"四个清单"细化分解方案》情况 2.关于《2020年推动全区楼宇经济工作实施方案》 3.《关于鼓楼区2020年地方政府债务限额及区级预算调整方案(草案)的报告》
16	第49次	9月4日	1.关于安全生产工作 2.关于市对区高质量发展半年评估工作 3、关于12345热线办理工作街道考核管理办法

续表36

序号	会议届次	日期	会议纪要纲目
17	第50次	9月22日	1.关于2020年建议提案办理工作 2.关于对区第二届人大常委会第二十八次会议代表讨论意见和建议的落实分解方案 3.关于国务院督导组"回头看"、省督导组反馈问题整改落实情况及当前和国庆节期间安全生产重点工作 4.关于南京市民生实事涉及鼓楼区项目 5.关于"十四五"规划编制 6.关于优化营商环境工作 7.关于第七次全国人口普查工作 8.关于共建工业机器视觉研究院工作 9.关于《南京条约》史料陈列馆固定资产处置工作 10.关于区卫健系统固定资产处置工作
18	第51次	10月21日	1.关于信访工作 2.关于铁北产业规划及概念规划方案 3.关于纳斯机构项目 4.关于上元门城市客厅观江平台和江滩环境整治工作
19	第52次	11月18日	1.关于1—10月全区诉讼案件情况 2.关于2020年度为民办实事工作 3.关于保障农民工工资支付工作 4.关于申请追加域外保供出栏生猪生态补偿金 5.关于滨江片区控制性详细规划 6.关于《南京市鼓楼区属国有企业违规经营投资责任追究试行办法》 7.关于《鼓楼区产业发展引导基金管理暂行办法》等三个文件 8.关于文化产业政策
20	第53次	12月10日	1.关于扫黑除恶专项斗争工作 2.关于民宗工作 3.《关于全面加强危险化学品安全生产工作的实施方案》制订情况 4.关于修订《南京市鼓楼区行政事业单位国有资产处置管理办法》
21	第54次	12月18日	1.关于鼓楼区2020年国民经济和社会发展计划执行情况和2021年国民经济和社会发展计划草案 2.关于2020年为民办实事重点项目落实情况和2021年民生实事备选项目编制工作 3.《政府投资项目管理办法》制订情况 4.《鼓楼区危险化学品使用安全专项治理行动实施方案》制订情况 5.关于2019年度鼓楼区本级预算执行和其他财政收支审计查出问题整改情况 6.《关于鼓楼区2020年地方政府债务限额及区级预算调整方案(草案)的报告》情况 7.关于鼓楼区2021年财政预算编制情况和《关于鼓楼区2020年预算执行情况及2021年预算草案的报告》情况
22	第55次	12月24日	1.《2021年政府工作报告》起草工作 2.鼓楼区国民经济和社会发展第十四个五年规划纲要和二〇三五年远景目标编制工作

【奋战一季度推动高质量发展大会】 3月7日在区召开,会议采用视频会议形式。大会贯彻落实市委会议精神,动员全区上下对标找差、创新实干、奋战一季度,夺取疫情防控和实现经济社会发展目标"双胜利",推动鼓楼高质量发展迈出新的更大步伐。四套班子领导,区法院院长、区检察院检察长,其他市管领导;相关部门、各板块、各街道党政主要负责人;受表彰企业、单位和个人代表等500多人参加。会议通报2019年度全区经济社会发展目标综合考核结果,宣读2019年度全区推动高质量发展有功单位、先进集体、先进个人,经济发展突出贡

献单位、机关作风建设先进单位表彰决定，以及推动高质量发展重点工作先进集体通报表扬决定。区领导为获奖单位代表颁奖。区发改委、科技局、财政局、建设局、商务局、投促局、统计局、鼓楼高新区管委会、下关滨江商务区管委会、华侨路街道、中央门街道、小市街道12家单位作表态发言。区委区政府主要领导回顾总结2019年全区高质量发展成绩和经验，肯定一、二月份全区在疫情防控和经济社会发展“两个战场”工作成效，并就决战一季度、夺取“双胜利”、实现“两手抓、两手硬、两手赢”提出工作要求。

【“奋战二季度、决胜双过半”动员誓师大会】 5月4日在区召开。会议学习贯彻中央和省市关于统筹推进疫情防控与经济社会发展决策部署，分析一季度经济运行情况和形势，部署二季度目标任务和全年重点工作，动员全区上下坚定信心、咬定目标，决胜“双过半”，为全年“两线”（疫情防控和经济社会发展）作战、实现“双线”（疫情防控和经济社会发展）胜利奠定基础。会议指出全区要坚持稳中求进工作总基调，践行新发展理念，持续落实“防疫+”战时工作机制，狠抓落实，分析完成二季度社会消费品零售总额、一般公共预算收入、重大项目、科技创新等关键指标面临形势，提出决战二季度工作要求。区委常委，区人大常委会、区政府、区政协领导，区法院院长、区检察院检察长，其他市管领导，区各部门、各街道、各直属单位、各国企集团区管正职干部等300多人出席会议。会上，区发改委、统计局、财政局、商务局、投促局、高新区管委会、下关滨江商务区管委会、华侨路街道、中央门街道、挹江门街道、小市街道11家单位作表态发言。

【高质量发展2020年度目标任务冲刺誓师大会】 10月7日在区召开。大会聚焦高质量发展目标，通报上半年市高质量发展评估结果，分析1—3季度主要目标任务完成情况，部署四季度目标任务冲刺工作，明确夺取高质量发展三连胜、实现“一个必须、一个相对”（市对区综合考核排名必须靠前，省高质量发展监测排名相对靠前）目标要求。区四套班子全体领导，区法院院长、区检察院检察长，其他市管领导，各部门、各街道、区属国有企业全体班子成员及全区部分“80后”正科职干部等300多人参加会议。会上，区发改委、科技局、商务局、投促局、卫健委、高新区管委会、下关滨江商务区管委会、华侨路街道等单位作表态发言。

（杨婉儿）

重要活动

【重大项目集中开（竣）工暨苏宁睿城（二期）开工现场会】 3月30日在苏宁睿城（二期）现场举行，市政府主要领导、苏宁控股集团董事长、市有关部门主要负责人，区四套班子全体领导、区有关单位主要负责人及集中竣工和新开工项目代表等参加现场会。区委主要领导介绍区2020年重大项目安排和集中竣工、新开工重大项目情况，华贸国际中心、苏宁睿城（二期）新开工项目代表发言，市政府有关领导发表讲话，市区领导共同启动开工。现场集中开工项目12个，投资总额396.6亿元，年度计划投资56.5亿元。其中，苏宁睿城（二期）项目，占地面积14.4万平方米，总投资约108亿元，将打造集高端商业、办公集群、智慧酒店等于一体超大城市科技综合体。包括鼓楼创新广场、南京港总部基地、龙湖紫都城等12个重大项目参加集中竣工，投资80.4亿元。

【“鼓楼高投毅达天使投资基金”签约组建】 5月22日，鼓楼区与江苏高科技投资集团（简称江苏高投）签署全面战略合作协议。省国资委主要领导，江苏高投董事长董梁、副总经理徐清，江苏毅达股权投资基金管理有限公司（简称毅达资本）董事长应文禄、创始合伙人黄韬，区四套班子主要领导及分管领导，区政府有关部门负责人等出席活动。签约仪式上，鼓楼区为江苏高投董梁、徐清颁发“鼓楼区产业发展顾问”聘书，为毅达资本应文禄、黄韬颁发“鼓楼区招商大使”聘书；毅达资本与鼓楼区政府、江苏高投共同签约成立规模2亿元“鼓楼高投毅达天使投资基金”，将重点投向区域新兴产业中有成长潜力种子期或初创期科技企业，支持全区“两落地一融合”、新型研发机构及其项目培育、创新型企业和产业培育、人才引进等。

（杨婉儿）

5月22日，鼓楼区与江苏高科投资集团签署全面战略合作协议

区委宣传部　供图

【2020中国（南京）未来城市创新峰会暨幕府创新区产业发布会】　11月19日在区举行。峰会主题“创智未来、焕新城市”，全面推介幕府创新区“产城人文”营商环境；发布幕府创新区品牌暨城市形象、幕府创新区产业及空间规划、中国城市更新白皮书等；举行电力能源产业企业家联盟成立仪式，签约产业项目11个、总投资230亿元，其中重大产业项目2个，总投资160亿元，分别为金陵船厂更新改造和幕府创新小镇二期产业项目。中国工程院院士、东南大学教授王建国，国家信息中心信息化和产业发展部主任、国家信息中心智慧城市发展研究中心主任、区块链服务网络联盟理事长单志广，围绕城市更新和产业发展，分别发表《未来城市，智慧转型》《城市更新的工业遗存改造思路》主旨演讲。随后围绕“城市更新如何助力产城融合新动能”“数字经济如何带动区域经济新发展”，市规划和自然资源局局长叶斌、南京城市交通规划研究院院长杨涛、国务院国有重点大型企业监事会原主席刘顺达、国家发改委国土开发与地区经济研究所原所长肖金成等参会专家学者分别举行两场圆桌论坛。市政府主要领导、中建集团相关领导，区委、区政府、区政协主要领导，市发改委、工信局、规资局、建委、商务局主要负责人出席大会。中国工程院院士、东南大学教授王建国，长江学者、同济大学建筑与城市规划学院副院长李翔宁，全球智慧城市大会大中华区首席执行官毛辉东，以及12家央企二级公司负责人、53家上市公司董事会秘书等受邀出席，约200人参加会议。

（杨婉儿　赵　景）

政务服务

【概况】　2020年，鼓楼区行政审批工作围绕区高质量发展年度目标，结合新冠肺炎疫情防控、抗洪防汛、文明城市创建等工作要求，推进“互联网+政务服务”和“不见面审批”改革，强化工单办理流程监管和质量管理，坚持问题导向、结果导向，为企业和群众提供优质高效政务服务。制定街道赋权事项清单，下放行政许可及公共服务类事项9项，涉及4个部门；印发《鼓楼区街道审批服务事项清单》，下放至社区政务服务事项37项，涉及5个部门，下放至街道便民中心政务服务事项63项，涉及9个部门；清理行政审批中介服务事项，确定31项需保留行政审批中介服务事项清单，涉及7个部门，做到清单之外无中介。推行企业开办审批全程电子化，依托江苏省市场监督管理电子政务系统，实现企业从申请到领取营业执照，全部在网上办理，营业执照EMS送达。至年末，政务大厅一体化平台受理权力事项和公共服务事项7.24万件，咨询13万余件，非常满意率99.99%；受理网办件662件，网络咨询件219件，办结率100%；维护省政务服务网标准化事项1683项，公布六大类行政权力1475项，涉及全区30多个部门，实现“不见面审批”事项1464项，“不见面”比例99.25%。13个街道为民服务中心办理事项6.28

万件，受理网办件67件，120个社区办理“家门口的政务服务”事项3.06万件。

【行政审批流程精简】 2020年，鼓楼区取消施工许可核发前置事项和材料，同时将质量监督手续、安全监督备案等事项并入施工许可审批，变“节点审批”为“靠前、贴心、全程服务”。厘清卫生健康许可事项清单，精简申报材料，选取医疗机构注销等许可事项试行“马上办”，全面实施医疗机构、执业医师、执业护士电子化注册管理，逐步取消提交纸质材料。取消新办医疗机构设置审批，优化引导医疗机构选址并对举办人做出风险提示，实行二级及以下医疗机构设置审批与执业登记“两证合一”（医疗机构设置批准书和医疗机构执业许可证合一）；合并妇产科医师执业证书和母婴保健技术考核合格证书。医疗机构执业登记、投资项目审批、公共场所卫生许可全面实施告知承诺，原则上当天办结。全年，办理医疗卫生类3576件、投资项目类232件。

【容缺受理制度试行】 2020年，鼓楼区试行登记资料容缺受理、线上审查。制作推出《防疫期间企业变更、注销、备案网上登记指南》，指导企业通过政务网先行将资料网上预审。开通邮寄通道，企业邮寄送达申请资料线上通过登记身份验证系统核实，部分如承诺书、身份证明资料未签章等材料容缺，待申请人将所缺资料补齐邮寄或送达后再给予发照，全年邮寄送达各类登记结果件1.12万笔。新冠肺炎疫情期间，申请增加医疗器械、口罩经营企业增多，区行政审批局联系区市场监管局，在政务大厅窗口提供申请备案网上流程和市场监管局相关咨询电话，加快审批速度，实现一日内办结。

【审批套餐服务】 2020年，鼓楼区推进“一件事”改革，将各部门独自受理、串联办理、业务分散“办理一个事项”转变为一口受理、并联审批、集成服务“办成一件事”，全年在省政务服务一张网鼓楼旗舰店运行区级“一件事”审批服务套餐94个。

【“一业一证”改革】 2020年，鼓楼区行政审批探索“一业一证”改革，整合一个行业多个行政许可事项，将企业经营所需多张审批证书整合为一张“行业综合许可证”，实现“一次告知、一表申请、一窗受理、一同核查、一并审批、一证准营”，破解“准入不准营”难题，激发市场主体创新创业活力，全区营商环境得到优化。至年末，该区书店、口腔诊所、电影院3个行业实现“一业一证”，均为全市首张行业内综合许可证。

【企业服务专区和绿色通道开辟】 2020年，鼓楼区开辟企业服务专区，线上线下双渠道并行，宣传推行支付宝、微信等手机终端电子营业执照申请方法，安排专人服务企业“全链通”登记和线上办理，保证企业登记时效。成立区招商引资项目注册登记服务队、重大项目审批服务队，开辟绿色通道，上门对接辖区重点企业，扶持区各类产业园和高新区、加大拟落地新型研发机构及高科技型企业服务力度，3天内可完成企业启动运行所有流程。至年末，全区新增市场主体1.01万户，新增注册资本433.7亿元；线上“全链通”服务企业开业全流程办理登记178家，“一窗通办”企业全程代办42家。

【街道社区政务服务体系建设】 2020年，鼓楼区整合区市场监管、民政、人社等各类设在街道业务窗口，集中进驻街道综合为民服务中心，满足群众“一站式办理”需求。推行街道全科政务服务模式，由“单一窗口”向“全科窗口”转变，由“一专多能”向“全科全能”转变，提高审批效率。打造社区为民服务“家门口”品牌，在全省率先推出社区便民服务清单，开发“鼓楼家门口的政务服务”微信小程序，实现全区通办、上门帮办、延时可办功能；对接省市系统，加快“家门口”到“指尖上”提档升级，围绕全区街道便民服务中心公共服务事项，优化流程、精简材料，打造“一区通办”（区跨街道可以办理）事项，全年236个事项实现“一区通办”，其中175个事项实现“一城通办”。

【政务热线】 2020年，鼓楼区通过“大课堂”讲座、“小圆桌”研讨、“上门送经”服务等形式，提高工单办理水平和诉求问题解决能力，开展集中培训和上门服务培训18次。通过周报督办、月报考核、黑榜通报等形式，定期通报热线诉求办理情况，以警示提醒和督促整改为目的，强化督查督办，推进热线工作有效办理，组织会商会办和现场督办50余次。在新冠肺炎疫情防控、防汛抢险和全国文明城市创建期间，区政务热线发挥在线解答员、线索情报员、问题督办员、具体承办员和一线战斗员作用，在线帮助解答疫情防控政策、协调处置防汛难点、提供文明城市创建问题线索，助推创建工作各项指标落实。至年末，全区办理“12345”政务热线工单办结15.21万件，综合满意率95.35%；“96180”民意直通热线共接受理诉求工单2464件，综合满意率84.79%。（薛梦星）

电子政务

【概况】 2020年，鼓楼区修订《鼓楼区政府网站管理办法（试行）》事宜，理顺工作机制；强化中心机房设备更新维护和网络安全管理，确保政务网络和办公平台系统稳定运行，为全区公文流转和新冠肺炎疫情防控指挥提供基础平台支撑；统筹部署全区视频会议系统，提升行政效率，确保新冠肺炎疫情防控指挥顺畅；成立工作专班，重点加快5G基础网络建设，推动全区信息化基础技术更新换代；完善政府网站管理和电子政府数据共享机制，完成办公系统和移动App使用培训、区级重点信息化平台建设指导、基层手机政务软件清理整合等其他工作。研究制定《鼓楼区政务信息化项目建设管理办法》，建立健全政务信息化项目建设管理机制，研究探讨《国产化办公系统升级建设方案》，完成“十四五”智慧鼓楼招标需求，组织推进智慧鼓楼“十四五”发展规划编制。全年，完成网安“2020”专项行动、网络安全应急演练和检查验收工作，完成各类网络和计算机故障维护处理2400余次；新建视频会议系统建设21套，保障视频会议120余场；完成办公系统电话和网络答疑及现场培训2600多人次，更新办公系统电子通讯录信息300余条，全区电子政务系统稳定有序；完成区政府办智能房管系统、区纪委网站改版等7个信息化项目技术指导与服务工作。

【政府网站管理】 2020年，鼓楼区政府网站服务中心工作，突出改善营商环境作用，完成《优化营商环境政策服务升级》《应对疫情稳企惠企服务》专栏建设，全年发布各级各类政策400余条；通过人防加技防重点，督促各内容保障单位按时更新信息，及时发现和督促整改问题400余处；清查政府网站外链应用系统，督促区信访局、政府办、行政审批局完成第三方检查整改复查等工作。

【信息化基础设施运维】 2020年，鼓楼区落实信息化基础设施日常巡查制度，鼓楼和下关中心机房及政务网络等基础设施实施日、周、月三级巡查制度，采用重要时间节点保障+日常巡查、智能化+“铁脚板”方法，防患于未然。年内，完成机房空调更新、弱电机房巡查，发放《关于两处弱电机房存在安全隐患的告知函》，提出解决隐患建议。防汛及创文明城市期间，保障“雪亮工程”181平台正常运转，确保区领导工作调度顺畅。智能运维管理系统实时监控机房环境、信息化设备状态、政务网运行态势等情况，全年无等级网络事故发生。运用梳理老旧设备，形成老旧设备更新方案。处理各类网络和计算机故障维护2400余次。

【政务网络安全保障】 2020年，鼓楼区优化网络配置和安全策略，定期进行政务网主机安全漏洞扫描及修复工作，及时查找修复公开的各类系统漏洞，提升政务网及重要信息系统安全性。区发改委与区网信办合作，完成网安“2020”专项行动、互联网资产统计工作，参加网络安全培训及应急演练活动，并通过全省网络安全应急演练。强化全国“两会”、国庆和中秋节、纪念中国人民志愿军抗美援朝出国作战70周年等时点互联网应急响应。结合网安“2020”专项行动，科普“弱口令”和“强口令”知识，提高全区工作人员网络安全意识，安排做好网络安全和网络舆情值班工作。至年末，完成各类网络和计算机故障维护处理2400余次。

【部门信息化工作指导】 2020年，鼓楼区大数据局完成区发改委云文件共享平台、云视讯视频会议系统服务外包、中心机房维护外包服务等3个项目；完成区委政法委（区编办）综合一体化服务平台、区委宣传部融媒体中心、区政府办公室智能房管系统、区纪委网站改版、区生态环境局环保信访系统和环境空气质量监控平台、区财政局政企通系统、区卫健委内控系统、区应急管理局鼓楼区考核评估系统、宁海路街道智慧社区建设等10个项目技术指导与服务工作。

【5G基站建设】 2020年，鼓楼区成立5G基站建设专班，统一协调推进。对接中国铁塔股份有限公司南京市分公司、中国移动通信集团江苏有限公司南京分公司、中国电信股份有限公司南京分公司3家建设运营单位，科学研究，统筹布局。理清建设任务，摸排三大运营商在区投资计划、年度任务和具体点位，形成全区5G站点年度建设任务清单。召开5G建设工作协调会、建设方碰头会，加快5G建设工作推进，协调调度基站建设；强化周报制度，及时掌握建设进度；分析统计数据，重点协调疑难点位和街道与建设方工作对接，推进建设进度。全年完成市定5G基站建设点位707座（含市定690座）。

【办公系统兼容升级】 2020年，鼓楼区兼容性升级办公系统移动App安卓及IOS系统版本，按照政府办公文流传需求，优化省市传阅件、急件电子流程。完善系统性能，升级服务器磁盘空间扩容及系统，保障系统运行速度。按照信息系统网络安全工作要求，修复移动办公服务器漏洞。优化微信办公与办公系统数据对接机制，提高数据交互效率。

【办公系统运维保障】 2020年，鼓楼区办公系统为各部门提供疑难解答、故障处理、操作培训及系统安全运行保障工作。全年电话及网络答疑日均10件，现场培训及服务相关区领导、各部门工作人员600余人次。疫情期间，加强平台运行监控，提高故障排查效率，保障办公系统、单点登录、电子印章等基础性平台稳定运行；及时更新办公系统用户及电子通讯录信息，全年调整500余条人员变动及通讯录信息。

【政务信息化项目建设管理】 2020年，鼓楼区建立健全政务信息化项目建设管理工作，优化完善政务大数据管理体制，立足区情实际，解决区级电子政务项目建设各自为政乱象，结合《鼓楼区电子政务项目管理办法》，研究制定《鼓楼区政务信息化项目建设管理办法》。维护省平台政务信息化项目立项审批权力事项信息，规范政务信息化项目立项审批，全年批复区级政务信息化项目7个。

【云视讯视频会议系统保障】 2020年年初，鼓楼区根据新冠肺炎疫情严峻形势，仅用不到2天时间完成全区18个视频会议场地设备部署工作。同时，按照区委区政府会议要求，预设多种会议场景、预演多种会议模式，反复调试视频会议系统，提升视频会议系统整体稳定性。建立保障队伍，各分会场责任单位明确操作人员学习设备操作，培训“熟练工”队伍，全年保障区委区政府召开视频会议120余场。9月，疫情缓解，视频会议系统转入常态化运转。

【基层手机政务软件清理整合】 5月，鼓楼区继续清理整合基层手机政务软件，加强清理整合力度，整合存量、严控增量，严格审批机制、统一App入口、精简公众号，摸排清理整合方案计划，填写“基层手机政务软件进一步摸排情况和清理整合计划表”，按计划将清理整合工作落到实处。全年，清理整合基层手机政务软件38个。 （滑　松）

中国人民政治协商会议南京市鼓楼区委员会

概　　述

【概况】 2020年，中国人民政治协商会议南京市鼓楼区委员会（简称区政协）围绕团结和民主两大主题以及全区工作大局，建言资政和凝聚共识双向发力，履行政治协商、民主监督、参政议政职能。全年召开4次常委会议、12次主席会议、2次专题议政会。开展全区义务教育优质均衡发展情况专项民主监督；围绕关于深化改革提高行政审批效能对策建议、加快推进全区楼宇经济发展对策建议等15个议题开展协商议政和民主监督。视察全区大气污染防治、公益诉讼、楼宇经济工作等。开展信息调研、文史工作、理论研讨会、企业界委员沙龙活动、委员培训、推进党建工作座谈会、基层协商民主典型案例交流、“委员进社区”集中活动月等9场专项活动。开展“书润政协、香溢鼓楼”委员读书活动。上线“鼓楼·书香政协”App，组织开展线上线下读书活动55场次。接待全国政协和省市政协领导到区调研指导工作11次。年内，启动并推进《鼓楼政协志》编纂工作，为老鼓楼、老下关政协留住历史记忆，为新鼓楼政协存史资政夯实基础。是年，《人民政协报》以“画好同心圆、唱响协奏曲”为题，宣传区政协加强“重要阵地”“重要平台”“重要渠道”建设成效，《新华日报》报道区政协“一委一品”建设、政协协商与基层协商有效衔接等工作经验做法。学习强国、新华网、人民网、《人民政协报》《新华日报》、江苏卫视等25家媒体以及省市政协宣传平台累计报道区政协亮点工作和特色活动230余次。

【委员履职】 2020年，区政协168人次委员列席议政性主席会议和常委会议、267人次委员参加16个重点课题调研和监督活动，先后举办政协讲坛3期、编印学习资料21期，组织委员集中培训9次，参训委员816人次。155家委员所在企业全年完成税收71.3亿元，比上年增长10%以上；新增“瞪羚”和培育“独角兽”企业、市级总部企业各1家；委员新注册和介绍引进企业11家，注册资本金1.6亿元。全年有36件提案被评为优秀提案，55名委员被评为履职先进个人，28名委员获“促进鼓楼经济高质量发展贡献奖”。

【社情民意及提案办理】 2020年，区政协推动建议案、提案、社情民意信息等政协意见建议采纳落实。全年向区委区政府报送10件主席会议建议案、2件常委会建议案、2件专题协商议政成果和1件专项民主监督报告，均得到区政府党政领导批示批阅，相关部门仔细研究政协委员所提建议，并就有关办理情况进行回复。年内，上报市政协社情民意信息257篇，《关于加强民办幼儿园及民办非学历教育机构财务管理的建议》等45篇信息被市级及以上政协采用，《关于尽快制定健康建筑设计标准的建议》《“统一店招”问题应予以重点关注》等4篇信息被市领导批示；《关于在红山南路小市街88号路口处安装通行信号灯的建议》等5篇信息向区委区政府报送。其中，“红山南路小市街88号路口安装通行信号灯”一事，分管副主席和相关专委会多次协调办理，并召开专题协商会，促成相关问题解决；联系协调委员企业润天生化医药公司反映办公用房问题，多次召开专题协商会，推动实际困难有效解决。区政协二届四次全会期间收到提案269件，经审查，立案239件，提案内容涵盖经济科技、城建城管、社会治理、民生改善等各个领域，最终确立区委区政府领导重点督办19件、区政协重点督办23件。提案办理涉及具体承办单位59家，均办理回复完毕，提案办理满意率100%。

【协商议政】 2020年，区政协主席会议先后就推进全区公益诉讼工作、完善区域大气污染防治常态长效机制、楼宇经济发展、中小学自主发展、提高行政审批效能等议题进行视察调研，并邀请委员与区政府领导和部门负责人进行交流，形成《关于推进全区公益诉讼工作的建议案》《关于完善区域大气污染防治常态长效机制的建议案》《关于加快推进全区楼宇经济发展的建议案》《关于加强全区中小学自主发展工作的建议案》《关于提高行政审批效能的建议案》等报告，报送区委区政府，为决策提供参考，全部得到区政府主要领导和分管领导批示并转相关部门研究采纳。

【民主监督】 2020年，区政协围绕“全区义务教育优质均衡发展情况”组织开展专项民主监督，与区教育局对接，谋划监督活动安排，研究制定《区政协关于“促进全区义务教育优质均衡发展”专项民主监督活动实施方案》。细化时间节点，成立专项民主监督小组，邀请各专委会相关专业、相关领域委员参加；召开动员大会，全面启动民主监督工作，听取区教育局有关推进情况通报，邀请区财政局、人社局和建设局参会共同推进，最终形成《促进全区义务教育优质均衡发展》专项民主监督报告报送区委区政府供决策参考。

承担区委安排任务，制定《关于开展“2020年度鼓楼区重大火灾隐患挂牌督办”未整改完成项目专项民主监督实施方案》，成立专项民主监督工作领导小组，由区政协领导带队，邀请21名相关领域、行业、专业委员参与监督工作，分4路专项民主监督重大火灾隐患挂牌督办未整改完成的18个项目。

【“有事好商量”协商议事室建设】 2020年，鼓楼区研究制定《鼓楼区“有事好商量”协商议事室工作规则（试行）》，下发《“有事好商量”协商议事室建设规范》，区政协指导街道推进“有事好商量”协商议事工作，研究建设思路和标准要求。至年末，完成首批15家“有事好商量”协商议事室建设，新增委员工作室2家。探索“有事好商量”协商议事室制度化、规范化建设，形成“三协商、三报告”协商工作经验。9月，集中开展“有事好商量·民生专题协商议事月”活动，精选36个民生议题，邀请全国和省市区四级政协委员集中协商群众身边急难事。区政协“有事好商量”协商议事室推进虎踞北路4号危房改造、凤凰二村积淹水和东井亭路交通拥堵等社会治理难题解决。政协宁海路街道工委“四个‘力求’提升协商议事质效”协商案例入选省政协“有事好商量”协商议事工作座谈会议典型案例汇编。

链接：“三协商、三报告”

由政协街道工委征集议题线索，协商产生议题和参与协商建议人选，向街道党工委报告；围绕议题组织协商，将协商意见向区委区政府或街道党工委报告；由街道政协工委和专委会组织委员跟踪监督协商意见办理情况，开展评估协商，并将评估结果向相关群众报告，同时报送街道党工委、区政协办公室。 （范丽丽）

重要会议与活动

【区政协二届四次会议】 1月2—5日，在下关大厦举行。区四套班子领导、区法院代院长、区检察院检察长，全体政协委员出席会议；区政协离退休老领导，区委区政府各部门相关负责人应邀列席会议。会议学习并讨论区委书记刘军讲话，审议通过政协主席周文中代表区政协第二届委员会常务委员会所作工作报告，审议通过政协副主席周越古代表区政协第二届委员会常务委员会所作提案工作报告。会议列席区人大二届四次会议，听取并讨论区长吴炜所作政府工作报告及其他有关报告。

【区政协二届常委会议】 2020年闭会期间，区政协召开常委会议4次（第二十四次至第二十七次）。

3月27日，区政协召开二届二十四次常委会议。会议学习习近平关于统筹推进新冠肺炎疫情防控和经济社会发展工作、决战决胜脱贫攻坚系列讲话精神，传达学习省政协十二届三次会议精神和市政协十四届三次会议精神。会议听取区政协提案委关于2020年提案立案交办准备情况、区委区政府领导领办督办重点提案分工以及区政协督办重点提案分工情况汇报。会议审议通过各专委会组成人员增补、调整名单，协商通过《鼓楼区“有事好商量”协商议事室工作规则（试行）》。

7月30日，区政协召开二届二十五次常委会议。会上，区法院院长李畅、区检察院检察长朱赫分别通报法院和检察院上半年工作情况，感谢区政协以及政协常委长期以来关心支持法检两院工作，并希望委员就改进法检两院工作提出意见建议。会上，区卫健委汇报区基层卫生服务工作情况，与会人员围绕“提升基层医疗卫生服务能力和水平”进行协商议政。区政协教卫文体委详细汇报前期调研情况，着重分析区基层医疗卫生工作应对新冠肺炎疫情中存在突出问题，从“完善公共疾控体系”“加大基层医疗卫生机构建设投入”“及时更新医疗卫生设备”“加强人才队伍建设”“更加重视中医技能提高”等方面，提出提升基层医疗卫生服务能力和水平意见建议。协商讨论过程中，课题组成员代表作补充发言，部分常委提出意见建议。区委编办、区财政局、区人社局相关负责人就委员提出意见建议做回应。副区长冯泉发言肯定区政协教卫文体委调研报告以及委员意见建议，并就下一步加强和改进鼓楼区基层医疗卫生服务工作交流思路和打算。

9月27日，区政协召开二届二十六次常委会议。会议听取区政府关于2020年提案办理工作情况通报，组织常委会组成人员及部分提案人量化评分区发改委、商务局、市场监管局3个部门提案办理工作，现场公布评议结果。区政协主席周文中感谢区政府以及所有提案承办部门为办好政协提案所做工作和付出努力，肯定接受本次常委会议民主评议的区发改委、商务局和市场监管局提案办理工作。会议听取区建设局工作情况通报，围绕“推进中心片区环境品质提升”协商议政。区政协人资环（城建）委以及部分常务委员结合前期调研提出对策建议。

12月29日，区政协召开二届二十七次常委会议。区委常委、区纪委书记、监委主任周勤应邀出席会议并通报有关情况。会议听取区纪委监委关于全区党风廉政建设情况通报。会议安排集体学习，传达学习中共十九届五中全会精神和习近平视察江苏讲话指示精神。会议讨论区政协常委会工作报告以及二届四次会议以来提案工作情况报告，要求办公室（研究室）和提案委员会根据常委所提意见建议修改完善“两个报告”，同意将“两个报告”提交区政协二届五次会议审议。会议听取区委统战部关于委员和常委会组成人员调整情况说明，协商通过委员调整名单和常委会组成人员调整建议名单。会议审议通过关于召开政协南京市鼓楼区第二届委员会第五次会议决定和大会议程（草案）、日程，以及大会秘书长、副秘书长建议人选，审议确定2020年度优秀提案、委员履职先进个人以及“促进鼓楼经济高质量发展贡献奖”名单，会议同意将议程（草案）及有关建议名单提请大会预备会议审议通过。会议协商通过区政协有关人事任免。区委统战部分管领导应邀到会，区政协副秘书长、各政协街道工委主任、各委员组组长、区政协各专委会副主任列席会议。

【区政协二届主席会议】 2020年，区政协召开主席会议12次（第三十七次至第四十八次）。

1月19日，区政协召开二届三十七次主席会议。会议传达学习省政协十二届三次会议精神、市政协十四届三次会议精神；协商通过《区政协二届四次会议提案审查情况的报告》《政协鼓楼区委员会常务委员会2020年度工作安排》和《政协鼓楼区委员会2020年度协商计划》（草案）。区政协副秘书长，各专委会主任、副主任等列席会议。

3月25日，区政协召开二届三十九次主席会议，重点围绕“推进全区公益诉讼工作、完善区域大气污染防治常态长效机制”协商议政。会上，区检察院、鼓楼生态环境局先后介绍相关工作开展情况，与会人员围绕公益诉讼、全区大气污染防治工作进行协商议政，从“构建齐抓共管工作格局”“拓宽案件线索来源”“分类别建立专家咨询库”“加大普法宣传力度”“强化财政支持保障”等方面提出公益诉讼意见建议；就建立区域大气污染防治常态长效机制进行讨论，提出“出台工作导则、厘清各自职责”“加强科技投入、健全监测体系”“全面赋责赋能、推进网格治理”“严管激励并举、强化共治合力”等强化区域大气防治工作具体建议。会议审议区政协各专委会组成人员调整建议名单和《鼓楼区“有事好商量”协商议事室工作规则（试行）》，要求办公室修改完善后提交区政协二届二十四次常委会议审议。

链接：

提起公益诉讼是检察机关职能调整后被赋予的一项崭新法律监督职责。2019年11月，十三届全国政协第30次双周协商座谈会围绕“协同推进公益诉讼检察工作”进行协商。

4月28日，区政协召开二届四十次主席会议，围绕“加快推进全区楼宇经济发展”协商议政。会上，区投促局汇报区楼宇经济发展及相关工作情况，与会人员围绕楼宇经济发展主题进行协商议政。区政协经科委根据前期调研情况，从“加快楼宇经济高质量发展”“探索提升楼宇品质新路径”“坚持企业招商和培育并重”“进一步优化楼宇营商环境”等方面提出意见建议；参会委员以及主席会议成员提出针对性和操作性对策建议。

5月28日，区政协召开二届四十一次主席会议，重点围绕“加强全区学校自主发展工作”协商议政。会议组织主席会议成员以及列席会议委员到三牌楼小学、树人学校实地了解学校自主发展情况。协商议政环节，区教育局汇报学校自主发展情况及成效，并播放有关活动视频和课件。区政协教卫文体委结合前期调研情况，重点分析区学校自主发展工作中存在问题与不足，并从“加强教育规划”“优化激励举措”“完善评估机制”等方面提出意见建议。

6月23日，区政协召开二届四十二次主席会议，围绕“提高行政审批效能”协商议政，并听取相关部门关于区政协领导督办重点提案办理情况汇报。会上，区行政审批局汇报区行政审批体制改革工作及成效。区政协提案委结合前期调研情况，重点分析区行政审批工作存在不足，并从“打造行政审批品牌”“提高行政审批效率”“推进‘不见面’审批”“强化审管协同衔接”“做优行政审批服务”等方面提出意见建议。参会委员以及主席会议成员结合各自办企办事体验，肯定区行政审批体制改革成效，同时就进一步提升行政审批服务水平提出对策建议。

7月16日，区政协召开二届四十三次主席会议，围绕“提高宗教工作法治化水平”协商议政，并听取各专委会和政协街道工委上半年工作完成情况和下半年工作计划汇报。会上，区委统战部副部长、台侨办主任刘坤汇报区宗教工作法治化建设情况。区政协社法委结合前期调研情况，重点分析全区宗教工作法治化建设面临问题和挑战，并从“凝聚思想共识”“夯实工作基础”“壮大队伍力量”“加快建设进程”等方面提出意见建议。参会委员以及主席会议成员提出提高宗教工作法治化水平对策建议。

8月27日，区政协召开二届四十四次主席会议。会议围绕“完善社区居家养老服务功能”协商议政，并听取区政府办公室关于2020年重点提案办理情况汇报。协商议政环节，区民政局汇报社区居家养老服务工作及成效。区政协委工委结合前期调研情况，重点分析全区社区居家养老服务基本情况和短板，并从“顶层制度设计”“工作思路创新”“机构组织建设”等方面提出意见建议。参会委员以及主席会议成员提出提升辖区社区居家养老服务功能对策建议。

9月15日，区政协召开二届四十五次主席会议，围绕“加快推进鼓楼区‘硅巷’建设”协商，并传达学习全省政协工作经验交流会精神。会上，区科技局汇报硅巷建设相关工作情况。区政协经科委结合前期调研情况，重点分析区硅巷建设问题和挑战，并从“完善推进机制”“强化校地融合”“优化发展生态”“加大金融支持”等方面提出意见建议。参会委员以及主席会议成员就加快推进鼓楼区“硅巷”建设提出对策建议。副区长徐宝军作交流发言。会议审议通过《“促进全区义务教育优质均衡发展”专项民主监督报告（草案）》以及区政协有关工作制度，协商区政协有关人事任免事项。

10月20日，区政协召开二届四十六次主席会议，听取全区2020年为民办实事项目落实情况和重大项目推进情况通报，重点围绕“提升全区社区群众文化服务水平”协商议政。区文旅局作全区社区群众文化服务情况汇报，区民政局作补充汇报。区政协教卫文体委结合前期调研情况围绕议题提出对策建议，王祥果、孔庆茂、何方、吴更新、单友方等委员就上述工作发表意见，与会政协领导结合各自工作提出意见建议。

11月25日，区政协召开二届四十七次主席会议，围绕“建立健全社会矛盾多元化解机制”协商议政。会议听取区委政法委关于建立健全社会矛盾多元化解机制情况汇报。区政协社法委结合前期调研情况，重点分析存在困难与不足，并从“构建统一解纷新机制”“形成基层解纷新格局”“培育解纷新品牌”“推行在线解纷新模式”等方面提出对策建议；与会委员和政协领导就建立健全社会矛盾多元化解机制提出建议。

12月25日，区政协召开二届四十八次主席会议。会议协商区政协二届五次会议有关事项，讨论《关于召开政协鼓楼区第二届委员会第五次会议的决定》，区政协二届五次会议议程、日程以及《常委会工作报告》和《二届四次会议以来提案工作情况报告》；研究2020年度优秀提案、委员履职先进个人和“促进鼓楼经济高质量发展贡献奖”名单；在听取区委统战部有关说明基础上，协商委员和常委会组成人员调整名单以及大会秘书长和副秘书长名单。会议同意将全会有关安排、报告和建议名单提交区政协二届二十七次常委会议审议，并要求办公室（研究室）和提案委进一步修改完善“两个报告”。会议还听取各专委会和政协街道工委2020年工作情况和2021年工作计划书面汇报，研究确定《常委会工作报告》《提案工作报告》的报告人以及二届五次会议各次大会执行主席、主持人，协商区政协有关人事任免事项。区政协副秘书长，各专委会主任、副主任以及各政协街道工委负责人列席会议。

【助推“四新”行动建言资政首场专题座谈会】 5月21日在区召开。会议邀请委员，就助推鼓楼“四新”行动计划落实建言献策，区政协主要领导对与会委员提出意见建议给予肯定，要求以专项建议形式报送区委区政府，并就政协助推全区“四新”行动计划落实提出3点建议。

【“提升中心城区本质安全水平”专题协商议政会议】 7月7日在区召开。会议由区政协组织召开，组织课题组委员就“提升中心城区本质安全水平”与区政府以及相关部门领导进行面对面协商交流。区委区政府有关领导受邀参加会议。会上，区政协社法委汇报“中心城区本质安全”专题调研情况，区政协委员、省委党校公共管理教研部主任胡宗仁代表课题组作重点发言，分析制约和影响区安全发展问题隐患，并立足鼓楼区情，从“源头治理”“系统治理”“依法治理”“综合治理”等方面提出具体对策建议；课题组成员陈广华、凌建豪、尹林虎、庄海耘、徐立、徐国建等作补充发言。与会区应急管理局、建设局、城管局、市场监管局、公安鼓楼分局、区消防大队等部门领导就有关问题和建议与委员互动交流。区水务局、商务局、交警五大队、交警六大队有关领导应邀参加会议；区政协秘书长、副秘书长，各专委会主任、副主任以及各政协街道工委主任等参加会议。

【政协委员读书分享会】 9月22日，区政协在水木秦淮艺术生活街区举办委员读书分享会，邀请《南京传》作者、作家叶兆言与委员分享创作历程、交流读书心得。分享会上，叶兆言介绍《南京传》创作过程和南京六次毁城、六次重生历史沧桑，委员们“透过南京这扇窗户看中国历史”；省市区政协有关领导和文史委员出席分享会，市政协副主席朱晓琳受邀致辞。分享会分嘉宾交流和互动交流环节，南京历史专家、南京大学历史学院教授、六朝博物馆馆长胡阿祥，南京师范大学文学院教授、江苏省叶圣陶研究会副会长刘志权，江苏润天医药连锁药房有限公司董事长钟雪峰，江苏泰和律师事务所合伙人凌建豪等嘉宾委员与叶兆言就“通过中国历史看南京、从南京历史看中国”“南京人的历史归属感”“南京历史上的文化名人”等话题进行交流；委员就所感兴趣或想了解知识向叶兆言提问，并获一一作答。7月，该区启动“书润政协、香溢鼓楼”系列活动，发布《“十个一”行动计划》，面向全区政协委员首批

9月22日，“香溢鼓楼 书润政协”委员读书分享会在水木秦淮艺术生活街区举办
区政协办 供图

推荐《南京传》等13本书籍。分享会为《“十个一”行动计划》之一,也是规模最大的一次,分享会通过“抖音”等平台线上直播,吸引数千名读者在线聆听。
（范丽丽）

视察调研

【省市政协主要领导到区调研】 6月5日,省政协主席黄莉新、市政协主席刘以安一行,到区调研指导基层协商议事室建设工作,实地察看宁海路街道北京西路社区“有事好商量”协商议事室建设情况,听取相关工作汇报,重点了解基层协商议事室“三协商、三报告”工作规程,详细询问街道和社区依托协商议事室组织开展全市首家居民自筹资金进行危旧房改造项目典型案例,并与居民代表交流。黄莉新肯定区协商议事室建设推进工作,并提出下一步工作指导意见。

【重点提案督办专项视察】 6月18日,区政协主席周文中带队专项视察区政协领导督办提案办理情况,实地察看上海路片区小区整治出新现场、下关滨江商务区规范化施工管理示范点以及南艺后街水木秦淮街区,了解中心片区环境品质提升、精细化环境治理体系构建以及夜间经济、首店经济、后街经济发展情况。周文中对重点提案办理工作提出3点要求。

【省政协专题调研组到区视察】 8月19日,省政协人口资源环境委员会主任王奇率专题调研组,到区调研城市老旧小区改造升级情况。调研组一行到华侨路街道虎踞关60号小区,现场察看小区出新准备工作,观看该区近期重点出新工程建设成果展板,听取全区城市老旧小区改造升级工作汇报,了解推进老旧小区改造提升过程中健全配套政策、强化基础设施、增加公共服务等经验做法,并征询存在困难和意见建议。

【政协委员集中视察活动】 12月24日,鼓楼区组织全体政协委员开展集中视察活动,区政府、区政协有关领导参加视察。与会政协委员分3组视察鼓楼创新广场、南艺后街国际文化艺术街区等经济发展载体建设情况,了解外金川河宝塔桥环境综合提升等城建城管、环境保护亮点工程,到金燕路西侧金陵村象山保障房、南京市鼓楼区力人学校等,视察民生社会、文体卫生等方面工作,感受区建设和发展成果。
（范丽丽）

纪检监察

【概况】 2020年,鼓楼区组织区纪委监委中心组学习34次,强化党委主体责任、纪委监督责任、党委书记第一责任和班子成员“一岗双责”(既要抓好分管业务工作,又要抓好分管部门党风廉政建设),加强督查指导,压实“四责协同”(党委主体责任、纪委监督责任、党委书记第一责任和班子成员“一岗双责”)。从思想认识、机构人员、职能职责、制度机制等方面强化统筹衔接,增进协同联动,加强“四项监督”(纪律监督、监察监督、派驻监督、巡察监督)贯通融合,推动监督从“有形”到“有效”转变,进一步转化为治理效能。开展“个性化”岗位练兵、实行“捆绑式”绩效考核、完善“常态化”内控机制,锻造纪检监察过硬铁军。年内,区纪委监委聚焦疫情防控、“四新”行动、文明城市创建、抗洪防汛等重大任务开展监督,先后编发各类监督专报78期,提出意见建议300多条,立案查处14人。全年受理信访举报221件次,立案280件。是年,区纪委监委获全省纪检监察信访举报工作先进单位、全市审查调查工作特等奖、全市文明城市创建先进单位等荣誉。

【“四新”行动监督】 2020年,鼓楼区组织落实市区关于发展新基建、培育新消费、壮大新产业、建设新都市“四新”决策部署,抽调纪检监察系统42人成立专班,同步监督推进“四新”行动,实行每项行动“专人+顾问”监督模式,同时纳入日常监督,由各街道纪工委、派驻机构、监督检查室全程跟进监督,先后编发“四新”行动监督专报34期,发现问题83条,提出建议95条。

【民生领域专项监督】 2020年,鼓楼区按照"一领域一专项一平台"工作思路,在做实规定动作基础上做强自选动作。部署推动"一街一专项""一组一专项"监督检查,开展污染防治领域(城镇生活垃圾处理费)、社会保障领域(困难群众兜底保障)、医疗卫生领域(骗保)、安全生产领域[农贸(批发)市场食品快检室]、社会救助和社会福利[牛羊肉补贴、房屋征收项目困难补助、残疾人"两项"补贴(困难残疾人生活补贴和重度残疾人护理补贴)、老龄助餐助浴补助]等领域和停车收费管理等专项监督,发现群众身边腐败和作风问题99件,处理109人。

【作风监督】 2020年,鼓楼区开展形式主义、官僚主义问题专项监督,组织集中检查,强化日常监督,重点查纠在疫情防控、安全生产、"四新"行动、文明城市创建等贯彻上级决策部署不深入、不到位、不坚决、不得力、不彻底,纠治作风建设表态多调门高、行动少落实差,处理履职尽责中不担责、不作为、乱作为、慢作为等问题。结合重大节假日,会同各街道纪工委、派驻纪检监察组、勤政廉政监督员深入辖区部门单位、饭店酒店、景区景点等明察暗访100多批次,全面排查违规吃喝送礼、公车私用、公款旅游、滥发津补贴等"四风"问题。开展制止餐饮浪费专项监督,聚焦党员领导干部和公职人员等重点对象,紧盯公务(商务)活动用餐、机关企事业单位食堂等重点场所,遏制"舌尖上的浪费"。先后发现违反中央八项规定精神问题68个,处理76人,通报曝光典型问题36件37人。

【"三不"机制建设】 2020年,鼓楼区把反腐败工作作为系统工程,一体推进"三不"(不敢腐、不能腐、不想腐)机制建设,同向发力、高压惩腐,全年立案280件,留置12人,同时注重激励鼓励,容错纠错6人、澄清正名4个单位(个人)。完善制度防腐,结合监督办案发现问题,梳理制度漏洞、监管盲区,发出纪律检查建议和监察建议15份,推动个性问题深入改、共性问题全面改,完善制度规定93项。推进思想拒腐,深入机关基层开展"上下纵横"全覆盖纪法宣传162场次,线上线下同步推送自行创作《清风拂面廉鼓楼·连说廉》微视频,至年末推出6集,滚动播放上万次;运用典型违纪违法案件制作警示教育片《底线》,组织观看警示教育片27场次、覆盖2000余人次。设立渡江胜利纪念馆、下关历史陈列馆为区廉政教育基地,打造"廉在景中传—史在廉中赞"廉政教育专线,编发廉政提醒短信6.5万条。先后在中央、省、市媒体刊发新闻稿件63篇次。

【"巡察+监察"】 2020年,鼓楼区深入"巡察+监察"赋能增效,建立巡察发现问题会商、巡后评估制度,完善巡前沟通协调、巡中直接参与、巡后信息共享"三项机制"。年内,完成3轮"常规+专项"巡察任务,发现主要问题584个,立行立改问题15个,移交问题线索67条;挂牌督办省委第二巡视组巡视反馈意见,督促177条整改措施落实到位,召开专题调度会督促推进落实相对滞后整改项目。

【纪检监察体制机制健全完善】 2020年,鼓楼区制订完善《关于进一步规范信访件办理的有关要求》《关于进一步加强问题线索办理工作的操作办法》《鼓楼区纪委监委派驻区级机关纪检监察组工作规定》。建立优化"1+4+7+17"(1个党风政风监督室牵头抓总,4个纪检监察室业务指导,7个派驻纪检监察组、17个纪工委具体落实)监督检查模式,推动纪律监督、监察监督、派驻监督、巡察监督统筹衔接,促进党内监督与人大监督、行政监督、审计监督等各类监督有机贯通。试点建立热河南路街道微型监察站,全年发现并受理群众反映问题12件次。

【区纪委二届五次全会召开】 4月21日,鼓楼区第二届纪律检查委员会第五次全体会议召开。区委常委,区人大常委会、区政府、区政协主要领导,区法院院长、区检察院检察长,其他市管领导,区纪委委员、区监委委员,各街道、区级机关部门党政主要负责人,纪工委书记,区直属单位主要负责人,区委巡察办主任、各巡察组组长,区纪委机关各室主任、各派驻纪检监察组组长,勤政廉政监督

4月21日，中共南京市鼓楼区第二届纪律检查委员会第五次全体会议在鼓楼大厦召开　　区融媒体中心　供图

员代表等200余人参加会议。会议学习贯彻习近平新时代中国特色社会主义思想，党的十九大和十九届二中、三中、四中、五中全会精神，落实中央、省市纪委全会和区委二届八次全会部署，总结2019年全区纪检监察工作，部署2020年任务。区纪委书记代表区纪委常委会向全会作《坚守初心使命，践行"两个维护"，聚力护航鼓楼高质量发展高水平治理新征程》工作报告。会议审议通过工作报告和全会决议。

【"开放日"活动举办】　11月24日，鼓楼区纪委监委举办"开放日"活动，邀请人大代表、政协委员，作风建设监督员、观察员，市民代表以及媒体记者50余人走进区廉政教育基地颐和路社区将军馆、区纪委监委机关，"零距离"感受辖区红廉文化、了解区纪检监察工作。活动中，代表在颐和路社区将军馆，倾听数十位共和国将军故事，感受廉政思想丰富内涵；在区纪委监委办公场所，实地参观党风室、案管室、审理室、信访室和接访谈话场所，现场听取相关处室负责人介绍各家职能，了解信访举报、问题线索管理、纪律审查、案件审理等纪检监察业务流程，感受纪检监察干部工作环境和精神风貌。现场参观结束后，区纪委主要领导作专题汇报，介绍区纪委监委组织架构、工作职责以及纪检监察工作成效。专题汇报结束后，代表现场提问关心关注热点问题，区纪委监委有关人员逐一解答。　　（周相阳）

民主党派

【概况】　2020年，鼓楼区民革、民盟、民建、民进、农工党、致公党、九三学社、台盟8个民主党派均设有基层组织，有5个基层委员会、5个总支、101个支部、2623名党派成员。各党派成员中有24名人大代表、1名副区长、2名区政协副主席、127名政协委员、27名副处实职以上干部。至年末，各民主党派基层组织分别有成员：民革党员361人、民盟盟员646人、民建会员313人、民进会员521人、农工党党员498人、致公党党员121人、九三学社社员178人、台盟盟员28人。年内，全区各民主党派推进中国特色社会主义参政党建设，开展"不忘合作初心，继续携手前进"主题教育活动。发挥中国特色社会主义参政党作用，与街道、社区党组织结对共建，开展河道治理专项民主监督，与政府有关部门对口联系，履行参政议政、民主监督，履行中国共产党领导的政治协商基本职能。全年，举办党外人士情况通报会3次30人参加；形成调研文章31篇。是年，民盟鼓楼基层委员会盟员江浩获民盟中央"民盟反映社情民意信息工作先进个人"称号。

【中国国民党革命委员会南京市鼓楼区总支委员会】　2020年，民革南京市鼓楼区总支举行庆祝民革成立72周年活动，揭牌并启用“中山博爱之家”；与宁海路街道工委召开街道河道治理工作座谈会；慰问下关街道长江大堤防汛点工作人员。民革鼓楼机关一支部慰问宁海路街道三步两桥社区文明城市创建工作人员。民革鼓楼综合三支部举行第二届读书节“2020与春天重逢”。

1月1日，民革南京市鼓楼区总支举行庆祝民革成立72周年暨“中山博爱之家”启用仪式
区委统战部　供图

【中国民主同盟南京市鼓楼区基层委员会】　2020年，民盟鼓楼基层委员会完成换届选举，选举产生新一届委员会，选举周彤为鼓楼总支主委，选举毕艳、安冬梅、苏真、杜鹃、武锁萍、顾健、徐令、殷绍泽、龚国祥为鼓楼总支副主委。完成民盟鼓楼医院集团支部、民盟南京第十二初级中学支部、民盟南师附中实验初中支部、民盟鼓楼田家炳高级中学支部、民盟南京市第二十九中学支部5个支部换届选举。7月13日，民盟南京市鼓楼区第二届基层委员会召开第一次主委会议。年内，民盟鼓楼基层委员会组织河道治理民主监督，监督大庙沟里圩河河道治理；调研滨江岸线建设情况。民盟鼓楼基层委员会主委赴宝塔桥街道慰问防汛抗洪一线工作人员。民盟南京大学附属中学支部走进钟阜路社区、驻区军营开展送“福”字写春联活动。民盟鼓楼综合三支部盟员开展手工做月饼活动。民盟南京第六十六中学支部和第十二初级中学支部到溧水李巷新四军纪念馆交流学习。民盟鼓楼综合三支部和民盟南京大学附属中学支部共同举办“勿忘国耻，扬帆追梦”公益宣讲活动。

【中国民主建国会南京市鼓楼区基层委员会】
2020年，中国民主建国会南京市鼓楼区基层委员会成立。11月27日，民建鼓楼区基层委员会召开第一次全体委员会议，选举周晓慧为主任委员，选举陈雷等17人为委员会班子成员。民建鼓楼区基层委员会下设13个支部。年内，民建鼓楼总支青年组联合华侨路街道在慈悲社社区举行“关爱一线社工　共创文明城市”主题活动。民建鼓楼二支部、八支部赴溧水白马农高区开展支部团建活动。民建鼓楼区六支部联合省直属机关综合一支部、综合八支部在灵雨国学汇馆开展参政议政学习交流活动。民建鼓楼区五支部、十支部组织“为爱行走、为和平徒步”侵华日军南京大屠杀死难者国家公祭日祭奠活动。民建南京市鼓楼基层委员会联合安徽省马鞍山市含山县民心生态农业发展有限公司，向鼓楼区金康老年服务中心等3家养老机构捐赠100箱有机蔬菜。

【中国民主促进会南京市鼓楼区基层委员会】
2020年，民进鼓楼基层委员会参与新冠肺炎疫情防控，苏华、史睿、杨福群、王惟等教育界会员按照教育部门统一部署，开通网上教学课程，辅导学生学习，保证学生停课不停学。民进南京市商业学校支部民进会员为中国人民解放军某部、武警南京市支队炊事人员开办烹饪培训。组织支部成员参加民进“同心·贻芳行，穿越2000千米的爱”暖冬公益行动。是年，杨清华获南京民进履职能力建设先进个人称号，民进鼓楼区一总支获民进南京市委理论宣传工作先进集体称号。

【中国农工民主党南京市鼓楼区基层委员会】
2020年，农工党鼓楼区基层委员会组织“回顾农工建党史　不忘合作初心继续携手前进”主题活动，拜谒农工党创始人邓演达烈士墓，参观淮安黄花塘新四军军部纪念馆。农工民主党脑科医院支部党员参观渡江胜利纪念馆。农工党鼓楼小教支部开展“缅怀革命先烈　牢记光荣历史”纪念农工民主党建党90周年活动。

【中国致公党南京市鼓楼区总支委员会】 2020年，致公党南京市鼓楼总支与热河南路街道召开清江河水环境河道治理工作座谈会。致公党南京市鼓楼综合三支部在水木秦淮街区召开党员学习交流会。5月31日，致公党南京市鼓楼区总支召开换届大会，会议通过鼓楼总支第四届委员会组成人员建议名单，选举吉添为致公党鼓楼区总支主委，庄海耘、叶青、梁璟、宋杰、赵红为致公党鼓楼区总支委员。

【九三学社南京市鼓楼区基层委员会】 2020年，九三学社鼓楼区基层委员会和鼓楼区科技局开展对口联系活动，围绕"十四五"科技发展规划编制进行专题讨论座谈。九三学社鼓楼基层委员会参与挹江门街道河道治理工作部署会。九三学社鼓楼区一支社、二支社联合举办活动，集中学习全国"两会"精神。

【台湾民主自治同盟南京市鼓楼区支部委员会】 2020年，台盟鼓楼支部开展内金川河主流(中央路大树根闸—福建路)河道岸线保护、防汛安全、水环境整治、执法监管等河道管理巡查监督活动。是年，台盟鼓楼支部获台盟市委先进支部称号，侯小东、潘宁、曾凌获先进个人称号。 (刘哲远)

人民团体

总工会

【概况】 2020年，鼓楼区新建基层工会组织76家，其中独立工会73家、联合工会3家；新增工会会员7477人。至年末，全区有基层工会组织1287家，其中独立工会1064家、联合工会223家；有工会会员12.46万人。全年发放各级建档困难职工生活补助17.41万元，其中生活补贴13.76万元、助学补贴3.65万元；发放建档困难职工特殊补助3.2万元；为13名因患重病和其他灾害致困职工申请爱心救助基金13万元；联合区妇幼保健所为辖区200余名困难女性民工免费妇科体检，为170名环卫女职工免费提供"两癌"(乳腺癌、宫颈癌)筛查。申领职工创业小额贷款450万元、贴息28万元。支持民营经济和小微企业发展，为全区3000余家小规模纳税人退返工会经费400余万元。年内，举办就业创业培训16期，参加培训830人次；开展"夺取'双胜利'、苏工在行动"班组安全生产培训3场次，参加培训246人；开展夏送清凉活动，投入资金44万余元，惠及职工3400余人；开展2020年度"安康杯"竞赛活动，参加活动近12万人次。是年，南京巨鲨显示科技有限公司获首批全省非公有制企业党建带工建"三创争两提升"(创争先进党支部、创争模范职工之家、创争工人先锋号，提升政治引领力、提升群众组织力)活动省级示范单位称号；亚信科技(南京)有限公司、江苏省风神汽车实业有限公司、南京蒙牛乳业销售有限公司获评2020年度党建带工建"三创争两提升"活动市级示范单位称号；全区获2019年度南京市"安康杯"竞赛优胜单位4家、优胜班组4家，南京路捷道路养护工程有限公司杨杰获2019年度南京市"安康杯"竞赛组织工作优秀个人称号。

【工会建设】 2020年，鼓楼区新建基层工会76家，其中独立工会73家、联合工会3家；新增工会会员7477人，其中农民工671人、"八大群体"(货车司机、快递员、护工护理员、家政服务员、商场信息员、网约送餐员、房产中介员、保安员等)205人。组织全区53名基层工会干部参加南京市总工会"送教到基层"鼓楼专题培训班。推荐江苏省厂务公开先进集体2家；培育13个街道区级民主管理示范单位，推荐2家单位申报南京市厂务公开民主管理先进单位。开展产业工人队伍建设改革学习调研活动。推进"建家、强家、暖家"行动，推动工会系统党的建设纵深发展，开展党建带工建"三创争两提升"活动，打造"红领智创""紫峰红融"党建带工建工作品牌。培育南京巨鲨显示科技有限公司作为市总工会"送教到基层"工会干部教育培训现场观摩点，开展现场教学3场。至年末，培育区级先进"职工之家"10个、"先进职工"小家10个，获评南京市优秀工会工作者1人。

【职工文化建设】 2020年，区总工会参加省总工会"学习贯彻党的十九届四中全会精神"知识竞赛活动，引领职工群众听党话、跟党走，区工会系统完成答题8372人次。开展“劳模工匠进校园、思政教师进企业”宣讲活动3场。开展“弘扬劳动精神、追梦新时代”征文、短视频征集活动，收集申报征文182篇、短视频14条，其中获征文一等奖1篇、二等奖2篇、三等奖4篇、入围奖8篇，短视频制作获三等奖1人、入围奖6人，区总工会获优秀组织奖。在全区范围内开展全民阅读活动，获2020年市级优秀职工阅读组织称号2家，超额完成区高质量发展目标“全民阅读”指数考核任务，并接受省考核组现场考察指导。申报职工心理健康教育服务中心(站、室)4家和市级职工书屋示范点5家。创建职工志愿服务品牌，组织培育、选树志愿者，其中“穿越2000千米的爱——为云南省永胜县贫困学生暖冬送教活动”(鼓楼扶众公益志愿者团队)获“南京市优秀职工志愿服务品牌”称号，3家单位获南京市优秀职工志愿服务组织称号，3人获南京市优秀职工志愿者称号。承办“致敬劳动者”——2020年南京市职工文化系列活动开幕式。号召辖区企业、职工投入新冠肺炎疫情防控工作，宣传各级工会抗疫防疫工作和先进典型，全年各级媒体刊载稿件94篇，其中国家级媒体采用2篇、省级媒体采用2篇、市级媒体采用87篇。推荐2人参加2020年“南京市文明职工”评选，入围“南京市十佳文明职工”公示名单1人。开展“江苏省职工心理健康大讲堂”揭牌(江苏省首牌)暨首课活动，建立健全“江苏省职工心理健康大讲堂”线下基地鼓楼区职工心理健康驿站常态化服务机制。至年末，区总工会获2019年度市职工宣传思想文化建设推进工作建设先进单位二等奖，位于全市工会系统(35家直属工会)第一梯队，在区级总工会中排名第二。

【职工维权服务】 2020年，区总工会走访辖区企业，完成第一季度劳动监测点数据上报及企业集体协商工作调查问卷200份。发放《农民工公益法律服务手册》等法治宣传手册800余份，分析和解读农民工群体婚姻、家庭和劳动用工等方面问题。职工法律援助案件结案30件。完成13个街道区域性、行业性合同签订和送审工作，发放要约函2300份，签订合同158份，其中区域性集体合同覆盖小微企业4441家，职工4.87万人，女职工合同签订率100%。

【职工比赛获奖】 2020年，鼓楼区协办2020年度南京市职工职业(行业)技能大赛西式面点师技能竞赛，获最佳潜力奖1人，取得西式面点师高级证3人；组织4名女职工参加南京市女职工法律运用技能竞赛(市级一级技能大赛)，获二等奖1人，区总工会获优秀组织奖。鼓楼区获市职工职业(行业)技能大赛集体协商技能竞赛(市级一级技能大赛)团体总分第一，区总工会获优秀组织奖；参赛选手人社局副局长、区总工会副主席宋建忠获一等奖(南京市第一名)，被授予南京市五一劳动奖章；参赛选手华侨路街道协理员王薇获三等奖，被授予“南京市五一创新能手”称号。

【“安康·爱心驿站”建成】 8月，鼓楼区首家户外劳动者爱心驿站——“安康·爱心驿站”(简称驿站)建成。驿站位于幕府南路主路，面积130平方米，分休息区、充电区、生活区、厨房区等区域，配备桌椅、饮水机、热水器、微波炉、电饭煲、电风扇、空调、报刊书籍、应急药品等民生设施，解决户外职工歇息、纳凉、解渴、热饭、如厕等需求，免费提供所有服务项目。驿站采取“独立运行、适度监管”模式，建立志愿者加盟举措。年内，驿站推出“送温暖”活动，提供热水、姜汤、暖宝宝和劳动手套等。至年末，驿站服务周边环卫、园林绿化、市政、建筑、快递外卖等户外劳动者2000余人次。

【江苏省职工心理健康大讲堂揭牌仪式暨首课活动】 11月6日在绣球公园长寿阁内南京市鼓楼区职工服务中心举行，来自全区各机关、街道、系统工会分管领导，以及工会干部代表等80余人参加揭牌仪式和现场听课，同步开通线上直播。大讲堂由省总工会联合南京市和鼓楼区两级总工会，以及南京师范大学心理学院共同举办，结合鼓楼区职工心理健康服务中心站建设，通过常态化讲座或开放日活动，将区职工服务中心打造成省级职工心理健康教育线下基地和心灵驿站。首课邀请南京师范大学心理学院教授周红讲授“压力管理与身心健康”心理健康课，从压力与压力源、

11月6日，江苏省职工心理健康大讲堂揭牌仪式暨首课活动

区总工会　供图

压力与健康、如何面对压力、寻找减压技巧等4个方面，教会大家面对压力时如何应对或调试压力、降低其负面影响并提升正面效益，鼓励工会干部与压力共舞、遇见积极的自己，并融入工作，去影响和带动身边人。年内，大讲堂以职工心理健康关爱为主题，为职工提供心理健康科普知识，疏解成年人工作和生活压力，成为精神家园同时，帮助职工自我管理和自我调节，实现对职工人文心理关怀，有效增强团队凝聚力、提升工作效率和生活质量。（张慧民）

共青团鼓楼区委员会

【概况】　2020年，共青团南京市鼓楼区委员会（简称团区委）有直属团组织53个，区属团员1.76万人。年内，联合区委组织部等部门举办鼓楼区年轻干部训练营，参训年轻干部36人。创作《硬核防疫小喇叭》《樱花笑》《一起做最靓的仔》新冠肺炎疫情防控知识视频，利用微信平台宣传。是年，团区委获2019年度全省共青团工作“10100”创新创优工程二等奖、2020年度江苏省希望工程“圆梦行动”优秀组织奖、2020年南京市“少先队助力文明城市创建雏鹰争章”活动优秀组织奖，“1+5”让初心在诵读中生发——鼓楼区“小鼓小楼”杯经典诵读大赛获省少先队工作优秀创新项目。

链接：“1+5”

“1”个愿景；“5”个结合，仪式教育和重大节日相结合、儿童接受和思想引领相结合、寻访活动和现场演绎相结合、多种形式和经典内容相结合、专家培训和队员实践相结合。

【困境青少年帮扶】　2020年，团区委走访困境青少年249人，为困境青少年家庭提供办理居住证、赠送口罩、联系专业心理辅导等服务。组织团干部赴13个街道慰问困境青少年家庭155户，发放慰问金6.4万元；帮助困境青少年实现“小小心愿”230人，发放课桌椅、台灯、图书、围巾等物资11.5万元。疫情期间，组织青少年线上学习安全知识，排查事实无人抚养儿童29人，逐一了解健康情况，上门赠送防疫用品，提醒做好个人防疫防护。

【青年志愿者助力文明城市创建】　2020年，鼓楼区举办少先队“创建文明城市　贡献鼓楼力量”垃圾分类宣传活动，参加活动200余人次。发动各方资源建立“啄木鸟”“青春启航”“共建文明”“大手拉小手”“众志成城”等志愿服务队17支，招募志愿者400余人，助力文明城市创建。4—12月，每月开展“统一行动日”活动2次、“集中服务日”活动1次，组织8560名团干部和青年志愿者参与环境整治行动240场次，参与时长1.1万小时。清洁楼栋1700余处，清扫主次干道90余条，清理小广告3900余处，巡河护河70余次，清理垃圾320余吨，劝收电动车充电飞线100余根，清拖共享单车1200余辆，发放垃圾分类、安全充电等宣传单2万余份。

【青少年思想引领】　2020年，鼓楼区开办“青年大学习”线上网课37次，参与学习团员青年50万人次，参与率超90%，位列全省区县前列。线下以“青年之家”为主要阵地，在全区10家“青年学习社”同步开展“让青春为祖国绽放”系列活动30场

次，覆盖团员青年1.2万人。打造“自古英雄出少年”青年学习社特色线路，采用场景式、互动式、体验式学习方式提升思想引领实效。组织各级团支部开展“绽放战疫青春·坚定制度自信”网上主题团日活动20余场。举行“美丽江苏·青春行动”江苏省暨南京市“河小青”巡河护河“统一行动日”启动仪式，发动150余名青年志愿者参与长江岸线环境整治、长江禁渔宣传、保护江豚等活动。利用中海环宇城、新城市广场大屏和鼓楼大厦、下关大厦视频，滚动播放4名“中国青年五四奖章”获得者先进事迹和1个优秀集体先进事迹。

中海环宇城商场大屏宣传鼓楼区荣获第24届“中国青年五四奖章”先进典型　　团区委　供图

【“三进”实习计划】　2020年，鼓楼区推进在宁高校大学生“三进”（进机关、进社区、进企业）实习计划。开展大学生就业“云服务”专项活动，联系辖区企业11家，线上向应届毕业生发布就业岗位323个。实施“海归优才新生力计划”，为海归青年人才提供中高级综合事务类实习岗位15个。至年末，团区委募集岗位432个，帮助294名大学生走上实习岗位。

12月12日，“双十二约惠鼓楼，沉浸体验直播嘉年华”新消费活动在下关火车主题公园举行　　团区委　供图

【“四新”行动】　2020年，鼓楼区激发青年投身“四新”行动（新基建、新消费、新产业、新都市），开展共青团助力复工复产大走访行动，组织全区团干部走访新城市广场、中海地产等企业74家。引导青年消费在鼓楼，携手新城市广场开展美食带货直播活动，吸引大量青年在朋友圈、微信群转发宣传。至年末，组织参与水木秦淮艺术街区“书香新消费·创新在鼓楼”——“桨声灯影阅读之夜”主题客厅活动。开展“新消费我的‘桥’”“春季美食节”和“‘双十二’约惠鼓楼，沉浸体验直播嘉年华”等活动10余场。（方　洁）

妇女联合会

【概况】　2020年，鼓楼区妇女联合会（简称区妇联）下属街道妇联13个、系统妇女工作委员会12个；街道妇联主席13人，专职副主席13人，兼职副主席48人，执委419人；社区妇联主席120

3月7日，“礼敬坚守在街道、社区防疫一线的女工作者”活动　区妇联　供图

人，专兼职副主席442人，执委2388人。年内，区妇联组织11名孩子及家长参加市妇联“把爱带回家”寒假特别行动暨“欢欢喜喜过大年”活动。承办南京市妇联“守护童年、牵手共成长，追寻鲁迅精神，启梦春蕾女童”主题暑期夏令营活动。开展第二届“传承红色基因，厚植家国情怀”系列活动3场。承办“长江大保护、巾帼在行动”倡议活动。是年，王卫平、欧阳晓春获江苏省三八红旗手称号，区人民检察院第六检察部、南京市琅琊路小学、华侨路街道金陵汇红色街区党群服务中心3家单位获江苏省三八红旗集体称号。热河南路街道小桃园社区等6家单位获南京市三八红旗集体称号；鲍秉坤等6人获南京市三八红旗手称号。区级机关妇女工作委员会、区教育局等7家单位获南京市“巾帼文明岗”称号；沈满满、李海燕等5人获南京市“巾帼岗位明星”称号。区妇联党建考核位列全市第一等次。创新设计“1234”工作法，被列为全省妇联改革学习交流案例。

链接：“1234”工作法

“1”紧抓一条主线，坚持党建引领。“2”推动双向促进，党建带妇建、妇建服务党建。“3”做好区街社3个层面，共同强化组织推进。“4”凝聚四类群体，共撑女性半边天。

【援鄂抗疫慰问活动】　2020年，鼓楼区开展“三八”慰问驰援武汉医务人员家属、社区社工、部门先进典型和公安干警活动，录制短视频问候在武汉抗疫的女医生。与江苏省人民医院携手开展“‘医社携手，与爱同行’——赴鄂医务人员及家庭关爱行动”，搭建家属互助平台。与江苏省新闻广播电台联合举办“礼敬坚守在街道、社区防疫一线的女工作者”活动，为50名社区女性工作者发放节日礼包。

【基层特色组织建设】　2020年，鼓楼区打造长江国际航运中心妇联、农贸市场妇联、社会组织妇联等新领域妇联组织26家。命名“580工作站”“袋鼠麻麻”等13个妇女微家为首批“鼓楼区规范化妇女微家”。举办首期妇联执委履职能力提升培训班，参加培训64人。

2020年“鼓楼区规范化妇女微家”一览表

表37

序号	名　　称	所属单位
1	580工作站	华侨路街道
2	古林知心父母	宁海路街道
3	享爱七彩	湖南路街道
4	院落芯家	中央门街道
5	春风化雨	挹江门街道
6	袋鼠麻麻	江东街道

续表37

序号	名　　称	所属单位
7	教工宝藏	凤凰街道
8	热·爱	热河南路街道
9	家在大桥下	建宁路街道
10	书琅	下关街道
11	管京如维权	宝塔桥街道
12	幸福快车	小市街道
13	白云深处有人家	幕府山街道

【妇女儿童权益维护】 2020年，区妇联联合区检察院建立《妇女儿童权益联动保护工作机制》。成立区“一站式”未成年人保护中心、吾护花开南京市女童保护“一站式”服务鼓楼工作站。开展区家事调解员培训，参加培训近140人。联合区法院继续以辛果人民调解工作室为阵地，探索多元化纠纷解决机制。联合区法院召开“爱TA护家、共享和谐”反家暴案件审判和家事案例新闻发布会，联合区检察院、区青雁未成年人关护中心开展主题“吾佑花开，我的身体我做主”“反对暴力、关爱女童”专题宣传。与区法院签署《关于进一步完善“辛果工作室”调解工作机制的方案暨家事纠纷专项工作基金使用协议》，市、区妇联携手共筹调解基金4万元，为群众提供家庭纠纷化解服务。南京市首家亲职教育实践基地落地鼓楼，与区检察院签署联动保护工作机制。联合江苏省人民医院开展心理疏导志愿服务，邀请江苏省心理危机干预热线专家线上授课，指导热河南路街道妇联开展“心理抗疫”行动。全年末，接访案例49件，办结率100%。

【助困帮扶】 2020年，鼓楼区开展巾帼助困“送温暖”活动，“两节”（元旦、春节）期间筹措资金5.75万元，走访慰问13个街道单亲困难母亲115人。关爱“春蕾女童”，发放辖区贫困家庭儿童慰问金53人1.59万元。开展“春蕾圆梦”助学行动，发放辖区贫困学生助学金8人1.6万元。开展南京市“鼓楼兆岚春蕾班”探访及项目跟踪服务，为“鼓楼兆岚春蕾班”30名贫困孩子，争取到省妇儿基金会慰问物品1.2万元、春蕾助学金1.8万元。发放市“一对一帮扶”资金2人1100元，发放市困境儿童“一对一帮扶”资金2人2000元。

【妇女创新创业】 2020年，区妇联联合区人力资源和社会保障局举办“三八架金桥，春风送岗位”2020年女性网络招聘周活动，提供部门经理、营业员、收银员等岗位1000余个，参加活动单位50余家，网络面试有就业愿望女性近200人。举办“巾帼有志　木棉花盛”区女性创就业技能培训班，参加培训30余人。全年，推进“宁姐月嫂”家政服务社区工作站建设，完成建设挂牌2家家政服务社区工作站（江东街道睿城社区、宁海路街道天津新村社区）。开展“巾帼荣誉贷”业务，办理妇女创业授信12户，授信金额3496万元。

【家庭文明建设】 2020年，鼓楼区开展寻找鼓楼区“最美家庭”活动，选拔产生“最美家庭”1140户。凤凰街道葛道荣家庭获全国“五好家庭”、江苏省“五好家庭”称号；小市街道邓超家庭获江苏省抗疫“最美家庭”称号。获南京市“最美家庭”10户。中央门街道刘武家庭、幕府山街道郭庆云家庭、宝塔桥街道恒盛嘉园社区家风家训馆，由市妇联利用广播访谈、网上云展览、微信推送等方式集中宣传。招募南京市家风家教宣讲志愿者10人，宝塔桥街道侍菲、中央门街道赵浣熊被南京市妇联聘为南京市家风家训宣讲志愿者。年内，成立南京市妇联家庭建设指导中心鼓楼分中心（鼓楼“五色梅”家庭建设指导中心）。

【“1234”工作法】 2020年，鼓楼区创新设计“1234”工作法。区妇联联合区委组织部下发

11月26日，鼓楼”五色梅“家庭建设指导中心揭牌仪式　区委宣传部　供图

《关于深化“党建带妇建”“妇建服务党建”推进全区“四新”领域妇联组织建设的工作意见》，抓住“四新”领域妇联组织建设主线，坚持党建引领，建立联席会议、妇建联系点等联动工作机制，各级妇联定期与党组织会商联办妇女工作问题和困难。建设鼓楼“五色梅”家庭建设指导中心和鼓楼区新时代文明实践中心示范点，促进“党建带妇建、妇建服务党建”，定期召开工作例会，建立妇女议事会制度，摸排研究妇女群众关心热点、难点、痛点问题解决办法。区街社共同强化妇联组织工作，建立“三八”红旗集体、巾帼文明岗等先进妇女团队与新兴领域妇联组织结对共建机制，实现组织联网、阵地联建、服务联通、活动联办、发展联姻；首创六级（全国、省、市、区、街道、社区）执委联动工作机制，认领社区妇女儿童项目70个。发动商圈职场女性、领军人才、创业女性和志愿服务女性力量，增强妇女组织凝聚力。至年末，新建新兴领域妇联26家、妇女微家26家，服务妇女群众1万余人次。

【区妇联二届三次执委会议】 1月7日，区妇联二届三次执委会议召开，会议选举卜凡林、于建民、李亚萍、陈昕、陈亚蕾、费晓晴、凌志7人任区妇联第二届执委，选举卜凡林、陈昕、陈亚蕾、凌志4人任区妇联第二届常委，选举陈亚蕾任区妇联副主席。会议总结2019年度工作，安排部署2020年工作任务。参加会议50余人。

【鼓楼“五色梅”家庭建设指导中心揭牌仪式】 11月26日在区举行。揭牌仪式现场，中心与区一鹿同心社会工作服务中心、南京为公法律咨询服务有限公司、区法院、小市社区卫生服务中心签约。中心旨在发挥鼓楼区志愿服务队力量，定期开展邻里守望、助老助残、帮困助教、文明引导等志愿服务活动。设计“家庭引领、家庭教育、家庭关爱、家庭服务、家庭支持”五大行动理念。至年末，中心开展各类活动3场。（陈俊英）

科学技术协会

【概况】 2020年，鼓楼区开展“科普学堂”专家报告会、“科学饮食进万家”、健康科普专家社区行、南京科协大讲堂、高质量发展科普报告会及科普大学教学立项活动等品牌科普活动99场。开展青少年夏令营活动13场，参加活动青少年近600人；参加第31届江苏省青少年科技创新大赛，获奖作品26件；参加第32届江苏省金钥匙中小学生个人决赛，获特等奖12人、一等奖39人、二等奖82人；组织近8000名重点人群参加南京市第三届全民科学素质竞赛活动，参与线上答题近10万人次，获南京市第三届公民科学素质网络竞赛优秀组织奖；注册“科普中国”App 3207人，传播量33万余次。制作新冠肺炎疫情防控科普挂图500份、抗疫手册2万份，开展抗“疫”助学、营养抗“疫”等系列活动8场次。是年，区科学技术协会（简称区科协）获中国科学协会“全国科普日”优秀组织单位称号，获江苏省科协“全省科协系统先进集体”称号和“县级科协创新发展能力提升计划”优秀单位称号。辖区米兰达视光学等6家科技馆被认定为江苏省科普教育基地，湖南路街道青岛路社区获批省科普益民计划项目。

【街道科协换届】 2020年，鼓楼区将街道科协换届列入年度重点工作。制订出台《鼓楼区街道科学技术协会实施〈中国科学技术协会章程〉细则》，印制街道科协换届工作流程及范文等规范性文件。加强与各街道联系、协调，完成全区13个街道科协换届工作。至年末，全区街道科协组织有科协委员186人，常委94人，其中“三长”（基层医院院长、中小学校长、企业董事长）科协副主席12人、“三长”科协委员79人，全区120个社区全部拥有科普工作队伍。

【鼓楼区第八届科普周暨全国科技工作者日线上活动】 5月30日启动，活动时间5月30日—6月5日。活动由区全民科学素质工作领导小组主办，区委宣传部、区科协、科技局、教育局、卫健委、生态环境局、应急管理局承办，江苏省科学传播中心、江苏科技报文化传媒公司支持。活动宗旨激励科技工作者和社会各界参与科技创新、普及科学知识，提高全民科学素质。活动主题“战疫情、保健康、促发展、惠民生”。活动日期间，开展“科学战疫”“美丽化学”“绿动环保”“应急科普”“云游科普”5个专题活动，参加活动20万人次。

【全国科普日活动】 9月17日在区开幕，活动时间9月19—25日。活动由区全民科学素质工作领导小组主办，区委宣传部、区科协、应急管理局、卫健委、红十字会、区消防救援大队、江东街道承办，江苏省科学传播中心、江苏科技报文化传媒公司、江东街道腾飞园社区协办。活动主题“决胜全面小康，践行科技为民”。市区领导，区科学素质领导小组成员单位领导和社区居民300余人参加开幕仪式。开幕式上，发布鼓楼区2020年全国科普日重点活动，表彰南京市第三届全民科学素质知识暨鼓楼区第七届网络科普知识竞赛优秀选手和优秀组织单位，举办应急科普文艺演出、应急科普展览和咨询活动。科普日期间，开展“诗词里的科学”网络挑战赛线下总决赛、“亮眼行动”线上直播等科普日主题活动10余项，各街道、社区、学校组织活动30余项，参与线上活动35万余人次，参与线下活动近2万人次。

9月17日，2020年鼓楼区全国科普日活动正式启动　　区科协　供图

【区科协二届二次常委会召开】 12月18日，区科协二届二次常委会在中国电力科学研究院有限公司南京分院召开，区领导及区科协常委35人参加会议。会议邀请南瑞国盾量子技术有限公司高级工程师冯宝讲授量子信息技术及其应用进展；分管副区长指导全区各级科协工作；区科协主席作《凝心聚力、创新实干，谱写服务鼓楼高质量发展新篇章》主题总结报告，回顾区科协全年主要工作和成效，部署2021年主要工作。会议收集推进区科协全面建设意见建议16条，增选区科协第二届委员会委员、常委4人。至年末，区科协委员会有常委35人、委员101人。　（陶　新）

归国华侨联合会

【概况】 2020年，鼓楼区巩固壮大海外爱国力量，加强联系交流，做好涉侨人员慰问、服务工作。推动欧美同学会工作稳步开展，走访调研鼓楼欧美同学会会长单位，成立鼓楼区海外联谊会（简称海联会）。加强基层侨联组织建设，在省市率先建立街道侨联党组织、侨联组织、侨胞之家“三位一体”工作模式，实现社区侨联组织全覆盖。联合南京

市侨联、区侨联、区司法局在新街口金轮华侨文化广场举办“侨法进广场”活动。是年，鼓楼欧美同学会（鼓楼留学人员联谊会）被评为南京市先进集体，张晓东、张亦佳被评为市先进工作者，夏凡、李庭恺被评为市优秀留学归国人员。

【街道和社区侨联组织率先实现全覆盖】 2020年，鼓楼区13个街道、120个社区率先在全省实现基层侨联组织全覆盖，其中凤凰街道侨联组织建设在全省率先同步建成侨联组织、侨联党支部和侨胞之家“三位一体”模式。年内，区侨联组织全区统战委员、统战干事以及29家重点涉侨社区负责人召开基层侨联组织建设推进（培训）会，要求逐步成立街道、社区、园区基层侨联组织；召开全区基层侨联组织建设现场观摩推进会，部署基层侨联组织全覆盖工作。10月17日，凤凰街道侨联第一次代表大会召开，该街道侨联组织、侨联党支部和侨胞之家揭牌，并向12家社区侨联组织授牌，成为全省首家推行“三位一体”基层侨联组织建设模式街道。

【“侨法进广场”法律宣讲活动】 5月29日在新街口金轮华侨文化广场举行。活动由市区侨联、区司法局联合举办，主题为纪念《中华人民共和国归侨侨眷权益保护法》颁布30周年。活动现场，市侨联发放侨法小知识圆扇和法律书籍。市区侨联法制宣传员及区同心律师服务团律师朱昱、陈建国、李晓霞、邹成勇、颜崇静5人现场提供法律服务，宣传和普及华侨、归侨、侨眷关注的涉侨法律问题，回答侨眷、市民有关归侨侨眷投资就业和归侨子女升学及留学等方面政策，就群众关心的房屋买卖、家庭矛盾、财产继承、合同纠纷等问题答疑解惑，近百位归侨侨眷和市民参与咨询。

（童　萍　章桥龙）

台湾同胞联谊会

【概况】 2020年，鼓楼区全面摸排核查台资企业44家，创造条件帮助企业复工复产。发挥文化资源优势开展对台交流工作，以南京天妃宫为依托，以“妈祖文化”为纽带，在天妃宫打造“台胞之家”，用于接待台胞到宁参观学习、开展文化交流、宣传惠台政策法规等。组织台商台胞联谊交流活动，增进大陆和台湾地区互信认同。是年，《台商同胞为武汉祈福》获2020年度全市台胞抗疫新媒体作品二等奖，《宁台携手共抗疫情》《台胞文创义卖》获2020年度全市台胞抗疫新媒体作品优秀奖。

【天妃宫“台胞之家”建成】 12月，鼓楼区天妃宫“台胞之家”建成。在天妃宫建“台胞之家”议案由区政协委员、南京天妃宫观音寺监院持如法师提出，区台办针对该提案，先后两次到访征询提案人，听取意见建议，共同商议“台胞之家”建设方案，研究运行机制和活动安排，推进“台胞之家”建设进程，搭建两岸交流融合平台和载体。“台胞之家”设有约80多平方米活动空间，内设会客区、展示区、交流区，集为台胞提供服务、开展活动、商务洽谈等功能于一体。天妃宫是妈祖文化重要载体，两岸民众有信奉妈祖共同文化基础，每年在此举办妈祖庙会都会吸引两岸信众共同参与，区建立“台胞之家”宗旨是为台胞在宁开展文化交流提供便利做好服务，把“台胞之家”打造建设成为两岸交流新平台，切实发挥为台服务作用，提升两岸基层民众交流深度和广度；对于推进两岸民间交流、融通两岸民心，加强两岸民众情感联系，增进两岸人民同宗同源历史认同，增进文化认同，推动对台统战工作开展均具有重要作用。

【鼓楼海外联谊会成立】 12月16日，鼓楼海联会成立大会暨鼓楼区投资环境推介会召开。省市委统战部、省市侨办，市台办、市侨联、市台联相关负责人，区有关领导、区有关部门及街道领导等150余人参会，海联会理事84人、海外顾问38人出席会议。大会通报鼓楼海外联谊会筹备工作报告，审议通过《鼓楼海外联谊会章程》《鼓楼海外联谊会第一届理事会组织架构和人事安排说明》和鼓楼海外联谊会第一届理事会领导班子，聘请名誉会长4人和海外顾问38人。海联会是开展海外联谊工作重要平台，参会人员表示将发挥区域和人才优势，加强交往交流，探索新途径，创造新契机，团结港澳同胞、台湾同胞、海外华侨华人及留学生，各尽其能、各展所长，在资金、技术、管理、人脉和发展诸方面实现最广泛联合，为促进祖国和平统一和中华民族伟大振兴、推进“强富美高”新江苏建设做出更多贡献。同期，举行鼓楼区投资环境和项目推介会。

（童　萍　章桥龙）

工商联

【概况】 2020年，鼓楼区工商联构建由13个街道商会、16个行业商会、9个异地商会、1个联合会和1个总商会组成的基层商会，有会员4154人。全区有民营企业7.2万家。年内，区工商联与市工商联、区投促局组成工作小组，分别赴上海、北京开展意向客商拜访活动，参观考察当地符合鼓楼区产业需求知名企业，对接洽谈投资项目。完成全区13家街道商会换届；挂牌成立小市街道招商中心；组织辖区25名民营企业家赴浙江义乌调研考察，与义乌市工商联开展座谈交流。区工商联与区法院联动搭建民营经济领域矛盾纠纷多元化解平台。联合区税务局、南京钢贸商会举办“支持疫情防控与复工复产税费优惠政策”宣讲会，指导企业做好疫情后期、账务处理。举办秘书长培训班2场。组织近60人参加民营企业调查点联络员培训，为近50家调查点企业授牌。至年末，全区有全国“四好”（班子建设好、团结教育好、服务发展好、自律规范好）商会1家、省级“四好”商会6家、市级“四好”商会20家，市级“四好”示范商会7家。

5月12日，区工商联（总商会）二届五次执委会在朗坤智慧园召开。

区委统战部　供图

【“四好”商会创建成果】 2020年，区工商联所属南京航运商会获2019—2020年度全国“四好”商会称号，区工商联所属南京钢铁贸易商会、区青年企业家联合会、区路桥商会等6家商会获2019—2020年度江苏省“四好”商会称号，鼓楼区新沂商会、诸城商会等20家商会获南京市“四好”商会称号。

【“云课堂”金融政策培训】 3月9—13日，区工商联联合中国银行、苏州银行、宁波银行、招商银行、建设银行举办“云课堂”金融政策培训周活动。培训周期间，每天邀请1位银行金融专家在线解读新冠肺炎疫情期间针对中小企业贷款政策、免息政策、政府补贴、业务办理指导、金融政策等专业知识。参与培训500人。

【工商联（总商会）二届五次执委会】 5月12日在区召开。会议通报《2019年度总商会财务报告》《鼓楼区工商联2019年及2020年一季度工作报告》，表彰抗击新冠肺炎疫情优秀企业及2017—2019年度光彩事业“先进商会”“先进个人”“先进企业”。区委统战部、区工商联主要领导及80余名执委企业代表参会。

【“传递关爱　共建和谐社会”慈善活动】 5月21日及23日，区工商联联合华侨路街道、湖南路街道、江苏洋河酒厂股份有限公司（苏酒集团）举办“传递关爱　共建和谐社会”慈善活动，20名民营企业家参加活动。活动期间，慰问华侨路街道居民10户，发放现金及生活用品1万元；慰问湖南路街道居民11户，发放现金及生活用品1.1万元。

【总部经济发展恳谈会】 （参见“服务经济”类目，第46页）

【特邀调解组织】 6月29日，区法院聘请区工商联为特邀调解组织并授牌。区工商联聘请10名区内非公经济人士、民营企业家、商会会长及法律

7月24日，“起业鼓楼　争创一流”——企业家主题教育图片展在鼓楼国家大学科技园开展　区委统战部　供图

参加。会上，区检察院通报2020年上半年区检察院工作情况，介绍检察机关工作职能，重点介绍坚持新冠肺炎疫情防控与检察工作两手抓、发挥检察职能护航民企发展、加大力度保护长江生态环境资源等方面工作。与会代表观看区检察院拍摄制作《长江生态环境资源保护》宣传片，并与企业家开展座谈。10月27日，区工商联携辖区10余名民营企业家代表参加“检察护航民企发展”检察开放日活动。活动观看长江保护宣传短片，区工商联与区检察院会签《关于建立健全检察机关与工商联沟通联系机制的实施办法》，区检察院检察长介绍检察院服务保障民营经济发展工作情况。

专业人士与法院驻庭调解员组成调解人才库。至年末，区工商联参与调解纠纷6起，召开化解纠纷座谈会2场次。

【“起业鼓楼　争创一流”企业家主题教育图片展】　7月24日在鼓楼国家大学科技园开展，展览时间7月24—26日。展览由区工商联联合南京财经大学、鼓楼高新技术产业开发区主办，起业家博物馆（南京）有限公司协办。展陈体现中国优秀传统商业文化、民营企业家实业报国精神、红色企业家初心与使命为核心内容的中国企业家精神内涵。展品由南京财经大学老师历经15年时间收集，近1500件实物藏品与中国企业家、中国经济相关；图片展板由南京财经大学12位本科生、研究生开发设计，涵盖300年历史及各行业企业家图片展板118幅。展览期间，接待参观近300人。

【第五期会长沙龙】　8月14日，鼓楼区工商联第五期会长沙龙暨银企交流会在华江饭店举行。沙龙由区工商联主办，中国银行南京鼓楼支行承办，区工商联（总商会）领导及各商会会长40余人参会。会议通报上半年工作情况，开展金融服务，企业家围绕习近平讲话精神开展座谈；区工商联党组与中国银行南京分行党委签订党建共建暨廉洁伙伴协议。

【检企共建】　8月27日，区工商联与区检察院联合举办检企共建会议，16名区内民营企业家代表

【与涟水县开展项目联建】　10月13日，区委统战部组队赴淮安市涟水县开展“万企联万村、共走振兴路”企村项目联建活动，41名企业家代表参加。参加活动人员考察部分农业示范园区，涟水县8个镇（街道）负责人分别带领意向性合作企业实地参观，洽谈合作事宜。10月16日，鼓楼区举行“万企联万村　共走振兴路”企村签约暨“消费扶贫”产销对接会。会上，涟水县扶贫办及高沟、红窑、南集、陈师、成集、梁岔、黄营和五港8个镇街推介农副产品及扶贫产品；鼓楼区组织30家民营企业与涟水县8个街镇签约合作。省农业农村厅、淮安市政府、鼓楼区有关领导等120人参加签约对接会。

【民营企业服务月】　11月，鼓楼区开展“民营企业服务月”活动。区工商联走访企业15家、商会2家，与8家企业开办座谈会。服务月期间，建立企业问题困难诉求数据库，推行“走访纪实+问题台账+上报解决”“一企一案”工作模式，梳理企业反映诉求，落实“精准施策”工作要求，及时上报解决走访中发现问题，收集整理并上报民企诉求18件。至年末，走访企业300余家，召开重点企业座谈会近40场，为打造最优营商环境提供有力支撑。

（牛　勇　付梦昕）

国资集团

GUO ZI JI TUAN

南京市鼓楼国有资产投资发展控股集团有限公司

【概况】 2020年，南京市鼓楼国有资产投资发展控股集团有限公司（简称国资集团）推进各项制度建设，健全并严格执行国有企业违规经营责任追究制度；严格监督工作责任追究，健全问责机制；先后制定《党委会会议议事规则》《董事会会议议事规则》等45项综合管理制度，形成集团制度汇编。注册成立南京盛世融合私募投资基金有限公司，开展私募基金及投资管理服务。注册成立南京盛世阅江物业服务公司，开展商业运营物业项目、房屋租赁等。与南京财经大学国际经贸学院、南京审计大学金融学院签署《教学实习基地合作协议书》。自主开展“踏石”安全行动，经营性房产安全巡查8次，年内安全零事故。全年，国资集团实现主营收入316.84万元，同比增长9.47%；净利润30.05万元，同比增长116.42%。至年末，国资集团本级总资产119.96亿元，负债86.85亿元，资产负债率72.4%，实现资产总额与利润双增长。集团主体信用等级获评“AA+”，评级展望为“稳定”。

【投资与管理】 2020年，国资集团制定公司财务金融相关管理制度，规范集团财务报销、投融资等管理。按照“一企一档”方法，建立健全集团管理全资、控股、参股企业基本档案。规范参股企业日常管理，维护国有股东权益，收回中源创投公司股本475.87万元，下关城开股利分红1120万元。推进江苏凤凰新华创意产业园股份有限公司、南京赛思特科技有限公司清算注销工作。

【主体信用等级获评“AA+”】 6月23日，国资集团取得中诚信国际信用评级有限责任公司主体信用“AA+”评级，为区属企业中首次获得。主体评级“AA+”代表企业偿债能力较强、受不利经济环境影响较小、违约风险很低，在资本市场竞争中具有较好融资优势，提高品牌竞争力和市场认可度，同时可在资本市场直接融资，助力集团拓宽融资渠道，为鼓楼高质量发展提供融资支撑。全年，为其他区属国企集团提供融资担保33.73亿元。

【内控审计】 2020年，国资集团拟定《2020年国资集团内部审计方案和实施计划》，审计控制制度、财务收支管理情况、预算编制与执行情况。7—8月，集团内部审计，并出具《内部审计工作情况汇报》，发现问题18项，制定《内审整改清单》，集团各部门自查自纠整改及优化，完成整改工作。

11月9日，鼓楼国资集团与南京财经大学国贸学院实习就业基地签约仪式
区国资集团　供图

【南京盛世融合私募投资基金有限公司成立】 5月，国资集团全资子公司南京盛世融合私募投资基金有限公司注册成立。注册资本1000万元，办公和注册地址鼓楼区玉宁路6号，所属行业商务服务业。经营范围为私募股权投资基金管理、创业投资基金管理服务。是年，开展私募基金管理人牌照申报工作，11人通过基金从业资格考试。设立公司组织架构、治理结构、内部制度，完成高管访谈、梳理高管从业经历，同时与中国证券投资基金业协会沟通申报事宜。与江

苏安立丰资产管理有限公司共同成立南京盛世安丰产业投资基金合伙企业，并完成工商注册。储备拟投项目，接洽医药、教育、房地产开发前融资、新旅游、新技术等行业投资项目19个，初次访谈项目13个。通过被投企业核心团队及管理团队访谈、实地调研、同行业企业咨询等方法，完成安保项目、房地产开发前融资、海纳项目尽调报告。

【南京盛世阅江物业服务公司成立】 6月，国资集团全资子公司南京盛世阅江物业服务公司注册成立。注册资本100万元，办公和注册地址鼓楼区玉宁路6号，所属行业房地产业，经营范围为物业管理、停车场服务、会议及展览服务、单位后勤管理服务、住房租赁、非居住房地产租赁等。

（徐　军）

南京新厦建设投资控股集团有限公司

【概况】 2020年，南京新厦建设投资控股集团有限公司（简称新厦集团）在建项目17个，其中新都市建设行动计划项目（含精细化建设、公共基础设施和政策保障性住房项目）7个、新基建项目1个、其他重点项目9个。项目建设规模增加104万平方米，完成投资15.7亿元。招标25项5100万元。制发新厦集团《组织与权责管理手册》，明晰子公司、部门组织架构及职责分工，完善制度8项。至年末，蔡家巷地块项目主楼二层结构、裙楼正负零结构完成；新兴路西延一期竣工、翠庭路二期南段道路工程竣工；金燕路西侧、金陵村象山地块保障性住房项目前期工作按时序推进，支护工程启动施工。全年，主营业务收入1127万元，同比增长69.56%，减亏30.65%。上缴税费162万元。

【北京西路燃气危旧管网改造消险完成】 3月6—27日，新厦集团完成北京西路燃气危旧管网改造消险。改造包括废除现状燃气铸铁管，新建DN500中压燃气钢管及低压支管2.95千米；改造雨水管道130米，处理道路病害5000平方米，路面重新罩面1.44万平方米。

【浦江东路道路命名获批】 （参见“都市建设”类目，第85页）

【新兴路西延一期竣工及更名】 （参见“都市建设”类目，第85页）

【翠庭路二期南段道路工程竣工验收】 9月18日，翠庭路二期南段道路工程竣工验收。工程南起北祥路，北至郭家山路，规划全长约460米，路幅宽24米。工程包括征收拆违、杆线迁移或下地、道路、排水、箱涵、路灯、绿化及相关附属配套设施等。工程立项投资8005万元（其中征收费用5000万元、工程费用3005万元）。2019年5月开工，根据城建计划及南京机电学院搬迁征收进度，2020年9月该道路南段可实施范围280米通车。

（王　乐）

【水佐岗15巷地块配套设施项目】 项目位于宁海路街道，东至水佐岗路、南至宁夏路18号住宅小区、西至马鞍山2号住宅小区、北至水佑岗路，功能为商业配套、文化、体育、卫生、养老、社区服务，重点服务宁夏路片区。占地面积1.75万平方米，其中建筑面积4.03万平方米（地上4层建筑面积1.64万平方米、地下3层建筑2.39万平方米），项目概算4.29亿元。2017年5月立项，2018年1月开工。至2020年年末，完成地下三层（即±0.00）主体结构。是年，项目获市智慧化差别化工地奖。

（王　乐　莫向中）

【中心片区环境品质提升工程】 2020年，鼓楼区中心片区环境品质提升工程完成346栋楼栋立面和10条街巷道路出新。工程范围涵盖“天目路、南京大学”两大片区。内容包括小区综合整治、主干道沿街立面整治、背街小巷沿线立面整治、街巷道路综合整治、游园绿地提档升级5个方面。改造建筑356栋（按门牌号统计），总建筑面积80.48万平方米，市政道路17条，根据后期深化，打造特色亮点，增加游园绿地3处（袁枚绿地、山阴路城市客厅，苏州路游园广场），总投资6.8亿元。工程2019年10月开工。

【历史遗留问题处理】 2020年，集团梳理清理债权债务、工程及经营遗留矛盾、资产处置矛盾等历史遗留问题110件，遗留问题处理领导小组明确工作流程，按照问题重要性和难易程度制订工作计划。至年末，遗留问题处理30件。 （王 乐）

南京鼓楼房产集团有限公司

【概况】 2020年，南京鼓楼房产集团有限公司（简称房产集团）制定《“三重一大”（重大事项决策、重要干部任免、重要项目安排，大额资金使用）决策制度暂行实施办法》等内控制度11项，统一实施集团部门及7家子公司薪酬绩效方案。承建重点项目10个，完成年度目标任务9个。持续推进地铁5号线福建路站征收项目实施。成立集团工会、鼓楼区政协委员“房产红管家”工作室。办理“12345”“96180”工单2720件，满意率92.71%。全年，集团营业收入7615.43万元，降本增效585万元，净利润201.2万元。

【自有资产运营】 2020年，房产集团汇总梳理到期房屋租金评估及合同续约自有房屋383处，签约156处，实收租金1325万元；公开竞价招租到期未签约房屋32处，成交18处，竞价总额45.37万元。

【公房管理】 2020年，房产集团公房管理5600余户41.3万平方米，实收租金752万元。完成房改购房159户，建筑面积7737平方米，售房款630.6万元。完成房屋修缮3050处。普查上海铁路局职工家属区“三供一业”房屋，接收家属区未房改自管公房产权移交房屋197幢1459套，建筑面积5.27万平方米。

【物业管理】 2020年，房产集团在管工人新村、建设新村、芦席营21号、鼓教新村、石头城新村、石头城公寓老旧小区6个，紫府铭局、宏景公寓商品房小区2个，金帆北苑、桥景苑、五塘和园保障房小区3个，鼓房大厦、鼓楼区人社局行政办公楼2处。年内，投入5万余元加装芦席营21号、石头城新村、石头城公寓3个老旧小区门禁系统。投入2万元修补小区绿化。新建集中充电桩53组（桥景苑8组、金帆北苑26组、石头城新村7组、石头城公寓3组、鼓教新村9组）充电位530个，联合社区、安监部门清剪电动车充电飞线380余条。专项整治在管小区楼道、车棚等公共区域11个，清理杂物120车次，废旧车辆580余辆。维修服务6000余次。

【老旧小区智慧化管理服务项目立项】 5月，房产集团老旧小区智慧化管理服务项目立项。通过招投标程序，确定南京国础工程技术有限公司中标。项目建设内容包含“智慧鼓房”App、数据中心机房工程、试点小区智能化硬件设施改造工程。年内，“智慧鼓房”App完成手机开门、在线缴费、维修房管员、积分商城等软件功能模块开发，导入试点小区约4100户房屋基础信息，实施软件功能测试并在安卓应用市场上架；数据中心机房工程建设完成；试点小区综合管线布置、智能化设备、单元门禁安装及小区控制中心改建工程完成。至年末，注册登记试点小区居民666户2140人，“智慧鼓房”App下载注册1598人，完成率96%，软件下载安装率75%。建设新村等3个试点小区启用智能化设备，小区智能化封闭管理落实。

【裕顺雅苑积淹水点整治建设工程】 5月1日，裕顺雅苑积淹水点整治建设工程开工，12月通过验收，总投资478.37万元。工程整治建设范围：裕顺雅苑龙江东河段，岸坡总长约250米。主要建设内容：更换雨水管104米，污水管268米；岸坡加固，裕顺雅苑龙江东河K0+380-K0+495段二级平台处用139根D500（桩身直径500毫米）灌注桩加固，K0+450-k0+465段现状地面增设12根D800（桩身直径800毫米）灌注桩加固。

【杏林新村积淹水点整治工程】 5月19日，杏林新村积淹水点整治工程启动，12月通过验收，总投资666.22万元。整治工程位于凤凰街道裕盛路和嫩江路路口东北角，包括裕盛路、湛江路至里圩河雨水管道及箱涵、小区原泵站及前池校核。新建污水管道591米、新建雨水管道1175米；新建雨水检查井111座、污水检查井66座；拆除原泵站并新建1座。6月入汛后，小区未发生大范围积淹水现象，实现整治目标。

【中山北路危房收购项目完成】 6月，中山北路危房收购项目全部签约，地块移交，征收完成100%。中山北路危房收购项目于2019年11月启动，项目包含中山北路152号、154号、156号，涉及居民10户，被征收房屋建筑面积349.07平方米。

【盘城2号地块经济适用房防水工程】 6月，盘城2号地块经济适用房防水工程开工。工程位于浦口区盘城街道，东至天华北路，南至孙家凹路，西至江北大道，北至丁解路，面积约10万平方米，工程造价544.78万元。工程内容：四标段防水工程。至年末，完成20%。

【河西片区二期清江南沟等五河流域雨污水管网清疏修缮工程】 9月启动。工程范围：政院新寓、东宝嘉景苑、清河新寓一村等53个片区。实施内容：河西北部地区雨污分流及水环境整治工程，清疏检测排水户存量管网53个片区，建设完善原项目建设范围外管网系统，整改错接混接等问题，改造面积1.55平方千米，总投资1.67亿元。至年末，完成45个片区，管道修缮4.36万米。

【消险加固直管公房20处】 2020年，集团消险加固中山北路247号、校门口19号、芦席营36号等20处直管公房，总投资1499.19万元，12月进入验收阶段。

2020年鼓楼区消险加固直管公房一览表

表38

项目名称	地　址	计划投资（万元）	面积（平方米）	房屋鉴定等级	房屋结构
消险加固工程	中山北路247号	220.09	1102.2	D级	1栋二层砖木
校门口19号等3处房屋消险加固工程	校门口19号	198.73	193.4	C级	1栋单层砖木
	校门口22号		336.3	C级	1栋单层砌体
	校门口26号		149.2	D级	1栋二层砌体
芦席营36号等6处公房消险加固工程	芦席营36号	337.59	136.2	C级	1栋单层砖木
	芦席营42号		269.9	D级	1栋二层砌体
	永新里1号		62.2	C级	1栋单层砖木
	永新里3号		240.8	C级	1栋二层砖木
	高云岭42号		159.1	D级	1栋单层砖木
	将军庙26号		493.1	C级	1栋二层砌体
石钟路1号等4处房屋消险加固工程	石钟路1号	343.07	177.5	D级	1栋二层砖木
	沈举人巷6-5号		307.9	D级	1栋二层砖木
	琅琊路6号		319.5	D级	1栋三层砌体
	陶谷新村4号-3		391.6	C级	1栋二层砌体
新河二村166号等6处公房消险加固工程	新河二村166号	399.71	15208.5	三级	6层砖混
	新河二村167号			三级	6层砖混
	盐东街26-2、26-3			C级	双层砖混（局部一层）
	二板桥514-1-10-27-30			C级	单层砖混
	二板桥512号			C级	单层砖混
	二板桥561号			C级	6层砖混
合计		1499.19	19547.4		

（黄　欢）

【颐和路民国公馆保护和利用项目征收完成】 2020年，颐和路民国公馆保护和利用项目征收完成。项目2019年12月启动，包含第十一片区和第十三片区。其中第十一片区：征收范围宁海路44～52号（双号）（含支号），宁海路等国有土地房屋，房屋建筑面积3634.27平方米，居民住宅75户、工企单位4家（军区总后勤部、鼓楼医院、省安全厅幼儿园、鼓楼房产经营有限公司）；第十三片区：征收范围江苏路20～30号，房屋建筑面积1.69万平方米，工企单位4家［南京市排水管理处、南京化学厂、南京公共交通（集团）有限公司、南京市房产经营总公司］。

【宁工新寓居民安置及房屋消险加固项目】 2018年，宁工新寓居民安置及房屋消险加固项目启动，分3期进行，下属子公司南京鼓楼房产经营有限公司具体实施。其中一期、二期涉及8栋C级房屋消险加固及450户居民安置，消险加固内容：承重墙拆改恢复、钢筋网墙加固、楼板注浆加固、基础打桩置换、倾斜房屋顶升纠偏，至2020年年末完成加固并交付居民。三期项目涉及6栋B级、6栋C级房屋消险加固及1100户居民安置，消险加固内容：公共部位修缮、承重墙拆改恢复、钢筋网墙加固6栋B级房屋；承重墙拆改恢复、钢筋网墙加固6栋C级房屋，2020年11月通过验收并交付居民，整改项目完成率95%。

【造漆厂棚户区改造项目】 2019年11月，造漆厂棚户区改造项目启动。项目东至姜家圩路，南至长江油运公司家属宿舍，西至热河南路，北至察哈尔路。征收涉及居民83户、工企单位8家，占地面积2.98万平方米，房屋建筑面积2.7万平方米。至2020年年末，剩余房屋面积约2000平方米、剩余非住宅1户，征收完成率99%。

【建宁西路过江通道江南连接线—主线隧道东延工程房屋征收项目】 6月启动。项目分A、B两个地块，其中A地块：东至金川河，南至大桥饭店、一江大厦等，西至北祖师庵，北至中国人民解放军总后勤部（第四一四医院）、长平路小学等；B地块：东至北祖师庵、南至仪凤广场等、西至大观天地、北至天妃宫等。房屋建筑面积1.1万平方米，土地面积7.1万平方米，居民121户，工企单位4家。至年末，搬迁28户，征收完成率22%。

（张　丹）

南京鼓楼城市管养有限公司

【概况】 2020年，南京鼓楼城市管养集团有限公司（简称管养集团）完成幕府西路等3座垃圾中转站改造、宁夏路10号地下停车场零星维修、清凉门桥下人行道改造等19个代建工程项目。持续加大精细化作业水平，推进智慧环卫平台二期建设，智慧化手环配备率100%。市环卫考核总扣分同比下降52.6%。机械化作业道路每日派单出车，并运用环卫智慧平台、车辆GPS等高科技手段，全天候检查作业时间、线路和质量，全面推行道路街巷机械化水洗水扫作业，主次干道机扫覆盖率100%。组建南京阅城环境建设有限公司，承接工程管理服务、物业管理、建筑垃圾处置等相关业务；组建南京玖生滢环保科技有限公司，承接城市建筑垃圾处置（清运）、再生资源回收（大件垃圾处置）等相关业务。承接区房产局、滨江管委会、区委党校3家单位拆迁垃圾清运，全年实际清运创收249.45万元。集团子公司中标区城市管理局主次干道道路保洁服务项目，合计中标价7501.34万元/年，服务期3年，占集团经营收入39.9%。引进阿里巴巴钉钉办公平台，搭建“全流程、全业务、无纸化”审批流程；成本控制招标供货商采购办公用品，降低办公耗材维修费等办公成本69.32%。全年，净利润702.45万元，上缴税费24.64万元，实现扭亏为盈。

是年，管养集团成立新冠肺炎疫情防控党员突击队，承担金舟花园、清河二村、三条巷30号小区等46个医学隔离观察点和467个非物管小区废弃口罩收运等生活垃圾处理任务，日均出动密闭垃圾收运车辆24车次、突击保障62人。集团下辖鼓楼环卫公司党支部被省住建厅授予疫情防控优秀基层党组织，滨江公司邹斌获市优秀共产党员称号。管养集团疫情防控工作信息获央视新闻网报道2篇、"学习强国"报道1篇,省电视台、龙虎网及《南京日报》等多家媒体专题报道36篇。

【鼓楼环卫】 2020年,南京鼓楼环境卫生服务有限公司(简称鼓楼环卫)在区市场化道路保洁项目中,中标上海路等47条主次干道道路保洁服务,中标价3246.55万元/年,服务期至2022年12月31日。推进垃圾分类"撤桶并点"工作,建立沿街店家"定时、定点"上门收集制度,市对区环卫专项考核中扣19.5分,同比下降63%。发布安全生产督查周通报40期,处理各类安全隐患301处。全年,总成本支出预算92%。收费2200万元,超3.7%完成年度收费任务。

【滨江环卫】 2020年,南京滨江环卫服务有限责任公司(简称滨江环卫)在鼓楼区市场化道路保洁项目中,中标建宁路等61条主次干道道路保洁服务,中标价4254.79万元/年,服务期至2022年12月31日。年内主抓精细化道路管理,清洗道路、街巷178条,平均每日清洗油渍62处,完成文明城市创建迎查保障任务。排查辖区内所有大小型餐饮店,报请执法队配合查处餐厨垃圾去向并安排专人上门服务,处理餐厨垃圾。全年收费总任务818.23万元。合同签订额513.05万元,完成率62.70%,签订餐厨垃圾合同58家,均120元/桶,至年末到账287.6万元,同比减少24.06%。

【安全生产】 2020年,管养集团建立"日检查、周通报、月考核"工作机制。全年,开展消防安全知识、特种设备教育、紧急救护健康知识、车辆安全驾驶等安全生产宣传培训12次,安全生产隐患排查15次并逐一整改,坚持"回头看";开展危险化学品安全风险排查和隐患整治2次,建立危险化学品安全风险分布档案;定期检查公厕、垃圾中转站等场所安全生产工作;与区消防大队结对共建并联合开展消防安全演练。全年,未发生(重大)生产安全和质量责任事故、(重大)环境污染责任事故。

【重要节点环卫保洁】 2020年,管养集团开展"晨光+星光行动""无尘行动""洗城行动",完成大气污染防治、防冻扫雪、文明城市创建、中央领导视察江苏、南京马拉松、南京大屠杀死难者国家公祭日期间重大环卫保洁任务。文明城市创建期间,帮助华侨路、宁海路街道3个社区开展全域道路、小区及楼道垃圾清理和水洗工作。全年,自有资金用于保障项目支出500余万元,保障国家、省级部门重点考核市区域空气质量指数检测合格。

【南京阅城环境建设有限公司成立】 5月,南京鼓楼城市管养集团有限公司(甲方)与南京润隆环保有限公司(乙方)共同投资设立"南京阅城环境建设发展有限公司"。注册及办公地址位于南京市鼓楼区幕府西路116号401室-341。注册资本280万元,其中,甲方认缴注册资本98万元、股权占比35%;乙方认缴注册资本182万元、股权占比65%。公司经营许可项目包括城市生活垃圾经营性服务、城市建筑垃圾处置(清运)、道路货物运输(不含危险货物)。一般项目包括工程管理服务、园林绿化工程施工、固体废物治理、停车场服务、

机械化作业 区管养集团 供图

物业管理、机械设备租赁、劳务服务(不含劳务派遣)。公司旨在整合辖区内资源,拓展区外市场,利于管养集团多元化布局,延伸环卫产业链,提升集团品牌影响力、综合竞争能力及盈利能力。全年,参与建设3个中标项目及零星工程建设,建成一类垃圾收集房105套、垃圾亭198套,总投资1800万元。与宝塔桥、中央门、挹江门街道签订物业小区项目13个,其中宝塔桥2个、中央门3个、挹江门8个。

【南京玖生滢环保科技有限公司成立】 8月,南京鼓楼城市管养集团有限公司(甲方)与南京润隆环保有限公司(乙方)共同投资设立"南京玖生滢环保科技有限公司"。注册及办公地址位于中山北路217号704室。注册资本500万元,甲方以评估报告上车辆、装备实物为投资,股权占比34%;乙方出资330万元,股权占比66%。公司经营范围包括城市建筑垃圾处置(清运)、城市生活垃圾经营性服务。一般项目包括再生资源回收(除生产性废旧金属)、资源再生利用技术研发。是年,完成鼓楼环卫公司委托收运小市街道建筑垃圾工作。

【垃圾分类末端收运处置】 7—9月,管养集团加速提升垃圾分类末端收处能力,完成3个标段垃圾分类点亭(房)347座建设。投入600余万元购置36辆收运车辆。出动车辆63辆150余人,每日定时分类收运全区912个小区1360余个点位垃圾,建立"13+13+7"(餐厨、厨余各13条机械化作业专线,7个作业部小型电瓶车托底保障)收运保障体系,每天平均收运生活垃圾750吨、厨余垃圾120吨、餐厨垃圾70吨,每日末端收运打卡率100%。同时,创新"ABC"垃圾分类质量评比,督促街道提升垃圾分类质量,合力推进全区垃圾分类水平提升。全市垃圾分类阶段性考核中,连续2个月位列第一名。

【2座泵站扩容改造工程】 12月,大陆门、金陵乡泵站扩容改造工程完工。该工程由区城管局监管,大陆门、金陵乡泵站扩容改造工程建设处承建,滨江环卫具体实施。工程立项1680万元,2019年11月开工。工程包括大陆门泵站由3.3米/秒提升至3.73米/秒、金陵乡泵站由6.3米/秒提升至10.3米/秒(含泵室西北侧新建2孔泵室);更换既有油浸式变压器2台,同步更换变压器高压侧开关,改造低压侧开关柜电气设备;更换进水侧拦污及清污设备、出水管闸阀、出水管口拍门及埋件等;房屋内外墙及檐口出新及更换内外门窗等。

【垃圾中转站升级改造工程】 12月,幕府西路、白云亭、凤凰新村3座垃圾中转站升级改造完成。工程投资1250万元(土建部分立项金额515万元,设备及安装为735万元),包括建筑改造出新、给排水和电气安装、更换垃圾压缩设备、先进污水处理系统、除臭系统、室外环境整治和其他附属设施建设等。同时增加先进污水处理系统,渗滤液经过微电解、催化氯化、水解酸化、兼氧、MBR(水处理工艺)处理,污水可达标排放至市政管网;增加除臭系统,采用综合工艺集成处理净化技术,包括低压电解氧化处理、空间气化、UV(除臭设备)光解、地面

餐厨垃圾处置　　区管养集团　供图

强氧冲洗，实现臭气处理达标排放。其中，幕府西路中转站为全区第二座厨余垃圾中转站，服务半径2.5千米，日转运量60吨。改造完成后，服务半径内厨余垃圾和其他垃圾转运能力明显提升，中转站减量化、资源化、无害化和安全处理能力提高。（杨君羽）

南京鼓楼水务集团有限公司

【概况】 2020年，南京鼓楼水务集团有限公司（简称水务集团）与南京大学环境学院联合申报省重点研发计划（社会发展）项目“水生态环境治理精准化与规范化关键技术研究与示范”、省水利科技项目“基于水地图的城市水系智慧管理技术研究——以南京金川河水系为例”，获批与南京大学宜兴环保研究院联合建设国家技术标准创新基地（水环境技术与装备），并获授牌。是年，水务集团完成工程项目12个，总投资8.6亿元。其中，市对区考核项目5个、新都市项目5个、区为民办实事项目2个。全年营业收入517.36万元，超目标79.02%；净利润28.77万元，超目标19.83%；上缴税费45万元。对外报送各类信息36篇，配合南京电视台录制鼓楼区《以项目建设为抓手推进“四新”行动》采访视频1期。在区政府门户网站等平台发布信息18篇，学习强国江苏学习平台发布信息1篇。

【排口整治整改】 2020年，鼓楼区投资600万元完成市、区下达紧急排查整改任务单23张，涉及排口及挡墙118处，排查管道2.36万米、疏通管道3000余米、临时设置截流设施15处、铺设维修管道50余米、维修检查井30余座。

【龙园中路草场门桥下积淹水点整治】 5—6月，鼓楼区实施龙园中路草场门桥下积淹水点整治工程。工程为区政府交办应急工程，概算金额194万元。新建雨水横截沟60米、排水沟440米、D（管径）300雨水连接管120米，龙园中路及周边道路DN（通径）300-DN1200管道清疏3500米；龙园中路雨水泵站进水池清淤100立方米，更换拦污格栅1台，新增检修口2个等。整治后，汛期未再发生积淹水。

【河西片区排水管网抽查检测工程】 5—7月，鼓楼区实施河西片区排水管网抽查检测工程。工程范围东和北至外秦淮河，南至集庆门大街，西至长江。工程包括正泰花园、金信花园、苏宁乐瑰园、长阳花园、新河苑等26个片区排水管网抽查检测，立项金额2524万元，面积1.07平方千米，管网排查142千米，其中雨水管道73千米、污水管道69千米。

【金川河流域片区排水管网抽查检测工程】 5—7月，鼓楼区实施金川河流域片区排水管网抽查检测工程竣工。工程位于金川河流域，包括钟阜路、金川雅苑、建工小区、金陵新八村、燕归园、小市新村等79个片区排水管网抽查检测，立项金额4220万元，面积2.59平方千米，排查管网251.4千米，其中雨水管道150千米，污水管道101.4千米。

【里圩净水站接管】 8月，水务集团接管里圩净水站。制定泵站值班人员岗位职责、操作规程、安全

整治后的金川河　　区融媒体中心　供图

生产制度，优化用药配比。刷漆防腐净化引水管道15米、排泥管道30米、送水管道25米以及高效净化器箱体100平方米，维护保养2台潜污泵，更换净化设施运行零配件，平整存药场地，检查和更换聚丙烯酰胺(PAM)加药泵。净化里圩泵站前池水，改善清江东沟补水及区域水环境，降低河水浑浊度。至年末，处理水量45.27万立方米，日均处理4666.5立方米。

【河西片区一期莫愁渠流域雨污水管网清疏修缮工程】 7—12月，鼓楼区实施河西片区一期莫愁渠流域雨污水管网清疏修缮。工程东起秦淮河，南至汉中门大街，西至江东路，北至凤凰西街。包括23个片区雨污水管网清疏、修缮、系统完善，概算金额7138.16万元，面积0.46平方千米。工程铺设管道23.4千米、清疏雨污水管网65千米、修缮检查井160处(座)、系统完善58处。

【惠民河南闸泵站前池水环境提升工程】 7—9月，鼓楼区实施惠民河南闸泵站前池水环境提升工程。工程南起外秦淮河，北至长江，总长3千米，其中惠民河南闸泵站前池段长153米。包括水闸工程、清淤疏浚、生态修复3个方面，更换可调控钢坝1座，清淤疏浚3000立方米，生态修复400立方米，工程总投资576.63万元。

【下圩河水环境提升工程】 7—12月，鼓楼区实施下圩河水环境提升工程。工程南起集庆门大街，北至法斯克热源泵站，全长793米，包括清淤疏浚、生态修复、智慧河道工程等3个方面，总投资735.33万元。工程清淤6588立方米，安装微纳米曝气设备8台、水质检测仪1台、800万像素视频监控3处，种植水生植物1.45万平方米。

【河西北部龙江片区大循环引补水工程】 12月，河西北部龙江片区大循环引补水工程竣工。工程位于下圩河河道蓝线范围内，南起集庆门大街，北至长江。工程包括：新建下圩河内江水沉淀池预处理设施，设计规模5万吨/天，并配建相应附属设施，概算金额5892.83万元。2019年10月进场施工，2020年9月底完成通水试运行。河道整治工程完成清淤2200立方米，土方开挖4.48万立方米，铺装雷诺护垫903.9立方米，造自嵌式挡墙443.46立方米，液压式卧倒式拦水坝3座。水处理工程完成明挖管道Φ800球墨铸铁管378米，顶管Φ1200钢管696米，泥浆处理间及加药间1座，配备污水处理药剂(PAM)加药装置2台、污水处理用碱(PAC)加药装置1台、叠螺浓缩脱水一体机2台、无轴螺旋式输送机1台、斗式提升机1台、污泥搅拌机1套，出水池1座，配备潜水泵3台、粉碎格栅1台，工作井(阀门井)1座、混合器井2座、电磁流量计井2座，砌筑阀门井6座。景观绿化工程栽植乔木234株，灌木3051平方米、草坪花卉7097平方米，C30砼路200.49平方米，透水步道1193.07平方米，花坛1座，树池3座，挡墙76.46米，休息座椅9座。

【外金川河流域雨水管道清疏排查工程】 12月，外金川河流域雨水管道清疏排查工程竣工。工程位于外金川河流域(不含下关滨江商务区)，东起鼓楼区区界，南至外秦淮河、城北护城河，西至下关滨江商务区，北至长江，面积1936公顷，立项金额7580万元。工程包括清疏道路下雨水管道及附属设施，摸排雨水管道并修正管线测绘图，探明雨水管道破损点和混接点及破损的附属设施改造等。2019年12月进场施工，2020年年末，完成189条道路清疏排查雨水管道166.8千米。

【外金川河流域雨污水管网清疏修缮一期工程】 工程东起金燕路，南至护城河南路，西起姜家圩，北至燕江路。实施范围为金陵新五～七村、宝象花园、滨江中学、新民村、滨江西园、卢龙山庄、建宁新村一～三村、光夏新村、五所村、桃花源居、金陵新三村、四村16个涉及外金川河流域片区，面积0.50平方千米，概算金额7959.34万元。实施内容包括：现状片区管网摸查及CCTV检测，清疏雨污水管道及化粪池，更换和清疏结构性及功能性缺陷严重管道，切换错接、混接点，系统遗漏整改；配套改造条件具备片区南阳台排水立管；改造片区积淹水；节点井标识，恢复相关道路、绿化和部分小区配套设施。工程于2019年12月启动，至2020年年末，完成管道铺设27.5千米，主体工程竣工。

【内金川河流域雨污水管网清疏修缮一期工程】 工程东起金贸大街，南至湖南路、水佐岗路，西至虎踞北路，北至内金川河。实施范围为工人新村、青石街、长江新村、南京邮电大学及宿舍、钟阜路28号、新模范马路9号、南京工业大学建工学院小区、南京财经大学、西瓜圃、三牌楼大街、东庙峰庵、西庙峰庵、福建路14号、红庙巷及红庙巷12号、解放军陆军指挥学院干部住宅区、鲁迅园等18个涉及内金川河流域片区，面积0.81平方千米，工程内容雨污水管网清疏、修缮、系统完善，概算金额8927.63万元。工程于2019年12月启动，至2020年年末，完成管道铺设24.08千米，主体工程竣工。 （朱艳艳）

南京市鼓楼高新科技发展集团有限公司

【概况】 2020年，南京市鼓楼高新科技发展集团有限公司（简称高科集团）根据《南京高新区深化管理体制改革实施方案》和《鼓楼高新区深化管理体制改革实施方案》精神，明确由区国资办授权，高新区管委会履行高科集团出资人全部职责，按照“一管委会一公司”要求，实行高新区和高科集团一体化运作。全年在建项目5个，投资9524.4万元。投入700万元，完成鼓楼创新广场展厅建设，并承担接待参观任务。投入400余万元，修复改造南京国际服务外包大厦庭院绿化并通过验收。开展招商活动3场，直进“创业南京”人才项目市级评审1人。完成南京旭航网络科技有限公司工商注册，实际内资到账1620万元。是年，高科集团营业收入2.04亿元，净利润1637万元，经营指标利润实现正增长，国有资产保值增值率104%。新冠肺炎疫情防控期间协调办理园区50余家企业复工复产手续；减免中小企业租金327万元。

【投融资】 2020年，高科集团聚集科技创新资源，投入1100万元参与南京芯谱视觉科技有限公司、江苏旭航新经济科技有限公司等4家新型研发机构投资。拨付扶持资金2536万元，对接社会资本，成立汉理科创新消费投资基金、江苏天稻教育产业基金、南京市人才创业基金。参与江苏依图医疗科技有限公司、创业黑马科技集团股份有限公司等项目洽谈，完成招商信息23条，亿元签约项目1个。子公司南京鼓楼创新广场建设发展有限公司与宁波银行签订贷款协议，新增项目融资2.5亿元；与宁波银行和紫金农商银行签订利率转换协议，降低融资成本。管理参股企业投资，1家参股企业实现分红170万元，上缴国有资本经营收益20万元。

【智梦园5G智慧园区建设完成】 2020年，智梦园5G智慧园区建设完成，由中博信息研究院有限责任公司投资建设。运用5G新一代信息通信技术，升级智梦园园区信息基础设施和公共服务体系，完成智慧路灯、智慧喷灌、智慧停车，5G应用场景展示大厅建设，实现5G网络全覆盖，投入资金1900万元。该项目被列入“四新”行动新产业项目、全市智慧社区应用场景项目。

【鼓楼创新广场充电桩项目完成】 4—5月，高科集团投入资金94.4万元，在鼓楼创新广场H2楼500平方米空余屋面，新建10个60千瓦直流充电桩和40个7千瓦交流充电桩，年耗电量15.84万千瓦时，能源转换率92%，有效充电量14.57万千瓦时，折合标准煤19.47吨。该项目列入“四新”行动新产业项目。

【锦江路南延（北段）工程竣工】 12月，锦江路南延（北段）工程竣工并通过验收。工程2019年12月开工，为“四新”行动新都市项目。工程南起集贤路，北至集圣路，全长505.97米，规划红线宽度24米，设计时速30千米，投资3195万元。主要相交道路：集贤路（现状）、水西门大街（规划）、集圣路（规划）。 （方　捷）

【智梦园硅巷出新提升工程竣工】 12月，智梦园硅巷出新提升工程竣工并通过验收。该硅巷位于古平岗4号。8月工程开工，投入资金4120万元，改造面积4.5万平方米。包括维修改造智梦园内ABC座3栋办公楼原有地面、墙面、屋面等；卫生间、电气、给排水、消防和屋面改造，外墙出新；3栋楼公共区间楼地面、墙柱面、天棚、门窗、油漆涂料及其他零星工程；园区内景观提升、道路改造、园区内给水主干管网改道、新增路灯、停车位；配置消防器材、监控报警等设备设施。

（方　捷　徐惠子）

南京鼓楼文旅集团有限公司

【概况】 2020年，南京鼓楼文旅集团有限公司（简称文旅集团）打造智慧园区体系，引进新兴文旅产业和优质企业落户鼓楼；与江苏省中国画学会、安徽大别山旅游发展公司签约文旅融合项目，共同打造“艺术鼓楼，红色鼓楼”旅游品牌。推进《南京条约》史料陈列馆展陈提升及养护出新工程、白云亭文化艺术中心二期（区档案馆）项目和宝船厂海上丝绸之路申遗工作。实现营业收入2621.94万元（含疫情减免房租232.64万元、承担白云亭一期项目专项债利息263.89万元），完成目标值93.64%，上缴税费254万元。

年内，文旅集团完成旅游公司支部、白云亭支部、天妃宫静海寺联合党支部转隶；改选鼓楼公园、乌龙潭公园、旅游公司和白云亭公司党支部，形成集团公司“1个党委+6个支部”党委组织架构。建立文旅集团中层后备干部梯队。成立文旅集团工会委员会，并召开第一次会员代表大会，倪炜当选为第一届工会主席。制定《财务资金管理办法》《集团监管事项细则》《薪酬管理制度》等制度，并形成制度汇编。刊发《工作简报》9期，推行“红黑榜”公示机制。举办“文都慧石”鼓楼高地艺术展，参加第17届南京国际梅花节“双梅展”等主题文化活动8场次。天妃宫民俗馆创成省A级民俗场所。

【南京下关区旅游开发有限公司更名】 2020年，根据南京市鼓楼区市场监督管理局公司准予变更登记通知书（01066181）公司变更〔2020〕第05220003号文件，文旅集团下辖原南京下关区旅游开发有限公司更名为南京鼓楼旅游运营管理有限公司（简称运营管理公司），法人由运营总监辛维娟变更为执行董事娄旭艳，公司职能由旅游开发转为旅游运营管理，承担区旅游板块运营管理职能。是年，营业收入825.26万元。公司获评江苏省文明单位、2018—2020年度省厂务公开先进单位。

【游园环境质量提升】 2020年，文旅集团提升游园环境质量，在宝船厂遗址公园制作大型文明宣传栏橱窗3个，文明标语宣传小品21处，东广场社会主义核心价值观小品1处，各类文明宣传公益广告25处，规范上墙行业制度，设置1米间隔提示标语1处。完善鼓楼公园垃圾分类收集设施，垃圾分类宣传与培训5期27人，修缮及综合整治鼓楼公园环境，督促做好古建筑动态保护监测。乌龙潭公园实施绿地精细化管理，补栽乔灌木1350株，修复道路48处，修整出新公园景点4处。古林公园改良牡丹园花池土壤，栽植牡丹300多个品种4500多株，整治黄土裸露1650平方米，完成东大门景观更新改造。

【景区服务能力建设】 2020年，文旅集团增加游客服务中心功能，其中鼓楼公园游客中心新添置茶水柜2个，新增书报栏、党群服务站、旅游志愿者服务站各1个。乌龙潭公园新增母婴室1间。开通阅江楼微信公众号门票预约功能，增设南京市游园年卡销售、开卡专用窗口，全年售、开卡约2000张。宝船厂遗址公园完善突发事件应急管理体系，安装自动体外除颤器等现场急救设备，邀请中国红十字应急救护培训导师培训初级救护员，18名参训人员考试合格并获“初级救护员”证书。

【安全生产】 2020年，文旅集团落实全员岗位责任，加强企业安全文化建设，注重从业人员经常性安全生产教育培训，安全隐患自查自纠4次，查出安全隐患54处，应改尽改52处，制定防护措施和配备防护物资2处。开展应急演练7次210人参与，制定各类应急预案11个、增设配齐救援器材14处，全年区旅游景点实现安全生产零事故。

8月20日，南京鼓楼文旅集团与南京君通华江饭店有限责任公司签订华江商务楼租赁合同　　区文旅集团　供图

【新兴文旅项目落地】 2020年，文旅集团与江苏尔安健康管理有限公司、南京斯达派克体育科技发展有限责任公司签约，引入新兴文旅产业项目。其中，九州奇士赛项目落地宝船厂遗址公园，项目旨在弘扬全民健身、开发青少年身体素质及潜力，其独特创意获政府部门支持和专家认可，被列入南京市市级高层次人才项目；星空球场体育公园项目落地古林公园，项目采用无人值守模式，以现代化街头风格提供足球、篮球、网球、攀岩、轮滑等体育运动，供市民游客锻炼身体和休闲娱乐，同时开展青少年网球、篮球等技能培训。

【白云亭文化艺术中心二期（区档案馆）项目建设】 该项目占地面积5700平方米，总建筑面积2万平方米。采用预制装配技术设计建造，预制装配率84.7%。项目地下2层、地上6层，功能为区档案馆和白云亭文化艺术中心（综合文化活动中心）。分设档案馆业务用房、综合文化活动中心用房、办公用房、配套车库及设备用房，总投资1.55亿元，项目2018年启动建设。至2020年年末，进入装修阶段。

【陶瓷非物质文化遗产传播基地项目签约】 6月22日，文旅集团完成宁海路25号（载体面积491.61平方米）承租工作，引进“珠山·陶瓷文化艺术交流中心”项目，并与项目主要运作方南京珠山艺术品有限公司法人签署亿元项目协议。该项目拟与文化旅游结合，在区打造“陶瓷非物质文化遗产传播基地”。运用宁海路周边人文环境优势，以本地居民和部分旅游人群为主要服务对象，建成陶瓷文化展示交流中心，将中国陶瓷文创产品扩展到全国和世界旅游市场，打造全球陶瓷文化创意产品第一品牌。至年末，房屋内部装潢完成，步入运营。

【华江商务楼承租】 7月，文旅集团通过投标，取得华江商务楼租赁运营权。8月，与南京君通华江饭店有限责任公司签订华江商务楼租赁合同，租赁期5年，自2020年8月20日起至2025年8月19日止。至年末，招商入驻企业5家并完成合同签订。

（王　楠）

南京鼓楼产业服务集团有限公司

【概况】 2020年，南京鼓楼产业服务集团有限公司（简称产服集团）成立2家全资子公司，参股成立3家混合所有制公司，形成“1+3+N”集团规模。年内，产服集团开展城市载体更新、商业会展策划、城市生鲜供应链3项服务。首创“餐饮复业保障险——康保保”项目，在小市街道试点AI智能语音系统，助推企业复产复工。完成招商信息采集20条，引进企业8家，协助省工程师协会落户鼓楼，实际利用内资1亿元。完成湖南路街道首批5

处经营性房产交接和招租，完成率100%，租金收入增长22.6%。是年，产服集团营业收入2155.52万元，净利润2.14万元，提前2年实现集团利润回正，上缴税费20.67万元。

【城市载体签约招租】 2020年，产服集团年度收纳产业载体面积1.6万平方米，在手控制载体面积2.4万平方米。洽谈华扬大厦、华瑞医疗产业园区、华江商务楼、丁山宾馆等产业载体项目。7月，完成华扬大厦1.1万平方米（中石化华东石油局所属资产）载体签约。盘活闲置载体，完成华瑞医疗产业园区（0.67公顷工业用地、5200平方米载体楼宇）20年租赁项目签约并通过市场化招租，完成园区整体出租。南京站北广场7000平方米地下商铺首期文玩街项目打造完毕，招商完成率超80%。

【商业会展服务】 2020年，产服集团打造会展运营平台，建立会展服务商数据库，通过集成运营服务板块，获取市场优质服务资源。与区内有关单位密切对接，完成各类会展服务协办工作，做好政府与市场对接"转换器"。全年配合区商务局、文旅局、统计局、人社局、小市街道、凤凰街道等，上海、杭州、广州项目推介会，及南京"金洽会"鼓楼专场服务各类招商、专题活动9场次。

【"餐饮复业保障险——康保保"项目】 3月13日，产服集团在环宇城举行新闻发布会，首创推出"餐饮复业保障险——康保保"项目，助推餐饮业复产复工。该保险由产服集团联合中国人民财产保险股份有限公司南京市分公司，在区市场监督管理局、凤凰街道指导下推出，为就餐消费者、从业员工、餐饮业主3个客户群提供疫情保险保障，保险费用由餐饮单位根据实际情况分档购买。投保餐饮单位就餐消费者，保险公司提供最高1万元保险保障，最低保费180元，保障赔付限额20万元；投保餐饮单位从业员工，保险公司提供最高1.4万元保险保障，最低保费40元；投保餐饮单位，保险公司提供最高10万元保险保障，每家店铺保费2000元。"餐饮复业保障险——康保保"在行政监管手段基础上，引入市场化思路，利用保险设计，由保险公司承担总风险，餐饮单位承担保费支出，消费者、员工、餐饮单位合法权益得到保障，从而解除餐饮单位和消费者后顾之忧，促成餐饮业加快复工复业。项目初期在狮子桥地段开展试点，南京匡记狮子楼餐饮管理有限公司（简称狮子楼餐饮）、南京吉之香餐饮管理有限公司、南京坝河餐饮有限公司首批参保。至年末，狮子楼餐饮、凤凰街道环宇城和龙江新城市商圈等46家餐饮企业参保。

【全资子公司成立】 4月，南京鼓楼产服科创服务有限公司成立。企业性质：有限责任公司。注册资金300万元，注册及办公地址：南京市鼓楼区中山北路540号下关大厦。主营业务：信息技术、知识产权、软件开发、创业投资等。10月，南京慧荃贸易有限公司成立。企业性质：有限责任公司。注册资金2000万元，注册地址南京市鼓楼区五所村406号-6。办公地址：南京市鼓楼区中山北路540号下关大厦。主营业务：大宗商品贸易等，年内完成内贸交易额1700万元。至年末，产服集团有子公司3家。其中，南京鼓楼商业服务有限责任公司于2019年12月成立。企业性质：有限责任公司，注册资金100万元，注册及办公地址：南京市鼓楼区中山北路540号下关大厦。主营业务：房屋租赁、会务会展服务等。

（施　畅）

南京鼓楼滨江建设发展集团有限公司

【概况】 2020年，南京鼓楼滨江建设发展集团有限公司（简称滨江集团）制发《滨江集团工程项目管理考核管理办法》《滨江集团工程成本管理办法》等10个工程管理、行政管理、党建管理制度，及《财务综合管理办法》《财务支出管理办法》等4个财务专项管理制度。成立鼓楼滨江建设发展集团商业管理有限公司，为全资子公司，注册资金50万元。围绕鼓楼滨江区域建设发展平台，打造“南京新外滩”。承担区国资办下达考核指标三大类41项、区投促局下达指标3项。承担各类重点项目32个，总投资约8亿元。完成大桥公园环境整治一期、荣华码头、大唐东路、大唐中路项目。南京港总部大楼交付、商埠街项目复工按序推进。开展安全专项检查16次，召开安全生产工作会议12次，安全预案应急演练3次，安全教育培训4次，全年未发生安全事故。贯彻落实《鼓楼区应对疫情支持企业稳定发展的若干措施》文件精神，为符合条件入驻企业减免租金201万元。至年末，经营收入3.09亿元，同比增长16%（市场化经营收入230万元，占全年经营收入0.75%），净利润4923万元，同比增长5%。总资产145亿元、总负债80亿元、净资产65亿元，资产负债率55%。

【航运中心一期载体入驻率50%】 2020年，滨江集团把提升航运中心“签约率”“入驻率”作为首要目标，推进武汉长航系统各单位置换、永宁街商铺运营招租、边检等管理机构进驻、前期签约客户入驻办公等工作，提高航运产业集聚度。是年，引进南京市金法槌科技服务有限公司、中信银行阅江楼支行、华泰证券城北营业部等8家单位，年去化8188平方米。航运中心一期载体租售率90%，实际入驻率50%，年销售、租赁回款8100万元。

【航运中心“全产业链”服务】 2020年，滨江集团构建“全产业链”式项目，服务航运中心入驻企业。通过市场化合作打造滨江共享餐厅、滨江图文广告共享服务中心、滨江共享球场。共享服务中心为入驻单位提供打印、复印、办公用品采购等一些列服务；C座公共区域，设立羽毛球场和乒乓球台，免费为入驻单位提供运动场所；共享餐厅8月开业，解决11家入驻单位就餐问题，每日平均用餐700人次。

【南京鼓楼滨江建设发展集团商业管理有限公司】 1月20日成立，为滨江集团全资子公司，注册资金50万元。经营范围：物业管理、广告运营、餐饮服务等。全年，为航运中心入驻单位提供服务，包含滨江共享餐厅运营、滨江共享图文运营及长航中心物业管理，经营收入91万元。

【荣华码头景观提升工程】 3—6月，滨江集团实施荣华码头景观提升工程，总投资260万元。项目位于滨江风光带宝船公园段。工程包括平台修补1000平方米，灯光亮化250米，新建江豚雕塑6座、景观大门1个等配套附属设施。

荣华码头江豚雕塑　　区融媒体中心　供图

【招商载体集中签约】 3月27日，滨江集团举行2020年招商载体集中签约仪式，南京江豚保护协会、中博信息技术研究院、中交三航局第三工程有限公司、味真餐饮、便利蜂商贸有限公司、江苏速仕通信息科技有限公司、分众传媒控股有限公司7个项目签约，涉及生态保护、教育培训、餐饮超市、楼宇配套等领域。

【复兴北路一期新建工程】 4月，复兴北路一期新建工程开工，项目东至规划东炮台街，西至江边路，全长92米，路幅宽18米。工程包括道路、排水、路灯、绿化、交通等，总投资382万元，至年末完成70%。

【象山路东段及燕江路中段养护出新工程】 7月，象山路东段及燕江路中段养护出新工程完工。项目东起燕江路，西至象山路，全长约1100米，总投资1500万元。工程包括车行道出新、窨井及雨水井盖更换，局部雨水管道维修、沿街店招店牌出新，沿街围墙整治出新、过街弱电管道预埋等。

【洪池路新建工程】 8月，洪池路新建工程开工，项目东至规划东炮台街，西至江边路，全长147米，路幅宽18米。工程实施内容包括道路、排水、路灯、绿化、交通等。总投资860万元，至年末完成70%。

【滨江渠北渠一期工程】 9月，滨江渠北渠一期工程开工，项目位于中冶01-12和01-16地块之间，呈东西走向，西起江边路，东至规划滨江路，与滨江路西侧河道相接，长186米，设计上口宽度20米，河道蓝线宽30米，水域面积2581.6平方米。工程包括土方开挖、支护加固、护底护岸、绿化景观、亲水平台、城市小品、水生态建设及排水工程等，总投资1910万元，至年末完成30%。（季 玮）

【《南京条约》史料陈列馆展陈提升及养护出新工程】 6月，《南京条约》史料陈列馆展陈提升及养护出新工程立项，10月开工。工程位于建宁路288号，东接护城河、南至建宁路、西至大观天地、北至郑和北路，占地面积1.5万平方米。工程包括展览陈列提升：展陈大纲撰写、展陈设计，展示厅、公共功能区和连廊室内工程等，提升室内布展面积2320平方米。建筑养护出新和周边环境美化：其中建筑养护出新面积约4700平方米，亮化工程、雨污水管道维修疏通、电力增容、智能化系统、安防系统、暖通工程、消防设施等。总投资5949.92万元。至年末，展陈大纲和设计版式按序推进，养护出新完成96%。（王 楠 季 玮）

【江边路东延工程】 10月，江边路东延工程开工，项目东起规划东炮台街，西至复兴南路，全长120米，路幅宽18米。工程实施内容包括道路、排水、路灯、绿化、交通等。总投资868万元，至年末完成20%。

【南京港集团总部大楼项目】 10月，南京港集团总部大楼竣工。项目位于公共路南、北两侧，分南北2栋（NO.2010G32地块08-08、08-22地块项目），占地面积1.27万平方米。2栋100米综合楼，总建筑面积11万平方米，其中南楼5.7万平方米，北楼5.3万平方米。2015年5月开工，总投资15.31亿元。

【大唐东路建设工程】 大唐东路项目北起建宁路，南至中山北路，全长530.7米，道路规划宽度14米。工程包括道路、排水、管线、绿化、路灯、交通及相关附属配套设施建设工程，投资1214万元。2016年6月开工，至2020年年末，完成9%。

【大唐中路建设工程】 东起郑和中路，西至大唐西路，道路全长476.41米，其中大唐西路至大唐东路段道路红线宽14米，大唐东路至郑和中路段道路红线宽18米。建设内容包括道路、排水、管线、绿化、路灯、交通及相关附属配套设施建设工程，总投资1350万元。2019年3月开工，至2020年年末，完成进度70%。

【滨江区域环境品质提升工程】 12月，滨江区域环境品质提升工程完成。工程全方位立体性景观提升渡江胜利纪念馆（含红云桥）、中山码头、宝塔桥3个点位以及江边路沿线，优化滨江岸线核心区域环境面貌。工程包括道路、绿化、建筑出新，城市家具添置，环网柜格栅装饰，旅游户外导视牌等，投资3128.4万元。

【区融媒体中心工程】 12月1日，区融媒体中心工程开工，项目位于鼓楼区山西路120号成套大厦11层，工程包括室内装修施工、水电施工、智能化工程施工、办公家具、材料及设备采购，装修面积约500平方米，总投资499万元。至年末，完成70%。

（季 玮）

街道

JIE DAO

华侨路街道

【概况】 华侨路街道地处鼓楼区东南部、新街口商圈西北角，东至中山路、广州路、上海路，南至汉中路，西至秦淮河、明城墙、石头城风光带，北至北京西路、虎踞路、汉口西路，区域面积3.64平方千米。下辖7个社区，户籍居民2.37万户6.85万人。街道办事处驻牌楼巷55号。

2020年，华侨路街道完成地区生产总值258亿元，同比增长6.3%；限额以上社会消费品零售总额71.09亿元，同比增长30.2%；完成全社会固定资产投资3.33亿元；一般公共预算收入37.38亿元，同比增长8.5%；城镇居民人均可支配收入同比增长4.9%。办理政务工单8906件，办结率100%。是年，华侨路街道获中国红十字会表彰"抗击新冠肺炎疫情暨红十字应急救护知识竞赛"单位组织奖二等奖，获南京市第四次全国经济普查工作表现突出集体称号；街道城管科获南京市总工会2020年"南京市工人先锋号"称号；金陵汇红色街区党群服务中心获江苏省妇联授予江苏省三八红旗集体称号。

【经济发展】 2020年，华侨路街道坚持"两手抓，两手硬"，疫情防控不松懈，提升经济不松劲。举办三区跨界"初心论坛"第二辑活动、"四新"行动项目发布会和"爱在母亲节、助力新消费"广场活动，参与企业约40家。主要GDP指标从第三季度开始逐渐实现由负转正。全年，街道实际使用外资1200万美元，实际利用内资7.19亿元。新增高新技术企业4家。新增市级高层次创业人才2人、创新型企业家1人。有效发明专利1349件，PCT(专利合作协定)专利申请14件。完成技术合同交易额9.59亿元；签约项目投资总额43.5亿元。年内，辖区南京我爱我家科技信息有限公司被认定为市级总部，金陵饭店获2019年度"江苏省省长质量奖"，大地集团获评"江苏出省施工先进单位"称号。

【环境治理】 2020年，华侨路街道拆除违建174处1581平方米。督促与协调7处10栋危房消险整改。整治背街小巷2条(大锏银巷、沈举人巷)，出新整治老旧小区2个(北京西路79号、南东瓜市12-16号)。完成上海路77～89号中心片区整治，惠及居民1075户。实施垃圾分类片区92个，全街垃圾分类全覆盖；建成56个片区59处亭(房)，全部投入垃圾分类使用。完成"回头看"整治餐饮店376家，完成59家大型餐饮店家、机关单位及中小学食堂安装油烟在线监测设备。管控在建工地扬尘9家，督促7家在建工地安装TSP监测设备。落实河长制，加大退捕禁捕宣传与巡查，河长巡河337次。应对特大汛情，围堰抢修石头城片区3次。

【民生保障】 2020年年末，华侨路街道有最低生活保障家庭(简称低保家庭)163户223人，发放低保金199.8万元、苏果券救助金35.14万元；最低生活保障边缘家庭(简称低保边缘家庭)16户44人，发放救助金2.24万元。发放残疾人"两项补贴"428户432人169.41万元。定期救助特殊人员11人(事实无人扶养6人、特困供养5人)，发放救助金12.61万元；临时救助21人，发放救助金14.89万元。援助困难人员就业202人，培育自主创业420人，创业带动就业2740人，再就业培训450人；扶持青年大学生就业92人，职业资格证鉴定取证140人，实现再就业1745人，新增城镇就业3476人，再就业创业培训62人，企业以工代训培训1.58万人。新增高技能人才77人。企业退休人员预约体检4400人。街道7个社区均有老年人助餐点和社区居家养老服务中心各1家，居家养老服务中心为老服务9万多人次；有日间照料中心和综合护理中心1家、中心厨房2家；年内，建成街道养老综合服务中心1家。发放高龄补贴近4万人次228.11万元。办理居民养老91人、居民医保890人、市民卡489张。申请住房保障23户。增设大锏银巷11号等4个小区电梯6部。慰问走访抗战老兵3人和抗美援朝老兵9人，并发放"中国人民志愿军抗美援朝出国作战70周年"纪念章。全街新增全民健身器材97件，举办文化活动140场，街道文化场馆服务167.59万人次。

【社区建设】 2020年,华侨路街道完善《社工管理实施细则》,利用“两委”(社区、居民委员会)换届时机调整配备社工队伍,换届产生社区书记、主任9人;新一届居民委员会成员37人,其中居民委员会主任7人、副主任8人、委员22人。有社工83人,其中持证社工40人。推动五台山社区特色改造、提档升级。创建街道全国示范型退役军人服务站。至年末,街道投入资金130.32万元,为民办实事247件。有区四星级文明和谐社区4个、三星级文明和谐社区3个。

【平安建设】 2020年,华侨路街道开展安全生产“五进”(进企业、进农村、进社区、进学校、进家庭)和“百团进百万企业”宣讲活动。签订《安全生产告知(承诺)书》1538份,制作安全生产及消防安全宣传牌(单)1万余份。严抓“181”综合监管平台,全面落实企业主体责任。排查各类经营场所1267家,整改隐患1443处;排查危化品经营企业19家。整治电动车充电飞线3158根,安装智能充电桩547组。地毯式排查全街60家小宾馆、小旅社,消除隐患28处;完成省督导组督导查出张帅、春平2家小宾馆安全隐患整改,完成市消委会挂牌督办君临国际、南秀大厦、如家酒店等3处重大火灾隐患整改工作。街道联合驻地派出所摸排重点地区,梳理群租房20余处,取缔群租房1处,拆除隔间5间,所有群租房均整改到位;联合辖区派出所、街道安监办和城管科,按照规范化要求消除不达标员工宿舍隐患5处,并完成标准化宿舍建设。优化调整网格要素、落实“三官一律”(法官、检察官、公安机关和律师)进网入格、协调实现警网融合。依托网格化管理平台,开展矛盾纠纷调处、空巢老人巡查、消防(安全)隐患排查、出租屋巡查管理等工作。全年调处小矛盾、小纠纷700余件,调处率100%,安全感满意率99%。化解信访案件2起。

链接:“181”综合监管平台

“1”屏览全域应急管理综合监管平台;“8”风险防控网格化系统、预测预警智能化系统、应急预案数字化系统、指挥调度可视化系统、处置资源共享化系统、监管执法规范化系统、考核评估数据化系统和信息交互融合化系统;“1”满足应急管理全场景需求的一站式应用终端。

【全国示范型退役军人服务站创建】 2020年,华侨路街道创建全国示范型退役军人服务站(简称服务站),服务站用房150平方米。打造军史长廊,展现军营生活、实战训练、教育等部队文化体系。打造退役军人之家、老兵调解室、老兵荣誉墙、老兵书吧、党建综合室、心理咨询、法律援助等场所。采集辖区退役军人信息,做好退役军人管理服务、政策落实、技能培训、就业创业、帮扶解困、信访接待、权益保障和矛盾化解等工作。设置退役军人服务窗口,登记到访诉求、解决问题进程及结果、反映情况等,并做好资料整理、归档、保存。至年末,服务站服务退役军人2365人次,解决问题17件。

【金陵汇红色街区党群服务中心】 2020年,华侨路街道金陵汇红色街区党群服务中心(简称中心)有“两新”党组织34个,党员512人,企事业单位党组织51家。与玄武区、秦淮区合力,推进商圈党建工作,承办商圈党建“初心论坛”2场,设计商圈党建logo及海报;挖掘街区各类组织资源,成立楼宇联合党支部3家。组建街区党委,完善妇联、关工委等群团组织架构;吸纳周边国企事业单位力量,组建街区党建联盟单位10家;提高“两新”支部书记专业化水平,举办线上线下相关课程交流12场;挖掘重点红色驿站站点3家,开展小型红色火种试点活动,探索新型党建工作模式。推动金陵汇特色“四汇”(汇思想、汇发展、汇生活、汇公益)招牌活动体系,向商圈企业纵深发展,全年举办线上线下活动26场。至年末,中心服务企业500家,解决问题24件。

【石头城社区廉政文化教育基地升级改造】 2020年,华侨路街道石头城社区党委推进廉政文化进社区、进家庭,促进党员干部树立正确人生观、道德观和利益观。升级改造石头城社区廉政文化教育基地,制作廉政与党建文化墙2

石头城社区廉政文化教育基地廉政文化墙　　　　华侨路街道　供图

面。开展“廉政文化进社区、清廉之风入人心”活动，邀请30余名小区楼栋长参观石头城社区历史文化馆，听取家风传承讲解。推进党风廉政建设，组织党员和居民上廉政党课。至年末，文化教育基地开展各类活动20余场次。

（杨蕴琇）

宁海路街道

【概况】　宁海路街道是省委、省政府、省政协，区委、区政府所在地，东至中山北路、上海路，南到汉口西路，西到石头城路，北以模范中路、模范西路为界，区域面积3.68平方千米。下辖9个社区，户籍居民2.91万户13万人。街道办事处驻水佐岗64号。

2020年，宁海路街道完成地区生产总值221.72亿元，同比增长6.2%；限额以上社会消费品零售总额238.25亿元，同比增长32.7%；一般公共预算收入17.82亿元，同比减少22%；完成全社会固定资产投资10.95亿元；城镇居民可支配收入增幅5.4%。办理政务工单6916件，综合满意率94.24%。是年，宁海路街道获省市文明单位、市城市治理标准化先进单位、市消防安全基层基础工作先进单位等称号。

【经济发展】　2020年，宁海路街道贯彻落实“企业服务年”精神，走访、了解辖区科技企业及人才，宣传2020年市委1号文《关于进一步深化创新名城建设加快提升产业基础能力和产业链水平的若干政策措施》精神。建筑业总产值31.5亿元，同比增长38.7%。实际利用内资6.2亿元，实际使用外资182万美元。申报市级以上“专精特新”企业2家，新引进市外高新企业4家。亿元以上签约项目3个，签约项目总投资额35.2亿元。完成技术合同交易额5.6亿元，有效发明专利拥有量1464件，PCT专利申请14件。落实防范和处置非法集资主体责任，针对辖区楼宇位置集中、物业协会配合度高特点，组织社区、物业人员开展专题培训，设计制作宣传动画和海报，提高工作人员风险鉴别能力和处置水平，维护辖区经济秩序稳定。

【环境治理】　2020年，宁海路街道将辖区划分为南、中、北3个片区，每个片区下分多个班组和网格巡管人员，一人多责，结合路长制开展综合管理。以“晨光行动”与路长制为抓手，加强警城联动，每日安排执法人员重点保障点位35个、道路25条，全年处置店家“门前三包”（包卫生、包绿化、包秩序）、乱张贴、非机动车无序停放等问题3.47万件。拆除违建351处6780平方米，完成钱塘路、武夷路、天目路3条街巷整治，并通过验收。安装在建工地TSP扬尘在线监控设备6台，安装500平方米以上餐饮店油烟在线监控13家；建设空气环境标准站、微站。推进垃圾分类，完成66个小区74处收集点基础设施建设，实现辖区20家省级机关单位垃圾强制分类，完成率100%。治理辖区内涝点4处。完成卫生检查工作，集中整治环境卫生10次。

【民生保障】　2020年年末，宁海路街道有低保家庭145户，发放低保金197.92万元；低保边缘家庭

9户，发放救助金1.29万元。发放支出型贫困救助金15人16.38万元，困难居民临时救助金60人4.64万元。发放残疾人“两项补贴”389人162.15万元。办理居民养老862人、居民社保122人、市民卡622张。新增城镇就业2951人，扶持青年大学生创业125人，实现再就业1408人，再就业技能培训450人。至年末，街道新增老年人助餐点2家、社区居家养老服务中心1家。发放高龄补贴4.87万人351.5万元。完成退休居民免费健康体检5357人。申请住房补贴33户。新增公共文化设施面积500平方米。

【社区建设】 2020年，宁海路街道加强社工队伍建设，下沉社区一线开展调查摸底和分析研究。6月，《宁海路街道社区工作规范及考核办法》出台。按照“管理网格化，服务精细化”标准，加强网格员能力素质和平台运行能力建设，制定实施《宁海路街道社区工作者管理实施细则》，明确网格员职责和角色定位。新增社会组织1家。完成无物业小区安全门安装等为民服务项目100余项。至年末，街道有社工100人，其中持证社工46人。有五星级文明和谐社区1个、四星级文明和谐社区4个、三星级文明和谐社区4个。

【平安建设】 2020年，宁海路街道筑牢安全生产防线，成立专项整治工作领导小组，有关职能科室协调联动，各社区主任兼任社区安全员。安全监管辖区沿街店面、商务楼宇、“九小”（小学校或幼儿园、小医院、小商店、小餐饮场所、小旅馆、小歌舞娱乐场所、小网吧、小美容洗浴场所、小生产加工企业）场所1196家，发现问题985处，完成整改985处；排查危化品单位2732家；完成“瓶改管”（瓶装液化气到管道燃气）整治117户。整治电动车充电私拉乱接现象2100余处，张贴安全告知2000余张，安装电动车充电桩348处461个。组织各类法制宣传活动15场次，注册平安志愿者5430人。实行“五包一”（街道领导、分管领导、科室长、社区书记和社区民警）责任制，了解重点信访人员思想动态和实际情况，有效防范重大活动期间群体性信访和突发性重大事件发生。至年末，排查各类矛盾275起，成功化解266起，化解率96.7%。辖区可防性案件发案率较上年下降52.8%。

【“五网合一”模式打造】 2020年，宁海路街道打破条线壁垒，推行党建、城管、综治、民政、安监“五网合一”模式，将辖区人、地、事、物、组织等各类资源全部纳入网格，线上线下“一网覆盖”。统筹发改、政法、民政等职能单位，将街道划分为76个综合网格和87个专属网格，覆盖全街9个社区。重新梳理整合不同工作条口App，打破之前不同网格系统“各自为政”状况，网格员在一个系统上即可反馈各条口问题，实现网格划分和网格员配备“五网合一”（综治、党建、民政、安监、城管）。组建“专兼结合”网格治理队伍，每个网格只需配备1名专职网格员，志愿者、社区党员等兼职网格员共同承担治理职责。至年末，全街有专职网格员80人、兼职网格员471人。办理各类反馈问题2.84万个，办结率100%。

【志愿服务巡逻队组建】 2020年，宁海路街道结合自身特点，以“党建共同体”为平台，融合多方共建力量，组建由驻区机关单位在职党员与社区网格员、居民骨干共同参与志愿服务巡逻队（简称巡逻队）。以党建网格化为统领，动员党员、居民骨干、楼栋长、志愿者下沉网格，通过定人定点值守和巡逻队动态巡查相结合模式，推进网格化社会治理创新。巡逻队志愿服务涉及助老、助残、扶贫、便民、环保、医疗、法律调解、治安巡逻、公益讲座等项目20个。至年末，加入巡逻队共建支部68个，志愿者2040人，开展各类为民服务3000人次。

（范　忞）

湖南路街道

【概况】 湖南路街道东至中山路、中央路，南至广州路，西至上海路、云南路、江苏路、山西路，北至中山北路、虹桥、童家巷，区域面积2.65平方千米。下辖8个社区，户籍居民2.48万户5.73万人。街道办事处驻青云巷27号。

2020年，湖南路街道完成地区生产总值

227.22亿元，同比增长6.2%；限额以上社会消费品零售总额27.73亿元，同比增长8.7%；一般公共预算收入27.03亿元，同比增长1%；完成全社会固定资产投资15.13亿元；城镇居民可支配收入增幅5.4%。办理政务服务工单7036件，满意率93.63%。是年，湖南路街道获省级文明单位、创建全国双拥模范城优秀集体、市抗击新冠肺炎疫情先进集体等荣誉称号。调研报告《做好垃圾分类"小课题"，助力美丽古都"大文章"》在《南京人大调研》第5期刊发；结合国际社区建设工作实际，四级人大代表集中调研报告《浅论社会组织在创建国际社区中的作用路径》在《江苏民政》第3期发表。（韩志娟）

【经济发展】 2020年，湖南路街道推进中科紫台创新基地、金轮峰华名座、湖南路现代服务业总部城等重大项目建设6个。新增市"瞪羚"企业1家（南京钛白国际贸易有限公司）。完成国家电投集团江苏电力有限公司增资项目、华夏燕兴南京中燕科兴建设发展项目等亿元签约项目5个，签约项目投资总额41.5亿元，获取招商信息45个。实际利用内资13.3亿元；新设外资项目4个，实际使用外资1540万美元。入选高新技术企业8家；入选省"双创"人才1人，入选市创新型企业家人才2人，入选区级高层次人才3人，人才企业成活率100%。有效发明专利拥有量2081件，PCT专利申请33件。20栋规模楼宇全年税收31.5亿元，同比增长20.22%。（师　琪）

【环境治理】 2020年，湖南路街道完成湖南路沿街立面出新，推进南京大学中心片区环境品质提升工程。完成云载巷、二条巷一巷整治，治理违建521处5487.13平方米，治理危房13幢。完成49个小区60个点位垃圾亭（房）建设，打造鼓楼街3号等垃圾分类省级示范小区4个。取缔占道经营510起，违停贴单2.63万张，规范非机动车停放9400辆、清拖共享单车3500辆。治理江苏省外轮供应有限公司危险品运输车13辆和南京天禄汽车客运有限公司大型客车41辆。街道、社区两级河长巡河102次，确保河道内泵气增压系统运转正常、河水清澈、河道两侧护坡整洁有序，内金川河东支和中支水质稳步提升。新增办理排水许可证41户。完成应急卫生规范化街道创建。（赵海青）

【民生保障】 2020年，湖南路街道推行低保金社会化发放、低保审核工作网络化管理、民主测评、低保档案规范化等一系列管理制度，查实并退出不符合人员17人。年末，街道有低保家庭161户206人，发放低保金200.62万元；低保边缘家庭17户24人，发放救助金8200元。发放残疾人社会保险补贴66人，医疗保险补贴66人。发放临时救助金24人16.56万元，支出型贫困医疗救助金23人24.52万元，定期补助金3人4.07万元，困境儿童生活救助金12人9.78万元。发放高龄补贴4.99万人296.28万元。发放无军籍职工工资2114.04万元。开展"四进家庭"（需求服务进家庭、训练指导进家庭、志愿服务进家庭、康复知识进家庭）服务，为辖区31名有需求残疾人提供辅具适配、家庭无障碍改造康复。全年新增城镇就业2689人，新增高技能人才88人，实现再就业1328人，援助困难人员就业199人，培育自主创业542人，创业带动就业3030人，扶持青年大学生创业103人，再就业培训450人。办理居民养老132人、居民医保456人、市民卡761张。受理住房保障申请27户。取得居民小区电梯增设规划许可证4部，进入申报5部。新增南秀村7号、汉口路40号等健身路径10处，健身器材90件。

【社区建设】 2020年，湖南路街道配合做好全国街道服务管理创新实验区创建，完成群众满意率调查。强化社工队伍建设，邀请专业培训机构开展主题"'社'建未来，'工'在当下"全科培训5场。构建常态化新冠肺炎疫情防控社区防线，建"楼栋长、楼栋微信群"。指导、协助和监督6个小区选举业委会或管委会，1个小区选聘新物业公司。投入资金178.55万元，为民办实事184件。至年末，街道有社工81人，其中持证社工40人。有五星级文明和谐社区4个、四星级文明和谐社区4个。（何海平）

【平安建设】 2020年，湖南路街道与辖区2209家生产经营单位签订《安全生产目标责任书》、

1361家小经营场所签订《消防救援协议》、56个高层楼宇管理单位签订《安全生产、消防安全承诺书》。排查生产经营单位及场所4992家，并录入安全生产网格化平台；开具《安全隐患整改告知书》1371份；排查整治各类安全隐患1343处，其中“三合一”（生产、经营、住人）场所26处、群租房43处、危旧房险房13幢、餐饮隐患329处；结合整治工作立案6起，处罚金额2.5万元。开展危化品企业检查150余次，综合治理危化品企业32家和液化气换气站2处，督促整改隐患21处，吊销企业危化品经营许可证1家，立案处罚企业2家，处罚金额1000元。排查整治“小化工”（小型化工生产型企业）单位5120家。剪除电动车充电飞线1602根，现场劝收飞线601根，安装电表292块、充电桩320组、插座3203个。录入安全生产网格化“181”平台实有单位5206家，录入公共风险源110处，标注场所风险源6785家，确认单位监管层级及主责联系人完成率100%。注册“信用脸谱”（小型场所利用手机，开展安全自评、月度体检等工作，形成安评报告，刻画安全脸谱）3427家，其中小型场所1850家。走访巡查辖区企业1.26万家，发现各类隐患1.38万处。开展消防“打通生命通道”行动，完成高层建筑、居民小区、商业综合体等107处点位整治。完成“瓶改管”餐饮企业10家。协调处置湖南路绿地紫金项目居民群体矛盾，调处小区出新、疫情防控、城市管理等各类纠纷，办结信访件146件。开展反通信网络诈骗宣传活动，完善扫黑除恶常态化机制。组织273名社区戒毒（康复）人员进行毛发检测、系统录入、个人情况更新。协同派出所送治肇事肇祸严重精神病患者2人。年内，街道社会治理网格化规范达标率100%。

（潘楚良　吴祥宝）

链接：“打通生命通道”

指强化消防车通道管理，治理消防车通道占用、堵塞、封闭以及高层建筑疏散通道不畅、室内消火栓不能正常供水、消防电梯未保持完好有效等突出问题。

【四级人大代表联动履职】 2020年，湖南路街道人大工委坚持“四联”（联合四级、联通民情、联动履职、联接民心）工作法，运行“多级联动、常态长效、全面覆盖”四级人大代表联动履职工作机制，构建“四级人大代表小组—社区党委书记—人大社工—网格员”工作体系。年内，发挥四级人大代表资源优势，依托人大代表联络站、人大代表之家、社区人大代表工作站等载体，形成“家站”有机联动、良性互通，先后邀请省代表16人次、市代表20人次与区代表联动，开展座谈交流、视察调研、执法检查调研等活动38场次；开展接待和履职述职及民生项目征集意见建议等活动10场次；协调代表参与面商与现场督办7次；征集、上报《南京市生活垃圾管理条例（草案）》《南京市文明行为促进条例（草案）》《南京市节水和用水管理条例（草案）》修改意见建议11条。（徐爱民）

【紫峰·红石榴家园】 10月18日，湖南路街道紫峰·红石榴家园（简称红石榴家园）运行，红石榴家园位于中山北路8号绿地广场·紫峰大厦1楼，建筑面积约100平方米。以紫峰大厦为载体，宗旨服务各民族群众需求，开创“12345”工作方法：建立“一张网”，坚持大统战格局，街道党工委统一领

湖南路街道紫峰·红石榴家园　　湖南路街道　供图

导民族工作，推行民宗工作网格化，厘清网格员责任清单，把宣传、服务、管理落实在楼宇；党建引领和服务引导相结合、线上和线上下相结合，打造"线下有阵地，线上云平台"，提升民族团结进步服务效能；抓牢阵地运行、活动组织、各民族代表人士凝聚3个关键；结合楼宇特点、各民族特点、需求特征、资源特性开展楼宇民族团结创建工作；为楼宇及周边各民族群众提供全天候、全身心、全方位、全过程、全联通服务。年内，红石榴家园打造"紫峰氧吧""紫峰之恋""白领减压工作坊""啄木鸟工作站"特色品牌，开展各类活动10场，服务200人次，解决问题8件。（倪朝晖）

【街道侨联成立】 10月27日，湖南路街道召开街道侨联成立大会，参加会议30余人。会议通过《湖南路街道侨联工作守则》，选举产生街道侨联第一届委员会委员15人，其中何於纲担任主席，龚苏萍、戴双燕、叶文担任副主席，殷丽江担任秘书长。8个社区同步分别成立侨联分会或小组。至年末，街道侨联开展各类活动5场，吸纳会员40人。

（倪朝晖）

中央门街道

【概况】 中央门街道位于鼓楼区东北部，东到中央路，南到童家巷，西到中山北路，北沿福建路、护城河，区域面积3.37平方千米。下辖12个社区，户籍居民5.69万户9.61万人。街道办事处驻三牌楼大街138号。

2020年，中央门街道完成地区生产总值122.17亿元，同比增长6.3%；限额以上社会消费品零售总额8.74亿元，同比增长19.3%；完成全社会固定资产投资15.85亿元；一般公共预算收入6.98亿元，同比增长6.7%；城镇居民人均可支配收入同比增长4.9%。办理"12345"平台工单7699件，办理"96180"热线、网络问政、区长信箱等群众诉求123件。是年，中央门街道获中国红十字会"抗击新冠肺炎疫情暨红十字应急救护知识竞赛"单位组织奖三等奖；获省关工委"颂时代楷模、赞中国精神"老少同台讲好中国故事朗诵比赛先进单位、省残疾人社区康复示范点、南京市既有住宅增设电梯工作先进单位、南京市公共机构节能示范单位、全市校外教育辅导站优秀活动视频特等奖单位等荣誉称号。

【经济发展】 2020年，中央门街道新增市场主体1142家，建成5G基站站点86个。入库规模以上企业50家，招商引资实际使用内资23.06亿元，签约项目投资总额24.65亿元，其中签约亿元以上项目5个。申报高新技术企业25家，入选省培育库10家，入选高新企业13家。有效发明专利拥有量3248件，PCT专利申请43件。培育工业互联网企业1家，引进5G相关企业2家，引进人工智能和"双软"企业2家，新增市级以上"专精特新"企业1家，净增规模以上工业企业4家。在建重大项目5个；完成华贸中心项目C1区桩基及围护工程，进入土方施工；金茂二期项目核心筒塔楼建设施工至地上11米；国电南自5号、6号楼封顶，进入装修施工，南区B0板施工；完成南邮科创中心负一层支撑梁破除工程，主楼正负零施工完成率45%；科技广场C楼桩基施工完成率90%。

【环境治理】 2020年，中央门街道优化配置城市长效管理执法资源，组织综合执法队伍、城市治理公众委员和城市治理志愿者等1.13万人开展"晨光行动"，清理街面"三乱"3.28万处，整治占道经营倚门出摊1159处，清理卫生死角1.18万处，清拖建筑垃圾1426处7000余吨。整治街巷机动车违停1889处，清拖僵尸机动车39辆，清理僵尸非机动车4577辆，拆除违规地锁170个。实施街巷市容市貌整治，出新1170米南瑞路门头店招、人行道修补、围墙出新、绿化填补。全年，拆除违建1368处1.17万平方米。整治出新老旧小区3个（许府巷片区、模范马路片区、西柏果园小区），按照每平方米260元标准出新房屋39栋，建筑面积10.13万平方米，总投资约2620万元，受益居民1369户。完成20个小区33个垃圾分类亭（房）建设。街道河长巡河593次，社区河长巡河1805次。

【民生保障】 2020年年末，中央门街道有低保家庭322户453人，发放低保金453.88万元；低保边缘家庭29户64人,发放救助金3.37万元。为585户599名残疾人发放“两项补贴”264.39万元,为14名生活贫困无力承担医疗费用人员发放医疗救助金10.89万元。为6398名80周岁以上老年人发放尊老金412.72万元;为225名70周岁以上残疾老人发放生日补贴2.93万元;为辖区75周岁以上独居老人开展家庭安全检查服务;办理失独家庭保险140户。发放各类抚恤金及补助金663.74万元(含节日慰问资金),民政代管人员退休金及补助金1918.28万元。办理居民医保1.53万人、居民养老328人、市民卡5623张。退休人员免费健康体检1.27万人次。年内,新增城镇就业4968人,援助困难人员就业229人,培育自主创业者440人,新增高技能人才45人,实现再就业1811人,创业带动就业3680人,扶持青年大学生创业115人,再就业创业人数为70人。为53户79人申请低收入家庭住房保障。新增安装全民健身器材116件。

【社区建设】 2020年,中央门街道投入资金153.4万元,为民办实事19件。街道有社工121人,其中持证社工59人。打造劝业路特色社区,在新模范马路9号新建养老综合服务中心。新增培育社会组织2家。至年末,街道开展百人以上文化活动12场,一般文化活动190余场。有五星级文明和谐社区4个、四星级文明和谐社区7个、三星级文明和谐社区1个。

【平安建设】 2020年,中央门街道整改国务院督导组及南京市督导组反馈问题隐患47条;整改危房28幢,并通过市危房改造办公室验收;完成区挂牌督办中南园、西瓜圃桥19~21号、先锋奥特莱斯商场消防安全整改;完成芦席营82号消防隐患整改,工人新村3家印刷厂搬迁。“瓶改管”签约28户;录入“181”平台实有单位3483家、公共风险源99条,标注场所风险源4145条,走访巡查8751次;安装电动车智能充电桩353组、插口3632个、配套电表176块,整治电动车充电飞线2137根,劝说收线4174根,发放整改告知书4498份;完成打通“生命通道”专项工作,消防通道划线1728平方米,树标牌114处。全年发动平安志愿者6217人次参与新冠肺炎疫情防控卡口值班,整改群租房117处和地下室住人10处。管控重点信访人员15人,落实“五包一”责任制。至年末,办结各类信访群众来信71件。工人新村社区谷宁丽获第五届“南京市最美平安志愿者”称号。

【集成改革】 2020年,中央门街道依据《鼓楼区街道集成改革实施方案》启动街道集成改革,围绕7类40项具体改革任务,完善《中央门街道党工委议事决策制度》,优化重组职能科室,以原各职能科室和办公室为主体,经过整合、调整后,设立党政综合部(党建工作办公室)、民生保障部、城市管理部、发展服务部(安全生产监督管理办公室)、平安建设部,以城管执法中队、市场监管分局、辖区派出所等相关执法机构为主体设立综合行政执法局(综合行政检查执法大队),以民政、综治网格为主体设立社会治理综合指挥中心(网格化服务管理中心)、以民政为民服务职能为主体设立便民服务中心(退役军人服务站)。将近200项公共服务事项整合为86项。细化、量化、实化“三张清单”(下发审批服务事项清单、执法检查事项清单、职责清单)。出台《中央门街道工作人员考核暂行办法(试行)》。依据《鼓楼区“街道吹哨、部门报到”机制实施细则》,实现“问题收集—街道吹哨—部门报到—处理反馈—核实结项—综合评价”闭环管理机制。开设民政服务“一街通办”窗口16个,公共服务“全程代办”延伸至每个社区。执法编组下沉到166个功能网格,组建“党建、经济、民生、综治、城管、安监、水务”等一体化平台,实现审批服务一窗口、综合执法一队伍、基层治理一网格、指挥调度一中心目标。7月15日,完成街道集成改革。至年末,解决问题200余件,服务居民2.5万人次。

【无物管小区治理】 2020年,中央门街道统筹设计“党建引领,红色先行,网格共治”无物管小区治理模式,在86个无物管小区155个居民院落安装智能门禁和道闸55个、人脸识别系统21处、平安E门294樘,实施小区全封闭管理。探索“五红+五治”(红色物业联盟、红色业委会、红色管委会、红色楼栋管家、红色物业调解中心,基层治理中政治、自治、法治、德治、智治)老旧小区治理模式,成立红色物业联盟1家、红色物业调解中心1个、红色业委会15个、红色管委会38个,选任红色楼栋长236人,发挥基层党建促进社区治理引领作用。

(季万昕)

挹江门街道

【概况】 挹江门街道地处鼓楼区西北部,东以中山北路、福建路、钟阜路为界,南至模范中路、模范西路,西临古城墙,北与下关、建宁路两街道办事处交界。区域面积3.34平方千米,下辖9个社区,户籍居民2.39万户6.38万人。街道办事处驻萨家湾89号。

2020年,挹江门街道实现地区生产总值164.01亿元,同比增长6.2%;限额以上社会消费品零售总额11.6亿元,同比增长52.1%;全社会固定资产投资1.14亿元,完成率38%;完成一般公共预算收入6.57亿元,同比增加14.9%;城镇居民人均可支配收入增幅5%。受理“12345”政务平台工单5973件,办结率100%,满意率95.44%。是年,挹江门街道获2019年度全省基层党员冬训工作示范街道、2019—2020年度全市基层党员冬训工作创新项目、中国红十字会“抗击新冠肺炎疫情暨红十字应急救护知识竞赛”单位组织奖二等奖、南京市卫生应急规范街道标准化建设单位、2020年度南京市无烟党政机关、2019年度“12345”政务热线办理工作先进单位等荣誉;福建路社区、戴家巷社区获江苏省健康社区称号;鲁迅园社区获市级党员教育实境课堂称号。

【经济发展】 2020年,挹江门街道实际利用内资4.98亿元,签约项目投资总额65.41亿元,获取招商项目信息47个,完成亿元以上签约项目7个(江苏奥特朗建筑劳务项目、南京茂力克企业管理项目、南京远晟环保科技项目、中开嘉华通讯科技鼓楼区5G基站和智慧城市建设、浙江盘云智能交通项目、南京泽颐科技项目、中荣荣创科技项目)。完成全口径税收12.7亿元,同比增长16.16%;完成贸易业销售额388.7亿元,同比增长10.9%;完成技术合同成交额2.38亿元。新增市场主体(新注册企业和个体)1241家;新增高新技术企业8家(南京天枢云信息技术有限公司、江苏泰洁智邦检测技术有限公司、南京绿派环保科技有限公司、南京诺杰软件科技有限公司、云境商务智能研究院南京有限公司、南京同筑盛世信息科技有限公司、江苏财税邦科技有限公司、南京拓步智能科技有限公司);新增都市工业企业1家(6902科技有限公司);新增“专精特新”企业1家(铌奥光电科技有限公司)。申报区高层次创业人才计划2人。完成红五月文化产业硅巷建设及南京师范大学附属中学综合楼建设。逐一排查虹桥新城市广场、南财科技园、中山骏景、虎踞都市经济园及智梦园等地区重点楼宇园区金融风险企业,化解风险企业20家。

【环境治理】 2020年,挹江门街道开展地毯式全域整治,组建僵尸车清拖、杂物清理、电动车飞线充电整治、充电桩安装、路面修补5个工作专班,全覆盖整治辖区居民小区152个,清理楼道3688处,清运垃圾1254吨,施划车位线1931处,修复破损路面686平方米,拆除违建50余处800多平方米。制定《三大片区整治方案》,重点整治戴家巷虎踞北路183号、四维新村、回龙桥8号院、晚市回龙桥沿线和古平岗2号、定淮门3号、佳盛花园等小区。投入资金90万元,打造“南京城门”主题文化墙。引进智能化人脸识别系统,实现无物管小区封闭式管理。加强巡查和志愿者队伍建设,成立应急小分队139支,开展730条市区督查通报工单和所有静态指标“回头看”。落实餐饮环保专项整治“回头看”,建立问题整改台账。完成萨家湾小区整治出新和雨污分流工程、钟阜路2号小区38栋楼整治出新和智能化改造工程。加强工地扬尘管控,监管辖区在建工地6家,现场调度大气污染防治工作,完成空气监测小型标准站选点。严格各级河长责任制,完善常态化巡河制度,配合做好雨污分流及河道清疏,全年河长巡河432次。完成39个住宅小区55个垃圾分类亭(房)建设。

【民生保障】 2020年年末,挹江门街道有低保家庭230户322人,发放低保金317.5万元;低保边缘户家庭21户50人，发放低保边缘救助金2.66万元。发放低保及支出型贫困家庭医疗救助金26人16.99万元，发放低保、边缘、支出型贫困家庭临时救助金102户37.28万元。慰问空巢老人209户418人、独居老人212人，发放物资5.26万元、口罩4529个。发放尊老金4.82万人次283.43万元。适老化改造67户。全年发放残疾人“两项补贴”6410人次193.86万元，其中生活补贴1853人次134.62万元、护理补贴4557人次59.24万元。组织社区开展“5·29”计划生育宣传系列活动8场，服务居民271人次。推进“残疾人证”十年一次换证工作，完成换证211人。办理就业失业登记1545人，申请失业保险金573人次。审核居民医保和居民养老664人，办理社保补贴360人次、居民医保664人、市民卡564张。小额担保贷款2笔60万元。举办再就业帮扶培训班10期，企业岗前培训1.05万人，再就业培训490人。新增高技能人才46人。应届大学生跟踪服务92人次。树立创业典型18人，培育自主创业者484人，创业带动就业3060人。新增城镇就业2860人，实现再就业1391人，援助就业困难人员206人。新增社会化管理企业退休人员2871人，完成退休人员免费健康体检1167人。申请保障性住房租赁补贴30户46人。至年末，街道有自管组织215个。

【社区建设】 2020年，挹江门街道投入资金178.18万元，为民办实事347件，其中环境类179件、管理类59件、公益类25件、活动类84件。投入资金86万元，升级改造回龙桥、福建路社区，其中回龙桥社区升级改造为特色教育社区；投入资金20万元，打造鲁迅园国际化社区。推行社区网格化服务管理，定期召开线上线下社区网格员工作例会，通报各自工作开展情况及遇到问题，集中力量解决问题。街道有社工97人，其中持证社工27人。至年末，街道有五星级文明和谐社区2个、四星级文明和谐社区4个、三星级文明和谐社区3个。

【平安建设】 2020年，挹江门街道深化专项整治和常态化安全生产检查。签订《安全生产目标责任书》173家，开展安全生产培训12场，检查2268人次，发现隐患360处，现场整改312处，限期整改48处。完成市挂牌重大安全隐患东妙峰庵2号、3号、4号、17号-4危旧房加固消险，组织市挂牌重大消防安全隐患单位中海凯旋门、圣淘沙花城消防主机故障整改。完成委托执法案件8起。完成上海铁路局职工宿舍“三供一业”危房销号。承办区“5·12”防灾减灾日广场宣传活动，开展“安全生产月”活动。专项整治电动车充电线私拉乱接，剪除飞线3016根、收回2647根，发放整改通知书665份，安装智能充电桩305组（3070个插口、电表204块）。开展“小化工”检查，发现隐患1160处，现场整改970处，限期整改190处。完成“181”平台各项指标，复核率100%。加大一体化网格指挥平台和“雪亮工程”平台建设力度，设置专职网格员和政法网格员席位，认领、复核和采集社区治理一体化平台数据2208条。梳理排查重点人员、涉稳群体，化解朱冬梅、谭蜀陵等信访积案。会同辖区派出所重点整治发案率较高的“一中心两社区”（中山北路281号虹桥中心，戴家巷社区和妙峰庵社

11月19日上午，挹江门街道在铁路北街广场举办“平安宣传月”咨询活动
挹江门街道　供图

淮滨路“南京城门”主题元素特色文化墙　　任　俊　摄

区），利用丁山法治文化生活体验馆、微电影、社团活动和《丁山社区家园报》等开展宣传，排查社会类风险点2个和城建城管类基层风险点2个。至年末，街道处理收到来信来访96件次，化解率100%。

【鲁迅园国际化社区建设】 2020年，挹江门街道投入资金20万元，打造鲁迅园国际化社区，社区位于中山北路283号，是鼓楼区唯一创建单位。社区服务理念“俯首甘为孺子牛”，致力营造“树人、育人”教育氛围。社区内部标语、导向标识、宣传册、社区展示墙均设置中英文双语模式。日常配备2名英语四级以上全科社工接待外籍居民办理相关事务。在三味书屋等七大功能区域设置社区文化活动和国际交流阵地。委托专业机构制作国际社区微信小程序，结合“线上+线下”模式，开展文化交流活动。编撰《鼓楼区国际化社区白皮书》。引进嘤鸣读书会、一鹿童心等社会组织。联合南京师范大学附属中学、江苏省翻译院、嘤鸣读书会等开展“外国人学说中国话”“外籍人士参与传统节日系列活动”“‘友’你更精彩——第三届鼓楼区国际友邻节”等活动；社区与南京邮电大学、南京艺术学院、南京师范大学附属中学、琅琊路小学等大中小学开展共建交流，建立南京师范大学附属中学国际交流社区实践基地，开展“我是红色寻访人”活动，在实践中探索打造“社区+学校”联动文化教育型国际社区。12月8日，社区通过南京市民政局国际化社区创建验收工作组考核验收。至年末，鲁迅园社区接待参观交流23批次620人，开展各类活动12场，解决问题26件，服务外籍居民7人。

【淮滨路“南京城门”主题文化墙】 2020年，挹江门街道投入资金90万元，打造淮滨路“南京城门”主题元素特色文化墙。文化墙位于明城墙外佳盛花园小区西侧、秦淮河东岸，长400米。文化墙以城门为轴线，串联每个城门周边文化经典，闭合环绕全城，主题文化墙有15个单元，每幅长约2米、高约1米，为全铜质浮雕，以图文形式介绍南京城墙与城门历史文化，呈现文化古都纷呈面貌、600年沧桑变迁，是国内首个以城门为主题文化艺术工程。10月31日，主题文化墙竣工并通过验收；12月15日，通过区城管局市容景观管理目标任务年终考核验收。

（张莉莉）

江东街道

【概况】 江东街道地处南京河西地区北部，东依秦淮河，南以集庆门大街西延、江东软件城为界与建邺区接壤，西临长江，北以定淮门大街为界与热河南路街道相邻，区域面积5.95平方千米。下辖9个社区，户籍居民3.51万户11.3万人。街道办事处驻江东北路101号江东大厦。

2020年，江东街道地区生产总值125.62亿元，同比增长6.4%；限额以上社会消费品零售总额25.35亿元，同比增长28.6%；完成全社会固定资产投资18.58亿元；一般公共预算收入9.77亿元，同比增长12.5%；城镇居民人均可支配收入同比增长5.3%。受理政务工单1.5万件，综合满意率91.33%。是年，江东街道获中国红十字会“抗击新冠肺炎暨红十字应急救护知识竞赛”单位组织奖三等奖。

【经济发展】 2020年，江东街道承担经济发展高质量考核指标43项。市级重大项目中信泰富总部基地进场施工，新增内资2.1亿元，3个区级重大项目均达序时进度。申报总部企业1家。新型都市工业产业主营业务收入9亿元，完成率150%。推进扬子江大道快速化改造。发挥商务楼宇聚集和辐射带动作用，打造辖区第三栋特色楼宇浦江大厦，创成鼓楼区首栋5亿元楼宇苏宁慧谷E07。梳理街道招商区位条件和优势资源，制作招商手册，出台《江东街道推进高质量发展综合经济奖励办法》，发动“全街招商”，鼓励“全员招商”。获取有效招商项目信息52条，签约亿元以上项目6个，完成签约项目投资总额18亿元。申报市级高层次创业人才13人(进入市级答辩2人)，入库高新技术企业9家。有效发明专利拥有量288个，PCT专利申请8件。

【环境治理】 2020年，江东街道开展“晨光行动”，强化市、区平台案件回复。落实“五河两沟”(中保河、中保北河、龙江河、龙江东河、下圩河，清江南沟、清江北沟)和长江、秦淮河巡查问题整改，新增办理排水证30户。拆除违建2428平方米，整治东宝路等街巷5条，汽车违停贴单1.86万张。推进垃圾分类，完成94个小区撤桶并点，完成率100%；建成56个小区88个垃圾分类收集点。完成宁工一村19栋楼房出新工程，宁工二村18栋房屋立面出新和屋顶防水工程综合进度85%。推进工地标准化建设，督促辖区11处工地按要求安装PM10(可吸入颗粒物)、TSP(总悬浮微粒物)在线预警设备。日常巡查监管辖区餐饮店213家；辖区500平方米以上餐饮企业23家、学校食堂15家安装油烟在线监控设施，完成率100%；推进20家机关食堂安装油烟在线监控设施，其中完成安装15家、推进安装5家。安排专人每日巡查长江、秦淮河，加大辖区菜场、饭店江鲜检查力度，确保禁捕、退捕工作取得实效。

【民生保障】 2020年年末，江东街道有低保家庭73户，发放低保金105.37万元；低保边缘家庭7户，发放救助金6120元。发放困难居民医疗救助金7.59万元、支出型贫困救助金2.57万元。发放临时救助22户11.88万元、教育救助1户1500元、“三无”(无固定工作、无社会保险、无生活来源)人员救助1户1.85万元、孤儿定期救助1人2.32万元、困境儿童生活救助22人19.27万元。发放残疾人“两项补贴”157.24万元。发放尊老金176.33万元。申请住房保障补贴10人。组织退休居民免费健康体检6077人。办理居民养老137人、居民医保1.54万人、市民卡704张。新增城镇就业2841人，实现再就业981人。新增高技能人才40人。提高辖区14家居家养老服务组织助餐、助浴、助急和助医等专项服务水平，推进街道综合养老服务中心建设，完成适老化改造入户评估。建成街道(社区)退役军人服务站1家。汛期安排专人24小时值守，确保辖区安全度汛。至年末，保障农民工工资支付及清欠工作21件，结案率100%。新建5人制足球场1座，待验收；新增全民健身器材122件。

【社区建设】 2020年，江东街道投入资金245万元，为民办实事162件。街道自筹40万元，设立人口普查办公室。升级改造银城花园社区；新址打造长阳花园社区，进入搬迁阶段；打造宝地园社区“和合文化”特色品牌。新增社会组织3个。探索实施“1+6+9”(1个街道工委、6个工作专班、9个社区)文明城市创建工作模式，明确点位责任人214人，确保136个点位任务到人。至年末，街道有社工89人，其中持证社工55人。有五星级文明和谐社区1个、四星级文明和谐社区6个、三星级文明和谐社区2个。

【平安建设】 2020年，江东街道开展危化品专项治理，全覆盖监管辖区危化品经营单位38家，关停无证照小汽修厂、喷漆房8家。排查整治“小化工”企业5948家，未发现违法违规“小化工”企业。推进“瓶改管”工作，完成申请110家、通气100家。投入资金4万余元，更换87台损坏燃气报警器，全街209台燃气报警器全部正常使用。整治电动车充电飞线2071根，新建、改建车棚35处，新增充电插口1858个、电表45块，除宁工一村(出新中)外，其余小区实现充电装置全覆盖。开展消防隐患整治，投入4万余元，建成社区微型消防站，为老旧小区添置、更换消防器材。推进“打通生命通道”消防安全专项整治，喷画地面禁停标志860处，设置禁停宣传牌415个，辖区小区均按要求完成整改。安委会挂牌3件重大隐患完成整改并销案；消委会挂牌重大隐患3件，完成整改2件（月光广场一、二期工程），有序推进月光广场三期工程。推动长江之家、嘉景苑等35幢高层楼宇消防隐患整治，其中香榭丽等3个小区进场施工。宁工一村消险加固房屋20栋，舸舫园22栋危房整治进入施工，西苑公寓4栋危房进入搬迁过渡阶段（涉及居民28户），接待化解居民矛盾近200起。邀请专家举办安全知识讲座12场，组织参观消防体验馆以及各类消防逃生演练22次。“181”平台录入实有企业5948家，采集信息数据1.21万条。划定综合网格92个和专属网格63个。推进政法网格员进社区工作，申请注册政法网格员328人。社会治理一体化平台数据合格率100%。全年，处理和谐信访信息系统案件208件，接待群众来访20余次，化解各类矛盾6起，完成“两会”等重大活动期间值班执勤21批次、120余人次，化解杨小妹信访案。

【人口普查】 2020年，江东街道人口普查办公室设立。街道自筹资金40万元，整治出新1间会议室作人口普查办公室（简称人普办），配备全新办公设备，重新铺设网络，兼备办公、会议、指挥和培训功能。精选10名人口普查骨干社工参加区级综合试点工作，开展培训6场。组织社工自编、自演，拍摄《人口普查入户调查技巧》小视频，实现“云上”培训。融合南京地方方言，以国家统计局官微——“统计微讯”代言人“小薇”和“小迅”为原形，设计“人普表情包”。以图表形式反映各社区工作进度，互相学习、互相督促。摸底、正式登记阶段多次入户抽查普查小区，通过实地查看、查阅资料等方式，审核、复查人口普查数据，验证信息真实性；部分社区开展“两员”（人口普查指导员、人口普查普查员）集中培训和现场答疑，及时解答各普查人员面临困难问题。针对存在问题，按照“谁录入、谁负责”原则，督促相应普查小区普查员及时核实修订数据，逐级反馈核实情况，确保数据信息真实性、准确性、完整性。年内，街道人普办被选为南京市第七次全国人口普查现场推进会观摩点，接待市及全市各区县统计局局长观摩学习。

【“和合文化”特色品牌打造】 2020年，江东街道宝地园社区从传统文化中汲取精髓，融入现代元素，打造“和合文化”特色品牌。弘扬邻里之间“和合”精神，和睦愉快相处，共建文明和谐社区。年内，创立“和合学堂”，开展“和合文化”系列讲座7场；开展“邻里和合餐”“老少同乐饺子宴”等系列“和合餐”活动，1500余人次参与。通过大走访、网格入户等方式征集微心愿，邀请驻区单位、在职党员和爱心人士认领微心愿项目，签订“和合微心愿”认领单7份，实现居民心愿100余个，举办主题活动5场。在金陵名人居、宝地园小区、金陵御沁园小区143个单元设立“和合留言牌”，发布最新政策、收集居民意见，了解居民所需所好。社区联合辖区律师事务所，邀请驻区单位法律人才，成立“和合民调协会”，搭建“和合宝地大家谈”平台，接待居民到访，做好矛盾调处。至年末，召开辖区高层消防安全隐患协调会6场、金陵御沁园小区车位问题协调会15场、老旧小区电梯安装补偿协调会5场、5G基站

1月19日，宝地园社区举办“和合家宴一家亲”和合餐活动 江东街道 供图

点推进会3场、自管小区垃圾分类等相关协调会32场。

链接:“和合文化”

“和”指和谐、和平、祥和;“合”指结合、合作、融合。“和合”指自然、社会、人际、心灵、文明中诸多元素之间平衡和谐和理想关系状态。(王海昀)

凤凰街道

【概况】 凤凰街道地处南京河西地区北部,东临秦淮河,南沿汉中门大街,西至江东北路,北至草场门大街,区域面积3.85平方千米。下辖12个社区,户籍居民4.35万户8.8万人。街道办事处驻嫩江路59号。

2020年,凤凰街道完成地区生产总值44.33亿元,同比增长6.1%;限额以上社会消费品零售总额22.15亿元,同比减少21.6%;完成全社会固定资产投资7.04亿元;一般公共预算收入7.65亿元,同比增长324.3%;城镇居民人均可支配收入同比增长5.2%。办理政务工单7440件,办结率100%。是年,凤凰街道被共青团南京市委评为市级青年学习社,街道侨联被南京市归国华侨联合会评为先进集体;街道团工委获“南京市五四红旗团委(团支部)”称号;凤凰安养中心被江苏省残疾人联合会命名为江苏青年志愿者助残“阳光行动”省级示范服务基地。

【经济发展】 2020年,凤凰街道在经营场所推广使用“安心码”和“康保保”餐饮防疫险,上门核查复工企业1897家、个体户4470家、校外培训机构75家。新城市广场二期获地下施工许可。引育总部企业1家。实现新一代数字经济、新型都市工业产业主营收入4000万元。南京精益义齿有限公司申报“专精特新”企业和新型都市工业产业项目。打造新发展平台,引进南京合迈美家智能科技有限公司、南京思泰信科技有限公司等企业6家。掌握有效人才信息23条,组织申报区高层次人才15人、入评1人。组织申报高新技术企业11家,其中确定申报8家;入评省、市高新技术企业库2家,获国家高新技术企业认定4家。宣传知识产权知识和《鼓楼区知识产权战略专项资金管理办法》21次。赴上海对接商洽华润万家OLE超市品牌引入、上海条条贸易有限公司南京鼓楼分公司及文创项目落地事宜。推进南京链家房地产经纪有限公司、圣都家居装饰有限公司、尚层装饰(北京)有限公司南京分公司、上海申远软装设计有限公司南京分公司等企业优化线上服务。全年,完成贸易销售额27.07亿元,技术合同成交额3.12亿元。亿元以上签约项目5个、签约项目投资总额10.88亿元,上报招商信息40条。新设外资项目2个、外贸企业5家,实际使用外资1000万美元。有效发明专利拥有量228件,PCT专利申请5件。落实企业服务年要求,街道领导分片挂钩70家重点企业,上门传送惠企政策、落实对接服务、协调指标信息,清单化推进困难问题解决。持续防范和处置非法集资,排查企业560家,开展处置非法集资宣传进社区活动12场。

【环境治理】 2020年,凤凰街道治理违建464处2549平方米,取缔店外经营918起、占道经营366起,整治废弃杂物794处、违规户外广告514个,违停贴单1.39万张,清拖僵尸机动车53辆,整理共享单车42.15万辆、清拖33.51万辆,清拖小区内僵尸自行车1681辆,清理牛皮癣5.17万个,清拖垃圾杂物1190车次,消杀3.5万平方米。与1500余家门面店重新签订“门前三包”责任书和店招标牌设置安全承诺书。推进整治出新花开园、杏林新村2个老旧小区,完成险房治理6处。新增既有住宅安装电梯项目5部,取得规划许可6部、施工4部、完成4部。复划停车泊位290个、取消3个,清除私划泊位8个,施划非机动车停车线1.73万米,拆除所有老旧停车收费岗亭,统一安装新岗亭15座。整治湛江路、龙园西路等街巷11条。完善垃圾分类设施建设,89个居民小区垃圾定点收集、分类投放全覆盖,建设垃圾分类亭(房)104个,达标省级示范小区2个。申请排水许可证41户、巡查2018年未纳入监管排水户106户、巡查既有办证排水户379户,督促整改雨污混流问题2个、污水散排问题1个、无预处理设施问题37个。500平方米以上大型餐饮店安装油烟在线监控，完成率100%；整治辖区38家机关、学校食堂油烟排放，完成率100%。24小时巡查管控辖区在建工地扬尘及噪音扰民问题。处理环保投诉工单421件，中央及省督查销号60件。完成12台燃气锅炉低氮改造；摸排汽修店喷漆业务情况，规范商家经营，降低污染排放。

【民生保障】 2020年年末，凤凰街道有低保家庭259户332人，发放低保金27.28万元；低保边缘家庭23户47人，发放低保边缘救助金1880元。发放各类慰问金1468人次62.46万元。发放临时救助金95人次10.94万元。完成失能、半失能老人家庭适老化改造61人。依托蓝天园社区乐善为邻居家养老服务中心，提档升级打造凤凰街道养老综合服务中心，实现日间照料、中心厨房、综合护理、银发顾问、时间银行、医疗康复全覆盖；建设社区“时间银行”网点12个，实现15分钟志愿服务半径圈。协调仁恒物业为退伍军人提供就业岗位50个，为军人家属提供社区社会工作者岗位3个。新增城镇就业2759人，培育自主创业505人，实现再就业1074人，创业带动就业3528人，援助困难人员就业172人，扶持青年大学生创业109人。新增高技能人才41人。举办文化活动200余场，新增体育健身设施2组40件，建成1座5人制足球场并投入使用。组队参加南京市第22届运动会，获团体总成绩第一名，街道获“南京市群众体育先进单位”称号。

【社区建设】 2020年，凤凰街道与江苏省计划生育研究所合作打造延缓老人抗衰老实验实践综合基地，并投入试运行。推进16个小区启动业委会换届选举，指导无物管小区成立物业管理委员会27个、选聘业委会小区1个、续聘物业公司小区3个。打造苏城苑特色社区，升级改造社区为民服务场地，形成集政务、养老、志愿、网格等各类服务于一体睦邻家园特色文化。在全区率先成立凤凰街道退役军人就业创业孵化基地。探索党建引领网格化治理，推行“1+1+4”（网格员、党支部书记和四大督导专员）工作机制。至年末，街道有社工106人，其中持证社工62人。有五星级文明和谐社区1个、四星级文明和谐社区8个、三星级文明和谐社区3个。

【平安建设】 2020年，凤凰街道按高层、多层、有物业、无物业等实际情况分类94个小区，完成消防通道划线。采取定期约谈、成立工作专班建立联席会议制度等方式，推进整改5个小区15幢高层住宅楼消防隐患问题，其中凤凰花园城完成改造工程、区挂牌督办隐患单位芳草园高层小区4栋楼消防设施进入施工改造、阳光金峰阁整改工程进入施工阶段；枫雅苑5号、6号楼及龙凤玫瑰园小区启动绿色通道和申领维修基金。开展电动车飞线充电整治，增设电动车智能充电插口2065个，开展联合执法36次，劝收、剪除电动车充电飞线3458根。依托“181”平台滚动式排查重要载体、特种设备、教育培训机构、地下室、群租房等场所，排查生产经营单位4149家，发现并整改一般隐患2749处、约谈18家、关停1家、处罚2家。

【乐惠居社区居家养老服务中心运营】 11月13日，凤凰街道乐惠居社区居家养老服务中心运营。中心建筑面积约960平方米，位于凤凰街道凤凰二村社区中心。设置护理站、老年大学、棋牌室、康复理疗室、日托室、助餐间、助浴间、心理咨询室和图书角9个功能区。打造“医、康、养、护、乐、学”六位一体“互联网+”智慧养老服务体系。提供“时间银行”、银发顾问、居家养老服务、日间照料、健康管理、康复理疗、棋牌娱乐、老年大学、运动健身和助餐助浴等服务。

【“马上办”主任热线】 8月12日，凤凰街道“马上办”主任热线开通。主任热线在“人文凤凰”微信公众号开辟《马上办回音壁》专栏，24小时接听、1天内反馈、3天内解决。问题处理分为网格首处、街社研究、四方会办、督查督办4个流程。居民借助该热线在文明城市创建中争当小区环境、秩序问题“啄木鸟”，助力街道统筹社区、物业、业委会等力量及时解决小区问题。至年末，主任热线接诉处置问题600余个。 （郑晓刚）

热河南路街道

【概况】 热河南路街道东至明城墙，南至定淮门大街，西临长江，北至中山北路，区域面积5.1平方千米，其中水域面积2.37平方千米。下辖9个社区，户籍居民2.4万户6.7万人。街道办事处驻二板桥473号。

2020年，热河南路街道实现地区生产总值64.9亿元，同比增长6.1%；限额以上社会消费品零售总额5.02亿元，同比减少1.5%；完成全社会固定资产投资25.1亿元；一般公共预算收入1.15亿元，同比减少5.7%；城镇居民人均可支配收入同比增长5.1%。办理政务热线工单5559件，办结率100%。是年，街道获2020年全省"扫黄打非"先进基层示范点、2020年省"颂时代楷模、赞中国精神"老少同台讲好中国故事朗诵比赛先进单位、2016—2018年度省文明单位。热河南路19号小区、皇冠钻石双星小区被评为省级垃圾分类示范小区。 （姜国富）

【经济发展】 2020年，热河南路街道贯彻全区创新驱动发展"121"（建设"一个名城"，打造"两个中心"，构建"一流创新生态体系"）战略，新增招商项目信息87条、总部企业1家（江苏省电力设计院）、对外贸易企业8家、高新技术企业8家、"瞪羚"企业1家（南京协胜智能科技有限公司）。全年实际利用内资5.15亿元，实际使用外资156万美元，签约项目总投资额38.5亿元，引进亿元以上签约项目5个。完成5G基站新基建建设任务57个，净增市场主体580家。引进市级高层次创业人才1人、区级高层次创业人才3人，培育省"双创"人才1人。有效发明专利拥有量71件。推进中海滨江海欣商务楼、桃园世纪、金陵湾四期、当代湖畔花园重大项目建设，并完成交付使用；改善招商载体短缺情况，推进中海国际商务中心项目投入使用，启动老旧楼宇华扬大厦改造工程。 （刘尚业）

【环境治理】 2020年，热河南路街道完成港务一段小区、热河南路27号、二板桥554号大院等"三供一业"移交老旧小区56幢楼维修改造工程。整治街巷3条，市容整治街巷15条，实行路长制管理路段48条，实现自治管理老旧小区3个，拆除违建2960平方米。开展"晨光行动"，试点"警城联动"，综合管理交通秩序、市容环境，取缔店外经营1438起、占道经营1896起，整治违规户外广告238个，清拖垃圾杂物209车次、拆除地锁147个。完成35个小区60个垃圾分类收集点亭（房）建设，完成"撤桶并点"小区65个，辖区公共服务企业垃圾分类覆盖率100%；开展大型垃圾分类宣传活动3场，设置分类垃圾投放点指示牌和分布图1000余处；开展垃圾分类执法检查60余次，餐厨垃圾专项督查30次。整治餐饮企业202家，督促19家企事业单位食堂安装油烟在线监控系统。加大工地扬尘管控力度，做好"静音控尘"专项治理，落实"点位长"制度，管控辖区在建工地12个（含竣工2家），24小时轮班巡查在建工地，新购配PM2.5/PM10大气检测仪，每天现场检测所有施工工地，发现异常立即要求整改，PM2.5年均浓度控制在正常值范围。整治挥发性有机物单位5家（喷漆汽修4家，印刷厂1家）。开展水环境整治，完成清江河水质净化站水环境提升，每日监测水质，掌握水环境动态；落实长江"十年禁渔"措施，推进长江、秦淮河禁捕退捕攻坚战，开展"白+黑"巡查1095次；做好防汛抢险和救灾救援工作，迅速反应并妥善处置汛期定淮门桥下渗水隐患11处。是年，小桃园片区被评为市级文明城市创建常态长效示范点。 （程　远　钱海波）

【民生保障】 2020年年末，热河南路街道有低保家庭227户299人，发放低保金178.7万元；低保边缘家庭19户36人，发放低保边缘救助金1.4万元。为23户发放临时救助金19.5万元。建成街道和9个社区退役军人服务站，为91人发放优抚对象抚恤金234.9万元，为42名无军籍职工发放工资391.3万元（含补发2015年改革性补贴），为17名在职烈士遗属发放物质补助4.3万元，为6名转业士官发放下岗失业补贴5.6万元。实现再就业1326人，新增就业2522人，其中援助困难人员再就业212人；开设培训班4期，培育自主创业456人，带动就业2600人。办理居民养老200人、居民医保5200人、市民卡1162

张。组织企业退休人员免费健康体检1200人。建成街道级养老综合服务中心1家、助餐点9个和养老志愿服务“时间银行”10个，实现9个社区全覆盖。既有住宅安装电梯申领规划许可证2部、施工许可证2部、竣工交付使用3部、在建施工1部。新增热河南路57号等12处小区健身器材106件。

【社区建设】 2020年，热河南路街道成立街道新时代文明实践所和清江花苑社区新时代文明实践站。打造街道级红石榴家园基地1个。纪念建党100周年，修缮渡江战役纪念馆。投入资金270万元，为民办实事95件。注册公益组织6家。优化网格服务，成立综合性网格65个。至年末，街道开展社工岗位培训6次，参与培训300人次；开展文体活动56场。有社工74人，其中持证社工36人。有区五星级文明和谐社区1个、四星级文明和谐社区2个、三星级文明和谐社区6个。

（周长春）

【平安建设】 2020年，热河南路街道落实各级安全管理责任制，与各部门、社区签订《安全管理目标责任书》，与1030家企业签订《企业安全生产报告书》《安全生产承诺书》。联合区应急、消防、住建等职能部门检查企业600余家次；组织排查餐饮场所175家，发现隐患500余处，在规定时限内全部完成整改；更换补装燃气报警器51台，使用率稳定在98%以上；常规安全巡查在建工地10家。联合相关部门开展重点隐患专项整治30余次，排查“小化工”企业1420家。完成区挂牌督办件陈婵小吃餐饮店高层违规使用液化气隐患整改，推进餐饮业“瓶改管”22家；完成国务院江苏安全生产专项整治工作督导组交办热河南路16～28号1楼搭建违建出租做餐饮，造成消防安全隐患整改。整改姜家园44号地下室违规住人并使用煤气包隐患。完成群租房隐患整改16户。完成新河二村163～165号46户C级险房“三原”（原地址、原面积、原高度）消险改造和二板桥552号等5幢危房消险治理；完成定淮门大街8号商务楼、桃花源居4幢高层消防隐患整改；完成迎江园等16个老旧小区微型消防站建设。安装智能充电桩85组、车棚17处，开展电动车违法违规充电现场整治120余次，现场解决隐患1000余处。省市全国“两会”、十九届五中全会期间，实现非访“零人次”目标；推进万国府楼盘、桃园世纪楼盘等4起群体性矛盾化解；化解网络信访件104件。规范网格化工作，综合网格63个、专属网格26个运行正常，合格率100%。摸排整治扫黑除恶和反通信网络诈骗，发放各类宣传资料1万余份。

（秦礼伟　陈发根）

【街道新时代文明实践所成立】 7月，热河南路街道新时代文明实践所（简称实践所）成立。实践所结合“创新、人文、共享、平安、宜居”5个发展目标，通过“新时代文明实践理论宣讲、教育服务、文化服务、科技与科普服务、健康促进与体育服务”五大平台，开展各类文明实践活动。实践所融入渡江战役“红帆精神”和“桃源文化”等元素，定位思想政治引领、传承优秀传统文化培育文明街风、提供惠民服务等多种功能。至年末，实践所有志愿服务阵地（组织）40个，其中理论宣讲8个、教育服务9个、文化服务9个、科技与科普服务7个、健康促进与体育服务7个。有文明城市创建等服务性活动组织8家，志愿者1.5万人；开展各类活动70场，服务居民4万人次。

（余芮彦）

【微家党群服务中心运行】 12月15日，热河南路街道微家党群服务中心运行。中心位于郑和南路109号，分上、下两层，建筑面积约1200平方米。目标定位“社区微家，汇爱大家，微家力行，幸福万家”。中心构建以“社区党委为核心、居委会为主导、党员群众为主体”和社会组织、驻区单位共同参与社区党建联席会。创建“党员微家”“妇女微家”“青少年微家”“人大政协微家”“创业微家”五大服务品牌，为辖区党员和群众提供服务，搭建交流互动平台。至年末，中心开展各类活动5场，提供各类服务150人次。

（周　宏）

下关街道

【概况】 下关街道位于南京中心城区西北部滨江核心区域，东起大桥南路，南至中山北路，西临江边路长江岸线，北至煤炭港，区域面积3.74平方千米。下辖8个社区，户籍居民2.11万户5.39万人。街道办事处驻北祖师庵45号。

2020年，下关街道实现地区生产总值162.35亿元，同比增长6.1%；限额以上社会消费品零售总额7.28亿元，同比减少27.8%；完成全社会固定资产投资2.35亿元；一般公共预算收入17.25亿元，同比增长25.2%；城镇居民人均可支配收入同比增长5.2%。受理政务工单5344件，办结率100%。是年，下关街道获中国红十字会“抗击新冠肺炎疫情暨红十字应急救护知识竞赛”单位组织奖三等奖，获南京市创建文明城市优秀单位称号。阅江楼宜居街区获2020年国际城市与区域规划协会卓越设计奖。

【经济发展】 2020年，下关街道签约投资额36.6亿元，其中亿元签约项目4个；实际利用内资6.31亿元，增幅114.7%；新增企业651家，其中千万元以上企业129家、5000万元以上企业13家、亿元以上企业4家。新增“四上”（规模以上工业、资质等级建筑业、限额以上批零住餐、规模以上服务业）企业24家。完成世茂滨江二期10号楼交付，世茂滨江二期9号、18号、20号楼主体项目施工。新增标准以上文化产业单位2家。完成有效专利拥有量303件，PCT申请专利6件。高新技术企业培育入库9家，评为高新技术企业2家。新增“瞪羚”企业1家。获南京市“创新型企业家”1人，入选区级高层次人才2人。

【环境治理】 2020年，下关街道出新老旧小区4个、房屋21栋，完成街巷整治1条（南通路）；治理违建33处2976平方米；建成垃圾分类亭（房）小区19个，设置垃圾分类收集点55个，投入使用垃圾分类收集点30个。创建城市治理标准化示范单元（片区）2个（世茂滨江片区、下关火车主题园）；落实城市长效管理综合考核，签订“门前三包”责任书726份，签订率100%。完成市督办险房治理任务2处（花家桥7号、中山北路348号）；完成上海铁路局职工宿舍“三供一业”移交6栋D级险房，163户居民整体外迁并维修加固。推进阅江楼街区省级宜居示范街区建设，提升花家桥、新民门街景，改造提升西北护城河步道。办理环境信访工单177件，满意率100%，办结率100%；办结环保工单7件，其中主办5件、协办2件，全部完成销号。中大型餐饮16家、学校食堂8家、机关事业单位食堂7家安装油烟在线监控设备。完成辖区157家餐饮企业餐饮巡查防治工作，整治无证食品经营户3家，整改餐饮单位16家，创建“健康细胞”工程单位1家（盐大街社区被评定为健康社区）。管控在建工地扬尘污染12家，查处整改问题28起。召开河长会议38次，各级河长巡河1152次。

【民生保障】 2020年年末，下关街道有低保家庭435户610人，每月发放低保金46.57万元；低保边缘家庭13户26人，每月发放低保边缘金1040元。特困供养5人，每月发放特困供养金9450元；新增困境儿童12人，调整注销1人，每月发放生活补贴1.89万元。低保医疗救助36人，发放救助金13.23万元；慈善救助46人，发放救助金1.77万元；救助因病致贫家庭12人次，发放救助金15.08万元；新增临时救助12人，发放救助金5.23万元。享受残疾人“两项补贴”120人，每月发放补贴19.94万元。养老服务补贴28人，每月发放补贴4.02万元。与辖区健嘉康复医院合作建成街道综合养老服务中心1家，完成适老化改造53户，新增老年人日间照料中心1家、社区居家综合护理中心1家、配餐中心1家，覆盖率100%。建设街道社区“时间银行”网点8个，实现15分钟志愿服务半径圈。办理居民养老315人、居民医保3285人。完成退休人员免费健康体检4311人。全年新增高技能人才35人，新增城镇就业1950人，培育自主创业340人，实现再就业922人，援助困难人员就业203人，大学生就业2100人，创业带动就业2316人，扶持青年大学生创业75人，再就业培训410人，再就业创业培训72人。至年末，开展各类群众性文化活动80场次。建成体育健身场地设施11平方米、5人制足球场1座。

【社区建设】 2020年，下关街道建成街道图书分馆2家、社区图书分馆3家。推进“一院一品”打造，完成邮电大院、电厂宿舍和盐东街21号院等

7个特色院落建设。构建社区党组织为核心、社区居委会为主体、社会组织为辅助、物业公司及驻区单位密切配合、居民广泛参与社区治理体系；推进辖区为民服务保障能力建设，拟制《下关街道为民服务快速化响应服务机制》《社区民主协商机制》。提升社区自治功能和治理能力，梳理提炼盐大街“非常‘6+1’工作法”（“6”选举产生六个片区自管委员会，“1”成立盐西街小区物业管理委员会）和多伦路社区“五线谱工作法”（搭建供需服务连接线、打造爱心众筹连心线、推进互助精准牵引线、建立单位社区协同线、制定志愿管理分数线）。至年末，投入资金15万元，为民办实事9件。街道有社工70人，其中持证社工46人。有区四星级文明和谐社区6个、三星级文明和谐社区2个。

【平安建设】 2020年，下关街道组织安全生产理论学习12次，明确22个安全生产专项整治工作工委班子成员责任分工，印制和发放《街道领导班子成员2020年安全生产工作清单》19份，制定安全生产专项整治方案23个，街道与各科室签订《安全生产责任书》8份，联合巡查执法100余次，下达隐患整改通知书80份。与辖区企业签订安全生产目标责任书1300余份。建立网格化管理责任区域8个，登记网格员27人，录入2295家，其中社会面2276家、企业面19家。巡查走访54家公共风险源、2726家场所风险源9723次，发现隐患6242处。完成国务院挂牌督办消防隐患整治2处（一江大厦、百合华府）。移送执法案件6件，完成率100%。完善平安建设领导责任制，组织街道平安建设列管单位签订平安建设责任书28份。强化扫黑除恶专项工作，排查风险隐患17个，其中涉及社会风险类隐患11个、公共安全类风险点6个，全部整改到位。发动平安志愿者开展新冠肺炎疫情防控，动员注册平安志愿者1300余人，坚守辖区13个卡口值守点，协助15个物管小区，摸排辖区居民2.25万户。

【阅江楼宜居街区获国际城市与区域规划师学会卓越设计奖】 2020年，阅江楼宜居街区获2020年度国际城市与区域规划师学会（ISOCARP）卓越设计奖。阅江楼宜居街区是省级宜居示范街区试点项目，规划范围北至郑和北路、南至中山北路、西至热河路、东至城河南路与虎踞北路，面积约1.18平方千米。街道联合东南大学建筑设计研究院，运用动态大数据等数字化技术分析老旧片区环境、人文、建筑、交通等现状，结合实地调研访谈，实现社区居民参与规划、提升社区规划建设。年内，街区打造“阅享家”特色文化品牌，开通“阅享家”抖音号，联合街道“上善下关”微信公众号以及街道、社区微博形成新媒体传播矩阵，扩大“阅享家”品牌活动影响力。至年末，举办线上、线下

10月25日，阅江楼宜居街区“阅享家”六朝魔方比赛　　下关街道　供图

各类活动9场，参与活动5万人次；发布抖音视频7条，观看人数10万人次。

链接：ISOCARP

全球性规划专业组织，2005年设立卓越设计奖，至今全球仅有7个获奖单位（组织）。

【纪念建党99周年表彰大会暨“老学堂红驿”启动仪式】 6月30日举行。区委组织部、宣传部领导，街道党工委班子成员，区人大代表、老学堂党建联盟成员单位代表、街道机关党员、社区负责人、“两新”党组织代表、受表彰人员等90余人参加活动。会上，表彰先进基层党组织10个、优秀共产党员40人、优秀党务工作者10人、党员志愿服务明星12人；启用街道“老学堂红驿”党建阵地；区委宣传部、文明办有关领导和街道党政领导为“下关街道新时代文明实践所”和下关街道新时代文明实践所示范点“少年科技工作站”揭牌。街道领导分别与老学堂12家单位党组织代表签署“党建联盟”共建协议书。全年“老学堂红驿”开展各类党建活动20场。

【下关街道党工委与省港口集团直属党总支共驻共建签约仪式】 10月22日举行。省港口集团党委及直属党总支书记、集团工会等领导，下关街道党工委书记、街道办事处主任等30人参加签约仪式。合作模式实现“资源共享、优势互补、协调发展、互相促进、共同提高”党建协作新格局，推动下关街道区域经济发展和宜居街区建设。至年末，组织机关党员、团员青年参与防汛救灾和网格走访等志愿服务活动42场。（周　原）

建宁路街道

【概况】 建宁路街道地处南京长江大桥南端，东起中央门立交桥，与玄武区相邻；南至护城河，与中央门街道、挹江门街道相邻；西至阅江楼景区建宁桥，与下关街道相邻；北至沪宁铁路，与宝塔桥街道、小市街道相邻；区域面积2.32平方千米。下辖8个社区，户籍居民2.20万户3.93万人。街道办事处驻安乐村244号。

2020年，建宁路街道完成地区生产总值43.33亿元，同比增长6.1%；限额以上社会消费品零售总额20.15亿元，同比减少2.4%；完成全社会固定资产投资1.01亿元；一般公共预算收入2.32亿元，同比减少24.6%；城镇居民人均可支配收入同比增长5.1%。办理政务工单4505件，满意率95.37%。是年，建宁路街道获中国红十字会“抗击新冠肺炎疫情暨红十字应急救护知识竞赛”单位组织奖三等奖、南京市“奋进2020·新春网络寄语”组织奖，地情书《南京建宁路》获南京市2020年地方志优秀成果奖。

【经济发展】 2020年，建宁路街道引进对外贸易企业6家，完成对外贸易进出口额4亿元，服务外包额6600万美元；签约亿元以上项目6个，签约项目投资额24亿元，实际利用内资0.62亿元，实际使用外资6000万美元。完成有效发明专利62件，PCT专利申请3件。完成技术合同成交额1132.4万元。申报高新技术企业入省库8家，通过3家。

【环境治理】 2020年，建宁路街道继续实施“晨光行动”，出动3640余人次、处置问题1200处；整治背街小巷2条，综合整治小区环境3个；拆除违建639处2615平方米。辖区党政机关10家、企事业单位11家、小区44个，实现垃圾分类工作全覆盖。各工地施工保持抑尘设备运行，加强喷洒抑制扬尘，杜绝黄土裸露。整治餐饮企业229家。整治问题排水口3个、办理排水许可证3户，完成国家环保部、住建部黑臭水体联合检查考核任务。

【民生保障】 2020年年末，建宁路街道有低保家庭205户298人，发放低保金293.72万元；低保边缘家庭9户20人，发放低保边缘救助金9040元。发放临时救助金21人次12.53万元，发放医疗救助金7人次5.65万元。残疾人354户354人，发放残疾人“两项补贴”157.94万元。为2267人发放高龄补贴15.8万元。在册重点优抚对象49人、在职烈士遗属20人；享受企业“两参”（符合国家认定范围参战退役人员和参试退役人员）退役军人专项慰问金72人。办理居民养老265人、居民医保6210人、市民卡315张。新增城镇就业1952人、实现再就业1011人，开展再就业培训2场80人参加。有社区居家养老服务中心8家、慈善超市1家。新增老旧小区电梯5部。办理低收入家庭住房保障159户，其中补贴91户、公租房66户、共有产权房2户。

【社区建设】 2020年，建宁路街道投入资金167万元，为民办实事123件。完成街道综合养老服务中心建设；启动安乐村铁路文化特色社区建设，建筑面积612平方米。启动第七届社区居委会换届，完成换届社区8个。开展社企运动会、邻里文化节等各类活动130余场。街道有社工55人，其中持证社工29人。成立综合性网格48个。是年，街道通过全国示范性退役军人服务站创建验收。至年末，街道有四星级文明和谐社区5个、三星级文明和谐社区3个。

【平安建设】 2020年，建宁路街道开展安全宣教活动80场，参加活动2200人次；开展安全生产事故应急救援演练28场。印制和发放《消防安全告知函》8827份、《高层住宅建筑消防安全告知书》205份，签订《餐饮场所安全承诺书》684份、《企业落实安全生产主体责任承诺书》和《企业安全生产报告书》230余份。处理一般安全隐患3675件，市、区挂牌督办单3件。开展社区平安创建、文明城市创建、文明交通引导等志愿服务活动，组织小巡防1100场，参与活动平安志愿者5260人次。排查242家餐饮店面4轮次、燃气报警器231台，现场整改安全隐患1249条。化解矛盾纠纷248件；化解市越级访整治和市突出信访矛盾专项治理交办件2起、抗击新冠肺炎疫情期间集体访事件1起、群体性事件2起。辖区可防性案件发案率较上年下降10.24%。

【基层党建"5G"模式】 2020年，建宁路街道将"5G"(Group团队、Game比赛、Gather聚集、Grow成长、Goal目标)概念融入党建，创新党建模式。该模式宗旨把服务群众作为城市基层党建工作根本出发点和落脚点，让群众在城市改革发展中得到更多服务。以社区党组织为核心，由专职社工、党员骨干、居民代表、物业管理等组成服务队伍，结合"红色微网格"，打造"蜂巢"服务阵地。每月开展比、评、奖，形成"人争先进、事争一流、有旗必扛、逢先必争"良好风气。打造"红色党建家园""绿色健康家园""金色创业家园""橙色暖心家园"四大服务体系。开展"储备培优"工程，加强社区领导班子力量及后配干部培养；开展青苗工程，党建带团建，注重培养一线优秀青年加入党组织。至年末，全街道有党员3069人、志愿者286人，开展各类活动125场，服务群众9700人次。

（王道龙）

宝塔桥街道

【概况】 宝塔桥街道地处长江南岸鼓楼区北部，东起五马渡，南以南京西站货场铁路为界，西至煤炭港，北临长江。区域面积7.48平方千米，下辖12个社区，户籍居民3.7万户7.2万人。街道办事处驻燕江路58号。

2020年，宝塔桥街道完成地区生产总值75.8亿元，同比增长6.4%；限额以上社会消费品零售总额6.63亿元，同比减少24.8%；完成全社会固定资产投资4.2亿元；一般公共预算收入1.66亿元，同比增长13.5%；城镇居民可支配收入同比增长5.3%。受理政务工单1.11万件，综合满意率94.4%。年内，开展"红色桥头堡精神"党建品牌建设活动20余场次。是年，宝塔桥街道获中国红十字会"抗击新冠肺炎疫情暨红十字应急救护知识竞赛"单位组织奖二等奖。

【经济发展】 2020年，宝塔桥街道签约项目投资20.18亿元，签约亿元以上项目1个；实际利用内资11亿元，实际使用外资810万美元；新增各类市场主体381户；完成技术合同成交额2400万元；完成贸易销售额77.85亿元，同比增长7.5%；建筑业总产值102.9亿元，同比增长33.2%。申报高新技术企业9家，新增高新技术企业3家，省市入库企业7家。有效发明专利70件，PCT专利申请量1件。标准以上文化产业单位同比增长400%。引进"创业南京”区级入选人才4人;新增高技能人才40人,完成率114%。

【环境治理】 2020年,宝塔桥街道完成宝塔桥东街和永佳路2条背街小巷整治。拆除违建996处1.09万平方米,治理险房2处,清理垃圾1768吨、乱张贴4.8万处、违规停放车辆1291辆,施划非机动车、机动车停车位560余处,维修坑洼道路123处6500平方米。幕府路站点空气质量优良率86.3%,达标295天。30家食堂安装油烟在线监控设备。发放400家重点监督排水户排水许可证。建设垃圾分类亭(房)71处,其中60%亭(房)推行定时定点分类投放,40%亭房实行集中分类投放。车辆停车收费56万余元。环境信访问题件按期办结率100%,污染防治综合监管平台问题线索处置率100%。

【民生保障】 2020年年末,宝塔桥街道有低保家庭639户951人,发放低保金887.66万元;低保边缘家庭24户53人,发放保障金2.32万元。为533户困难群众发放慰问金10.66万元。办理住房保障59户,其中低保9户、低收入家庭23户、中等偏下收入家庭17户、共有产权房10户。完成失能、半失能老人家庭适老化改造64户,完成率100%。发放尊老金196万元。为4人发放“圆梦行动”助学救助3.2万元。为3名困境儿童发放生活费14.50万元、慰问金3900元;为2名孤儿发放生活费3.79万元、慰问金2600元。自主就业退役军人培训就业率100%。签订计划生育目标责任书16份,计划生育奖励扶助政策兑现率100%。新增独生子女伤残死亡特别扶助12人。为207名城乡优抚对象发放抚恤补助256万元。全年,完成街道和12个社区“时间银行”建设,完成率100%。建成街道图书馆(室)1个、社区图书馆(室)12个,开展街道阅读活动12场、各社区阅读活动12场。巡查文物点7处,巡查率100%,各级文物保护完好率100%。举办百人以上文化活动4场,举办社区文化活动100余场次。新增健身器材116件,社会足球场2座。

【社区建设】 2020年,宝塔桥街道升级改造金陵二村社区综合服务中心,新增社区用房面积近500平方米。培育社会组织6个。投入金额216万元,为民办实事123件。全街有社工101人,其中持证社工42人。至年末,街道有五星级和谐文明社区1个、四星级和谐文明社区2个、三星级和谐文明社区9个。

【平安建设】 2020年,宝塔桥街道与24个部门、社区签订《安全生产责任书》,与337家企业签订《南京市鼓楼区餐饮场所安全承诺书》。清理群租房30户、地下室76户。开展大排查大整治大执法联合行动,开具罚单175张,查出安全隐患3612处。完成市挂牌督办农贸中心消险任务。悬挂扫黑除恶、平安护民宣传横幅120条、LED电子显示屏17块,张贴海报1000余张,发送宣传信息及宣传动漫560余条,开办扫黑除恶专题讲座26场,发放综治平安创建宣传手册5000余本、《扫黑除恶一封信》5000余封。配齐专职网格员101人,公众安全感满意度调查及网格化入户宣传2883户。领导接访28次,接待群众21批129人,办结市长区长信箱28件,办结网络信访325件。可防性侵财案件立案117起,其中入室盗窃案件40起、盗窃非机动车案件17起、通信网络诈骗案件60起。

(薛锦瑶)

小市街道

【概况】 小市街道地处鼓楼区东北角,东与栖霞区、南与玄武区相接,紧邻南京火车站、小红山长途客运站,是南京城北“窗口”区域、鼓楼铁北核心片区,区域面积3.92平方千米。下辖9个社区,户籍居民1.8万户5.5万人。街道办事处驻黄家圩路36号。

2020年,小市街道完成地区生产总值65.75亿元,同比增长6.4%;限额以上社会消费品零售总额4.96亿元,同比增长23.6%;完成全社会固定资产投资33.33亿元;一般公共预算收入3.38亿元,同比减少3.8%;城镇居民人均可支配收入同比增长5.3%。受理政务工单6484件,办结率100%。是年,小市街道获2020年度平安南京建设先进集体、南京市2020年新增“健康细胞”工程单位等称号，获中国红十字会“抗击新冠肺炎疫情暨红十字应急救护知识竞赛”单位组织奖二等奖，驻街鼓楼区残疾人文体艺展能中心获省政府残工委通报表扬。

【经济发展】 2020年，小市街道实际利用内资2.92亿元，实际使用外资558万美元。亿元以上签约项目4个，贸易销售额下降5.05%，从业人员工资总额同比增长28.34%，建筑业总产值同比增长6.55%。新增市场主体1100家。PCT专利申请4件。新基建中能装备产业园、中储二期、葛洲坝G50项目均达序时进度，宝龙天地广场开工。打造“花创硅巷”、中储供应链公共服务平台等新产业类型。引入易买盛超市、鲜美达南京总部等新消费项目。开展每日优鲜线上促销、养乐多进社区、花样年综合体夜经济等消费活动6场。

【环境治理】 2020年，小市街道以“三供一业”移交小区为主，持续推进老旧小区环境综合整治。完成东门街138号、140号等5处院落违建拆除及部分小区车棚、围墙改造。拆除存量违建255处3193平方米。疏通清淤东井村3号、黄家圩29号等低洼易涝地区，汛期未出现内涝。开展“晨光行动”，巡查整治辖区工地河岸、背街小巷、院落小区、农贸市场；结合文明城市创建、“爱国卫生月”“环境整治提升月”等行动，整治东三号旧家具市场、小市街东侧桥及复昌路违停等市容顽疾，处理问题500余起。垃圾分类覆盖37个小区，建成45个收集点，建设并运营垃圾分类亭（房）28个，燕语华庭小区创省级达标小区。办理排水许可证29户。

【民生保障】 2020年年末，小市街道有低保家庭297户404人，发放低保金374.92万元；低保边缘家庭11户22人，发放低保边缘救助金23.28万元。为926户生活困难家庭发放慰问金59.21万元，为16人发放医疗救助金11.56万元，为65人发放临时救助金11.72万元。为86名企业“两参”退休人员和96名重点优抚对象发放优抚金290余万元。新增退休人员1775人，纳入街道社会化服务管理退休人员1.89万人。新增城镇就业2430人，实现再就业921人，援助困难人员就业210人，创业带动就业1900人。街道AAA级养老服务中心服务7000余人，安怀村社区开展“老安少怀”品牌系列活动20余次。完成全街“时间银行”布点10个。新建并投入使用5人制足球场1座。

【社区建设】 2020年，小市街道有社工77人，其中持证社工37人；提拔年轻社区书记3人；社区书记9人，其中45岁以下6人，书记主任“一肩挑”5人，享受事业编待遇社区书记2人。完善社工职业体系，举办社工成长营7期，9个社区“全科社工”窗口办件5281件。区域化党建工作，联合38家大单位召开地区“两会”，与21家单位结对共建，形成共建项目17个。实施小型公益创投项目4个，引进青少年服务类社会组织1家。投入资金181.32万元，为民办实事88件。至年末，街道有五星级文明和谐社区2个、四星级文明和谐社区6个、三星级文明和谐社区1个。

【平安建设】 2020年，小市街道安全生产示范城市创建达标。开展“小化工”专项整治和打通“生命通道”行动。开展电动车综合整治，排查清理电动车充电飞线2100余根，安装电表123块，新增插座2273个；实施幕南208号等2个小区试点电动车“上楼梯控”（把“电瓶车梯控系统”装进电梯，一旦有居民将电瓶车推入，电梯就自动停止运行）智能监控管理，被央视《今日说法》栏目报道。开展扫黑除恶、反电信诈骗、处置非法集资等治安防范和矛盾纠纷化解工作，接待群众来访160余次。引导群众依法理性表达诉求，化解复地新都荟群体信访件、潘阳和董喜凤等信访积案3件。群众安全感测评99%。

【创新“红色物业·红动小市”品牌】 2020年，小市街道创新“红色物业·红动小市”品牌，制定“五动”机制（红色引擎驱动、红色服务联动、红色基地带动、红色细胞跃动、红星考评推动）引领社会治理。成立物业党支部4家（泛悦物业、上海高地物业、东来物业、紫郡兰园物业）；组织指导辖区11家物业企业、62个住宅小区建立党组织，实现物业党组织应建尽建。制定党建责任和物业工作“双责任清单”，推动社区党组织与物业企业签订服务承诺书，开展“亮诺践诺”、红色帮扶活动10余次。建立以社区网格党小组成员、物业楼栋管家党员为主体“红色管家”队伍，统筹调动社会组织、党员志愿者等服务力量，根据居民需求提供精准服务。形成泛悦“红色管家”、紫郡兰园“小廖党员工作室”、东来物业“红色先锋队”等志愿服务队伍40支。至年末，开展上门走访服务40余次，解决居民诉求160余起，受益230余人次。

【24小时自助图书馆揭牌】 4月23日，小市街道24小时读书馆揭牌。图书馆位于街道党群服务中心一楼，面积50多平方米，设置图书借阅区、阅览区，有藏书3000余册，实行24小时开放，自助式无人值守。至年末，图书馆接待读者2000余人次。

（鲍非非）

幕府山街道

【概况】 幕府山街道地处鼓楼区东北部，东至五马渡—乌龟山一线，南至安怀村路、北崮山路、金碧路孙家洼路，西至孙家洼路，北至永济大道中心线，区域面积7.4平方千米（含山体面积）。下辖8个社区，户籍居民1.68万户4.23万人。街道办事处驻中央北路168号。

2020年，幕府山街道完成地区生产总值14.16亿元，同比增长6.2；限额以上社会消费品零售总额2.29亿元，同比增长32.6%；完成全社会固定资产投资7.47亿元；一般公共预算收入1.48亿元，同比增长16.2%；城镇居民人均可支配收入同比增长5.5%。受理政务平台工单3804件，办结率100%。是年，幕府山街道获创建全国双拥模范城优秀集体和南京市无烟党政机关称号，街道党群科获南京市“巾帼文明岗”称号。

【经济发展】 2020年，幕府山街道完成贸易销售额56.27亿元，同比增长8.2%；建筑业总产值3.84亿元，同比增长69.3%；技术合同成交额2000万元；实际利用内资3亿元，实际使用外资800.4万美元。净增规模以上工业企业2家，培育“双软”（软件产品、软件企业）企业3家，新增高新技术企业3家、“四上”企业24家、市场主体976家。引进市级高层次人才1人。申请有效发明专利38件，PCT专利申请3件。

【环境治理】 2020年，幕府山街道整治道路1条，治理违建276处4721平方米。推进5个小区成立业委会，7个小区引进物业进行市场化管理。完成黄方村1号、五塘新村51幢、五塘新村二段小区、云燕园小区、五塘新村37和38幢“三供一业”移交维修改造。落实工地日夜巡查制度，严控工地扬尘和餐饮油烟。落实整改省委巡视问题，办理排水达标证2户。排查解决危房3处、安全生产隐患2处。34个小区建设垃圾分类收集点亭（房）40个；招募志愿者210人，安排164名督导员落实桶边指导。启动专项整治行动6个，督查落实“门前三包”（包卫生、包绿化、包秩序）245起，规范整治门头店招78处，暂扣占道经营车辆63台，清理老旧小区卫生死角1200余处，清理垃圾杂物600余车。至年末，环境信访按时回访率100%、满意率100%。

【民生保障】 2020年年末，幕府山街道有低保家庭225户314人，发放低保金287.47万元；低保边缘家庭13户29人，发放救助金1.54万元。发放残疾人“两项补贴”360人173.02万元，困境儿童生活补贴21人17.69万元，特困供养对象生活补贴4人4.83万元，物价补贴1070人次1.23万元。发放临时救助金116人次43.67万元，医疗救助金24人次15.59万元。募集慈善一日捐捐款10.32万元。享受“两参”人员定期补助12人，享受在职烈属物质补助10人，享受企业退休“两参”退役人员专项慰问31人。办理“一孩”生育服务登记195人、“二孩”生育服务登记87人，办理“三孩”再生育申请审批5人。组织辖区育龄妇女免费妇科检查1189人。新增特扶对象6人，申请公益金12人；申报独生子女父母一次性奖励415人；申报城镇非从业人员奖励8人。为400名0—14周岁孩子无职业父母发放独生子女费。为辖区65户计划生育特殊家庭、15户计划生育低保家庭独生子女购买保险。申请住房补贴29户、共有产权房2户。

【社区建设】 2020年，幕府山街道投入资金240万元，为民办实事92件。白云社区打造"白云心家园"特色品牌。建成街道新时代文明实践所，建设社区新时代文明实践站8个，实现区域全覆盖。成立社会组织8家。至年末，街道有社工73人，其中持证社工47人。有五星级文明和谐社区1个、四星级文明和谐社区2个、三星级文明和谐社区5个。

【平安建设】 2020年，幕府山街道开展安全生产月宣传，悬挂横幅19条，发放宣传资料1600余份，制作安全常识宣传扇500把，定制宣传挂图64幅；组织安全检查25次，参加安全教育60人次，举办各类安全生产培训2场。开展餐饮场所燃气安全生产专项整治，处理燃气报警5起，检修更换及新增燃气报警器35部。核查平台企业5176家，其中核对实有企业1618家；采集各类风险源2287条，巡查走访6598次，发现并整改各类隐患2185处；注册信用脸谱482家，完成安全评估325家，完成答题336次。排查"小化工"单位1438家，发现并填报整改各类隐患165条；发放《危化品安全告知书》300余份、《危化品安全手册》50余份；发放电动车违规停放、飞线充电整改通知书1035份，剪除、劝收、清理电动车违规充电飞线6000余米。举办"预防金融诈骗""法润南京""国家安全教育日""第七个宪法日""扫黑除恶"专项斗争等活动10余场、"七五"普法宣传活动321场。街道人民调解委员会、街道社会矛盾纠纷调处中心和8个社区人民调解委员会接待群众到访523批941人次，受理纠纷452件、调解纠纷452件、调解成功449件，成功率99.3%；制作书面调解卷宗33件，口头协议391件，赔偿涉及金额30.51万元，无民事转刑事案件和重大群体性纠纷，服务质量满意度100%。至年末，新入矫社区服刑人员28人、解除社区矫正29人，重点安置帮教对象20人。申办帮教人员低保5人，办理低保边缘2人，安置率100%、衔接率100%、帮教率80%，无社区服刑人员重新犯罪、脱逃、脱管、漏管、集体上访、越级上访、参与聚众滋事等事件发生。

【"幕课堂"特色党建】 2020年，幕府山街道落实"党课开讲啦"活动要求，打造街道党建"幕课堂"特色项目。宗旨将课堂打造为党员群众经常性教育主阵地和党员干部学习新思想微党校、"24小时党校"。实境课堂位于盛世花园社区办公楼5楼，采用"互联网+虚拟技术"和5G高清传输，配套集"教、学、录、播"于一体先进设备，实现街道社区、驻区单位和"两新"组织同步学习资源共享。全年，邀请知名教授学者、行业专家和社区党员，开展《中华人民共和国民法典》、党的十九届五中全会精神宣讲和基层文艺工作交流等授课6期，参加活动6万余人次。

【街道新时代文明实践所建成】 6月，幕府山街道新时代文明实践所（简称实践所）建成，实践所位于窑上村16号文景花园小区，总面积约300平方米。实践所内设理论宣讲、教育服务、文化服务、科技服务和健康服务五大功能室，设计符合辖区群众实际需求志愿服务项目29个。至年末，组建街道志愿服务支队1支、社区志愿服务队9支、综合性志愿服务队82支，开展新时代文明实践活动300余场，服务群众1万余人次。

（卜　立）

南京市鼓楼年鉴2021

人物

REN WU

新任区级领导

洪礼来

洪礼来，男，汉族，1973年1月出生，江苏灌南人，1994年8月参加工作，1998年12月加入中国共产党，研究生学历、硕士学位。1990年9月南京大学国民经济管理专业大学学习；1994年8月南京市信息中心科员；1997年7月市计委综合处科员；1998年6月市计委综合处副主任科员；2001年1月市计委综合处主任科员；2002年4月市计委城市发展处副处长（其间：1999年9月—2002年7月南京大学商学院工商管理专业在职研究生学习，获工商管理硕士学位）；2003年10月市发改委综合处副处长；2007年9月市发改委发展规划处处长；2011年2月市发改委副主任、党组成员；2011年5月溧水县委常委、县政府常务副县长；2013年3月溧水区委常委、区政府副区长人选；2013年4月溧水区委常委、区政府常务副区长；2016年7月溧水区委副书记；2017年4月南京新工投资集团有限责任公司总经理、党委副书记、董事；2018年11月市科委主任、党组书记；2019年1月市科技局局长、党组书记；2020年4月鼓楼区委副书记、区政府代区长、党组书记。

陈　政

陈　政，男，1971年5月出生，江苏盐城人，1996年8月参加工作，1995年11月加入中国共产党，党校研究生学历、学士学位。1992年9月长春光学精密机械学院应用光学专业大学学习；1996年8月国营第七二〇厂通信设备分厂技术员；1997年11月国营第七二〇厂团委帮助工作；1998年1月国营第七二〇厂办公室秘书；2000年12月南京市委组织部机关干部处副主任科员；2004年5月市委组织部干部二处主任科员（其间：2005年1月—2005年7月市委保持共产党员先进性教育办公室组织组工作）；2008年10月市委组织部干部二处副调研员（其间：2009年3月—2009年9月市委深入学习实践科学发展观活动指导检查三组工作）；2011年12月市委组织部干部二处副处长；2013年1月市委组织部干部二处副处长、青年干部处副处长；2014年6月市委组织部老干部处处长、办公室副主任；2015年1月市委组织部干部三处处长；2018年2月市人才办副主任；2020年6月鼓楼区委常委、组织部部长。

熊　俊

熊　俊，男，1983年2月出生，四川资阳人，2008年9月参加工作，2003年12月加入中国共产党，研究生学历、博士学位。2002年9月清华大学土木工程专业大学学习；2006年9月清华大学土木工程专业博士研究生学习（其间：2009年8月—2009年12月清华大学研究生团委副书记；2009年12月—2010年8月中华全国学生联合会副主席、清华大学研究生会主席；2010年8月—2010年12月清华大学研究生会主席）；2011年7月清华大学党委组织部教师；2012年7月清华大学组织部部长助理（副处级）；2013年2月建邺区住房和建设局副局长、工委委员；2016年1月建邺区建设局副局长、工委委员；2017年3月建邺区委办公室主任；2019年3月建邺区委办公室主任、机要局局长、区档案局局长；2019年7月建邺区委办公室主任、机要局局长、区国家保密局局长、区档案局局长；2019年12月建邺区沙洲街道工委书记；2020年6月鼓楼区政府副区长。

徐宝军

徐宝军，男，1974年5月出生，江苏南京人，1996年8月参加工作，1995年12月加入中国共产党，研究生学历、硕士学位。1992年9月大连理工大学管理学院工业外贸专业大学学习；1996年8月秦淮区委宣传部宣传科、理论科科员；2000年11月秦淮区委宣传部综合科副科长；2001年9月秦淮区委宣传部综合科科长；2003年4月秦淮区文明办副主任（副处）（其间：2004年4月—2004年8月参加南京市青年干部国际知识培训班国内阶段学习，获

BFT高级证书)；2005年11月秦淮区商务局副局长、招商局副局长；2006年2月市社会主义学院办公室主任(其间：2009年10月—2010年1月参加南京市青年干部境外培训备选人员培训班学习)(2004年3月—2006年7月北京大学公共管理专业学习，获公共管理硕士学位)；2014年3月市社会主义学院教务处处长(2013年9月—2016年2月借调青奥组委工作，任青奥组委办公厅运行协调处处长；2007年9月—2015年9月南京大学哲学系马克思主义哲学专业在职研究生学习)；2018年3月市信访局副局长、党组成员；2019年1月市政府信访局副局长、党组成员；2020年9月鼓楼区政府副区长人选；2020年10月鼓楼区政府副区长。

王丽娟

王丽娟，女，1974年5月出生，江苏宜兴人，1996年8月参加工作，1994年4月加入中国共产党，研究生学历、硕士学位。1990年9月南京大学法学院经济法专业大学学习；1996年8月南京大学法学院辅导员、党委秘书、团委书记；2005年5月南京大学法学院党委副书记(其间：2004年9月—2007年7月江苏省委党校宪法行政法专业硕士研究生学习；2008年9月—2011年3月东南大学法学院法律硕士专业学习)；2009年6月南京大学学生就业创业指导中心副主任(2015年7月研究员)；2016年2月南京大学法学院党委书记(2020年1月校纪委委员)；2020年8月鼓楼区政府副区长(挂职)，南京大学法学院党委书记。

(区委组织部)

先进人物

全国劳动模范与先进工作者

严　瑾

现任南京市鼓楼区拉萨路小学校长，拉萨路小学教育集团董事长，方兴小学校长，高级教师。2020年11月24日，当选“全国先进工作者”。

女，汉族，1968年10月生，江苏南京人，中共党员，本科学历。1986年参加工作，1997年担任拉萨路小学教导主任，2000年担任拉萨路小学副校长，2004年担任银城小学校长，2010年担任拉萨路小学书记，2011年担任拉萨路小学校长，2013年担任集团拉萨路小学董事长，2018年兼任方兴小学校长、书记。先后获南京市优秀教育工作者、南京市“行知奖”、南京市劳动模范、江苏省先进工作者等称号；成立教育部首届领航工程名校长工作室，连任两届南京市人民代表。带领拉萨路小学先后获全国教育改革创新教师团队奖、江苏省文明校园、江苏省教科研先进学校、江苏省级教师发展示范基地校、江苏省教研室基础课程改革重大项目基地校、江苏省优秀少先队集体等荣誉。

(区总工会)

张桂平

现任第十三届全国政协委员、民革中央企业家联谊会会长、苏宁环球集团董事长、民革中央经济委员会副主任、中山博爱基金会副理事长、中国商业文化研究会会长、国际徽商交流协会会长、第五届公安部党风政风警风监督员等职务。2020年11月24日，当选“全国劳动模范”。2020年11月26日，获“江苏省抗击新冠疫情先进个人”荣誉称号。

男，1951年8月生，江苏南京人。1976，进入南京市勘测设计院工作。1978年，任南京市房地产管理局工程师。1987年，创办了“江苏苏宁家电有限公司”。2005年，其执掌的苏宁环球集团旗下“苏宁环球股份有限公司”在深交所上市。2017年12月，当选民革中央企业家联谊会会长。2018年1月，当选为第十三届全国政协委员。2018年5月，当选为民革十三届中央经济委员会副主任。先后获“优秀中国特色社会主义建设者”、“改革开放30年功勋人物”、“江苏省劳动模范”、“中国最具影响力地产人物”、“抗震救灾先进个人”、以及省市“慈善之星”等称号。

(区总工会)

全国卫生健康系统新冠肺炎疫情防控工作先进个人

邱海波

东南大学首席教授、博士生导师，东南大学附属中大医院党委副书记、纪委书记、主任医师。2020年3月，被授予“全国卫生健康系统新冠肺炎疫情防控工作先进个人”称号。2020年9月，被授予“全国优秀共产党员”“全国抗击新冠肺炎疫情先进个人”称号。

男，1966年10月生，新疆喀什人，1985年7月加入中国共产党。1983年9月，考入南京铁道医学院（东南大学医学院前身），攻读医疗专业；1988年7月，毕业后进入南京铁道医学院附属医院工作；1997年7月，中国协和医科大学博士毕业。长期致力于重症医学学科的建立和规范性发展。先后参与2003年非典疫情、2005年四川省猪链球菌病疫情、2008年手足口病疫情、2008年汶川地震、2009年甲型H1N1流感疫情、2010年玉树地震、2011年温州动车事故、2013年H7N9禽流感疫情、2014年“8?2"昆山爆炸事故、2015年“8?12”天津特大火灾爆炸事故、2019年响水爆炸等重大突发公共卫生事件的抢救工作，并多次担任国家医疗专家组组长，为救治重症患者作出重要贡献。2020年，新冠肺炎疫情暴发以后，奉命奔赴武汉，作为中央赴武汉指导组专家组成员、国家卫生健康委员会救治专家组成员参与抗疫战斗，制定一系列危重患者的诊疗规范急救流程，提出一系列如专家下沉、全国驰援、方舱医院等建议并被采纳，为抗击疫情作出重要贡献。先后入选教育部新世纪优秀人才计划、卫生部有突出贡献中青年专家、国务院特殊津贴专家、江苏省优秀领军人才，先后获全国抗震救灾模范、全国优秀科技工作者、全国师德先进个人、全国卫生计生系统白求恩奖章、全国最美医生、全国医德标兵、卫生部有突出贡献中青年专家等荣誉称号。

（吴苏明）

孙立群

南京医科大学第二附属医院重症医学科副主任、主任医师、教授、硕士生导师。2020年3月，被授予“全国卫生健康系统新冠肺炎疫情防控工作先进个人”称号。2020年9月，被授予“全国抗击新冠肺炎疫情先进个人”称号。

女，1972年6月生，山东即墨人。先后就读于青岛大学医学院、南京大学。1996年，参加工作；2011年，博士研究生毕业后入职南京医科大学第二附属医院。从事重症医学临床、教学、科研工作近20年，擅长ARDS、脓毒症、休克、重症急性胰腺炎、MODS等重症疾病救治。在国内外期刊共发表论文30余篇，其中SCI 10余篇，申报专利2项。2020年，任第一批江苏援湖北医疗队医疗组组长，为当地医院建立一套规范、科学、严谨的工作流程，提高救治效率，做到救护人员零感染。先后获江苏省有突出贡献中青年专家、江苏最美医务工作者、江苏省卫健系统新冠肺炎疫情防控先进个人、江苏省三八红旗手、江苏巾帼最美奋斗者、全国妇联一线医务人员抗疫巾帼先锋、江苏省优秀共产党员、“中国好医生、中国好护士”抗疫特别人物等荣誉称号。

（吴苏明）

刘　云

南京医科大学第一附属医院（江苏省人民医院）副院长、主任医师、教授、博士生导师。2020年9月，被授予“全国抗击新冠肺炎疫情先进个人”“抗击新冠肺炎疫情全国三八红旗手”称号。

女，1967年3月生，江苏盐城人。毕业于南京医科大学，获博士学位。承担包括国家重点研发计划在内的国家、部省级项目近20项。发表SCI及核心期刊文章近百篇，主编著作2本。拥有国家发明专利6项，软件著作权35项，成果获江苏省科学技术奖二等奖、江苏省医学科技三等奖、江苏信息通信行业科技进步一等奖、南京市科学技术进步三等奖等。先后入选科教兴卫工程优秀医学重点人才，科教强卫工程医学重点人才，江苏省卫生拔尖人才，江苏省“333高层次人才培养工程”培养对象、江苏省“六大人才高峰”培养对象。享受国务院特殊津贴，获得享受政府特殊津贴的专业技术人才。2020年，获江苏省人社厅和江苏省卫健委新冠肺炎疫情防控记功奖励、江苏省五一劳动奖章，所带领的援武汉重症医疗队获全国卫生健康系统新冠肺炎疫情防控工作先进集体称号。

（吴苏明）

黄　茂

南京医科大学第一附属医院（江苏省人民医院）呼吸与危重症医学科主任、主任医师、教授、博士生导师。2020年9月，被授予“全国抗击新冠肺炎疫情先进个人”称号。

男，1961年1月生，江苏泰州人。1978年3月，就读于南京医科大学。1982年起，在江苏省人民医院工作。从事医学教育、科研及临床工作近40年。先后主持和参与国家及部省级课题30余项，发表学术论文200余篇，获省科技进步奖、医学科技奖、新技术引进奖等10余项，申请专利、实用发明专利10余项，主编6部、参编22部教材、学术专著等，获首届中国医师奖、中国呼吸医师奖、恩德思医学科学技术奖（内镜微创名医奖）等。2003年，担任赴内蒙古抗击非典型肺炎医疗专家组组长，诊治患者134例，全部救治成功。2020年，担任江苏省新冠肺炎医疗救治专家组组长，带领专家组建立科学合理和有效的“分层及区”管理模式，建立轻症转重症预警模型，提高治疗合理性和救治成功率，实现江苏省新冠肺炎患者“零死亡”。

担任中国政府援助委内瑞拉抗疫医疗专家组组长，获“弗朗西斯科·德·米兰达”国家二组勋章。先后获江苏省五一劳动奖章、全国五一劳动奖章，获全国职工职业道德建设先进个人、江苏省防治非典型肺炎工作先进个人、全国防治非典型肺炎工作优秀共产党员、白求恩式好医生、“国之名医?卓越建树”、江苏省最美医务工作者、江苏省百姓信任的医疗专家、江苏省优秀共产党员、江苏省高校优秀共产党员、江苏省“十佳研究生导师”等荣誉称号。

（黄　茂　吴苏明）

杨　毅

东南大学附属中大医院重症医学科主任、主任医师、博士生导师。2020年9月，被授予“全国抗击新冠肺炎疫情先进个人”称号。

女，1968年8月生，重庆江津人，1990年加入中国共产党。1986年9月，考入南京铁道医学院（东南大学医学院前身），攻读医疗专业。1991年，进入南京铁道医学院（东南大学附属中大医院前身）工作。在休克发病机制与治疗研究及器官功能衰竭与功能重建的临床和基础研究有深厚的造诣，对ARDS及脓毒症的免疫调控机制及精准化治疗开展研究。主持国家新药创制科技重大专项、国家自然科学基金面上项目、江苏省重点研发计划专项资金（社会发展）等课题20余项。获中华医学科技进步二等奖、教育部自然科学二等奖，江苏省医学科技进步一等奖，近5年在SCI发表收录文章近百篇，主编及参编专著及重症医学教材11部。多次作为国家级、省级专家组专家参与突发公共卫生事件救援。2020年，担任江苏省新冠肺炎救治专家重症医学组长，先后转战江苏、吉林、黑龙江、新疆。先后获江苏省五一劳动奖章、江苏省卫生健康系统新冠肺炎疫情防控工作先进个人、江苏省三八红旗手、江苏最美医务工作者、江苏省卫生系统人感染H7N9禽流感防治先进个人、医药卫生界生命英雄“科技之星”等荣誉称号。

（吴苏明）

王　清

南京鼓楼医院护理部副主任、主任护师、硕士生导师。2020年3月，被授予“全国卫生健康系统新冠肺炎疫情防控工作先进个人”称号。

女，1983年12月生，江苏南京人，中共党员。先后就读于南京卫生学校、南京医科大学、南京中医药大学。2002年，进入南京鼓楼医院工作；2014年，担任神经内科病区护士长；2018年，任南京鼓楼医院护理部助理；2020年，任护理部副主任。从事神经系统疾病护理与护理管理、急性脑卒中患者早期康复护理、吞咽障碍患者喂养管理、互联网+护理服务等领域近20年。先后主持国家自然科学基金1项，省级课题2项，市级课题和中央高校等课题4项；取得科研成果20余项，申请实用新型专利2项，先后发表学术论文20余篇。先后获评南京鼓楼医院“优秀护理人员”、南京鼓楼医院先进个人、南京市卫生青年人才（第三层次）、南京鼓楼医院学科学术后备人才。2020年，作为江苏省第五批援鄂医疗队南京一队的护理领队驰援武汉，获江苏省人力资源社会保障厅记大功奖励、江苏省三八红旗手、南京市三八红旗手。（吴苏明）

杨永峰

南京市第二医院副院长、主任医师、博士生导师。2020年3月，被授予“全国卫生健康系统新冠肺炎疫情防控工作先进个人”称号。

男，1972年9月生，河南安阳人。先后就读于新乡医学院、中南大学湘雅医学院。1996年，进入河南安钢总医院工作；1999年，中南大学湘雅医学院硕博连读，历任住院医师、总住院医师、代主治医师；2004年起，南京市第二医院工作。从事医疗卫生20多年，精通肝脏疾病的临床、病理及影像诊断，擅长疑难肝脏疾病的诊治。先后主持国家自然科学基金、江苏省科技厅临床医学专项等课题10项。获江苏省科技进步奖1项、南京市科技进步奖2项、江苏省医学新技术引进奖8项等。发表第一或通信作者论文90余篇，其中SCI收录20篇。先后参加2007年人感染高致病性禽流感（H5N1）、2009年甲型H1N1流感、2013年人感染H7N9禽流感等的救治。2015年，任医疗救治副队长赴西非疫区抗击埃博拉出血热；2020年，作为省队专家赴武汉支援，担任武汉开发区体育中心方舱医院二舱副院长，获江苏省人力资源社会保障厅记大功奖励，被授予“江苏最美人物—最美医护工作者”称号。（吴苏明）

陈文森

南京医科大学第一附属医院（江苏省人民医院）感染管理处副处长、主任医师、副教授、硕士生导师。2020年3月，被授予“全国卫生健康系统新冠肺炎疫情防控工作先进个人”称号。

男，1981年10月生，江苏镇江扬中人。先后就读于南京医科大学、西安交通大学。2008年8月，进入江苏省疾病预防控制中心工作；2013年6月，调至江苏省人民医院工作。长期从事感染预防与控制，传染病疾病控制及流行病学研究。主持省部级课题5项，第一或通讯作者发表SCI及核心期刊论文40篇。主编和主译论著5部，副主编1部。专利2项。2014年12月—2015年2月，受国家卫健委委派赴塞拉利昂抗击埃博拉出血热疫情。2015年，获评江苏省卫健委“援塞抗疫先进个人”；2016年，获选美国医疗与保健流行病学协会（SHEA）“国际大使”；2017年，获评科学感控优秀基层实践者、全国医院感染管理优秀青年学者；2020年，作为中央指导组医疗救治组感控专家参加武汉新冠肺炎疫情防控和医疗救治，受国家委派参加新疆乌鲁木齐、山东、河北（石家庄）新冠肺炎疫情防控和医疗救治，获江苏省人力资源社会保障厅记大功奖励、江苏青年五四奖章。

（陈文森　吴苏明）

陈旭锋

南京医科大学第一附属医院（江苏省人民医院）急诊医学科行政副主任、主任医师、教授、博士生导师。2020年3月，被授予“全国卫生健康系统新冠肺炎疫情防控工作先进个人”称号。

男，1978年11月生，中共党员，江苏宜兴人。毕业于南京医科大学。2002年，进入江苏省人民医院工作。从事急诊临床工作20年，熟悉临床一线各种急救技术，尤其在ECMO技术救治方面。主持和参与国家自然科学基金等课题10余项，发表论文80余篇，申请国家级专利8项，获江苏医学科技奖、江苏医学新技术引进奖等奖项5项。先后入选江苏省“333高层次人才培养工程”第三层次人才、江苏省“六大人才高峰”培养对象、首届江苏省“科教强卫工程”青年医学人才，获“中国好医生中国好护士”（江苏专场）先进典型代表、感动中国?江苏十大感动人物、江苏省优秀共产党员、江苏省五四青年奖章、中国医师协会急诊医师分会“急诊中坚”优秀急诊医师等荣誉。先后参加抗击SARS、5?12汶川地震、3?12响水爆炸、10-13无锡爆燃等重大突发公共卫生事件医疗临床救治。2020年，作为队长兼党支部书记带领国家（江苏）紧急医学救援队赴武汉抗击新冠肺炎疫情，从方舱医院建设到危重病人救治，先后在武汉5家医院抗击新冠肺炎疫情长达82天，并作为留守武汉20名国家督导专家组成员，战斗到最后，获江苏省人力资源社会保障厅记大功奖励。

（陈旭锋　吴苏明）

周　静

南京医科大学第一附属医院（江苏省人民医院）主任医师、副教授、硕士生导师。2020年3月，被授予“全国卫生健康系统新冠肺炎疫情防控工作先进个人”称号。

女，1972年1月生，江苏南京人。先后就读于南京铁道医学院、南京医科大学。1994年8月，进入江苏省人民医院工作。从事老年重症医学医教研工作近20年，主要研究方向为老年多器官功能障碍和老年重症感染，先后主持、参与部省级课题3项，先后发表学术论文10余篇。2020年，作为江苏省人民医院第一批援鄂医疗队队长、第三批江苏援湖北医疗队医疗组组长，转战武汉华中科技大学同济医学院附属同济医院中法新城院区和武汉市肺科医院ICU，出征71天，创造2个病区“零死亡”，获江苏省人力资源社会保障厅记大功奖励，获评江苏省三八红旗手。（周　静　吴苏明）

虞文魁

南京鼓楼医院主任医师、门急诊党委书记、创伤中心主任、教授、博士生导师。2020年3月，被授予“全国卫生健康系统新冠肺炎疫情防控工作先进个人”称号。

男，1975年8月生，浙江金华人。先后就读于东南大学医学院、南京大学医学院。2005年，至南京军区南京总医院（现东部战区总医院）工作；2008年12月—2009年12月，德国洪堡大学医学院普外、内脏及肝脏器官移植中心访问学者；2008—2014年，任南京大学医学院副教授、硕士研究生导师、副主任医师、主任医师；2014年，任南京大学医学院教授、博士研究生导师；2017年，任南京鼓楼医院主任医师。主要从事重症患者的高分解代谢、严重创伤救治、急性胃肠功能障碍等基础和临床研究。2020年，作为医疗组长，参与武汉同济医院光谷院区的重症患者救治。先后以课题第一负责人承担国家自然科学重大科研仪器研制项目、基金面上项目、青年基金项目、江苏省社会发展重大项目各1项，全军“十二五”重大项目子课题负责人2项、江苏省自然科学基金等。曾获教育部自然科学一等奖、江苏省医学会医学科技一等奖、教育部科技进步二等奖各1项，中国人民解放军医疗成果二等奖3项等；发表论文127篇，其中SCI论文45篇；获得授权发明专利2项、实用新型专利12项。2011年，入选江苏省“十二五”医学重点人才；2016年，入选江苏省“科教兴卫工程”优秀医学重点人才、“十三五”医学重点人才、江苏省第五期“333高层次人才培养工程”高层次人才；2020年，获江苏省人力资源社会保障厅记大功奖励。

（吴苏明）

潘　纯

东南大学附属中大医院重症医学科主任医师，硕士生导师。2020年3月，被授予“全国卫生健康系统新冠肺炎疫情防控工作先进个人”称号；2020年4月，获第24届“中国青年五四奖章”。

男，1982年1月生，江苏徐州人。就读于东南大学医学院，2005年进入东南大学附属中大医院工作。发表SCI论文6篇，单篇最高影响因子17分，主持国家自然基金青年基金1项，江苏省重点实验室课题2项，参与编写5部重症医学相关专著。2017年,参与获得中华医学科技奖二等奖和江苏省科技进步奖一等奖。（吴苏明）

抗击新冠肺炎疫情全国三八红旗手

黄英姿

东南大学附属中大医院副院长、主任医师、博士生导师。2020年9月，被授予“抗击新冠肺炎疫情全国三八红旗手”称号。

女，1975年3月生，湖南湘潭人。先后就读于南京铁道医学院、东南大学。1998年，进入南京铁道医学院附属医院工作；2019年，任东南大学附属中大医院副院长。从事重症医学与急诊工作、教学20余年，主要研究方向为严重感染/MODS发病机制与治疗的临床和基础研究，主持国家自然科学基金面上项目、江苏省重点研发计划（社会发展）项目、江苏省自然科学基金面上项目，参与省级以上科研课题10余项。获教育部自然科学二等奖1项，中华医学科技进步二等奖1项，江苏省科技进步二等奖1项。发表论文20余篇。主编重症医学专著2部，参编论著、教材8本。2020年，担任江苏支援黄石医疗救治（专家组）组长，湖北省黄石市新型冠状病毒肺炎疫情防控指挥部医疗救治专家组组长、湖北省黄石市鄂东医疗集团市中心医院副院长、党委委员（挂职），完成抗疫任务，先后获江苏省人社厅和江苏省卫健委新冠肺炎疫情防控记功奖励、江苏省五一劳动奖章、江苏省十佳“五一巾帼奖”、江苏省有突出贡献中青年专家、江苏省优秀共产党员、“中国好医生、中国好护士”抗疫特别人物等荣誉称号。

（黄力维　吴苏明）

乔　莉

南京医科大学第一附属医院质量管理处副处长，急诊医学博士、主任医师、副教授、硕士生导师。2020年9月，被授予“抗击新冠肺炎疫情全国三八红旗手”称号。

女，1977年2月生，江苏南京人。先后在南京医科大学完成学士、硕士、博士阶段学习；2014年，美国佐治亚医学院进修急诊；2000年，进入江苏省人民医院工作；2019年，在江苏省人民医院溧阳分院担任急诊科兼ICU科主任。从事急诊工作20余年，主要从事多脏器功能衰竭、急性感染、急性中毒、疑难重症等急危重症的救治。参与国家和省级课题8项，睿E（睿意）急诊医学研究专项基金1项；获江苏省医学新技术引进二等奖、一等奖各1项；软件著作权4项；实用型专利4项；发表核心期刊论文近30篇。2020年，参加江苏省第七批、江苏省人民医院重症医疗队第五批援武汉医疗队，先后担任武汉市第一医院重症监护病房行政副主任、武汉市金银潭医院重症监护病房医疗组长，获江苏省人社厅和江苏省卫健委新冠肺炎疫情防控记功奖励。（吴苏明）

陶连珊

南京医科大学第二附属医院主任护师、副教授、硕士生导师、大内科护士长。2020年9月，被授予“抗击新冠肺炎疫情全国三八红旗手”称号。

女，1970年2月生，江苏南京人。毕业于南京医科大学。1989年，进入南京医科大学第二附属医院工作。从事临床护理一线工作30余年，先后主持参与江苏省卫生厅、南京市卫生局和南京医科大学课题10余项，申请专利2项。先后发表学术论文近30余篇，参编《实用临床护理三基》等书籍2部。先后获评南京医科大学、南京中医药大学、南京卫生学校等优秀带教老师。2020年，作为江苏省第一批援湖北医疗队员在武汉奋战，先后获江苏省委宣传部“最美优秀工作者”称号、江苏省人社厅和江苏省卫健委新冠肺炎疫情防控记功奖励、江苏省妇联“最美巾帼奋斗者”称号等荣誉。

（陶连珊　吴苏明）

抗击新冠肺炎疫情青年志愿服务先进个人

殷学强

南京市江北教育科技咨询有限公司鼓楼分公司校区运营店长。2020年10月，被共青团中央、中国青年志愿者协会授予“抗击新冠肺炎疫情青年志愿服务先进个人”。

男，汉族，1995年3月生，河南固始人，中共预备党员，大学专科学历。先后获2019年度“江苏省优秀共青团员”“南京市最美防疫志愿者”“江苏好人”等荣誉。曾任下关街道团工委下属团支部书记，2020年2月1日起，殷学强连续参加窗口单位防疫、社区防疫、医疗机构防疫、义务献血等多个志愿服务项目，截至7月14日累计参加防疫志愿总时长达1002小时。热心志愿服务的他，从未停下脚步，在暑期防汛工作、文明城市创建和垃圾分类工作中都有他的身影，为文明鼓楼挥洒汗水。

（张文轩）

中国医师奖

李　军

南京医科大学第一附属医院（江苏省人民医院）感染病科主任医师、教授、博士生导师。2020年4月，被委内瑞拉授予“弗朗西斯科·德·米兰达”二级勋章。2020年8月，获第12届"中国医师奖”。

女，1961年4月生，江苏南京人。就读于南京医科大学，获得医学学士、硕士和博士学位。1982年，进入江苏省人民医院感染病科工作。先后主持完成国家自然科学基金、国家“重大科技专项”子项目及省厅级研究课题10余项，获江苏省科技奖和医学新技术引进奖10余项，国家发明专利4项，实用新型专利5项。主编及副主编专业书籍和科普读物10余部。先后获江苏省三八红旗手、江苏省抗击非典先进个人、第三届江苏省百名医德之星、江苏省高校优秀共产党员、江苏省优秀医学人才、江苏省抗疫先进个人、第五届江苏省“十大医德标兵”、江苏省“十行百星巾帼医卫之星”“敬佑生命，荣耀医者专科精英奖”、中国医师协会感染科医师分会“杰出抗疫先锋”、中华医学会感染病分会“2020抗击新冠肺炎疫情突出贡献奖”等荣誉称号。

（李　军　吴苏明）

肖永龙

南京鼓楼医院呼吸与危重症医学科行政主任、主任医师、教授、硕士研究生导师。2020年8月，获第12届“中国医师奖”。

男，1964年9月生，江苏盐城人。1988年，获南京医学院学士学位；1997年，获南京医科大学硕士学位。1988年8月起，在南京大学医学院附属鼓楼医院呼吸科工作。在临床、教学和科研一线工作32年，主要专业特长是间质性肺病、呼吸罕见病、睡眠呼吸障碍及肺小结节鉴别诊断等疑难杂症诊治。2010年，在国际上首先报告职业性铟尘暴露相关性肺泡蛋白沉积症病例。2012年，获美国疾控中心邀请做铟相关职业性肺病专题学术报告。2018年，获邀成为首届中国罕见病联盟成立发起人，担任2019年首届罕见病联盟呼吸病分会常委。先后发表65篇专业论文，其中35篇为SCI类论文。

（吴苏明）

全国创新争先奖

万贤纲

南京大学教授、博士生导师。2020年5月，获第二届全国创新争先奖。

男，汉族，1973年2月出生，江西黎川人。1994年，获南京大学工程地质专业学士学位；1997年，获南京大学理论物理专业硕士学位；2000年，获南京大学理论物理专业博士学位；

2001年，就职于南京大学物理系。2014年，获香港大学Daniel Tsui Fellowship；2015年，获国家杰出青年科学基金；2016年，获评教育部长江学者特聘教授。2019年，获中国物理学会2018—2019年度叶企孙物理奖、首届腾讯基金会“科学探索奖”、南京大学突出贡献奖，获评2019江苏教师年度人物。在拓扑量子体系研究方面作出有重要国际影响的原创性工作，提出新型拓扑量子态一Weyl半金属，引起Weyl半金属的研究热潮。发展新理论计算方法，实现对所有无机非磁材料的拓扑分类，发现数千种新的拓扑体系。这一系列的工作颠覆传统上认为拓扑材料很少的观点，建立非磁拓扑材料数据库，为发展有实用价值的拓扑材料提供理论基础。该项成果入选“2019年度中国十大科技进展新闻”。

（虞朝东）

王沛芳

河海大学环境学院院长、教授、博士生导师。2020年5月，获第二届全国创新争先奖。

女，汉族，1973年11月出生，中共党员，河北保定人。国家杰出青年基金获得者，教育部“长江学者奖励计划”特聘教授，国家自然科学基金委创新研究群体负责人，入选教育部“新世纪优秀人才支持计划”、江苏省“333高层次人才培养工程”中青年领军人才（第一层次）。在区域污染物输移过程与多介质转化理论、农田农村退水系统水质改善技术、生态节水型灌区建设及农田面源污染防控等方面获得重要创新性成果。先后主持或参加完成国家“973计划”课题、水体污染控制与治理科技重大专项课题、国家自然科学基金重点项目和面上项目等科研项目40余项。发表SCI收录论文240余篇，授权发明专利90余项。获国家科技进步一等奖1项、国家技术发明二等奖1项、教育部自然科学一等奖1项、江苏省科技进步一等奖1项。获何梁何利基金科技创新奖、中国青年科技奖、中国青年女科学家奖，获评江苏省先进工作者、全国巾帼建功标兵等称号。

（虞朝东）

李　云

水利部交通运输部国家能源局南京水利科学研究院副院长、高级工程师、博士生导师。2020年5月，获第二届全国创新争先奖。

男，汉族，1962年2月生，江苏高淳人，中共党员。长期从事水利水电行业的科研的工作，近30年来在水利水电学科发展、推动行业技术进步、培养人才等方面作出突出贡献。主持和完成了国家“七五”至“九五”科技攻关、国家“十一五”科技支撑计划、国家“十三五”重点研发计划、国家863、国家国际合作专项、三峡工程重点科研、国家自然科学基金及大型工程委托等项目70多项，撰写科研报告和发表论文100余篇，编写专著7部，主持与参与编写规范、标准6部。获国家发明专利20件、实用新型专利13件，软件著作权2件。获国家科技进步一等奖1项，国家科技进步二等奖3项，部省级科技进步特等奖7项、一等奖7项、二等奖3项、三等奖1项。入选水利部5151部级人选，江苏省“333高层次人才培养工程”第一层次培养对象（中青年首席科学家），获国务院政府特殊津贴。2010年，获评全国优秀科技工作者；2014年，获第三届潘家铮奖；2019年，获评中国航海学会首届科技贡献突出人物；2020年，获钱正英水利水电科技创新奖。

（水科院）

全国污染源普查表现突出先进个人

霍鲁宁

鼓楼区生态环境综合行政执法局二级主办。2010年获评第一次全国污染源普查先进个人、2020年获评第二次全国污染源普查表现突出先进个人称号。

男，1960年12月生，山东曹县人，中共党员，1980年12月参加工作，先后担任区环境保护监测站站长、环境监察大队大队长。2019年，完成建筑工地、加油站、印刷厂、汽车维修等行业检查VOCs排放治理管控现场点位检查230余处；完成栖霞区、秦淮区、高淳区、江北新区管辖区域全部督查工作，督查（督政）相关区相关职能部门履职情况100余家、督查（督企）相关企事业单位500余家次。

（李　婷）

逝世人物

冯　端

物理学家、金属和晶体材料学家、教育家，第六、七、八届全国人大代表，中国科学院院士、第三世界科学院院士、第五届中国物理学会理事长，南京大学研究生院首任院长、物理学院教授，因病于2020年12月15日在南京去世，享年98岁。

男，汉族，1923年7月23日出生于江苏苏州。1942年至1946年，就读于国立中央大学物理系；1946年获学士学位，并留校任教。历任南京大学物理系（物理学院）助教、讲师、副教授、教授。1980年，当选中国科学院学部委员（后改称院士）；1993年，当选第三世界科学院院士。曾任中国科学院数理学部常委兼副主任、中国科学院学部主席团成员、国家科委重点项目“若干功能晶体的试制与研究”和国家自然科学基金委重大项目“激光晶体与非线性光学晶体的探索与研究”学术领导人、国家科委攀登计划“纳米材料科学”首席科学家。推动纳米材料科学在中国的发展，对促进中国物理学和材料学的发展作出重要贡献，获多项国家自然科学奖。撰写《金属物理》《材料科学导论——融贯的论述》（2002年）、《凝聚态物理学新论》等在科学界产生重大影响的专著，以及《熵》《漫谈凝聚态物质》等科普书籍，惠及大众。创建并领导“固体微结构物理国家重点实验室”。主持“凝聚态物理学高层次人才培养——研究与实践”获1997年国家级教学成果一等奖。1996年，获何梁何利科技进步奖；1999年，获陈嘉庚数理科学奖。国际编号为187709的小行星被命名为“冯端星”。

（花　城　虞朝东）

鲁　洁

教育家、教育理论家，改革开放后中国教育学科重建的重要奠基人，南京师范大学资深教授、博士生导师，因病于2020年12月25日在南京逝世，享年90岁。

女，汉族，1930年4月出生于四川阆中县。1948年，参加革命工作。1949年1月，加入中国共产党。先后在南京金陵女子大学、上海沪江大学、南京金陵大学、南京师范学院学习。1953年起，历任南京师范学院马列室教师，教育系学前教研室主任、教育学教研室主任，教育系主任，教育科学研究所所长，教育科学研究院名誉院长。2012年3月，离休。曾获国家级有突出贡献中青年专家、全国先进工作者、首届中国杰出社会科学家、全国教育科学研究突出成就奖、江苏省首批“社科名家”、江苏省劳动模范、当代教育名家，被评为60年江苏教育最有影响人物、新中国教育70年70位教育人物等。长期致力于教育基本理论、德育学等方面的研究，提出许多原创性的、有中国特色的教育理论，形成独特的学术观点和学术体系。合作编写的《教育学》获全国高校优秀教材一等奖；主编《教育社会学》获全国第三届普通高校优秀教材一等奖，与王逢贤共同主编的《德育新论》获教育部人文社会科学优秀成果一等奖。主持第八次课程改革小学“品德与生活”“品德与社会”课程标准的研制，任国家统编教材小学“道德与法治”教材总主编。领衔的“小学德育课程改革与实践研究”项目获国家级教学成果一等奖。

（殷志伟　虞朝东）

组织机构及负责人

中国共产党南京市鼓楼区委员会

书　　记:刘　军
副 书 记:吴　炜(4月24日免)
　　　　洪礼来(4月30日任)　董　伟
常　　委:贾　慧(6月5日免)　梁春燕
　　　　周　勤　许扬汶(6月5日免)
　　　　陈　政(6月5日任)　王玉春
　　　　李运海　高军玲
　　　　倪一如(6月5日任)
　　　　蔡双根(6月5日任)

南京市鼓楼区人民代表大会常务委员会

主　　任:陆　敏
党组书记:陆　敏
党组副书记:张　凯
副 主 任:张晓燕　林　建　李　艳
　　　　滕献忠(1月6日当选)
二级巡视员:王　红

南京市鼓楼区人民政府

区　　长:吴　炜(4月28日辞)
代 区 长:洪礼来(4月30日任)
党组书记:吴　炜(4月29日免)
　　　　洪礼来(4月29日任)
党组副书记:梁春燕(6月5日任)
常务副区长:梁春燕(6月5日任)
副 区 长:童晓佳(4月30日免)　冯　泉
　　　　倪一如(6月5日免)
　　　　蔡双根(6月5日免)　蒋　浩
　　　　何　建　熊　俊(6月5日任)
　　　　王丽娟(挂职,8月5日任)
　　　　徐宝军(8月30日任)
二级巡视员:耿效华(9月15日退休)

中国人民政治协商会议南京市鼓楼区委员会

主　　席:周文中
党组书记:周文中
党组副书记:王玉春(6月17日免)
　　　　倪一如(6月17日任)
　　　　丁健生(11月7日任)
副 主 席:周越古　周瀚生(1月5日当选)
　　　　沈桂明(不驻会,8月5日免)
　　　　甘卫华(不驻会)
　　　　曹　伟(不驻会,1月5日当选)
副 区 级:王开琳(7月27日退休)
二级巡视员:丁健生　陶顺生

中国共产党南京市鼓楼区纪律检查委员会

书　　记:周　勤
副 书 记:巢伟平(3月免)　邵　玮
　　　　刘　宁(挂职,2月任)
　　　　顾　扬(8月任)
常　　委:侯绍东(8月免)　叶　凯
　　　　杜伟生(8月任)　桑圣琴(8月任)

南京市鼓楼区监察委员会

主　　任:周　勤(1月6日当选)
副 主 任:巢伟平(3月免)　邵　玮
　　　　顾　扬(8月任)
委　　员:叶　凯　杜伟生

南京市鼓楼区人民法院

院　　长:李　畅
党组书记:李　畅(兼)

党组副书记:邓向东(正处职)
副　院　长:邓向东　谈雪萍　徐　华　李仁军
孙展虹　夏　雯(6月免)　彭　静
王　东
机关党委书记:曹桂福(副处职,4月免)
政治部主任:李　杰(8月任)
审委会专职委员:张文菁(8月任)
二级调研员:俞本美
三级调研员:曹桂福(4月任)
四级调研员:赵重菊　章海兴　吴　苹　谷　平
四级高级法官:张梦青

执行局

民事案件执行局局长:李　杰(8月免)
尤忠华(8月任)
行政案件执行局局长:张瑞强(副处级)

南京市鼓楼区人民检察院

检　察　长:朱　赫
党 组 书 记:朱　赫(兼)
党组副书记:吴　艳(正处职,8月免)
梅　琨(正处职,8月任)
副 检 察 长:吴　艳(8月免)　梅　琨
黄　清(正处级)
徐明明(正处级)　曹莉莉　戚晓宁
姚　旭(8月任)
毛建忠(挂职,12月任)
政治部主任:梅　琨(8月兼)
检委会专职委员:吴德彪(副处职)
副　处　职:姚　旭(8月免)
三级高级检察官:吴　艳
四级高级检察官:王洪生(12月退休)　罗　玮
四级调研员:姬　玲

中国共产党南京市鼓楼区人民武装部委员会

第 一 书 记:刘　军
书　　　记:殷永达
副　书　记:李运海

中国共产党南京市鼓楼区委工作部门

纪律检查委员会、监察委员会工作部门

办公室

主　　　任:侯绍东(7月免)　桑圣琴(7月任)

纪检监察干部管理监督室

主　　　任:阮　莉

宣传教育室

主　　　任:桑圣琴(7月免)　关新苗(7月任)

党风政风监督室

主　　　任:顾丽娟

纪检监察一室(第一派出监察员办公室)

主　　　任:顾小晖

纪检监察二室(第二派出监察员办公室)

主　　　任:姜　彦(8月免)　姜　涛(8月任)

纪检监察三室(第三派出监察员办公室)

主　　　任:姜　彦(8月任)

纪检监察五室(第五派出监察员办公室)

主　　　任:卢海平(8月任)

纪检监察六室(第六派出监察员办公室)

主　　　任:周　刚(8月任)

案件监督管理室

主　　　任:顾　扬(8月免)　李小敏(8月任)

案件审理室

主　　　任:孙　静(12月免)

信访室

主　　　任:王建明

二级调研员：朱建宁　谈国富　王　蔚　孙　宁
汪家圣　姜　倩
高　明（4月退休）　王鸣清
三级调研员：王建明（5月任）　李　宁（4月任）
钱　军（5月任）
四级调研员：赵　培　王荣辉（3月退休）
李　松　江国兴
刘向宇（4月退休）　陈占江
成春荣（11月退休）

派驻第一纪检监察组
组　　长：佘　静（正处职）

派驻第二纪检监察组
组　　长：陈卫彬（正处职）

派驻第三纪检监察组
组　　长：李银忠（正处职）

派驻第四纪检监察组
组　　长：毛文波（正处职）

派驻第五纪检监察组
组　　长：姜　涛（8月免）　葛　勇（8月任）

派驻第六纪检监察组
组　　长：徐　靖

派驻第七纪检监察组
组　　长：钱　军

派驻第八纪检监察组
组　　长：李　宁（4月免）

区委办公室
主　　任：丁健生（11月17日免）
常务副主任：吴　宏
副 主 任：吴惠锋（正处，4月免）
曲战平（4月免兼）
秦　岷（4月兼）　苏　治（11月兼）
丁文静　孙天瑜
二级调研员：邵世芳

机要局
局　　长：唐伯才（7月免兼）　吴　宏（7月兼）
副 局 长：孙天瑜（7月兼）

档案局
局　　长：吴　宏（兼）

区委组织部
部　　长：贾　慧（6月5日免）
陈　政（6月5日任）
常务副部长：陈福泉
副 部 长：王　辉　郑卫琴　陈　昕
一级调研员：陈福泉（4月任）
二级调研员：刘　迎　潘良霞　白　扬（7月任）

非公有制企业和社会组织工委
副 书 记：林正敏

党史工作办公室
主　　任：金　群
副 主 任：彭　婥

区公务员局
局　　长：王　辉（兼）

区考核工作办公室
副 主 任：邢晟晟

区委宣传部
部　　长：梁春燕（6月5日免）
蔡双根（6月5日任）
常务副部长：张媛媛
副 部 长：杨　春　桂　峰
二级调研员：叶扣林（8月退休）
四级调研员：李世保（3月退休）

精神文明建设委员会办公室

主　　　任:杨　春(兼)
副　主　任:吴爱玲

互联网信息办公室

主　　　任:桂　峰(兼)

区委统战部

部　　　长:王玉春(6月5日免)
　　　　　　倪一如(6月5日任)
常务副部长:厉东芳
副　部　长:岑继白　肖大明(5月免)　刘　坤
二级调研员:张晓艳　廖建华(2月退休)　笪远甦
四级调研员:童　萍

台湾工作办公室

主　　　任:刘　坤(兼)
副　主　任:潘丽君

台湾事务办公室

主　　　任:刘　坤(兼)
副　主　任:潘丽君

民族宗教事务局

局　　　长:肖大明(5月免兼)
副　局　长:金亚琴

侨务办公室

主　　　任:刘　坤(兼)
副　主　任:潘丽君

工商业联合会

党 组 书 记:岑继白(兼)

区委政法委员会

书　　　记:董　伟(兼)
常务副书记:闫　航
副　书　记:杜宏程(4月免)　蒋闽宁(挂职)
　　　　　　朱　军　邱晓颖
二级调研员:刘建元　邱林祥　缪　慧　丁高奎
　　　　　　刘宗亮　许诗保　袁志刚(挂职)
三级调研员:杜宏程(4月任)
四级调研员:徐　健　钱绍杰　董世峰　胡　萍
　　　　　　张　霖

国家安全办公室

主　　　任:张　红(8月任)　闫　航(8月免)
副　主　任:袁志刚(挂职)

法学会

常务副会长:谈国苹

区委研究室(深改办)

主　　　任:牛维祥(4月免)　苏　治(7月任)
副　主　任:吴　娜　苏　治(主持工作,4月任)

区委机构编制委员会办公室

主　　　任:王红丽
副　主　任:马举国　陈　玲　李　俊(8月任)
二级调研员:肖锋力
四级调研员:吴雅文

区事业单位登记管理局

局　　　长:管　茜(8月任)

区委区级机关工委

书　　　记:徐晓红
副　书　记:卢陵燕　张开生(8月任)
　　　　　　孟国华(5月免)　仲伟平
纪工委书记:卢陵燕(兼)
三级调研员:孟国华(5月任)　吴从康(5月任)
四级调研员:吴从康(5月免)

区委巡察工作办公室

主　　　任:张顺富(12月免)
副　主　任:李　俊(8月免)　华　岚(8月任)
二级调研员:罗有进
三级调研员:袁受美(5月任)

区委巡察一组
组　　长:刘红军
副 组 长:华　岚(8月免)　吴　双(8月任)

区委巡察二组
组　　长:任志刚
副 组 长:王　维

区委巡察三组
组　　长:许燕青
副 组 长:乔咏梅

区委巡察四组
组　　长:王　玮
副 组 长:袁受美

区委老干部局
局　　长:郑卫琴
副 局 长:张玉良　唐　宁
二级调研员:程宗清　赵志祥　胡　琼(7月退休)
三级调研员:张玉良(5月任)
四级调研员:唐永良　郑志芬

离退休干部工委
工委书记:郑卫琴(兼)
工委副书记:王拴柱

南京市鼓楼区各群众团体

总工会
主　　席:王　红(兼)
常务副主席:陶相中
副 主 席:戚晓菁　周家春　许　宁
宋建忠(挂职,11月免)
尹鸿汉(挂职,11月任)
谈雪萍(兼职)　陈　平(兼职)
二级调研员:吴霁宁　陈靖秋(7月退休)
王以华　汪　华
汤海鸿(2月退休)　戴　华
四级调研员:许亚琳

团　委
书　　记:戴　石(4月免)
肖　晓(副处职,7月任)
副 书 记:肖　晓(4月主持工作)　于　文
张文轩(正科职,7月明确副处职)
肖　冰(12月任)
呙　睿(挂职,11月免)
李　静(挂职,11月任)
杨放敏(兼职)　余　丹(兼职)
陈　程(兼职)

妇女联合会
主　　席:阙晶晶
副 主 席:周宏丽　仇海花(12月免)　陈亚蕾
安冬梅(挂职,11月免)
石　群(挂职,11月任)
倪培玲(兼职)　张宏霞(兼职)
王卫平(兼职)
区政府妇儿工委办公室主任:仇海花(12月任)
二级调研员:祁　敏　李晶晶　王小菲
四级调研员:卢是玥　辛桂兰

残疾人联合会执行理事会
理 事 长:王　影
副理事长:毛惠英　毕　兵(4月免)
李治武(8月任)
许正兵(挂职,11月任)
赵艳霞(兼职,11月任)
二级调研员:王燕萍
三级调研员:毕　兵(4月任)　毛惠英(5月任)
四级调研员:张爱芬

红十字会
常务副会长:燕丽萍
党组书记:燕丽萍(7月兼)
副 会 长:薛文友　吴敏鸿(7月任)
二级调研员:陈　珺
三级调研员:薛文友(5月任)
四级调研员:孙春风

科　协
主　　　席:凌　志
专职副主席:许启明　刘晨平
二级调研员:金　晔
三级调研员:刘晨平(4月任)

中国共产党南京市鼓楼区委直属事业单位

党　校
常务副校长:单友方
副　校　长:李　翔(4月免)　李富慧
　　　　　刘　洁(8月任)
二级调研员:刘凤珍(12月退休)
三级调研员:李　翔(4月任)
四级调研员:高发生(1月退休)
　　　　　杨文林(8月退休)　黄　宁

档案馆(地方志办)
馆　　　长:盛　捷
党 组 书 记:盛　捷(兼)
副　馆　长:史丽宁　吴向松
二级调研员:张云霞　赵　琳
四级调研员:彭　辉(5月退休)　陈　鹏
　　　　　徐　梅　陈胜国　祁金燕

地方志编纂委员会办公室
主　　　任:盛　捷(兼)
副　主　任:刘　珲(8月任)

南京市鼓楼区人民代表大会专门委员会、常务委员会办事机构和工作机构

区人大专门委员会

法制委员会
主 任 委 员:潘永吉
副主任委员:唐　坚(4月免)　汪迎红
　　　　　朱晓斌(4月提名为人选)

监察和司法委员会
主 任 委 员:唐　坚(1月当选)
副主任委员:李文玲

财政经济委员会
主 任 委 员:黄　迎
副主任委员:张　珂(兼)

社会建设委员会
主 任 委 员:丁卫泽(1月当选,4月免)
　　　　　吴惠锋(4月提名为人选)
副主任委员:花　放(7月提名为人选)

区人大常委会办事机构

办公室
主　　　任:李向红
副　主　任:石红珍　花　放(7月免)
　　　　　侯绍东(7月任)

研究室
主　　　任:肖朝晖
副　主　任:陈　军(8月免)

区人大常委会工作机构

教育科学文化卫生委员会
主　　　任:杨　宸
副　主　任:洪东其　路荣根

环境资源城市建设委员会
主　　　任:李国栋
副　主　任:尤习明

民族宗教侨务台湾事务委员会
主　　　任:白　扬(7月免)　张顺富(12月任)
副　主　任:王永仁　陈　军(8月任)　董　芳

人事代表联络委员会
主　　　任:吴玉萍(4月免)　刘国青(7月任)
副　主　任:龚雪奎　孔　薇

内务司法工作委员会
主　　　任:唐　坚(4月免)
副　主　任:李文玲(4月免)　汪迎红(4月免)

预算工作委员会

主　　　任:张　珂
副　主　任:牟蜀华(8月任)
二级调研员:沈伟进　吴玉萍(4月任)
三级调研员:洪东其(4月任)　王永仁(5月任)
四级调研员:赵莉蓉　曾晓慧

中国人民政治协商会议 南京市鼓楼区委员会工作部门

秘　书　长:姜　涛
副秘书长:彭广军(正处职)　谌　菲(兼)

办公室

主　　　任:姜　涛(兼)
副　主　任:刘　浩(8月任)

研究室

主　　　任:谌　菲

提案委员会

主　　　任:黄书田
副　主　任:沈　燕

经济科技委员会

主　　　任:张　敏
副　主　任:刘　莉(8月任)　韩正宏

人口资源环境(城市建设)委员会

主　　　任:肖　兴
副　主　任:高　庆

教卫文体(文史)委员会

主　　　任:王启伦(4月免)
　　　　　　董永平(4月任,7月免)
　　　　　　范利云(12月任)
副　主　任:汤印河(8月任)

社会法制(民族宗教)委员会

主　　　任:赵金玉
副　主　任:张　骏　胡贻友

委员工作委员会

主　　　任:范利云(12月免)　邹汉宁(12月任)
副　主　任:王　征
二级调研员:万贵祥　罗　瑛　李增平
三级调研员:王　征(4月任)
四级调研员:汤印河(8月免)

南京市鼓楼区人民政府工作部门

政府办公室

主　　　任:李志平(8月免)　陈爱华(8月任)
党组书记:李志平(8月免兼)　陈爱华(8月兼)
副　主　任:田洪昊(正处)　张红麟　隋　芳
　　　　　　苏　治(4月免)　张明华(8月免)
四级调研员:李慎凯　随　永(8月免)

外事办公室

主　　　任:李志平(8月免兼)　陈爱华(8月兼)
副　主　任:杨　昕

研究室

主　　　任:李志平(8月免兼)　陈爱华(8月兼)
副　主　任:苏鸿飞(8月任)

机关事务管理局

主　　　任:陈爱华(8月兼)

发展和改革委员会

主　　　任:周瀚生(4月免兼)　徐桓峰(4月任)
党组书记:宋振宇
党组副书记:周瀚生(4月免兼)　徐桓峰(4月兼)
副　主　任:宋振宇(兼)　刘　莉(8月免)
　　　　　　段　艳　郑庆举(8月任)　赵永光
二级调研员:满在理(1月退休)　王雪琴　吴宝兴
三级调研员:尹鸿汉(4月任)　段　艳(8月任)
四级调研员:蒲云尧　卢　英　张成先　梁　晨
　　　　　　陈春翃(2月退休)　刘鄂兰
　　　　　　张子强　刘　群

工业和信息化局局长

局　　　长:周瀚生(4月免兼)　徐桓峰(4月兼)
副　局　长:尹鸿汉

大数据管理局局长

局　　　长:周瀚生(4月免兼)　徐桓峰(4月兼)

教育局(区委教育工委)

局　　　长:柴　耘
党 组 书 记:柴　耘(兼)
工 委 书 记:陈春保
工委副书记:柴　耘(兼)
副　局　长:陈春保(兼)　周　斌　侯正永
蔡文明(8月任)　戴坤星
一级调研员:柴　耘(8月任)
二级调研员:周东镇(8月免)　谢春生
调　研　员:谈雅萍

教育督导室

主　　　任:周　斌(兼)
副　主　任:邬向飞(正校职)　李宁贵(正校职)
吴　芳　李新春　李　斌

科学技术局

局　　　长:张　莉
党 组 书 记:张　莉(兼)
副　局　长:郑　浩　杜　敏　葛　枫　左宁健
二级调研员:顾　铭　许安秀
李智辉(7月退休)　端　军
四级调研员:张雪男　高年凤

民政局

局　　　长:郭　磊
党 委 书 记:郭　磊(兼)
副　局　长:李　文　郝小红　樊宗洋
一级调研员:郭　磊(8月任)
二级调研员:姚　彤(9月退休)　喻宁艳
许银虎　梁桂英
四级调研员:李秀文　吴晓清　吴赛法　汪　宁
王福姐　周　宁　王晓阳

司法局

局　　　长:武　刚
党 组 书 记:王　丽
党组副书记:武　刚(兼)
副　局　长:王　丽(兼)　刘　磊　桑秋枫
施　军
二级调研员:鲁昌贵　杨庆勇(3月退休)
丁永清(3月任,6月退休)
三级调研员:范永军(5月任,10月退休)
四级调研员:范永军(5月免)
程祝聪(10月退休)　储建安

财政局

局　　　长:尚东明
党 组 书 记:尚东明(兼)
副　局　长:李　娟　赵颖洁　吴　侠
一级调研员:尚东明(8月任)
二级调研员:吴海林　王绮明
四级调研员:丁学农　张红萍　王秀芬　陈德明

人力资源和社会保障局

局　　　长:张长青
党 委 书 记:张长青(兼)
副　局　长:宋建忠　樊学燕　吴乾雄
袁杰慧(8月任)
社保中心主任:吴敏鸿(7月免)　吴乾雄(7月兼)
二级调研员:方立清
四级调研员:朱煜明　钱永华　龚华东　张正罡

建设局

局　　　长:刘　园
党 委 书 记:刘晓军
党委副书记:刘　园(兼)　田　园
副　局　长:刘晓军(兼)　胡　敏(8月免)
李　康　丁　亮　蒯慕宁(8月任)
四级调研员:蔡连瑞　沈代仲　陈　军　吴　林
袁启鹏

区住房保障和房产局

局　　　长:林海滨(4月免)　殷位栋(4月任)
党 委 书 记:殷位栋(4月免)　卢怀道(4月任)

党委副书记:林海滨(4月免兼) 殷位栋(4月兼)
副　局　长:卢怀道(4月兼) 何云鸿 石根林
　　刘叮叮 王学志
一级调研员:林海滨(4月任)
二级调研员:初 伟 吴 超(1月退休) 姜 勇
四级调研员:葛龙军 俞开武 张永利 张金枝

水务局

局　　　长:徐晓华(4月免) 阚加力(4月任)
党组书记:徐晓华(4月免兼) 阚加力(4月兼)
副　局　长:朱志荣 何 强
二级调研员:睢建波
四级调研员:邵志盛 戴 勇(12月任)

城市管理局

局　　　长:浦 健(4月免) 朱照兵(4月任)
党委书记:浦 健(4月免兼) 朱照兵(4月兼)
副　局　长:张守虎 葛 勇 吴 峻
　　陈 涛(8月任) 江 思
二级高级主办:祝建华 张立安
三级高级主办:张庆友(5月任)
四级高级主办:张 俊 张庆友(5月免) 朱建平
　　孙宏伟(10月退休) 周乃之
　　杜 彪

综合行政执法局

局　　　长:浦 健(4月免兼) 朱照兵(4月兼)

城市管理行政执法大队

大　队　长:赵 建
党支部书记:张 舟(9月退休)
三级高级主办:张 舟(5月任,9月退休)

商务局

局　　　长:倪娅红
党委书记:倪娅红(兼)
副　局　长:曹 琳 周晓慧(7月免) 杨 志
　　陈贯源(8月任)
二级调研员:徐国富 陈庆贵 尹伟勋
四级调研员:庞文静 严有德 季进德 徐元林
　　兰敦华

文化和旅游局

局　　　长:李国蓉
党组书记:吴更新
党组副书记:李国蓉(兼)
副　局　长:吴更新(兼) 康世强(正处)
　　张立军 管 磊 祝 瑞 陆 静
　　张 楠
二级调研员:刘 云 姜东林(12月退休)
　　张 永 徐 磊 孙 威 朱冬梅
正　处　级:朱冬梅
三级调研员:李万红(4月任) 张立军(5月任)
四级调研员:王振荣 娄小枫 黄振球(6月退休)
　　尹保顺 高建华(12月任)
鼓楼公园管理处主任:张 政(9月退休)
古林公园管理处主任:胡小勇

体育局

局　　　长:李国蓉(兼)
副　局　长:李万红(4月免) 袁 春

投资促进局

局　　　长:杨 杨
党组书记:杨 杨(兼)
副　局　长:唐 娜 曹 宁(7月免) 沈 淦
　　徐德胜(8月任)
三级调研员:周修忠(5月任,10月退休)
四级调研员:周修忠(5月免) 杨 莉

卫生健康委员会

主　　　任:徐 昕
党委书记:徐 昕(兼)
副　主　任:宋志坚 安冬梅 庄永忠 徐 蓉
二级调研员:徐 军 王宗源
三级调研员:宋志坚(5月任) 庄永忠(5月任)
四级调研员:郑金玲 陶新梅 施秀红 杨永斌
　　陶建华(11月退休) 戴正凤

退役军人事务局

局　　　长:方立中

党委书记:方立中(兼)
副局长:冷　明　许正兵(8月任)　王义来
陈贡全(8月任)

应急管理局

局长:李晓明
党组书记:李晓明(兼)
副局长:周建平　陈　峰　刘　伟　卞国明
毛保华(8月任)
二级调研员:韩剑峰
四级调研员:叶　红

区安全生产委员会

副主任:丁卫泽(4月任)
办公室副主任:周建平(4月兼)

审计局

局长:田伟民
党组书记:田伟民(兼)
副局长:刘龙伟(4月免)　丁玲晔　张　兵
黄司晨(8月任)
二级调研员:周东镇(8月任)
三级调研员:刘龙伟(4月任)
四级调研员:吴德南

国有资产监督管理办公室

主任:曹　波
党委书记:曹　波(兼)
党委副书记:蔡文明(8月免)　陈　刚(8月任)
副主任:喻泳宇　梁　璟
二级调研员:邱　民(11月退休)
四级调研员:张志刚

行政审批局

局长:周　彤
党组书记:吴　翔
副局长:吴　翔(兼)　徐　方(5月免)
滕云峰　吕　成
三级调研员:徐　方(5月任)
四级调研员:陈俊伟　江立杰(12月任)

政务服务管理办公室

主任:周　彤(兼)
副主任:随　永(8月任)

市场监督管理局

局长:赵　耀
党委书记:董永平(4月免)　刘公勤(4月任)
党委副书记:赵　耀(兼)
副局长:董永平(4月免兼)　刘公勤(4月兼)
闫俊仁　戴恩庆　朱晓晨　黄必成
一级调研员:丁卫泽(4月任)
二级高级主办:吴馨南　杨克明
胡　华(10月退休)
董永平(12月任)　张　雯
李长浩
三级高级主办:闫俊仁(4月任)
四级高级主办:薛春华　史学广(3月退休)
吴　俊　李金锤　周林华
李灯余　胡新春　徐建宁

知识产权局

局长:赵　耀(兼)
副局长:朱晓晨(兼)

统计局

局长:吉　添
党组书记:马兴松(4月免)　夏莉荔(4月任)
副局长:马兴松(4月免兼)　赵　园(7月免)
李其明　武　远(8月任)
二级调研员:赵　欣　谢秋平
三级调研员:赵　园(4月任,8月免)
四级调研员:夏　岩　李明福

信访局

局长:曲战平(4月免)　秦　岷(7月任)
党组书记:曲战平(4月免兼)　秦　岷(4月兼)
督查专员:周云宁(正处职)
党组副书记:秦　岷(7月兼)
副局长:秦　岷(主持工作,4月任)　兰朋明
丁朗如　罗　素　刘春雷
二级调研员:蔡　新　张晓春　曲战平(4月任)

三级调研员:兰朋明(4月任) 丁朗如(5月任)
孔福兵(12月任)
四级调研员:胡一挺(7月退休) 宋海鸥

人民防空办公室

主　　任:李本武
党组书记:李本武(兼)
副 主 任:徐劲松(正处) 潘世干(8月任)
葛洪海(兼)
正 处 职:黄京奇
一级调研员:李本武(8月任)
二级调研员:夏建权 任国健
四级调研员:资京义 茆长林 成苏建(4月退休)

地方金融监督管理局

局　　长:周小明
党组书记:周小明(兼)
副 局 长:赵 园(7月任) 张 飞 陆清怡
二级调研员:陆丽君
三级调研员:赵 园(7月任)
四级调研员:孙凤刚(12月任)

二级调研员:芮有干 赖宁生 朱元海 李 强
袁金良 陈兆寿 刘恒新 杨达忠
陈铭谊 王文炜 诸抢顺 俞同辉
袁志刚 徐鸿飞 杨 奎 邵小平
丁德明 陈秀萍(11月任)
王兴岳(11月任) 刘海林(11月任)
解苏伟(11月任) 于金芳(11月任)
程寿年(11月任) 钱春亭(11月任)
潘建国(11月任) 徐世剑(11月任)
林 源(11月任) 王传辉(11月任)
张 兰(11月任) 李庆武(11月任)
曹成建(11月任) 朱建平(11月任)
徐家强(12月退休)
包立红(3月退休)

鼓楼生态环境局

局　　长:巢 璐
副 局 长:刘玉龙 谢 蕾(9月免) 俞寿生
韦建华 杨冬林(12月任)
二级调研员:郑树良 王卫东
四级调研员:吴运淮

垂直管理工作部门

国家税务总局南京市鼓楼区税务局

局　　长:李 军
党委书记:李 军
党委副书记:马学民(正处)
副 局 长:马学民(正处) 尤 克(8月免)
张建国 徐 健(8月免) 严维国
陈卓兵 周 密 尹 婧(10月免)
肖 莉
纪检组长:邹 勇

公安分局

局　　长:蒋 浩
政　　委:周 卫
纪委书记:吴平顺
副 局 长:陈 矿 陈 辉 吴平顺(兼)
邱 晟 桂 亮(8月免)

南京市鼓楼区人民政府派出机构

南京鼓楼高新区(国家大学科技园)管理委员会

2020年4月,鼓楼高新区(国家大学科技园)管理委员会内设机构调整,设置党政办、经济运行处(软件办)、高校联络处、科技人才处、招商发展和人才工作处、企业服务处、规划建设和安全监管处、计划财务处。

党工委书记:陈海涛(10月任)
副 书 记:陈海涛(10月免) 翁再宁(11月兼)
成 静(4月任) 沈晓蕾
主　　任:陈海涛(3月任,10月免)
翁再宁(11月任)
副 主 任:陈海涛(3月免) 周 兵
成 静(4月兼)
纪工委书记:俞忠东
四级调研员:李柯柯(10月退休) 盛友军
陈江平

党政办

主　　任：邓少华(4月任)
副 主 任：于建民(4月任)

经济运行处(软件办)

处　　长：冯　磊
副 处 长：杨晓芳(8月任)　黄海建(8月任)

高校联络处

处　　长：周　兵(4月免兼)　张玉琦(4月任)
副 处 长：杨晓芳(8月免)

科技人才处

处　　长：张玉琦(4月免)
副 处 长：邹文琴(挂职，8月免)

招商发展和人才工作处

处　　长：吴素琴(4月任)

企业服务处

副 处 长：裘　希(8月任)

规划建设和安全监管处

处　　长：刘之浩(4月任)

计划财务处

处　　长：王海峰(4月免)　李　辉(4月任)

南京市下关滨江商务区管理委员会

2020年4月，下关滨江商务区管理委员会内设机构调整，设置综合处、规划建设处、产业发展和招商处、城市管理和安全监管处、滨江风光带建设管理办公室。

党工委书记：梁卫国(12月任)
主　　任：徐淮舟(8月免)　徐晓华(12月任)
副 书 记：徐淮舟(8月免兼)　徐晓华(4月兼)
　　　　　李国民(4月免)
副 主 任：田　园(4月任)
　　　　　华晓炜(挂职，12月任)
　　　　　徐晓华(4月任，12月免)
纪工委书记：俞栋铭
二级调研员：李国民(4月任)　蔡　健(4月免)
　　　　　熊　斌　孙建武
三级调研员：夏敬录(4月任)　童　珑(5月任)
四级调研员：禹克荣　卞广宏　童　珑(5月免)
　　　　　宋　鉴　孙庭松

综合处

处　　长：李　辉(4月免)　王海峰(4月任)
副 处 长：石　群(正处职)　梁　冬(8月任)
　　　　　刘南华　李立增(8月任)

规划建设处

处　　长：蔡　健(4月任)
副 处 长：梁　冬(8月免)　夏敬录(8月免)

产业发展和招商处

处　　长：张海燕(4月任)
副 处 长：周海波(8月任)　汪　琳(8月任)

城市管理和安全监管处

处　　长：陈　晨(4月任)

滨江风光带建设管理办公室

主　　任：李　民
副 主 任：徐海林(8月免)　朱松华

铁北管理委员会

工委书记：王玉春(6月兼)　何　建(6月免兼)
主　　任：薛超美
工委副书记：薛超美(兼)　周耸宁
纪工委书记：周耸宁(兼)
副 主 任：张　阳　左文芳

铁北指挥部

副指挥长：林海滨(4月任)

湖南路山西路地区管理委员会

主　　任：曹　伟(兼)
工委书记：邹汉宁(12月免)
副 主 任：姚志江　时　宁(8月任)
四级调研员：刘新忠　张兴月

环南艺艺术文化街区管委会

工 委 书 记:梁春燕(6月免兼) 蔡双根(6月兼)
主　　　任:马兴松(4月任)
工委副书记:马兴松(4月兼) 刘　翔
副　主　任:曹　军 王富强 刘　翔(兼)
　孙学全 李建国

南京市鼓楼区各街道

华侨路街道

工 委 书 记:梁卫国(12月免)
工委副书记:周新萍(兼) 奉海涛(7月免)
　李亚舒(8月任)
纪工委书记:韩永红
组 织 委 员:奉海涛(7月免) 李亚舒(8月兼)
宣 传 委 员:滕　毅
统 战 委 员:王海兵(兼)
政 法 委 员:奉海涛(7月免) 李亚舒(8月兼)
人大工委主任:孙焰艳
办事处主任:周新萍
办事处副主任:徐祥华 费晓晴(8月免)
　潘世干(8月免) 林世跃(兼)
　宋　剑 张　伟(8月任)
　张　恒(8月任)
　陈蓉珠(12月任)
政协工委主任:卢羽红
人武部部长:王海兵
综治办主任:林世跃
一级调研员:梁卫国(4月任,12月免)
二级调研员:王　伟 邵　娟 王树富 梁继红
　何德明
四级调研员:郑爱华 孙广明 朱宝明

宁海路街道

工 委 书 记:王　媛
工委副书记:胡　宇(兼) 戴　石(4月免)
　李雅婕(8月任)
纪工委书记:孟　群
组 织 委 员:戴　石(4月免兼) 李雅婕(8月兼)
宣 传 委 员:李雅婕(8月免兼)
　何　震(8月任,12月免)
　钱文悦(12月任)
统 战 委 员:唐　坤(8月免兼) 何　震(8月兼)
政 法 委 员:戴　石(4月免兼) 李雅婕(8月兼)
人大工委主任:唐　涛
办事处主任:胡　宇
办事处副主任:李雅婕(8月免) 黄　艳 陈金伟
　戴忠桥 太史雁峰(兼)
　叶　鸣 何　震(12月任)
政协工委主任:王冬丽
人武部部长:唐　坤
综治办主任:太史雁峰
一级调研员:王　媛(8月任)
二级调研员:傅　越 唐　坤 于爱珍 何亚斌
　刘　伟
四级调研员:陈建申(1月退休)

湖南路街道

工 委 书 记:唐伯才(11月免)
工委副书记:阚加力(4月免兼) 孙　建
　金学春(4月兼)
纪工委书记:王　雁(12月免) 孙　静(12月任)
组 织 委 员:孙　建(兼)
宣 传 委 员:洪　亮(8月免) 倪朝辉(8月任)
统 战 委 员:洪　亮(8月免兼) 倪朝辉(8月兼)
政 法 委 员:孙　建(兼)
人大工委主任:史　国
办事处主任:阚加力(4月免) 金学春(4月任)
办事处副主任:张立群 张雪斌
　王　雁(12月任) 周卫平(兼)
　方虎泉 陆　洋(8月任)
政协工委主任:朱　江
人武部部长:朱加庆
综治办主任:周卫平
一级调研员:唐伯才(4月任,10月免)
二级调研员:梁全民 白建栋 袁　榕 周德刚
　刘翠萍 郑长林 成志方 张庆信
　王海滨 朱　斌

中央门街道

工 委 书 记:成　静
工委副书记:马　蓉(兼) 张　红(8月免)

张明华(8月任)
纪工委书记:李　璐
组 织 委 员:张　红(8月免兼)　张明华(8月兼)
宣 传 委 员:田　凯(8月免)　张世秀(8月任)
统 战 委 员:田　凯(8月免兼)　张世秀(8月兼)
政 法 委 员:张明华(8月兼)　张　红(8月免兼)
人大工委主任:程国庆
办事处主任:马　蓉
办事处副主任:匡　猛(8月任)　李亚舒(8月免)
沈　涛　季祥国　王传辉(兼)
杨晓峰　田　凯(8月任)
李　倩(12月任)
人武部部长:章荣保
综治办主任:王传辉
二级调研员:吴志强　孙　仲　徐兴国　胡向阳
孙　勇　王　斌　章荣保
四级调研员:曹　杰

挹江门街道

工 委 书 记:石　英
工委副书记:夏莉荔(4月免兼)　张　健
戴　石(4月兼)
纪工委书记:魏金林
组 织 委 员:张　健(兼)
宣 传 委 员:叶　芸
统 战 委 员:叶　芸(兼)
政 法 委 员:张　健(兼)
人大工委主任:吴蒙龙
办事处主任:夏莉荔(4月免)　戴　石(4月任)
办事处副主任:匡　猛(8月免)　鄢　剑
夏业春(兼)　邵珊珊　王其乐
谭洪彬(8月任)
陈　颖(12月任)
政协工委主任:石　琳
人武部部长:张建东
综治办主任:夏业春
二级调研员:马巧令　刘开福　王永国　唐吉林
陈海滨　赵忠宇
四级调研员:易从霞　宋晓军(9月退休)

江东街道

工 委 书 记:徐桓峰(4月免)　浦　健(4月任)
工委副书记:肖　立(兼)　王爱兵
纪工委书记:林　莉(8月免)　花伟星(8月任)
组 织 委 员:王爱兵(兼)
宣 传 委 员:董　强
统 战 委 员:董　强(兼)
政 法 委 员:王爱兵(兼)
人大工委主任:王　平
办事处主任:肖　立
办事处副主任:陶善满　夏志芳　桂健民(兼)
马培训(12月任)　余夕龙
蒋志强(8月任)
人武部部长:赵国庆
综治办主任:桂健民
二级调研员:王英俊　王　伟　孙良毅　刘　艳
黄永刚　何国安　黄年俊
顾国民(3月退休)　王忠云
丁永清(3月免)　经　宁
四级调研员:李春宁

凤凰街道

工 委 书 记:刘东生
工委副书记:梁　平(6月免兼)　纪明敏(6月兼)
杨锡强(7月免)　林　莉(8月任)
纪工委书记:袁春生
组 织 委 员:杨锡强(7月免兼)　林　莉(8月兼)
宣 传 委 员:章蔷丽(12月免)　胡　玲(12月任)
统 战 委 员:章蔷丽
政 法 委 员:杨锡强(7月免兼)　林　莉(8月兼)
人大工委主任:赵铁军
办事处主任:梁　平(6月免)　纪明敏(6月任)
办事处副主任:陈　峻　蔡海泉(7月免)　何玖莲
潘德荣　董　文(兼)
张小晶(8月任)
政协工委主任:李　军
人武部部长:朱成亮
综治办主任:董　文
一级调研员:刘东生(8月任)
二级调研员:汤忠胜　周颖秋　倪慧敏
张　军(1月退休)　石尧明

唐为民　刘　兰
四级调研员:吴海明

热河南路街道

工 委 书 记:陈爱华(8月免)　徐松林(11月任)
工委副书记:徐　辉(7月免)　张雯娟(8月任)
纪工委书记:王　银(8月任)
组 织 委 员:徐　辉(7月免兼)　张雯娟(8月兼)
宣 传 委 员:岳　晖
统 战 委 员:汪立斌(兼)
政 法 委 员:徐　辉(7月免兼)　张雯娟(8月兼)
人大工委主任:刘国青(7月免)　胡　敏(8月任)
人大工委副主任:束长青
办事处主任:徐松林
办事处副主任:张雯娟(8月免)　汪立斌
费晓晴(8月任)　王　艺
徐海林(8月任)　孙小君(兼)
吕　宙(12月任)
人武部部长:汪立斌(兼)
综治办主任:孙小君
二级调研员:刘宝港　王启伦(4月任)　盛文煊
王　宁　周海东
三级调研员:束长青(5月任)

下关街道

工 委 书 记:仇建军
工委副书记:王可可(兼)　胡峻敏
纪工委书记:马志忠(7月免)　晋　荣(8月任)
组 织 委 员:胡峻敏(兼)
宣 传 委 员:范宇容(兼)
统 战 委 员:曹　兵(兼)
政 法 委 员:胡峻敏(兼)
人大工委主任:傅豫梅
办事处主任:王可可
办事处副主任:范宇容　李金国　陈　浩(兼)
曹　溶　孙银圣(8月任)
袁　岭(12月任)
政协工委主任:王宁平
政协工委副主任:曹　兵
人武部部长:邵太宝
综治办主任:陈　浩
二级调研员:曹　兵　孙银圣
陈　兵(10月退休)
邵统明(6月退休)
曹　军(12月任)　徐　祥
刘建东　杨家坤(12月退休)
王青梅　金　鹏

建宁路街道

工 委 书 记:徐金龙
工委副书记:任明璋(兼)　刘　雅
纪工委书记:周环中
组 织 委 员:刘　雅(兼)
宣 传 委 员:戴红军
统 战 委 员:王祝山(兼)
政 法 委 员:刘　雅(兼)
人大工委主任:许　杰
办事处主任:任明璋
办事处副主任:张　斌(5月免)　王祝山(8月免)
许正兵(8月免)　戴红军(8月免)
蔡　松　刘安胜(兼)　朱红兵
胡祁伟(8月任)　杨庆武(8月任)
钱　程(12月任)
政协工委主任:胡文军
人武部部长:许正兵(8月免兼)　胡祁伟(8月兼)
综治办主任:刘安胜
一级调研员:徐金龙(8月任)
二级调研员:魏　新　殷　俊
三级调研员:张　斌(5月任)
四级调研员:杨秋明　施　武　王永强

宝塔桥街道

工 委 书 记:疏新生
工委副书记:王　辉(兼)　李亚萍
纪工委书记:王若舜
组 织 委 员:李亚萍(兼)
宣 传 委 员:王　路
统 战 委 员:徐志鸿(兼)
政 法 委 员:李亚萍(兼)
人大工委主任:田志荣
人大工委副主任:高云燕
办事处主任:王　辉

办事处副主任：吴恒林（4月免） 徐志鸿（8月免）
章向雷 曹成建（兼） 吴 蓉
李媛媛（8月任）
吴昕蔚（12月任）
政协工委主任：王祥果
人武部部长：徐志鸿
综治办主任：曹成建
一级调研员：疏新生（8月任）
二级调研员：高云燕 查亚明 金桂华
三级调研员：吴恒林（4月任） 徐志鸿（5月任）
四级调研员：何 红

小市街道

工委书记：吕 扬（6月免） 梁 平（6月任）
工委副书记：金学春（4月免兼） 牛维祥（4月兼）
倪立业
纪工委书记：花伟星（8月免） 郃永琳（8月任）
组织委员：倪立业（兼）
宣传委员：倪立业（8月免兼） 刘 阳（8月任）
统战委员：王 亚（8月免兼） 刘 阳（8月兼）
政法委员：倪立业（兼）
人大工委主任：丰小兵
办事处主任：金学春（4月免） 牛维祥（4月任）
办事处副主任：尹雪莲（8月免） 张国庆 万 伟
王翠凤（7月免） 张道艮（兼）
王兴超 贡亚琴（8月任）
孟 晖（12月任）
政协工委主任：康 强
人武部部长：王 亚
综治办主任：张道艮
二级调研员：陈方方 王新民 朱国祥 于丰喜
潘日波
四级调研员：尹雪莲（8月任）

幕府山街道

工委书记：邵 睿
工委副书记：冯智勇（兼） 姜晓薏（7月免）
徐 楠（8月任）
纪工委书记：徐 楠（8月免） 严 安（8月任）
组织委员：姜晓薏（7月免兼） 徐 楠（8月兼）
宣传委员：张开生（8月免兼） 金 莹（8月任）
统战委员：王采喜（8月免兼） 金 莹（8月兼）
政法委员：姜晓薏（7月免兼） 徐 楠（8月兼）
人大工委主任：王庭梅
办事处主任：冯智勇
办事处副主任：王采喜（8月免） 张开生（8月免）
狄文兵 李立增（8月免）
许 浒 杨晓民（兼） 潘朝华
谢文龙（8月任）
栾 澔（12月任）
政协工委主任：周 捷
人武部部长：王采喜
综治办主任：杨晓民
二级调研员：周自堂 陈 晨（4月免）
刘世勇（9月退休） 郭延坡 黄 群
四级调研员：彭 健（11月退休）

南京市鼓楼区区属国企集团

南京市鼓楼国有资产投资发展控股集团有限公司

董事长：郝 雷
党委书记：郝 雷（兼）
总经理：王 韬
党委副书记：马培训（12月免）
纪委书记：马培训（12月免兼）
副总经理：余 丹 丁元刚

南京新厦建设投资控股集团有限公司

董事长：周红军
党委书记：周红军（兼）
总经理：马志忠（7月任）
党委副书记：马志忠（7月兼） 徐劲松
纪委书记：徐劲松（兼）
副总经理：王志远 冯明远

南京鼓楼房产集团有限公司

董事长：胥亚林
党委书记：胥亚林（兼）
总经理：姜晓薏（7月任）
党委副书记：姜晓薏（7月兼） 邱 非
纪委书记：邱 非（兼）
副总经理：雷 明 钟 武

南京鼓楼城市管养集团有限公司
董 事 长:朱照兵(7月免) 杨锡强(7月任)
党委书记:朱照兵(7月免兼) 杨锡强(7月兼)
总 经 理:王翠凤(7月任)
党委副书记:王翠凤(7月兼) 王 昊
纪委书记:王 昊(兼)
副总经理:孔 勇 陈筑明

南京鼓楼文旅集团有限公司
董 事 长:陈 华
党委书记:陈 华(兼)
总 经 理:徐 辉(7月任)
党委副书记:徐 辉(7月兼) 倪 炜
纪委书记:倪 炜(兼)
副总经理:周 磊 蔡祖山

南京鼓楼水务集团有限公司
董 事 长:陈亚军
党委书记:陈亚军(兼)
总 经 理:蔡海泉(7月任)
党委副书记:蔡海泉(7月兼) 陈 涛(7月免)
纪委书记:陈 涛(7月免兼)
副总经理:范镇宁 钱声浩

南京鼓楼产业服务集团有限公司
董 事 长:汪盛齐
党委书记:汪盛齐(兼)
总 经 理:周晓慧(7月任)
党委副书记:石东兴
纪委书记:石东兴(兼)
副总经理:刘慧泉 夏管军(6月免)

南京市鼓楼高新科技发展集团有限公司
董 事 长:张鸣明
党委书记:张鸣明(兼)
总 经 理:余 鹏
党委副书记:余 鹏(兼) 李贤兵
纪委书记:李贤兵(兼)
副总经理:陈庆华

南京鼓楼滨江建设发展集团有限公司
董 事 长:纪明敏(7月免) 奉海涛(7月任)
党委书记:纪明敏(7月免兼) 奉海涛(7月兼)
总 经 理:曹 宁(7月任)
党委副书记:曹 俊
纪委书记:曹 俊(兼)
副总经理:夏 罡 康 哲

先进集体和先进个人

2020年区属单位获市级(市委、市政府)以上表彰的先进集体统计表

表39

单位名称	荣誉称号	授予部门	授予时间
鼓楼区	“基于教学改革融合信息技术的新型教与学模式”实验区	教育部办公厅	2020-8
区科协	2020年全国科普日活动优秀组织单位	中国科协	2020-12
区红十字会	“抗击新冠肺炎疫情暨红十字应急救护知识竞赛”单位组织奖一等奖	中国红十字会总会办公室	2020-10
	2020年度中国红十字会总会报刊宣传先进集体二等奖		2020-10
区卫生健康委员会	2020中国家庭健康守门人	国家卫生健康委人口文化发展中心	2020-11
区委统战部	2020年度“构筑民营经济舆论阵地”先进单位	《中华工商时报》	2020-11

续表39

单位名称	荣誉称号	授予部门	授予时间
华侨路街道	“抗击新冠肺炎疫情暨红十字应急救护知识竞赛”单位组织奖二等奖	中国红十字会总会办公室	2020-10
中央门街道	“抗击新冠肺炎疫情暨红十字应急救护知识竞赛”单位组织奖三等奖	中国红十字会总会办公室	2020-10
挹江门街道	“抗击新冠肺炎疫情暨红十字应急救护知识竞赛”单位组织奖二等奖	中国红十字会总会办公室	2020-10
下关街道	“抗击新冠肺炎疫情暨红十字应急救护知识竞赛”单位组织奖三等奖	中国红十字会总会办公室	2020-10
建宁路街道	“抗击新冠肺炎疫情暨红十字应急救护知识竞赛”单位组织奖三等奖	中国红十字会总会办公室	2020-10
宝塔桥街道	“抗击新冠肺炎疫情暨红十字应急救护知识竞赛”单位组织奖二等奖	中国红十字会总会办公室	2020-10
小市街道	“抗击新冠肺炎疫情暨红十字应急救护知识竞赛”单位组织奖二等奖	中国红十字会总会办公室	2020-10
建宁路社区卫生服务中心	2019年度优质服务基层行活动	国家卫健委办公厅	2020-1
幕府山社区卫生服务中心	2019年度优质服务基层行活动	国家卫健委办公厅	2020-1
鼓楼区	推动“放管服”、商事制度等改革工作成绩突出	省人民政府办公厅	2020-5
	2019年度深化法治江苏建设工作监测评价（江苏省第四名、南京市第二名）	省委全面依法治省委员办公室	2020-4
	江苏省“七五”普法中期先进集体	省司法厅	2020-1
鼓楼区（市场监督管理局营商环境）	落实有关重大政策措施真抓实干成效明显的地方	省政府办公厅	2020-6
区人大常委会	2020年度全省人大优秀调研成果	省人大常委会办公厅	2020-12
	省人大工作理论研究会研究课题二等奖	省人大常委会办公厅、研究室	2020-12
区人大常委会研究室	省人大宣传通联先进集体	省人大常委会研究室	2020-12
区纪委监委	全省纪检监察信访举报工作二等奖	省纪委	2020-10
区委组织部《传承南京长江大桥精神　书写新时代责任担当》	全省“初心·使命”党员教育全媒体作品大赛二等奖	省委组织部	2020-1
	第15届全省党员教育作品观摩交流活动一等奖		2020-12
区委统战部	2019年度《新时期鼓楼区信教群众的心理成因及行为分析》获全省统战理论研究创新成果三等奖	省委统战部	2020-3
鼓楼区委老干部离退休区领导第一党支部	全省离退休干部“六有一提升”示范党支部	省委老干部局 省委离退休干部工作委员会	2020-12
鼓楼区关工委	“颂时代楷模，赞中国精神”老少同台讲好中国故事朗诵比赛先进单位	省关心下一代工作委员会	2020-12
团区委	2019年度全省共青团工作“10100”创新创优工程二等奖	团省委	2020-1
区残联	残疾人之家	省残工委	2020-7

续表39

单位名称	荣誉称号	授予部门	授予时间
区残疾人文体艺展能中心	全省残联系统2020年度创新创优项目	省残联	2020-12
	“残疾人之家”通报表扬	省残疾人工作委员会	2020-7
区教育局	省五四红旗团委	团省委	2020-5
区科学技术局	省实验动物工作成效突出集体	省科学技术厅	2020-3
	2019年度科技宣传工作成效突出单位		2020-6
区科协	全省科协系统先进集体	省科协	2020-10
	“县级科协创新发展能力提升计划”优秀单位		2020-11
区民政局“锻造职业化社区工作者队伍”	获2018—2019年度江苏基层社会治理创新成果奖	省民政厅	2020-4
区司法局	省司法厅2019年度司法行政工作绩效评价优秀单位(江苏省第17名、南京市第3名)	省司法厅	2020-2
	省优秀人民调解委员会		2020-9
	2019年互帮共建优秀调研文章评选(三等奖)		2020-5
区商务局	全省商务系统先进集体	省商务厅	2020-1
	第二届中国国际进口博览会江苏交易团组织工作先进集体		2020-9
	全省服务贸易(服务外包)统计工作先进单位		2020-12
区卫生健康委员会	抗击新冠疫情先进集体	省委、省政府	2020-11
区行政审批局	2019年落实有关重大政策措施真抓实干成效明显地方	省政府办公厅	2020-5
区市场监督管理局	2019年度全省市场监管系统扫黑除恶专项斗争优秀集体	省市场监督管理局	2020-4
区审计局	全省审计系统疫情防控先进集体	省审计厅	2020-4
	全省审计机关优秀审计项目二等奖	省审计厅	2020-9
区信访局	全省信访工作先进单位	省信访工作联席会议	2020-3
	2019年度全省信访系统“人民满意窗口”	省政府信访局	2020-4
鼓楼高新区	2019年度全省基层侨务工作优秀单位	省委统战部	2020-1
	第八届“创业江苏”科技创业大赛优秀组织单位	江苏科技创业大赛组委会办公室	2020-11
湖南路街道	江苏省文明单位	省精神文明建设指导委员会	2019-12
中央门街道	省残疾人社区康复示范点	省残疾人联合会办公室	2020-12
	省“颂时代楷模、赞中国精神”老少同台讲好中国故事朗诵比赛先进单位	省关工委	2020-12

续表39

单位名称	荣誉称号	授予部门	授予时间
挹江门街道	2019年度全省基层党员冬训工作示范街道	省委组织部 省委宣传部	2020-9
热河南路街道	2020年省“扫黄打非”进基层示范标兵单位	省“扫黄打非”工作领导小组办公室	2020-11
	省“颂时代楷模、赞中国精神”老少同台讲好中国故事朗诵比赛先进单位	省关心下一代工作委员会	2020-12
环南艺管委会	江苏省文化产业示范园区	省文旅厅	2020-12
华侨路街道金陵汇红色街区党群服务中心	江苏省三八红旗集体	省妇联	2020-11
凤凰安养中心	江苏青年志愿者助残“阳光行动”省级示范服务基地	省残疾人联合会	2020-11
下关街道残联(患者家庭专家互助精神障碍社区康复服务模式UFE)	全省残联系统2020年度创新创优示范项目	省残联人联合会	2020-12
小市东井亭社区康复站	省残疾人社区康复示范点	省残疾人联合会办公室	2020-12
南京下关区旅游开发有限公司	2018—2020年度省厂务公开“先进单位”	省厂务公开协调小组	2020-8
南京白云亭文化发展有限公司(蓝天菜市场)	2020年江苏省文明诚信优质服务先进单位	省市场产品质量监督调查办公室 省名牌事业促进会 江苏经济报社	2020-8

2020年区属单位获市级(市委、市政府)以上表彰的先进个人统计表

表40

姓　名	性别	工作单位	荣誉称号	授予部门	授予时间
王红云	女	区关工委	全国关心下一代工作先进工作者	中国关心下一代工作委员会	2020-10
戴小明	男	区司法局	全国司法行政系统特赦实施工作中作出突出贡献个人	司法部	2020-1
李春红	女	凤凰社区卫生服务中心	2020中国家庭健康守门人	国家卫生健康委人口文化发展中心	2020-11
胡贞美	女	阅江楼社区卫生服务中心	2020中国家庭健康守门人	国家卫生健康委人口文化发展中心	2020-11
丁良浩	男	区消防救援大队方家营救援站	第24届“中国青年五四奖章”	共青团中央 中华全国青年联合会	2020-4
殷学强	男	南京江北教育科技咨询有限公司	“抗击新冠肺炎疫情青年志愿服务先进个人”	共青团中央 中国青年志愿者协会	2020-10
肖朝晖	女	区人大常委会办公室	省社科联“省社科应用研究精品工程”奖优秀成果二等奖	省哲学社会科学界联合会	2020-11
			2020年度《人民与权力》杂志优秀通讯员	省人大常委会研究室	2020-12
胡　蓉	女	区人大常委会办公室	省社科联“省社科应用研究精品工程”优秀成果二等奖	省哲学社会科学界联合会	2020-11

续表 40

姓　名	性别	工作单位	荣誉称号	授予部门	授予时间
王拴柱	男	区委老干部局	2019年度全省老干部工作优秀调研成果三等奖	省委老干部局	2020-3
单友方	女	区委党校	2019年度"省社科应用研究精品工程"优秀成果一等奖	省哲学社会科学界联合会	2020-11
崇宗平	男	区科协	2020年度科普报刊宣传工作优秀个人	省科学传播中心	2020-11
孙夕明	男	区司法局	2019年度后续照管工作先进集体和先进个人	省司法厅	2019-11
邵平平	男	区司法局	江苏省"七五"普法中期先进个人	省司法厅	2020-1
杨　斌	男	区疾控中心	抗击新冠疫情先进个人	省委、省政府	2020-11
王　建	男	区疾控中心	抗击新冠疫情先进个人	省委、省政府	2020-11
戴恩庆	男	区市场监督管理局	2019年度全省市场监管系统扫黑除恶专项斗争优秀个人	省市场监督管理局	2020-4
			2019年度全省市场监管系统执法稽查工作优秀个人		2020-4
陈　玥	女	区税务局	江苏省五一创新能手	省劳动竞赛委员会办公室	2020-4
赵　鑫	男	区税务局	江苏省五一创新能手	省劳动竞赛委员会办公室	2020-4
			三等功	省税务局	2020-12
尹　涵	女	区税务局	全省税务系统政务信息工作先进个人	省税务局办公室	2020-5
李德祥	男	区税务局	全省离退休干部先进个人	省委组织部 省委老干部局 省委离退休干部工作委员会	2019-12
徐　飞	男	区税务局	减税降费先进个人	省税务局	2020-12
刘长青	男	挹江门街道	全省残联系统先进工作者	省人力资源和社会保障局 省残疾人联合会	2020-6
李　唐	女	华侨路街道	省第四次全国经济普查优秀工作者	省第四次全国经济普查领导小组	2019-12
王卫平	女	中央门街道新门口社区	省优秀共产党员	省委	2020-6
			全省抗击新冠肺炎疫情先进个人	省委、省政府	2020-11
			省"三八"红旗手	省妇女联合会	2020-11
邓　超	女	小市街道安怀村社区	江苏省抗疫"最美家庭"荣誉称号	省妇女联合会	2020-5
钟　武	男	南京鼓楼房产集团有限公司	江苏省五一劳动奖章	省总工会	2020-4

附录

FU LU

文献选编

开好局起好步
奋力走在中心城区社会主义现代化建设最前列

——在区委二届十次全体会议上的报告

刘 军

2020年12月28日

同志们：

这次全会的主要任务是，以习近平新时代中国特色社会主义思想为指导，深入贯彻党的十九大和十九届二中、三中、四中、五中全会以及中央经济工作会议精神，认真学习习近平总书记视察江苏重要讲话指示精神，全面落实省、市委全会要求，回顾总结今年工作，研究部署“十四五”和明年工作，审议区委《关于深入学习贯彻习近平总书记视察江苏重要讲话指示精神在“争当表率、争做示范、走在前列”中扛起省会功能核心区担当的决定》《关于制定国民经济和社会发展第十四个五年规划和二〇三五年远景目标的建议》，动员全区上下承前启后、继往开来，以“争当表率、争做示范、走在前列”的使命担当，开好局、起好步，争创首善之区、建设幸福鼓楼，奋力走在中心城区社会主义现代化建设最前列。

下面，我代表区委常委会向全会报告工作。

一、统筹两线作战，经济社会发展交出满意答卷

2020年是极不平凡的一年，面对新冠肺炎疫情严重冲击和国内外环境深刻变化，我们深入贯彻习近平总书记系列重要讲话指示精神，在省、市委坚强领导下，坚持稳中求进工作总基调，自觉践行新发展理念，全力抓好“六稳”、抓牢“六保”、抓实“四新”，赢得了三场硬仗的胜利。一是奋力打赢了疫情防控总体战。坚持外防输入、内防扩散、群防群治、严防死守，强化战时激励，严明战时纪律，迅速遏制疫情蔓延势头，蹄疾步稳复工复产复学，率先恢复生产生活秩序。严格落实常态化防控措施，无输入病例在辖区扩散，取得了重大战略性成果。二是奋力打赢了经济社会发展攻坚战。沉着有力应对各种困难挑战，推动经济社会发展承压前行、稳中有进，全年预计完成地区生产总值1740亿元、增长5.5%左右，一般公共预算收入166.3亿元、增长2%左右，为南京经济总量跻身全国十强做出了鼓楼贡献。三是奋力打赢了“十三五”收官战。“十三五”规划主要目标任务即将完成，过去五年，经济总量连跨多个百亿级台阶，居民的获得感幸福感安全感持续提升，“强富美高”建设迈出新步伐。

实践中，重点抓了五个方面的工作，书写了拼搏奋进、破难前行的五大新篇章。

一是凝聚鼓楼力量，书写了党的建设新篇章。党的领导坚强有力。面对复杂形势和艰巨任务，始终把政治建设摆在首位，增强“四个意识”、坚定“四个自信”、坚决做到“两个维护”，认真贯彻落实中央和省、市委各项决策部署，坚持“两手抓”，始终“两手硬”，取得“两手赢”。支持人大机关、行政机关、政协机关、监察机关、审判机关、检察机关依法履职尽责。巩固发展大统战格局，做好民营经济统战工作，扎实推进党派之家建设，全面落实党管武装制度，不断增强工会、共青团、妇联、残联、红十字会等群团组织的桥梁纽带作用，凝聚起战胜困难、推动发展的强大合力。理论学习引领有力。深入学习《习近平谈治国理政》第三卷，常态化跟进学习总书记最新重要讲话指示精神，大力宣传党的十九届五中全会和总书记视察江苏重要讲话指示精神，创新开展基层党员冬训，累计举办

区委理论学习中心组学习17场、区委常委会专题学习43场、公务员高质量发展大讲堂15场，以科学理论引领战疫情、稳增长。组织建设支撑有力。在疫情防控、防汛防涝、文明创建中加强和检验基层党建，成立1002个抗疫临时党组织、143个党员防汛突击队，发动数万名党员积极参与，战胜了百年不遇的疫情和洪水，区卫健委及杨斌等6人分别被表彰为全省抗击新冠肺炎疫情先进集体、先进个人。坚持典型引领、示范带动，开展基层党建巩固提升"六个一"行动，建成13家党建示范社区，健全红色物业服务体系，成立全国首家快递小哥党支部，王卫平、潘虎被评为全省优秀共产党员。干部队伍担当有力。面对大战大考，广大干部咬定目标、迎难而上、苦干实干，经受住了考验，也得到了锻炼。落实"三项机制"，坚持"三个挂钩"，统筹选用不同年龄段、不同岗位、不同职务职级的干部，开展科级岗位集中选配，干部队伍结构进一步优化，形成了靠干部成就事业、用事业成就队伍的良好局面。纪律作风保障有力。高标准完成172项省委巡视整改任务，开展四轮区委巡察，巡察利剑持续释放震慑效应。大力支持纪委监委实施专项监督，驰而不息纠治"四风"，查处形式主义、官僚主义问题37件，贯通运用"四种形态"处理464人。准确把握"三个区分开来"，为3个单位、1名个人澄清正名，对4人容错纠错，有力保障了高质量发展。

二是拼出鼓楼韧劲，书写了经济发展新篇章。创新动能持续增强。完成鼓楼高新园管理体制改革，新建10.7万平方米优质硅巷载体，新增省长质量奖企业2家、培育独角兽、瞪羚企业8家、高新技术企业96家，引进高层次创业人才69人，荣获南京创新周先进集体优胜奖。产业升级提质增效。主导产业支撑有力，商务商贸业收入超4900亿元、增长10%，软件业务收入达305亿元、增长34%，文化产业收入达310亿元、增长11%。总部楼宇经济持续壮大，新增市级总部企业3家、亿元楼宇3幢、十亿元楼宇1幢。"四新"行动支撑明显。新基建建成市定5G基站690座，完成固投325亿元、增长7.5%；新消费引领需求释放，实现社零1010亿元、增长1%，其中限上社零增长8%；新产业总体规模达520亿元，净增规上工业企业22家，新型都市工业实现新突破；新都市14个新建项目全部开工，完成投资26亿元，超额完成年度目标任务。主题年活动取得实效。统筹组织招商突破、项目推进、企业服务"三个年"活动，完成签约项目投资总额730亿元，引进亿元以上项目113个，实际使用外资2.8亿美元，两夺招商擂台赛流动红旗；南京华贸商务中心入选省级重大项目，6个储备项目提前开工，各级各类项目建设扎实推进；出台"鼓楼惠企9条"，四轮走访2000余家企业，全力帮助解决困难，共克时艰。

三是展示鼓楼魅力，书写了文化建设新篇章。文化自信日益增强。坚持以社会主义核心价值观引领文化建设，健全重大舆情和突发事件舆论引导机制，加强网络人士团结引导，深化网络空间综合治理，各类意识形态阵地守紧守牢。高标准建成区街社三级新时代文明实践中心(所、站)，高起点打造区融媒体中心，开展意识形态专项巡察，党管宣传主体责任有效落实，重大主题宣传成果丰硕，伟大抗疫精神催人奋进。文体事业繁荣发展。线上大力推广使用鼓楼公共文化云，线下组织文化活动2100余场，深入推进龙江宝船厂遗址保护工程，深化"书香六进"，推进全民健身，"百姓原创朗读者"入选全国终身学习品牌项目。文化产业加快推进。创意类硅巷建设成效明显，环南艺管委会揭牌成立，南艺双创基地优化升级，鼓楼水岸艺术街区成为网红打卡地。文明创建扎实有力。坚持"全域首善"标准，聚焦文明城市测评体系，区级领导常态化下沉一线，压实区街社创建责任，推进六个专项整治行动，为全市文明创建走在全国前列作出了积极贡献。

四是彰显鼓楼温度，书写了民生事业新篇章。就业增收保持稳定。深入实施"宁聚计划"，吸纳大学生就业7.37万人，新增城镇就业3.5万人，城镇登记失业率控制在1.78%以内，居民人均可支配收入增长4.2%，顶住了疫情冲击。民生底线兜紧兜牢。103幢在册危房改造清零，76万平方米"三供一业"小区完成维修改造，生猪域外保供任务全面落实，食药品安全有效维护，餐饮浪费得到遏制，困难群体基本生活保障有力。各项对口帮扶工作扎实推进。民生服务不断改善。力人学校、银城小学浦江路校区、市实验幼儿园(改扩建工程)交付使用,鼓楼e学校"停课不停学"受教育部肯定,获评国家级教育信息化实验区。医联体建设进一步推进,基层公共卫生体系不断健全,家庭医生工作受到省政府通报表彰。养老服务体系逐步完善,时间银行实现全覆盖。专项工作顺利推进。安全生产专项整治扎实开展,挂牌隐患全部整改到位,防灾减灾体系坚强有力,安全发展示范城市创建工作成效良好。扫黑除恶专项斗争取得压倒性胜利。社会治理更加高效。"锻造职业化社区工作者队伍"荣获省基层社会治理创新成果奖,"以居民满意度为导向的街道考评机制"在全国会议上作典型发言。依法治区深入推进,网格化治理体系不断健全,街道综合行政执法机制持续完善,双拥和退役军人工作成效显著,信访积案化解取得实效,各项安保维稳任务圆满完成,社会大局和谐稳定,群众安全感创历史新高。

五是提升鼓楼品质,书写了绿色发展新篇章。长江大保护扎实推进。把修复长江生态摆在压倒性位置,禁捕退捕任务落实到位,夹江饮用水源地保护有力有效,长江干流岸线利用项目整改工作通过省级验收。宝船、下关、上元门3个城市客厅规划方案通过审查,金陵船厂搬迁有序推进,"百项工程"鼓楼项目均达超序时进度。生态环境持续向好。强化点位长制打好蓝天保卫战,今年以来空气质量优良率达83.1%、同比上升13.7%,PM2.5浓度31.8微克/立方米、同比下降23.9%。强化河长制打好碧水保卫战,两大省考断面经受住了汛期考验,稳定保持Ⅲ类水,总体实现全域消劣目标。强化项目负责制抓净土保卫战,中央路331号地块土壤污染修复治理工作全面完成。功能品质不断完善。中心片区创新发展和环境品质提升二期工程主体完成,16个老旧小区环境整治工作全面完工,老城区展现新面貌。滨江片区动迁扫尾取得决定性进展,长航中心二期竣工交付,滨江风光带显露高颜值。幕府创新区概念规划与产业规划初步完成,金燕路西侧、金陵村象山地块清零攻坚成效显著,宝龙天地、华能滨江总部建设推进顺利,转型发展成果丰硕。晨光行动常态开展,智慧城管发挥实效,垃圾分类进展有序,市容环境明显改善,全域美丽逐步成为现实图景。

同志们,即将过去的一年,成绩来之不易、成之惟艰,是全区上下众志成城、攻坚克难的结果,凝聚了广大党员干部群众的智慧和汗水。在此,我谨代表中共鼓楼区委向全区广大党员、干部、群众特别是医务工作者、社区工作者、公安干警、志愿者,向各民主党派、人民团体,向社会各界人士,向全体老领导、老同志和所有关心支持鼓楼建设发展的同志们,表示衷心的感谢!

在充分肯定成绩的同时,我们也要清醒地认识到工作中存在的不足:对标全域首善,特色亮点不多的问题依然存在,各板块各条口发展仍不平衡。对标全域创新,科技创新资源转化、产业创新转型仍不充分。对标全域美丽,水质全域消劣、大气常态达标还不稳固,街巷小区综合整治任务依然繁重。对标全域幸福,优质公共资源布局仍不均衡、短板弱项有待提升,本质安全水平需要进一步提高。全区上下要正视不足,加倍努力,加快解决。

二、扛起重大使命,奋力走在中心城区社会主义现代化建设最前列

党的十九届五中全会站在两个百年奋斗目标的历史交汇点上,系统谋划部署"十四五"时期经济社会发展,描绘了我国未来五年乃至更长时期的发展新蓝图。习近平总书记在全会后,首次视察地方就到江苏,要求我省在改革创新、推动高质量发展上争当表率,在服务全国构建新发展格局上争做示范,在率先实现社会主义现代化上走在前列。省委十三届九次全会、市委十四届十一次全会,对此进行了全面布局、系统部署、整体安排。鼓楼作为省会功能核心区、高质量发展先进区,理应率先贯彻落实中央、省市委精神,奋力走在中心城区社会主义现代化建设最前列。

1.面对新变局、融入新布局,必须强化全局观念,准确把握"形"与"势"。"十四五"时期正处于世界百年未有之大变局的加速演变期,也正是中华民族伟大复兴的加快实现期。单边主义、保护主义、霸权主义等不稳定性不确定性因素明显增加,新冠肺炎疫情影响广泛深远,但和平与发展仍然是时代主题,我国发展还处于重要战略机遇期,中心城市和城市群成为承载发展要素的主要空间形式。省市层面,"一带一路"、长江经济带、长三角一体化等多重战略机遇相互叠加,南京发展势头

良好，创新动能强劲，省会城市功能和中心城市首位度持续提升。

2. 进入新阶段、适应新格局，必须增强辩证思维，正确看待“危”与“机”。当前和今后一段时间，鼓楼发展的机遇前所未有，挑战也前所未有。机遇方面，以国内大循环为主体、国内国际双循环相互促进的新发展格局加快构建，有利于我们发挥区位优势和资源禀赋优势，加快提升城区发展能级和首位度。新一轮科技革命深入发展，新技术、新产业、新业态、新模式催生勃发，有利于我们发挥创新先发优势，加快提升核心竞争力。挑战方面，区域发展格局重新洗牌，城区竞争呈愈演愈烈之势，各类风险隐患不容忽视，高质量发展、高品质生活、高效能治理面临不少挑战，必须增强忧患意识、强化底线思维，确保行稳致远。

3. 开启新征程、勇担新使命，必须坚持系统谋划，更加致力“争”与“走”。“争”的要义在力取，“走”的本义为奔跑。扛起“争当表率、争做示范、走在前列”重大使命，就是要牢固树立“没有走在前列也是一种风险”的危机意识，继续强化舍我其谁的豪气、敢为人先的志气、勇于创新的锐气，坚持“首善之区、幸福鼓楼”美好愿景，深化建设“四个全域”，探索率先实现现代化之路，争创中心城区社会主义现代化建设先行示范区，努力成为南京创新名城、美丽古都建设的示范窗口。

一是推动高质量发展，打造创新发展引领区。经济综合实力高位稳进，总部经济、楼宇经济跨越发展，现代服务业量质齐升，产业结构持续优化，消费活力充分迸发，开放型经济实现新突破，经济密度进入国内主要城市中心城区前列。创新驱动发展战略深入实施，城市硅巷建设迈出更大步伐，校地所地融合发展取得新突破。

二是塑造高颜值形象，打造美丽古都典范区。长江大保护深入开展，碧水蓝天成为常态，精细化建设管理水平明显提升，城市更新取得实效，四大片区发展更加均衡，历史文脉与红色文化有机融合，省会客厅形象端庄大方、独具魅力。

三是创造高品质生活，打造民生幸福样板区。居民收入与经济增长保持同步，基本公共服务体系化、均等化走在前列，优质公共服务形成多元供给。社会主义核心价值观更加深入人心，文化软实力明显增强。

四是推进高效能治理，打造安全韧性标杆区。政府治理、社会调节、居民自治良性互动，“大数据+网格化+铁脚板”治理机制进一步深化，本质安全水平显著提升，平安城区、法治城区建设取得更大成果，区域社会治理现代化水平迈上新台阶。

同志们，第二个百年奋斗目标的光荣使命、“十四五”发展的先锋责任，历史性地落在了我们的肩膀上。我们要不负重托、不辱使命，传承首善愿景、坚定首位追求、弘扬首创品格，负重攀登、敢为人先，争创首善之区，建设幸福鼓楼。

三、抢抓开局起步，努力开创“十四五”发展新局面

2021年全区工作的总体思路是：坚持以习近平新时代中国特色社会主义思想为指导，全面贯彻党的十九大和十九届二中、三中、四中、五中全会以及中央经济工作会议精神，坚持稳中求进工作总基调，按照省、市委全会部署，紧扣现代化建设走在前列“这一目标”，把握开好局起好步、稍好于略高于“两项要求”，聚焦争先创特、扬长补短、固底强基“三大重点”，坚定全域首善、全域创新、全域美丽、全域幸福“四条路径”，强化目标、存量、禀赋、数字、服务“五个引领”，做好总部+楼宇、科创+文创、存量+增量、园区+景区、平安+幸福、激励+约束“六篇文章”，继续走在新一轮高质量发展前列，以优异成绩庆祝建党100周年。

明年全区经济社会发展主要目标是：地区生产总值增长7%以上，一般公共预算收入增长5%以上，固定资产投资增长8%以上，社会消费品零售总额增长8%以上，居民人均可支配收入与经济增长同步。确定这些目标，统筹考虑了开启现代化建设新征程的奋斗性、鼓楼经济潜在增长的可能性、提振发展信心的主动性。

围绕上述总体思路和主要目标，重点做好以下五个方面的工作：

1. 坚持创新为魂，进一步释放发展活力。突出创新在现代化建设中的核心地位，坚定实施创新驱动发展战略，以“科创+文创”深化创新名城引领区建设，在全域创新中育先机、开新局。

增创科技创新优势。聚焦“从0到1”的原始创新，落实百校对接计划，深挖校友资源富矿，健

全全流程服务体系，完善沟通协作分享机制，探索校地所地融合发展新模式，构建相互成就、一道成长的发展共同体。重视“从1到100”的科技转化，深化去行政化改革，优化创新功能布局，推进苏宁慧谷（二期）、南京科技广场（二期）等项目建设，再形成10万平方米城市硅巷载体，承载更多科技创新大项目、好项目，推动鼓楼高新园区全面争先进位。推动“从100到N”的企业成长，强化各类创新主体引育，完善从初创团队到龙头企业的全周期服务，确保高新技术企业突破500家，科技服务业收入增长10%以上。深入实施“小升高”“高升规”计划，培育更多“专精特新”、独角兽、瞪羚企业和行业隐形冠军。拓展“生根出访”成果，深度对接全球创新链，吸引更多境外创新要素来鼓楼汇聚转化。

增强产业创新动能。坚持三主四特产业体系，深化商务商贸模式创新、业态创新，进一步激发消费市场活力；紧跟数字经济潮流，建设区块链先导区，推动软件信息业提质扩容、高端集聚；高标准打造环南艺艺术文化街区，创建省级全域旅游示范区，形成一批文化旅游新品牌新亮点；发挥资源优势、技术优势，推动航运服务、科技服务、金融服务、智力服务优质提升、特色发展。坚持总部+楼宇发展导向，实施王牌、拔尖、领航三大行动计划，推动一批龙头总部、成长型总部和新兴总部落地鼓楼、发展壮大；深化栽桐引凤、腾笼换凤两大工程，不断提升商务楼宇单位面积贡献度，再培育一批亿元楼宇、十亿元楼宇。坚持创新链、产业链深度融合，画好创新资源分布图和产业链树状图，推动鼓楼产业发展需求与高校学科建设、专业人才培养精准对接，持续做好强链扩链稳链的文章，提升企业竞争力、行业影响力，加速向价值链上游迈进。

增进改革创新活力。完善区领导挂钩联系机制，确保重点领域改革高效推进。深化放管服改革，完善不见面审批，落实“宁满意”工程，推进“先解决问题再说”，吸引增量项目，助力存量项目，确保鼓楼营商环境建设继续走在省、市前列。深入推进国企改革，积极推动区属国有资本做优做强。持续实施街道服务管理创新，不断提升街道集成改革成效，积极稳妥推进城市管理机制改革，打响鼓楼品牌，提供可复制、可推广的鼓楼经验。

2.坚持协调为要，进一步推进高位均衡。突出“四个全域”引领，聚焦发展不平衡不充分问题，加速补齐短板、提升能级，全域全面提高发展水平。

老城保护要出特色出品牌。一体推进环境提升、功能转型、活力激发，深入实施中心片区创新发展和环境品质提升，高标准整治26个老旧小区，高水平保护利用颐和路历史文化街区，存续旧的肌理、赋予新的功能、展现老的味道，争做城区有机更新的示范样板。

河西提升要强功能挖潜能。进一步优化公共服务配套，多措并举破解出行难、停车难等痛点问题，加速推进二十九中高中部建设，提升片区功能品质，建设宜居宜学宜人的美丽家园。加快中信泰富总部基地建设进度，推动湛江路地块出让，放大江东软件城辐射效应，充分释放片区发展活力。

滨江振兴要优品质聚产业。聚力攻坚滨江岸线贯通、工企单位迁建，深入推进生态环境修复、“百项工程”建设，加快打造三大城市客厅，融入独特历史文化元素，建成江城一体、韵味独特的南京最美江岸。加大苏电产业园、中冶和悦港商管总部等项目推进力度，积极引入航运龙头企业，推动航运服务机构集聚，持续壮大海港枢纽经济，不断提升航运服务产业集聚度、增长贡献度。

铁北改造要提速度补短板。全力推进项目征收攻坚清零，大力推动金陵船厂搬迁，加快拓展发展空间。认真落实幕府创新区发展规划，做精幕府创新小镇，完善交通路网设置，深化环境综合整治，补齐公共服务短板，加速片区战略转型和城市更新，推动环境面貌向“净畅美”蝶变，产业结构向“高特优”升级，打造区域发展新增长极。

3.坚持绿色为基，进一步擦亮生态底色。始终坚持生态优先、绿色发展理念，持之以恒修复生态系统、修补城市功能、提升环境品质，打造人人向往、流连忘返的绿色省会客厅。

聚力长江大保护。进一步增强“共抓大保护，不搞大开发”的行动自觉，建成智慧岸线应用系统，持续推进禁捕退捕，严格夹江水源地保护，提档升级江豚监测站，促进水生生物多样性恢复。实施绿色接力行动，引导干部群众特别是青少年保护水环境、维护水生态、节约水资源、重视水安全、弘扬水文化，共同守护长江母亲河。

巩固污染防治攻坚成果。构建大气质量“天地空”一体化监测体系，创新用好点位长制，聚焦臭氧、扬尘等主要污染物，协调推进“夏病冬治”“冬病夏治”，持续推动“两降一升”，让“鼓楼蓝”成为日常。抓牢金川河、外秦淮河两大入江水系，坚持水岸网一体治理、建管养有效统筹、河长制落实落细，确保两个省考断面稳定达标，促进全流域河道水质持续改善。严格污染地块开发准入管理，开展重点地块和疑似地块污染状况详查，加快解决脚下的污染问题。深入开展碳中和研究，探索建设零碳未来城区。

抓牢民生环保治理。把百姓对美好环境的向往作为奋斗目标，开展突出环境问题销号清零行动，高标准迎接第二轮中央环保督察。深入开展暗访曝光，加快形成工作闭环、责任闭环，聚力解决好油烟、噪声扰民等问题。坚持源头减量、常态监管、硬件保障多管齐下，下大力气推进垃圾分类，完善投收运处全流程管理体系，打造生活新时尚。

4.坚持开放为先，进一步提升集聚辐射力。积极融入国内大循环、国内国际双循环，在服务构建新发展格局中找准鼓楼定位，作出鼓楼贡献。

对内开放狠抓招商突破。继续开展招商突破年工作，围绕主导产业细分领域，加快招引产业链龙头项目、关键环节突破性项目、上下游优质项目，形成龙头企业引领、中型企业支撑、中小企业跟进的“产业雁阵”发展格局。深化“一把手”挂钩推进亿元项目工作，严格落实“四个一”推进机制，持续提升重大项目招引质效。大力开展以商招商、资本招商、专业招商，进一步做大发展朋友圈。面向长江经济带、长三角、南京都市圈，移栽一批高成长性企业，招引一批区域性总部和功能性总部。

对外开放狠抓外资外贸。拓展外资引进渠道，做优载体平台，抓存量、促增量，持续引进服务业外资项目，鼓励资本参与鼓楼科技创新和产业发展。落实企业上市520计划，支持优质企业境内外上市，借助全球资本加快成长。提升贸易便利化水平，优供给、拓需求，着力培育以技术、品牌、服务为核心竞争力的外贸新优势，不断优化对外贸易结构。开展线上洽谈、网上办展，做强跨境电商，推动外贸增长方式转型升级。

城区开放狠抓功能植入。提高城市国际化配套水平，完善社区涉外服务基础设施，提升国际教育、医疗水平，增加国际公共服务供给。建设慈悲社等国际街区，营造国际化生活和商务环境。开展城区品牌营销，加大国际宣传推介力度，塑造具有全球影响力的鼓楼特色IP品牌。

5.坚持共享为本，进一步增进民生福祉。坚持尽力而为、量力而行，高标准高质量为民办实事，持续提高基本公共服务供给水平，打造有温度、有归属感的幸福鼓楼。

千方百计增强获得感。坚持减负、稳岗、扩就业并举，精准推送、全面落实就业创业政策，全力拓展就业岗位，做好零就业家庭、退役军人等重点群体就业帮扶。深入推进大学生“宁聚计划”，鼓励创新创业、带动社会就业。把富民作为聚力点，多渠道拓展收入途径，推动居民收入稳定增长。

全力以赴提升幸福感。持续探索集团化办学新路径，进一步优化教育资源布局，强化教师队伍建设，办好家门口的每一所学校，久久为功打造“江苏最好、全国首善”的教育强区。健全重大疾病防控体系，完善分级诊疗模式，深化医联体合作，全面配强社区卫生服务力量，推动优质医疗资源向一线下沉。完善三级养老综合服务中心建设，全力推进“智慧+”“物业+”养老服务，深化“时间银行”互助养老模式，积极引入社会力量，推动公共养老服务专业化发展、品质化提升。持续强化文化鼓楼建设，推进文明创建工作常态长效，完善公共文化云平台，再造一批高品质文体休闲空间，让美好的精神文化生活触手可及。

扎实有效营造安全感。深化平安鼓楼建设，完善扫黑除恶专项斗争长效机制，织密织牢公共安全网。推动“一年小灶”“三年大灶”有机衔接，聚焦危化品、建筑、燃气等22个行业领域，滚动排查、动态整治，提升城市本质安全水平。巩固和完善“大数据+网格化+铁脚板”治理模式，协调各方力量共同参与，运用数字技术，全方位提升治理效能，构建一核多元、科技赋能的社会治理格局。大力化解稳控信访积案，扎实开展民族宗教工作，做好各类节点安保维稳工作，确保省会功能核心区安全和谐稳定。

当前，新冠肺炎疫情仍在国际蔓延，境外输入和冷链物品带来的风险有所上升，要紧盯重点领域、重点环节、重点人群，毫不放松抓好“外防输入、内防反弹”工作，人物同防、严防死守，全方位提升应急处置能力，把防控工作抓紧抓实抓细，为经济社会发展提供基本前提和有效保障。

四、全面从严治党，彰显新时代新担当新作为

认真落实新时代党的建设总要求，牢记初心使命，推进自我革命，巩固和提升“严”的主基调、“干”的主旋律，调动各级党组织干事创业的积极性主动性创造性，激发广大党员干部走在前列的责任感使命感紧迫感，凝聚奋进新时代、开启新征程的强大力量。

突出政治建设这个根本，强化引领发展的战略定力。坚持把政治建设作为党的根本性建设，深学笃用新思想新理念，增强“四个意识”、坚定“四个自信”、做到“两个维护”。进一步加强区委常委会自身建设，进一步加强党对经济工作的集中统一领导，全面增强总揽全局、协调各方的领导核心作用。开好区第三次党代会，做好新一届党代表、人大代表、政协委员选举提名工作。支持人大、政协开展法律监督、民主监督，持续深化大统战工作格局，牢牢掌握意识形态工作领导权，深化社会主义核心价值观建设，唱响主旋律、传播正能量。落实党管武装制度，为驻区部队做好事解难事，巩固发展军政军民团结，争创省级双拥模范区。

抓牢组织建设这个重点，凝聚推动发展的攻坚合力。深化党支部标准化规范化建设，健全基层党建工作质量评价体系，进一步压实党建工作责任，建强发展堡垒，培养发展先锋。稳妥有序完成社区“两委”换届工作，推进社工职业体系建设，巩固提升社区党建水平。选派“两新”党建指导员，以点带面、点面结合，推动“两新”党建扩面提质增效。强化榜样引领，表彰一批“两优一先”，选树一批鼓楼先锋，着力提升党员教育管理实效。

加强队伍建设这个关键，激发竞相发展的澎湃动力。突出实干实绩实效导向，加大年轻干部、专业干部选拔培养力度，引导干部力量向基层倾斜，做好公务员职务与职级并行工作，创新实施“名校菁英”引优工程，打造一支结构合理、本领高强、富有激情、充满活力的干部队伍。完善公务员考核机制，坚持平时与年终考核并重，确保考准考实。发挥“科技镇长团”“科技专家团”桥梁纽带作用，全方位做好聚才留才工作，打造具有全国影响力的人才发展高地。

坚守纪律作风这个底线，构建保障发展的强大助力。聚焦政治责任和中心工作，扎实做好巡视整改“后半篇文章”，高质量推进巡察全覆盖，切实扛起管党治党主体责任。贯通运用“四种形态”，严肃查处各类违纪违法案件，坚决整治形式主义、官僚主义问题，持续释放从严管党治党的强烈信号。深化纪检监察体制改革，融合推进“四项监督”，形成系统集成、优势互补的大监督工作格局，巩固发展风清气正、干事创业的良好政治生态。

同志们，征程万里风正劲，重任千钧再出发。让我们在习近平新时代中国特色社会主义思想指引下，在省、市委坚强领导下，开好局、起好步，奋力走在中心城区社会主义现代化建设最前列，以优异成绩迎接党的百年华诞！

政府工作报告

——2021年1月5日在区第二届人民代表大会第五次会议上

鼓楼区人民政府代区长　洪礼来

各位代表：

现在，我代表区人民政府向大会报告工作，请予审议，并请区政协各位委员和列席人员提出意见。

2020年及“十三五”工作回顾

刚刚过去的一年，是非常特殊、极不平凡的一年。面对严峻复杂的外部环境，特别是新冠肺炎疫情的严重冲击，全区上下坚持以习近平新时代中国特色社会主义思想为指导，全面贯彻党的十九大和十九届二中、三中、四中、五中全会精神，深入落实习近平总书记视察江苏重要讲话指示精神，在区委的坚强领导下，在区人大、区政协的监督支持下，坚持稳中求进工作总基调，扎实推进“六稳”“六保”，统筹推进疫情防控和经济社会发展，全年预计完成地区生产总值1740亿元、增长5.5%，一般公共预算收入166.41亿元、增长2.3%，全社会固定资产投资325亿元、增长7.5%，社会消费品零售总额1010亿元、增长1%，居民人均可支配收入达7.3万元、位居全市前列，为南京经济总量跻身全国十强做出了鼓楼贡献。

回望这一年，我们沉着有力应对各种困难挑战，齐心协力打赢疫情防控、复工复产、防汛抗洪三场硬仗，交出了大战大考的优异“鼓楼答卷”。

——疫情防控取得重大战略成果。面对突如其来的特大疫情，我们坚持人民至上、生命至上，全面推行“大数据+网格化+铁脚板”防控模式，第一时间构筑联防联控坚固阵地，15天实现本地确诊病例“零增长”，17例确诊病例全部治愈，实现了“病患零死亡、医护零感染”；坚持外防输入、内防反弹，落实常态化防控各项举措，健全农贸商超、冷链物流全链条闭环管控体系，无输入病例在辖区扩散。“鼓楼e学校”疫情期间惠及区内外42万学生、“停课不停学”受教育部肯定；区卫健委及6名基层英雄被表彰为全省抗击新冠肺炎疫情先进集体和个人。

——复工复产跑出鼓楼“加速度”。面对特大疫情带来的特殊挑战，我们坚持更高标准、更严要求，蹄疾步稳推进复工复产复学，第一时间帮助企业解决防疫物资等各类问题，生产生活秩序率先恢复正常；坚持“两手抓，两手硬”，出台鼓楼“惠企九条”，为各类企业争取贷款支持42.2亿元、减税降费51.5亿元，实体经济复苏强劲，新增市场主体超2万户、增幅全市第一，新增规上企业429家、总量主城第一。

——防汛抗洪夺取全面胜利。面对梅雨期超长、降雨量超多、长江下关段水位超高的严峻复杂汛情，我们同舟共济、众志成城，驻区单位闻汛而动，广大干群积极投身防汛抗洪、抢险救灾，全力以赴守护江堤安全、防治城区内涝、防范次生灾害，全区没有出现重大险情和灾情，群众生命财产安全得到坚强保障。

一年来，我们主要做了以下工作：

（一）抓项目强产业，经济运行稳中有进。统筹推进招商突破、项目推进、企业服务三个主题年活动，全力以赴扩投资、促消费、强市场，千方百计稳住经济基本盘。“四新”行动全面发力。新建市定5G基站690座，新基建及关联项目完成投资124亿元，新产业总体规模达520亿元，新消费预计实现贸易销售额5100亿元、总量全市第一，新都市14个新建项目全部开工、完成投资26.54亿元。主题年活动效果突出。赴上杭广深等地开展主题招商，签约项目投资总额730亿元、亿元以上项目113个，实际利用内资160亿元，实际利用外资2.8亿美元，实现外贸进出口总额495亿元、增长11%；127个重大项目完成投资245亿元，南京华贸商务中心成功增补省重大项目；深入走访2000

余家企业，成立电力能源、电子信息产业企业家联盟，中能建江苏电力设计院、金陵饭店获省长质量奖。产业规模加速壮大。主导产业支撑有力，高端商务商贸、软件信息和文化旅游业收入分别增长10%、34%、11%，特色产业贡献度进一步提升。出台楼宇经济专项政策，新增亿元楼宇3幢、特色楼宇2幢，苏宁银河国际广场晋升十亿元楼宇，新华大厦升级改造项目正式启动。

（二）谋创新提质效，发展动能加快转换。深化校地融合，集聚科创资源，加快壮大科创企业矩阵，不断激发区域创新活力。创新载体优化升级。高新区去行政化改革深入推进，创新广场竣工投用，区块链先导区入选全市首批人工智能产业重点园区；建成中科紫台等优质城市硅巷10.7万平方米；新增市级以上工程技术研究中心、众创空间6家，幕府创新小镇入选国家级科技企业孵化器。创新主体活力迸发。新增高新技术企业96家，新增培育独角兽、瞪羚企业8家；新增备案市级新型研发机构4家，新型研发机构累计孵化引进企业340家；全年完成高新技术产业产值420亿元，实现技术合同成交额84亿元，有效发明专利拥有量1.06万件，PCT专利申请量210件；百工造物入选“一带一路”国际合作项目，福佑设计获评全省首批非遗创意基地。创新氛围日趋浓厚。成功举办南京创新周鼓楼系列活动，首届南大全球校友创新创业大赛成果丰硕；隆重召开中国（南京）未来城市发展峰会，按下了幕府创新区高质量发展“快进键”；出台支持区块链、硅巷、文创发展系列政策，与江苏高投集团展开全面合作，设立鼓楼毅达天使投资基金，为创新创业提供全要素平台；成立全市首个主城“科技镇长团”，新引育科技顶尖专家2人、培育创新型企业家5人、市区两级高层次创业人才69人。

（三）强功能优品质，环境面貌显著提升。深入贯彻绿色发展理念，着力打造宜居宜业“省会客厅”。长江大保护扎实推进。把修复长江生态摆在压倒性位置，全面实施禁捕退捕，荣华码头改造一新，长江岸线大桥公园段环境整治一期完工，10万平方米江滩生态湿地公园展露新颜。生态治理取得突破。完成外金川河宝塔桥段、下圩河、惠民河水环境提升工程，建成南审水质净化站，全域水质基本达Ⅴ类以上；持续巩固餐饮油烟整治成效，强力管控工地扬尘污染，PM2.5同比下降24.5%，空气优良天数比例达83%；中央路331号地块土壤污染修复治理全面完成。环境品质持续提升。中心片区创新发展和环境品质提升二期工程主体完成，湖南路片区环境综合整治深入推进；滨江片区动迁扫尾取得决定性进展，长航中心二期竣工交付；北部片区16幅地块征收全面提速，金燕路西侧和象山地块完成扫尾，顺利启动保障房建设。全年改造棚户区超10万平方米，出新老旧小区房屋155幢，新河二村“三原翻建”开创危房治理新局面，103幢在册危房全部治理达标。城市管理常态长效。持续开展“晨光行动”，深入实施农贸市场及周边环境提升等六个专项整治行动，为全市文明创建走在全国前列作出了积极贡献；扎实推进生活垃圾分类，559个小区816个收集点实现定时定点分类投放收运。

（四）惠民生增福祉，公共服务持续进步。公共财政支出85.7%用于民生保障，群众获得感幸福感持续增强。为民办实事全面兑现。10大项18件民生实事按期保质完成，“十万研究生宁聚行动”深入推进，新增城镇就业3.5万人、再就业1.6万人、大学生就业7.5万人，援助困难人员就业2630人，城镇登记失业率控制在1.78%以内，全年发放各类救助金超1亿元；裕顺雅苑、杏林新村积淹水片区整治完工；增设老旧小区电梯73台、累计达579台。超额完成生猪域外保供任务。教育发展成绩斐然。发布鼓楼学前教育内涵发展规划，新增10所普惠性民办幼儿园，市实验幼儿园（改扩建）、银城小学浦江路校区、力人学校交付使用，中高考再创佳绩。“健康鼓楼”扎实推进。新建10个家庭医生工作室，每万常住人口全科医生数达3.5人，建宁路、幕府山社区卫生中心受国家卫健委表彰；建成13个街道养老综合服务中心、5个日间照料中心，机构养老床位达4838张、护理型床位占比达100%。文体事业繁荣有序。鼓楼公共文化云平台正式上线，组织各类线下文化活动2100余场，“百姓原创朗读者”入选全国终身学习品牌；新建13块社会足球场。第七次全国人口普查工作有序开展。此外，人民武装、双拥、民宗、侨台、档案、史志、人防等各项工作取得新进展，妇女、青少年、残疾人、科普、红十字、慈善、关心下一代等事业取得新成绩。

（五）守底线保安全，社会治理务实高效。牢固树立"鼓楼无小事"意识，切实筑牢抵御风险坚固防线，群众安全感达99%，平安建设再上新台阶。安全专项整治深入开展。坚持"一年小灶""三年大灶"有机衔接，全面落实安全发展示范城市创建任务，深入实施11个专项、22个领域安全生产大排查、大整治，172幢高层住宅消防改造和39处挂牌隐患整改到位；深刻吸取"8·8"火灾事故教训，全力推进电动车飞线充电整治和充电桩建设，安全充电插口总数达10万处，基本实现小区全覆盖。各类风险有效防范。政府性债务管控机制进一步健全。金融风险防范化解成效显著，713家企业非法集资存量风险清零。扫黑除恶专项斗争取得压倒性胜利，完成1900路社会治安视频监控升级改造，一批信访积案得到妥善化解。基层治理能力进一步提升。紧盯12345政务服务热线群众投诉热点领域，健全"区、街、居"分级处置体系，一批群众反映强烈的难点问题得到及时有效解决，"以居民满意度为导向的街道考评机制"获民政部肯定，"锻造职业化社区工作者队伍"获省基层社会治理创新成果奖。

（六）转作风提效能，政府建设全面加强。持续深化"不忘初心、牢记使命"主题教育，全面落实国务院第七次大督查、国务院教育督导委员会督查组反馈意见整改，确保政令畅通、令行禁止。依法行政深入推进。主动接受人大及其常委会法律监督、工作监督和政协民主监督，累计办理省市区人大代表建议166件、政协委员提案253件，办结率和满意率均达100%。深入开展法治政府建设"补短板、强弱项"专项活动，"七五"普法顺利收官。政务公开进一步深化，全年主动公开政府信息3311条，受理公开申请105件。重点改革稳步实施。"1+8"国企改革成效初显，出台国企违规经营投资责任追究办法，建立公有房产信息系统，国资运作效益进一步提升。街道集成改革稳步推进，设立"五部一局两中心"，基层运转更加高效。"放管服"改革持续深化，在全市率先推行"一业一证"，商事制度改革获省政府督查激励。廉政建设更加扎实。严格贯彻中央八项规定及其实施细则精神，坚决落实党风廉政建设责任制。出台《政府投资项目管理实施办法》等制度规定，严控"三公"经费和一般性支出规模。从严开展财政预算执行、经济责任、专项资金等审计，切实提高审计监督效能。

各位代表，2020年是"十三五"收官之年。这五年，我们始终坚持以新思想指导新实践、以新理念推动新发展，紧扣"强富美高"新江苏宏伟蓝图和"创新名城、美丽古都"南京愿景，对标找差、创新实干，"首善之区、幸福鼓楼"建设取得新的重要进展，2018、2019连续两年获评"全省推进高质量发展先进区"、全市高质量考核第一等次，圆满完成"十三五"规划主要目标任务。

五年来，"强"的成就更加瞩目，城区首位度稳步提升。全区一般公共预算收入2017年破百亿，社会消费品零售总额2018年破千亿，地区生产总值连跨多个百亿级台阶，以不到全市1%的土地面积贡献了超11%的经济总量。总部楼宇能级不断攀升，落户市级认定总部企业28家，培育亿元楼宇22幢、5亿元楼宇4幢、10亿元楼宇3幢，逐步打造形成高端商务商贸、软件信息、文化旅游为主导，航运、科技、金融和智力服务为特色的"三主四特"产业体系。创新动力强劲释放，南京高新区（鼓楼园）率先挂牌，"一圈双轴多点"城市硅巷格局规模初显，高企总量达390家、较"十二五"末翻两番以上，字节跳动等一批头部企业在鼓楼发展壮大，全区高新技术产业产值年均增长超过15%。

五年来，"富"的品质更加可感，高水平全面小康成色更足。人均可支配收入提前实现较2010年翻一番的全面小康目标。社会保障扩面提标，基本养老保险、基本医疗保险覆盖率始终保持在98%以上。公共服务加快均等普惠，率先推进幼教共同体、小学集团化和初中发展联盟建设，获评"国家级信息化教学实验区"；与10家三级医院共建医联体，建宁路、中央门社区卫生中心获评"全国优质服务示范社区卫生服务中心"；建成全市首家区级"时间银行"，推广"互助式养老"新模式；实现区、街、居退役军人服务中心（站）全覆盖，宁海路街道颐和路社区获评"全国退役军人工作模范单位"；残疾人托养康复体系覆盖率100%，获评全国残疾人工作先进单位。

五年来，“美”的底色更加鲜明，省会客厅形象焕然一新。滨江岸线基本贯通，大江风貌有力彰显；金川河、外秦淮河实现历史性全域消劣，全区劣V类水体基本消除，宝塔桥、三汊河断面稳定达标，滨水岸坡成为市民休憩观光场所。PM2.5年均浓度较“十二五”末下降43%，空气优良率提升25.6个百分点，蓝天成为最美风景。新建改造红山南路西延等35条城市道路，基本完成1355个片区雨污分流建设，累计出新592个老旧小区3534幢房屋、维修“三供一业”移交老旧房屋170万平方米、改造棚户区46万平方米，天津新村小区、阅江楼街区入围全省首批宜居示范街区试点，人居环境更加优化；新增16个公共停车场、泊位超1万个，老城“停车难”进一步缓解。

五年来，“高”的基础更加坚实，区域软实力不断增强。社会主义核心价值观深入人心，创成2016-2020年度全国科普示范区。群众精神文化生活丰富多彩，“幸福鼓楼”社区文化艺术节、“书香鼓楼”等品牌深入人心，每万人公共文化设施面积达3300平方米、较“十二五”末翻一番。系统整合综治、民政、司法、城管等22个部门、47个大数据数字化平台，建成区、街道、社区、网格四级联动调度体系，实现全省领先的“一网统揽”。基层社区治理形成“鼓楼样本”，以优异成绩通过“全国社区治理和服务创新实验区”验收，成功申报“全国街道服务管理创新实验区”。平安鼓楼建设成效显著，安全生产形势保持平稳，群众安全感指数持续提升，连续第九次荣膺“省双拥模范区”命名表彰。

各位代表，过去的五年，我们始终秉承“负重攀登、敢为人先”的鼓楼精神，奋力推动经济社会发展不断迈上新台阶，率先全面建成更高水平小康社会。成绩来之不易、成之惟艰，这是市委、市政府和区委坚强领导的结果，是全区人民团结奋斗的结果。在此，我代表区人民政府，向付出艰辛努力的全区人民，特别是医务工作者、社区工作者、公安干警、志愿者，向各位人大代表、政协委员，向各民主党派、工商联、无党派人士、各群众团体，向驻区各机关企事业单位、部队、高校、科研院所，向所有关心支持鼓楼区建设和发展的各界人士和朋友们，致以最崇高的敬意和最衷心的感谢！

在总结成绩的同时，我们也清醒地看到全区经济社会发展仍然存在一些矛盾和不足，主要表现在：省会功能核心区作用发挥不够，中心城区竞争力有待进一步提升；科技创新资源转化不充分，与驻区高校深度合作还不够，高新技术企业在全市占比还不高；各板块发展不平衡不均衡现象依然存在，北部片区教育、医疗等优质公共资源仍然较为欠缺；城市精细化管理水平还需进一步提高，生态治理、安全发展等领域仍有短板弱项，水环境和大气质量常态达标还不稳固，高层楼宇、老旧小区等消防隐患治理任重道远，等等。对于这些矛盾和不足，我们将高度重视、改革创新，切实采取措施，全力加以解决。

“十四五”发展主要目标任务

各位代表，“十四五”时期，是我国全面建成小康社会、实现第一个百年奋斗目标之后，乘势而上开启全面建设社会主义现代化国家新征程、向第二个百年奋斗目标进军的第一个五年，也是鼓楼打造“中心城区社会主义现代化建设先行示范区”的关键五年。面对“两个大局”交织激荡的时代背景，我们要深刻认识到当前和今后一个时期，我国发展仍然处于重要战略机遇期，长江经济带、长三角一体化等多重战略叠加实施，区域竞争合作不断向纵深推进，鼓楼发展的机遇前所未有、挑战也前所未有；我们要更加主动扛起省会功能核心区、高质量发展先进区的政治担当，牢固树立“没有走在前列也是一种风险”的危机意识，不断弘扬“负重攀登”的志气、“敢为人先”的锐气，统筹推进“全域首善、全域创新、全域美丽、全域幸福”建设，努力成为创新名城、美丽古都的示范窗口。

根据《中共南京市鼓楼区委关于制定国民经济和社会发展第十四个五年规划和二〇三五年远景目标的建议》，区政府制定了《南京市鼓楼区国民经济和社会发展第十四个五年规划和二〇三五年远景目标纲要草案》，提请本次大会审议。“十四五”时期鼓楼经济社会发展的指导思想是：坚持以习近平新时代中国特色社会主义思想为指导，深入贯彻党的十九大和十九届二中、三中、四中、五中全会精神，全面贯彻党的基本理论、基本路线、基本方略，落实习近平总书记历次视察江苏重要讲话指示精神，扛起“争当表率、争做示范、走在前列”的重大使命，在党中央和省市、区委的坚强领导下，把握新发展阶段的新任务新要求，贯彻新发展理念，融入新发展格局，坚持稳中求进工作总基调，以推动高质量发展为主题，以深化供给侧结构性改革为主线，以改革创新为根本动力，不断满足鼓楼百姓日益增长的美好生活需要，统筹发展和安全，推进高质量发展、高品质生活、高效能治理，绘就全面建设现代化背景下“首善之区，幸福鼓楼”新篇章，为“强富美高”新江苏、新南京作出更大贡献，为第二个百年奋斗目标开好局、起好步。

锚定二〇三五年远景目标，综合考虑未来发展趋势和条件，“十四五”时期鼓楼经济社会发展主要任务是：

（一）推动高质量发展，打造创新发展引领区。着力完善“三主四特”现代产业体系，厚植创新型和服务型经济竞争优势，构建以鼓楼高新区、滨江商务区、幕府创新区为引领，以主城硅巷为支撑的“全域高新区”格局，全力打造“长三角区域总部首选地”“都市圈创新总部集聚地”，推动经济密度进入国内主要城市中心城区前列。到2025年，地区生产总值突破2200亿元，服务业增加值突破2000亿元，全社会固定资产投资五年累计达1600亿元；高端商务商贸业收入突破7000亿元，软件信息业收入占全市比重达10%，文化旅游业增加值占GDP比重达10%；建成硅巷载体超60万平方米，高新技术企业突破1200家，南京高新区（鼓楼园）创成省级高新区，进入全市第一方阵。

（二）塑造高颜值形象，打造美丽古都典范区。坚持将自然人文融入城市更新，以最严举措落实长江大保护，推动空气质量“两降一升”、水环境治理由“治标”向“标本兼治”转变，打造宝船、下关滨江、上元门三大城市客厅，统筹推进四大片区协调发展，努力绘就山水人城和谐相融的美丽“新画卷”。到2025年，空气质量优良天数占比稳定保持在80%以上，主要水体达到Ⅳ类水质，城市公园绿地500米服务半径覆盖率达92%，12公里长江鼓楼段成为南京最美江岸。

（三）创造高品质生活，打造民生幸福样板区。着力践行以人民为中心的发展思想，精心打造“江苏最好、全国首善”的高水平教育现代化强区，全面增强社会保障能力、优化医疗卫生体系、完善养老服务功能、丰富文化体育供给。到2025年，基本实现教育、医疗、养老等优质公共资源“南北均衡”发展，美丽社区建设达标率99%，民生幸福指数保持省市领先。

（四）推进高效能治理，打造安全韧性标杆区。传承鼓楼社会治理“优势基因”，促进政府治理、社会调节、居民自治良性互动，推动城市治理体系能力现代化、智慧化，提升城市本质安全水平，加快法治鼓楼、和谐鼓楼、平安鼓楼、诚信鼓楼建设步伐。到2025年，公众安全感保持98%以上，法治建设满意度达90%，初步探索出一条中心城区治理现代化新路径。

2021年政府主要工作任务

今年是“十四五”开局之年，也是现代化建设进程中具有特殊重要性的一年，做好政府工作至关重要。我们必须深入落实中央经济工作会议和区委二届十次全会精神，凝心聚力、扎实工作，确保“十四五”开好局、现代化建设起好步，继续走在新一轮高质量发展前列，以优异成绩庆祝建党100周年。

今年全区国民经济和社会发展的主要预期目标为：地区生产总值增长7%，一般公共预算收入增长5%，固定资产投资增长8%，社会消费品零售总额增长8%，居民人均可支配收入与经济增长同步，城镇登记失业率控制在市定标准以内。节能减排、大气和水环境质量等约束性指标确保完成市下达的目标任务。

实现上述目标，我们将重点做好以下七个方面工作：

（一）完善创新生态，打造转型升级新引擎。深化创新名城引领区建设，加快形成以创新为第一驱动力的增长方式，切实推动辖区科创资源优势转化为高质量发展胜势。

拓展科创空间。聚焦“从0到1”的原始创新，积极探索校地、所地融合发展新模式，重点支持驻区高校院所融入国家战略科技布局，增强原始创新能力，提升创新策源功能。重视“从1到100”的科技转化，全力推进环南大、南工大硅巷建设，确保全年新增硅巷10万平方米以上。持续拓展"百校对接""生根出访"成果，深挖校友资源富矿，集聚全球创新资源，促进高水平产学研融通创新，确保新增市级以上工程技术研究中心2家、众创空间和科技企业孵化器3家。

厚植科创森林。推动"从100到N"的企业成长，健全从初创期企业到科技型中小企业、高新技术企业的梯次培育矩阵，力争高企突破600家，科技服务业收入增长10%以上。深入实施"小升高""高升规"计划，加大"专精特新"培育力度，促进创新型领军企业加快成长，全年新增培育独角兽、瞪羚企业3家。积极开展新研机构提质增效行动，大力提升研发、孵化效益，助推先进技术与创新产品加快市场化进程。推进知识产权强省区域示范建设，实现有效发明专利拥有量9600件、PCT专利申请量150件，争创一批省长质量奖、市长质量奖。

融汇科创要素。健全科技金融服务体系，发挥科创基金、创投平台作用，着力打造全要素金融生态链，为各类创新企业提供更好融资服务。加快开放合作创新，精心组织南京创新周鼓楼系列活动，全力办好第二届南大全球校友创新创业大赛。发挥"科技镇长团""科技专家团"桥梁纽带作用，完善"人才管家"服务，精准对接创新创业、子女教育、健康医疗各方面需求，全方位做好聚才留才工作，打造具有全国影响力的人才发展高地。

(二)扩大有效投入，夯实经济增长新支撑。全力构建现代化产业体系，更大力度发挥消费基础作用和投资关键作用，努力推动经济发展结构优化、质效提升。

提高产业发展能级。全力推动南京华贸商务中心、金茂广场二期等高端载体建设，着力打造中央路—中山路商务商贸中心轴，培育夜间经济、首店经济、潮流经济，激发线上线下消费活力，确保高端商务商贸业收入增长10%。抢抓风口前沿，推动5G、大数据、人工智能、物联网、云计算与传统产业有机融合，确保软件信息业收入增长13%。加快颐和路11、13片区保护利用，启动打造"南大后街"潮流街区，发挥文化产业政策引导作用，确保文化旅游业收入增长10%。加大非银行类金融机构引育力度，实现金融业收入增长20%；打造五台山—广州路新医药与生命健康产业集聚区，实现产业收入增长16%。

提升招商引资质效。深化招商突破年活动，强化"一把手"招商推进机制，瞄准区域性总部、产业链龙头，开展以商招商、资本招商、专业招商，重点招引一批销售、研发中心等功能性机构，推动一批新兴总部落地鼓楼、成长壮大。紧扣主导产业和特色产业，着力强链补链，全力服务保障，全面提升项目落地率、到资率和开工运营率。持续拓展服务业外资项目引进渠道，实际利用外资力争突破3亿美元。用好楼宇经济智慧管理平台，不断提升商务楼宇单位面积贡献度，确保全年活化改造老旧楼宇20万平方米，新增亿元楼宇3幢、特色楼宇2幢。

提速重大项目建设。健全区领导挂钩联系机制，拧紧重大项目"抓落地、抢开工、促达产"责任链条，推动62个续建项目尽快竣工、34个新建项目加快开工、54个储备项目早日熟化，形成持续突破、滚动发展的良性循环。细化项目全周期管理，紧扣"实质性开工、结构性封顶、设备安装、投入运营"四个关键节点，强化全流程跟踪服务，倒排时序进度、专班对接保障、破解难题堵点，确保计划投资量尽快转化为有效实物量。

(三)强化板块统筹，激发区域发展新活力。充分发挥板块引领带动作用，进一步放大五大功能区规模集聚效应，打造区域协同发展新增长极。

打响鼓楼高新区品牌。发力区块链先导区建设，打造1条底层链、4条应用链、12大应用场景，引进区块链企业15家，实现区块链产业多领域、多场景示范应用和集群发展；完善智梦园信息基础设施，建设省5G网络安全工程中心，打造5G产业集聚区；加快创新广场整体招商，确保博西家电中国总部大楼投入使用；加快国电南自工业园、苏宁慧谷二期、南京科技广场二期等项目建设，确保南邮科创中心主体结构封顶，着力在创新产业集聚、场景培育等方面持续突破，打造"赋能型产业高地、全域化创新前沿、融合型活力空间"。

做优滨江商务区功能。开展滨江区域综合交通体系规划研究，启动下关大街建设，确保大唐北路、惠民河西路等4条道路竣工通车；完善功能环境配套，实施三汊河口段景观提升，建成投用鲜鱼巷市政综合服务中心；加快土地整理运作，继续推动铁路西站地区迁建，完成重点航运单位签约入驻；高标准建设长江航运物流服务集聚区，加大产业招商力度，推动苏电产业园、中冶和悦港总部落地入驻，引进2家以上航运龙头企业，实现航运服务业收入增长10%。

释放幕府创新区潜力。实施七一运输等6幅地块“清零”扫尾，加快五佰村等5幅地块挂牌出让，启动长江机械厂等3幅地块征收，推动金陵船厂搬迁，拓展发展空间、改善环境面貌；加速片区战略转型，发展智慧城市、都市工业、直播电商等新业态新模式，开工建设幕府创新小镇二期10万平方米载体，确保红山都市工业园完成改造并正式投运，力争华洋都市工业园6万平方米新建载体全面动工，中能建产业园、华能滨江总部二期、宝龙天地等载体完成投资12亿元。

彰显环南艺、湖南路街区特色。高水平打造环南艺艺术文化街区，深化与南京艺术学院、市旅游集团协作，继续开展爱丁堡科技文化艺术节、全国名校水上马拉松精英赛等活动；加快推进南艺后街二期建设，完成南艺文创园、四方文创园改造，确保新增产业载体5万平方米以上，全力争创国家级文化产业示范园区。继续推进湖南路片区环境综合整治，加大湖南路现代服务业总部城、市青少年宫等重点项目跟踪服务力度，完成凤凰书城升级改造，打造狮子桥美食娱乐“网红街区”。

（四）优化环境品质，呈现宜居宜业新风貌。坚持生态优先、绿色发展，统筹推进生态治理、城市建设、精细管理，下足“绣花”功夫、扮靓城市空间，增强城区综合承载能力。

深入落实长江大保护。进一步增强“共抓大保护、不搞大开发”行动自觉，切实抓好长江“十年禁渔”，建成“涵碧楼—五马渡”全线AI视频监控系统，严格落实夹江水源地保护措施，提档升级江豚监测站，促进水生生物多样性恢复。积极开展清水入江行动，确保入江断面水质稳定达标。深入挖掘长江文化，扎实推进岸线历史遗存保护利用，完成长江岸线大桥公园段环境整治二期工程，完成上元门城市客厅涉水工程并开工建设观江大平台，高标准打造滨江岸线整治修复示范段。

深化污染防治攻坚。打造金川河“幸福河湖”示范工程，实施河西二期、外金川河二期等片区雨污水管网清疏修缮，完成内金川河西支、张王庙暗涵整治，加强城北系统分散式净水站运行维护，促进全流域河道水质持续改善。巩固大气污染防治成效，完善“天地空”一体化监测体系，深化工地扬尘、低氮锅炉等专项整治，攻坚交通尾气污染治理，确保空气质量稳定提升。

提升城区功能品质。高标准实施特色化项目，完成中心片区特色街景打造，实施小型城市客厅建设，推动历史文化街区保护修缮利用，打造“美丽古都”宜居示范窗口。加强基础设施建设，全力保障建宁西路过江通道、地铁5号线、7号线、9号线等重大市政工程，积极推动南京大学苏浙运动场地下停车场建设。高质量实施宜居改造，突出群众需求导向，因地制宜优化停车泊位设置、完善社区服务功能，同步落实物业管理，确保全年完成老旧小区改造80万平方米；启动乐业村、城河村城市更新试点，新建游园绿地5000平方米，完成2处积淹水片区整治，有力改善群众的居住条件和生活环境。

提高精细管理水平。深入开展“晨光行动”，大力实施主次干道环境综合整治和背街小巷整治，积极实施一批绿化、亮化、美化工程，提升城市颜值。创新环卫作业体制和监管机制，优化作业模式，明确质量标准，提升保洁水平，主次干道机械化作业率达95%以上。全面推行垃圾分类，完善生活垃圾收运体系，加快推进怡景花园垃圾中转站改造，完成39个省级垃圾分类达标小区创建，确保全区913个居民小区垃圾分类全覆盖。

（五）促进优质均衡，实现幸福指数新提升。紧扣“以人民为中心的首善之区”目标定位，更大力度办好民生实事，着力健全公共服务体系，不断创造居民期盼的高品质生活。

实现更高质量的社会保障。全面落实各类就业政策，多措并举加大重点群体就业帮扶力度，确保新增城镇就业2.8万人，援助困难人员就业1900人；深入推进“宁聚计划”，更大范围吸引大学生来鼓楼就业创业，实现大学生就业5.6万人、创业1000人。完善多层次社会保障体系，严格落实低保、临时救助、抚恤优待等托底政策，深入推进全民参保，新增参保续保1万人。贯彻《退役军人保障法》，全力服务驻区部队各项建设，不断巩固军政军民团结，争创省级双拥模范区“十连冠”。

打造更加均衡的首善教育。进一步提升办学条件，启动二十九中新校区建设，完成第十二初中改扩建，建成投用天妃宫小学新校区，实施二实小、琅小玉泉路校区改扩建。实施学生关爱工程，实现全区学校教室照明改造全覆盖，有序推进中小学教室空调安装工作。加快优质教育资源“西进北上”，在滨江、铁北片区建设鼓幼（桃园世纪）分园、实幼（泛悦城市广场）分园、三幼（紫郡兰园）分园，争创首批“全国学前教育普及普惠区”。

提供更有尊严的健康服务。树立大卫生大健康理念，深化紧密型“医联体”建设，引导三级医院优质资源下沉基层，加快“一中心一特色”培育，打造白云社区中医工作室和幕府山基层卫生实训基地，建成1家妇幼健康规范化门诊，新增5个标准化母婴室、3家婴幼儿照护服务机构。提升居家养老质量，为全区400户空巢、独居、失能、半失能老人实施居家适老化改造，安装住所烟感报警器2000处以上；探索机构养老与居家养老融合发展，全年新增养老机构养老床位400张、护理型床位200张。

满足更多层次的文化需求。继续放大“幸福鼓楼”文化艺术节、“书香鼓楼”全民阅读节、白云亭公益剧坊等文化活动和平台的品牌效应，推动更多文化活动走进街头巷尾、嵌入山水城林，全年组织各类文化体育活动3000场以上，鼓楼文化云平台服务群众100万人次以上，让更多鼓楼百姓参与并享受到文化惠民的成果，确保全民阅读率位居全省前列。加强老城空间功能复合利用，推进颐和路、大马路等文化街区建设，彰显鼓楼文化特色和底蕴。完成《南京条约》史料陈列馆展陈提升，推进国防园4A级旅游景区创建，争创省级全域旅游示范区。

（六）化解风险隐患，巩固安全发展新局面。树牢底线思维，建设安全韧性城区，将安全发展贯穿区域发展各领域。

毫不松懈抓牢常态化疫情防控。坚持“外防输入、内防反弹”，强化境内外风险地区往来人员闭环管控，最大限度降低输入性风险；强化冷链食品、从业人员、经营环境常态检查与抽样检测，实现人防物防全链条监管。立足“可知可控、精准防控”，健全院感网格化管理体系，实施校园智慧技防提升工程，推广安装智能门禁系统，持续抓好农贸商超、餐饮宾馆、影院景区等公共场所疫情防控。完善公共卫生应急管理体系，进一步配齐基层医务人员、提高全科医生配比，提升应对突发重大公共卫生事件的能力。深入开展新时代爱国卫生运动，不断强化群众自我保护和健康管理意识。

持续提升本质安全水平。巩固“一年小灶”成果、落实“三年大灶”任务，发挥应急管理“181”信息化平台效能，深入开展消防、危化品、建筑施工、燃气、特种设备等重点行业领域安全专项整治，确保完成50幢老旧高层住宅消防安全达标提升，检查更新公共场所健身设施。加快第十二初中应急避难场所建设，完善突发事件统一指挥、协同响应处置机制，全方位构建应急救援体系。进一步加强食品药品监管，守护百姓“舌尖上的安全”。

全力维护社会安定和谐。积极探索中心城区市域社会治理现代化新路径，推进社会治理现代化新场景建设。深化平安鼓楼建设，完善扫黑除恶专项斗争长效机制，推进“新一代雪亮工程”，安装老旧小区1681路视频监控，织密织牢公共安全网络。打好防范化解重大金融风险攻坚战，加强非法集资风险排查和隐患化解，加大重点楼宇专项整治力度，落实互联网金融、平台经济等新业态监管。推动信访积案化解，营造和谐稳定的社会发展环境。

（七）加强自身建设，展现政府工作新气象。把坚持和加强党的领导贯彻到政府工作全过程，增强“四个意识”、坚定“四个自信”、做到“两个维护”，打造人民满意的服务型政府。

提高行政效能。不折不扣落实中央、省市决策部署和区委工作要求，健全完善政府系统执行、协调、督查工作体系，保持真抓实干的奋斗姿态，以“超常规”的努力，创造“超预期”的业绩。纵深推进“放管服”改革，不断提升“互联网+政务服务”水平，大力推广电子营业执照，有序推开“证照分离”、实现“准入”即“准营”，努力打造区域最优营商环境。全面落实“一件事”标准化要求，启用新政务服务中心，整合企业、居民、人社、公安等服务功能,实现办事"一门通"。深化国企改革,推进国企集团高质量发展。进一步提高基层社会治理现代化水平,完善社工队伍建设和保障机制,健全12345政务服务热线、网络舆情诉求高效处置体系,深入践行"先解决问题再说""马上就办""一线工作法"等机制,及时为企业群众纾困解难。

严格依法履职。认真执行区人大及其常委会的决议和决定,主动接受法律监督和工作监督,及时向人大报告工作。主动接受政协民主监督,支持政协参政议政。认真听取各民主党派、各人民团体和各界人士的意见建议,自觉接受群众监督和社会舆论监督。切实提高建议提案办理质效,促进"答复办理"进一步向"效果满意"转变。加强重大决策事前论证和事后评估,畅通公众参与渠道,提高决策科学化、民主化、法治化水平。抓好《民法典》宣传贯彻,完善公平竞争审查机制,规范涉及民营企业的执法行为。全面落实行政执法"三项制度",加强街道综合执法机构建设,实现"一支队伍管执法"。扎实推进政务公开标准化、规范化建设,进一步提升政府工作透明度。

强化勤政廉政。深入基层一线、问政问需于民,尽心竭力解决好群众的操心事烦心事,以作风转变的实际成效和优异的工作业绩取信于民。认真履行全面从严治党主体责任,锲而不舍落实中央八项规定及其实施细则精神,持续纠治形式主义、官僚主义。政府带头过"紧日子",大力压减非急需、非刚性行政开支,部门预算中公用经费统一压减10%。织密扎紧权力制约的"笼子",认真落实党风廉政建设责任制,紧盯工程建设、国资管理等重点领域、重点环节,加强行政监督、审计监督和统计监督,始终保持反腐高压态势,保持全区上下风清气正。

各位代表,征途漫漫,唯有奋斗!让我们更加紧密地团结在以习近平同志为核心的党中央周围,在市委、市政府和区委的坚强领导下,切实担负起"争当表率、争做示范、走在前列"的历史使命,统筹推进"四个全域",凝心聚力突破提升,确保"十四五"开好局起好步,奋力走在中心城区社会主义现代化建设最前列,以优异成绩迎接党的百年华诞!

名词解释

1."六稳""六保":稳就业、稳金融、稳外贸、稳外资、稳投资、稳预期;保居民就业、保基本民生、保市场主体、保粮食能源安全、保产业链供应链稳定、保基层运转。

2.鼓楼e学校:近年来,鼓楼区着力打造的线上线下融合学习空间,包括教师线上辅导系统"鼓楼教师在线"和学前家庭教育学习平台"宝爸宝妈学堂"。

3.惠企九条:为减轻疫情对企业的影响,鼓楼区结合实际制定的中小微科技企业扶持、外贸进出口企业保险费用补贴、困难中小微企业房租减免等支持企业九条措施。

4."四新"行动:2020年4月,南京市发布新基建、新消费、新产业、新都市行动计划,形成战疫情扩内需稳增长的"南京方案"。

5.城市硅巷:一种嵌入式的、无边界的创新复合空间,是资源汇聚的创新综合体、配套齐全的创新活力区、市场运作的创新共同体、产业发展的创新推进器。

6.三原翻建:原址、原面积、原高度翻建。

7.飞线充电整治:结合全区文明城市创建,区消防安全委员会牵头集中治理居民小区电动车私拉乱接电线充电隐患问题。

8.五部一局两中心:党政综合部、民生保障部、城市管理部、发展服务部、平安建设部;综合行政执法局;社会治理综合指挥中心、便民服务中心。

9.一业一证:将一个行业准入涉及的多张许可证整合为一张"行业综合许可证",大幅压减审批环节和时限。

10.一圈双轴多点:环南大知识经济圈;虎踞路"文创产业轴"和模范马路"研发产业轴";辖区大学科技园和社会化载体。

11.时间银行:通过政策鼓励志愿者为老年人提供服务,并按规则记录储存服务时间,志愿者年老时可提取时间兑换服务。

12.互助式养老:通过发起成立互助社等形式,带动低龄老人服务高龄老人,以互助的方式解决社区养老问题。

13. 三供一业：供水、供电、供气和物业管理。

14. 两降一升：PM2.5、PM10年均浓度数值下降，空气质量优良率提升。

15. 生根出访：是南京面向全球集聚创新资源的关键抓手，各板块、各园区根据主导产业特点，与全球创新大国和“关键小国”一一结对，构建国际科技合作网络。

16. “小升高”“高升规”：科技型中小企业升级为高新技术企业，高新技术企业升级为规模以上企业。

17. 专精特新：具有“专业化、精细化、特色化、新颖化”特征的中小工业企业。

18. 南大后街：沿汉口路—汉口西路，串联平仓巷、金银街、上海路、宁海路等道路街巷，在提升空间品质基础上，谋划引入潮流消费业态，研究打造文艺范潮流消费后街。

19. 新一代雪亮工程：有机统筹雪亮工程与技防建设，实现精准防控风险、有效压降案件、支撑城市运行、助力民生服务。

20. “一件事”标准化要求：政务事项“一窗受理、一次告知、一表申请、一套材料、一次提交、一次反馈、一次分办、一窗出件、一号服务、一键评价”办理模式。

21. 办事“一门通”：集中全区的政务审批服务资源于政务服务中心，群众只进一扇门，办成所有事。

统计资料

经济指标

2020年鼓楼区区级财政税收完成情况一览表

表41　　单位：亿元

指标名称	本期止累计	同比(%)
一般公共预算收入	166.41	2.4
税收收入	153.72	-1.9
非税收入	12.69	121.8

2020年鼓楼区地区生产总值完成情况一览表

表42　　单位：亿元

指标名称	现价本期止累计	可比价同比(%)
地区生产总值	1772.60	6.2
第二产业	143.96	3.1
工业	25.53	-5.4
建筑业	118.56	5.6
第三产业	1628.64	6.5
交通运输、仓储和邮政业	94.97	15.8
批发和零售业	304.25	2.8
住宿和餐饮业	39.21	-12.1

续表 42

指标名称	现价本期止累计	可比价同比(%)
金融业	160.36	7.3
房地产业	199.64	22.4
其他营利性服务业	457.10	7.3
非营利性服务业	372.98	3.2

2020年鼓楼区开放型经济目标完成情况一览表

表 43

指标名称	本期累计	区目标完成率(%)
服务外包执行额(亿美元)	20.00	—
服务外包离岸执行额(亿美元)	9.00	—
外贸进出口(亿元)	512.00	128.0
实际使用外资(亿美元)	2.98	114.6

2020年鼓楼区固定资产投资完成情况一览表

表 44

指标名称	同比(%)
全社会固定资产投资(亿元)	9.0
基本建设投资	11.5
其中:工业投资	489.7
教育	-63.6
高新技术产业投资	489.7
城市建设投资	-2.3
房地产开发投资	7.8

2020年鼓楼区房地产开发投资完成情况一览表

表 45

指标名称	本期累计	同比(%)
1.房地产开发投资额(亿元)	223.90	7.8
其中:土地购置费	138.41	17.5
按工程用途分	—	—
住宅	110.34	4.2
办公楼	26.85	-17.2
商业用房	45.86	16.5
其他	40.85	145.6

续表45

指标名称	本期累计	同比(%)
2.房屋建筑面积(平方米)		
施工面积	5594941	36.2
其中:住宅	3226922	31.9
新开工面积	1861956	700.2
其中:住宅	910945	715.0
竣工面积	814003	274.3
其中:住宅	587663	—
3.商品房销售面积(平方米)	491678	122.4
其中:住宅	395591	170.3
4.商品房销售额(亿元)	196.30	199.3
其中:住宅	171.10	235.8
5.待售面积(平方米)	92310	-23.7
其中:住宅	1377	-74.1

2020年鼓楼区社会消费品零售额完成情况一览表

表46

单位:亿元

指标名称	本期累计	同比(%)
社会消费品零售总额	1029.41	2.0
家用电器和音像器材类	212.03	18.1
通讯器材类	46.65	88.9
石油及制品类	35.35	-4.1
文化办公用品类	28.21	46.1
粮油、食品类	27.40	2.4
中西药品类	21.07	-17.3
日用品类	14.52	63.5
汽车类	12.79	78.5
服装、鞋帽、针纺织品类	9.49	28.4
书报杂志类	7.93	9.5

2020年鼓楼区规模以上服务业营业收入情况一览表

表47

单位:亿元

指标名称	本期累计	同比(%)
合　计	1027.52	15.1
交通运输业	394.01	16.9
信息传输、软件和信息技术服务业	122.72	14.2
房地产业	70.44	13.4

附录

续表 47

指标名称	本期累计	同比(%)
其他服务业	440.35	14.1
其中:租赁和商务服务业	230.64	26.0
科学研究和技术服务业	120.60	11.6
水利、环境和公共设施管理业	2.27	-17.1
居民服务、修理和其他服务业	13.01	-1.9
教育	13.20	-5.4
卫生和社会工作	13.51	-1.7
文化、体育和娱乐业	47.13	-7.5

2020年鼓楼区城镇居民人均可支配收入与支出一览表

表 48　　单位:元

指标名称	本期累计(元)	同比(%)
城镇居民人均可支配收入	74000.5	5.1
工资性收入	47972.8	4.2
经营净收入	4289.5	1.4
财产净收入	8103.8	7.2
转移净收入	13634.5	8.2
城镇居民人均消费支出	39663.0	-0.4
食品烟酒	10114.1	2.0
衣着	2913.6	-5.0
居住	8100.7	6.0
生活用品及服务	2660.6	2.1
交通通信	5917.8	4.7
教育文化娱乐	6465.1	-14.1
医疗保健	2191.2	2.3
其他用品和服务	1300.0	2.3

2020年鼓楼区各街道一般预算收入一览表

表 49　　单位:万元

名　称	本期累计	同比(%)
华侨路街道	373762	8.5
宁海路街道	178249	-22.0
湖南路街道	270327	1.0
中央门街道	69803	6.7

续表 49

名　称	本期累计	同比(%)
挹江门街道	65693	14.9
江东街道	97692	12.5
凤凰街道	76526	324.3
热河南路街道	11528	-5.7
下关街道	172538	25.2
建宁路街道	23205	-24.6
宝塔桥街道	16629	13.5
小市街道	33773	-3.8
幕府山街道	14798	16.2

2020年鼓楼区各街道主要经济指标完成情况(一)

表 50　　单位:亿元

名　称	地区生产总值	
	本期止累计	同比(%)
华侨路街道	258.00	6.3
宁海路街道	221.72	6.2
湖南路街道	227.22	6.2
中央门街道	122.17	6.3
挹江门街道	164.01	6.2
江东街道	125.62	6.4
凤凰街道	44.33	6.1
热河南路街道	64.90	6.1
下关街道	162.35	6.1
建宁路街道	43.33	6.1
宝塔桥街道	75.80	6.4
小市街道	65.75	6.4
幕府山街道	14.16	6.2

2020年鼓楼区各街道主要经济指标完成情况(二)

表51　　单位:亿元

名　称	固定资产投资额		限额以上社会消费品零售总额	
	本期累计	完成率(%)	本期累计	同比(%)
华侨路街道	3.33	111.0	71.09	30.2
宁海路街道	10.95	136.8	238.25	32.7
湖南路街道	15.13	108.1	27.73	8.7
中央门街道	15.85	105.7	8.74	19.3
挹江门街道	1.14	38.0	11.60	52.1
江东街道	18.58	103.2	25.35	28.6
凤凰街道	7.04	100.6	22.15	-21.6
热河南路街道	25.10	119.5	5.02	-1.5
下关街道	2.35	117.3	7.28	-27.8
建宁路街道	1.01	14.5	20.15	-2.4
宝塔桥街道	4.20	105.0	6.63	-24.8
小市街道	33.33	133.3	4.96	23.6
幕府山街道	7.47	186.8	2.29	32.6

人　口

2019—2020年鼓楼区土地面积与户籍人口密度

表52

年份	土地面积(平方公里)	人口密度(人/平方公里)
2019	54.18	17017
2020	54.18	17000

2016—2020年鼓楼区户数与户籍人口一览表

表53

年份(年)	年末户数(户)	年末人口(人)			性别比(%)
		合计	男	女	
2016	314488	924870	461218	463652	99.5
2017	318547	925435	460613	464822	99.1
2018	321467	924180	458836	465344	98.6
2019	323509	922061	456912	465149	98.2
2020	326273	921095	455515	465580	97.8

2020年鼓楼区户籍人口机械变动情况

表54　　单位:人

指标名称	总人数	男	女
出　生	5912	3131	2781
死　亡	6714	3734	2980
省外迁入	4267	—	—
省内移入	6023	—	—
迁往省外	3810	—	—
迁往省内	2670	—	—

2016—2020年鼓楼区户籍人口自然变动一览表

表55

年份(年)	出　生		死　亡		自然增长	
	人数(人)	出生率(%)	人数(人)	死亡率(%)	人数(人)	增长率(%)
2016	7906	8.6	4991	5.4	2915	3.2
2017	8675	9.4	6012	6.5	2663	2.9
2018	6866	7.4	5900	6.4	966	1.1
2019	5785	6.3	5362	5.8	423	0.5
2020	5912	6.4	6714	7.3	-802	-0.9

新闻报道题录

《人民日报》

《志愿服务抢着上疫情防控有担当(一线抗疫群英谱)》　3月10日　A04版

《新华日报》

《守初心担使命为民履职尽心力——南京市鼓楼区人大代表履职风采录》　1月3日　A06版

《立足本职展风采尽心履职促和谐——南京市鼓楼区政协委员履职撷萃》　1月3日　A07版

《3000盆一品红“织就”鲜红的国旗——他让街头园林成为网红打卡地》　1月8日　A03版

《民革南京鼓楼总支举行庆祝民革成立72周年暨“中山博爱之家”正式启用仪式》　1月11日　A08版

《全力开创高质量发展、高水平治理新境界鼓楼:奋力开启“强富美高”新征程》　1月15日　NJ06版

《紧急时刻彰显苏企担当——武汉火神山、雷神山医院建设背后的江苏身影》　2月3日　头版

《稳产稳供,百姓“菜篮子”拎得稳》　2月5日　头版

《战疫一线,五级人大代表显担当》　2月6日　A02版

《他们的奔忙,让城市温暖有序》　2月6日　A03版

南京一监督建议叫停“表格防疫”　2月6日　A03版

《全省中小学昨日正式启动线上教学“开学”了:老师变主播家长当助教》　2月11日　A05版

《南京市鼓楼区检察院干警为小区进出人员测量体温》 2月15日 A11版

《“云升旗”，开启线上新学期》 2月18日 A03版

《用精准服务解除“逆行者”后顾之忧江苏聚力铸就抗疫最强“后盾”》 2月22日 A02版

《复工防控一线，十万机关党员“走起”》 2月24日 A03版

《社区防控绝不放松》 2月25日 A05版

《非常“战疫”“非常”成长——南京市鼓楼区教育局局长、校长们的“开年第一课”》 2月27日 A11版

《收入同比下滑80%，单向街书店、先锋书店先后发起众筹——实体书店，如何春日“归来”》 3月4日 A09版

《城市烟火气渐渐升起——南京部分餐饮业恢复堂食实探》 3月5日 A07版

《超长假期“网课”太枯燥？不少中小学加快多模式探索——个性化指导，确保教学效果“不掉线”》 3月9日 A07版

《鼓楼区民兵助力地方企业复工复产》 3月9日 A13版

《华侨路街道党建助推疫情防控战疫，基层一线激荡红色海洋》 3月9日 A17版

《鼓楼“三件事”开启新征程》 3月9日 A17版

《钟霞：“战”在最前线守好社区岗》 3月11日 A04版

《“红帐篷”前，那些可敬的志愿者》 3月12日 A04版

《南京发放7大类消费券价值超3亿元——释放消费潜力，加快经济复苏》3月16日 A06版

《南京实施提振消费突破之举为商业松绑，摘掉“城市口罩”》 3月16日 A13版

《鼓楼区千万礼包寻创客》 3月16日 A14版

鼓楼区一企业组织员工参加无偿献血 3月17日 A03版

《幕燕滨江大片二月兰汇成花的海洋》 3月18日 A07版

《从“河长制”到“河长治”——南京鼓楼水务做足“水文章”打造“生态示范河”》 3月20日 A09版

《旅行社及在线旅游企业部分恢复经营——春光烂漫，走出家门欢畅“游”》 3月21日 A03版

《金陵大肉包，一个月卖了100万只》 3月23日 A05版

《老城防疫怎么抓？企业复工怎么干?“紫峰”脚下，双线打响家园保卫战》 3月23日 A14版

《江苏“时代楷模”、南京市鼓楼区人大代表、东南大学附属中大医院副院长邱海波：重症病人在哪，我就应该在哪》 3月30日 A08版

《直奔“第一现场”扛起“第一责任”头雁振翅，改革风起紫金山》 3月30日 NJ02版

《南京高新区鼓楼园成立》 3月30日 NJ03版

《鼓楼高位谋划全域美丽》 3月30日 NJ03版

《疫情之下，孤独症儿童需格外关注——线上点亮“星空”，让康复不延期》 4月2日 A06版

《古林公园牡丹迎春》 4月2日 A06版

《用2万盆鲜花打造的“天使的春天”主题花坛亮相南京鼓楼广场》 4月3日 A03版

《“李阿姨热线”用情抚慰归国学子“我记住了您温暖的声音”》 4月10日 A06版

《一头连着民生一头连着发展老旧小区改造，好事如何办好办实》 4月13日 A02版

《干部扛扫把清洁为大家》 4月13日 NJ03版

《江苏大中小学严格防疫准备返校复学做细做实开学预案迎接新学期》 4月12日 A03版

《如何走好基层防控、复苏“平衡木”——战“疫”常态化，社区在行动》 4月15日 A04版

《南京鼓楼区委统战部：同心共向助力防疫复产》 4月17日 A11版

《南京鼓楼宝塔桥街道：弘扬“红色桥头堡精神”》 4月17日 A12版

《耿蔚瑶视频电话哄娃喝奶粉》 4月17日 A20版

《下好“一盘棋”保护“母亲河”》 4月20日 A12版

《小市街道打响爱卫“大会战”》 4月20日 A15版

《宁海路街道在外秦淮河开展集中清理整治行动》 4月20日 A15版

《湖南路街道深入开展爱卫保洁》 4月20日 A16版

《娄勤俭在宁调研长江大保护工作情况时强调认识再提升责任再强化任务再压实坚定不移推动长江环境质量持续改善》 4月24日 头版

《南京鼓楼税务云直播优惠税政》 4月24日 A05版

《五大城区年内各完成上百亿工业产值南京：将工业“迎回”主城》 4月27日 13版

《宁海路街道青年重温红色记忆》 4月27日 14版

《鼓楼启动2020全民阅读节》 4月27日 16版

《这个街道专往卫生死角跑》 4月27日 17版

《握指成拳聚资源，勠力同心优结构鼓楼新景：国企“群山”崛“主峰”》 4月27日 18版

《鼓楼发布知识产权白皮书》 4月27日 20版

《排定重点及关联产业项目64个，总投资1245亿元——伏笔未来，鼓楼抢滩“新基建”》，“奋力再出发四新看鼓楼”些列报道二 5月18日 NJ02版

《鼓楼启动建设南工大硅巷》 5月18日 NJ02版

《特殊档案记录战“疫”岁月》 5月18日 NJ03版

《1.27万个医生团队服务1227万个家庭家医共牵手同心抗疫情》 5月20日 09版

《长江大保护全面融入城市治理南京：守好长江入苏“第一站”》 5月20日 头版

《向水而战，南京科学应对“防汛大考”》 7月15日 A02版

汛情当前，千名消防救援人员坚守前线——枕戈待旦，奋力确保江湖安澜 7月16日 A02版

认真贯彻落实习近平总书记重要讲话精神以极端负责的精神坚决打赢防汛抗灾硬仗 7月19日 头版

长江南京段水位创历史最高，预计还有一周时间维持历史高水位 严防死守！南京全城迎战最严峻防汛 7月19日 A02版

超长梅雨期超大降水超历史水位 滚滚长江，见证一座特大城市的韧性 7月20日 NJ01版

“有困难，来我家免费吃饭” 7月20日 NJ01版

鼓楼表彰64家优秀销售企业 7月20日 NJ02版

鼓楼建设“书香政协” 7月20日 NJ04版

鼓楼开展六大环境专项整治 7月20日 NJ05版

鼓楼开展政府投资审计培训 7月20日 NJ07版

疫情背景下，教育培训市场迅速洗牌——最短暑假里，培训机构冰火两重天 7月22日 A07版

2020年南京市公共机构节能减碳宣传月生态文明作品展(鼓楼区专场) 7月27日 NJ08版

“众口”怎么调，钱从哪里来 ——老旧小区改造，应问计问需于民 8月3日 A09版

卖冰棍、开康乐球店、做餐饮、办旧书屋 ——35年，“经营”出稳稳的幸福 8月3日 A10版

鼓楼经济上半年增长1.6% 8月3日 NJ02版

创新紧盯“人”掘金“第一资源” 8月3日 NJ01版

南京民建会员“向汛而行”助力打赢“硬仗”战防汛一线 显民建担当 8月6日 A16版

打造高品质美丽古都，南京城管在行动 8月7日 A07版

鼓楼区探索网格化治理新路径 “特色网格”释放善治力量 8月17日 NJ02版

鼓楼“六大专项整治行动”全力提升社会文明指数 “省会客厅”氤氲“文明芳香” 8月17日 NJ05版

鼓楼启动智梦园硅巷建设 8月17日 NJ07版

"哪怕只巡查半小时,我也要来" 8月17日 NJ08版

高温天也可以在这里安心休息"安康驿站"为环卫工送清凉 8月18日 A07版

孔雀绿雕披上了全新夏装 8月20日 A06版

鼓楼开展义诊进社区活动 8月24日 NJ03版

街道大力清洁家园,省级机关踊跃报到 8月24日 NJ04版

汉中门花卉市场内,不少摊主都忙着打理、包装玫瑰 8月25日 A06版

游学活动少了,线上活动多了 ——"浓缩版"暑假,成长快乐不浓缩 8月25日 A07版

老旧小区充电桩严重不足,"飞线充电"随处可见 破解充电难亟待持续发力 8月28日 A06版

小市菜地蝶变中药园 8月31日 NJ04版

第一高楼的变迁 9月1日 A02版

风雨中,为孩子撑起"平安伞" 9月2日 A06版

特色街巷又出新 9月3日 A09版

鼓楼近九成小区装上电动自行车充电桩 老旧小区加速告别"空中飞线" 9月7日 NJ05

鼓楼签30亿元数字经济项目 9月7日 NJ06

第六届全国文明村镇、文明单位和第二届全国文明家庭、文明校园及新一届全国未成年人思想道德建设工作先进拟推荐名单公示 9月9日 A09版

吴政隆在南京看望慰问教师 凝心铸魂立德树人当好新时代学生引路人 9月10日 头版

南京幕燕滨江风貌区五马渡广场,是当地市民亲水胜地。 9月11日 A16版

523名区级部门人员下基层报到 鼓楼改革为街道"撑腰 9月14日 NJ04版

长三角航运大会在宁召开 9月14日 NJ02版

这边主播来了没货卖,那边企业急盼清库存——供应链不匹配,成直播业"痛点" 9月16日 A05版

为加快建设"强富美高"新江苏献余热——江苏省"全国离退休干部先进集体、先进个人"事迹简介 9月16日 A06版

南京鼓楼:消费大区从"新"出发 9月17日 A08版

第31届南京金洽会揽入11个百亿级项目 新板块崛起 城市进阶 9月21日 NJ01版

鼓楼举办新零售创新峰会 9月21日 NJ02版

省纪委监委通报7起违反中央八项规定精神典型问题 9月26日 A02版

双节"合璧",金秋"宁好" 9月28日 NJ01版

宝塔桥街道协商议事解民忧 9月28日 NJ04版

充电不上楼,小市有新招 9月28日 NJ04版

坚持有机更新生态修复 南京打造一批"网红打卡地" 10月13日 A07版

首批省网络名师工作室公布 10月14日 A06版

烧烤店转型的背后,是南京城市管理的升级 10月16日 A08版

汉口路小学管道燃气通啦 10月19日 NJ04版

破解主城"发展焦虑",鼓楼构建"暖心舒心信心"营商环境服务升级,做好企业"娘家人" 10月26日 NJ05版

武中奇书法艺术爱国主义教育基地揭牌 10月29日 A10版

留下原住民,开启城建新场景——南京"更新"告别"大拆建" 11月2日 NJ01版

鼓楼发布8000个见习岗位 11月2日 NJ02版

鼓楼举行"十四五"规划协商会 11月2日 NJ06版

鼓楼区五塘新村的标准化"垃圾分类收集点" 11月1日 头版

南京老城,下一盘大棋! 11月9日

NJ01版

小市街道聘“招商大使” 11月9日 NJ04版

扬子江畔渚清沙白鸟飞回 南京 昔日“化工基地”今成滨江公园 11月12日 T2版

南京：大江两岸成城市最美风景 11月12日 T4版

南京长江江豚保护协会志愿者武家敏：好生态让老百姓更有幸福感 11月12日 T4版

鼓楼解题“社会治理网格化改革” 11月16日 NJ02版

鼓楼环南艺管委会揭牌 11月16日 NJ03版

全力抓项目促投入，以实际成效打通发展命脉“四新”赛道，鼓楼全力奔跑 11月16日 NJ05版

宁海路街道成立消费内循环联盟 11月16日 NJ05版

百姓朗读者致敬抗疫英雄 11月16日 NJ06版

存量时代，南京主城鼓楼向北舒展城市骨架 幕府山下，“创新区”崛起正当时 11月16日 NJ08版

大江之南，鼓楼起笔绘新篇 11月13日 10版

聚焦治理体系和治理能力现代化 四级代表助力建设“强富美高”新鼓楼 11月17日 A04版

南京大学附属中学进行“行前一课”教育 11月19日 A02

南京银行南京城北中心支行开展文明城市创建志愿活动 11月19日 A14

南京警方破获发票犯罪案百余起 11月20日 A07版

立足高校院所资源富矿，南京鼓楼“深挖一锹”科教强区奔涌创新浪潮 11月23日 NJ06版

鼓楼区签约8家上市企业 11月23日 NJ06版

小区宣传接地气 志愿者引导很热心 “围着人心转”，垃圾分类“不难” 11月26日 A11版

全省抗击新冠肺炎疫情先进个人名单 11月27日 A05版

全省抗击新冠肺炎疫情先进集体名单 11月27日 A08版

鼓楼“两中心”签约合伙人 11月30日 NJ02版

做自然美的典范、人文美的样板、现代美的标杆 来鼓楼，看“美丽古都”新注脚 11月30日 NJ03版

游客在鼓楼公园尽情嬉戏 11月30日 NJ02版

我们不会忘记，全省党员干部不怕艰险、冲锋在前的无畏身姿——大战大考中淬炼坚强党性 12月1日 A03版

江苏省全国精神文明建设先进光荣榜 12月1日 A06版

坚定不移向创新要第一增长动力 南京：勇争一流书写高质量发展新篇章 12月3日 头版

一段地下河，如今只在校歌里“欢唱” 12月3日 A06版

厚植绿色家底 传承文化空间 南京江岸“长出”九大城市客厅 12月3日 A07版

数字技术助力档案远程利用 南京鼓楼“家门口”查档服务上线 12月3日 A07版

生态打底，“省会客厅”上新了 12月7日 NJ03版

南京市鼓楼区给雨水井盖加上“户口档案” 12月8日 A11版

历史苦难不能忘记，前进脚步永不停息——国行公祭 祀我国殇 12月14日 A02版

南京智慧停车平台上线已满一年 智能调控，缓解城市“停车难” 12月14日 A06版

岁末收官，每个板块“一件大事”要交卷 从12件大事看南京这一年 12月14日 NJ01版

鼓楼社卫再添两“省字号” 12月14日 NJ02版

做好“后半篇文章”，鼓楼区审计局打通问题查摆的“最后一公里” 落实整改到位，审计才算完成 12月14日 NJ04版

新形势新阶段下，中心城区基层治理如何历久弥新 创新赋能，锻造新时代“鼓楼之治” 12月

14日　NJ05版

“双十二约惠鼓楼，沉浸体验直播嘉年华”活动在南京滨江火车主题园举办　12月14日　NJ06版

践行嘱托开新局全媒体主题采访报道启动　12月17日　头版

“践行嘱托开新局”全媒体主题采访报道活动启动　12月17日　A03版

鼓楼区推进基层党建理念更新、制度创新、方法出新 街巷间，筑牢城市“红色堡垒”　12月21日　NJ03版

鼓楼区成立海外联谊会　12月21日　NJ04版

十二五”期间主要经济指标提前“撞线”，高质量发展持续领跑 高位进击，鼓楼扛起“首善担当”　12月28日　NJ04版

小市街道首届全民健身趣味跳绳大赛在南京市小市中心小学举行　12月28日　NJ02版

南京：勇立潮头谱写时代新篇　12月28日　3版

加强业务培训 提升全科社工服务水平　12月30日　A23版

《南京日报》

《王子龙：城管队员火灾中勇救老人》，“南京好人365”栏目　1月1日　A06版

《汉服爱好者在天妃宫景区进行祈福迎新年活动》，　1月1日　A08版

《自带文艺基因，突出艺术主题焕然“艺”新！水木秦淮街区开街》　1月2日　A09版

《湖南路沿街立面整治5月完工》　1月2日　A09版

《描绘创新愿景，抒发创新激情，发出创新邀约　抓创新，南京12个板块“当家人”信心满满》，江北新区和各区委主要领导上台，为创新名城建设吹响“冲锋号”　1月3日　A06版

《坚守初心　践行使命　助力高质量发展彰显人大担当——2019年鼓楼区人大工作回眸》　1月3日　A09版

《2019年南京市鼓楼区政协履职回顾——坚持双向发力，汇聚建设“首善幸福”鼓楼的强大力量》　1月3日　A10版

《鼓楼评出为民为企“双十佳”项目》　1月3日　A14版

《关于命名南京市第六批爱国主义教育基地的公示》　1月3日　A14版

《鼓楼：坚持争创“首善”，走好“二次创业”路》　1月4日　A05版

《发挥信息专报“直通车”作用》　1月5日　A02版

《湖南路立面整治基本完工》　1月6日　A01版

《今年市委“一号文”在各园区反响强烈　不负韶华，让创新之光照亮梦想之城》　1月6日　A02版

《用责任担当书写合格答卷》　1月6日　A05版

《市政协委员关注传统商业转型升级　构建智慧商圈，引领消费新体验》　1月8日　A03版

《我市首个“自主翻建”项目开始公示　2021年春节26户居民有望“原地团聚”》　1月8日　A12版

《市政协委员江迪：多措并举缓解医院周边交通拥堵》　1月9日　A03版

《沈文祖参加市人大鼓楼区代表团审议时指出　以担当作为创发展一流业绩》　1月10日　头版

《加大民生改善，提升幸福指数》　1月12日　A05版

《打卡成就展，体验不一样的“成就”　美好生活就在眼前》　1月13日　A06版

《下关街道居民城门口拍起“全家福”》　1月13日　A06版

《明城墙12座城门挂上春联》　1月13日　A06版

《守正创新，“美丽古都”绽放新辉》　1月13日　A07版

《省暨南京市庆》　1月13日　A09版

《书写春联为环卫工送祝福》　1月14日

A02版

《民生保障　织密百姓"幸福网"》 1月14日　A06版

《答好初心之问　担牢使命之责奏响"强富美高"新南京最强音》 1月14日　A11版

《鼠年剪纸迎新春》 1月15日　A02版

《爱心年夜饭感谢环卫工》，鼓楼区幕府西路社区联合爱心企业黄家大院邀请滨江环卫的三十多名环卫工欢聚一堂　1月15日　A06版

《南京水环境质量综合考评全省第一　金川河等7条主要入江支流断面水质全部消除劣V类》 1月16日　A03版

《2019年度"十佳示范路""十佳养护人"昨天揭晓　守护城市道路，建设美丽南京》 1月16日　A05版

《拥军联欢》 1月16日　A06版

《快乐游园会》 1月16日　A06版

《部队立军功，喜报送到家》 1月17日　A05版

《今起我市部分单位正式上班，各区出台防疫规定　未雨绸缪，严阵以待保复工》 2月3日　A02版

《全市高层楼宇防控不留死角　电梯轿厢与按键，一小时消杀一次》 2月3日　A03版

《政协委员真情义举驰援一线》 2月4日　A02版

人大代表奋战疫情防控一线　2月4日

《公共自行车、共享单车如何消毒？记者现场探访——车把座位逐一"过堂"，不同品牌一视同仁》 2月5日　A04版

《构筑防控铜墙铁壁　党员干部冲锋一线　鼓楼千余"火线党组织"顽强战"疫"》 2月6日　头版

《捐款捐物、驻守一线、义务参与　政协委员为抗击疫情贡献力量》 2月6日　A02版

《小区严格管理措施实施首日，记者分赴现场随机探访——"是为大家好，我们坚决支持！"》 2月6日　A03版

《我市各区积极落实"一线工作法"　抗击疫情，近万名干部下沉一线》 2月7日　A03版

《鼓楼小市街道全天候值守、全覆盖排查、全方位施策　绘制"作战图"，布好"隔离带"》 2月7日　A04版

《"编外主任"陈孝友　身患癌症战"疫"线》 2月7日　A05版

《如何保证教学质量　保障偏远乡村孩子上线学习　教育部门权威解读中小学在线教学》 2月8日　A04版

《鼓楼近万名志愿者筑起防"疫"堡垒》 2月8日　A05版

《完善防护措施　做好消毒清洁9家养老组织为困难老人送餐》 2月8日　A05版

《无接触配送》 2月8日　A08版

《"疫情持续多长时间，我们就坚持多长时间"　机关党员干部值守老旧小区"防控岗"》 2月9日　A03版

《南京成品粮日常库存3万吨》 2月9日　A05版

《生活用品齐备　一日三餐丰富"密切接触者"集中专门观察点，各区迅速行动做好服务》 2月9日　A06版

《82岁"中国好人"每天为社工奉上营养餐》 2月9日　A06版

《运送应急物资　爱心车队赴鄂》 2月9日　A06版

《有课表有作业，还有老师在线答疑　今天，我市中小学在线教学全面启动》 2月10日　A04版

《防控盯得紧　开工铆足劲　复工首日，南京"双管齐下"》 2月11日　A03版

《周颖：坚守防疫"第二战场"》 2月12日　A03版

《鼓楼区纪委监委聚焦疫情防控工作——监督"实打实"　严防"走形式"》 2月12日　A07版

《"战疫作文赛"开赛半月收到投稿2500余件》 2月12日　A11版

工地复工实行疫情管控日报制　2月12日

《广大社区工作者深受习近平总书记重要讲话精神鼓舞："冲锋在前，守好社区防线"》 2月13日　A02版

《公安战线党员积极投身疫情防控阻击战战“疫”一线，守卫南京平安》 2月13日 A02版

《应对来宁返宁人员，严把小区出入关——南京有序复工后社区管控系列报道之一》 2月13日 A05版

疫情防控 筑牢基层防线 2月13日

《鼓楼区“打完这场硬仗，我和你一起放假”》 2月14日 A04版

《燕江路社区17天成立3个临时党支部 无物业小区有了新“管家”》 2月15日 A05版

《老党员9小时排查123户居民》 2月15日 A05版

《水警购物“无接触”帮扶受困船民》 2月15日 A06版

《风雪中，他们在防控点坚守》 2月16日 A01版

《近万名机关干部下沉社区战“疫”——南京有序复工后社区管控系列报道之三》 2月16日 A04版

《我市各区街道社区等发起暖心行动，守护驰援湖北医护人员家属 你守护“大家” 我护你“小家”》 2月18日 A08版

《基层防控不松懈》 2月18日 A08版

《2月18日，鼓楼高新区内企业陆续安全有序复工复产》 2月19日 A01版

《小区病毒拉警报，党员吹响集结号 宝象花园前线临时党支部成立的12小时里，党员先锋队与病毒“赛跑”》 2月19日 A02版

《哪里疫情防控需要他就出现在哪里 随时切换“战场”的90后志愿者》 2月19日 A05版

《我市各区迅速贯彻落实第十三号通告精神 防控更精准 复产再提速》 2月21日 A02版

《全市超20家商业综合体开门迎客》 2月21日 A03版

《集中观察点医护人员当起防疫志愿者》 2月21日 A08版

《最高峰时每天跑23个隔离点隔离点垃圾，他们收运》 2月22日 A03版

《下关街道“三项服务”助企业复工》 2月23日 A05版

《南京餐饮自救抗疫显“功底”》 2月23日 A05版

《你在前方战斗 我在后方守护我市“温暖10条”悉心呵护援助湖北医护人员家庭》 2月25日 A02版

《别扎堆理发，勿聚集购物 家建议：外出消费，“防控”之弦不能松》 2月25日 A05版

《习近平总书记重要讲话在我市基层引起热烈反响 坚定信心，奋力夺取“双胜利”》 2月26日 A01版

《哪里有需要，哪里就有他们的身影 “城管蓝”，在防疫火线上闪光》 2月28日 A03版

《一手抓防疫，一手抓复工 166家渣土运输企业复工》 2月28日 A03版

《主城上空飞来防疫“钢铁侠”》 2月28日 A05版

《1位老师在线讲、几十位老师在线听 把关在线教学质量，中小学“云教研”来了》 2月28日 A05版

《七旬党员化身社区防疫“小灵通”》 2月28日 A05版

《一位社区党委书记的防疫日记》 3月1日 A03版

《南京教师志愿者守护驰援湖北医护人员子女 爸妈去湖北 老师“来”我家》 3月1日 A03版

《宝塔桥街道企业抱团取暖复工忙》 3月1日 A04版

《鼓楼公安分局老民警退休前站好最后一班岗 心系战“疫”，为年轻民警树先锋榜样》 3月1日 A08版

《地点：清凉门菜场》 3月2日 A03版

《11.6万黄石孩子走进鼓楼在线“课堂”》 3月2日 A08版

《延续去年谋划，部署今年重点高水平办好一个板块一件大事》 3月3日 A02版

《按下“复工键” 防控不松劲——“14号通告”发布后记者直击一线防控》 3月3日 A05版

地点：南京风神汽车检测站 3月3日

《二〇一九年度全市对标找差创新实干推动高质量发展考核结果和机关作风建设先进名单》 3月5日 A02版

《连续三年对标找差,今年怎么干——打赢两个战场,锻造"四种精神"》 3月5日 A02版

《用实际行动书写新时代雷锋精神 南京志愿者用责任和担当谱写一曲曲赞歌》 3月5日 A03版

《堂食"解冻" 食客"慢热"记者探访多家餐饮企业发现,做好防控措施仍是重中之重》 3月5日 A06版

《社区志愿者暖心服务获赴湖北一线人员家属称赞"我让儿媳放心,家里有志愿者"》 3月5日 A08版

《疫情无情,人间有爱 学雷锋日,万名慈善义工服务防疫一线》 3月6日 A02版

《华侨路街道党建联盟成员单位助力社区防控厅长小区站岗"疫线"党旗飘扬》 3月6日 A04版

抗疫进行时,巾帼绽芳华 3月6日

《大市场复工防疫怎么做?鼓楼市场监管部门直播"开讲"》 3月7日 A03版

《张泽清:志愿者坚守防疫一线》 3月7日 A05版

《徐熙然、郭寒露:新婚夫妇抗疫月余未见》 3月7日 A05版

《全市教育系统为463名援鄂医务人员子女送教万余次 一对一辅导"云温暖"呵护》 3月7日 A06版

《她们,筑牢基层"防火墙"》 3月8日 A03版

《全市恢复营业品牌餐饮已近150家堂食防控措施严 进店用餐有流程》 3月8日 A06版

《"三八"妇女节 慰问抗疫"娘子军"》 3月9日 A06版

《疫情防控期间,我市空巢老人、独居失能老人等不孤单 买菜烧饭有人管 生病护理有人问》 3月9日 A08版

《超长寒假里引导孩子们用耳朵保护眼睛"长辫子老师"带你"漫步云端"读古诗》 3月10日 A07版

《梅香倾城 金陵春暖》 3月11日 A06版

《韩立明检查集中医学观察场所并调研服务业复业情况 用好"防疫+"推动服务业尽快步入正轨》 3月12日 A01版

《领导带头示范,多项举措出台,南京加快生活服务业回暖 城市烟火气 经济显活力》 3月13日 A01版

《快递外卖能进小区,购物理发的人多了 南京小区居民生活发生新变化》 3月13日 A04版

《书店创新促文化消费回暖 直播荐好书,读者秒抢单》 3月13日 A04版

《最长"樱花大道"即将惊艳亮相 位于幕燕滨江风光带,全长3.7公里》 3月13日 A06版

《坚守"战场"的社区民警张存德》 3月13日 A09版

《餐饮复业保障险首现南京》 3月14日 A03版

《昨天,市民在山西路海底捞火锅店就餐》 3月14日 A04版

《生活服务业复工复业工作指引出台后迎来首个双休日——"组合拳"发力,消费热度攀升》 3月15日 A02版

《鼓楼开启"云上"双创赛》 3月15日 A03版

《中小学分批次分时段,教材无接触发放》 3月15日 A04版

《两百万补助商家,"三请"提升"烟火气" 鼓楼打造夜经济IP提升消费能级》 3月16日 A02版

《电子消费券使用首日不少人尝鲜 市民直呼"真实惠",商企乐搭"顺风车"》 3月19日 A04版

《无偿献血为生命加油》 3月19日 A05版

《室外空旷地 不戴口罩赏美景》 3月20日 A05版

《南京最长樱花大道下周一交付,有望尽快"开张迎客" 樱花漫天开 春色撞满怀》 3月20日 A07版

《"95后"民警坚守防疫最前沿》 3月21日

A03版

《幕燕滨江风貌区南京最长“樱花大道”迎来最佳观赏期“江景樱花”可以约了》 3月21日 A04版

《城北23家大市场复工》 3月21日 A05版

《五千万元电子券发放后首个周末 消费券快速催化“安心消费”》 3月22日 A03版

《“江苏旅游恢复首发团”昨日启程 20个家庭自驾前往江宁赏心谷》 3月22日 A04版

《商贸营业场所陆续取消扫码测温》 3月23日 A01版

《记者探访多所中小学幼儿园——安排车辆接学生,食堂就餐安隔板》 3月23日 A03版

《领到餐饮消费券的市民——邂逅周末:举家出动 消费释放》 3月23日 A05版

《美女带你打卡南京赏花地》 3月23日 A08版

《健身房预约进场》 3月24日 A04版

《“最长樱花大道”预约首日迎来游客小高潮 1.4万人昨摘下口罩江边赏樱》 3月24日 A06版

《快乐嬉戏》 3月24日 A06版

《不摘口罩识别人脸,“帐篷通道”快速测温,无人机消杀无死角 硬核!中小学防控用上高科技》 3月25日 A03版

《宁海中学昨天提前模拟演练开学 安心!桌距须拉开 就餐要分散》 3月25日 A03版

《韩立明检查调度危房综合治理工作 用心用情办好危房治理这件民生实事》 3月26日 头版

《防护物资、消杀用品、消杀器械一样都不能少 我市中小学防疫物资储备充足》 3月26日 A04版

《湖南路街道“疫”线检验党员战斗力 卡点“微课堂”冬训“练兵场”》 3月26日 A08版

《“危”“机”博弈加速商业数字化进程 南京城市消费新业态成功补位》 3月26日 A11版

小区污水漫溢严重 潜水工下管道疏通 3月27日 A10版

《“放心出门 点亮南京”夜间消费活动昨揭幕 体验“夜金陵” 共享“夜的美”》 3月29日 头版

《英国皇家造船师学会名船录发布 南京金陵船厂两艘船入选》 3月30日 A03版

《鼓楼区“放心出门,点亮石头城”国际消费暨美食节启动 组建经济联盟 发力夜间消费》 3月30日 A08版

《鼓楼区纪委监委:以有力监督保障复学复课》 3月30日 A10版

《传统大市场转型先转思路:建造网销“直播间”,守摊小老板争相做“网红”“柜台”变“舞台”,店商当电商》 3月31日 A06版

《今年招商引资 鼓楼区打出三张“牌”》 4月1日 A07版

《北京西路燃气管道改造完成》 4月1日 A09版

《鼓楼广场“天使的春天”主题花坛向医护人员致敬》 4月2日 A06版

《清明前后 种瓜点豆》 4月2日 A07版

《街头晚樱成主角》 4月2日 A08版

《打通“肠梗阻”,小市天桥拆除》 4月3日 A06版

《八旬老人突发晕厥 警民清出“生命通道”》 4月3日 A06版

《鼓楼推广社区居民“云祭扫”活动》 4月3日 A08版

《一树白玉团压枝》 4月8日 A07版

《鼓楼组织大扫除 提升综合环境》 4月9日 A03版

《众多社区负责人用责任筑起道道防护墙——社区“当家人” 当好“守门人”》 4月9日 A04版

《市政协常委会议聚焦“委员之家”“有事好商量”协商议事 推动政协协商与基层协商有效衔接》 4月9日 A05版

《宣贯管理“上云” 政策“落地”见效“云平台+”提高特种设备安全管理效能》 4月9日 A07版

《宝塔桥街道抗疫“大考”中书写冬训答卷》 4月9日 A07版

《十竹斋线上拍卖清雍正款“斗彩如意捧寿纹盘” 延时1.5小时竞价近两百回合成交》 4月10日 A07版

《小市街道积极开展“疫”线党员冬训》 4月10日 A08版

《机关党员干部“下沉”社区大扫除》 4月13日 A04版

《幕燕滨江首推牡丹节“夜游”市民赏花同时还有系列体验活动》 4月13日 A06版

《幕燕滨江风光带现成网红景点》 4月13日 A08版

《三汊河长江江豚自然保护区内,长江江豚在水中嬉戏》 4月13日 A08版

《发展新基建、培育新消费、壮大新产业、建设新都市——“四新”行动,南京这么干!》 4月12日 A05版

《“老下关”集市周边开展大扫除》 4月15日 A08版

《华侨路街道 环境整治还路于民》 4月16日 A05版

《我市成立首支“护路联合骑行队”》 4月16日 A07版

《蓝天救援队助力社区消杀》 4月17日 A04版

《小区治理新课堂 党员变身“红管家”》 4月17日 A04版

《水清岸绿心情美》 4月17日 A05版

《鼓楼制定〈安全工作职责清单〉》 4月17日 A08版

《鼓楼区核工桂花园小区:老小区加装电梯,居家养老不再愁》 4月20日 头版

《“‘宁’的周末·惠游新南京”启动后首个周末 雨水难挡脚步,市民乐享“慢生活”》 4月20日 A04版

《南京:政策金融“组合拳” 助力科技型企业复工复产稳运行》 4月20日 A06版

《一场主题为“绣球花开”的金陵谷雨踏春雅集活动在清凉山公园崇正书院举行》 4月20日 A07版

《鼓楼区防疫中交出冬训高分答卷 4月18日 A02版

《强力攻坚整治,7条省控入江支流水质均实现显著提升——一河碧水入江来》 4月21日 A02版

《沪宁城际小市段沿线整治 铁路“窗口”更明亮 最美风景在“路”上》 4月21日 A03版

《花开灵隐路 风动七里香》 4月21日 A04版

《鼓楼区宁海路街道优作风强服务 紧盯关键环节 凝聚“防疫+”工作合力》 4月21日 A05版

《灯影下书香氤氲》 4月21日 A06版

《百姓演百姓 叫好又叫“座”》 4月22日 A08版

《沪妄图解冻账号,不料自投罗网》 4月22日 A08版

《娄勤俭在宁调研长江大保护工作情况时强调 认识再提升 责任再强化 任务再压实 坚定不移推动长江环境质量持续改善 樊金龙郭元强韩立明参加》 4月24日 头版

《庆祝渡江战役胜利暨南京解放71周年升国旗仪式举行》 4月24日 A02版

《外秦淮河将实施30年来最大规模清淤》 4月24日 A05版

《财税联合 直播“带惠”》 4月24日 A09版

《新科技抢占先机、新产品紧贴市场、新思路服务刚需——一季度我市软件信息等服务业成稳增长重要引擎 4月26日 头版

《商城客服、批发市场经营户、书店店长拿起手机开辟销售“第二战场”“兼职”当主播,收获有惊喜》 4月26日 A03版

《社区医生力救90岁老人》 4月26日 A04版

《“四新”行动火热开展,各区各板块奋战二季度——下“快进键” 晒出“排行榜”》 4月27日 A02版

《六个方面抓整治 三项机制促长效 鼓楼区持续整治环境提升城市“颜值”》 4月27日 A02版

《目标任务进度奖》 4月27日 A04版

《稳！亿元以上项目签约459个 全市一季度招商引资逆势前行》 4月27日 A04版

《〈“四新”行动 鼓楼担当〉系列报道(1)吹响“四新”开场哨，国企扛起新担当》 4月27日 A06版

《南京在全省综合考核中保持第一等次 全省共评出20个高质量发展先进县(市、区)和20名优秀县(市、区)党政正职，我市6个区和3位区委书记入选》 4月28日 头版

《我市在全省综合考核中保持第一等次；秦淮建邺鼓楼浦口江宁溧水六区和秦淮鼓楼江宁区委书记被评为先进——高质量发展，南京“高”在哪?》 4月28日 A03版

《水木秦淮艺术街区试水文旅消费新模式 景区首家！“网红直播间”点睛外秦淮》 4月28日 A04版

《鼓楼先行先试六个小区十五家单位名单公布 公众委员 专家等热议——一枚鸡蛋能否“撬动”垃圾分类?》 4月28日 A09版

《鼓楼一批中医名家将进社区坐诊》 4月28日 A10版

《专项督查促监管责任落实》 4月28日 A11版

《“中国青年五四奖章”评选结果揭晓南京4人和1个集体获殊荣》 4月29日 头版

速度·温度·力度 我市高成长性企业两年增长650% 4月30日 A2版

全市环境提升月环境整治行动第三轮考核成绩 4月30日 A2版

各区对街镇排序 4月30日 A2版

二百一十三家新上榜 争先创优，各区发力高成长性企业 4月30日 A3版

有事大家议 遇事好商量 工人新村社区“议事会”开了20年，提升居民获得感幸福感 4月30日 A11版

《行走最美江岸线 2020南京网友节开启》 5月18日 A03版

《鼓楼滨江常有江豚出没，引市民驻足观看——宝船公园旁废弃码头建江豚雕塑群》 5月18日 A08版

《夏初锦绣团枝头》，绣球公园内绣球花盛开 5月18日 A09版

《修剪树枝排隐患》 5月19日 A03版

《老旧小区管理，疫情期间鼓楼催生新经验将通过优化完善，“固化”为老旧小区日常管理举措，提升居民安全感幸福感》 5月20日 A02版

《垃圾分类怎么管？我市举行听证会 系本届市人大常委会首次立法听证会》 5月20日 A05版

《人在江岸行 岸与城相望 规划部门解读滨江岸城互动的九大城市客厅和岸线整治方案》 5月20日 A08版

《网络“人V”看鼓楼高新企业战疫风采》 5月20日 A08版

《“警格+网格”小市街道创新综治模式》 6月12日 A07版

《端午粽飘香军民一家亲》 6月12日 A08版

《专业机构“把脉”菜品健康 鼓楼食安快检室月底全覆盖农贸市场》 6月12日 A08版

《十二中举行钱永贵奖教奖学金颁发仪式》 6月12日 A10版

《田家炳高级中学成功举办高三成人仪式》 6月12日 A10版

《愿“隐形”好心人被更多人看见》 7月15日 A03版

《防汛到了最为紧要的阶段，全市上下昼夜坚守——守护家园，筑起坚固防线》 7月15日 A07版

《专项监督检查残疾人补贴发放》 7月15日 A11版

《鼓楼建设“书香政协”提高委员履职水平》 7月15日 A12版

《践行社会主义核心价值观 南京民警5年默默资助藏族贫困生》 7月15日 A12版

韩立明赴鼓楼区、栖霞区检查防汛工作 高度警惕严密防范化解风险 确保市民群众生命财产安全 7月16日 头版

全市已设置一千六百三十处防汛值守点 抗

汛情,南京全面进入战时状态　7月16日　A03版

大桥文化展示馆亮相方家营　7月16日　A04版

鼓楼给城市安全 风险源"上户口"　7月16日　A06版

全面落实市领导挂钩防汛工作联系机制 市领导深入防汛一线检查督查工作　7月17日　头版

24场小而美展览遍及全城 城市微展厅 让文艺融入寻常街巷　7月17日　A08版

江堤防汛　7月18日　A03版

10.27米! 长江下关站水位昨破历史极值　7月19日　A02版

堤坝围堰　7月19日　A03版

全市组建党员突击队1651个,近7万名党员奋战防汛一线践行"初心使命" 筑起"铜墙铁壁"　7月20日　头版

夜巡堤坝,党员一直"在线"　7月21日　A04版

他们用行动践行入党誓言 老将带"新人",防汛冲在前　7月21日　A04版

齐心协力护卫安全 攻坚克难美化环境　7月21日　A07版

上半年全市城市治理考核排名　7月21日　A07版

居民腾房,院落再生,产业赋能——颐和路街区复兴计划拉开序幕　7月22日　A09版

不知您是谁,知道您为谁　7月23日　A02版

人人都是城市形象,文明创建必须有我　7月23日　A03版

防疫措施到位,营销策划给力 影商联动人气旺 市民观影优惠多　7月23日　A10版

汉北街建净水站解小区淹水之困　7月24日　A08版

察哈尔路小学举行2020届毕业典礼　7月24日　A15版

精彩活动、大咖名家轮番"打卡"江苏书展南京分展场 书中岁月多 文韵满金陵　7月24日　B01版

卖早餐要"六统一" 小摊点变"正规军" 鼓楼早点摊主们还要自行推选"路长"　7月27日　A05版

寻找江豚8年,见证从"濒危"到"稳定生活"全过程 耄耋老人为"儿时玩伴"编撰《江豚集》　7月27日　A10版

有好莱坞新片看,还能免费带爆米花回家 南京影院周末迎来"小高峰"　7月27日　A10版

多方参与医养融合,提升老人幸福感 线路新村构筑"10分钟养老圈"　7月28日　A03版

热河南路街道城管科科长程远:党员"铁脚板"守堤防　7月28日　A05版

共建阵地"扎"在堤坝上　7月28日　A05版

南京市第二十九中学——助推每一位学生跨越发展,赢在未来　7月29日　A05版

3年改造提档升级300家　南京农贸市场越逛越舒心　7月30日　A03版

中央门街道"清楼"行动 消除"牛皮癣"　7月30日　A03版

党建引领赋能基层善治 鼓楼区成立物业行业党委　7月30日　A04版

南财学生创办"起业家"博物馆　7月30日　A07版

鼓楼区全面推进555个居民小区的垃圾分类收集点提升改造建设　7月31日　A09版

今年以来为民工讨回欠薪160万元 小市街道多方联手,妥善处置数起民工讨薪诉求　7月30日　A12版

有情怀 有观众 有行动 大银幕归来,看南京影院复苏　7月31日　B09版

中共南京市委十四届十次全会举行 以习近平新时代中国特色社会主义思想领航定向 奋力夺取疫情防控和经济社会发展双胜利 市委常委会主持会议 韩立明讲话 会议讨论了《关于建设以人民为中心的美丽古都的实施意见》会前市委市政府在鼓楼区、秦淮区进行了"四新"行动项目观摩　8月1日　头版

入伍时任"临汾旅"突击队长,转业后当刑警 胆大心细破大案 一战"疫"抗洪,他都冲锋在前　8月2日　A02版

鼓楼 加快实现"四个全域"目标　8月2日

A03版

全市二季度招商引资任务大幅度超额完成 8月3日 A05版

路见“不平”拔“锹”相助——找到了！他就是“好心修路人” 8月4日 头版

11月1日起将强制分类 垃圾分类倒计时，南京怎么干 8月4日 A04版

“十万研究生宁聚行动”启动半月推送1.5万个岗位 南京诚挚邀请，人才纷至沓来 8月6日 A02版

2020年7月南京市各板块空气质量PM2.5、优良率及O3_8h统计结果 8月7日 头版

“字节跳动”深耕鼓楼，“黑科技”落户玄武 激活创新基因，老城“硅巷”引凤栖 8月7日 A02版

抓好“六稳”“六保”工作，落实“四新”行动——南京老旧小区整治以人民为中心 切实提升市民幸福感满意度 8月7日 A06版

银城小学副校长周姝的教育故事——酸酸甜甜的别样校长体验 8月7日 A08版

修路好心人获得5000元奖金 全家一致同意，要把这笔钱捐出去 8月7日 A09版

居民、民警、在校师生踊跃加入 社区文明新景观 众人争当网格员 8月9日 A02版

清理“僵尸车”，南京打响攻坚战 8月10日 A03版

人性化小举措彰显文明之风 幕府山街道一菜场添设“宠物寄存处” 8月10日 A04版

连续两个季度获得“招商擂台赛”流动红旗 鼓楼：按下“快进键”，跑出“加速度” 8月12日 头版

孔雀绿雕换新装 8月12日 头版

鼓楼发布《智力密集型服务业发展研究报告》 8月12日 A06版

圈地种菜 菜地“歇菜” 小市街道铲平社区菜园补种绿植还绿于民 8月12日 A06版

鼓楼铁骑穿行大街小巷 无惧烈日，全副武装守护百姓 8月12日 A09版

饭菜剩下要打包，外卖推出半份菜，点餐提醒“要适量”……南京，对“舌尖上的浪费”说不！ 8月13日 A04版

“智梦园”升级5G先行示范园区，两大中奥科技合作项目揭牌 鼓楼高品质硅巷年内新增十万平方米 8月14日 A05版

字节跳动持续大规模招聘 全年校招超过1万人 8月14日 A05版

湖北路明天启动道路环境综合整治 8月14日 A06版

“顶格”推进、专项整治、强化宣传 鼓楼区：奏出人民满意的文明“交响曲” 8月14日 A07版

挹江门街道疏堵结合整治“飞线充电”顽疾 剪线除隐患 增设充电桩 8月15日 A03版

军民协力清理卫生死角 8月17日 头版

滨江岸线鼓楼段汛后环境整治 汛后绿道“洗脸” 滨江“美颜”重现 8月17日 A07版

热河南路街道整治老旧小区私搭乱建 8月17日 A07版

暑假书店人气旺 纳凉读书两不误 8月18日 A04版

省级机关百余干群参与社区环境整治 8月18日 A05版

持续高温，城市保洁如何保运转？“一把扫帚扫到底”让道雾炮吸扫水洗车 环卫“钢铁侠”上路洗刷刷 8月18日 A06版

超市化购物环境，快检农药残留，网上下单送货到家——300个农贸市场颜值品质双提升 8月19日 A03版

鼓楼举办知识竞赛展医师风采 8月19日 A07版

走进森林王国 探索植物秘密 8月19日 A07版

我市评出36户“文明家庭” 8月19日 A09版

8月以来汽车自燃事故环比增21% 交警提醒：高温期更应注意汽车科学保养 8月19日 A20版

7月份全市城市治理考核排名 8月20日 A05版

南京五十名同志荣获“人民满意的卫生健康工作者”称号 8月20日 A06版

社企联建共促楼宇经济发展　8月20日　A08版

走进社区精神障碍患者康复站 这里，是他们安心温暖的家　8月20日　A09版

南京市2020年“最美现役军人”“最美退役军人”“最美军嫂”候选对象名单　8月20日　A10版

“科技镇长团”“科技专家团”双团联动推动校地合作 科教大咖鼓楼挂职“铺路架桥”转化成果　8月24日　A05版

水务执法人烈日下“追根溯源”查污水“裸露”工地旁，巡查一圈耗时五小时　8月24日　A06版

大咖名校牵手薄弱校 民办校社会园全加盟 鼓楼区三类教育集团“共生共长”　8月23日　头版

硅谷投资人捐赠鼓医助力疫情防控　8月25日　A09版

汛期部分入江河道出现水质波动，我市将全力补短板——做好“必答题”，实现“河常清”　8月26日　A02版

让刚出台的南京文明行为促进条例变成市民自觉行为，相关部门及人士在行动——如何做文明人？有章可循有人指引　8月27日　A04版

路口补栽行道树 为行人撑起绿荫　8月27日　A07版

暴雨突袭　8月27日　A08版

机动车礼让率达94.4%，文明出行理念被越来越多司机认可——礼让斑马线 文明风景线　8月28日　A05版

喵喵街与“猫”互动，银杏里感受文艺范儿，狮子桥体验“烟火气”……主题特色街巷成为城市新代言　8月31日　A03版

鼓楼区：多点发力筑牢不想腐的思想堤坝　8月31日　A07版

信息技术赋能教育，鼓楼成“国家信息化教学实验区”南京唯一入选区“智慧课堂”走进日常　8月31日　A07版

小市街道社企共建打造中药园　8月31日　A09版

十四届南京市委第十二轮巡察完成进驻　9月1日　A02版

有事好商量“议”起解难题 电子警察“上岗”社区居民安心　9月1日　A03版

鼓楼区扎实推进电动车消防安全专项整治 两个月新增4.4万个智能充电插口　9月1日　A07版

落户便捷，新市民感叹“南京速度”　9月1日　A08版

中央门立交大修一阶段进入尾声　9月1日　A09版

廉洁教育走进“开学第一课”　9月2日　A07版

人防工程今年起纳入智慧停车系统 首个人防“云托管”停车场正式运营　9月2日　A08版

开学首日，护学岗交警又“上岗”啦　9月2日　A12版

项目加快落地 载体加速建设 势能逐渐积蓄 新基建形成新带动　9月3日　头版

开展电动车消防安全专项整治行动 鼓楼剪除“飞线”1.9万根　9月3日　A08版

格桑花海成滨江新“网红打卡地” 幕燕风光带全新打造，吸引大批游客观赏　9月3日　A04版

小市街道清除地锁 还路于民　9月4日　A07版

鼓楼区宝塔桥街道推出微信小程序“邻里帮”志愿服务靠大家 居民抢单拿“功分”　9月4日　A07版

在非机动车道上指挥车辆 交通引导，志愿者路口站9年　9月4日　A08版

《瞭望》金陵寻根　9月7日　A04版

非遗保护不是临终关怀　9月7日　A06版

鼓楼举办“区块链与数字经济”高层论坛　9月7日　A09版

增设充电桩，杜绝“飞线充电”　9月8日　A06版

抓捕行动前不久，右脚不慎摔成骨折——“铁拐师父”拄拐带队抓嫌犯　9月9日　A12版

“大阿福”穿云锦热销运博会 “南京元素”带火吉祥物衍生品　9月10日　A06版

“南京教育好故事”巡回分享会举行　9月10日　A07版

一封“家书”递校友 多封“回信”赋新能 鼓楼区：校友经济助招商“六稳”“六保”添动能　9月11日　A03版

新街口商圈打造楼宇党建“红色名片”　9月14日　A08版

鼓楼打造航运服务 全产业链生态圈　9月15日　A06版

十竹斋人文空间正式对外开放　9月15日　A08版

水佐岗配套设施项目打造鼓楼区“静音控尘”示范工地　9月16日　A04版

环境综合整治工程红黑榜　9月16日　A04版

爱心送达“天边之乡”——“为爱西行·决胜小康”暨墨竹工卡爱心助学公益行活动侧记　9月16日　A07版

小区推进充电桩加装　9月16日　A09版

鼓楼42处农贸市场及周边精细化保洁升级 垃圾落地15分钟内必须清除　9月16日　A12版

数字赋能、创新场景、“创造”需求……“新消费”看鼓楼“三轮驱动”乘风破浪　9月17日　A09版

“三个单元的住户，水表终于全出户了”五条巷小区东院三个单元彻底废除老旧供水管线　9月17日　A10版

打开“方便”门 缓解“如厕难”鼓楼首批76家单位加入“厕所开放联盟”　9月17日　A10版

新零售产业创新峰会在鼓楼举行　9月18日　A02版

渴了累了来这里歇歇 我市为户外劳动者建设标准化“爱心驿站”　9月18日　A06版

十竹斋文物艺术品拍卖会落槌　9月21日　A07版

鼓楼一饭店违反长江禁捕规定被查　9月21日　A06版

育德、铸信、培苗、志愿……让道德新风吹拂南京城千万家　9月20日　头版

固长效补短板 创建人民满意文明城市　9月22日　A05版

龙虎榜　9月22日　A05版

鼓楼开展系列科普惠民活动　9月22日　A08版

农贸市场垃圾就地转成有机肥，垃圾处置综合体也来了 瞄准“大限”，垃圾分类加速　9月24日　A06版

中央门立交二期改造明晚启动 重点是三层高架和南侧匝道，最新交通组织方案发布　9月24日　A07版

推开南京之“窗”看中国历史，透过繁华之地知沧桑巨变 “老南京”叶兆言畅谈新作《南京传》　9月24日　A08版

鼓楼区科学普及有新招 微科普场馆“百花齐放”，大院士加盟“讲师团”　9月25日　A07版

《南京童谣》《字说字画》热销引关注 文学之都风土人情“飞”向世界　9月25日　B04版

封闭17个月后，中央门铁路涵洞通车　9月27日　A04版

激发创新活力 提升环境面貌 加强民生服务 鼓楼：奏响奋进“最强音”，小康底色更鲜明　9月28日　头版

各项整治工程基本完工 街头国旗飘扬花团锦簇 金陵靓妆迎双节 美丽南京等你来　9月28日　A03版

二〇二〇年度南京市“最美退役军人”　9月28日　A04版

二〇二〇年度南京市“最美军嫂”　9月28日　A04版

鼓楼区开展“最美河长”评选　9月28日　A07版

花好月圆 祝福祖国　9月29日　头版

小市街道“技防+人防”整治违规电动车　9月29日　A10版

“双拥月饼”情系军民　9月29日　A11版

各区“质量月”活动亮点　9月30日　A10版

鼓楼区专项监督检查低保补贴发放　9月30日　A19版

相关人员放弃长假休息施工7天 汉口路小学终于用上管道燃气　10月9日　A06版

鼓楼誓师冲刺完成全年目标任务　10月8日　A02版

阅读之城　10月4日　A03版

长江鼓楼区段4.6公里滨江绿道汛后完成修复 全线“美颜”重开 笑迎八方游客　10月3日　A02版

2020南京城市国际化发展研讨会举行　10月2日　头版

家国同庆,我市71个示范点昨同步举行升国旗仪式 石城国旗飘扬 深情祝福祖国　10月2日　头版

春江学校、田家炳中学人防工程停车场今起正式运营 我市新增1336个地下停车位　10月1日　A06版

鼓楼秦淮举行《烈士光荣证》颁授仪式　10月1日　A04版

鼓楼配备1200名垃圾分类指导员 将在11月1日前上岗　10月10日　A07版

鼓楼区重大项目投资完成全年目标90%　10月10日　A06版

众小区引入社区设计师机制 大师“操刀”设计 居民也能参与　10月10日　A06版

王福如:支援黄石“急先锋”,站好防疫“第一哨”　10月12日　A10版

王德富:“硬核”老党员 “志愿”冲在前　10月13日　A07版

政协委员进社区共议长效管理　10月14日　A07版

李春红:106天坚守“疫”线　10月14日　A08版

“十三五”收官还剩不到一个季度 发力“双循环”,快马加鞭冲刺四季度　10月15日　A03版

家庭医生获信任 居民主动给门卡　10月15日　A05版

家庭医生进社区送健康　10月15日　A05版

致敬抗疫英雄 展现青春风采　10月15日　A07版

刘国英:长年坚持社区志愿服务　10月15日　A11版

“芝麻开门”科学节开幕　10月16日　A07版

阅读之城新文化名片引全国读者纷至沓来 阅读“触手可及” 转角遇见书香　10月16日　A04版

越来越多人签约享受医疗服务 家庭医生请进门 居民有了健康守门人　10月19日　头版

南京“时间银行”好就好在“通存通兑　10月19日　A04版

邻里节“跳蚤市场”　10月19日　A04版

居民让出车位 增设垃圾分类收集亭 人人参与已成小区新风尚　10月19日　A05版

抓保险 食品安全保障体系更加严实　10月19日　A07版

迟到”的龙舟赛在水木秦淮开桨 外秦淮河打造水上“黄金赛道”　10月19日　A09版

在全市率先实现社区侨联组织全覆盖 鼓楼区凤凰街道侨联成立　10月20日　A02版

“寻味鼓楼”星厨争霸赛举行　10月20日　A04版

鼓楼铁北将举办峰会促产业发展　10月20日　A09版

名单增至93家,南京“老字号”再扩容 融入“新消费”,老品牌闯出新路径　A10版

幕府山复绿18载矿山换新颜 当年不见树 如今绿满坡　10月21日　头版

垃圾分类宣传进社区　10月21日　A07版

南京方言发音人陈宗霞提供语音和文本“老南京话”首次有了档案　10月21日　A07版

全市超700所老年大学开设智能手机培训班 老人上网课,热情不让学生娃　10月21日　A08版

吃饭刷脸靠“面子” 召唤护理用“指尖”　10月22日　A9版

9月全市城市治理考核排名　10月23日　A06版

鼓楼区服务市场主体显诚意有新意——企业347道难题,这样破解!　10月23日　A08版

“家人克服了一切困难支持我,我没有理由不把工作做好”　10月23日　A08版

身患重病的“拼命三郎”　10月23日　A08版

南京国际登高节在幕燕滨江风貌区开幕 临江登高插茱萸 秋风汉服衣袂飘 10月26日 A04版

全市406幢在册危房已治理330幢，今年底全部完成——高质量推进城建第一任务 探索危房治理“南京模式” 10月26日 A06版

撤桶并点，你家小区准备好了吗 10月24日 A08版

经过4年多治理，水质变好了 金川河水清岸绿 老百姓乐享美景 10月27日 头版

日处理能力年内将达1650吨 厨余垃圾：全市每天产生的都能“吃掉” 10月27日 A06版

鼓楼卫健系统整建制加入“时间银行” 10月27日 A07版

垃圾分类正融入南京人的日常生活——“要我分”变“我要分”新时尚成新习惯 10月28日头版

创精品工程 提城市品质——环境提升给老百姓带来满满幸福感 10月28日 A04版

环境综合整治工程红黑榜 10月28日 A04版

昔日脏乱差城郊接合部，如今成名企投资兴业新城区 蔬菜地变销品茂“城中村”成软件园 10月28日 A06版

翻转吧，少年！ 10月28日 A08版

垃圾分类“小礼包”送到居民家 10月28日 A09版

鼓楼区连日来在全区范围内的街道、社区广泛开展了多场垃圾分类宣传活动 10月29日 A06版

鼓楼农贸市场现场装了垃圾处理器“吃”进垃圾“挤”出肥料 10月29日 A07版

丰富居家养老服务，提升服务品质 老年生活乐无忧 幸福就在家门口 10月29日 A08版

撤桶并点，小区物业各显神通 10月30日 A06版

鼓楼设立29条垃圾分类收运线 10月30日 A06版

在高质量发展赛道上，鼓楼招商引资再提质 10月30日 A09版

昨天，南京迈入生活垃圾分类“强制时代” 11月2日 头版

鼓楼区退役军人事务局：加强体系建设，让尊崇的情怀温暖每一位退役军人 11月2日 A07版

十九届五中全会公报在我市干部群众中引起强烈反响 在新征程上建设新南京贡献新力量 10月31日 A03版

一车厨余垃圾的旅行记，前端认真分，中端专线运，末端自动拣——放心！你分好的垃圾不会“混” 10月31日 A05版

线上线下融合，鼓楼公共文化服务更惠民 文化汇“云端”“大餐”送上门 11月3日 A08版

家门口的“口袋公园” 11月4日 A09版

鼓楼召开“十四五”规划专题协商议政会 11月4日 A09版

鼓楼滨江亲水步道 11月5日 A06版

三汊河长江江豚自然保护区内，两头长江江豚在水中嬉戏 11月5日 A06版

幕燕滨江风光带 11月5日 A06版

金川河再现清水绿岸，幕燕“化工区”蝶变滨江风光带“生态画笔”勾勒绿色画卷 11月5日 A07版

“力度”加“温度”，支撑重大项目落地“加速度” 11月5日 A08版

鼓楼鼓励“特色课程”丰富学前教育 11月5日 A09版

各产业园区深入学习贯彻十九届五中全会精神 憧憬奋斗“十四五”对标先进创一流 11月5日 A04版

我市各区深入学习贯彻党的十九届五中全会精神 风劲鼓满帆 再踏新征程 11月4日 A05版

养老服务覆盖面扩大 启动“时间银行”建设 11月6日 A05版

刷视频网上购物，开心同时不能忽视“副作用”老人玩手机也要防沉迷 11月6日 A08版

2020年10月南京市 各板块空气质量PM2.5、优良率统计结果 11月9日 头版

我市科技部门、园区、企业学习贯彻党的十九

届五中全会精神 勇担使命,激发科技创新更强动力　11月9日　A02版

鼓楼:夯实平安与法治的基石,托起"稳稳的幸福"　11月7日　A03版

鼓楼牵手大别山,开发红色文化资源　11月10日　A05版

狭窄街巷内"绣花" 鼓楼中心片区重塑老城形象　11月11日　A04版

我市发布三项"海绵"导则 "十四五"期间继续深入推进海绵城市建设　11月11日　A05版

南秀村7号院变身宜居样板区 电动车、汽车都有"家" 小区里遍布"口袋公园"　11月11日　A05版

等级考核逼出"优等生"　11月11日　A09版

党员志愿者上门指导老人 手把手传授垃圾分类,心贴心养成文明习惯　11月11日　A09版

鼓楼环南艺艺术文化 街区管委会揭牌　11月11日　A09版

最温暖的怀抱　11月11日　A11版

鼓楼区委书记刘军:沿着生态优先绿色发展之路坚定前行　11月16日　A04版

一核引领、双链驱动、三全保障 鼓楼"五治"融合开启基层网格化治理新模式　11月16日　A09版

"全球校友创新创业大赛"南京赛区决赛落幕　11月16日　A09版

鼓楼滨江岸线闸门全面"体检"　11月16日　A10版

南京人下馆子点菜流行"斤斤计较" 餐厅设"点菜师" 光盘成"新食尚"　11月15日　A05版

幕燕风光带整治　11月14日　A05版

草桥附近的内金川河　11月14日　A05版

鼓楼"四新"行动按下高质量发展"快进键"　11月13日　A09版

聚焦治理体系和治理能力现代化 四级代表助力"强富美高"新鼓楼　11月17日　A08版

走进居民区指导垃圾分类 高校志愿者加盟"桶边指导员"　11月17日　A11版

"行前一课"将成拟出国留学学生必修课　11月19日　A05

创新名城看鼓楼动能澎湃　11月20日　A07版

聚焦重大节日保障 积极推进垃圾分类　11月20日　A06版

2020中国(南京)未来城市创新峰会暨幕府创新区产业发布会举行 韩立明致辞 王建国出席　11月22日　头版

鼓楼幕府创新区签约11个产业项目 总投资230亿元,助力城市更新产业更替　11月22日　A02版

"筑巢引凤"推动招商引资 鼓楼区深圳招商中心昨揭牌　11月21日　A03版

鼓楼发布《反家暴案件审理白皮书》审案反家暴,六招破三难　11月24日　A07版

社区腌菜高手教做腌菜　11月24日　A08版

水表箱填草防冻　11月24日　A08版

全国劳动模范和先进工作者昨在京接受表彰 14位受表彰者来自南京　11月25日　A04版

他们,让垃圾分类分出了"新气象"　11月25日　A08版

党建引领科技创新,鼓楼"红色硅巷"风帆正扬　11月25日　A10版

十四而志 无悔青春　11月25日　A11版

"老带小,小促老",提升垃圾分类参与度　11月25日　A12版

暖心守护　11月25日　A12版

鼓楼区纪委监委举行开放日活动　11月26日　A07版

"奋进中的鼓楼人"系列报道(七) 解锁"美丽古都"建设密码,共绘"幸福鼓楼"靓丽画卷　11月27日　A08版

中国成人教育协会公布"特别受百姓喜爱的终身学习品牌项目"鼓楼区"百姓原创朗读者"榜上有名　11月27日　A09版

鼓楼区下关街道辖区内爱心商户"丈母娘的饭局",为城市美容师们捧上热腾腾的羊肉汤。　11月28日　A06

鼓楼创新广场等建筑引入屋顶绿化的海绵理念 屋顶是草坪,下雨成"海绵"　12月1日　A09版

市妇联家庭建设指导中心鼓楼分中心成立　12月1日　A08版

保持“四全”精神状态韧性冲刺 鼓楼：以“四新”助力高质量发展再攀新高　12月2日　头版

助力脱贫攻坚、参与疫情防控、开展志愿服务、集聚公益力量 我市社会组织精彩亮相“社展会”　12月2日　A02版

垃圾强制分类“满月”成绩单出炉 全市日收厨余垃圾714吨，较一个月前增加约572吨　12月2日　A11版

鼓楼区2000志愿者用细致服务，绘出垃圾分类文明风景线 主动“桶前值守”，教您见“圾”行事　12月2日　A11版

沈文祖在鼓楼区宣讲党的十九届五中全会精神时强调 牢记责任使命 奋力开创高质量发展新局面　12月3日　头版

市民参观抗疫摄影展　12月3日　A08版

“奋进中的鼓楼人”系列报道（八）打造高质量发展“绿色引擎” 彰显“全域美丽”生态底色——鼓楼持续打好蓝天碧水净土保卫战　12月4日　A08版

将风云历史嵌入浮雕墙，用城门文化点缀小街巷 鼓楼区：小巷微整治，还原老味道　12月4日　A09版

鼓楼区特殊教育学校教师黄艳萍获“特教园丁奖”——用爱守护“迟开的花朵”　12月4日　A12版

垃圾分类哪里强？全市成绩单亮相！　12月7日　A05版

金川河入江口治水成效显著引来水鸟翔集 一泓金川水碧 三五鹭鸟成群　12月7日　A08版

鼓楼“远航”法治文化广场亮相　12月7日　A08版

叶兆言携新书助力“暖冬阅读季”　12月7日　A09版

“不可忘却的记忆”阅读寻访行动走进拉贝旧居　12月6日　A03版

有“颜值”更有实力 南京最美健身步道评选结果出炉　12月8日　A08版

国家公祭日前夕检查警报器　12月11日　头版

2020年度“南京最美警察”“南京最美辅警”候选人推介　12月11日　A06版

鼓楼基层治理创“新招”见“新景”　12月11日　A10版

花样宣传严防冬季事故　12月11日　A11版

温暖礼包送手中 交通安全记心中　12月11日　A12版

沉痛悼念30万遇难同胞——警报声响 全城默哀　12月14日　A04版

17处“遇难同胞丛葬地”举行哀悼活动——勿忘历史 永续和平　12月14日　A04版

鼓楼区一厨余垃圾中转站投用 油去水，除臭压缩，日转运量可达60吨　12月14日　A11版

鼓楼区：严查微腐败 补齐“停车难”民生短板　12月15日　A10版

依栏绣衣叠翠　12月16日　A05版

鼓楼再添新消费时尚打卡地　12月16日　A09版

“践行嘱托开新局”全媒体主题采访报道活动启动　12月17日　头版

市委宣讲团赴各区宣讲党的十九届五中全会精神 学习贯彻新思想 凝心聚力开新局　12月18日　A04版

鼓楼成立海外联谊会广交全球朋友　12月18日　A10版

化解婚姻家庭矛盾纠纷，鼓楼“辛果工作室”——断家务难事 助社会和谐　12月18日　A10版

“奋进中的鼓楼人”系列报道（十）点亮“红色”品牌，构筑鼓楼基层党建新格局　12月18日　A08版

请“草根民星”开讲，邀专家学者授课 幕府山街道打造党员群众身边“微党校”　12月21日　A03版

二届鼓楼区委第十三轮巡察工作启动 将对区委宣传部、区水务局等8家单位开展巡察　12月21日　A09版

全省首创，鼓楼区实行四级“点位长”机制 管天管地管空气 密织污染管控网　12月21日

A09版

旧厂房变身创新小镇　12月22日　头版

南京大学全球校友创新创业总决赛落幕　12月22日　A10版

水岸联动，外秦淮河畔又添好去处　12月22日　A11版

韩立明赴玄武区、鼓楼区、秦淮区及南部新城调研 在担当新使命中创造新业绩展现新作为　12月23日　头版

我市首条潮汐+可变车道亮相 位于草场门大街虎踞北路路口，两天下来，“堵点”通行效率明显提高　12月23日　A09版

大力解决群众身边痛点堵点难点问题 坚持创新引领，我市解决民生诉求问题工作机制成效显著　12月25日　头版

“奋进中的鼓楼人”系列报道（十一）鼓楼深化改革：蹄疾步稳创“首善版本”　12月25日　A06版

“全面小康百家谈”走进鼓楼分享小康故事 用获得感幸福感绘就全面小康底色　12月25日　A06版

全域推动，成效显著——厕所革命，绘就民生“幸福画卷”　12月25日　A08版

市委宣讲团赴鼓楼区宣讲十九届五中全会精神 凝心聚力实干担当，助力鼓楼高质量发展　12月28日　A03版

征兵宣传进校园　12月28日　A03版

“践行嘱托开新局”全媒体主题采访报道小组走进南京 以“绿”为调，唱一曲南京版“长江之歌”　12月28日　A04版

主城区里现“长江微笑”，绘就人与自然新画卷　12月28日　A04版

大桥两翼旧貌换新颜　12月28日　A05版

做好历史建筑修缮保护和利用酒店配套多种业态齐发力　12月28日　A07版

“长江大保护”推动“溯源治理”，跨区联手促进跨省联合 江河蝶变，南京这样干　12月28日　A08版

剪纸贺岁　12月28日　A10版

幕府山街道以“书记项目”促小区自治　12月28日　A10版

第八届文化产业“金梧桐奖”揭晓　12月26日　A02版

我市建成3个电力安全示范小区　12月26日　A05版

保护长江生态，推进治污攻坚 美丽古都“生态底色”更鲜明　12月26日　A03版

拼搏奋进，破难前行 书写新时代“首善之区、幸福鼓楼”新篇章　12月26日　T5版

扛起责任担当 奋力开启新征程　12月29日　A03版

幕府创新区：擘画未来城市新模样 轰鸣创新发展新引擎　12月29日　A09版

下关滨江商务区：抢抓战略交汇机遇，擘画产城融合高品质家园　12月29日　A08版

鼓楼高新区：助力创新名城建设，抢抓高质量发展机遇　12月29日　A07版

鼓楼：“四个全域”彰显高质量发展首善担当　12月30日　头版

有他们，道路畅供应足保障稳　12月30日　A03版

天津新村：引进物业、实施智慧化管理　12月30日　A08版

鼓楼成立“一站式”未成年人保护中心　12月30日　A11版

又见“一夜雪无”，南京城依旧“生动”　12月31日　B1版

为了“长江天使”的微笑　12月31日　A8版

南京市鼓楼年鉴2021

索引

SUO YIN

说　明

1.本索引采用内容分析法,兼选关键词;
2.依据首字汉语拼音字母顺序排列,首字音调相同按第二字音序排列,依此类推;
3.类目、分目、副分目做标引词用黑体字;
4.标引词后数字表示内容所在页码,数字后的字母表示内容所在栏别;
5."彩页"(含文中插图)、"专记""大事记""印象鼓楼""附录"中的内容均未作索引;
6.人物名未作索引;
7.为便于检索,标引词后的省、市、区和年度均作省略,个别易产生歧义的除外。

A

B

C

D

E

F

G

H

J

N

P

Q

R

S

W

X

索引

Y

Z